天喜文化

从品书到文学，分享人类智慧

A
NATION WITHOUT
BORDERS

The United States and Its World in an Age of Civil Wars,
1830—1910

美国的内战与重建
1830—1910

〔美〕史蒂文·哈恩◎著

方宇◎译

天 地 出 版 社 | TIANDI PRESS

图书在版编目（CIP）数据

美国的内战与重建：1830—1910 /（美）史蒂文·哈恩著；方宇译. — 成都：天地出版社，2023.10
（企鹅美国史）

书名原文：A Nation Without Borders：The United States and Its World in an Age of Civil Wars，1830—1910

ISBN 978-7-5455-7030-4

Ⅰ.①美… Ⅱ.①史… ②方… Ⅲ.①美国－历史－研究－1830-1910 Ⅳ.①K712.4

中国国家版本馆CIP数据核字（2023）第058230号

著作权登记号：图进字21-2020-41

MEIGUO DE NEIZHAN YU CHONGJIAN：1830—1910

美国的内战与重建：1830—1910

出 品 人　陈小雨　杨　政
著　　者　〔美〕史蒂文·哈恩
译　　者　方　宇
责任编辑　柳　媛　李　栋
责任校对　马志侠
封面设计　水玉银文化
责任印制　王学锋

出版发行　天地出版社
　　　　　（成都市锦江区三色路238号　邮政编码：610023）
　　　　　（北京市方庄芳群园3区3号　邮政编码：100078）
网　　址　http://www.tiandiph.com
电子邮箱　tianditg@163.com
经　　销　新华文轩出版传媒股份有限公司

印　　刷　北京文昌阁彩色印刷有限责任公司
版　　次　2023年10月第1版
印　　次　2023年10月第1次印刷
开　　本　880mm×1230mm 1/32
印　　张　23.25
字　　数　540千字
定　　价　128.00元
书　　号　ISBN 978-7-5455-7030-4

目　录

前　言

　　本书将以一种不常见的方式讲述一段人们耳熟能详的故事，并以此挑战我们对历史以及由此而生的未来的认知。它描述了1830年至1910年近一个世纪的时间里，美国以及和它联系得越来越紧密的世界的历史。在此期间，人们的生活、工作、自我认知、维持生计和争夺权力的方式均发生了巨大变化。诞生于这一时期的政治经济制度塑造了并持续影响着我们生活的世界。

　　为使读者更好地理解为什么说这段时期对美国的发展至关重要，笔者试列举美国在此期间发生的一些变化：人口增长了十倍以上；地理边界从密西西比河向西拓展到了太平洋沿岸，随后更是延伸至太平洋；南北战争爆发；存在将近三个世纪之久的非裔美国人奴隶制被废除；曾主宰北美大陆大部分地区的原住民饱受压迫，活动范围被限制在保留地内；经济、社会全面实现工业化；大批欧洲和亚洲移民渡海而来；反对政治经济新秩序的民众运动此起彼伏；发动了征服墨西哥、古巴、菲律宾的战争；国家的权力和影响力扩展到西半球和太平洋的大部分地区。美国在这几十年里，从一个以农业为主、中央政府相对软弱、各州和"边缘"地区相对独立的国家，发展成一个社会彻底城市化和工业化的国家，州政府和联邦政府在社会经济生活中扮演着越来越重要的角色。随着所谓的"漫长的19世纪"的结束，到了1910年，美国已跻身全球强权国家之列。

那么，这些巨大的变化是如何产生的，我们又当如何解读它们的意义呢？尝试回答这个问题的历史文献浩如烟海，单是与内战相关的史料就可以装满一个相当大的图书馆。而且不难想象，几乎每个重要问题都伴随着巨大的争议和分歧。美国治理模式的特点是什么？美国政治的轴心何在？奴隶制的影响范围有多大，它与美国的经济增长和政治发展有怎样的关系？围绕着奴隶问题不断加剧的冲突如何演化为内战，内战又在哪些方面改变了这个国家？政治暴力和征服对美国的发展有多重要？阶级、种族和性别关系是如何构建的，它们如何成为变革的动力？美国的工业化始于何时，又是如何快速发展的？我们应当如何看待19世纪后期的民粹激进主义及其与进步主义的关系？美国从何时开始被视为一个帝国，帝国又是如何构成的？

本书不仅将讨论上述问题，而且将其联结成一个独特的叙事分析弧。为此，本书一方面将重新检讨许多约定俗成的假说，这些假说影响着人们对这一漫长时期的认识，同时也将从不同的视角解读这段历史。不过，可以肯定的是，在本书中出现的许多知名人物和著名事件，都会得到恰当的评价。除此以外，本书还将谈及其他人物和事件，其中一些几乎不为人知，却带来了意想不到的结果。另一个重要之处在于，本书选取的视角与大多数著作不同，除了以东北部为原点向外看——无论是向东跨过大西洋还是向西跨过北美大陆——还会从太平洋和外密西西比地区向东看，从墨西哥和加勒比海盆地（Caribbean Basin）向北看，时而还会从加拿大向南看。在笔者看来，这样的视角将使读者对权力地理学、社会和文化冲突，以及政治载体产生非常不同的认识。

　　在这里，笔者首先对本书与以往关于这一时期的历史著作在解释上存在的部分差异做一说明，或许对读者会有所帮助。本书重点关注美国历史上国家与帝国之间的关系的变化。在这一点上，大多数历史学家都将其理解为一个特定的顺序：美国最初是一个国家；19世纪末20世纪初，开始参与海外征服和对外贸易，逐渐成为一个帝国。笔者的看法有异于这种成说，认为美国继承自英国的治理模式本身就是帝国的模式。换言之，从合众国诞生之日起，美国就是一个对美洲大陆和西半球具有重大帝国野心的联邦，许多目标是由奴隶主及其盟友推动的。经过19世纪60年代的大规模政治、军事斗争之后，美国才成为一个国家，一个与其他国家类似的民族国家。这个新美国重新塑造了自己的帝国特征，它们先是表现在南方和外密西西比西部，然后是走向海外。

　　与此相关的一系列争论涉及19世纪前期社会、政治冲突的性质。此前几乎所有论述都将美国划分为奴隶制合法地区与非法地区，划分为"南方"和"北方"，并将"地域主义"视为政治的主轴。本书虽然明确承认深南部（包括佐治亚、亚拉巴马、密西西比、路易斯安那和南卡罗来纳）确实出现了各种类型的奴隶制社会，上南部（南部偏北的地区）出现了程度稍轻的奴隶制社会；但同样主张，奴隶制在19世纪前60年是全国性的，而不是地方性的。吉姆·克劳种族主义最初出现在东北部和中西部各州，那里的奴隶制当时正逐渐被正式废除。因此，所谓的"地域主义"与其说是一个政治事实，不如说是围绕着奴隶制的未来展开的一系列斗争中的一个重要的政治建构。而且这一时期的主要斗争并不是北方和南方之间的斗争，而是东北部和密西西比河流域之间为争夺整个大陆乃至整个西半球的控制权而展开的斗争。奴隶主和反对奴隶制的扩张主义者（主要在民主党内）结成联盟，而该联盟的破裂最终导致了国家的分裂和战争。

　　密西西比河流域作为19世纪上半叶另一个发展区的重要意义，是本书的另一处重要见解。直到过去几十年，大多数美国史著作带有浓厚的"例外主义"色彩——不仅在于其如何看待美国在世界上的政治地位，还在于它们叙述许多故事时囿于国界。近年来，早期美国学会等，特别是那些研究奴隶制的学者，通过采用所谓的"大西洋框架"，挑战了这种分析上的孤立主义。这种新主张有充分的根据。毫无疑问，北美社会的形成在很大程度上受到欧洲、西非、中非，以及西半球其他地区的影响，所有这些都与大西洋有关，它们逐渐创造出一个相互关联的复杂世界。到目前为止，这个框架不仅为早期的美国研究奠定了良好基础——如艾伦·泰勒的《美洲殖民地》所示——也影响了关于19世纪的研究，特别是对加勒比地区的研究。本书并没有对这一方向提出异议，而且在许多方面还能清楚地显示出它的影响。但笔者认为，大西洋框架大大低估了太平洋作为一个日益强大的力场的重要性。自18世纪末商人开始涉足太平洋和印度洋利润丰厚的贸易以来，各个政治派别的政策制定者都认为北美的太平洋海岸对国家利益至关重要，并将其视为通向未来的繁荣与伟大的门户。实际上，如果不承认太平洋关乎美国人的命运——无论是真实的，还是想象的——就无法理解19世纪许多重要事件的意义，从吞并得克萨斯、美墨战争到南北战争，再到开发外密西西比西部。

　　帝国、奴隶制、太平洋，以及东北部和密西西比河流域争夺大陆与西半球主导地位的斗争等问题，使读者得以从一个新颖、引人入胜的角度重新认识所谓的"内战与重建"。本书考察了1830年至1861年间，美国中央政府的权威遭遇的种种挑战，以及这些挑战如何重塑了政府自身的主权主张。其中，最重要的挑战无疑来自深南部和上南部的奴隶主，他们不仅希望保护以奴隶制为基础的既有秩序，还构想在西半球大部分地区建立一个奴隶制帝国的可能性。他们顽固地追求胜利，先是竞逐国家权力，尝试失败后又发动了一场叛乱，70多万人在平叛过程中丧生，国家也留下了久久难以愈合的伤痕。在后文中，笔者将像当时许多联邦的支持者那样，把这段血腥的过程称为"叛乱战争"（War of the Rebellion），而不是"内战"（Civil War），并将南方的"美利坚诸州同盟"[1]视为非法政权——很大程度上是因为它没有得到任何国家的承认（相较于"同盟"或"邦联"，笔者更倾向于称其为"叛乱州"）。

不过，叛乱战争其实只是众多对抗中规模最大的一次，这些对抗或是为了挑战联邦政府的主权权威，或是为了宣示自身的主权主张。这些对抗包括：美洲原住民为反对殖民者对其土地的掠夺而展开的斗争，特别是19世纪三四十年代的第二次塞米诺尔战争（这场战争是越南战争之前美国持续时间最长的战争）；19世纪30年代前期，南卡罗来纳反动奴隶主支持"拒绝承认或执行联邦法令"运动；19世纪50年代，摩门教徒努力限制犹他的联邦权力并自行设立"德撒律州"；19世纪四五十年代，由私人资助、发起的针对古巴、墨

---

1 "美利坚诸州同盟"，亦称"南部同盟"，又译"南部邦联"。美国南部奴隶主集团为维护奴隶制而建立的政权，于1861年2月成立。——译者注

西哥和中美洲的"非法对外征伐"，该行动显然违反了1794年《中立法》；1861年冬至次年春，林肯政府采取行动应对南部同盟叛乱时，加利福尼亚、美国中西部和纽约市分离主义骚乱的蔓延。除了上面列举的这些，这期间还发生了其他对抗，包括美国原住民在高地的抗争、"铜斑蛇"运动（"铜斑蛇"指不忠于林肯政府的北方白人）、暴力反对征招非裔美国人参加联邦军队的运动，以及对联邦权力扩张的抵制。事实上，我们或许可以将发生在19世纪前70年的叛乱统称为"复数的叛乱战争"（Wars of the Rebellion）。

"复数的叛乱战争"这个概念从几个方面挑战了我们对所谓的"重建"的理解。关于这段复杂时期的文献资料（大多数的起始时间是1863年或从1865年至1877年这段时间），非常成熟且很有深度。它们主要关注脱离联邦的南方诸州，涉及的问题包括政治上如何重新统一，以及如何从奴隶制向自由过渡。这当然是有道理的。叛乱大多发生在这些地区，原因在于奴隶制被废除后，奴隶主未能得到赔偿。土地、劳动力和财产权等问题迫切需要得到解决。联邦政府继而开始干涉外密西西比西部以外的地区。在美国西部和南方，联邦官员——大多与共和党结盟——制定了形形色色的关于劳工、信仰、家庭生活、纪律、性行为、财产权和土地使用的规定，目的是使这些地区及其居民完全融入作为新生的民族国家的美国。不服从这些规定的人，尤其是原住民，将受各种处罚，从镇压和监禁到剥夺公民权和放逐。这可以说是由强烈的帝国意识驱动的建国事业。

美国资本主义的发展也因此受到影响。如今的历史学家似乎已经达成一个基本共识：资本主义扩张是欧洲人向北美大陆，尤其是在从切萨皮克延伸到密西西比河下游的一个辽阔的新月地带移民的核心动力。在那里，奴隶种植园为国际市场生产主要农作物，并在19世纪以后推动了整个国家的经济增长。至少在18世纪初，一个以商业和强迫劳动剥削为主的大西洋世界业已成形；到了19世纪初，它的影响力更大。不过，本书将描述一个时间跨度更长的过程；在这个过程中，资本主义作为一种社会关系的"体系"逐渐在美国生根发芽。

　　一方面，本书将指出，19世纪上半叶，美国资本主义的发展在社会、政治、文化方面遇到了极强的阻力，包括以自给自足和地方贸易为主的家庭经济、与资本主义生产方式相悖并使商品和服务市场受到限制的奴隶劳动，以及大众对纸币和银行的敌意。笔者认为，该时期发生的主要变化是市场强化，即人们更广泛地参与市场，而不是生产、交换和社会组织形式的改变。虽然州政府等地方政府在促进商业扩张方面发挥了重要作用——例如，给运输公司和银行发放许可证——但资本主义的劳动和财产关系只是逐步站稳脚跟，部分原因在于联邦政府是否应插手这些领域这件事本身就争议重重。

　　另一方面，北美大陆的大部分地区都有原住民群体——部分群体在经济上充满活力，政治上富有攻击性——这些社区的劳动分工、性别关系、社会等级制度、财产所有权和使用权的形式，与资本主义格格不入，更不用说关于时间、空间和精神的观念。虽然美洲原住民和欧洲人之间存在着可以相互通商的"中间地带"，但这仅仅显示了原住民经济模式的灵活性，而无法证明他们可以轻而易举地接受资本主义的生产和交换方式。19世纪的美国几乎连年爆发激烈冲突，其实质是为了决定哪种社会组织形式将占据上风。直到战争爆发，当一种新型中央政府站稳脚跟以后，天平才彻底倾斜。

事实上，战争不仅巩固了民族国家，还使新的金融家和实业家阶层获得了巨大的利益。他们在共和党盟友的帮助下，推动了资本主义在政治经济中的发展。他们尤其看重外密西西比西部的开发。在军队、法院、国会，常常还有地方政府的帮助下，他们建立起一个庞大的铁路网，消灭阻碍他们的原住民部落，大力发展采矿业，并试图将不断增加的劳动力置于他们的控制之下。他们很快将目光转向墨西哥、中美洲和加勒比地区，为随后在太平洋地区的冒险奠定了基础。在许多方面，战后的西部和南方曾一度几乎等同于东北部的"殖民地"，并成为重新组织起来的帝国的试验场。比如，它们在经济和政治上的从属地位，这里的人遭受的无情剥削以及不得不与各有色人种接触，无论是原住民、西班牙裔，还是非裔。

不过，资本主义在获得巨大发展动力的同时，在19世纪下半叶也引发了激烈的抗议。一些最坚定、持续时间最长的反资本主义运动在南方和西部拥有深厚的基础，从"劳工骑士团"到平民党运动，从亨利·乔治和爱德华·贝拉米的追随者到社会民主党人和社会主义者，这些"边缘"地带因为民众运动和政治实验而动荡不已。这些运动主要围绕着"反垄断"意识展开，不过在很大程度上也受到了19世纪七八十年代由欧洲革命流亡者传入的共和主义、社会主义和马克思主义思潮的影响。运动参与者在工作场所和政府中争取权力，猛烈抨击资本主义关系和价值观以及似乎在背后支撑着它们的政治腐败，希望动用包括联邦政府和州政府在内的政府力量平衡双方的权力关系，使其更有利于"生产者"，而不是"富人"。在一些地方，他们设计了建设公民社会和政治社会的有效替代方案。这些方案与资本主义扩张共同将美国与大西洋世界和太平洋世界联系在一起。

这些社会和政治斗争发生在国际经济陷入长期萧条之时——从19世纪70年代中期持续到19世纪90年代中期——并与之密切相关。这些冲突有时非常激烈——在当时的工业国家中，美国的劳工运动最为暴力——政府常常需要动用军事或准军事力量加以镇压，这使人们产生了广泛而深刻的危机感。1871年的巴黎公社运动常常被提及——当时工人们控制了法国首都，寻求实现他们理想中的社会正义，但最终遭到政府当局的残酷镇压——有人认为它象征着美国劳工运动的潜力，也有人用它来提醒人们应当警惕劳工运动。其结果是从19世纪90年代到20世纪前20年的"重建"时期——这是笔者的说法，习惯上它被称为进步主义时代——社会、劳工、政治和企业等领域的改革者努力重新构建国家权威、工业所有者和投资者的产权关系、工作的组织方式、大众的政治参与、社会责任的性质以及帝国武力的影响范围。重建是在反资本主义运动失败后进行的，因此也反映了这些运动的影响和社会民主主义的倾向。

本书试图在全球背景下再现1830年至1910年间美国的转型。本书涉及的地理范围涵盖大西洋、加勒比地区、中南美洲大部分地区，以及逐步发展的太平洋地区。影响力、权力和意义的边界不断被跨越。我们无法孤立地思考这一时期——或者说任何其他时期——在美国发生的任何一起事件，而国际舞台同样越来越多地感受到发生在美国的事件所带来的影响。

但是，本书同样意在揭示国家和帝国之间的矛盾与对立。国家有明确边界，这些边界划定了主权和财产的范围。与之相反，帝国虽然可以扩张和收缩，却没有真正的边界，而往往与载体、权利声索和联盟相关。因此，本书将从19世纪30年代墨西哥北部有争议的边境地区的冲突，也就是当时所说的"得克萨斯革命"讲起，当时的美国已经具有帝国野心；最终将在20世纪第二个十年结束，并将再次回到墨西哥北部和中部地区，因为20世纪的一场大革命既定义了民族国家美国的帝国扩张的界限，也预示了美国在下一个世纪将面临的新的挑战。

第一部分

帝国与联邦

第一章　边疆

中心与边缘

　　1836年年初，安东尼奥·洛佩斯·德·圣安纳将军率领一支6000人的军队从圣路易斯波托西出发向北进军，前去平定科阿韦拉－特哈斯的叛乱，以恢复墨西哥中央政府对墨西哥北部、东部和南部广大边缘地区的控制。圣安纳于1794年出生在韦拉克鲁斯一个富裕的克里奥尔（出生在美洲而双亲是西班牙人或葡萄牙人的白种人）家庭，16岁参军（当时还是西班牙军队），后来参与了围绕着墨西哥的独立和这个新兴国家的未来道路展开的一系列激烈的政治军事斗争。

　　圣安纳傲慢，喜怒无常，渴望权力和别人的吹捧——他在1836年吹嘘说，如果发现美国政府插手墨西哥北部的叛乱，"他将挥师前往华盛顿，将墨西哥国旗插在美国国会大厦上"。他是典型的"墙头草"，先作为保皇派军官镇压伊达尔戈起义并与农民和共和派后继者作战，然后跟随克里奥尔同胞的脚步，转而支持墨西哥独立和奥古斯丁·德·伊图尔比德的君主立宪制。到了检验忠诚的时刻，他又站在自由主义者和联邦主义者一边，推翻伊图尔比德，建立共和国，并平息了保守派的叛乱。1829年，当西班牙试图再次征服墨西哥时，圣安纳率领墨西哥军队成功击退西班牙人。凭此功绩，他于1833年以压倒性的优势当选为总统，并且似乎仍然和自由主义者结盟。但是很快，他就出人意料地下台，把总统职位留给了自由派副总统，后者开始推进旨在削弱军队和天主教会力量的改革议程。这次，圣安纳听取了愤怒的保守派的呼声，帮助他们推翻了他曾经领导的政权，废除了自由主义改革，并试图使国家走上中央集权的道路。到了1836年，不仅是墨西哥军队，整个墨西哥都听命于他。

刚刚独立的墨西哥在边境地区面临的挑战很难说是独一无二的。墨西哥的诞生，与始于18世纪最后三分之一时期动摇了大西洋世界的帝国危机和革命运动息息相关。墨西哥与西半球其他新独立的国家一样，必须对其声称领有的人口和领土确立自身的合法性和权威。独立虽然由1810年的一场大规模农民起义，即伊达尔戈起义引发，但当1821年墨西哥最终实现独立时，农民起义基本被镇压下去。与拉丁美洲其他地区类似，由地主、矿主、商人和军官组成的克里奥尔精英阶层领导着前殖民地向国家转型。从最东南的尤卡坦、塔巴斯科和恰帕斯到最西北的上加利福尼亚，墨西哥的陆地面积是早期美国的两倍以上。幅员辽阔的北部地区（大约占整个国家的一半），零散居住着西班牙人、克里奥尔人和梅斯蒂索人（欧洲人与美洲原住民混血的后代），他们受由为数不多的要塞和天主教传教站组成的防御链保护。在那里，原住民控制着从太平洋沿岸向东，经大盆地和落基山脉一直到南部平原的广阔地区。

独立伊始，墨西哥的精英阶层像美国精英一样分成两派，一派希望权力集中于中央政府（他们在墨西哥被称为中央集权主义者，在美国被称为联邦主义者），另一派寻求建立一个较弱的中央政府，赋予地方更大的自治权（他们在墨西哥被称为联邦主义者，在美国被称为共和党人或反联邦主义者）。但与美国不同，以军人和天主教会成员为主的墨西哥中央集权主义者占据了上风，傲慢的伊图尔比德身上体现了这种倾向。他宣布建立墨西哥"帝国"，自己担任皇帝。不过数月之内，伊图尔比德便众叛亲离，被盟友抛弃，遭反对者攻击，不久就败在联邦主义者之手。1824年，墨西哥通过了共和制宪法。该宪法部分效仿美国宪法，例如三权分立、两院制的立法机构，以及由州立法机构选出总统，总统任期四年。但它在授予居民公民地位方面走得更远，宣布所有墨西哥人，无论种族、民族、社会地位如何，一律平等（不过该宪法并未提及非裔奴隶，这些人在矿区和沿海的甘蔗种植园工作）。

不过，宪法最重要的影响或许是，它将国家划分为19个州，每个州有自己的民选政府，另外还有四个准州（其中三个在北方，包括上加利福尼亚和新墨西哥），这些准州由国家立法机构管辖。虽然天主教会垄断了墨西哥人的精神生活，而且总统在紧急状态下可以要求行使特别权力，但墨西哥城的中央集权力量明显被削弱，各州和准州越来越倾向于联邦制和地方自治。在尤卡坦、索诺拉－锡那罗亚、银矿区萨卡特卡斯，联邦主义者的势力日渐壮大，他们不时抗税，并且建立起民兵组织，更不用说遥远的上加利福尼亚了。此外，为了确保东北边境地区的安全，墨西哥政府向来自美国的移民提供了各种奖励措施；这些移民从19世纪20年代前期开始在科阿韦拉－特哈斯定居，但他们对墨西哥的忠诚很快便受到怀疑。

对于西半球所有新兴共和国来说，建立稳定的政权是一项巨大的挑战。海地是第二个推翻殖民政权的国家，但因为前奴隶和前有色自由人之间的矛盾而陷入困境。这些人曾长期合作，在战场上击败了法国、西班牙和英国军队，结束了奴隶制。但胜利后的海地几乎立即陷入暗杀、政变和国内叛乱的政治旋涡之中，而美国和欧洲列强施加的外交孤立使情况进一步恶化。秘鲁、玻利维亚和智利推翻西班牙的殖民统治而独立，但它们因领土争端相互争斗多年，有时甚至会动用武力，而领土争端常常使其政府陷入危机。委内瑞拉复杂的地形导致国家融合步履维艰，并使总统一职多少带有旋转门[1]的性质。

即便一直以相对稳定而自豪的美国，也饱受政治动荡之苦。独立后的前五年，"联邦条款"只能为其提供非常脆弱的统治基础——如马萨诸塞西部的谢司起义所示。即使在宪法颁布后，围绕着联邦权力、领土完整和公共政策的分歧同样造成了国内不和。例如，英国人寻求收复殖民地；法国人和西班牙人在密西西比河流域边境地区与分离主义者密谋；包括新英格兰在内的几个地区爆发了分离主义运动；美洲原住民起身抵抗白人移民对其领地的侵占；1800年选举，托马斯·杰斐逊领导的共和党人与约翰·亚当斯领导的联邦党人之间的对立使共和国面临分裂的危机，而这绝不是最后一次。

到了19世纪20年代末，墨西哥的中央集权主义者，特别是军

---

1 旋转门，作为政治术语，指的是个人在公共部门和私人部门之间双向转换角色、穿梭交叉为利益集团牟利的机制。——译者注

方，越来越担心分离势力会使边缘地区（尤其是北部），脱离墨西哥城的管辖。上加利福尼亚和科阿韦拉－特哈斯已经爆发过数起反抗政府官员的小规模叛乱，其中一次是1826年至1827年在纳科多奇斯附近建立了短命的弗里多尼亚共和国，英裔和切罗基人也参与其中。这次叛乱最终被平定。随着路易斯安那和密苏里的商人开始开发特哈斯和新墨西哥的商业，长期以来从北到南，即从北到奇瓦瓦、杜兰戈和墨西哥城的贸易模式，开始变为从西向东。1829年，墨西哥东北军事管辖区指挥官曼努埃尔·德·米尔·特兰将军巡视阿韦拉－特哈斯，对那里的美国移民和美国政府的计划忧心忡忡。鉴于"北美人已经征服了与他们相邻的所有地区"，他敦促墨西哥政府举全国之力采取行动，并警告道："政府要么现在占领特哈斯，要么永远失去它。"他建议加强政府在北方的军事存在，扩大特哈斯与墨西哥其他地区之间的沿海贸易，吸引墨西哥移民和欧洲移民前来，以抵消美国的影响。1829年，墨西哥总统维森特·格雷罗废除了奴隶制——部分原因是为了阻止美国移民前来——次年国会完全禁止美国人进入边境地区。虽然特哈斯的奴隶主获得了解放法令的豁免，国会随后也解除了移民禁令，但墨西哥城仍在寻求使北方地区听命于自己。

但是直到1834年圣安纳在中央集权主义者的要求下再次担任总统，墨西哥政府才制订了一个新的治理框架。受保守的"德·库埃纳瓦卡计划"——该计划要求废除最近的自由主义改革并惩罚那些颁布这些改革的人——的刺激，圣安纳和新选举的国会开始联手废除1824年的联邦制宪法，并削弱各州的权力。这件事并不顺利。不出所料，墨西哥联邦主义者的重镇萨卡特卡斯和科阿韦拉顽强抵抗，圣安纳不得不进行军事干预。然而，最严峻的挑战来自一直动荡不安的特哈斯。1835年，一个势力日渐壮大的反叛派别明确将独立作为自己的目标。1836年年初，圣安纳率领6000人前去平叛。这支部队的兵力远超叛军，因此他认为胜利将唾手可得。

"野印第安人"

当圣安纳将军遥望北方边境时，他想到的不仅仅是叛乱的得克萨斯人（在特哈斯的美国人）和特贾诺人（在特哈斯的墨西哥人），他还想到了所谓的"野印第安人"，这些人一直在"前线"发动战争，对墨西哥宣示的国家权威不屑一顾。伊达尔戈起义使墨西哥进入长达十年的战争状态，印第安人趁机袭击军队和民兵不足的地区。虽然刚刚独立的墨西哥希望能与印第安人和平相处，但空虚的国库使18世纪80年代以来维持联盟所需的"赠与仪式"难以为继。为遏制印第安人对北方的袭击和进逼，墨西哥政府曾鼓励美国移民前来，但这些美国人此时更令墨西哥政府头疼。

圣安纳和其他墨西哥人眼中的"野蛮部落"实际上是原住民部落，他们在大平原和干旱的墨西哥西北进行掠夺、交易、交换俘虏、结盟的活动。最东边的是相对定居并从事农耕的民族，如威奇托人、欧塞奇人、波尼人和奥马哈人；最西边是纳瓦霍人、普韦布洛人和尤特人，他们是以马、奴隶、编织品、玉米、金属和枪支为基础建立的庞大的新墨西哥贸易网的一部分。但居住在南部平原的是从事狩猎采集的基奥瓦人、利潘阿帕奇人，以及最勇猛、最可怕的科曼奇人。

　　科曼奇族是游牧民族，语言属犹他–阿兹特克语系。他们本是肖肖尼人的一支——他们自称Numunuu，意思是"人"——16世纪开始从大盆地北部向中部平原迁移。到了18世纪初，一部分人独自前往更南的地方，与尤特人结成政治军事联盟，并大肆欺凌居住在新墨西哥北部的纳瓦霍人和阿帕奇人。最重要的是，他们利用17世纪某个时期——也许受惠于1680年的普韦布洛人大起义——从西班牙人那里得到的马匹，把自己变成了优秀的骑手。有了坐骑，他们的贸易和狩猎半径大为扩大，野牛成为其生活方式的核心。后来被称为"科曼奇里亚"的地区从新墨西哥东南、奇瓦瓦东北一直延伸到特哈斯，再到阿肯色河流域，总面积超过了西欧。

　　科曼奇里亚和整个大平原地区的核心，有着以狩猎野牛为基础的一套独特的政治经济体系。该体系发展了数个世纪，参与者在不断变化，并且明显受到许多不同的原住民部落和欧洲帝国的影响。到了19世纪初，它包括多个贸易中心和主要位于其南部的大范围掠夺区，还有与东部美国商人日益紧密的经济联系，以及复杂的联盟关系。野牛是科曼奇人衣食住的主要来源，作为商品的重要性更是与日俱增。掠夺区使他们能够获得马匹和俘虏，而马匹和俘虏对于狩猎野牛、与贸易伙伴的交易以及社会地位的提高来说都是必不可少的。联盟有助于他们组织狩猎和贸易，确认领土权利，并能以更高的效率完成更大规模的掠夺。联盟还使得权力和依附关系神圣化。

　　虽然地域广阔，但科曼奇里亚基本上是一个非中心化的社会。它的基本单位村落（ranchería）最多能达到250人，大多以亲属关系或拟亲属关系联系在一起，科曼奇人最重要的活动和等级制度均与这种关系有关。与平原上大多数其他原住民社会一样，性别和年龄决定了一个人在社会、经济和政治生活中的分工。成年男子负责狩猎和掠夺，男孩子放牧、驯马，女性不分年龄均要抚养孩子、加工野牛肉、烹饪食物。不过随着狩猎经济的发展，女性也开始牧马和放牛。事实上，经济活动的增加加大了对劳动力的需求，一夫多妻制和奴役——主要是对被抢来的女性和儿童的奴役——对于科曼奇人来说越来越重要。换言之，充满活力的经济使包括女俘在内的女性的负担越来越重，她们的生存环境愈加恶化。

科曼奇人和平原及大盆地的其他原住民部落很早就开始奴役俘虏，与一夫多妻制一样，都是狩猎和战争的产物。虽然俘虏中也有一些成年男子，但大多数是女性和儿童，尤以墨西哥人和印第安人为主；因为男子被认为不适合奴役，所以遭到杀戮。许多俘虏随后被带到奴隶市场交易，不过大多数俘虏和马群、骡群一起工作，承担收集食物和木材、做饭、放牧牛羊等艰苦工作。当野牛经济蓬勃发展，牧场可用的劳动力不足时更是如此。就像世界各地被奴役的俘虏一样，这些人立即被剥夺了同家庭和部落联系的权利，被给予新的名字——这是一种社会死亡和重生的仪式——不过他们的身份与那些"土生土长的科曼奇人"并不相同。即便如此，与美洲的非裔奴隶不同（不过更像西非的俘虏和奴隶），他们可以被同化进科曼奇家庭，成为妻子（有时是一夫多妻）、儿子和女儿，最终都将成为科曼奇人的配偶，并且可以在经济和外交领域扮演至关重要的文化中介的角色，一些男性甚至还成了骑兵和掠夺者。

19世纪，科曼奇人和其他大平原原住民的政治和经济发展的动力，产生自骑马狩猎野牛的需求、关于土地等财富的观念，以及血缘集团和村落成员对社会声望和男性气概的追求。科曼奇人寻求领土扩张并不是为了确定领土边界或土地所有权，也不是为了宣扬自身文化的优越性，而是为了获得土地等财富——他们通过马匹、俘虏和贸易获取财富。马是狩猎的必需品，科曼奇人需要广阔的牧场用来放牧。马匹和俘虏还是得到普遍认可的私有财产——科曼奇社会没有土地私有的概念——和个人财富的形式。掠夺是获得新的马匹和俘虏的重要手段，同时也是男性获得社会承认和提高社会地位的主要途径。由于牧场的草很容易耗尽，牧场主不得不四处迁徙，贸易网使得科曼奇人能够用多余的牲畜和掠夺来的战利品换取食物、手工制品和武器（包括枪支和火药）。这些交易和网络直接或间接地将科曼奇人与遥远的北方、西部和东部的原住民联系在一起，并使他们与欧洲人及其后代建立起了经济关系，后者或者居住在圣菲等地，或者自北方和东部而来。

掠夺和贸易使科曼奇人得以积累个人财富，从而加剧了社会分化。建立一个牧群需要很长时间，可能长达数年。所有年轻人，无论其家庭财富多寡，都要参与战场上的激烈竞争并收集战利品。但到了18世纪初，一个精英阶层出现了，他们因年龄和性别优势、庞大的牧群、相对的闲暇，以及依靠他们为生的附庸群体而与众不同。他们的社会和经济地位虽然既未固化也无法让后代继承，但它们赋予了这些人政治权威，特别是对那些慷慨散财的人而言——在科曼奇人中，财富主要是在赠送时才具有社会意义。通过这种方式，精英男性成为各个村落的首领（通常被称为paraibo），并帮助决定成员何时应当迁徙或进行小规模的掠夺。

虽然村落是科曼奇社会的基本单位，在决策时拥有很强的自主性，但它们只是更大的联盟的一部分。每个村落都属于科曼奇四

部——霍伊、泰内瓦、科佐泰卡和扬帕里卡——之一。四部的成员
不仅有共同的语言，对信仰、个人与集体的责任、得体的举止和可
接受的报复形式等的认识也非常相似。他们会在一年中的某个特定
时间聚集在一起，共同狩猎，所有人一起沿着树木茂盛的河流扎营
（冬季通常有数千个营地），以增进彼此的联系。他们会举行增进文
化凝聚力的仪式，负责政务的首领会碰头以解决纠纷并设定战争和
外交目标。此时，原本分散在各处的科曼奇人会集结起一支强大的
军队，足以重创那些被他们视为敌人的人。

　　到了18世纪最后25年，科曼奇人已经称雄南方平原。他们的人
数可能已经达到4万甚至更多，比特哈斯和新墨西哥的西班牙人和
梅斯蒂索人加起来还要多。他们逼迫阿帕奇人远离加拿大河向南迁
移，与北方的波尼人、基奥瓦人和夏延人建立起贸易关系，迫使东
部的原住民部落纳贡，并将当时的新西班牙北部边境地区变成了掠
夺区。在南方，科曼奇人不承认正式边界或帝国的主权领域。在他
们看来，那里分布着零星的社区、庄园、牧场，有马、骡子和潜在
的俘虏。掠夺和贸易不是非此即彼、相互矛盾的活动，二者共同构
成了科曼奇人的霸权。

　　1786年，科曼奇人与西班牙人达成和平协议，结成军事联盟共
同对抗阿帕奇人。此后，双方保持了长期和平。当时，特哈斯、新
墨西哥和科曼奇里亚的大片区域并没有被分成一个个彼此独立的政
治实体，而是一个越来越统一的经济区。纳瓦霍人和尤特人也签署
了这份和平协议，和平持续了更长时间，货物和人可以畅通无阻地
到达很远的地方。

　　这个联盟通过面对面的交流和交换礼物得到巩固，这些礼物会

在各个原住民部落内部重新分配，从而确保部落成员对部落首领的忠诚。西班牙人原以为联盟对自己有利，这可以使科曼奇人成为自己的附庸，但真正占据上风的反而是科曼奇人，他们定义了双边关系的界限。到了19世纪前期，科曼奇人的优势变得更加明显：一方面是因为他们的贸易利益部分转向东方，开始与在密苏里、密西西比和路易斯安那营商的美国商人交易；另一方面是由于19世纪第二个十年的墨西哥独立斗争使防御力量不足的北部边境地区更容易遭受掠夺。虽然奥古斯丁·德·伊图比尔德邀请由科曼奇酋长古奥尼克率领的科曼奇代表团出席他在墨西哥城的加冕典礼，并试图通过各种恩惠来安抚科曼奇人，但墨西哥政府无力满足科曼奇人的要求，无法继续维持赠与外交。维持了40多年的联盟旋即瓦解，科曼奇人开始深入墨西哥宣称属于自己的领地掠夺马匹和俘虏。他们经科阿韦拉－特哈斯进入奇瓦瓦和新莱昂，甚至深入南部和东部的杜兰戈、扎卡特卡斯、圣路易斯波托西和塔毛利帕斯。

奴隶主的前线

早在墨西哥独立之前很久，西班牙殖民者就已经在鼓励人们移居特哈斯，以防止印第安人、英国人、法国人和美国人觊觎此地。到了19世纪前期，特贾诺人的飞地遍布东北的纳科多奇斯周边、贝尔－戈利亚德地区的圣安东尼奥河沿岸，以及努埃西斯和格兰德河之间的地区（大部分在马塔莫罗斯北部和西部）。但是，当西班牙人及后来的墨西哥人试图将雷德河和萨宾河当作国际边界时，特哈斯——说英语的人称之为得克萨斯——东部仍是一片未定边境，存在诸多模糊且相互抵触的领土主张。这里有肥沃的土地，而且是通往墨西哥湾的门户，因此吸引了当时在美国西南部——包括亚拉巴马、密西西比、路易斯安那，以及阿肯色准州和密苏里准州——建立"棉花王国"的各路人的注意，圣路易斯独立市、密苏里、纳基托什、路易斯安那、新奥尔良等地的奴隶主、土地投机者和有商业利益的人纷纷前来。

东得克萨斯——这里同北美其他边境地区并无不同——在文化和地缘政治方面的边界性，很好地体现在希望在这里建立定居点的摩西·奥斯汀身上。奥斯汀1761年出生在康涅狄格，最初从事纺织品生意，后来移居费城和他的兄弟合伙经营。一到费城，他就入赘了一个涉足矿业的家庭，不久就在弗吉尼亚西部经营一座铅矿。他建立了奥斯汀维尔村，并配备了高炉和铁匠铺，但最终破产。不过他没有气馁，而是将目光转向西部——不是美国宣称拥有主权的地方，而是当时的西属路易斯安那北部。他向西班牙王室宣誓效忠，并设法取得了一块将近4500英亩[1]的土地。他不仅继续开采铅矿，还开始涉足航运业、银行业和贸易行业。奥斯汀是一个有贵族品味的人。他让奴隶为自己工作，并建造了一座种植园风格的奢华宅邸，取名为达勒姆大厅。但是，和在弗吉尼亚西部时一样，他负债累累，矿场濒临倒闭。即使在上路易斯安那成为美国领土之后，他仍然以西班牙定居者的身份从事贸易，并制订了一项旨在鼓励英裔美国人移民到特哈斯中东部的计划。他为此去游说圣安东尼奥贝尔的西班牙官员，希望他们提供必要的土地。

---

1 英亩，英美制面积单位，1 英亩约 0.405 公顷，4046.86 平方米。——译者注

虽然墨西哥独立斗争带来了政治动荡，但摩西·奥斯汀还是成功地取得了土地承包人的资格，并于1821年获得了布拉索斯河流域的一大片土地。不幸的是，他感染了肺炎，不久便去世了。他的儿子斯蒂芬·F.奥斯汀继承了他的计划，在特哈斯和墨西哥城之间来回奔波，最终他对这块土地的权利再次得到确认。斯蒂芬为了招揽移民，去过路易斯安那。得益于土地授予的规定，他向移民允诺了非常慷慨的条件——每名户主可以得到640英亩土地，妻子可以得到320英亩，每个孩子可以得到100英亩，每户还可以得到一块用于放牧的草场。殖民者有六年时间开垦土地，无须纳税。虽然墨西哥政府期望他们能够成为天主教徒，但并未采取任何实质性的措施强迫他们改变信仰。值得注意的是，虽然墨西哥城有很强的反奴隶制倾向，而且立法者曾禁止奴隶交易，并规定14岁的奴隶儿童必须获得解放，但奥斯汀为带奴隶来的移民提供了额外的土地，每带来一名奴隶就可以获得80英亩土地。

奥斯汀尽力避免因为墨西哥方面在奴隶制问题上的立场转变而受到冲击，这表明从一开始得克萨斯移民的主轴就是从东向西，而非像墨西哥官员希望的那样自北向南。奥斯汀和其他土地承包人吸引来的移民几乎都来自美国，很少来自墨西哥其他地区，而且几乎都来自以奴隶制为社会、经济、政治生活的基础的州。一些移民来自肯塔基、田纳西和密苏里，更多的人来自种植园快速发展的亚拉巴马、密西西比和路易斯安那。他们或者带来自己的奴隶，或者打算在定居后再购买奴隶，这些人都是被非常适合种植棉花的廉价土地吸引来的。虽然墨西哥政府希望他们能逐渐迁移到特哈斯腹地，并与特贾诺人一起组成一道防线，共同抵御科曼奇人的掠夺，但英裔得克萨斯人主要集中在墨西哥湾沿岸，那里的土地最适合种植棉花，而且相对安全。他们不会去墨西哥的市场，而是从新奥尔良或者位于路易斯安那中北部的古老的西班牙、法国贸易城镇纳基托什的商人那里购买物资，并把牲畜和棉花带到那些地方贩卖。无论出于何种意图和目的，他们的活动和贸易路线都使得特哈斯和路易斯安那之间的边界变得模糊。

英裔移民和殖民者为了经济和家庭利益，自然不得不做出必要的政治让步。斯蒂芬·F.奥斯汀归化为墨西哥公民，他对得克萨斯是否加入美国并不感兴趣。他在墨西哥自由主义者和联邦主义者当中寻找盟友，并试图在他们的帮助下，阻挠政府出台有损英裔得克萨斯人利益的措施，尤其要避免出台可能会破坏奴隶制稳定的措施。他只是一名小奴隶主，而且从来不是"奴隶制原则"的拥护者，但很快就接受了得克萨斯发展的现实。"得克萨斯必须是一个奴隶制国家，"他写道，"这是形势和不可避免的需求的结果，也是那里的人民的愿望，我有责任尽我所能谨慎地支持它。"

早在1825年，奥斯汀定居点的人口可能已接近2000人，其中约四分之一是奴隶，移民已经制定了一部奴隶法典。其他定居点的情况与之类似。虽然后来墨西哥当局正式禁止输入奴隶，但英裔移民通过在进入特哈斯之前为他们的奴隶安排长期契约的方法，有效地避开了政府的审查，该做法受到了土地承包人的欢迎。由于劳动力需求激增，奴隶贩子将成船的非洲奴隶经古巴运往加尔维斯顿港口，以避开试图将走私者绳之以法的美国海军巡逻队。到了19世纪30年代，英裔得克萨斯人的数量远超特贾诺人，这为奴隶种植园社会奠定了基础，其中多达四分之一的人可能拥有奴隶。

虽然斯蒂芬·F.奥斯汀在墨西哥城和萨尔蒂约（科阿韦拉－特哈斯首府）成功阻止了那些意图彻底废除奴隶制的墨西哥官员，但奴隶主的生活并不安稳。到了19世纪20年代末和30年代初，中央政府似乎不愿放任他们发展，开始削弱他们的权力基础。1829年的解放法令（不适用于得克萨斯人）和1832年规定劳动合同的期限不得超过十年（这项举措挑战了契约奴工的使用）的国会立法已经挑战了奴隶主的利益，而1830年禁止更多美国移民前来，以及中央政府计划在那里征收关税并驻扎更多军队，则带来了更大的威胁。不久之后，抵抗运动发生了。1832年，当南卡罗来纳爆发"拒绝承认或执行联邦法令危机"时，英裔美国人短暂占领了加尔维斯顿港口附近的一处海关，更多人——在奥斯汀的帮助下——要求废除移民禁令，并将特哈斯与科阿韦拉分开。圣安纳在移民问题上做出让步，科阿韦拉－特哈斯的立法机构虽然拒绝了他们的要求，但颁布了一系列政治改革措施，使得克萨斯人得以在州立法机构中占据更多席位，并对地方事务有了更大的控制权。不过，这可能尚不足以平息日益增长的不满情绪。一名政府官员悲观地预测道，英裔移民"只是在为革命寻找借口，他们的目标是先脱离科阿韦拉，然后再脱离共和国"。

帝国之眼

对得克萨斯感兴趣的不止奴隶主和野心勃勃的棉花种植者（他们最先前去开发美国深南部新兴的种植园带），还有部分美国政治领袖（《独立宣言》墨迹未干，他们便开始构想建立一个大陆帝国）。事实上，他们继承并捍卫到底的治理模式正是帝国式的，即由一个大都市中心松散地协调偏远的、基本上是自我管理的前哨地区的活动。他们之所以反叛，是因为他们认为英国背叛了自身的帝国传统，而不是反对帝国本身。当七年战争——欧洲称之为法国–印第安人战争——使法国人不再宣称对密西西比河以东地区领有主权以后，大英帝国当局不得不花大力气使移民留在阿巴拉契亚山脉以东，远离西部的印第安部落。《1763年公告》因此激起了一些人对英国统治的极大不满。事实上，虽然许多美国国父——从富兰克林、杰斐逊到潘恩、麦迪逊——被视为共和主义者，但他们的目光远远超出了阿巴拉契亚山和密西西比河，而且他们操着帝国的语言。

当然，在美国的政治完整性尚未形成时谈论帝国显得极为自负，当时的美国充其量只是一个由一些人口稀少、几乎半独立、对中央集权怀有很深戒心的加盟共和国组成的集合体。但是，帝国同时也显示出了白人殖民者的抱负，以及精英和知识分子受启蒙运动启发而产生的意识，即一种新的政治秩序已经诞生，并注定要在全世界范围内传播。帝国似乎也为共和政体在18世纪暴露的问题提供了一种解决方案——当时的人认为共和政体只适合狭小的、具有文化凝聚力的国家，否则往往会发展为专制政体。詹姆斯·麦迪逊在《联邦党人文集》第十篇中对该逻辑提出了最著名的挑战。他坚定地认为，共和国需要大片领土才能繁荣发展，因为共和国内部必然会出现各种不同的利益集团，因此任何一个利益集团都不可能占据主导地位。虽然麦迪逊没有直接使用帝国的语言，但包括托马斯·杰斐逊在内的其他人都站在帝国的角度来理解麦迪逊的思想。他们鼓吹麦迪逊的思想，认为它能够解释为什么幅员辽阔的美利坚合众国将获得成功，以及为什么这个共和国要在大陆寻求扩张。作为奴隶主的杰斐逊想象的是一个"自由的帝国",这显示出许多矛盾从建国之初就一直困扰着美国。

这些矛盾在1803年路易斯安那购地案中体现得再明显不过,这起事件或许算得上19世纪美国发生的影响最为深远的政治外交事件。自美国独立以来,具有帝国意识的政客和西部商业利益集团,一直垂涎密西西比河流域和港口城市新奥尔良,他们认为这两个地区关系着美国经济的繁荣。杰斐逊就任总统后不久就说道:"世界上有一个特殊的地方,它的拥有者天然是我们的敌人。这个地方就是新奥尔良。"西班牙将路易斯安那的控制权归还给法国的消息因此引起了美国人极大的不安。杰斐逊警告道:"一旦法国占领新奥尔良……我们将不得不同英国舰队及其整个国家联合对敌。"杰斐逊指示驻法国公使罗伯特·R.利文斯顿出价200万美元购买该市,而利文斯顿最终以1500万美元的代价得到了整个路易斯安那。

这并不是意外。1800年秋,法国与西班牙签署了《圣伊尔德丰索条约》,法国说服西班牙国王归还路易斯安那(法国在七年战争后被迫将领土交给西班牙)。此时,上一年刚刚掌权的拿破仑·波拿巴开始设想在美洲建立一个大帝国,他打算将帝国中心设在加勒比地区生产蔗糖的富庶殖民地马提尼克、瓜德罗普和圣多曼格岛,而路易斯安那将成为重要的外围地区。它将为加勒比海种植园储存食物和牲畜,并被当作抵御英国人和美国人入侵的屏障。这些产蔗糖的岛屿在过去十年间多次爆发大规模的奴隶起义,其中规模最大的一次发生在圣多曼格岛。起义终结了奴隶制,摧毁了种植园经济,前去平叛的英国和西班牙军队也被挫败。但是,拿破仑雄心勃勃试图逆转历史的车轮。他派遣大军镇压起义,逮捕起义首领,恢复奴隶制，并使蔗糖厂重新开工。

他险些成功。1802年，法国刚与英国签订和约，1万名法国士兵便在拿破仑的妹夫夏尔·维克多·伊曼纽尔·勒克莱尔的指挥下离开法国，前往加勒比地区。勒克莱尔似乎一度平定了圣多曼格岛的起义。他逮捕了伟大的起义军领袖杜桑·卢韦杜尔，后者一年后死在法国山区一间阴冷的牢房里。但当法国打算恢复奴隶制的消息传开后，杜桑麾下的军官，尤其是亨利·克里斯托弗和让-雅克·德萨林，再次带领民众起义，并在热带疾病的帮助下大败法军。11月，勒克莱尔去世，任务以失败告终。听闻法军战败，拿破仑怒吼道："该死的蔗糖，该死的咖啡，该死的殖民地。"失去了法国殖民地的明珠圣多曼格岛，美洲帝国便一文不值，于是他提议出售整个路易斯安那，杰斐逊的谈判代表听到这个提议后大吃一惊。

那一刻简直是莫大的讽刺。圣多曼格岛的奴隶起义使身为奴隶主的杰斐逊寝食难安（"当我想到上帝是公正的，他的正义不会永远沉睡时，我为我的国家担忧"），他因此为拿破仑的干预开了绿灯。而此时，由于拿破仑的失败和起义奴隶的胜利，他取得了一生中最大的政治外交成就。用政治学的话语来说，"圣多曼格岛"预示着奴隶制的未来，整个西半球的奴隶主因此心惊胆战，但它也使美国的领土面积扩大了一倍，并带来了一系列新的问题和挑战，这些问题和挑战将在19世纪余下的时间里发酵。如果圣多曼格岛起义的结果与此前无异，即奴隶失败，那么大西洋地区的奴隶制很可能卷土重来，拿破仑很可能会加强对路易斯安那的控制。由于杰斐逊将"拥有"新奥尔良的人视为"我们天然的敌人"，他将不得不思考下一步该如何行动。

不过，路易斯安那的交易事实上存在着诸多模糊、不合规则的地方。没有人能说清楚拿破仑是否有权出售这片土地或杰斐逊是否有权购买，也没有人知道最终应当转移哪些财产。当1800年西班牙人将路易斯安那归还给法国时，拿破仑和他的外交部长夏尔·德·塔列朗向西班牙国王保证，他们永远不会将这片土地转让给第三国。西班牙人得知法国人和美国人之间的交易后，有理由感到愤怒，更何况法国人还没有从西班牙人手中完全收回这片土地。此外，拿破仑没有遵守法国法律，未与立法会议商议便贸然采取行动。"把路易斯安那卖给美国是三重无效，"亨利·亚当斯后来讥讽地写道，"如果它是法国的财产，根据宪法规定，波拿巴不能在没有取得立法会议同意的情况下转让它；如果它是西班牙的财产，他根本不能转让它；如果西班牙有开垦的权利，他卖出的土地就一文不值。"就杰斐逊而言，宪法是否赋予他为美国增加新领土的权力是值得怀疑的。他很担心这点，并为此起草了一份宪法修正案，但幕僚说服他不要公开这份草案。

然而，将来最棘手的问题，可能是这片领土的边界模糊不清。虽然没有人知道密西西比河的源头究竟在哪里，不过将这条河作为东部边界似乎没有异议。但西班牙人坚持认为彭萨科拉和密西西比河岸之间狭长的沿海地区，也就是所谓的西佛罗里达是自己的领土。事态发展对西班牙人不利，而且他们也担心出现在新西班牙（墨西哥）边缘地带的新入侵者。因此，他们主张美国只获得了新奥尔良和密西西比河西岸的一片狭长区域。更多的人则将密西西比河、密苏里河、普拉特河、阿肯色河、雷德河和加拿大河的分水岭以及流入它们的支流当作边界，这样这片区域便北接英属加拿大，西面横跨大平原，南接特哈斯北部。事实上，安德鲁·杰克逊后来开始关注墨西哥的特哈斯（正如杰斐逊早些时候做过的那样）时坚持认为，路易斯安那的西部和南部边界应当一直延伸到努埃西斯河——虽然1819年的《亚当斯-奥尼斯条约》规定路易斯安那和特哈斯以萨宾河为界，萨宾河位于努埃西斯河东北。

这就是为什么杰克逊在1829年就任总统后不久——早在英裔移民掀起波澜之前——便派得克萨斯的土地投机者安东尼·巴特勒前往墨西哥城，指示他购买特哈斯。巴特勒按照杰克逊的要求对墨西哥官员说，印第安人的暴力活动暴露了墨西哥在北方的弱点，美国为了自卫可能不得不夺取特哈斯。无论如何，即使墨西哥拒绝出售，特哈斯也很快会落入叛乱的移民之手。墨西哥人拒绝了杰克逊的要求，将巴特勒送走。但这件事是一个不祥之兆，米尔·特兰将军（他大约在此时巡视了特哈斯）的警告言犹在耳。

这种两难局面也可以说是由帝国野心招致的，只是人们经常拒绝承认。对美利坚合众国和帝国的命运的主要威胁，似乎仍然来自欧洲强权，它们长期在西半球获取殖民地。虽然损失惨重，但它们很可能仍然希望继续扩大自身的势力范围。虽然英国在1812年战争[1]（又称"第二次独立战争"）中的失败（未能征服美国）可以被视为一个转折点，但敌对势力仍有可能集结起来包围美国。1823年，美国总统詹姆斯·门罗内阁的国务卿约翰·昆西·亚当斯在日记中苦恼地写道："俄罗斯可能会夺走加利福尼亚、秘鲁、智利，法国可

---

[1] 1812年战争，美国与英国发生于1812年至1815年的战争，是美国独立后的第一次对外战争。——译者注

能会夺走墨西哥（我们知道它一直希望让波旁王室成员成为墨西哥的君主，如同它在布宜诺斯艾利斯做过的那样）。至于大不列颠，作为最后的手段……它将夺取古巴岛作为这次瓜分中的战利品。如果英国控制了古巴，法国控制了墨西哥，那么我们的处境会怎样呢？"

有鉴于此，门罗很快公布了被后世称为《门罗宣言》的声明，警告欧洲人不要进一步对西半球进行政治干预。这似乎是一份强有力的反殖民主义宣言，也暗含了美国对席卷西属美洲——从委内瑞拉、哥伦比亚一直到墨西哥——的独立运动的支持。然而，门罗其实只是反对欧洲强权的殖民野心。他在宣言的最后强调："我们的人口增加，新的州加入我们的联邦，这些将对我们的最高利益产生最令人愉快的影响……增加我们作为一个（被所有人承认的）更强大的国家的实力和尊严。"墨西哥的米尔·特兰将军不是唯一认识到美国帝国野心的人。一家英国报纸写道："美国人的想法再清楚不过，他们希望独占美洲大陆每个地方的殖民特权。"

印第安领地

或许没有人比安德鲁·杰克逊更能代表这些具有帝国野心的活跃分子了。他生于卡罗来纳，很小便成为孤儿，读过法律，后来搬到田纳西中部经营种植园并成功跻身该州的政治舞台，然后进入国会。但军队似乎才是他实现野心和发泄怒气的最好工具。他痛恨英国人及其印第安盟友——在很大程度上是由于他受过的伤，以及他的哥哥在独立战争期间死于英国人之手——体谅奴隶主阶级的愿望和关切，而他本人也成了这个群体中的坚定一员。1812年战争为他提供了出人头地的良机。虽然他被人提到最多的功绩是在新奥尔良战役中击败英军，但实际上更为重要的是他在与上克里克人——他们因为将战棍涂成红色也被称为"红棍"——的一系列战争中的胜利，这一系列战争以1814年发生在亚拉巴马准州的塔拉普萨河马蹄湾的一场大屠杀告终。在这场战争中，杰克逊摧毁了特库姆塞的泛印第安人联盟的南翼，并迫使上克里克人向美国政府交出了2300万英亩土地（约占其总领地的三分之二）。

但杰克逊最大的军事行动还在后头。自美利坚合众国成立以来，南卡罗来纳和佐治亚的奴隶主一直向联邦政府施压，要求其动用外交或武力手段取得西属佛罗里达。虽然部分原因是战略和政治考量（有人担心英国有所图谋），但他们主要关心的是奴隶种植园的安全。西属佛罗里达不仅是一个帝国竞争者的领地，在西班牙国王的鼓励下，它也成了逃亡奴隶的灯塔。逃亡奴隶在17世纪后期开始出现在圣奥古斯丁郊外，在18世纪30年代后期建立了莫斯堡镇，在18世纪后期与塞米诺尔人（上克里克人的一支）结为联盟。关于西班牙避难所的消息在佐治亚和卡罗来纳的奴隶当中广泛流传，先是成为引发1739年斯托诺起义的因素之一，后来又在独立战争期间促使奴隶逃离种植园和农场。

种植园主觉得自身利益受损。为了找回逃跑的奴隶，他们组织了多支突袭队，并在1812年发动了入侵（被称为"爱国者战争"，但实际上是后来所谓的"非法对外征伐"战术的一个例子），目的是击败西班牙人，将这片领地并入美国。在美国陆军和炮艇的暗中支援下，他们包围了圣奥古斯丁，并与来自佐治亚和田纳西的民兵组织一起入侵东佛罗里达的其他地区，并且发誓要"毫不留情地处死”任何胆敢“拿起武器的黑人”，但这并不足以取胜。圣奥古斯丁周边的逃亡奴隶和他们的后代，以及塞米诺尔人（其中一些是黑人）看到墙上写的有关处死黑人的文字后发起了激烈的反击。在阿拉楚阿地区，前奴隶袭击了与入侵者合作的美国移民，并运用游击战术重创入侵者。等到美国人有能力发动反击时，华盛顿的政治风向已经改变。到了1814年年初，“爱国者”们发现，自己不仅已经被视为“入侵者”，而且吞并这里的要求也遭到了美国政府的拒绝。

不过，这样的情况并没有持续太久。1812年战争期间，“红棍”和英国人在南方战败，东佛罗里达、西佛罗里达，以及亚拉巴马和佐治亚南部边界地区的形势发生变化。“红棍”和逃亡奴隶谋求东山再起。为此，他们和塞米诺尔人一起，在佛罗里达西北角阿巴拉契科拉河河口的一个英国临时据点附近集结。英国人撤离后，黑人留在一处后来被称为“黑人堡”的地方，并且吸引了远近更多逃奴前来投奔。他们在河岸定居，种植农作物，饲养牲畜，抵御奴隶捕手的袭击，偶尔还向行驶在阿巴拉契科拉河的船只开火。佛罗里达边境两侧的奴隶主都怨声载道，西班牙州长束手无策，于是美国陆军介入了。

指挥此次军事行动的是安德鲁·杰克逊将军，他当时是美国陆军南方师的指挥官。他很清楚此次行动的目的——摧毁黑人据点，将活下来的逃奴带回主人身边。杰克逊派埃德蒙·P.盖恩斯将军——他后来转战路易斯安那和得克萨斯边界——前往佐治亚西南，盖恩斯又派邓肯·克林奇中尉进攻黑人堡。住在附近的逃奴躲入树林。克林奇包围黑人堡后，支援炮艇的炮弹落入据点引发了大爆炸，黑人守卫几乎全部丧生。但战争并未就此结束，幸存的黑人撤向萨旺尼河，在那里重新集结、操练，并与酋长"弓形腿"领导的塞米诺尔人结盟，共同策划为黑人堡的大屠杀复仇。在西边更远的地方，佛罗里达和佐治亚的其他塞米诺尔部落因为庇护逃奴与美军发生了争执，最终士兵烧毁了他们的一个村庄（被称为"污秽镇"），杀死了一些村民。于是这些部落也起身反抗美军。边境地区此时陷入全面动荡之中。

1818年年初，杰克逊奉命指挥美国陆军、田纳西民兵和下克里克战士（他们和上克里克人、塞米诺尔人是仇敌）共3.5万人，前去"惩罚野蛮的敌人，他们和一群无法无天的黑人强盗联手……对美国公民无缘无故发动了一场残忍的战争"。双方实力差距悬殊。塞米诺尔人缺乏武器弹药，黑人数量很少且他们只有火绳枪，而他们的对手则装备了长步枪。不久之后，塞米诺尔人和黑人渡过萨旺尼河向南撤退。杰克逊占领了印第安人的城镇，他的手下将原本"肥沃的土地"变为荒地。随后，杰克逊盯上了更大的战利品佛罗里达。他占领了西佛罗里达的圣马克斯和彭萨科拉，洗劫了东佛罗里达的塞米诺尔人和黑人村庄，攻陷了西班牙的堡垒，杀死了两名被指控协助和教唆印第安人的英国人，并命令盖恩斯攻占西班牙人最后的据点圣奥古斯丁。"我向你保证，"他向战争部长吹嘘说自己的帝国野心尚未被满足，"几天后古巴就是我们的了。"

詹姆斯·门罗总统的内阁还没有准备好接受杰克逊的战果，其中一些人认为杰克逊应该被追究责任。门罗最初决定将夺取的土地归还西班牙，但不到一年便改变了主意，主要是由于西班牙的弱势地位，以及美国有可能进一步对西佛罗里达和特哈斯施压。随着1819年《亚当斯–奥尼斯条约》的签署，西班牙将东西佛罗里达割让给美国，并同意以萨宾河为路易斯安那和特哈斯的边界（而没有像国会中一些人威胁的那样，以格兰德河为界）。对于幸存的塞米诺尔人和他们的黑人盟友来说，这不是一个好消息。

安德鲁·杰克逊努力推动美国的扩张，并驱逐那些可能阻止他的原住民和逃奴。他的尝试虽然还不是国策，却是美国未来国策的先声。联邦官员承认印第安人的领地主张，并接受将条约作为协调此类主张的机制，但自共和国成立以来，人们始终无法就如何协调美国移民和原住民利益的问题达成共识。由于原住民没有土地私有的概念，而且他们的半狩猎半农耕的经济形态需要大量土地，再加上他们的性别分工（女性经常做大量的采集工作），所以印第安社会被认为是落后和野蛮的，是阻碍文明进步的古老遗迹。一些政策制定者，如在乔治·华盛顿内阁担任战争部长的亨利·诺克斯，希望印第安人能够得到"开化"，并鼓励他们放弃狩猎和战争，从事农业，学习读写，以核心家庭为单位生活，皈依基督教，并改穿欧美式样的服装。这样他们会更容易卖掉自己的"剩余"土地，或许就可以在美国社会过上更加安逸的生活。但是在购买路易斯安那之后，大多数美国领导人将所谓的"迁移"——用密西西比河西岸土地交换与之面积相当的东岸土地——视为最佳选择。问题在于，是应当使用强制手段，还是应当说服他们自愿离开。

虽然原住民在美国政府中拥有盟友，后者主张应承认印第安部落对自身领地的权利，并希望通过和平共处的方式解决土地问题，但留在密西西比河东岸的原住民承受的压力还是在不断增加。随着一个又一个欧洲强权放弃或被迫离开北美大陆，印第安人——他们擅长在欧洲人当中制造对立——的政治前景变得越来越暗淡。美国独立后，特别是在1812年战争之后，白人移民和土地投机者涌入曾经属于印第安人的领地，尤其是当时原住民人口密度最大的深南部，并且希望尽快动用一切必要的手段否定印第安人的领地主张。他们将得到州政府的大力支持，例如佐治亚州就拒绝部落的主权，并认为自己有权管辖自己划定的边界内的所有人。

虽然新教传教士与联邦政府官员在一定程度上促进了文化融合，但原住民是否愿意接受美国文化似乎对他们的命运没有太大影响。至少切罗基人的例子证明了这点。切罗基人长期生活在阿巴拉契亚山脉以南10多万平方英里[1]的地区，不过到了18世纪，白人移民对他们的压力日渐增加。虽然切罗基人与法国人、西班牙人，特别是英国人建立了复杂的贸易关系——商品以鹿皮为主——但早在1721年他们就不得不放弃了部分土地。在七年战争期间及其后，与英国人的联盟对他们帮助很大。但当英国承认其在北美的殖民地独立后，他们就不得不面对美国人。到了18世纪90年代，切罗基人的领地已在美国内部，一部分人向西渡过密西西比河，定居在当时的西属路易斯安那。

但以与欧洲人和美国人通婚的部落成员为首的一部分人，希望改变传统的生活方式。他们接受了马耕农业、黑人奴隶制、市场经济、父系家庭结构和基督教。他们改革了自己的政治组织，使权力更加集中，设立了两院制立法机关、法院体系、选举代表制和官僚机构。他们开始使用文字，制定成文宪法，并出版了一份报纸。他们将佐治亚西北的新埃科塔定为首都。他们的社会分化越来越明显，

---

1 平方英里，英美制面积单位，1平方英里约为2.59平方千米。——译者注

站在金字塔顶端的是一小群由种植园主和奴隶主组成的精英，而底层则是人数多得多的农民和狩猎采集者。

这就意味着，到了19世纪20年代中期，位于美国东南的切罗基社会（有意识地）使自己看起来更像周边的白人社会。虽然土地仍然是共有的，但有改革思想的切罗基人已经盖起砖房或木板房，建造果园，并用栅栏围住自己的土地。他们起草了一部特别的法典来管理黑人奴隶。他们想象——借用一名首领的话来说——"有朝一日，他们的人和美国家庭之间的区别将变得难以察觉"。这些人为此付出了巨大的代价。许多"血统纯正的"切罗基人——约占所有切罗基人的四分之三——拒绝改革，有些人反应非常激烈。他们拒绝积累财富，选择坚持古老的传统。

切罗基人并不是唯一一支在面对不断加剧的来自美国方面的压力时，一方面试图适应环境，但另一方面又在寻求维持自身文化的印第安部落。他们也不是唯一一支为确定未来的发展方向而陷入内部纠纷的印第安部落。在19世纪初的俄亥俄河流域，已经居住在多种族杂居村落的讲阿尔冈昆语的肖尼人，因为类似的原因同样发生了分裂。一部分人渡过密西西比河，迁往和白人定居点近在咫尺的地方；另一些人加入了特库姆塞和他的弟弟坦斯克瓦特瓦（也被称为"先知"）组织的泛印第安人运动，其目的是遏制美国人的进逼，恢复印第安人之间的联系；而以"黑蹄"为首的其他人，开始改变原有的经济模式，并利用学校和传教士为其提供的机会学习。只要他们能够在美国政府内部，尤其是白宫中赢得支持者，使自身的主权主张在某种程度上得到承认，并使美国政府同意印第安人自愿迁移，那么他们就可以一方面阻止他们的敌人，另一方面消弭极易造成分裂的内部冲突。

　　但安德鲁·杰克逊在1828年当选总统后，阿巴拉契亚山脉以西，尤其是南部的白人移民得势，末日的钟声开始敲响。杰克逊代表了许多南方白人及佐治亚和亚拉巴马政府的意见。他拒绝承认印第安部落的主权，支持各州将权力扩展到印第安人的土地，并几乎立即命令联邦政府执行一项印第安人无力阻止的迁移政策。1830年，虽然受到新英格兰和中大西洋地区议员的反对，国会还是通过了一项法案，规定密西西比河以西的土地为部落定居地，同时破坏了密西西比河以东部落领地主张的法律基础。联邦政府没有具体规定应当如何迁移，但同意对印第安人为其放弃的土地给予补偿，并支付迁移的费用，而且承诺将保护和照顾迁移途中的印第安人，为部落首领提供年金，支付现金作为部落的资金。当部落到达密西西比河以西指定地区后，联邦政府同意在一年内提供他们所需的各种帮助。

　　杰克逊认为，迁移是唯一能够使原住民部落避免被"用文明的技艺"武装起来的白人腐化或消灭的方法，因此它是一种维护"人类和国家荣誉"的做法。但是，他将不得不动用武力，并将付出高昂的代价。在大湖区，索克人、福克斯人和基卡普人的代表在1800年至1830年间将其家乡的大部分土地割让给了美国政府，这令他们的许多部落同胞大吃一惊。以基奥卡克为首的一个温和派，渡过密西西比河并在那里定居。与他们相反，英勇的酋长"黑鹰"——他曾在1812年战争中同英国作战，其村庄也被割让——则在19世纪30年代初，率领数百人返回位于伊利诺伊西北角的罗克河沿岸开垦土地。伊利诺伊州州长将"黑鹰"的行动视为"入侵"，他召集民兵，并请求联邦政府派出军队。随后，联邦军队在埃德蒙·P.盖恩斯将军的指挥下，从圣路易斯出发。盖恩斯在第一次塞米诺尔战争中双手沾满了鲜血。这场发生在1832年春夏的战争被称为"黑鹰战争"，战场在伊利诺伊北部和威斯康星南部（当时还是密歇根准州的一部分）。印第安人在巴德阿克斯之战中惨败，结束了抵抗。"黑鹰"成功脱身，逃到了温纳贝戈，随后落入美国政府之手，并被短暂囚禁在圣路易斯。他在密西西比河以西的部落定居地心灰意冷地生活了几年后离开人世。

联邦军队也付出了代价。战场上的伤亡相对较轻，霍乱和逃兵的影响反而更大。不过杰克逊的迁移政策在佛罗里达付出的代价要高得多。19世纪30年代初，塞米诺尔人的数量在5000到1万人之间。他们与密西西比河东部的其他原住民部落不同，并没有阻止白人移民前来。第一次塞米诺尔战争结束后，他们不得不退到佛罗里达中南部，而且并不打算收复被迫放弃的土地。他们本来有可能过上安稳日子，但由于收留逃奴及其后代，佛罗里达东南的奴隶主对他们怀恨在心。奴隶主一心想把塞米诺尔人赶过密西西比河，将逃奴送回主人的身边。1833年，塞米诺尔人的一个代表团前往印第安定居地调查分配给他们的土地，这些土地在分配给克里克人的土地之中。代表团似乎很满意，联邦政府希望塞米诺尔人在三年内迁移到那里。

但和其他类似谈判一样，塞米诺尔人的代表并没有得到大多数部落民众的支持。许多塞米诺尔人坚持认为，代表们无权达成迁移协议。想到将在密西西比河以西的新克里克地区成为少数族裔，他们愈发恼火。黑人逃奴的反对更为激烈。黑人住在自己的村庄里，离塞米诺尔营地不远，每年向塞米诺尔酋长交纳贡金，同时作为翻译、向导和战士为塞米诺尔人服务——这相当于他们承认自己是塞米诺尔人的附庸。他们有充足的理由反对迁移，因为他们认为自己不会被允许渡过密西西比河，而将不得不重新为奴。1836年1月初，美国军队命令塞米诺尔人在坦帕湾集合。塞米诺尔人和他们的黑人盟友先发制人，袭击了圣约翰河沿岸的甘蔗种植园，歼灭了一支100人的军队，从而引发了第二次塞米诺尔战争。

塞米诺尔人没有轻易屈服。战斗持续了一年多，联邦军队仍然无法瓦解印第安人和黑人的抵抗，因为塞米诺尔领导人米卡诺皮、奥西奥拉、"野猫"、"小鳄鱼"、"跳跃者"和"菲利普国王"，以及为他们出谋划策的黑人亚伯拉罕、约翰·卡瓦略和约翰·西泽等，团结了种植园奴隶并组织起了强大的防御。一名美军指挥官评论道："这……不是一场印第安人的战争，而是一场黑人的战争；如果不尽快平息，整个南方都将感受到它对奴隶人口的影响。"1500名美军士兵在这场战争中丧生，美国政府花费的资金可能高达4000万美元（几乎是购买路易斯安那的金额的三倍），联邦军队不得不允许许多黑人随塞米诺尔人西行，而无须再回到他们的主人身边。战争结束于1842年（这场战争是越南战争之前美国持续时间最长的战争），大部分塞米诺尔人被消灭，只有少数人拒绝投降，撤退到了大沼泽地深处。

切罗基人抵抗迁移的过程虽然没有动用武力，但同样激烈。抵抗最初由酋长约翰·罗斯领导。切罗基人利用他们的报纸《切罗基凤凰报》让部落成员了解外部情况，并向美国公众展示他们的文化和进步。他们在华盛顿特区通过请愿和口头辩论的方式进行游说，还在联邦法院起诉佐治亚的行为，主张自身的部落主权，并要求相应的政治救助。结果令人失望。以首席大法官约翰·马歇尔为首的最高法院在"切罗基族诉佐治亚案"（1831年）和"伍斯特诉佐治亚案"（1832年）中做出了模棱两可的裁决：一方面，法院裁定，虽然切罗基人确实享有某种主权地位（他们和其他印第安部落被认为是"国内的、依附的民族"），但他们不同于外国，因此没有权利起诉佐治亚；另一方面，法院称"切罗基族"是一个"拥有自己领地的特殊群体"，因此佐治亚对其不具有司法权。一个富有同情心的执政者本可以据此捍卫切罗基人的利益，并与佐治亚针锋相对。但杰克逊认为最高法院的裁决仅仅是对宪法的一种解释，并拒绝执行。美洲原住民本来有机会获得的胜利，就这样变成了彻底的失败。

更令人不安的是，迁移问题使切罗基人内部发生了严重分裂，一部分人希望留在家乡（罗斯是其中之一），而另一部分人则认为抵抗毫无意义，应尽可能争取最好的条件（这些人的首领是约翰·里奇，他们被称为"条约党"）。里奇在关键时刻占了上风。《新埃科塔条约》于1835年年底签署，迁移时间定在1838年。罗斯虽然仍试图挽回局面，但最终还是无力抵抗杰克逊政府和佐治亚联合施加的压力。就这样，1.2万名切罗基人踏上了"血泪之路"，前往印第安领地（大约四分之一的人死于途中）。但政治分歧并未因此弥合，约翰·里奇和"条约党"的另外两名领导人梅杰·里奇、伊莱亚斯·布迪诺特被部落内部的敌人残忍杀害，获得优势的罗斯派后来赦免了凶手。这是一个糟糕的结束和一个糟糕的开始。

那么，印第安领地在哪里，或者更准确地说，它是什么呢？在杰克逊时代印第安人迁移的时候，新设的阿肯色州和密苏里州——都在密西西比河以西——已经加入联邦。所谓的"印第安领地"或者说"西部领地"大致位于普拉特河和雷德河之间，阿肯色和密苏里边界以西的地区。原本居住在俄亥俄河以北的印第安人将被重新安置在这片区域的北部，而那些生活在俄亥俄河以南的印第安人，包括像切罗基人、塞米诺尔人和乔克托人这样的蓄奴部落，将被安置在南部（这部分反映了北方议员的意见，他们要求遵守密苏里妥协案达成的以北纬36度30分为自由州和蓄奴州的分界线的规定，路易斯安那准州中位于这条线以北的地区不得实行奴隶制）。美国承诺将"永远""保障和保证"西部领地属于被重新安置的印第安人，保护他们对这些土地的占有，但并未给予他们永久的土地所有权。相反，迁移法案规定，如果"印第安人消亡"或放弃土地，它将重新归联邦所有。

然而，印第安领地的政治前景如何？在此前的半个世纪里，自从国会颁布《西北土地法令》（1787年）以来，准州就被置于联邦政府的管辖之下，同时被视为未来将加入联邦的州。它将受由国会任命的准州州长和选举产生的准州立法机构管理，一旦人口达到6万，准州就可以颁布自己的宪法并申请成为州。但印第安领地无法享有这样的政治前景。他们将受到驻圣路易斯的印第安人事务专员和军事基地司令官的监督。虽然不时有人提出应当在联邦中纳入一个正式的印第安州，但随着迁移政策的展开，这个想法不再有人提及。无论如何，从性质上看，印第安领地相当于美国内部的保护领地，边界不固定，治理界线模糊不清。它会存在下去，但来自外部白人定居点的压力和内部资源的匮乏将使其难以维持。它在美国的地位是独一无二的，既与美国分离，同时又存在于美国内部，可以被视为美帝国前景的一个可怕的预兆。

得克萨斯

虽然印第安领地在美国的地位和未来暧昧不清，但安德鲁·杰克逊对得克萨斯的未来却看得非常清楚。他一直认为路易斯安那购地案最初包括了得克萨斯，而詹姆斯·门罗的国务卿约翰·昆西·亚当斯在1819年的《亚当斯–奥尼斯条约》中错误地将其放弃了。像众多至少从19世纪第一个十年就开始在得克萨斯从事"非法对外远征"的冒险家与政治叛徒——比如臭名昭著的伯尔阴谋中的詹姆斯·威尔金森———一样，杰克逊认为得克萨斯终将并入美国，成为美国的一个州。他就任总统后，立即着手推进这项事业。即便在他派出的使节安东尼·巴特勒彻底失败——墨西哥政府完全没有出售该省的打算——之后，杰克逊仍然没有放弃，而是打算将印第安人掠夺路易斯安那和阿肯色的威胁当作入侵得克萨斯东部的借口。

杰克逊并不是唯一有这样想法的人。欣欣向荣的港口城市新奥尔良早就是美国第五大城市和加勒比地区的经济中心，奴隶贩子、金融家和政治投机者会聚于此，在权力斗争中失败而流亡的人来这里寻找东山再起的机会。虽然从古巴一直到中美洲和墨西哥都在他们的视野之中，但由于19世纪20年代英裔美国人的殖民活动，他们对得克萨斯的兴趣最大。就像之前参与牲畜贸易一样，新奥尔良的商人及其代理人开始参与雷德河和萨宾河边境地区规模越来越大的得克萨斯棉花贸易，更不用说与印第安人——主要是科曼奇人——之间以盗窃的马匹和武器为主的贸易。投机者——部分来自得克萨斯的纳科多奇斯——希望从墨西哥政府提供的大片土地中获利。

商人组织新奥尔良协会为一系列政治经济活动提供资金，包括策划"非法对外远征"。斯蒂芬·F.奥斯汀在确认了自己作为土地承包人的资格后，几乎是立即前往新奥尔良，这并非偶然。对于新奥尔良、阿肯色和深南部其他地方的人来说，美国获得并开发得克萨斯变得越来越重要。它既可以被当作不断积累的经济动能的出口，也有助于保护存在于其东边的奴隶制度。"得克萨斯狂热的废奴主义者，"奥斯汀警告说，"将对（路易斯安那）过度增长的奴隶人口产生非常危险和有害的影响。"

对于那些在新奥尔良和南方蓄奴州具有帝国意识的美国人来说，英裔得克萨斯人是潜在的盟友。到了19世纪30年代前期，特哈斯的政治危机一触即发，因为奴隶制受到威胁而导致的不满情绪是一个重要因素。虽然得克萨斯领导层内部存在分歧，一部分人主张留在墨西哥共和国并寻求更大的自治权（他们被称为"和平派"），另一部分人主张独立（他们被称为"战争派"），但他们都对墨西哥城越来越明显的中央集权倾向及其对得克萨斯正在构建的社会秩序带来的挑战感到担忧。大多数领导人是奴隶主、大土地所有者、土地投机者和棉花种植者，他们看到墨西哥联邦政府和科阿韦拉-特哈斯州政府试图干预他们的劳动力，限制与他们具有相同志向的英裔美国人移民到这里，并开始征收关税。1835年夏，他们组织民众发动骚乱并试图建立起治理机构。11月，叛乱的得克萨斯人同墨西哥军队爆发军事冲突，随后他们在议事厅召开会议并组织了一支军队，指挥官是山姆·休斯敦。山姆·休斯敦是杰克逊的盟友，曾在田纳西短暂从政，后来在切罗基人的领地待过一段时间，于1832年来到得克萨斯。他们还根据1824年墨西哥联邦宪法成立了临时政府，不过并没有宣布独立。

但与此同时，事态迎来了重要转机。随着冲突不断升级的消息传到密西西比河下游及更远的东部，那里的人开始为援助处境困难的得克萨斯人筹措资金、组织军队，并进一步推动得克萨斯独立。大城市和小城镇都举行了公开会议以征集捐款，动员民兵，人们开始憧憬一个拥有大量种植园的奴隶制的世界。"现在这里谈论最多的是得克萨斯的独立事业，"一个密西西比白人在路易斯维尔的一个村庄里写道，"很多人离开这里，期望通过这项事业获得家园和财富，因为得克萨斯政府许诺为士兵提供大量土地作为酬劳。我敢保证，那里的土地……比我们南方其他地方的土地更适合种植棉花、甘蔗，等等。"民兵组织开始从新奥尔良、佐治亚、亚拉巴马和肯塔基出发。截至1836年年初，从圣帕特里西奥到戈利亚德再到圣安东尼奥贝尔的重要地区，超过四分之三的士兵——他们的指挥官是得克萨斯富有的奴隶主詹姆斯·W.范宁——在上一年10月才来到得克萨斯。美国人的"非法对外远征"为后来所谓的"得克萨斯革命"提供了决定性的帮助。

安德鲁·杰克逊没过多久就打算插手得克萨斯。据说山姆·休斯敦是奉杰克逊之命前往得克萨斯的，目的是促进其与美国的合并。虽然没有任何证据证明这是事实——此事更有可能是杜撰的——不过杰克逊确实找到了一个介入得克萨斯事件的机会。这个机会出现在1835年秋，当时纳科多奇斯警戒和安全委员会的成员呼吁杰克逊保护其免受印第安人的袭击。于是杰克逊派参加过塞米诺尔战争和黑鹰战争的埃德蒙·P.盖恩斯将军率领一个连的兵力在次年年初前往萨宾。盖恩斯很快就渡过萨宾河并占领了纳科多奇斯，然后又在那里待了六个月。

没有人知道如果墨西哥军队进入特哈斯东北，或者迅速平定得克萨斯叛乱，盖恩斯是否会与他们交战。但战争派与和平派听闻圣安纳将军正率领大军前来的消息后，便搁置了分歧。叛乱的得克萨斯人——奥斯汀也在其中——支持独立，并决定以武力守卫自己的领土。其中一些人，包括冲动的威廉·特拉维斯和詹姆斯·鲍伊，不顾山姆·休斯敦的命令，在首府圣安东尼奥贝尔的大型要塞阿拉莫挖掘壕沟。其他人或者和詹姆斯·W.范宁一起在戈利亚德，或者和休斯敦一起在圣费利佩。与此同时，叛乱者准备在3月初召开会议，正式与墨西哥断绝关系。

圣安纳坚信自己的军队能够平定特哈斯的叛乱，不过他也没有放过利用得克萨斯社会其他弱点的机会。其中一个无法忽视的因素来自印第安人，特别是切罗基人及其盟友，他们在被强制迁移之前已经来到阿肯色和得克萨斯的边境地区。墨西哥官员和得克萨斯的领导人为了赢得他们的忠诚，竞相许诺会给他们土地和其他奖励。其中就包括休斯敦，他曾经和切罗基人一起生活过一段时间，还娶了一名切罗基妻子。切罗基人最终分裂成亲墨西哥派和亲得克萨斯派。但得克萨斯叛乱更大的软肋似乎是奴隶制。"他们的意图，"一名得克萨斯叛乱者在谈到墨西哥中央集权主义者时说，"是和各个印第安部落交好。如果可能，还要煽动奴隶叛乱。"

这并非痴人说梦。1835年10月，当得克萨斯人和墨西哥人第一次交战时，居住在布拉索斯河沿岸奥斯汀定居点的奴隶发动起义，据说目的是要求在他们之间重新分配土地。他们遭到了奴隶主的残酷镇压，但这起事件让人们意识到了潜在的风险和可能的危险。不少得克萨斯人开始警告说，墨西哥军队打算"强迫你们释放你们的奴隶"，他们会让"奴隶自由，解放他们去危害你们的家人"。事实上，墨西哥官员——比如马丁·佩费克托·德·科斯将军——曾公开暗示，得克萨斯叛乱将"严重影响他们（叛乱者）和他们的财产"。难怪许多得克萨斯的奴隶主没有加入叛军，而是留在家里，密切关注奴隶的一举一动。

圣安纳意识到得克萨斯人的困境，思考着如何才能最大限度地加以利用。他在进入该省与叛军交战前说道："得克萨斯有相当数量的奴隶，他们的主人在某些可疑的契约的掩护下把他们带了进来。但根据我们的法律，他们应该是自由的。在一个仁慈的法律保护着每个人的自由，而无论其肤色如何的国家，我们还能让这些可怜虫继续戴着镣铐呻吟吗？"专横的圣安纳看起来是最不可能挑战奴隶制和种族剥削的人，但得克萨斯的奴隶都听说了墨西哥政府的解放主义倾向，他们对即将到来的变革满怀期待。布拉佐里亚的奴隶主注意到"黑人翘首以待，为墨西哥人要来释放他们而欢欣鼓舞"。一些奴隶趁机逃脱主人的控制，投奔墨西哥军队。

因此，对于圣安纳来说，最佳选择是立即率军前往墨西哥湾地区，因为大多数得克萨斯人居住在那里，奴隶也很集中。但圣安纳没有选择这么做，而是率军继续向北前往圣安东尼奥贝尔和阿拉莫——小群英裔得克萨斯人和他们的奴隶在那里坚守——并将其包围起来。原因或许是那里的地形——干旱的平原而不是东部的森林——是他最熟悉的，他想在那里开始行动，或是想先在当时的得克萨斯首府展示自己的实力。无论他的逻辑是什么——以后见之明来看，阿拉莫的军事和战略价值微乎其微——第一场战斗的结果似乎是一个好兆头，他的军队摧毁了阿拉莫，杀死了所有男性守卫者（仅有的两名男性幸存者是奴隶）。前往得克萨斯东南的墨西哥军队在何塞·德·乌雷亚将军的指挥下，在圣帕特里西奥大败得克萨斯叛军，随后在戈利亚德附近制服了敌人。根据圣安纳的命令，投降的叛军士兵被立即处决。山姆·休斯敦和得克萨斯叛军残部仓促撤退。而英裔得克萨斯人既担心自己会被墨西哥入侵者"彻底消灭"，又担心"黑人可能蜂拥而起"，因此他们在恐慌中逃走，此次事件被称为"大逃亡"。

虽然圣安纳似乎取得了胜利，但他选择的进军路线使其付出了沉重的代价。他手下近四分之一的士兵在阿拉莫阵亡，是在这场战斗中丧生的英裔得克萨斯人的三倍多。他下令在阿拉莫和戈利亚德实施的屠杀，激起了活下来的人的复仇心，得克萨斯的叛乱因此愈演愈烈。圣安纳认为自己即将取得彻底的胜利，于是计划分兵几路进攻休斯敦的残部。但这次运气站在休斯敦一边。他通过一名被俘的信使知道了圣安纳的动向，率领900人在圣哈辛托河和水牛河的交汇处展开反击。墨西哥军队很快被击溃了，士兵遭到残忍的屠杀，甚至连叛军军官都无法制止。近700名墨西哥士兵死亡，数百名官兵被俘，包括圣安纳将军。他换上普通士兵的军服企图逃跑，但最终还是被叛军抓获了。

渴望复仇的叛军士兵要求处决圣安纳，但休斯敦另有打算。他答应让圣安纳活着回到墨西哥城，但条件是圣安纳必须同意得克萨斯独立，同时命令剩下的墨西哥军队留在格兰德河以南，并寻求墨西哥国会承认得克萨斯独立。圣安纳很难拒绝这样的交易。他签署了停止敌对行动的《韦拉斯科条约》，并私下承诺向墨西哥政府施压，要求其接受得克萨斯的独立。就这样，得克萨斯共和国成立了（它创建于3月在布拉索斯河畔华盛顿召开的会议上，参加会议的代表比之前的领袖更加年轻，在得克萨斯待的时间更短，会议制定的宪法与美国宪法相似，但明确支持奴隶制）。

　　但得克萨斯共和国究竟是什么呢？此外，另一个重要的问题是，它位于何处？虽然有圣安纳的承诺，但墨西哥国会拒绝承认得克萨斯共和国，并认为自己仍在与得克萨斯的叛乱分子作战。虽然英裔得克萨斯人期望得到美国政府的承认或者并入美国，但杰克逊政府态度冷淡。虽然杰克逊对得克萨斯很感兴趣，而且试图利用叛乱获利，但得克萨斯叛乱的结果同样对美国构成了挑战。吞并得克萨斯会造成政治分裂，还会激起那些致力于限制奴隶主权力并最终废除奴隶制的美国人的愤怒。不仅如此，无论是吞并还是承认独立，美国都必然招来墨西哥政府的敌意，这很可能会引发一场使美国四分五裂的战争。杰克逊留在政府的日子已所剩无几，他不愿意让新总统，同时也是他非常信任的继任者马丁·范布伦承担直接插手得克萨斯所必然造成的负担。虽然杰克逊在离任前任命了前往得克萨斯的临时代办，但更大的问题——得克萨斯与美国的关系——仍然没有得到解决。在墨西哥人看来，得克萨斯共和国根本不存在。

　　其次是边界问题。《亚当斯－奥尼斯条约》将萨宾河定为墨西哥科阿韦拉州的东部边界，得克萨斯的领导人也接受了这一点。但他们同时将南部和西南的边界定为格兰德河，并将西部和北部边界一直划至北纬42度。这是一片广袤的领土，但除了得克萨斯人，没有哪个政府或联邦，包括美国、英国、法国、墨西哥，以及南部平原的印第安人打算承认它。在接下来的十年里，得克萨斯并不是一个主权国家，而只是一片想象的区域，边界极易被渗透，而且不断变化，几乎无法辨认。科曼奇人、基奥瓦人、夏延人和阿拉帕霍人从北部和西部闯入。有野心的得克萨斯人不仅与印第安人对抗，甚至觊觎墨西哥的领土。而努埃西斯河和格兰德河之间的地区无人居住而且没有政治保障，在当时的地图上被标记为"野马沙漠"。得克萨斯仍然是不折不扣的边境地带，围绕着它的正式政治地位而展开的斗争将持续整个19世纪。

第二章　奴隶制和政治文化

废奴运动的勃兴

19世纪二三十年代，在从墨西哥特哈斯当局寻求土地的土地承包人当中，本杰明·伦迪无疑是最不寻常的一个。1789年，他出生在新泽西一个贵格会教徒家庭。他希望建立的不是一个遍布种植园的殖民地，而是一个获释奴隶的定居点。他天生喜爱四处走动，为了实现自己的理想曾去过海地（1825年），然后又拜访了逃亡奴隶在加拿大安大略省威尔伯福斯建立的一个很小的定居点（1831—1832年），或许他是想了解建立这样一个定居点需要些什么。19世纪20年代以后，他积极参加蓬勃发展的废奴运动，沿着一条从俄亥俄的芒特普莱森特到密苏里的圣路易斯、田纳西的格林维尔，再到马里兰的巴尔的摩的环绕美国中部的地理带移动。在这个过程中，他开始发行报纸《普遍解放的精神》，这是废奴运动最早，也是最有影响力的报纸之一。不过比起发表言论，伦迪更喜欢行动，一心想证明自由劳动优于奴隶劳动。19世纪30年代，他两次前往墨西哥的特哈斯，因为他认为一个享有反对奴隶制声誉的政府可能会同情他的事业。当英裔美国人发动叛乱时，他碰巧在那里。

当叛乱的得克萨斯人击败圣安纳宣布独立，并起草了一部保护奴隶制的宪法后，伦迪在特哈斯建立获释奴隶定居点的想法彻底落空了。得克萨斯把伦迪的解放者之梦变成了一场噩梦，美国国内赞成奴隶制的利益集团在安德鲁·杰克逊总统的支持下，发起了一场声势浩大的呼吁吞并得克萨斯的运动。伦迪决心提醒政治盟友和美国民众，得克萨斯眼下正面临危险。他写了《得克萨斯战争》（1836年），以揭露他眼中的奴隶主的阴谋。他写道："最清楚的证据是，（得克萨斯叛乱的）直接原因和主要目的源自这个国家的奴隶主的一个既定计划，他们意图将广袤的、价值巨大的得克萨斯从墨西哥共和国那里夺走，以恢复奴隶制，并在那里开设一个巨大的、有利可图的奴隶市场，最终将其并入美国。"接下来围绕着得克萨斯的未来展开的斗争将引发美国与墨西哥之间的战争，奴隶制问题也会变得越来越棘手。

为给获释奴隶找到一个安全之所，伦迪本可以走得更远，但他的废奴政策显然是渐进式的。虽然他和大多数贵格会教徒一样，认为奴隶制是一种罪，但他认为任何解放事业都必须逐步展开，而且必须将获得解放的黑人迁出美国。这就是他前往海地和墨西哥的特哈斯寻求土地和政治援助的原因。与许多和他拥有相同理念并参与废奴运动的人不同，伦迪计划通过"殖民"，也就是将获释奴隶迁徙到其他地区的方法，一方面解决获释奴隶的问题，另一方面也可以推动解放事业自身的发展。他认为，一旦获得自由的人证明他们已经准备好接受自由，而且自由劳动的经济利益巨大，那么奴隶主将更愿意释放奴隶。

伦迪的计划类似于此前美国殖民协会推出的一个项目。该协会由一群改革精英于1816年创立。这些人担心奴隶制腐蚀美国社会，期望奴隶制在很久以后的未来能够从美国彻底消失，并鼓励将非裔自由人迁出美国。为此，该协会在美国政府的财政和政治支持下，在非洲西海岸建立了利比里亚殖民地。19世纪20年代中期，第一批黑人移民开始陆续前往那里，他们在当地人的敌视下建立起了定居点。美国殖民协会的组织者包括一些大奴隶主，如肯塔基的亨利·克莱、弗吉尼亚的约翰·伦道夫，成员包括一批举足轻重的政治领袖，最主要的有詹姆斯·麦迪逊、詹姆斯·门罗、丹尼尔·韦伯斯特、约翰·马歇尔、斯蒂芬·道格拉斯和威廉·苏厄德。托马斯·杰斐逊虽然没有加入该组织，但赞同其目标。值得注意的一点是，从思想、政治和时间上看，通过移民解决奴隶制问题的计划与印第安人的迁移密切相关，二者均是不断推进的美国帝国事业的重要组成部分，二者都反映了种族主义和按种族将人分类的思想日渐成为主流，跨种族和平的前景愈发暗淡。这两件事都反映了越来越多法律意义上的美国自由人达成了一个共识：这个国家，无论其面积多大，都必须按照白人的利益统治，其他人要么离开，要么服从。

伦迪没有加入美国殖民协会，《普遍解放的精神》可以被用来批判该协会的思想和政策。然而，伦迪的渐进主义，帮助塑造了18世纪最后三分之一时间里开始出现的解放主义的一个主要潮流。一方面，解放主义者深刻质疑奴隶制的道德性和政治智慧；另一方面，他们承认奴隶制涉及巨额投资与财产所有，而且怀疑奴隶是否为自由做好了准备。奴隶已经准备好过自由的生活了吗？还是说他们需要接受相应的教育，按照自由社会的方式社会化和"文明化"？有一段时间，解放主义者将打击的矛头对准奴隶贸易，尤其是令人深恶痛绝的奴隶监狱、奴隶贸易的中段航程（Middle Passages）和奴隶买卖。如果奴隶贸易被废除，那么奴隶制最可怕的一些特征将会被消除，奴隶主将更关心他们的奴隶的物质条件，因为他们将不得不依靠自然生育来补充劳动力——这是废除奴隶制的第一步。奴隶贸易被正式终结（1808年）之后，解放主义者开始尝试调动大众和政治人物的情绪来改善奴隶的待遇，并以渐进的方式——包括直接或间接补偿奴隶主——来实现废除奴隶制的终极目的。

像伦迪这样的人，与更为自满、更加精英主义的美国殖民协会的成员之间的区别，不仅在于前者卑微的出身及其对黑人奴隶艰苦劳动的同情，更在于他感受到了使命的急迫性。虽然有反对奴隶贸易的运动，对奴隶制的挑战越来越多，而且取得了一些显著的成果，但奴隶制在19世纪最初的几十年里反而进入了扩张阶段，就像当时的美国一样。美国的奴隶主正带着他们的奴隶迁往路易斯安那，新州——如密苏里——被允许加入联邦，它们的州宪法维护了奴隶财产的合法性，而实行奴隶制的得克萨斯似乎也将加入联邦。因此，伦迪在寻找土地建立自由黑人定居点的同时，也开始在中大西洋地区和新英格兰各州做巡回演讲，以唤起公众的危机意识。1828年，他在演讲中遇到了一个名为威廉·劳埃德·加里森的年轻崇拜者。

加里森出身于马萨诸塞州纽伯里波特的一户普通人家，父亲是一名水手，在加里森出生几年后陷入困境，离家出走。他由母亲——一名虔诚的浸信会教徒——抚养长大，并且受到了当时的福音派复兴运动的影响。他在印刷厂做过学徒，还为几家报社工作过。遇到伦迪之前，加里森已经投身戒酒运动和废奴运动，不过他支持的是美国殖民协会式的渐进解放主义。也许是因为相似的出身（伦迪给马鞍匠做过学徒）和宗教热情，也许是因为加里森的才能和报社经验，无论如何，两人似乎建立起了友谊。不到一个月，伦迪就邀请加里森去巴尔的摩帮自己编辑《普遍解放的精神》。

事实证明，对于加里森来说，巴尔的摩的经历是一次难忘的转变之旅。巴尔的摩是美国第二大城市（仅次于纽约），拥有繁荣的港口，但显然也是奴隶制的领地。虽然马里兰的奴隶人口集中在城市南部和东部的乡村，以切萨皮克湾的东海岸与西海岸为主，但巴尔的摩的总人口中的四分之一是非裔，其中近一半是奴隶。在这里，加里森第一次接触到了一个围绕着奴隶制组织的世界——奴隶制、奴隶雇用、奴隶处罚和奴隶市场。"一切都被奴隶制的诅咒玷污了，"他向新英格兰的友人述说自己在那里的见闻，"它附在每一株草、每一棵树、每一片土地，以及人民和道德之上。"然而，更重要的是，加里森与城中的有色自由人一起工作、生活，他们对废奴事业的看法远比他激进。他了解到，他们大量订阅《普遍解放的精神》，他们的支持对报纸的生存至关重要。他还阅读了有色自由人大卫·沃克撰写的《致世界有色公民的呼吁书》（以下简称《呼吁书》），并帮助其在报纸上发表。1830年，加里森离开巴尔的摩前往波士顿。此时，他已经放弃了渐进主义和通过移民解决奴隶制问题的想法，准备接受更新、更激进的解放主义思想。

加里森的废奴主义可以说是从黑人——包括奴隶和自由人——培育的土壤中成长起来的，大卫·沃克为我们扼要地梳理了这个复杂的过程。1829年，沃克在波士顿撰写并发表了《呼吁书》。自19世纪20年代中期以来，他一直在那里积极为废奴运动和波士顿黑人的利益四处奔走。他参与创建了马萨诸塞有色人种协会（1828年），该协会旨在"团结有色人种……改善我们的悲惨处境"。他还担任了美国第一份由非裔美国人创办和编辑的报刊《自由杂志》在波士顿的代理商，同时以贩卖旧衣服为生。不过，沃克其实是于18世纪90年代中后期出生在北卡罗来纳的威尔明顿，母亲是自由黑人，父亲是奴隶（加里森本人是自由人）。他一生中大部分时间是在奴隶和有色自由人聚集的地方度过的。他似乎在威尔明顿长大成人，深受从18世纪90年代到19世纪初发生在那里的各种奴隶暴动的影响。后来，他去了南卡罗来纳的查尔斯顿。当时，另一名有色自由人登马克·维西正与奴隶和自由黑人谈论国内外奴隶制的发展趋势，包括海地革命和是否应当允许密苏里作为蓄奴州加入联邦的争论。维西被指控秘密策划了一场大规模奴隶暴动。在维西及其所谓的同谋者被处死后不久，沃克来到了波士顿，同时带来了黑人政治世界中关于奴隶制和自由的杰出教育的成果。

　　沃克在《呼吁书》中展示了他的愤怒与博学、观点与文采、威胁与宽恕。他向众多听众，包括白人和黑人、奴隶和自由人、美国人和非洲侨民、活人和鬼魂大声疾呼，并构建了一个真正具有国际主义色彩的、充满了政治关怀与政治参与的世界。他引经据典，不时提及千禧年主义，仿若在发表一篇狂热的声讨文（许多句子以多个感叹号结尾，就像他想象读者在听他述说一般）。沃克认为美国奴隶制的野蛮是独一无二的。他揭露了拥有奴隶的共和主义者和基督徒的虚伪，呵斥奴隶的"不幸"和屈服，谴责移民的解决方式在道德上站不住脚，充其量只是自私自利的胁迫，并警告上帝必将主持正义。沃克提醒非裔美国人，他们的"兄弟"正在"全世界"遭受奴役，所有人的命运密不可分。他告诉他们，自由是他们"与生俱来的权利"，若想获得自由，他们必须摆脱自己的不幸处境。他在《呼吁书》中最大胆的举动是，他特别针对托马斯·杰斐逊的黑人劣等论和通过移民解决奴隶制的观点，预言黑人将"用你们自己的行动，而不是用我们的朋友为我们说过或做过什么，来反驳或证实他"。

不过，虽然沃克满腔怒火，虽然他号召黑人反抗并预言黑人将取得胜利——"我们必须而且终将是自由的，不管你们如何……上帝会把我们从你们的统治下解救出来。如果我们必须通过战斗获得自由，那就有祸了，你们就有祸了"——但他还提出了一种在种族冲突的时代难能可贵的救赎与社会和平的愿景："抛开你们的恐惧和偏见吧，启蒙我们，像对待人一样对待我们，我们现在有多恨你们，到时候就会有多喜欢你们，甚至更甚。不要再跟我们谈移民了，因为美国既是你们的国家，也是我们的国家。像对待人一样对待我们，不会有危险，我们将共同生活在和平与幸福之中。因为我们不像你们那样心狠手辣，不知怜悯，不懂宽恕。"这份《呼吁书》既展示了沃克天才的想法和独特的政治智慧，也浓缩了他在卡罗来纳、马萨诸塞，可能还有其他地方遇到的非裔美国人的激情、语言和情感。《呼吁书》从一个有趣的视角展示了一个多世纪以来反对奴隶制的斗争的痕迹。

奴隶世界中的解放主义

大卫·沃克既是作家，也是宣传家和鼓动者。他希望自己的《呼吁书》不仅能被波士顿和新英格兰的少数黑人读到，也能被更南部的广大黑人阅读，这些人大多是奴隶。为此，他主要依靠黑人早就建好的传递信息的网络，以及从事沿海贸易的黑人海员秘密制作的副本，有时《呼吁书》的副本还会被缝在大衣里，并被分发给各个联系人，其中一些是沃克认识的。沃克当然清楚，绝大多数奴隶不识字；但他也意识到，报纸、政论小册子或任何能引发大众兴趣的东西，都可以被大声朗读，由少数识字的人读给众多不识字的人听，这在穷人和劳动人口当中很常见。虽然没有太多证据，但这份《呼吁书》似乎出现在了从波士顿到新奥尔良——包括威尔明顿和查尔斯顿——的各港口城市。在奴隶制合法且黑人众多的地方，特别是弗吉尼亚、卡罗来纳、佐治亚和路易斯安那，《呼吁书》在政府官员当中引发了极大的恐慌。

沃克努力传播《呼吁书》一事，向我们展示了废奴运动研究者很少承认的一点：在反对奴隶制的斗争中，第一批，同时也是坚持时间最长的斗士是奴隶本身。可以肯定的是，没有一个奴隶在公民和政治生活的正式舞台上有立足之地。他们不能公开表达不满，不能向政府请愿，不能起诉他们的主人，不能投票或竞选公职，不能出版报纸、宣传品，也不能举行政治会议。但有些事情他们可以做，而且确实也做了。他们可以反抗奴隶主所谓的权威。他们可以在相隔很远的地方建立联系和网络。他们可以逃离种植园和农场，建立定居点（被称为"逃奴社区"），并严加守卫。他们可以与其他奴隶社会的奴隶和有色人种接触并交换信息，这通常是海上运输的结果。他们可以组织小规模或大规模暴动，还可以通过各种行动削弱奴役的体系，赢得统治民族内部的同情，吸引远近的盟友，并最终使奴隶制政权陷入危机。因此，我们所熟知的废奴运动其实是一场更大的反对奴隶制的斗争的组成部分，如果奴隶们没有事先铺平道路，它可能永远不会出现。

奴隶反对奴隶制的运动，就像与其密切相关的更正式的废奴运动一样，是国际性的。它不仅涵盖北大西洋地区、南大西洋地区和加勒比地区，而且越来越多地将奴隶与其他非裔在许多不同地点和不同情况下的经历联系起来。无论如何，奴隶制的体系跨越了国界，甚至常常无视国界，而奴隶们也经常如此。由于市场的变化无常和奴隶贩子的出现，奴隶们被带过海洋，被带到港口城市和偏远的内陆地区，被带到各个奴隶制殖民地交易。他们在远洋船或近海船上工作，为本土的军队和殖民地的民兵服务，在拥有繁忙的国际交通的海港，如巴尔的摩、萨凡纳、新奥尔良、哈瓦那、法兰西角、金斯顿、卡塔赫纳、萨尔瓦多劳作，还为政府官员效力。他们还会随主人移民到新的地方，以寻找经济机会或远离政治动荡。

登马克·维西是这种国际主义的绝佳例证。他出生在丹属维尔京群岛，生下来就是奴隶，后来被卖给一名船长，在法属圣多曼格岛待了几年，最后来到南卡罗来纳的查尔斯顿。他在那里中了彩票，赎回了自由。维西会多种语言，有学识，能将大西洋世界的各种政治思潮融会贯通。他向奴隶和自由黑人讲解圣经、《独立宣言》、美国国会和南卡罗来纳立法机构的辩论，以及查尔斯顿报纸上的文章，这使他们意识到，自己的处境和命运与西半球成千上万的奴隶息息相关。维西的同伴又把这些发现和见解分享给他们所在的工厂或种植园的其他人。大卫·沃克很可能就是这样受到了启发，然后把他学到的东西带到了北方。

然而，由于奴隶并非公民，既缺乏政治能力，又要面对压迫他们的强大暴力，因此他们反对奴隶制的斗争不是一般意义上的社会运动，而更像是一场战争。有些奴隶发动的斗争堪比大型遭遇战，不过大多数情况下，奴隶的斗争以类似游击战的形式展开，比如奴隶因为种植园和农场的规则和管理而反抗主人，要求与其他奴隶发展关系（亲情、友谊、信仰和战略联盟），要求获准进入食品店和当地市场，以及要求允许组织不同类型的社区。在这个过程中，双方均有伤亡。18世纪，由于欧洲各帝国在大西洋世界的角力，奴隶斗争的规模越来越大，其目标逐渐升级。简而言之，运动目标从最初的通过建立逃亡奴隶定居点或寻找其他安全之地来使奴隶逃亡，转向消灭奴隶制政权，或者至少减轻奴役程度。

事实上，早在七年战争结束后，从加勒比地区到新英格兰北部的奴隶，已经开始了延续半个世纪、相互之间联系越来越紧密的武装斗争。奴隶战争的这一新阶段始于1760年的牙买加塔基起义，以及18世纪70年代美国革命期间奴隶投奔英军。到了18世纪90年代前期，奴隶们在圣多曼格岛、瓜德罗普和马提尼克发动起义（圣多曼格岛的革命在1804年取得成功，胜利的奴隶和有色自由人建立了海地共和国）。接下来是1795年法属路易斯安那的起义，1800年弗吉尼亚里士满的加布里埃尔起义，1811年下路易斯安那种植园堂区（当时在美国辖下）的起义，1816年巴巴多斯的复活节起义，1817—1818年佛罗里达的第一次塞米诺尔战争，1822年南卡罗来纳查尔斯顿的维西秘密计划，1823年德梅拉拉的起义。高潮则是牙买加大规模的浸信会战争，以及纳特·特纳在弗吉尼亚的南安普顿发动的规模小得多但影响更为深远的起义，这两次起义都发生在1831年。当硝烟散去之后，海地和英国殖民地废除了奴隶制，美国也启动了解放进程。起义的发起者既有饱受压迫的奴隶，也有美国白人，后者认为黑人继续遭受奴役的事实亵渎了美国革命的政治理念。

这些对奴隶制的打击，并不是简单地按时间顺序进行的。随着消息和谣言在大西洋和加勒比地区传播，起义者相互借鉴，奴隶和自由黑人能够讨论新的政治可能性，并决定如何更好地实现它们。在美国革命期间，来自圣多曼格岛的有色自由人同法国军队一起于1778年在萨凡纳与爱国者们并肩作战，而投奔英军的奴隶则经新斯科舍、英国、英属加勒比，最终去了塞拉利昂。18世纪90年代圣多曼格岛的起义者中包括了参加过萨凡纳战役的老兵，如起义最终的领导人，后来成为海地统治者的亨利·克里斯托夫。随着起义的成功和奴隶制的瓦解，成千上万的难民，包括奴隶主、奴隶和有色自由人，抵达了哈瓦那、金斯顿和卡塔赫纳，但更多的人去了北美大陆的港口城市，从费城到巴尔的摩、查尔斯顿、萨凡纳、莫比尔和新奥尔良。1795年和1811年，一些来自圣多曼格岛的奴隶，在路易斯安那的库佩角堂区策划起义；1800年，奴隶铁匠加布里埃尔在里士满发动的革命，引燃了圣多曼格岛起义；登马克·维西曾在圣多曼格岛短暂停留，查尔斯顿的奴隶和自由黑人从他那里知道了圣多曼格岛的事态。

事实上，圣多曼格岛的难民抵达美国各港口时，正是美国最需要奴隶的时候。当时惠特尼轧棉机刚刚被发明出来，种植短绒棉变得有利可图，成千上万的奴隶主和他们的奴隶涌入东南部的腹地，随后进入快速发展的亚拉巴马和密西西比地区。1803年，美国从法国手里购入路易斯安那以后，又进入那里及密西西比河西岸。到了19世纪的第二个十年，州际贸易将成千上万的奴隶从弗吉尼亚、特拉华和马里兰向南转移到了墨西哥湾沿岸。最终，100万名奴隶被迫迁徙。最初南下的奴隶大多是年轻男性，他们需要做艰苦的工作，比如清理田地和建造住房。这些奴隶被迫离开了几十年来建立的家庭和社区，需要在全新的环境中重新建设一切。但他们也带来了经验和期望，也许还有关于奴隶起义的知识。大卫·沃克的《呼吁书》显示，他很熟悉海地革命，而《呼吁书》的流传很可能使更多的人知道了这件事，还使他们产生了这样的认识：奴隶制正受到越来越猛烈的攻击。

　　新英格兰和中大西洋地区的非裔，更容易获得海地革命的消息，因为那里的奴隶制正在瓦解，黑人公民文化正在慢慢成形。但这是一个坎坷而充满争议的过程。奴隶制在整个英属北美地区都有坚实的法律基础，18世纪随着大西洋经济的繁荣，各地的奴隶制得到加强。虽然在北起宾夕法尼亚的殖民地，奴隶相对较少——黑人人口很少——但奴隶制在那些积极参与国际市场和公共生活的人当中仍然很普遍。奴隶贸易船经常光顾港口城市，特别是罗得岛的纽波特，那附近的纳拉甘西特发展起了种植园体系，沿海地区的城市家庭中有很大一部分拥有奴隶。奴隶制的崩溃始于美国革命期间，部分是由于当时的思想和文化潮流，部分是由于奴隶抓住了这个机会，加入爱国者的队伍（有些地方允许他们加入），他们以普世主义为依据向立法机关请愿，要求获得自由——最著名的例子发生在马萨诸塞。1780年，宾夕法尼亚州议会颁布了美国第一部解放黑奴法案。在接下来的四分之一个世纪里，罗得岛、康涅狄格、纽约和新泽西纷纷效仿。

　　虽然如此，解放并非一蹴而就，而是明显受到渐进主义的影响。解放黑奴法案没有解放任何一名奴隶，而只是规定奴隶的后代在达到一定的年龄之后将不再为奴（即所谓的"解放在美国革命之后出生的人"）。根据各州的规定和他们的性别，一般是21岁、25岁或28岁。奴隶主因此得到了奴隶劳动的丰硕成果作为对其财产损失的补偿，他们无须再承担将他们的奴隶变为自由人的责任，并且可以强迫他们的奴隶签订长期契约，从而通过解放者的审查。在马萨诸塞和新罕布什尔，终结奴隶制的过程没有这么曲折，但更加混乱。这些州奴隶制的终结主要是通过对州宪法的司法解释来实现的，而这些州宪法实际上并未提及奴隶制。1793年的联邦《逃亡奴隶法案》——要求将逃奴送回奴隶制仍然合法的州——使奴隶制的阴影更加浓厚，这些州同样难逃其影响，每一名非裔美国人都受其威胁，许多人成了奴隶制当局的人质。

然而，随着奴隶制在新英格兰和中大西洋地区被削弱，向非裔开放的公共空间和政治空间逐渐增大。18世纪末19世纪初，互助会、共济会会所、教堂——包括非洲卫理公会的教堂——和文学俱乐部大量出现。黑人作家和政论家开始讲述他们的个人经历，撰写批评文章，转载地方领导人的演讲，并报道黑人的斗争，例如圣多曼格岛的起义。黑人社区也动员起来保护新来的逃亡奴隶，帮助找回被前主人非法扣留的儿童，并推动彻底废除奴隶制。他们出身草根阶层，斗争精神日益增强，支持采取直接行动。这些与早期以白人为主的反奴隶制协会，比如宾夕法尼亚废奴协会和纽约解放协会的精英主义、节制、渐进的行事风格形成了鲜明对比。他们为反对美国殖民协会方案的大规模抗议奠定了基础。

抗议活动迅速爆发。1817年，近3000名黑人聚集在费城非洲卫理公会贝塞尔教堂抗议。其他地区愤怒的人们开始行动，抗议活动向南一直蔓延到巴尔的摩，向北一直蔓延到波士顿。非裔美国人并未彻底放弃离开美国前往更受欢迎的地方的想法。他们切身体会到，奴隶制和日益加剧的种族主义如何阻碍他们的前途。鉴于东北部的解放进程旷日持久，而且常常不得不做出妥协，他们很难期待废奴运动会成功。一些人已经被黑人主导的移民项目吸引，例如保罗·卡夫的项目，数千人在19世纪20年代前往海地。但截至19世纪前期，大多数非裔出生在美国，他们的劳动使这个国家变得富裕，而他们看到的却是美国殖民协会显然想把他们赶走，不管他们是否愿意离开。美国殖民协会的计划充其量是建设一个没有奴隶制也没有黑人的美国，而大多数白人解放者或热情或沉默地旁观美国殖民协会的崛起。

黑人对通过移民解决奴隶制问题的批判和有组织的反对，为新的解放主义指明了道路。黑人领导人认为该方案在政治和道德上都是不可取的，是对奴隶制和种族主义的妥协，并认识到他们必须提供一个替代方案。他们必须像反对奴隶制和白人优越感——他们的部分盟友也有这种想法——一样，反对渐进式的废奴主义。19世纪20年代，反对通过移民解决奴隶制问题的团体如雨后春笋般出现在从新英格兰到中西部的黑人聚居地，对移民的逻辑的反驳既可以在黑人教堂中或会议上听到，也可以在小册子或报刊上读到，比如《自由杂志》。因此，大卫·沃克的《呼吁书》其实是一场孕育了十多年的挑战的最高潮。

新的运动形式

1831年1月，威廉·劳埃德·加里森开始出版他的报纸《解放者报》，并在不久之后明确反对通过移民解决奴隶制问题，后来又参与成立了新英格兰废奴协会。事实上，他只是一场涵盖大西洋大部分地区的多层次的废奴运动中的一员。在某些情况下，这场运动已经与渐进主义分道扬镳。早在18世纪80年代，英法已经出现了有组织的废奴运动，并且知道美国某个地方正在发生什么。虽然运动最初的目标是结束奴隶贸易，但它也极大地动摇了英美殖民地的奴隶体系。就像奴隶们彼此分享新闻和对政局的评价一样，白人盟友也构建了一个跨国交流网，从而扩大了运动的基础。实际上，加里森和其他美国人见证了英国的渐进式废奴运动——包括结束奴隶贸易，尝试禁止在整个大西洋世界贩卖奴隶，制定改善殖民地奴隶生存环境的法案——以及该运动如何在国内激起越来越多的民众抗议，并刺激了海外的奴隶反抗运动。到了1833年夏，英国议会已经可以无视曾经具有极大影响力的西印度群岛游说团体，并制定一项解放法案，但该法案给了奴隶主六年过渡期，并为奴隶主提供货币补偿。

不过，加里森之所以支持所谓的"立即实现主义"，并不仅仅是受到了不久前发生的这些事件的影响。立即实现主义与其说是一种政治方案或策略，倒不如说是一项个人承诺：不仅要承认奴隶制的残忍与低效，还要承认奴隶制是一种罪；不仅要承认反对奴隶制的必要性，还要承认废除奴隶制是一项道德责任。立即实现主义明显受到了一个多世纪以来的宗教改革，特别是19世纪前期席卷美国的宗教热潮的影响。这次的宗教热潮被称为"第二次大觉醒运动"，由牧师查尔斯·格兰迪森·芬尼和莱曼·比彻等新教复兴主义者发起。它建立在稍早之前神学思想变革——强调仁爱的作用和所有人的价值，无论其世俗地位如何——的基础上，不过更进了一步，它激进地将个人描绘为道德上的自由主体，可以堕落，也可以臻于至善；可以与上帝建立个人关系，择善而不从恶，获得救赎，并与福音派信众一起劝说其他人也这样做，使天国早早降临尘世。

当然，福音派的复兴并未"带来"奴隶制的"立即"终结，信徒们同样可以轻而易举地支持奴隶制政权。在奴隶制和奴隶主占主导的地区，复兴运动一般鼓励信徒在奴隶制的环境下传教，促进福音派教义在奴隶中间的传播，并从宗教和圣经的角度为奴役辩护。但是，对于出生在新英格兰和中大西洋地区，或者从这些地区向西迁移的年轻一代来说，他们自幼生活在重视道德和社会责任的长老会、公理会、贵格会或一位论派家庭中，复兴运动提供了人类臻于至善的前景，以及帮助实现这一目标的行动路线。许多人被从禁酒、改善教育状况到消除贫穷和卖淫的社会改革理念吸引，还有一些人震惊于奴隶主拥有的强制权力及其强加给奴隶的卑贱的附庸地位，开始将奴隶制视为一种罪，认为废除奴隶制是使天国降临的重要一步。这一观点受到了大多数白人废奴运动领袖，如加里森、西奥多·德怀特·韦尔德、伊莱贾·洛夫乔伊、温德尔·菲利普斯、莎拉·格里姆克和安杰丽娜·格里姆克姐妹、伊莱泽·赖特、阿瑟·塔潘和刘易斯·塔潘兄弟等的大力支持。虽然接受福音派的地区并不一定支持废奴，但废奴主义者发现，自己只在拥有福音派或贵格会社区的地方受欢迎。

立即实现主义受贵格会和福音派新教的启发而出现，这对废奴主义者的政治活动和运动方式具有重大意义。加里森和他的追随者从未制订过废除奴隶制的"计划"，对奴隶制的结局也从未有过类似天启论的想法。大多数人轻而易举地接受了新英格兰和中大西洋地区正在追求的一种形式，即立即支持废奴，逐渐实现目标。不过，他们的对象是个人而不是国家。也就是说，加里森等人希望用复兴主义者的方式说服——他们称之为"道德劝说"——奴隶主和奴隶制的支持者，让他们相信奴隶制是一种罪，解放奴隶是必要的。为此，他们选择发起一场自下而上的运动，旨在使大众相信废奴主义是正义和明智的。这种运动形式不久前才在英国兴起，美国人还未曾见过。

组织至关重要。虽然加里森的新英格兰废奴协会走出了重要的一步，但它的目标在很多方面类似于此前的解放主义计划。虽然该协会以立即实现主义为宗旨，但它的总部设在波士顿，会员包括支持废奴的记者、改革者和有学识的专业人士，并沿用了英国协会的组织模式。2年后，包括加里森在内的62名废奴主义者在费城成立了美国废奴协会。虽然有少数非裔男性与贵格会女性参加（投票开始后女性离开了，不久后她们成立了费城女性废奴协会），但大多数代表是名声日隆的城市废奴主义领袖。他们的倡议之所以具有历史意义，是因为他们计划向大城市之外的地区扩张，并开始在内陆组织废奴协会——借用加里森的话来说——"把传单像雨水一样洒在地上，传单上写满关于黑人遭受压迫的惊人事实，以及对种族融合的呼吁"。这是一个明智而必要的举措，毕竟大多数人住在农村，而城市，甚至包括波士顿在内，普遍敌视废奴主义，因为它们被年迈的商业精英主导，这些人与国际经济尤其是棉花贸易关系密切，最多只能接受通过殖民解决奴隶制问题。"不要再管大城市了，"刘易斯·塔潘告诉忠实的废奴主义信徒，"它们必将被回火烧毁，推动它们的活水在农村。"年轻的废奴主义者和正式讲师很快动身前往农村小镇、乡村和新兴的"工业飞地"，召开废奴会议，分发报纸（如《解放者报》）和废奴小册子（如加里森的《论非裔的殖民》），并鼓励当地组织废奴协会。他们取得了硕果。截至1833年年底，10个州成立了近50个协会，活动的速度在加快。在接下来的五年里，废奴协会的数量可能超过了1000个，成员超过了10万人；仅马萨诸塞一地，就有约250个协会，成员约1.6万人。

正如塔潘预测的那样，农村地区确实是有组织的废奴运动的温床。不过，不是所有地方都如此。废奴运动在新英格兰、大西洋中部和美国中西部最受欢迎，这些地方深受快速发展的市场经济和第二次大觉醒运动的影响。这些地方包括：波士顿腹地和康涅狄格河流域马萨诸塞、佛蒙特和新罕布什尔的农业地区，以及位于交通要道的繁荣的制造业城镇；纽约西部伊利运河和莫霍克河流域深受大觉醒运动影响的"焚毁区"；俄亥俄西部保留地与宾夕法尼亚西部边界地带；费城周边的贵格会城镇；最后是印第安纳北部和密歇根东部五大湖地区的定居点。1838年，波士顿有7个废奴协会，而马萨诸塞乡村地区埃塞克斯、米德尔塞克斯和伍斯特则分别有41个、35个和32个废奴协会。安多弗和阿宾顿的城镇各拥有和波士顿一样多的协会和会员（500人），洛厄尔和福尔里弗的工业城镇也有数个废奴协会和约450名会员。

这些地区支持废奴的人，大多不属于当地精英阶层。相反，他们是农民、熟练工匠、工厂工人和店主。他们是普通人，主要靠汗水赚钱，多数人有少量的财产，有的甚至完全没有。其中工匠（俗称"技工"）非常富有，他们的职业往往反映了他们所在区域的经济导向，如马萨诸塞的林恩的鞋匠、斯普林菲尔德的武器制造者、伍斯特的机械师、纽约州尤蒂卡市的裁缝、福尔里弗和洛厄尔的熟练纺织工。他们可能是在父母等亲属或神职人员的影响下转而支持废奴主义的,但也很可能是不断发展的市场经济的要求。

19世纪30年代,废奴协会激增,废奴主义报纸、小册子大量发行,这些都显示了对当时人来说还很陌生的一种全新的有组织的活动的影响。不同于社区长期以来为照顾穷人、病人和死者而建立的志愿慈善团体的活动,也不同于已有几个世纪历史的旨在保护工匠的地位和生计的同业公会的活动——不过和这些团体有相似的基础——它是寻求实现特定的社会和政治目的,并利用新技术来传播信息并赢得支持者的基层运动。协会成员会定期见面,为各种项目筹集资金,赞助著名废奴主义者发表演说,分发宣传废奴主义事业的印刷品,针对有争议的问题展开辩论,抵制奴隶制造的商品,并让同伴尝试说服他们的邻居支持废除奴隶制。就像许多废奴主义活动家所属的教堂一样,废奴阵线既包括男性,也包括女性。当时只有禁酒运动与之十分相似。

废奴协会和活动家发起的请愿运动,似乎最能代表19世纪30年代的基层废奴运动。美国废奴协会的创始人利用这个机会向国会请愿,要求废除哥伦比亚特区——国会拥有哥伦比亚特区的管辖权——的奴隶制,并敦促废奴主义的同情者就奴隶制问题向各州立法机构请愿。本杰明·伦迪等人在19世纪20年代就曾使用过该策略,它诉诸寻求政治救济的悠久传统。毫无疑问,所有人都知道,英国要求废除奴隶制的请愿活动对大众态度和公共政策产生了巨大影响。他们很快就主动出击,无论是小村庄还是较大的城镇,他们挨家挨户收集签名,收集了成千上万的签名后,将大量呼吁废除奴隶制、结束种族歧视、保障黑人儿童受教育权的请愿书交给国会和州议会。截至1838年，仅国会就收到了近50万份请愿书。

不仅如此，请愿运动自身的一个变化同样影响深远。一开始，绝大多数请愿者是男性，这反映了政治公民权方面的性别惯例，以及男性在运动中的主导地位。女性不被废奴协会接受——她们只能组织自己的协会——而且几乎得不到在公共场合发声的机会。但到了19世纪30年代中期，越来越多的女性在废奴请愿书上签名，这有效地拓展了女性参与政治实践的边界。虽然一些人最初的政治经验来自禁酒运动或反对印第安人迁移的斗争——女性第一次大规模请愿——但对于废奴主义女性，甚至包括那些组织女性废奴协会的人来说，这是她们第一次有机会参与许多更加传统的项目，如教育、募资、宗教和以消费者为对象的活动。后来，在加里森等立即实现主义者的支持下，她们发起了集体请愿。虽然她们小心翼翼地避免破坏某些规矩，例如女性要么单独提交请愿书，要么与男性分开签名，而且往往使用恭敬的语气，但无论如何她们还是进入了新的公共政治领域，做了许多推动各地废奴运动发展的工作，而这类工作通常是极富挑战性的。她们尤其关注奴隶女性遭受的苦难，会向人们讲述她们遭受的暴行、屈辱以及由于"无法满足的贪婪"而受到的伤害。许多主张废奴的女性来自小型制造商、店主、职员、医生、牧师等新兴中产阶级家庭，她们希望将家庭生活和道德权威的文化属性转化为政治目标。还有一些是想变得更加独立的工厂工人和外包工人，她们敏锐地意识到了权力过大的危险。这些政治活动对女性权利的提升和现代美国政治的发展均产生了巨大影响。

暴徒政治

即便有上述创新手段，支持废奴的美国白人仍然寥寥无几。虽然白人不齿于奴隶主和后来所说的美国政治生活中的奴隶主权势，但他们对解放主义，特别是立即实现主义深感不安，甚至连奴隶制正逐渐消失的农村也是如此。激起敌意的因素有很多，包括废奴主义者对殖民的道德谴责，废奴主义者组织性的挑战和对性别规范的蔑视，废奴主义者对财富和经济权力基础的无视，废奴主义者对未来与自由黑人共同生活的不排斥。对于许多美国白人来说，废奴主义者似乎不仅要求提高一个落后的"次等种族"的地位，还欢迎一种新的、危险的社会政治秩序的到来。

反废奴主义者采取了多种反制措施，包括在报纸上谴责废奴主义者，在教堂的讲坛上对他们大加抨击，利用宣传单和政治漫画恶毒地讽刺他们。针对废奴主义者的攻击恰恰说明反废奴主义者对自己的信仰产生了怀疑。废奴主义者被认为是"放荡的，惯于煽风点火的"革命者，鲁莽而且具有颠覆性，不仅邀请"所有男人"加入他们的"十字军"，还怂恿女性"把她们的编织聚会变成废奴俱乐部"。新罕布什尔的一名记者指控道，他们已经开始"鼓吹宪法或政治改革……通过有组织的协会、公众集会、授权代理人、外国使者、定期出版物和不断散发的廉价小册子及传单等煽动包括家庭妇女、寄宿学校的女孩和工厂女工在内的公众的情绪"。最可怕的或许是，他们是"融合主义者"，意图使各个种族杂居，并使英裔美国人与"下等人"黑人"混血"。

激烈的言辞和煽动性的指控无疑会引发暴力袭击。19世纪30年代中期，就在废奴协会在新英格兰、中大西洋地区和中西部的南部大量涌现时，他们的敌人恼羞成怒，开始发起反击。反废奴暴力活动以纽约、费城、波士顿和辛辛那提等大城市为主，并蔓延到了像纽约州的尤蒂卡、新泽西的纽瓦克和新罕布什尔的康科德等小城市，以及康涅狄格的坎特伯雷和俄亥俄的柏林等城镇。废奴主义者的公开集会被打断，他们的印报机被摧毁，会场遭破坏，他们本人被涂上柏油或被泼上墨水，各地（被认为是他们的盟友的）黑人受到骚扰和殴打。事实上，任何跨种族杂居的地方，以及任何被认为是"融合主义者"的人都很容易成为攻击目标。很少有人在这些事件中遇害，不过威廉·劳埃德·加里森在波士顿街头被人拖拽，支持废除奴隶制的编辑伊莱贾·洛夫乔伊在伊利诺伊的奥尔顿镇遭到谋杀。

评论者和后来的历史学家经常将这些反废奴暴力活动称为"骚乱"或"暴乱"，这些词暗示参与者是愤怒的、自发的和无组织的。但他们的社会构成和活动的政治谋划却指向了更有组织的政治团体和政治实践。反废奴活动的领导者大多是商人、银行家、律师和政府官员，出身于历史更加悠久而且更加保守的新教家族（其中许多是圣公会教徒家族），与18世纪和19世纪初重要的沿海商业经济以及地方政治团体关系密切。他们被视为老牌精英，是"北方的贵族""显赫且受人尊敬的绅士""拥有财产和地位的绅士"。其中许多人支持通过移民解决奴隶制问题。他们一般会组织公众集会，并通过决议、传单和媒体向废奴主义者发出警告：他们不会允许他们所在的城市成为废奴运动的"剧场"；废奴主义者的活动必须被"镇压"，要么通过州法律，要么通过"私刑法官的法律"；绝不允许"在公共领域"组织"煽动者"的集会；必须停止那些对他们的繁荣造成"致命伤害"的废奴主义者的邪恶、有误导性的行动。如果他们认为废奴主义者无视他们的警告及"劝导和抗议"，他们就会一起采取行动。

在"拥有财产和地位的绅士"的领导下，反废奴集会和随后的"暴乱"吸引了大批来自社会下层的年轻支持者。这些人多是雇佣工人、卡车司机和水手，他们利用这个机会发泄敌意和不满。他们聚集起来，或是选择骚扰废奴主义者的集会，大喊大叫，声音盖过演讲者，并迫使其他参会者离开；或是选择放火焚烧存放废奴主义报纸的建筑物，破门而入捣毁印刷机；或是选择破坏当地废奴运动领袖的住宅和企业；抑或是尝试将白人和黑人废奴主义者赶出城镇和农村，对其施以痛苦且具有侮辱性的惩罚以证明自己的决心。1838年，他们烧毁了位于费城的宾夕法尼亚州议会大厦，这座建筑是在废奴主义者的资金支持下刚刚建成的。

反废奴运动者的行动往往伴随着刺耳的喊叫声、喇叭声、敲锅的声音和口哨声，象征着社区一直以来对那些被指控违反当地规矩的人所进行的粗暴的审判仪式；废奴主义者可能被扔臭鸡蛋或石头，以进一步表示排斥和惩罚。有时，由于反废奴运动领袖失去对事件的控制——也可能是有意为之——暴力行动变得特别丑陋，甚至可能致人死亡，而且几乎总是被种族化。当仇恨的火焰过于炙热时，黑人的教堂、学校和定居点可能被夷为平地，黑人包括女性和儿童可能受到残忍的虐待。一群衣冠楚楚的人烧毁了宾夕法尼亚州议会大厦，随后城中的黑人飞地被拆除。19世纪前期，黑人死在这些肇事者手里的可能性远远大于白人。

不过，反废奴运动只是19世纪30年代针对摩门教徒、天主教徒、外国人、奴隶和有色自由人的更广泛的政治暴力和自发行动的一个组成部分，这表明有组织的暴力、胁迫，以及准军事行动在美国政治行为中已根深蒂固。当然，我们更习惯于通过选举来理解政治和政治史的变化，而选举和选举权问题无疑在19世纪前几十年变得更加重要。从19世纪20年代至19世纪40年代，拥有财产才能投票和出任公职的规定在美国几乎所有地方都被废除或修改，越来越多的州一级的官员不再是任命的，而是由选举产生。这些民主改革导致美国历史上第一次出现了大型政党。参与投票的合格选民迅速增加，在1840年的全国选举中达到顶峰（投票者约占合格选民的八成），在19世纪余下的时间里基本维持着这个比例。即便如此，选举必须被视为只是几个相互关联且不断变化的政治活动的舞台之一，各种形式的身体恐吓即便不是处在中心位置，也总是存在着。

例如，当选民在选举日前往投票站时，他们通常会发现，那里不适合弱者或胆小鬼。相互竞争的候选人和政党代表，为了号召支持者并恐吓反对者，相互推搡，大声辱骂和诋毁对方，而随手可得的酒精使场面更加混乱。一名旁观了1838年圣路易斯选举的观察员声称："每个人都在大吵大嚷，语速极快……（他们）事先告诉选民应该投票给谁，用他们微乎其微的当选机会去挑战选举，分发选票，划掉名字，列出许多赞成和反对的理由……有的模仿狗叫，有的模仿公牛的咆哮，所有人都在尽可能制造噪声。"争吵和打斗是家常便饭，当地的无赖被叫来执行政治纪律，而雇主、商人和熟练工匠可能会看着他们的雇员和职员投票或大声宣布他们的选择。选举前的几周总是伴随着喧闹的游行，人们会举着火把、横幅，吹着笛子，敲着鼓。另外还有民兵检阅，竞选人用这种方式来展示政治公民权的军事基础，同时也被用来证明竞选人有能力调动大批支持者。政治忠诚者不时利用这个机会报复自己的敌人，特别是存在种族或宗教对立的情况下更是如此。公开的"骚乱"或"暴乱"——这个时期有不少记录——似乎更多地与竞选活动的对立程度有关，而与竞选的类型无关。

这是一个粗暴的、喧闹的、以男性为主的公共权力的舞台，是针对女性及其他从属者的排挤的庆祝仪式，这些受排挤的人无法从当时的政治民主化中受益，处于边缘地带乃至完全在舞台之外。这也表明，选举政治的胜利者除了需要口才和组织，也需要"肌肉"。它还利用了在选举权变得重要之前，一直控制着大众政治的社区法制和惩罚仪式。在早期美国——以及近代欧洲——需要当面对质的世界中，权力和社会地位不仅仅由财富和机会决定，遭遇不公不能仅靠公开抱怨来解决，法律也不是说执行就可以执行的。所有一切都需要以一种可辨别的方式表现出来。这种表现既可以是安静的，让人一目了然的，比如当地精英在其他人都坐好后才进入教堂或会场，并在前排就座；也可以是喧闹的、严厉的，比如过路的人被警告远离村庄，告密者被涂上柏油、插上羽毛，小偷被戴上脚枷。平民可能会利用在街头喧哗以展示忠诚的方式来表达对某个大人物的支持——通常是在他的鼓励下——也可能通过亵渎象征着教皇权威的物品或破坏附近的修道院来表示对天主教徒的蔑视。到了美国革命时期，这样的公共仪式已经被用在政治抗议和政治动员中，并被证明也适用于其他冲突对抗之中。工匠与他们的雇主斗争时同样采用了这些手法。觉得利益受损的租客用它们来对付富有的房东，受骗的储户用它们来对付当地银行家，新成立的政党用它们来激发选举热情。毕竟，还有比这些更好的办法来区分忠诚者和敌对者吗？

19世纪前期的选举政治之所以带有鲜明的"军事"特征——无情的、强制的、暴力的——不仅仅是性别构成和对"男性气概"的要求的产物。政治世界还包括活动舞台，而活动舞台实际上与战争演习和小规模冲突密切相关，并在很大程度上影响了选举本身的进行。因此，在美国奴隶人口集中的地区，州及以下地方政府往往是围绕着对奴隶劳工及周边大片乡村——他们可能经这里逃亡——的警戒展开的。在这里，民兵和奴隶巡逻队是重要的工具。一方面，他们可以展现奴隶主的权力；另一方面，也可以释放被要求参与其中的白人居民——无论他们是否拥有奴隶——的精力。绝大多数奴隶居住的种植园和农场成了政治斗争的重要场所，因为权威和服从的关系需要在这里确定，交流网和联盟需要在这里建立。奴隶主和奴隶一样，都依赖亲属关系与个人忠诚的网络来传递重要信息，建立等级制度，并使自己免受攻击。因此，政治将自由人——最突出的是成年男性——的选举实践与惩戒被奴役的工人阶级的机制结合在一起。难怪有抱负的政客经常寻求被选为或被任命为民兵军官，而选举的最小单位通常被称为"民兵区"。

民兵，以及在城市中与其类似的组织，如志愿消防队，在定义地方政治领域和阐释庇护关系——这种关系在民主化之后仍然是政治实践和政治文化的核心——方面发挥了重要作用。财富和文化成就无法再使人自愿服从，但为实现政治野心仍然需要各种资源和互惠关系。当大多数地区废除了必须拥有一定财产才能参与政治的要求后，出身卑微的白人男性有机会表达自己的喜好并寻求安身之所，而县和市的一些公职因为工资或其他好处对他们产生了经济上的诱惑力。然而，孤立的声音不会引起任何反响，若想获得政治任命必须得到有实力的赞助人的支持。这不仅是竞选活动的需求，还因为大多数职务都要求缴纳大笔金钱作为保证金。县治安官可能需要支付1万美元的保证金，县财务官则需要缴纳相当于该县年度税收的保证金。要求官员缴纳保证金显然是为了防止腐败和盗窃，但也成了官员晋升的重大障碍。除了最富有的人，谁能付得起这笔巨资？因此，经济实力不足的人不得不依赖富裕的担保人。简而言之，他们需要政治赞助人。

赞助人当然期望自己的投资能够取得回报，但他们也有自己的需求。他们需要——而且往往必须——通过大量追随者来维系自己的权力和声望，这些追随者可以提供忠诚、选票、技能，并且愿意恐吓赞助人的敌人。不过，所有这些都需要赞助人提供奖励，包括保护、工作、担保、贷款，以及在遇到困难时提供帮助。这是一个包含了垂直效忠和互惠义务的体系，有时可以通过亲属关系加以调解，既强大又复杂，不同的人会有不同的乃至相互冲突的理解，不满情绪司空见惯。新的选举政治并没有破坏这套体系，反而有效地使其制度化了。在整个19世纪，对于那些意在改变原有秩序的社会团体和政治运动来说，没有什么比这套体系的顽固残余更令他们头疼的了。废奴主义者在面对由"拥有财产和地位的绅士"招呼出来的乌合之众时，遭遇了同样的问题。

奴隶主的回答

在19世纪前期的美国，奴隶种植园主一直稳定地充当着政治赞助人的角色，他们有力地控制着从切萨皮克向西南延伸到密西西比河流域的一片新月地带。他们拥有大片土地，每个人至少有20个奴隶，而接受他们赞助的主要是小地主，其中有的有少量的奴隶，有的没有奴隶。这些小地主通常与赞助他们的人有亲属关系。奴隶种植园主们在县议会和州立法机构中有大量代言人，而且由于宪法规定——在按人口比例换算议员名额比例时，奴隶相当于五分之三个自由人——他们对联邦政府的各个机构都有强大的影响力。与他们一样的人——华盛顿、杰斐逊、麦迪逊、门罗、杰克逊——自宪法颁布以来几乎一直担任总统。他们中的一些人已经搬到拥有肥沃土地的得克萨斯，其他人则对墨西哥和古巴虎视眈眈。

但他们并不能高枕无忧。废奴运动早已在新英格兰和中大西洋地区兴起，到了19世纪30年代似乎已经成为一场影响力越来越大的国际运动的一部分。奴隶们在圣多曼格岛发动起义并取得成功，建立了西半球第二个独立国家，同时也是西半球第一个黑人国家，而他们在英属加勒比地区的战友则迫使伦敦政府同意解放所有奴隶。自此以后，圣多曼格岛和牙买加——浸信会战争发生在这里——的阴云笼罩在各地奴隶主的头上，让他们意识到自己在政治上的脆弱性。

在美国，《西北土地法令》已经颁布，黑人奴隶贸易已经被禁止，美国殖民协会渐进解放的主张吸引了一些知名奴隶主。通过移民逐步废除奴隶制，在弗吉尼亚、马里兰和田纳西成为公众辩论的主题。这表明解放主义正向南扩散。自18世纪90年代以来，弗吉尼亚、卡罗来纳和路易斯安那的奴隶一直在酝酿反抗，其中一些事先被察觉，还有一些发展为起义。一些国会议员开始反对让新的蓄奴州加入联邦，并成功地通过《密苏里妥协案》（1819—1821年）禁止路易斯安那部分地区实行奴隶制。接下来，东北部和中西部的一些白人与黑人开始接受立即实现主义，称奴隶制是一种罪，并开始把宣传单塞满各家各户的邮箱，还向国会递交了大量请愿书。

　　奴隶主的反应并不一致，并且在很大程度上取决于其所在地区的社会地理与政治文化。如果说有什么共同点，那就是解放主义带来的挑战既揭示了这个国家大部分地区与奴隶制的关系多么密切，也揭示了奴隶制是一种多么复杂的制度。直到19世纪30年代，奴隶制及其残余仍然存在于美国各地（由于渐进解放主义和《逃亡奴隶法案》），存在于各种环境下，包括农村和城市，小型单位和大型单位，白人或黑人占压倒性多数的飞地，以农业或工业为主的地区，以及种植不同作物的各农耕区，并受到一系列宗教和政治因素的影响。除了最南方的几个州，大部分地区的奴隶主不得不重复杰斐逊和弗吉尼亚王朝的温和论调，将奴隶制视为罪恶和负担，并开始谈及有朝一日奴隶制可能不复存在。他们虽然总能在其所在州的州政府中占据上风，但也不得不与州内反对蓄奴的白人选区竞争。这些白人居住在奴隶制没有多少立足点的地区，如田纳西东部、肯塔基、西弗吉尼亚、北卡罗来纳、马里兰北部和特拉华，并且可能受到贵格会教徒和福音派教徒的小型定居点的影响。部分奴隶主愿意讨论一项逐步废除奴隶制的计划，该计划将持续多年，并为奴隶主提供补偿，但更多的人希望完全避免这样的讨论。他们最多只愿设想，在很久以后将奴隶转移到更远的、拥有繁荣的种植园经济的南方和西部，从而使他们的县和州"白化"（杰斐逊将转移奴隶的过程称为"扩散"）。几乎所有人都认为，任何可接受的计划都必须包括获释奴隶的迁移。

在东南部和新兴的西南部——后来统称为深南部——情况却截然不同。奴隶种植园决定着或即将决定社会面貌，黑人占人口多数（或几乎占多数）成为常态，棉花、稻米和糖等出口作物推动经济增长，种植园主精英阶层的权势极大。那里的奴隶主与切萨皮克和更北方的奴隶主不同，几乎未受美国革命时期的启蒙潮流的感召，极少有人主动解放奴隶。他们在联邦制宪会议上的代表强硬地主张，奴隶制必须得到明确承认，而且要保护其免受政府不必要的干预。他们对自己的"微主权"和地方优先权非常敏感。南卡罗来纳是这些方面的典型例子，它率先在政治和理论上挑战联邦权威。1828年，才华横溢、脾气暴躁的约翰·C.卡尔霍恩在他的《南卡罗来纳申辩与抗议》一文中辩称，各州不仅是主权者，当它们认定联邦法律违宪时，还拥有否决（拒绝执行）联邦法律的权利。四年后，在卡尔霍恩的领导下，南卡罗来纳官员拒绝执行对农业不利而对制造业有利的联邦税收计划（其结果可能会削弱奴隶制），从而引发了与安德鲁·杰克逊（他本人也是田纳西的奴隶主）政府的摊牌。这一事件被称为"拒绝承认或执行联邦法令危机"。

虽然南卡罗来纳的激进奴隶主——当时被称为"拒绝承认或执行联邦法令派"——在他们所在州拥有影响力，但在其他蓄奴州并未赢得多少支持者。在这种情况下，他们被迫让步。对于他们和奴隶制政治来说，这是重要的教训。然而，在19世纪30年代，全国几乎所有地方的奴隶主都同意，废奴主义者的邮寄宣传品运动和请愿运动必须被制止。所有人都知道，美国奴隶制的未来是一个会引起巨大分歧的问题。当它被提及并被公众讨论时，分歧似乎进一步扩大和加深了。废奴主义者以前可能是被鄙视的少数派，但当他们在请愿书中要求与反废奴主义者在政府大楼进行辩论，并且邮寄的宣传单落入自由人和奴隶手中时，局面有所改变。这一方面会加剧政治不满，另一方面可能招致"奴隶骚乱"。到了19世纪30年代中期，请愿运动的发展势头越来越猛。当一名邮政局长在查尔斯顿港口没收了一批废奴主义宣传材料时，矛盾爆发了。

　　虽然反废奴主义获得了广泛支持，但这起事件非常棘手。无论废奴运动和请愿书的传播多么令人反感，言论自由和请愿的权利都明确受宪法保护，奴隶主利益集团及其同情者提出的一些建议似乎将严重违反宪法。南卡罗来纳新当选的众议员詹姆斯·亨利·哈蒙德主张在废奴主义者的请愿书上盖上"不认可章"，并呼吁议员们直接拒绝接受这些请愿书。就连与南卡罗来纳的激进派有过冲突的杰克逊总统，也希望通过"严厉的惩罚"来遏制废奴主义"通过邮寄煽动性的出版物在南方各州传播"。最后，更加温和的声音和解决方案占了上风，奴隶主和反废奴主义者之间的政治联盟进一步巩固。国会在1836年通过了所谓的"钳口律"，即同意接受废奴主义者的请愿书，但这些请愿书随后将立即被搁置，不会再被考虑。联邦官员，特别是邮政部长，同意容忍各地邮政局长拒绝运送废奴主义出版物。

　　对于许多奴隶主，特别是深南部的奴隶主来说，反击废奴主义的努力并没有让其感到遭受道德和政治攻击而带来的良心不安。他们认为自己是现代的、世界主义的、虔诚的基督徒，对废奴主义者的指控感到震惊，后者批评奴隶制是可怕的专制，与共和制格格不入，奴隶主是暴君和罪人。可以肯定的是，奴隶制一直有直言不讳的强大捍卫者，奴隶主不仅致力于保护自己的利益和生活方式，也注意扩大自己的权势。如若不然，该如何解释他们在制定宪法时取得的巨大成功呢？该宪法为美国无处不在的奴隶制提供了法律基础（通过"逃奴条款"），并且奖励奴隶主，使其拥有比任何其他美国群体更多的政治代表（通过"联邦比例"），禁止对出口货物征税（出口货物是他们最大的财富来源），授权联邦政府镇压奴隶反抗，并使黑人奴隶贸易的寿命延长了20年之久。但到了19世纪30年代，面对层出不穷的混乱和挑战，他们中的一些人——以及他们的知识分子和牧师盟友——才开始为奴隶制提供明确的辩护，他们的辩护既是宗教的，又是世俗的，符合圣经和现代世界的逻辑。这种辩护虽然是"现代的"，却表现出反对自由的倾向。

对奴隶制的明确辩护——我们称之为"亲奴隶制辩论"——体现了自18世纪最后三分之一的时间以来在大西洋世界不断扩散的种族主义思想。18世纪80年代，杰斐逊等人曾推测黑人天生不如白人。19世纪前期，这种推测在颅相学等伪科学的帮助下，在学界和大众文化中牢牢站稳了脚跟。在一个大量人口注定要靠做苦力活为生的社会里，奴隶制是建立秩序的最佳手段。1835年，一名作家主张，黑人"由于存在智力和道德缺陷，既不能被教化，也无法享受自由"，解放黑人将"败坏我们半数人的原则，并将这些人拉到和他们一样的腐化、堕落、令人作呕的水准"。其他人认为，奴役使奴隶多少有了些"人性"，并使他们能够意识到自己的"层次"——这非常类似于从俄罗斯、普鲁士到巴西、苏里南、古巴和马提尼克岛的奴隶主和农奴主，在解释他们所认为的附庸劳动者的无能时所使用的一种种族主义观点。

在今天的人看来，这样的论调不值一哂。但在19世纪前期的美国，人们不仅不这么认为，甚至进一步发展了这种观点。奴隶制的捍卫者援引大西洋保守主义的传统——该传统体现在联邦制（与美国早期的联邦党人有关）和对法国大革命的激进阶段（反雅各宾主义）的反对上——拒绝接受《独立宣言》标榜的平等主义。他们声称人生来就处于一种不得不"无助地依赖他人"的不平等的状态，比如威廉·哈珀，他在安提瓜岛长大，但后来不得不搬到南卡罗来纳，而且"奴隶制促进了文明好的一面，抑制了文明恶的一面"，使劳动者成为追求创造财富的人。与杰斐逊不同（杰斐逊担心奴隶制会同时腐化主人和奴隶，并消耗共和国的活力），他们认为奴隶制是共和国的必要基础，是排除那些不适合共和制的人的最佳手段，是防止暴政的唯一途径。他们主张，奴隶制使堕落的、具有依赖性的工人阶级得到充分控制，使下层白人能够拥有土地和其他形式的生产性财产，从而使其免受白人主人和雇主的剥削。有些人甚至认为奴隶制对主人和奴隶都有"积极的好处"，因为奴隶制承认人生来便有优劣之分，这是经济繁荣、公共秩序良好和政治进步的基础。

白人牧师也为奴隶制提供了重要的辩护理由。他们中的许多人出身较低微，但仍然认为捍卫奴隶制是建设基督教社区不可或缺的一环。虽然他们认为所有人在宗教上地位平等，并拒绝接受多元发生说（一种关于人类起源的理论，认为人类的种族具有不同的起源），也不承认不同种族是被分别创造出来的（某些奴隶制支持者持这样的论调），但他们是从家庭的角度来理解基督教以及与之相伴的等级制度、父权和顺从的。他们可以轻而易举地证明《圣经》不反对奴隶制，并指斥他们的批评者"明显对神意一无所知"——弗吉尼亚的桑顿·斯特林费洛曾这样咆哮道。但在政治上更有说服力的是，牧师将奴隶制类比于其他家庭关系，特别是婚姻关系——二者都将从属关系视为理所当然，并将解放妖魔化，认为解放将对社会秩序的基础构成可怕的威胁。一名密西西比的牧师声称，"《圣经》对奴隶制的真正看法是父权关系"，而主人"实际上相当于所有关系中的一家之主，包括与妻子、与孩子和与奴隶的关系"。因此，另一个人主张，"奴隶制的罪恶就像婚姻的罪恶一样，可以追溯到对维持这种关系的人的义务的忽视"，而不是关系本身。废奴主义就像平均地权主义、自然神论、女性主义，"或许还有其他主义"一样，只会带来无政府状态。

具有讽刺意味的是，正是托马斯·杰斐逊，这位自然神论者和自由思想者，在调解奴隶制与自由之间矛盾的过程中，奠定了后来亲奴隶制思想的基础。为了回应他的侄子爱德华·科尔斯——后者在20世纪第一个十年呼吁废除奴隶制——和其他试图说服他公开反对奴隶制的人，杰斐逊向他们描述了现实世界以及奴隶主在其中的责任。杰斐逊总结道，废除奴隶制的挑战太大了，至少对他这一代人来说是这样的，这个问题只能留待后世解决。同时，奴隶主应该认识到奴隶制带给他们的义务，他们应尽最大努力照顾那些不能照顾自己的人。杰斐逊一度接受了渐进解放主义，但后来又拒绝了，转而支持基督徒托管——19世纪30年代的亲奴隶制理论家认为，这是对自由劳动市场的不稳定和堕落的一种人道主义替代方案。

由此导致的结果与许多废奴主义者所预见的一样，奴隶陷入了罪恶的沼泽。根据莉迪娅·玛丽亚·蔡尔德的说法，奴隶制似乎摧毁了它所接触的一切，助长了"背叛、欺诈和暴力"，同时"撕裂了最亲密的关系，污染了正义的源泉"，并让奴隶"痛苦地四处漂泊……他们的待遇如同牛马，周遭的一切合谋使他们成了牲畜"。在许多废奴主义者看来，"对于奴隶来说，与他不时遭受的残忍对待相比，更大的恶果是所处的环境导致的道德沦丧。说谎、盗窃、放荡，都是其所处的环境自然影响的结果……懦弱、残忍、狡猾、愚蠢，以及卑微的屈从或致命的报复，都是奴隶制的苦果"。就连曾为黑人的品格辩护的威廉·劳埃德·加里森也认为："不承认放纵、懒惰和犯罪在他们中间已经盛行到令人悲哀的程度……是荒唐的。"

奴隶制的问题，自由的问题

白人废奴主义者关于奴隶制对"家庭关系"的影响有自己的看法。他们认为奴隶制腐蚀并摧毁了家庭关系，而且对奴隶来说，家庭生活——被废奴主义者视为自由的支柱——实际上是不可能的。大量废奴文学作品描绘了奴隶在奴隶主手中遭受的残忍、野蛮的对待。虽然鞭子是文学作品中最具代表性的事物，但废奴主义者似乎特别关注奴隶制对正当婚姻、性别角色和性行为模式造成的伤害：奴隶家庭没有法律依据，可能在一夕之间被拆散；男性奴隶无法养活自己的妻子和孩子，无法为其提供保护；奴隶主中存在大量性掠夺者。1835年，威廉·埃勒里·钱宁评论道："奴隶制实际上破坏了家庭关系。它打破了地球上最神圣的纽带……他（指奴隶）不是为家人而是为陌生人而活。他不能改善他们（指家人）的命运，无法保护他的妻子和女儿不受侮辱……婚姻没有神圣性。它可能会因为另一个人的意愿瞬间被破坏。"

这既是对奴隶制的尖锐批评，也是奴隶制下非裔美国人的生存环境的真实写照。但与此同时，它也对黑人的自由之路提出了严重质疑。像这样的奴隶准备好向自由过渡了吗？这个国家准备好接纳他们了吗？主张通过移民解决奴隶制问题的人——他们对黑人的品性持悲观看法——直截了当地给出了否定的回答，并呼吁通过渐进的方式废除奴隶制并驱逐获释奴隶。而立即实现主义者又能提供什么呢？他们从未提出过解放计划，没有提出过使立即实现主义具有可行性的方案。其中最激进的人拒绝"正式政治"，认为它的舞台已经受到奴隶制和奴隶主的污染，因此希望通过让奴隶主认识到自身的罪恶和宗教义务来说服他们释放奴隶。那些更愿意参与政治的人可能会寻求动员富有同情心的选民，迫使公众正视奴隶制问题，并迫使联邦政府在其具有管辖权的地方废除奴隶制，如哥伦比亚特区和密西西比河以西的联邦领土（大多数人都同意，各州的奴隶制不受联邦干预）。没有人打算煽动奴隶反抗。他们反对奴隶反抗，并且像加里森一样，对纳特·特纳在弗吉尼亚的南安普顿发动的起义感到"恐惧和震惊"。

虽然立即实现主义者没有详细阐述一条明确或快速的解放路线，不过废奴主义者想象着解放过程中将取得丰硕的文化成果。他们谈到"使200多万人能够享受人权，接受基督教文明的祝福，获得无限自我完善的手段"，谈到"提升奴隶的修养"，谈到教育奴隶和自由黑人"家庭秩序和履行家庭相关职责的重要性",谈到向奴隶灌输"工业和经济(的义务和优势),让他们及时、诚信地履行合同或义务"。一些人认为,奴隶将需要监护人,他们的行动将受到严格控制,并且有义务"从事劳动,就像其他社区的流浪汉必须通过劳动换取面包一样"。更多的人则认为,不管解放有多么迫切,奴隶是否已经为"理解或享受"自由做好了准备是值得怀疑的,因此他们支持奴隶必须接受教育的提议。事实上,虽然废奴主义者几乎是唯一憧憬未来两个种族和平相处的自由美国人,而且他们中的一些人勇敢地帮助黑人争取接受学校教育的权利并投身平权运动,但很少有人直接面对渐进解放主义带来的挑战。相反,他们更倾向于教导黑人要"勤奋,任何时候都不能失业……要有道德……不要说脏话……总而言之,要做好的基督徒和好公民,这样针对你们的一切批评都将消失"。这是一个令人不安的预兆,废奴主义者自己是否已经为解放奴隶做好了准备,这值得怀疑。这也说明了为什么许多白人废奴主义者不愿意让黑人加入自己的组织。

不过,除了殖民和立即实现主义,还有其他途径可以实现奴隶解放。这些途径源于19世纪20年代以后(1819年经济危机之后),引起重视的对美国社会秩序的更广泛的批评,并在19世纪30年代变得更加猛烈。它们随着社群主义,特别是欧文主义实验(试图构建一系列社会关系,作为消除市场经济中的竞争、贪婪和剥削的替代方案)的开展,随着公众对私人银行、纸币以及这些新事物带来的经济脆弱性的日益增长的敌意,随着人们,尤其是大城市的工匠和熟练工,对财富和权力越来越集中的反对(或许可以被称为"反垄断"情绪)而不断发展。虽然部分路径,尤其是社群主义,明显受到了千禧年主义的影响，但福音派复兴主义的影响绝不是最大的。虽然反对奴隶制的重要性与日俱增，但它起初只是引起人们关注的几个问题中的一个。

苏格兰自由思想家弗朗西丝·赖特的计划很有代表性。1818年第一次去美国时，她很喜欢这里的绝大多数事物，但在华盛顿特区与奴隶制短暂接触的经历使她感到震惊："任何地方的奴隶制都令人反感，在美国自由的风中吸入这种瘟疫的不洁气息尤其让人觉得难以忍受。"因此，当1824年重返美国参观罗伯特·欧文在印第安纳的新和谐公社和乔治·拉普位于附近的社区时，赖特决定开始自己的社会实验，这个实验将对美国的奴隶制造成沉重打击。相较于早期的立即实现主义，她的计划更类似于通过移民解决奴隶制问题的方案。她意识到需要补偿奴隶主的损失，而且要使获释奴隶易于迁移。她希望在拉斐特侯爵的帮助下，从富人和社会名流那里筹集资金，购买一个示范农场——当时与其关系密切的拉斐特侯爵也在美国——并与一大群奴隶一起，按照拉普的"统一劳动"的方式从事农业生产，并将所得用于解放奴隶，支付送他们到国外的交通费，并继续购买奴隶来补充空缺的人手。根据她的计算，这种方式将在大约85年内"赎回美国所有奴隶人口的自由"。为此，她自己出钱——她未能吸引到任何投资者——在田纳西的孟菲斯附近购买了1240英亩土地，但只有8名奴隶，包括5名男性和3名女性在土地上耕作。她把这块小殖民地称为纳肖巴。这个计划与本杰明·伦迪的想法类似，但不幸以失败告终。部分原因是赖特因病不得不离开，另一部分原因要归咎于她留下的管理者们。赖特随后将纳肖巴卖给了一个慈善信托基金，并最终用一艘租来的船将这些奴隶送到海地。她在那里解放了他们——由她承担费用——并将他们托付给海地总统让－皮埃尔·博耶。然而，这次经历使她变得更加激进，她不再仅仅关注奴隶制问题，也开始思考美利坚合众国的性质。她在新和谐公社待了很长时间，吸收了早期社会主义思想，帮助欧文编辑《新和谐公报》，还进行了一次充满争议的巡回演讲。她在演讲中对有组织的宗教、婚姻关系和有限制条件的离婚法嗤之以鼻，并提倡教育改革和废除死刑。1829年，她随欧文前往纽约市，他们在那里继续发行报纸。

她到纽约的时机很巧。激进主义者正在这座城市领导劳工运动。由激进的劳工和部分大工匠领导的工人运动方兴未艾，并最终进入了选举政治领域。19世纪20年代，托马斯·斯彭斯、威廉·汤普森、约翰·盖伊、兰顿·比尔斯比和科尼利厄斯·布拉奇利关于平均地权、反垄断和新兴的社会主义的著作，以及费城的威廉·海顿提出的劳动价值论，使这里的政治氛围极为活跃。对于赖特和欧文来说，这里的环境既热闹又令人鼓舞。他们很快赢得了一批自由思想者的追随，并在出生于英国的印刷商乔治·亨利·埃文斯的帮助下继续出版他们的报纸（更名为《自由询问者报》）。

工人运动的理论家托马斯·斯基德莫尔，是一名来自康涅狄格贫困乡村的机械师和发明家。他于1819年来到纽约市，在这里深入阅读了洛克、卢梭、杰斐逊、潘恩等人，特别是盖伊、汤普森、布拉奇利和比尔斯比的著作。斯基德莫尔最初是约翰·昆西·亚当斯的支持者，但在劳动人民的感召下，他于1829年——就在大卫·沃克发表《呼吁书》的同一年——出版了《人的财产权》。除了最有名的重新分配土地和废除土地继承的平均地权计划，这本小册子还批评了由银行机构、公共债务、特许公司、私人拥有和经营的学校和工厂，以及将女性、黑人和印第安人排除在外的选举限制导致的不断加剧的不平等问题。它还展望了"消灭奴隶制及其带来的万千罪恶"的前景。想到许多奴隶因为缺乏"养活自己的财产而不愿获得自由"，斯基德莫尔提出了将奴隶纳入"大分配"（General Distribution）计划，为他们提供"土地和其他财产"这一彻底的解决方案，并嘲弄了那些希望通过移民解决奴隶制问题的人。

　　斯基德莫尔因为他的土地再分配计划而出名，他主张在维护私有产权的前提下平均地权。他并不是纽约激进主义者和劳工圈子里唯一从政治经济平等的角度而不是福音主义的角度反对奴隶制的人。威廉·莱格特生于纽约，曾加入美国海军，去过西印度群岛和地中海，并于1829年加入了威廉·卡伦·布莱恩特的《纽约晚报》。他与民主党中新兴的亲劳工激进派（平权派）走得很近，并因将解放主义者形容为"融合者"而闻名。他主要关注的是"金钱掌权者"，即掠夺农民、工人和其他生产者的金融掠夺者和他们的政治仆从，他对这些人的批评非常尖锐。但反废奴主义者的恶意引起了他的反感，到了19世纪30年代中期，他开始将"怪物般的奴隶制"视为对美国构成最大威胁的贵族式的敌人。莱格特宣布支持美国废奴协会，并呼吁将包括选举权在内的权利平等原则扩展到非裔美国人身上，这一举动震惊了大多数民主党人。莱格特认为，奴隶制完全违背了"最基本的民主信条，即承认所有人在政治上都是平等的且拥有不可剥夺的自由权利"。

　　与莱格特一样，乔治·亨利·埃文斯也将重心从激进的反垄断主义和对白人劳工的支持——这些在19世纪30年代初被称为"工人主义"——转向反对奴隶制。埃文斯出生于英国，曾是一名印刷工学徒，后来移民到了纽约州北部。在这里，他读到了托马斯·潘恩的书。随后他来到纽约市，见到了赖特与欧文，在他们的帮助下创办了报纸《工人的代言人》。他在那里形成的一些理念——不过不如斯基德莫尔激进——使他成为土地改革的主要倡导者。不过他也抨击奴隶制和反废奴主义者，嘲笑美国殖民协会（"他们的项目是所有荒唐项目中最荒唐的"），主张平等对待自由黑人。最值得注意的是，他对纳特·特纳表示同情。"对于一个注定终生为奴的人来说，"他写道，"还有什么比为了改善自己的处境而做出过火的举动更加自然的事情呢？白人防范这种过激行为的最好方式，难道不是为堕落的奴隶提供渐进但明确的能获得解放的前景，并使他们最终能够享受自由吗？"从某种重要的意义上说，埃文斯将公共土地——宅地——提供给无地移民的计划，来自他的反垄断思想，而后者同样使他走上了支持废除奴隶制的道路。他将自己的土地改革计划命名为"自由土地"计划。

美国的"孤岛"

东北部的非裔美国人开辟了数种实践立即实现主义的途径。他们是渐进主义和移民解决奴隶制方案最早且声音最大的批评者。他们建立了一套制度来协调各社区，传递重要的消息和思想，并组织公众抗议。黑人女性和男性一样，也投身废奴运动之中。1833年2月，充满激情的波士顿活动家玛丽亚·W.斯图尔特在该市的非洲共济会大厅发表演说。她可能是第一位在"混杂集会"——听众既有男性又有女性——发表演说的女性。这些听众中的很多人来自一个自由、富裕、受过教育的阶层，人数虽然不多，但在不断壮大（尤其是在费城）。这些人既关注反对奴隶制的斗争，也关注"提升"穷人、未受过教育的人和纵欲者的举措。作为废奴主义报纸的主要订阅者，他们不仅帮助加里森意识到移民解决奴隶制方案的错误，还协助他建立了新英格兰废奴协会和美国废奴协会。他们还指导白人同情者在世界范围内开展废奴运动，每年纪念海地独立、奴隶制在英属西印度群岛的终结，并期待着他们所在的美国各州尽早废除奴隶制。

简而言之，这些非裔美国人似乎正设法在不断发展的公共政治文化领域为自己开辟一席之地，并试图以各种方式扩大自身的影响力。然而，表象可能具有欺骗性。在这个例子中，它掩盖了东北部和中西部的大多数人其实处在一个非常独特、也非常不稳定的政治生态当中的事实。他们中的绝大多数在经济上处于最底层，在城镇作为没有特殊技能的劳动者，在农村可能作为贫穷的佃农或农场工人勉强糊口。他们住的是住宅组团——若干栋建筑紧凑地建在一起，它们通常位于农村和城市环境最糟糕的地区，而且几乎与外界隔绝。他们中的许多人曾经被奴役，或者是奴隶的子女。相当多的人——尤其是在宾夕法尼亚、纽约、俄亥俄、印第安纳和伊利诺伊——是从奴隶制仍然合法的州逃亡的逃奴，而且逃奴的数量还在不断增加。最重要的是，他们难以逃脱奴隶制和奴隶制带来的种种恶果。在19世纪30年代的美国，任何地方的成年黑人男性、女性和儿童都被先入为主地认为是奴隶。由于渐进式解放主义和联邦的《逃亡奴隶法案》的存在，这一先入为主的印象得到了国家力量的支持。在白人当局的许可或支持下，奴隶捕手定期搜寻逃奴。他们无法区分逃奴和自由黑人。结果，东北部和中西部的黑人始终处于恐惧之中，他们的定居点必须永远保持警戒，永远有人守卫，永远需要自我保护。"在一个自由州生活了几年后，"从马里兰逃到宾夕法尼亚内陆农村的威廉·帕克回忆道，"痛苦的经历使我意识到，为了保护自由不被窃取，我必须不眠不休地保持警惕。"

事实上，逃奴很快就发现，在美国，奴隶制和自由之间没有明确的界线。出身肯塔基的奴隶刘易斯·加勒德·克拉克成功渡过俄亥俄河，第一次踏上"自由的土地时浑身颤抖"。但当他到达附近的辛辛那提，看到了"认识我的奴隶贩子"之后，他意识到"奴隶制的精神并不全在俄亥俄河以南"。于是，他决定按照熟人的建议，前往克利夫兰，再前往加拿大，在那里他才能确信"我是自由的"。他并不是唯一质疑奴隶制真正的边界的人。许多奴隶逃到那些已经废除了奴隶制的州以后，发现自己"仍然在敌人的土地上"，奴隶主在街上寻找自己的财产，"北方人发誓……让他们服从他们的主人"，甚至"在邦克山纪念碑的注视下……没有法律"为他们提供保护。逃亡奴隶托马斯·斯莫尔伍德痛苦地谈到白人废奴主义者，他们"竭力说服（逃亡者）到所谓的自由州定居"，却意识不到"奴隶制对整个联盟的影响"。对于他和其他许多试图逃离奴役的人来说，真正的自由只在加拿大、英国或其他一些"完全属于外国司法管辖区的地方"。"当我到达纽约市时，"摩西·罗珀回忆道，"我以为我是自由的，结果却发现并不是。"罗珀很快就搬到了附近的乡村，沿着哈德孙河一直到了波基普西，再到佛蒙特、新罕布什尔和马萨诸塞。不管在哪里，情况都一样。不久之后，他听说一个奴隶捕手在追踪自己，于是他"销声匿迹了"几个星期，设法得到了一张通行证，乘船到了利物浦。在那里，他终于感到自己摆脱了"奴隶制的残酷束缚"。

对于不能或不愿离开美国前往更安全的目的地的非裔美国人来说，有组织的自卫变得越来越有必要，尤其是在19世纪30年代前中期，反废奴主义和种族暴力摧毁了他们的一些社区，吓跑了他们的许多白人盟友。很快，黑人在东北部和中大西洋沿岸的主要城市成立了自警团，将隐藏逃奴和挫败"搜寻、绑架奴隶的人"当作自己的责任。为此，他们会在岸边观察是否有逃奴或疑似"奴隶贩子"的船只到来。他们会报告因为据称是逃奴而被抓住或绑架的黑人，以及奴隶捕手的行踪，并且努力找回那些被带到南方的黑人同胞。

很多像大卫·拉格尔斯这样的人，在保护那些身陷危险之中的非裔美国人，以及草根废奴运动中都发挥了关键作用。拉格尔斯于1810年出生在康涅狄格的一个工匠家庭，生来便是自由人，最终成为纽约自警团的领导者。他利用不断完善的将各地的黑人定居点联系起来的信息网，协助将逃奴送到相对安全的避难所——著名的弗雷德里克·道格拉斯就是通过他逃离奴役的——并鼓励市民订阅废奴主义报纸，撰写宣传废奴事业的文章和小册子，并不知疲倦地追踪绑架者。在纽约和其他地方，自警团实际上可以采取直接行动和武装抵抗，动员黑人成员和支持者营救被赏金猎人带走的逃奴，并赶走那些出言威胁的人。在这些行动中，自警团通常由像拉格尔斯这样有能力和财产的非裔美国人领导，并得到了由贫困的、以工人为主的不那么正式的黑人组织的帮助，后者在住宅组团和工作场所建立了自己的网络。

但是，东北部和中西部的许多黑人定居点实际上是所谓的"孤岛"，即逃亡奴隶的飞地。这些"孤岛"主要生活着直接经历过奴隶制并通过逃亡或某种方式得到解放的非裔男性和女性，被那些奴隶制仍然具有重要法律基础的领土包围，受困于主要由奴隶制和种族主义所造成的公民权利的缺失，经常受到企图绑架其成员的武装白人（包括警察）的侵扰——这些人不仅想要摧毁其住所和组织，还想要彻底驱逐其成员。即便如此，东北部和中西部的黑人在公开场合的存在感可能还是强于其他地方的，他们的活动可能更加显眼，政治回旋的余地可能也比美国南方、加勒比地区和拉丁美洲的黑人稍大。就像各地的"孤岛"一样，这里的"孤岛"既是试图逃离奴役的人的灯塔，也是寻求避难的人的重要政治集会场所。在这里，经历过奴隶制的非裔美国人与自由的非裔美国人，不管生活在南方还是北方，东部还是西部，西印度群岛还是美洲其他地区，农村还是城市，他们可以以一种几乎前所未有的方式彼此结识，分享观点，交流思想，并开始形成一种新的政治语言和政治文化。面对危险的环境和根深蒂固的公众敌意，他们共同发起了一场反对奴隶制和奴隶制所造就的世界的激烈抗争，不过很少有美国白人愿意或能够接受其抗争的基调。

第三章　市场、金钱与阶级

四块大陆的故事

19世纪30年代，就经济活力而言，世界上很少有城市能比得上新奥尔良。自1803年法国人把它卖给美国以来，它的人口增加了近十倍；它的港口停泊着数百艘从大西洋、加勒比海或密西西比河来的蒸汽船和驳船；它的商行和代理行依靠进出口贸易，尤其是出口贸易变得异常繁荣（到19世纪30年代中期，其进出口总额甚至超过了纽约市）。新奥尔良繁荣的贸易吸引了当地银行的投资，其中大多数银行不久前才获得路易斯安那州立法机构的特许。新奥尔良的支持者，如出版商J.D.B.德鲍，为新奥尔良取得的"快速而巨大的进步"感到骄傲，有人预言这座城市注定要成为整个美洲的经济中心。

19世纪30年代新奥尔良繁荣的原因显而易见。虽然遍布密西西比河及附近的拉富什河和泰什河沿岸的甘蔗种植园离新奥尔良很近，但码头才是新奥尔良繁荣的主要原因。从夏末到初冬，码头上堆满了整包整包的棉花。19世纪上半叶改变着世界大部分地区的棉花，成就了新奥尔良。以大庄园和奴隶劳动力为基础的棉花种植，首先在深南部的肥沃地带得到发展，随后在19世纪第二个和第三个十年延伸到了密西西比河流域。棉花收获以后，经河流运往"新月城"（新奥尔良的别称），接着从这里运往英国和法国（利物浦和勒阿弗尔），以及美国东北部，并在那里被加工成纱线、布匹和其他棉制品，供给快速增长的消费市场。19世纪30年代，随着棉花价格飙升，棉花贸易的巨额利润推动了大规模的人口迁移——尤其是从切萨皮克、卡罗来纳、肯塔基和田纳西等地迁来——和土地投机，规模之大令人咋舌。从1835年至1836年，新奥尔良的棉花市场仅从密西西比和路易斯安那就接收了443 307包棉花，几乎占美国棉花总运量的一半。

然而，繁荣的经济似乎在一夕之间就崩溃了。贴现率直线上升，原本宽松的信贷突然收紧，贷款人收回了贷款，债务人将纸币兑换为金属铸币（金币或银币），而银行却由于在繁荣期间过度扩张而缺乏足够的准备金。棉花价格开始暴跌，以棉花作为担保品的巨额债务无法收回，从事棉花贸易的商人及其代理商的业务受到影响，并最终影响到那些在财务上支持他们的机构。1837年3月，新奥尔良的代理行赫尔曼和布里格斯公司倒闭。不久之后，为赫尔曼和布里格斯公司提供贷款的纽约贷款机构约瑟夫兄弟公司关门。其他一连串的公司，特别是沿海港口城市的公司也纷纷倒闭。这场大型金融危机后来被称为"1837年大恐慌"。

当时和后来的观察家主要从国内政治的角度来解释这场经济危机，逻辑非常清晰。安德鲁·杰克逊总统大权在握，并且对自己之外的任何权威都怀有戒心。他与费城的贵族、美国第二银行总裁尼古拉斯·比德尔之间的冲突，似乎动摇了扩张中的美国经济的根基。

美国第二银行是一家私人银行，于1816年获得联邦政府授予的为期20年的特许经营权，并在比德尔的管理下迅速发展。它作为国库资金和联邦税收的存储银行，可以发行被视为法定货币的纸币，出售政府债券并发放贷款。它在29座城市设立了分行，并通过收集州特许银行的纸币，再将其兑换成金银币的方式，抑制各州银行的增长速度。但在杰克逊看来，银行是一头"多头怪物"，腐蚀了"我们人民的道德"，威胁"我们的自由"，因此他决定消灭它。当国会考虑在美国第二银行20年特许经营权到期前再授予其若干年特许经营权时，杰克逊否决了国会通过的法案（不过国会又推翻了他的否决），随后又将联邦存款移走，将其存入他选择的特许银行（这些银行被轻蔑地称为"宠物银行"）。

虽然并非有意，但杰克逊将联邦存款存入州银行，似乎加剧了通货膨胀和投机行为——银行因此能够印制更多纸币，并为购买在市场上售卖的公共土地提供担保。由于关税收入的增加和土地市场的繁荣，联邦预算的盈余也增加了，杰克逊认为这种情况将会蔓延到各州。当杰克逊政府最终采取措施抑制过度投机，限制小额纸币的流通，并发布《铸币流通令》禁止使用纸币，而只能用金银币购买联邦土地后，市场急速冷却。根据一名观察家的说法，这些措施就像"在没有警告的情况下抛出了一枚巨型炸弹"。

虽然事实证明，杰克逊与美国银行的"战争"、《铸币流通令》的颁布，以及支持硬通货的选区的领导力，极大地影响了19世纪早期美国的政治经济，但它们可能并不足以解释1837年的大恐慌和随后十年的严重经济衰退。对于这一点，涵盖四块大陆的投资和贸易循环可能更能说明问题，而其中心是伦敦城、英格兰银行和伦敦的几家大型投资公司，其中最重要的是巴林兄弟公司和布朗兄弟公司。虽然18世纪末英国败给了美国革命者，但在法国大革命和拿破仑战争时代，英国成了世界上首屈一指的经济和政治强国。它的帝国依然强大而且庞大，涵盖南亚、澳大利亚、加拿大和加勒比地区，金融城伦敦成为国内和国际经济增长的引擎。在19世纪的第二个和第三个十年，英国投资者大量买入美国第二银行的股份，最终占私人持有股份中的约四分之一。这些钱——总额可能在9000万至1亿美元之间——对许多耗资巨大的收费公路、运河和早期铁路项目尤其重要，并极大地促进了美国基础设施的发展。英国人对美国第二银行的投资，只是将英国人和美国人继续联系在一起的贸易关系的一个例子。英国是美国商品，特别是棉花的主要市场，而美国也是英国的一个重要市场。19世纪30年代上半期，英美之间的贸易额翻了一番。

英国人购买美国债券促进了金银币，特别是金币自东向西跨大西洋的流动。金银币的流动，再加上其他投资，刺激了这一时期美国的经济活动，并带来了一定程度的通货膨胀压力。不过，从墨西哥矿区流入美国西南部的白银的影响更为显著。非裔墨西哥人（其中许多人曾被奴役过）和当地人，在萨卡特卡斯和圣路易斯波托西的矿区开采白银，随后白银通过附近的坦皮科和阿尔瓦拉多（后来的韦拉克鲁斯）的港口输往新奥尔良（从西班牙时期开始就与白银贸易息息相关）和纽约。美国的邮船将面粉、纺织品、马车和椅子运往墨西哥，换回一箱箱墨西哥硬币、银比索（有人称之为“墨西哥元”）。19世纪20年代，墨西哥每年出口价值约合300万至400万美元的白银到美国；19世纪30年代，白银进口量急剧上升，几乎增加了一倍。

墨西哥铸币在美国越来越多，西班牙比索被当作通用货币，成为美国金银币储备中的重要组成部分，并且美国以其为基础印制纸币。墨西哥的白银对蓬勃发展的中美贸易同样至关重要。中美贸易始于18世纪80年代，当时美国船只前往位于中国南部的广州（当时唯一对外国商人开放的港口），购买价值不菲的丝绸、瓷器和茶叶。但中国人对美国货物不感兴趣，只接受白银。始于18世纪的鸦片贸易在19世纪二三十年代变得极为活跃，中国人对白银的需求大大增加。将孟加拉的罂粟生产者和中国的购买者联系在一起的鸦片贸易，主要由英国东印度公司在加尔各答城外组织，而中国人从欧美商业伙伴那里积累的白银正好为鸦片贸易提供了资金。虽然鸦片贸易在中国已被官方禁止，但实际的贸易规模极大。到了19世纪20年代，鸦片贸易已经引起清廷的担忧，清朝官员既担心鸦片的泛滥，又担心白银外流。

1834年，英国政府结束了东印度公司的商业垄断，事实上开放了中印之间包括鸦片（在英国是合法的）和其他商品的贸易，此后南亚的大规模走私活动发生了新变化。美国商人也因此受益，他们拥有能够成功运输鸦片的快速双桅纵帆船，这样他们的贸易账目的支出项就可以用鸦片而不是白银来平衡一部分，从而将白银留在美国。再加上墨西哥白银输入的增加，金银币流动的改变使19世纪30年代中期美国的金银币储备大幅上升，由此带来了严重的通货膨胀。

19世纪30年代末，清朝皇帝决心打击广州的鸦片走私，随后第一次鸦片战争爆发。这次战争使清朝付出了沉重的代价，而英帝国得到了进一步染指远东的机会。但在更早的1836年夏，英国的银行家已经证明，他们的影响力也向西扩张了。英格兰银行发现自身的黄金储备在不断下降（只有部分流向美国），于是将贴现率（贷款利息）从4%提高到5%，迫使商人和其他债权人（包括从事美国贸易的人）收缩业务。国际经济的多米诺骨牌首先在纽约和新奥尔良倒下，而且影响最为严重，因为那里的英美贸易尤其活跃，而且一般都遵循大西洋棉花贸易的模式，严重依赖以伦敦为中心的信贷纽带。虽然最初金融市场的反弹相对较快，但经济复苏需要五年以上的时间才能完成。

英国银行家和投资者的行动很可能不仅反映了他们对金属货币供应减少的担忧，也反映了其对美国经济和杰克逊总统的经济议程的信心下降。杰克逊与银行之间的"战争"和《铸币流通令》引起了伦敦银行家的反感，同时也使人们担心政策的走向。1836年，英国银行甚至一度拒绝接受任何美国商业机构发行的纸币。不过同样清楚的是，贸易，尤其是对外贸易，对于美国来说极其重要，而棉花经济是美国经济增长的动力，并创造了跨大西洋的复杂的金融网络。发生在萨卡特卡斯、广州、加尔各答，以及最为重要的伦敦的事情，可能会对纽约、费城，以及正在崛起的转口港新奥尔良造成重大影响。不过，当时的人不知道的是，19世纪30年代末40年代初的经济大恐慌和随后的萧条，将预示着一个经济时代的结束和另一个经济时代的开始。

市场强化

19世纪30年代，主导美国经济生活的是商人和大地主，其中一些人是最早殖民美洲的欧洲人的后裔。他们共同组织了在本地市场和国际市场上流通的商品的生产和销售，并获得了大部分收益。在沿海城市，他们控制着码头、货船和仓库，发放贷款和其他形式的信贷，出售食品和服饰，雇用律师，而且通常管理着市政。在农村，特别是在大量种植市场作物的地方，他们拥有最肥沃、条件最好的土地，剥削处于各种依附状态（奴隶、佃户、农场工人）的成人男女和儿童劳动力，迫使其向生活水平差一点的邻居提供各种服务，而且通常是当地的地方法官、民兵首领或政治赞助人。许多大地主会从事一定的商业活动，而许多商人则用他们的收入在城镇或乡村购置土地。城市中富丽堂皇的别墅和乡村的大宅子象征着他们的财富、权力和威望。即使是罗得岛、马萨诸塞和宾夕法尼亚早期的纺织厂，也依赖商人在贸易中所积累的资本。

商人和大地主的主导地位展示的是一种经济秩序，这种经济秩序建立了遍布全球的商业和殖民网络，为美洲各地精英领导的反殖民起义提供了空间，帮助开创了以共和原则为基础的新政治联盟，并期待着市场交换的扩大。其背后的动力是货物的交换和人的交流——有时是远距离的交换和交流——而不是货物的生产方式或人的活动分布发生了重大改变。事实上，在从18世纪末到19世纪头几十年的这段时间里，由于人口的增长、交通网络的完善、新的大宗商品的出现，以及通过国家支持或私人手段形成的资本的积累，市场经济得到了扩张和深化。深南部各州棉花经济的发展就是这一时期市场经济深化的明证。对棉花的需求和棉花种植潜在的经济回报，吸引着有抱负的种植者深入东南部和西南部内陆，包括南卡罗来纳的山地、佐治亚中部和西南部、佛罗里达北部、亚拉巴马中部、密西西比东部，以及密西西比河下游的肥沃土地。他们给州政府和联邦政府施加了极大的压力，要求政府拒绝承认美国原住民对土地权利的主张；他们掀起了购买土地的投机狂潮；他们为来自弗吉尼亚、切萨皮克和肯塔基农耕区的"剩余"奴隶提供了一个巨大的市场。与烟草、稻谷、糖料作物等其他主要农作物一样，棉花主要由奴隶种植，接着在种植园和农场加工，然后再送到新奥尔良、查尔斯顿、萨凡纳和莫比尔等港口城市的棉花商人和代理商的手中，最后由他们运往欧洲和美国东北部的纺织生产基地。信贷宽松，各州银行能够印制纸币，再加上允许贷款购买土地的联邦政策（在《铸币流通令》颁布之前），共同扩大和强化了市场的参与和交换。但市场体系的结构和关系仍然在很大程度上保持着至少已经维持了一个世纪的状态。

美国各地不同的农业制度也是如此。这些制度的基础不是剥削奴隶，而是剥削佃户家庭和其他附庸劳动力。与奴隶种植园性质最接近的是纽约哈德孙河流域的大庄园（其历史可追溯到17世纪荷兰人统治时期），到19世纪30年代，有超过25万户的佃户家庭以长期租赁的方式耕种小块土地，生产市场作物和自给作物，如棉花（主要的经济作物）、小麦、玉米、黑麦、亚麻、荞麦、马铃薯，还生产木材。像利文斯顿家族和范伦斯勒家族这样的富裕地主（一般被称为"大庄园主"）曾培养出家长式的关系，提供永久租约（可以代代相传），并在收租方面相对宽松，以换取政治上的支持。但到了19世纪第二个和第三个十年，租期变短，收租也不像以前那么宽松，佃户更多地参与到变幻莫测的市场中，以避免地主的压榨。不久之后，出现的不仅是市场参与程度的加深，而且成千上万的人将起身参加抗租运动。

　　东北部、中大西洋地区、中西部和南部内陆的"家庭农场"地区并没有爆发反抗运动（1786年谢司起义和1791年威士忌反抗之后，这些地区平静了很长时间，直到19世纪后期才再次发生反抗），但还是出现了类似的市场强化的现象。在这些地区，自由家庭一直围绕着土地的绝对所有权（无条件继承土地）、父权权威、性别分工，以及为维持生计而进行的生产和市场交换（以当地市场为主）之间的平衡来组织经济活动。成年和青少年男性负责开垦土地，从事大部分繁重的田间劳动，照料猪、牛和其它驮畜，砍伐木材，建造和修理栅栏和石头建筑，打猎和捕鱼；成年和青少年女性负责种菜、养母鸡和小家畜、织布、制作扫帚和帽子、搅拌黄油，并准备食物。耕种和收割意味着所有家庭成员需要进行长时间的自我剥削。他们抢农时播下种子或把成熟的庄稼从地里收起来。无论多么成功，农户几乎无一例外地需要与邻居"换工"，并与村里的商人和工匠（其中一些是行商）进行交易，以获得他们自己无法制造或需要从远方带来的货物。越来越多的小盈余使他们能够借贷和赊货。到了18世纪后半叶和19世纪前期，随着沿海城市人口的迅速增加，新的城市在中大西洋地区和中西部内陆地区崛起。随着商业网络的拓展，商业发展的速度进一步加快。靠近波士顿、纽约、费城和巴尔的摩等城市的农民可以专门生产高价值但易腐烂的商品，如乳制品、蔬菜和水果，这些商品可以在较短的时间内运输到城市市场。但大多数有机会进入这些市场的人，如康涅狄格河流域靠近马萨诸塞和康涅狄格的农户，则更多地参与市场。他们收获了更多的粮食作物（如小麦）并用于销售，织了更多土布，制作了更多的棕榈叶帽子，并将当地工厂生产的纱线织成布。他们基本不会扩大经营规模，不会雇用工人或佃农——只有最富有的大地主才有可能做这些事，而且确实这样做了。相反，男性户主继续利用他们的妻子、孩子，偶尔还有亲戚或寄宿者的劳动，以生产更多的商品。最终，随着农户可以越来越多地从商店购买必需品，其中的一些劳动，尤其是未成年女儿的家庭手工业活动就变得多余了。女孩们可能会选择到邻居家、新建的纺织厂或大城市找工作，与那些无法继承农田的兄弟们一起，大批大批地从农村迁移到城市（那些一心想过农民生活的人从东向西迁移）。

　　居住在美国的城市，尤其是东部沿海和墨西哥湾沿岸城市的人，比生活在大部分农村地区的人更能感受到商业的快速发展（农村地区的商业起步于18世纪最后四分之一的时间）。市场强化和分工细化直到19世纪30年代仍然是城市经济的特征。作为城市制造中心的工匠铺一直被认为是这一进程的关键，而且它们确实可以反映正在发生的事情。随着市场交换的频率加快和范围扩大，以前通常只与少数工匠和学徒——已经学会或正在学习贸易技能的工人——一起工作的大工匠，现在往往会更多地参与原材料的采购和成品的销售工作，而把生产交给值得信赖的雇员，也许还有工匠铺里的其他一些工匠和学徒。如果需求持续增长，工匠铺可能会进一步扩大，雇用更多的工匠，并通过"跑腿"将收尾工作交给外包工（通常是在家或出租屋工作的女性和儿童）。工匠铺很少引进新机械，无论分工如何细化，手工仍占上风。

　　可以肯定的是，市场集约化的进程因行业而异，如印刷业的机械化速度更快，而某些行业，如玻璃、银器、高级家具等奢侈品制造行业，旧的工匠铺模式还将持续很长一段时间。但是，在大众消费市场快速增长的行业，如制鞋业、服装业等，工匠铺由于"扩张"（工匠铺里更多的技术工人被安排从事不同的工作）和"延伸"（更多的工作交由半熟练工人完成）而实际上"劣化"了。在大都市，"血汗"生产的模式变得非常普遍，因为大工匠和商人会将工作分包给一批工人——熟练的或半熟练的，男性或女性，年轻的或年老的。这些工人会在家里、寄宿公寓里或车库里完成他们的工作，通常按件收取报酬。服装工厂和成品服装店因为"血汗"生产而臭名昭著，不过码头、建筑工地和其他经济活动日益增加的场所同样如此。

早期工业以及与工业资本主义相伴而生的社会关系的最显眼的标志不在城市，而在水资源充沛的内陆地区，即东北部的棉花厂、羊毛厂和纺织厂。到了19世纪30年代，得益于商业资本的大量投入和技术革新（有些是从英国剽窃来的），纺纱和织布实现了机械化生产。生产全流程都能在厂区内完成的工厂，散布于从新罕布什尔、马萨诸塞、罗得岛到康涅狄格和宾夕法尼亚的"瀑布线"。工人主要来自周围乡村的贫困地区。虽然他们按照工厂主和经理定好的节奏——特别是要按照几乎不停歇的精纺机、并条机、骡子和织布机的节奏——为工资工作，但工厂重新组织并极大地强化了长期以来的家庭手工业模式。最著名的例子是，马萨诸塞的洛厄尔的工厂招募了年轻的未婚妇女。她们习惯于在父亲的命令下从事纺纱和织布工作。来到这里后，她们被安排住在寄宿公寓里，生产的纱线和布远远多于以往。

在其他地方，工厂依靠的是整个家庭。这些家庭不再依靠耕种农田为生，也不再指望通过种植其他农产品获利，而是选择到村里和工厂工作。即便在这种情况下，工厂主同样倾向于雇用习惯于受父权管理的女性和儿童，因为他们认为这些人索要的报酬更低，而且更容易控制。有鉴于英国曼彻斯特和伯明翰的"黑暗的、撒旦式的工厂"所象征的悲惨、充满冲突的工业化道路，工厂主希望采取一种田园式的替代方案。他们的工厂具有家长制的特征，环境类似于乡村，外观整洁，人际关系相对和谐。棉花将这种工厂式乡村与南方的种植园联系在一起，而它确实与南方的种植园最为相似。工厂式乡村有吃住全在这里的工人，有被称为监工的主管，有机械车间、商店和教堂，还有工厂主居住的气派的宅邸。但是，工厂主很快就发现，工人们会反抗，或者选择离开。而工人们也发现，无论是迅速搬走，还是暂时留下，他们已经踏入了一个通过劳动赚取工资的新世界。

最能说明市场强化的程度和后果的，或许是19世纪前期美国各地不断膨胀的临时工（体力劳动者为主）队伍，特别是在城镇和不断增加的公共工程项目中。这些临时工大多是来自城镇和农村的贫穷男女，被奴役的和半自由的非裔，以及来自法属加拿大、德国和英伦三岛的移民（其中一些人是在契约奴役的条件下抵达美国的），这充分反映了大西洋地区社会的解体（其中涵盖了英格兰、爱尔兰、北欧和北美的农村经济和城市经济）。在职业分工中，性别是相当重要的因素。大部分女性，尤其是移民或非裔美国人，最终选择从事家政服务行业，以满足中产阶级和上流家庭日益增加的需求。但是，由于成衣市场的不断增长，以及女裁缝和其他女性从业者可以在家中工作，服装行业对女性的吸引力大增。还有一些女性经营寄宿公寓，做街头小贩、洗衣女工或厨师，不得已时还可能从事性交易。

男性劳动者的劳动场所包括港区、建筑工地、交通网点、街道、矿井和田地。他们在那里从事着搬运、拖运、开车、砍伐、吆喝、切割、挖掘和疏浚的工作。许多人拥有在农村、海边或城镇生活所带来的知识和技能——他们只是在正式意义上被视为非技术或半技术工人——而且他们可能会在各种工作场所使用这些知识和技能。大多数人面临着季节性的问题：由于天气和贸易的周期性变化，失业或就业不足的情况时有发生。为了勉强过活，他们需要采取策略来熬过淡季，比如做临时工或让所有家庭成员都参加劳动。由于疾病、死亡或遗弃等原因，缺乏成年男性或女性劳动力的贫困家庭很难维持生计，一些人只能长期居住在数量和规模都在不断增加的救济院里。

但是，临时工对基础设施的建设至关重要，而基础设施的建设使市场强化成为可能，并产生了广泛的影响：不断完善的交通网延伸到了内陆地区，将河流、湖泊与沿海地区连接起来，并促进了人员和货物的流动，跨越了以前难以或不可能跨越的障碍。人们普遍认识到交通和交流带来的挑战，包括联邦政府，它担心国家更容易受到外国入侵。托马斯·杰斐逊内阁中极有远见的财政部长艾伯特·加勒廷警告说，只有"通过在全国各地开放快速和便捷的交通"，才能从"根本上消除或防范在如此广袤的领土上所产生的不便、抱怨，或许还有危险"，因此他在1808年向国会提出了一项非凡的计划——在"美国最偏远的地区"修建"好的道路和运河"。

加勒廷很熟悉各州采取的措施，尤其是1794年建成的兰开斯特收费公路，这条连接费城和宾夕法尼亚州兰开斯特的公路取得了巨大的成功。但他也意识到，兴修公路和运河的成本极高，因此联邦资源对完成这项任务至关重要。不过，向国会推销这个计划并不容易。虽然1812年战争凸显了用更多、更好的道路运送军队的需求，而且在随后的十年间，加勒廷的计划的某些版本曾多次被提交给国会，但大多数倡议都受阻于地方利益集团和国会的反对（国会议员怀疑联邦政府是否有权实施这些项目）。只有连接马里兰的坎伯兰和弗吉尼亚的惠灵，并最终延伸到俄亥俄和印第安纳的国家公路得到了批准。

修建道路和运河的动力以及所取得的成绩来自地方（主要是商人）、州政府、市政府及外国投资者之间不同类型的伙伴关系。为了推动早期免费公路和后期收费公路的发展，州立法机构通常会授予私人公司特许经营权，而私人公司又会资助和组织道路和运河的建设。但是，由于运河修建的成本和要求高，因此通常由州政府和市政府主导，他们通过在美国和国外，尤其是英国，发行债券来筹集资金。1817年，修建伊利运河的计划赢得了纽约州立法机构的支持，这项极具野心的工程将拉开30年运河繁荣的序幕。在州委员会的主持下，州政府随后出售债券以支付数以百万美元计的建设费用，并雇用分包商。到1825年，总长度超过360英里[1]的运河完工，州政府通过收取运河通行费获得了大量收入，足以偿还债务。新英格兰、宾夕法尼亚、马里兰和俄亥俄等地的大型项目很快动工。到1840年铁路的作用越来越大时，运河已经穿越美国内陆近3500英里的土地。

---

1 1英里约为1.61千米。——译者注

　　运河与公路的不断延伸，将19世纪前期的市场强化推向了狂热的阶段。这些交通运输网深入北美内陆地区，不仅使农场和矿山（尤其是煤矿）的产出更多，也更容易进入距离相当远的市场，而且还使大都市为控制急剧扩大的贸易而展开激烈竞争，包括东部的波士顿、费城、巴尔的摩和纽约，西部和南部的罗切斯特、匹兹堡、辛辛那提、路易斯维尔、圣路易斯和新奥尔良。所有人都在争夺内陆地区，并感受到了市场交易量倍增所带来的商业震荡。

　　争夺建筑工人的竞争同样激烈。交通项目，特别是运河项目，所需要的工人数量是种植园以外的地区前所未见的。建筑商和承包商无论什么时候似乎都在寻找劳动力——在乡下找，在城市报纸上刊登广告找，并且还提供了种种激励手段。工作虽然很辛苦，但工资相对体面。最重要的是，对于没有手艺或缺乏特殊技能的人来说，建筑工作比几乎所有其他的工作都更加稳定。早期的运河工人大多是土生土长的，通常是来自周边农村的农业工人，他们希望获得更好的报酬或获得额外收入。但到了19世纪20年代，来自欧洲的新移民，特别是爱尔兰移民逐渐增多；这些移民不得不背井离乡，抛弃自己的土地，投向一个由新市场创造的世界。

劳工的强制

　　到了19世纪30年代中期，美国的政治经济似乎已经出现了明显的地域差别，其分界线东起宾夕法尼亚和马里兰的边界（被称为"梅森—迪克森线"），沿俄亥俄河向西到密西西比河，然后向北到密苏里北部和西部边界，再沿北纬36°30′向西延伸到路易斯安那、墨西哥和得克萨斯共和国均主张拥有权利的地方。在这条线以南，奴隶制得到了各州的支持和联邦政府的保障，他们组织了可通过出口获利的商品的生产，并确保社会和政治权力由自由人掌握；在这条线以北，奴隶制正被逐步废除，虽然一些非裔美国人仍被正式奴役，但奴隶数量迅速减少，而且他们在生活必需品或大宗商品的生产和分配中从未占据非常核心的地位。"北方"和"南方"的劳动制度在许多方面差异极大，这成了美国社会和政治的主轴。

然而，对于那些试图跨越南方和北方的边界而逃离奴役的奴隶来说，现实情况要模糊得多，也更令人不安。他们痛心地发现，无论走到哪里，都无法彻底摆脱奴隶身份的束缚，他们想获得的自由可能会轻易地从他们的指间溜走或被暴力夺走。他们发现自己可能会被追捕，有时奴隶捕手会下定决心抓住或绑架他们，并把他们送回主人手中。仅有的安全避难所由其他逃奴或支持废奴的朋友提供，甚至连这些人都会受到奴隶捕手或警察当局的骚扰。简而言之，他们发现奴隶制仍然是全国而不是区域或地方的制度，国家各级权力在几乎所有的地方都在维护奴隶制。

奴隶制的网自上而下铺开，越到下层越是严密。美国宪法中的逃奴条款以及随后的1793年《逃亡奴隶法案》（该法案要求将逃奴归还给他们的合法主人），使联邦政府完全站在奴隶主一边，并使奴隶制在美国所有州和准州都有了法律基础，而不管奴隶制在其边界内具体如何实行。虽然北方各州已经走上了废奴的道路，但直到19世纪四五十年代，其中许多州，包括新泽西（1846年）、宾夕法尼亚（1847年）、康涅狄格（1848年）、伊利诺伊（1848年）和新罕布什尔（1857年），才在司法含混和个别例外的情况下，最终宣布废除奴隶制。不过即便如此，新泽西直到1860年仍有少量奴隶。此外，如果奴隶主需要带着奴隶一起经过已经废除奴隶制的州，例如到纽约或费城去赶一艘邮船，这些州的官员一般都会照顾他们的利益——用一位法官的话来说，只要奴隶主不打算在这里定居，就可以受到"款待"。

很少有人能成功挑战奴隶制的真实地理界限，不过马里兰的威廉·帕克为帮助奴隶逃离奴役所做出的不懈努力值得一提。他越过马里兰与宾夕法尼亚的边界，进入宾夕法尼亚东南的内陆地区，在兰开斯特县定居，并在那里领导了一个由逃奴和其他非裔美国人组成的小社区。帕克和他的邻居们意识到自己很容易受到攻击，于是迅速成立了一个"防范奴隶主和绑架者的互保组织"，并成功抵御了名为"盖普帮"的当地白人恐怖主义暴徒的袭击以及偶尔出现的奴隶捕手的侵扰。他们用手枪、步枪以及镰刀、玉米收割机等武装自己，并学会了用号角召唤同伴。但是，在一次与联邦武装队进行了一场激烈的战斗之后，帕克决定用他知道的最好的方法彻底逃离奴隶制——他逃到了加拿大的多伦多。

奴隶制世界和自由世界的界限之所以模糊，不仅是因为联邦权力为奴隶制提供了广泛的基础，还因为美国各个角落的劳动关系都存在着广泛的强制措施。无论从哪里看——种植园和农场，船坞和码头，商店和阁楼，矿场和工厂，或者农场工人和佃户，工匠和学徒，家政工人和外包工人，熟练操作工和普通工人——各种形式的法律以及惯行的从属关系与依附关系普遍存在，劳动者面对着雇主直接的、胁迫性的权力，他们自身的脆弱性导致其不得不艰难维持生计。可以肯定的是，这些关系中最为沉重的在美国南方和西部，它们以独特的方式塑造了那里的社会和政治生态。但在其他方面，奴役、强制和依附的地域是无边无际的。

东北部和中大西洋地区的解放进程也显示了这一点。各州立法机构颁布的法律反映了人们对治安不稳定和财产遭受威胁的恐惧，因此完全无视已经遭受奴役的非裔美国人，只是"解放"了某个日期以后出生的儿童，而且只有当他们成年并达到一定的年龄后才能获得自由。当然，主人可以自行安排提前解放奴隶，其中一些人显然也是这样做的。但不管哪种方式，"自由"都普遍带着奴隶制和奴役的残余。一些被解放的黑人作为仆人留在白人家庭，另一些继续承担义务以换取物质或教育支持，还有一些签订了束缚自己的劳动契约——这些契约由于表面上的自愿而通过了解放主义者的审查——有时期限很长。儿童，特别是较贫穷的儿童，经常"跳出奴役"去做学徒或契约工人，往往是一直做到他们成年。所有契约都是可以出售的。从1780年宾夕法尼亚通过废奴法案，到1820年费城以及该城附近的特拉华州和切斯特县的农村近3000名非裔成为契约工人为止，农场主广泛利用契约来增加廉价和可剥削的劳动力，有时还会购买本州或其他州获释的奴隶的契约。

奴隶制和自由之间的界限在其他方面同样模糊不清、漏洞百出。上南部和下北部之间并没有一条清晰的分界线。宾夕法尼亚西部的人越过边界进入邻近的弗吉尼亚，在那里低价购买奴隶，并将他们带回宾夕法尼亚，然后将他们解放，条件是他们继续为自己服务，而他们的生活条件其实与奴隶相差无几。在宾夕法尼亚以及再往西的俄亥俄、印第安纳和伊利诺伊，雇主从弗吉尼亚和肯塔基的奴隶主那里雇用奴隶，等到奴隶为自己工作一年之后，再把他们送回俄亥俄河对岸的主人那里。在印第安纳，奴隶主带着奴隶最多可以待60天。奴隶主可以利用前30天签订契约，契约的期限有时长达数十年。在19世纪30年代的美国，"自由的土地"终将解除奴隶制的枷锁的理念——这是1772年英国著名的萨默塞特判决提出的——虽然在圣路易斯等地的下级法院取得了一些进展，但人们对此普遍抱着怀疑和敌视的态度。它并没有为寻求摆脱奴隶制的奴隶提供多少安慰或保护。

在奴隶制仍然得到法律承认的州，渐进主义、态度暧昧和半途而废的现象更为普遍。虽然在美国革命后的20年里，切萨皮克湾沿岸各州出现了相当数量的被个人解放的奴隶，但不管在那里还是更远的南方，摆脱奴隶制的进程要长得多，而且受到长期的主奴联系和依附关系的拖累。在巴尔的摩，也许还有其他地方，一些奴隶主为确保劳动力充足和阻止奴隶逃亡，往往许诺在数年后就释放他们，以换取其在此之前的"忠实"服务。这样，终身奴隶就成了"有一定期限的奴隶"，如"一个大约16岁的强壮健康的黑白混血女孩"在出售时附带的条件是"服务期限为13年"。其他奴隶主则采取了一种不同的但同样拖沓的策略：允许那些愿意走上漫长而曲折的自我剥削和小规模积累之路的野心勃勃的奴隶为自己——也许还有其他家庭成员——赎身。即使奴隶在没有明确的束缚条件的情况下获得解放，他们也往往会深陷一个由人身依附和保护关系打造而成的地狱中，只能在一个黑人被理所当然地认为是奴隶的世界里，期待着前主人的支持和保护。那些缺乏或拒绝这种"帮助"的人，如果选择继续留在美国，就会在各个方面沦为"社区的奴隶"或"没有主人的奴隶"。

被当时人普遍承认的"自由劳工"的范围大体上是可以确认的，他们主要集中在城市。自由劳工不仅仅是一个将小农场主等都包括在内的修辞说法，小农场主等可能也用自己的双手和工具劳作，但他们同样是财产所有者和雇主。最重要的是，这是一种以交换为特征的关系。在这种关系中，雇员同意在规定的小时和天数内工作以换取工资，并且可以选择辞职而不会受到严厉的惩罚，雇主也不会出于维持纪律或控制劳工的目的而对雇员的身体采取强制手段。从这个意义上说，自由劳动既是一种政治关系，也是一种社会关系，因为只有人身不受束缚的劳动者才能自愿用劳动换取工资，而雇主必须设法维持工作场所的秩序。

因此，这种关系最可能出现在欧裔成年男子当中。他们拥有人身所有权，或许还有一些生产性资料财产。他们拥有一定的技能，在当地居住了一段时间，取得了民事权利和政治地位，因此可以向社区提出司法申诉，将冤情诉诸法庭，并以投票的方式表达自己的观点。在里士满、查尔斯顿和萨凡纳等地，他们看不到发展机会，因为在那些地方，他们不得不与奴隶劳动力竞争，并被视为奴隶制的威胁。当里士满特里迪加钢铁厂的一些人因工资和工厂雇用奴隶等问题举行罢工时，舆论反响极大，人们普遍认为自由劳动动摇了"主人的权利和特权的根基，如果得到满足或允许其立足，很快就会彻底摧毁奴隶财产的价值"。在其他地方，自由劳工的地位更加稳固。他们可能认同泛大西洋地区劳动者的政治文化，可以援引诸如美德、独立或暴政、工资奴隶制等共和主义的语言来表达自己的愿望或不满。

与所有的分类和理想的类型一样，"自由劳工"这个概念本身同样具有复杂性和矛盾性。这个概念强调的是市场上的自愿交换，却掩盖了人们不得不从别人那里寻找工作而不是为自己工作的历史过程。在这个过程中，他们可能失去土地或无法在工匠铺工作，他们的技能可能变得不那么有价值甚至多余，他们的继承权可能被剥夺，因而无法或难以获得本可以使他们能够从事独立劳动的生产资料。这个概念也掩盖了大多数雇主拥有的法律和政治优势，以及市场交换完成后，他们可以在工作场所所行使的权力。在19世纪头几十年及此后很长一段时间里，大量名义上"自由"的成年男性、女性和儿童受到多种强制手段的限制，处于事实上的奴役状态，并可能因违反合同而受到国家的惩罚。

　　在许多工作场所，学徒、水手、佣人、矿工如果跟不上进度就会受到体罚，如果破坏设备也会受到相应的惩罚，如果在合同到期前离开甚至会被监禁。特别是在巴尔的摩、费城、纽约、波士顿、查尔斯顿等港口城市，监狱里挤满了各种类型和各个种族的"逃亡者"，其中数量最多的是水手，他们要么被迫完成合同，要么继续被监禁。在其他工作场所，运河挖掘工、港口疏浚工、建筑工人、农场工人和家政人员都可能受到体罚，或遭哄骗贷款，或被欠薪解雇。在全国范围内，流浪汉、贫民和失业者经常被关进劳改所或被迫从事严酷的强制劳动，这不仅将更多的劳动者推向了市场，还为叛乱战争结束后出台臭名昭著的黑人法典埋下了伏笔。在某些情况下，罪犯被"租"给运输项目，这进一步减少了那些想找工作的人的机会，同时提升了雇主的地位。这是另一个未来的先声。

　　这些工人容易受到剥削和被迫劳动，而这一直是劳动生活的部分事实——这证明所谓的"自由劳工"实际上并不自由，反映了工人在19世纪30年代的美国拥有的是受限制的公民权利和政治地位。许多工人是女性、儿童、新移民，他们多数是在法律上处于依附地位的非裔，他们只有很少或完全没有财产，没有什么技能，听命于丈夫、父母和主人，居无定所，很难享受法律的保护，很少或者没有政治赞助人为他们提供支持。他们为抵抗压迫和保护自己所采取的手段，包括仓促结成联盟或彼此合作，但更多的是为摆脱似乎无法忍受的工作条件和寻找更好、更稳定的环境做出的个人尝试。

然而，在19世纪上半叶以及后来的很长一段时间，整个劳工世界都由主人和雇主所定义，那些工人或雇员——无论他们是否正式获得自由——都被理所当然地认为处在从属地位。奴役使主人几乎拥有绝对的权力，它决定了300多万黑人工人的命运，他们种植的烟草、稻米、甘蔗等作物，特别是棉花，推动了国家的经济增长。因性别产生的依附性压低了女性的工资，损害了她们的议价能力，使她们丧失了权利和法律行为能力。成千上万的女性，包括黑人和白人，本地出生的人和移民，都受困于此。她们只能选择操作纺织机，做外包工，缝制成衣或为中产阶级和上层做家政服务。外国出生的人或非裔美国人在半熟练和非熟练工人当中所占的比例越来越大。他们只享有有限的公民权利，处于公民和政治生活的边缘，并不得不服从在工作场所占主导地位的任性的雇主。

但是，即使是那些真实处境最符合自由劳工概念的人，也不得不面对对自己非常不利的处于变动中的权力结构。美国的劳资关系继承了英国普通法，尤其是主仆法的传统，要求雇员在合同期内必须忠诚和服从于雇主，并规定违反合同的雇员须承担严重的法律后果。对纠纷的裁决完全由法院负责。19世纪头几十年，法院越来越以商业增长为导向，雇主的影响力越来越大，判决更倾向于维护经济发展。当劳动者显示出更大的政治潜力，立法机构或市政当局的态度朝着对工人更有利的方向转变时，法院干脆选择无视。同样成问题的是，法院将"完整性"作为法律原则，支持雇主在合同没有履行完或工人提前辞职的情况下拒绝支付工人任何工资。在法院看来，"不管工资是按总金额估算，还是每周或每月按一定比例计算，或者是在规定的时间支付，只要雇员同意有一个明确和完整的期限"，那么这些就没有任何区别。

不过，情况一直在变化。到了19世纪20年代，一些法院开始对工人为了拿回自己应得的工资而不得不留在原来的工作岗位的案件提出质疑，并在这个过程中对普通法里长期存在的自愿和非自愿奴役的区别表示异议，这种区别使自愿（或合同）奴役成为自由劳动的一种，而只有非自愿奴役才属于奴隶制的范畴。此后，法院承认雇主在工作场所的权力，但体罚不在此列，雇员可以拒绝接受体罚。改革的压力来自工人，他们会在工作中提起诉讼或表示抗议。他们的这种做法促进了人们对劳动关系的新理解，并最终促成了新的劳资谈判形式和法院裁决的出现。不过，这仍然是一个漫长的过程。虽然法院已经针对强制劳动做出裁决，但劳动者仍然很难要回他们在行使辞职自由权利之前所赚取的工资，这一点在很多年之后才有所改善。

交换媒介

1790年12月，华盛顿内阁的财政部长亚历山大·汉密尔顿向国会提交了一份报告，呼吁成立中央银行。汉密尔顿认为，中央银行对管理美国财政、筹措资金、确保紧急援助、支持公共信贷和发展工业均具有"无与伦比的重要意义"。他对中央银行在确立"纸币流通基础"方面的作用尤其感兴趣。

汉密尔顿认为，问题在于"一段时间以来，流通媒介不足"，因此大量生产者只能在市场经济的边缘从事易货贸易[1]。金银币（金属铸币）虽然可以流通，特别是用于官方目的，但在汉密尔顿看来，金银币本身是"呆滞资金"，只有将其存入银行时，它们才能通过促进投资和纸币印刷而"获得一种活跃的、生产性的属性"。在汉密尔顿看来，全国各地都可以看到的"成片的废弃土地"和令人失望的"制造业状况"，都是货币供给不足的证据。扩大交换媒介将扩大区域市场和全国市场，吸引更多的生产者加入其中。

到了19世纪30年代，纸币大量发行，但流通方式与汉密尔顿设想的不同，大部分流通中的纸币并非由中央银行而是由各州特许的私人银行发行和管理。各州对银行必须在金库中保存的金银币数量和纸币与金银币的兑换比例有不同的规定，各州的纸币在促进市场交易的同时，也带来了币值混乱的弊端。一个州的纸币在其他州交易时需要打折，且打折的幅度各不相同，其价值最终取决于银行是否有能力在持有纸币的人来银行兑换时以金银币赎回纸币。19世纪30年代初，全国有300多家获得州许可成立的银行，发行了价值超过600万美元的纸币，而联邦政府并未采取相应的监管措施。美国

---

1 易货贸易，以货物交换货物的对外贸易方式。易货的商品可以是一种对一种，一种对多种或多种对多种。——译者注

银行能做的充其量只是收集各州银行的纸币，然后将其兑换为金银币，以此来限制各州银行发行纸币的数量，确保其履行职责。这只是部分体现了汉密尔顿的构想。

然而，汉密尔顿在18世纪90年代的担忧不仅仅反映了纸币供应的局限性，他真正担忧的是美国内陆地区的经济环境和活力，而这些问题在40年后依然存在。这表明市场强化的进程并非一帆风顺，可能会遇到阻力。当贸易和其他交换关系发生在不同地域之间或大城市时，金银币、纸币和其他纸质工具最有可能被大量使用。商人在与远方的供应商交易时需要它们，工匠和小制造商在购买原材料或与分销商打交道时需要它们，工匠和农民在向陌生人出售商品时也需要它们。在大多数情况下，这类交易涉及某种形式的信贷，利息取决于借贷时间。毫无疑问，这类交易正变得越来越普遍，在市场中占的比例越来越大。

但在美国各地的城镇和乡村，令汉密尔顿感到担忧的是，那些希望被消灭的易货贸易仍然十分活跃。农民、手艺人、店主、铁匠，由于缺乏现金而又很少需要现金，因此更习惯于用农作物换取储存货物，靠出卖劳动力换取工具和种子，用手艺换取食品，用牲畜换取鞋子。当急需收割庄稼，盖房或建围栏时，邻里之间会以"换工"的方式加以应对。虽然他们越来越清楚经常被问到的或需要购买的各种商品的"价格"，并经常在账簿上记录自己的经济活动——通常是等同现金的报酬，有时也记录现金交易，但在偿还债务方面仍很灵活，没有统一的规范。

各地的工匠可能会接受小麦、水果、蒸馏酒和原材料作为酬劳，农民可能会接受木桶、收割庄稼时的帮工、柴薪和栅栏板作为报酬。19世纪30年代后期，在伊利诺伊的舒格克里克，一名铁匠为附近农民擦洗马匹、打磨工具、制作钉子的回报是15磅[1]小牛肉、110磅其它种类的牛肉和250多磅面粉。像这样的债务的偿还时间通常会持续数周或数月，有时甚至长达数年之久（在这个案例中是九个月），而且通常只收取很少的利息，有时甚至根本不指望债务能全部偿还。店主——包括与相隔很远的批发商和债权人打交道的店主在内——常常愿意接受对方用"各种乡下来的农产品"换取自己的商品。"在农产品收获的季节，"1837年康涅狄格河流域的一个商人说道，"谷物和货物我都接受，方便就好。"

这不是简单的自给自足经济，也不是完全以当地社区为导向的经济。商人从外面运来货物，并在这个过程中积累债务；手工艺人和农民希望至少将部分产品运往更大的市场，并可能欢迎一条收费公路或运河的到来，以便运输变得更加便利。未偿清的债务可能会造成相当大的压力，对商人来说尤其如此，他们在自身的债权人的催逼下，很可能会选择通过法律途径来收回欠款。不过，这也是一个面对面的经济关系的世界。在这个世界里，各种生产者和店主在一个市场相遇，他们对商品的价值和交易方式有共同的理解。对他们中的大多数人来说，"钱"不是一种具体的东西，也不是普遍等价物或积累的对象，而是几种交换媒介之一和履行特定的义务（如国家税收）的工具，其最大的用处是获得生产所必需的物品、营养物质和衣服。因此，在纽约的阿尔斯特县，商人们接受"小麦、黑麦、印第安玉米、现金"作为支付手段。用他们的话来说，"任何能吃的

---

1 磅，英美制质量单位。1 磅 =0.4536 千克。——译者注

东西"都可以。

19世纪前期，大多数美国人理解的货币是金银币，其中一些自18世纪90年代以来一直由美国的铸币厂制造，还有许多来自法国、葡萄牙等国，尤其是西班牙，并一直被当作法定货币（直到19世纪50年代末）。19世纪30年代，银币和金币的比值大约是16比1。它们在港口城市被使用得最多，会出现在大大小小的各种交易中。美国人对纸币并不陌生。早在殖民地时期，英国当局或私人机构就发行过一定数量的纸币。大陆会议和后来的一些州为应付美国独立战争的巨大开销，也曾大量印制纸币。但是，能够印制纸币的机构如此多（士兵们会用纸币购买商品），贬值如此剧烈，这些都加深了"大陆人"对纸币的厌恶和怀疑。亚历山大·汉密尔顿希望中央银行能够打消这些疑虑，并为纸币发行确立明确的金银币基础，但他遭遇的阻力——险些使汉密尔顿的计划流产，并在20年后一度使该计划的更新受挫——表明了人们对中央银行的敌意以及对其合宪性的担忧。

金银币和"各种农产品"似乎体现了有形的价值，并让人联想到一个市场。在这个市场中，相对独立的生产者聚集在一起，交换他们用以维持生计和让自己舒适的商品。而纸币似乎制造了可疑的价值，并让人联想到一个截然不同的市场，那里的生产者是脆弱的，"有钱人"是强大的。对于许多农民、手艺人、工人和店主来说，纸币代表着——正如汉密尔顿希望的那样——新型市场的旋涡，该旋涡席卷了他们所在的社区之外的地方，并且完全不受他们的控制。虽然收益的前景可能是诱人的，而且美国经济将得到增长，但对失败和依赖性的恐惧使人清醒。作为推动这一进程的机构，银行在诸多方面令人担忧，尤其是美国第二银行的紧缩政策在一定程度上引发了1819年严重的金融危机之后。如果纸币被视为"货币"，那么谁有权印刷纸币，谁又有权决定纸币的价值和供应呢？

这些问题及其所引起的焦虑导致杰克逊总统与美国银行的"战争"，还有1837年大恐慌及其后续影响。此外，杰克逊对美国银行及其总裁尼古拉斯·比德尔的敌意，还带有个人竞争和维护联盟——常规性地为选举政治动员——的意味。激烈的言辞——比如，杰克逊对副总统马丁·范布伦说"银行想杀死我，但我会杀了它"——显然可以被认为是一位具有极强的男权主义色彩的总统为了算旧账而摆出的男权主义姿态。但杰克逊对银行的敌视并不仅仅是因为这些。他一直对私人所有的州银行的经营，以及它们通过加大或收紧货币的供应来影响经济的做法疑心重重，其中对美国银行尤其恨之入骨。虽然最高法院对麦卡洛克诉马里兰州案（1819）的裁决似乎认可了美国银行的合宪性，但杰克逊认为美国银行的存在不符合制宪者们的意图，因为巨大的权力集中在"少数几个人手里……几个有钱的资本家手里"，他们会"压迫"人民，并使政府"难堪"。而具有贵族血统且对监管不屑一顾的比德尔，似乎代表了银行可能造成的所有威胁。

不过，杰克逊的想法也反映了民众反感银行的根本原因。这不仅是一个政治和宪法问题，也是一个社会经济问题。在美国的许多地方，纸币和私人银行象征着市场强化的进程加快，这改变了生产和交换的传统做法，使手工艺人在经济上陷入依附地位，降低了劳动人民的工资，并增加了那些像以往一样努力在生计和市场之间维持平衡的人的脆弱性。劳工协会认为银行持"贵族的、不公正的"

立场，"一直敌视我们的利益，反对我们获得选举权"，反对"我们的州或政府提出的几乎所有的民主措施"。不仅是自耕农，甚至连奴隶种植园主都担心银行暂停兑换金银币业务，这是"纸币的币值波动和贬值带来的不可容忍的恶果"，而银行是一个"欺诈的、与共和政体格格不入的体系"，对他们的独立性构成了威胁。他们共同组成了美国政治中的"硬钱"派，致力于将金银币作为交换的基础，进而限制市场的力量。

就像曾经在决斗中做过的那样，杰克逊确实成功地"杀死"了美国第二银行，不是通过说服国会拒绝授予银行特许权的方式，而是在1832年夏天动用总统否决权推翻了国会的动议。在包括总检察长罗杰·B.托尼在内的几名硬钱派幕僚的协助下，杰克逊在他的否决意见书中阐明了银行怎样引发了社会强烈的不安情绪。他首先指出了银行享有的特权和"垄断"地位，以及外国人可以通过购买银行股票获得影响力。紧接着，他质疑了最高法院对麦卡洛克诉马里兰州案的裁决，并坚持认为"应当由众议院、参议院和总统来决定提交给他们的法案或决议是否合宪"。他把最刺耳、最尖锐的批评放到了最后："令人遗憾的是，富人和权贵经常为了一己私利扭曲政府的行为。在每个公正的政府的治理之下，社会差别总是存在的。才能、教育、财富的平等本就无法通过人类的制度来实现……但是，当法律通过授予头衔、金钱和特权，在这些天生的和正当的优势上人为地扩大差异，使富人更富、强者更强时，社会中地位低下的成员，如农民、机械师和工人，既没有时间也没有办法为自己争取类似的好处，因此他们有权抱怨政府的不公。"

由于杰克逊与美国第二银行的"战争"，加上他否决了《梅斯维尔公路法案》，以及对南卡罗来纳"拒绝承认或执行联邦法令"运动持强硬立场，杰克逊开始由选举权民主化所带来的正式政治体系中形成党派。支持杰克逊及其政策的人自称民主党人。他们不仅在上层，也就是政府内部组织起来（就像美国建国初期的民主共和党人和联邦党人一样），还在基层组织起来。那些对杰克逊或他的政策怀有敌意的人，联想到17世纪英国议员反对暴君的斗争，便自称为辉格党人（与"安德鲁国王"为敌）。

不过，真正将基于个人认同和忠诚的政治"仆从"转变为更稳定、意识形态色彩更浓的选民的并不是安德鲁·杰克逊，而是1837年的经济危机所造成的困难及其所带来的不满。从市场强化中受益的人纷纷加入辉格党。他们欢迎市场交易的扩大和交通运输网的发展，即使其中很大一部分费用是由各级政府支付的；他们认为银行促进了资本积累，纸币扩大了获得财富的机会；他们大体上把国内市场看作促进自身发展的动力，并赞成用保护性关税来限制外国竞争；他们被福音派及其社会改革冲动吸引。辉格党的成员主要聚集在反对奴隶制的州，在与地区市场关系最密切的城市和乡镇，在有机会进入市场并深受福音派影响的农村地区。他们集中在从马萨诸塞州和纽约州北部的"焚毁区"，经俄亥俄西部保留地，一直到新英格兰移民定居的上中西部地区。还有一些辉格党人聚集在南方内陆城镇，特别是在下路易斯安那地区，那里的甘蔗种植园主会雇用加勒比地区的甘蔗种植者。

与此相反，民主党吸引了因市场强化而利益受损或被忽视的选民，以及因经济危机陷入困境的选民。这些人怀疑市场交易扩大的好处，对政府参与基础设施建设抱有疑虑。他们认为银行是通过牺牲民众利益来使自己变得富裕的特权机构，并认为纸币是银行意图控制勤劳的生产者的手段。他们要么面向本地市场，要么面向国际市场，反对保护主义，认为保护主义是对贸易关系的威胁。他们普遍敌视福音派新教的文化，尤其是其改革主张。在支持奴隶制和深受奴隶制影响的各州，在国际贸易繁荣、拥有大量多种族和非新教徒劳动人口的港口城市，以及在以棉花种植园为主或处于市场经济边缘、不愿接受福音派复兴运动的农村地区，民主党的人数最多。民主党的成员聚集在各蓄奴州的农村，来自切萨皮克、弗吉尼亚和肯塔基的移民定居的下中西部地区，新英格兰和大西洋中部较贫穷的农村，以及最重要的纽约、费城、巴尔的摩和查尔斯顿等大西洋沿岸城市。

到了19世纪30年代末40年代初，民主党人越来越受党内硬钱派——有时也被称为"罗克福克派"——的影响，越来越关注银行的滥权行为，尤其是他们认为的纸币的危害。在市场经济很早就存在的地方，如东北部、东南部、中大西洋地区，他们寻求通过国家立法机构的法律，对银行的特许权和经营实行监管。在有些地区，如西南棉花种植区的大部分地方，以及与新奥尔良相连的密西西比河走廊（19世纪30年代的繁荣推动了这些地区新兴经济的发展，但当泡沫破裂后，这些地区的经济随之崩溃），民主党人的反应要激烈得多，而且更加坚决。他们要求国家监管银行，并且拒绝偿还债务，有时甚至直接让银行关门。这些举动可能会赢得对市场抱有戒心的小农、陷入困境的城市雇佣劳动者和负债累累的棉花种植者的支持，并标志着美国政治沿着复杂的经济和文化线一分为二，以及资本主义政治经济的兴起。

新方向

　　制造商、店主和商业化的农业生产者形成了一个新兴的阶层。由于他们在19世纪30年代和40年代初的文化和政治联系，该阶层能够从此后不久发生的经济复兴中获益。虽然关于美国的工业"起飞期"始于何时尚存诸多争论，但几乎没有人否认，在19世纪30年代末和40年代头几年的恐慌和衰退之后，东北部和中西部的经济更加迅速地朝着制造业和商业化农业的方向发展。1844年至1854年，农场、矿山和工厂的产出增长速度高于19世纪的其他时间，这同时加深和改变了由市场强化带来的联系。事实上，经济衰退和混乱可能带来诸多影响，包括农村向城市的移民、跨大西洋的移民、新生工会和手工业生产者势力的削弱、投资和信贷方向的改变，而这些趋势提高了主要面向国内市场的制造商和农业生产者的地位。

　　表明美国经济似乎朝着新的方向发展的最明显的迹象，或许是铁路的迅速增长。美国第一批铁路修建于19世纪二三十年代，它们反映了港口和内陆城市为开发与其相邻的腹地贸易所做的努力。但在大多数情况下，早期的铁路很短（不到50英里），连接的是既有的中心，主要依靠当地筹集的资金，只是被当作已有的水路运输的补充。截至1840年，美国已铺设了约3300英里的轨道，而且几乎全部在阿巴拉契亚山脉以东。

　　19世纪40年代中期开始的铁路建设热潮具有与以往不同的特点。它在密西西比河以东建立了一个基础运输网，挑战了河流、湖泊和运河作为主要运输手段的地位，在东北部和中西部尤其如此。由于巨大的建设成本，它还改变了一系列商业和金融惯例。庞大的资本通常远远超出个体企业家、家庭或小联营公司——它们是当时大多数经济企业的基础——的承受能力，因此铁路公司发展出了新的更大的组织结构，开始与全职承包商合作，而且还不得不在自己的经营区域之外寻找资金。同时，铁路公司开始招募具有各种不同技能和经验的劳工。在1837年和1839年的经济危机之后的20年里，劳动者的数量增长了10倍以上。

到了19世纪50年代，新兴的铁路业对纽约成为美国资本市场中心起了至关重要的作用。人们可以在那里买卖铁路证券，而充满活力的纽约股票交易所有助于促进交易。公司的所有权和管理权从此分离，并开始使用会计和企业管理形式——这些都预示着现代公司的出现。各种技术的进步使建筑高楼、平整道路、修隧道和桥梁等工作变得更加规范。机车、汽车和客车的设计样式和功能将在数十年内保持不变。虽然铁轨是铁制的，且轨距尚未标准化，但铁路将市场强化带来的活力转化成了产业转型的动力。

铁路显示出的新的经济特征和发展方向给美国的政治带来了重要影响。在民主化和杰克逊主义的帮助下形成的大型政党，已经证明了政治家对美国政治经济的走向产生了严重的分歧，表现为辉格党和民主党在银行、关税、政府作用和货币供应等方面的激烈斗争。但经过经济危机和随后的经济衰退后，政治家的话语和政策开始趋同。基本盘位于东北部、中西部和南方城市的辉格党，希望利用国家的力量和福音派的能量推动市场关系的变革，加强国内经济的发展，并通过道德劝说、教育倡议和政治改革来重新塑造美国的面貌。基本盘位于南方农村和北方城市的民主党，则希望抑制商业扩张，限制国家权力，限制福音派的文化事业，并推动美国吞并整个大陆乃至整个半球。一方的文化野心与另一方的地缘政治野心将被证明是一个非常有害的组合。

第四章　大陆主义

太平洋视野

　　1842年10月19日午时刚过，美国太平洋中队的船只驶入墨属加利福尼亚首府蒙特雷的港口，准备征服那里。他们的指挥官是托马斯·阿普·凯茨比·琼斯准将，一个从16岁起就在海军服役，参加过1812年战争的加利福尼亚人。他在一年前受命指挥该中队。这个严守纪律、随时待命的人，这次不仅不是奉命行事，实际上似乎还违背了命令。自20年前成立以来，太平洋中队的主要职责一直是保护美国的商业和航线，有时甚至会远航至东印度群岛。琼斯接受任务时，海军部长明确告诉他："除非为了迅速有效地保护美国的荣誉和利益，否则你没有任何其他理由挑起冲突或诉诸武力……特别是对未与我国交战的国家。"

　　事实上，墨西哥和美国在1842年秋已经实现了和平，但琼斯准将并不知道这一点。自19世纪30年代初，特别是1836年特哈斯反抗墨西哥中央政府并宣布成立得克萨斯共和国以来，萨宾河以西和以南地区的政治局势一直很紧张。由于得克萨斯的叛乱者大多是美国移民，美国很快就开始考虑是否应吞并得克萨斯。不过，不管是即将离任的总统安德鲁·杰克逊，还是他的继任者马丁·范布伦，都不想仓促推进该计划，因为他们不想冒与墨西哥开战的风险，更不想加剧国内的政治动荡。但这个问题还是危险地悬在国际政治舞台上。除了美国，英国和法国也对墨西哥领土怀有野心。当第一任辉格党总统威廉·亨利·哈里森仅仅就职一个月便于1841年4月去世时，他的副总统约翰·泰勒接过了这个烫手山芋。泰勒是弗吉尼亚人，其政治立场似乎更接近约翰·卡尔霍恩，希望将吞并得克萨斯作为自己的政治遗产和1844年竞选的核心议题。

不过，虽然关于战争和各种干预措施的讨论在19世纪40年代初甚嚣尘上，但琼斯准将和太平洋中队对得克萨斯并不感兴趣，他们将目光集中在加利福尼亚。自18世纪末以来，加利福尼亚，尤其是上加利福尼亚，零星地居住着一些欧裔墨西哥人，他们几乎不受墨西哥城的管辖（两地相隔1500英里，中间不仅地形崎岖，还居住着阿帕奇人、尤特人、雅基人等强大的印第安部落）。这里的海岸线分布着一连串衰落的方济各会传教站和一些防守薄弱的要塞，分离主义者已经起身争取独立，但规模不及特哈斯，而且远不如特哈斯成功。最重要的是，加利福尼亚有许多良港，再加上濒临太平洋，一直受拥有俄罗斯、英国和法国血统的商人和捕猎者垂青，并越来越受墨西哥政府关注。加利福尼亚、俄勒冈和阿拉斯加南部既是皮毛产地，又是通往亚洲的重要门户，当时的各海洋强国均对北美的太平洋沿岸地区垂涎三尺。

琼斯很快就意识到了潜在的威胁。驶入位于南太平洋的秘鲁港口卡廖时，他听说英、法正在秘密进行军事演习，随后又收到美国驻马萨特兰领事发来的情报，据说美国和墨西哥即将为争夺得克萨斯开战。他判断形势将急转直下。1842年9月初，琼斯指挥两艘船向北驶向加利福尼亚，同时还有一艘船奉命跟进。如果战争真的爆发，他决心夺取加利福尼亚的每一个港口。

一个多月后，他驶入蒙特雷湾，但并未发现法国或英国的船只。即便如此，琼斯仍不放心，要求那里的墨西哥守军和官员投降。墨西哥方面仅有29名士兵和11门大炮，而琼斯有800人和80门大炮。双方的实力相差悬殊，而墨西哥人也知道这一点。还没到琼斯给出的最后期限，墨西哥官员便投降了。琼斯的部队随即以每排六人的队形登上海岸，海军军乐队演奏着《扬基歌》和《星条旗永不落》。他们在这里的要塞安顿下来，并以琼斯的名字将其重新命名，还升起了美国国旗。

这似乎是一场光荣的、幸运的、不流血的胜利。然而，没有任何证据表明墨西哥和美国此时正处于战争状态：从墨西哥城送到蒙特雷的报纸上没有任何消息，当地商人经营的商业报纸上没有任何消息，居民的私人信件中也没有任何消息，甚至连传言都没有。琼斯感到懊恼，除了灰溜溜地离开，他几乎别无选择。很快，他就这样做了。他还给新上任的墨西哥加利福尼亚州州长曼纽尔·米歇尔托伦纳写了一封致歉信，后者已经开始在洛杉矶、圣巴巴拉和索诺马做军事动员，而且正亲自率领600人的部队向蒙特雷进发。登陆的美军士兵奉琼斯之命重新登船，离开要塞。美国国旗被降下，墨西哥国旗被升起，双方相互行礼。美国第一次入侵加利福尼亚就这样草草结束了。

不久后，琼斯准将被传唤到华盛顿特区接受上级质询。不过，他既未受到正式指控，也没有遭到严厉斥责。相反，海军高层似乎被他的热情和忠于职守所打动，至少他是这么认为的。这也难怪。从美利坚合众国成立的第一天起，太平洋地区就是美国领导层和政策制定者的大陆野心的核心。他们知道东亚和南亚贸易正蓬勃发展，英国、法国、西班牙和荷兰为此展开了激烈的角逐。他们认为太平洋地区将带动美国的经济增长，而北美的太平洋沿岸则是获取那里的财富的门户。新英格兰商人自18世纪80年代起一直活跃在亚洲各港口，在18世纪末19世纪初的欧洲战争后获得了更好的立足点；到了19世纪30年代末，来自新贝德福德、楠塔基特和马撒葡萄园的捕鲸船就像麦尔维尔的小说《白鲸》中著名的"皮廓德"号一样穿梭于北太平洋。在一些观察家看来，美国东北部对夏威夷（又称"三明治群岛"）的影响一目了然。"在火奴鲁鲁，"航海史学者塞缪尔·埃利奥特·莫里森写道，"捕鲸人和商船水手在街头闲逛，商店里卖的是洛厄尔衬衫、新英格兰朗姆酒和'扬基人'的杂货……这里的'扬基气'跟新贝德福德不相上下。"托马斯·杰斐逊的目光紧紧盯着太平洋。1803年，他指示梅里韦瑟·刘易斯："你的任务是探索密苏里河及其主要支流，通过它的路线和与太平洋水域的沟通，为可能的商业目的提供横跨大陆的最直接、最可行的水上交通。"杰斐逊的观点几乎得到了后来所有继任者，尤其是从约翰·昆西·亚当斯到詹姆斯·K.波尔克的几任总统的认同。控制南起圣迭戈，北至胡安·德福卡海峡的港口，是他们的主要领土目标。

最有吸引力的地区非旧金山湾莫属，它在1820年以前就已经引起了美国官方的注意。一名美国使节称其为"世界上最便捷、最大、最安全的港口"，而且有意识地提到它"完全没有设防"。1835年，杰克逊总统告诉他的墨西哥公使安东尼·巴特勒，要他与墨西哥交涉"整个海湾"的控制权，不过巴特勒的任务最终以失败告终。虽然范布伦没有尝试取得这里的控制权，但他派出了一支探险队，收集有关太平洋沿岸的情报，特别是那里的港口的情报。约翰·泰勒的国务卿，来自新英格兰的丹尼尔·韦伯斯特认为，墨西哥湾对"在太平洋上航行的……大量鲸鱼船和贸易船"极其重要。他的墨西哥公使，来自南卡罗来纳的瓦迪·汤普森甚至认为，相较旧金山湾，得克萨斯的价值并不大。"旧金山和蒙特雷，"汤普森解释说，"是我们大量的渔船仅有的避难和休息的地方，而且毫无疑问……（占领这两地）将确保印度和整个太平洋的贸易。"波尔克在就职前后曾向他的海军部长乔治·班克罗夫特吐露，获得加利福尼亚是其主要目标之一。

欧洲人、墨西哥人或美国人对北美西海岸的主权声索，其实并没有什么依据。只有西班牙人在这里建立了定居点——这些定居点显然是为应对英国和俄罗斯有意占领这里的传言，其实并没有多少居民。俄国的皮毛商人在16世纪和17世纪穿越西伯利亚寻找貂皮，在18世纪沿着阿留申群岛进入阿拉斯加南部，向原住民索取劳动力和其他形式的贡品，并最终在科迪亚克岛建立定居点。到了1800年，在新成立的俄美公司的组织下，400名俄国人在这里生活并从事贸易活动——这说明西班牙人的担心不过是杞人忧天。英国人则从东西两个方向在这里登陆。首先是詹姆斯·库克船长，他奉英国海军部和英国皇家学会之命，于1778年从温哥华岛航行到白令海峡。接着是从事皮毛贸易的哈德孙湾公司，该公司的人从五大湖向西移动，穿过加拿大大草原，到了哥伦比亚河和温哥华岛之间的地区（库克在那里的一个小湾待了一个月，他把这个小湾称为努特卡湾——他误以为这是原住民对这里的称呼）。截至1840年，哈德孙湾公司只有不到500人——即便如此，也远超1805年刘易斯与克拉克远征期间到达太平洋沿岸的美国人的数量——其中一半以上是法国人、"混血儿"和卡内加人（来自夏威夷），他们在位于哥伦比亚河口的约翰·雅各布·阿斯特建立的贸易站周围从事贸易活动。1840年前后，也就是移民经陆路前往俄勒冈的前夕，哈德孙湾公司的人数还未过百。

只有居住在太平洋沿岸和落基山脉之间的原住民的主权声索能够站得住脚。原住民人数众多，虽然只能大胆估计，但在18世纪后半叶，也就是欧裔美国人的移民开始时，居住在被欧洲人称为上加利福尼亚、俄勒冈和俄属阿拉斯加的地区的原住民人数可能超过了50万人。他们表现出巨大的文化多样性——他们讲100多种语言，分属近15个不同的语族——大多数人居住在小村庄或部落中，依靠富饶的自然资源生活。从北到南，他们自称特林吉特人、海达人、茨姆锡安人、夸夸嘉夸人、莫亚沙人、萨利希人、蒂拉穆克人、胡帕人、尤罗克人、沙斯塔人、莫多克人、波莫人、埃塞伦人、萨里南人、米沃克人、温顿人、孔科瓦人、南买楼人、尤基人、派尤特人、瓦苏人、丘马什人、加贝尔诺人、蒂派人、塞拉诺人、魁钦人、莫哈维人、卡惠拉人、卢伊塞诺人和哈尔奇多马人。根据季节的不同，他们狩猎鹿、羚羊、兔子和海洋哺乳动物，收集坚果、浆果、蘑菇。居住在北纬42度线，也就是上加利福尼亚和俄勒冈之间公认的边界以北的人，从溪流中捕捞大量鲑鱼和其他鱼。居住在喀斯喀特山脉以东和大盆地以北，蛇河和鲑鱼河沿岸的一些印第安民族——如内兹帕斯人——获得了马，并成为出色的骑手，可以到上游平原狩猎水牛。只有在东南的科罗拉多河流域才种植有玉米、豆类、瓜类等农作物，这显示了园艺家对新墨西哥的影响。

在濒临太平洋的西部美洲原住民中，进入西班牙—墨西哥天主教传教站，并遭到强迫劳动的人相对较少，截至墨西哥独立时大约有2万人，他们主要来自传教站周围的沿海地区。还有一些人直接或间接地参与了贸易网络，这些网络将他们与内陆的原住民部落以及大西洋与太平洋两岸的欧美商人联系在一起。但是，绝大多数人还是感受到了帝国扩张的影响，其方式更为致命，而且往往发生在真正接触之前——天花、疟疾和霍乱等传染病可以在极短时间内杀死大量原住民。传染病可能会使一个村庄或部落的人在几周或几个月内全部死亡，接连不断的瘟疫会造成长期的破坏。在西班牙殖民者和方济各会士到来后的50年里，上加利福尼亚沿海的印第安人人口减少了约四分之三。虚弱、不知所措的原住民重建了自己的村庄，并尝试理解发生在自己身上的一切。

因此，美国扩张主义者担心的不是太平洋沿岸的印第安人的抵抗——印第安人生活在分散的、规模很小的政治单位中，战斗力不强——他们担心的是英国人的企图，据说英国人正寻求在太平洋地区建立更多的据点，以支持其发展中的亚洲帝国。虽然这些美国人渴望得到加利福尼亚，但他们也将目光投向了俄勒冈。美国对俄勒冈的领土主张得到了帝国主义列强的部分承认，但这并没有满足他们的野心。一系列国际条约确定了以北纬42度线为西班牙和墨西哥属地的北部边界，以北纬54度线为俄国的南部边界，以北纬49度线为英美之间的五大湖和大陆分水岭。分界线以西，北纬54度线以南、北纬42度线以北的地方是英美共同占领的俄勒冈。美国人的主要目标是北纬42度线以北、哥伦比亚河以南的地区，英国人的主要目标则是北纬49度以北、北纬54度以南的地区。19世纪40年代初，随着越来越多的美国人移民到威拉米特河流域，美国的态度变得更加坚决。

争议最大的是哥伦比亚河和北纬49度线之间的地区，这里包括重要的富卡海峡和皮吉特湾，后者拥有一个面向太平洋的大港口。随着俄勒冈的移民越来越多，中西部的民主党人再次鼓吹拒绝承认英国人的主权，要求将整个俄勒冈地区全部划归美国所有。从俄亥俄到伊利诺伊的各州——这些州贡献了大量俄勒冈移民——举行了公开集会。1843年在辛辛那提召开的会议宣布，美国人对加利福尼亚和阿拉斯加之间的领土拥有毋庸置疑的权利。"整个俄勒冈"成为一个越来越流行的政治口号，提出这个口号的是来自伊利诺伊的年轻的、好斗的国会议员斯蒂芬·道格拉斯。他想把"大不列颠和王权的最后残余驱逐出北美大陆"，建立一个"海洋共和国"。这个口号具有极大的影响力，其支持者甚至成功地将"重新占领俄勒冈"列入1844年民主党的党纲中。

党纲中的另一个重要议题是吞并得克萨斯。在俄勒冈问题上咄咄逼人的姿态帮助民主党和来自田纳西的民主党候选人詹姆斯·K.波尔克——杰克逊的门徒——在激烈的总统选举中以微弱的优势获胜。波尔克横扫了深南部、密西西比河下游地区（路易斯安那、阿肯色和密苏里）和中西部的大部分地区，包括伊利诺伊、印第安纳和密歇根，并在俄亥俄险胜。刚刚就职的波尔克似乎有意落实党纲。"我们对俄勒冈的所有权，"他在就职演讲中说道，"是'明确的和不容置疑的'，而我们的人民正准备与他们的妻子和孩子一道移民到那里，去占领它。"然而，与头脑发热的道格拉斯不同，波尔克很清楚，"整个俄勒冈"的狂热口号很可能会导致美国与英国开战，美国不仅要为此付出高昂的代价，他的许多其他重要议题也将受到干扰。因此，他选择了折中的办法，同意将北纬49度的边界向西延伸到太平洋，并把目光转向了加利福尼亚。

塑造和重塑阶级

19世纪头几十年的市场强化过程中最重要的伴生物——虽然此时还不明显——或许是新的社会阶层的崛起。直到19世纪40年代，商人，尤其是沿海地区的老牌商业精英，和大地主仍然是美国最富有的人，也是重要的经济参与者。他们通过在各级政府任职，成立商会、社交俱乐部、学校、农会等机构来强化自己的地位。但在19世纪二三十年代的经济繁荣和随后的萧条中，他们的控制力有所松动，开始受到来自多个方面的挑战。在接下来的20年里，这些挑战连同其他因素，导致了一场大的政治危机。

其中一些挑战来自下层。19世纪30年代的劳工组织在许多方面显示出了长久以来的组织形式和传统的韧性。手工业仍然占主导地位，机器还未得到广泛应用，大多数工作场所的规模依然很小。但是，作为这一时期经济繁荣发展的表现之一，一些新的工作场所，包括运河、收费公路和铁路、纺织厂、建筑工地等，将大量工人聚集在一起，而在此之前只有奴隶种植园才能聚集这么多人。除了力气，工人一般没有特殊技能，他们的社会背景也非常多元。他们当中既有白人，也有黑人；既有本地人，也有移民；既有男性，也有女性；既有城里人，也有乡下人。他们没有很强的团结意识，大多数人与那些和自己有相似的种族和宗教背景的人一起生活和工作，有时还会与敌对的劳工群体争夺地盘、地位和工作机会。

工人的共同点包括：为工资工作，具有临时性和其他形式的地域流动性，服从直接的管理权威（有时会遭受体罚），越来越多的人居住在人口密度、性别平衡和文化敏感性等与周遭完全不同的地方。事实上，在许多观察家看来，无论是劳工营地、工厂大院还是城市飞地，似乎都自成体系，缺乏纪律性，在家庭责任和性行为方面遵循自己的规则，排外，行为举止可能会让人感到受到了威胁。阶级差异的观念由此产生，不过并不是产生自劳动者的自我意识，而是产生于周围社区和居民的认知和表述中。"眼前的一切如此肮脏、混乱，生平难得一见，"一名旁观者看到伊利诺伊和密歇根运河沿线的一处临时搭建的劳工营地后厌恶地写道，"威士忌和烟草似乎是男人们的主要乐趣，至于女性和儿童，任何语言都不足以充分形容她们有多脏，不仅包括她们本人，她们的衣服也是如此。"小说家赫尔曼·梅尔维尔在描写新英格兰地区的造纸厂时，也意识到了这种不同寻常的现象，因为它让人联想到英国"黑暗的、撒旦式的工厂"形象：进入"荒凉的山地……背后阴沉沉的岩坡上生长着冷杉"，（造纸厂里）到处是"面无表情的女孩，机械地折着白纸"，并照料"铁兽，就像奴隶侍奉苏丹时一样缄默而畏缩"。

19世纪二三十年代，尤其是30年代，社会冲突在这些典型的对立中爆发，其催化剂是由市场强化带来的企业竞争。有关工资的抗议，如反对削减和拖欠工资或要求增加工资，经常成为导火索，并引发纺织厂的罢工（甚至连洛厄尔的女工也不例外，她们后来组成了工厂女孩协会），以及运河、码头、铁路和建筑工地的罢工。不过，工人们还是不得不忍受新的具有依附性的环境、不稳定的劳动节奏、漫长的工作时间和令人心酸的缺衣少食的处境。1833年夏，宾夕法尼亚州马纳扬克的工人抱怨说："我们不得不在这个季节干活，从早上5点一直干到太阳下山，一共14个半小时。我们的工作太不利于我们的健康，我们从来没吹过凉风，这里太热，让人窒息……周围都是厚厚的灰尘和棉花颗粒……我们常常累得干不动活，因为给我们的时间太短……我们在夜里也休息不了多长时间……家里人都出来工作……才能满足基本需求。"

工时问题，特别是每天工作十个小时的问题，在沿海和内陆城市的行业工人，尤其是手头拮据的熟练工当中，引发了劳工骚乱，促进了更有自主性的阶级意识的形成。1827年秋，当工匠们在费城成立机械师工会联合会时，这种组织化的苗头首先在这里显现出来。费城是工联主义（也称"工会主义"）的发源地，也是激进主义者威廉·海顿的家乡，这一苗头因此而产生强大而广泛的涟漪效应。到了19世纪30年代中期，东部和西部大大小小的城市，包括圣路易斯、辛辛那提、匹兹堡、路易斯维尔、克利夫兰、布法罗、奥尔巴尼、特洛伊、纽瓦克、新不伦瑞克、纽约市、波士顿、巴尔的摩，已经成立了市一级的工人联合会（工会）。近30万人加入了工会，占所有城市熟练工总人数的五分之一到三分之一。在这个过程中，以实现十小时工作制为目标的全国总工会成立了。

同样重要的是，在城市的自由思想者、欧文派和新生社会主义者的大熔炉中，劳工的不满很容易影响选举，而工人政党的数量在这一时期大幅增加（其中一些出现在农村和城镇）。工人政党吸引了一些大工匠、小业主和专业人士。虽然还是以工匠和熟练工为主，但他们制订了反映小生产者和技术工人的利益和愿望的计划。他们呼吁推进一系列改革，包括不再使人因债务入狱，禁止将囚犯用作劳动力，废除针对机械师的留置权法，建立更公平的税收体系。他们对银行和制造企业的章程表现出强烈的敌意。他们强烈支持土地改革，主要是要求联邦在西部提供价格低廉的宅地，以确保小生产者的未来，并减轻东部的就业压力。有些人接受了纽约工人运动领袖托马斯·斯基德莫尔更为激进的农业主义思想。他们提出了一种"反垄断"的政治体制，既利用又激化了民众对银行和其他集中大量财富和权力的机构的不满，并构想了一个更加公平的方案来取代发展中的商人和投机者的市场社会。

准确地说，这个方案对已经拥有值得尊敬的资本尤其是技术的欧裔男性更加有利。19世纪20年代末30年代初的工人运动，并不关心那些缺乏技能，把精力花在挖掘、搬运和拖运上的男性（其中大部分是爱尔兰裔和非裔），也不大关注纺织厂和城市成衣店里的女工。一些参加运动的人不仅持反垄断立场，还反对奴隶制，不过主要是为了保障白人劳工的地位和独立性——他们真正关注的是"工资奴隶制"，而不是黑人奴隶制。他们虽然在地方选举中表现不俗（在某些情况下取得了权力平衡），但派别之争、缺乏经验和政治机会主义者的妨碍导致他们的努力注定失败。对当时的许多劳工活动家来说，这样的经历使他们对政党政治心生厌恶，他们的工会从此与选举舞台绝缘。其他人则转而支持新兴的民主党中的平权派。

但事实证明，后者将是一个复杂的组合。早在19世纪30年代，奴隶主就已经在民主党内部显示出强大的影响力，即便他们还未占有主导地位。他们与自由劳工一样对银行和公司抱有敌意，同情自由劳工对"工资奴隶制"的批判——这也是奴隶主对北方社会制度的普遍看法，但对国家未来的看法与自由劳工截然不同。随着奴隶主阶级的重心不断由东向西转移，其对国家未来的看法变得更具侵略性和扩张性。奴隶主阶级的重心从18世纪初至18世纪中叶的泰德沃特、弗吉尼亚和卡罗来纳的低地，转移到18世纪后期和19世纪初东南部的皮德蒙特，后来又在19世纪第二个和第三个十年转移到墨西哥湾沿岸各州。到了19世纪30年代，理论和经济中心转移到密西西比河下游，繁荣的新奥尔良成为枢纽。

重塑奴隶主阶级的不仅仅是其重心的转移，还包括其社会构成发生的显著变化。可以肯定的是，在深南部和密西西比河流域开疆拓土的奴隶主并非新近加入这个阶级的，他们的血统可以追溯到18世纪大西洋沿岸和内陆地区的种植园主。在大多数情况下，他们的奴隶主身份世代相传，他们以古老的方式获得奴隶——他们继承了奴隶或用来购买奴隶的资源。法官、参议员查尔斯·泰特是其中的典型代表。泰特出生在弗吉尼亚的汉诺威，随后与奴隶主家庭一起搬到佐治亚，在那里接受教育，学习法律，积极参与政治，并拥有一个种植园。他后来让儿子詹姆斯到亚拉巴马购买"肥沃的、交通便利的"土地，他对这件事的热情就像对"棉花和奴隶"的一样。不久之后，泰特家族就搬到亚拉巴马河沿岸的威尔科克斯县，查尔斯在那里被任命为联邦法官。他的孙子继续向西，在19世纪40年代前往得克萨斯。对于那些出生在奴隶主阶级之外的人来说，即使在繁荣时期，进入奴隶主阶级也不容易。与多年的辛勤工作和冒险相比，娶大家族的女子为妻或许是更好的途径。

不过，西南地区和密西西比河流域的奴隶主还是给这个阶级注入了新的、不同的血液。其中的大多数人在美国革命之后出生，伴随着奴隶制的争议和征服步伐的加快长大成人。他们因此怀着复杂的心情眺望着美洲大陆和西半球，一方面小心翼翼地避免后院起火，另一方面急于建立一个奴隶制帝国。他们既有第一代移民的粗犷，也带着居高临下的阶级优越感——这种感情继承自同样身为奴隶主的祖辈，还兼具福克纳笔下的托马斯·萨特潘和南卡罗来纳的韦德·汉普顿的性格特征。在他们的世界里，最重要的是棉花，而非米、烟草或糖。虽然棉花价格不断波动，但他们仍然自信满满，因为他们是世界市场的主要供应者，而从当时的情况来看，棉花的需求似乎是无穷无尽的。事实上，很少有美国人比他们更关注市场的波动，不管是奴隶市场还是棉花市场。他们处在所谓的"州际奴隶贸易"，也就是以黑人成年男女和儿童为对象的大规模强制迁徙的接收端，这项贸易迫使成千上万受奴役的人离开原来北方和东部熟悉的环境（即便是压迫性的），而奴隶制是所有奴役制度中最残忍、最反人性的一种，其特征包括艰辛的劳动、极端失衡的性别比例、痛苦的分离和残酷的驱使。最重要的或许是，奴隶主的崛起受益于联邦政策，这些政策使美国得以吞并以前为竞争势力所占有的土地，并强行迁移原住民。投机者、劳工主人和征服者是他们中的重要组成部分。

不过，无论他们多么希望复制东海岸大种植园主的生活方式和文化成就——纳奇兹的一份报纸抱怨说，这里的大奴隶主对该镇的繁荣漠不关心，他们"在利物浦售卖棉花，在伦敦或勒阿弗尔购置葡萄酒，在波士顿给他们的黑人买服装，在新奥尔良买种植园用具和华丽的服饰"——他们并没有把自己和自耕农盟友组织起来以适应新的解放主义潮流，或者保护自己免受攻击。相反，他们将支持各种主张控制美洲大陆乃至整个西半球的政治势力。

事实上，到了19世纪30年代中期，对奴隶主的意图最具威胁的挑战看起来已经被挫败或不再是威胁了。纳特·特纳在弗吉尼亚州南安普敦县的反抗遭到残酷镇压后，几十年来此起彼伏的奴隶反抗告一段落。始于18世纪80年代的新英格兰和中大西洋地区的废奴进程，在弗吉尼亚、马里兰和田纳西的立法机构碰了壁。但这些只是表象，奴隶反抗和政治动员将以新的方式重新出现，废奴进程将找到新的发展途径。不过，另一个挑战已经在酝酿之中。它在当时或许还不那么引人注目，但最终同样棘手。这个挑战就是一个新的制造商、店主和商业化农业生产者阶层的崛起，他们具有独特的经济视角、文化习俗、道德倾向和政治议程。这一阶层在港口城市、内陆城镇和广袤的乡村——主要是东北部和中西部——已经至少存在了30年，他们将结成联盟。

市场强化为这个新阶层的形成提供了必不可少的契机。该阶层的早期成员大多是直接生产者。在林恩、罗切斯特、匹兹堡、辛辛那提、克利夫兰、圣路易斯和芝加哥等新兴城市，以及波士顿、纽约、费城和巴尔的摩等历史更加悠久的城市，不断扩大的贸易圈促使有地位的工匠和熟练的大工匠向几个新方向发展。一方面，他们越来越少地参与工匠铺的直接生产，而更多地参与原材料的采购和成品的销售，扮演起供应商和销售商的角色。另一方面，他们开始扩大和重组工匠铺的经营，细化分工，雇用更多的熟练工和普通工人，并越来越多地承担监督管理的职责。毫无疑问，他们仍然与自身行业保持着密切的联系，与工匠和熟练工关系紧密，并且依然参与生产过程。他们保留了商人和手艺人的许多特殊技能，社会价值取向和政治敏感性也与后者类似。他们把自己看作"生产者"，是用自己的双手和知识工作的人，是制造有用的东西的人，是创造有形财富的人。但与此同时，工匠铺的世界正在瓦解。虽然他们可能还和一些熟练工并肩工作，但已经不和后者共同生活。他们的住处渐渐远离工匠铺。他们不是作为技术工人，而是作为雇主和制造商，开始崭露头角。

这种情况同样发生在主要水道、新建公路和运河沿线的农村地区，也就是更容易进入外部市场的地区。许多农场主试图利用这些交通便利的条件，将更多的土地用于种植他们打算销售而不是用于消费的作物，比如烟草等较新的经济作物。他们让家人制作更多的棕榈叶帽子、扫帚或其他用于出售的手工制品，家庭中的女性可能还需要纺纱或缝制鞋用皮革。其他农民则沿着专业化的道路前进，种植果园作物和庭院作物，将改良过的土地转化为牧场，并专注于饲养牲畜和提供乳制品。还有一些人（与众不同的少数人），特别是拥有面积较大且较肥沃的土地的人，可能希望通过使用更好的设备（犁、割草机、播种机和收割机）和更系统地撒施肥料来提高产量。大地主开始雇用农业工人，不过很少雇用当地人。他们不雇用临时工，而是雇用附近市场或制造业城镇的无地者或佃农，其中许多是爱尔兰裔、英裔、法裔、加拿大裔、德裔或北欧裔（取决于地点在哪），合同期为几个月甚至一整年（如果工人在合同期满前离开，则会受到严厉的惩罚）。

与这些新兴的制造商和商业化的农业生产者交易的店主和其他

零售商都被拉进了一个新型的经济活动和经济关系的网络。他们的视野不再局限于当地，而是区域性的，他们与更大的、距离更远的批发商和金融家产生了联系。他们对传统的易货贸易的兴趣迅速降低，越来越倾向于（或需要）参与建立在更加严格的现金和信贷基础上的商业活动。他们会记账，计算利息，期望债务人能按时还款，并将拒不还款的债务人告上法庭。他们与新兴的制造商和商业化的农场主对美国的政治经济有相同的看法。他们欢迎改善国内交通，以加快商品的销售和流通。他们要求联邦政府保护自己生产的商品，对外国商品和原材料进口实行关税控制。他们支持以居住而非投机为目的的公共土地政策。他们希望更容易获得资本和其他形式的信贷。换言之，他们的目光是朝内的而非向外的，他们更关注国内市场和国内经济，而不是国际市场和国际经济。

正式政治成了这个新兴社会阶层的成员相互碰面并分享共同关心的问题的舞台。他们中的许多人倾向于支持辉格党，因为它赞成建设积极有为的国家，支持发展国内经济、提高关税、促进银行和交通事业的发展。这些都是该党及其领袖、来自肯塔基的亨利·克莱大力宣扬的"美国制度"（American System）的要素。不过，这个新阶层的活动领域并不仅仅局限于此，其最重要的活动与福音派有关。新教复兴运动在19世纪初逐步席卷美国大部分地区，在19世纪二三十年代达到高潮，在市场化程度最高的地方势头最猛。在这个以新教徒为主的共和国，复兴主义的发展不会受到社会或种族的限制，不过复兴主义者的主张似乎能够在其命运和未来与新兴的经济秩序联系得最为紧密的人群当中引发特殊的共鸣。著名的布道者包括：莱曼·比彻，他在前往俄亥俄之前，足迹遍及康涅狄格、马萨诸塞和纽约州；查尔斯·格兰迪森·芬尼，他在纽约州西部点起了熊熊烈火，但也走遍了东北部和中西部地区，甚至横跨大西洋前往英格兰和威尔士。他们不再用加尔文主义[1]的语言、宿命论的语言、集体罪恶和无助的语言说话，也不再说绝大多数人必将遭受永罚，而不管其如何选择。他们转而开始用阿民念主义[2]的语言说话，说起无涉道德的责任，说起重生，说起个人对罪的责任，说起有可能不通过牧师或教阶制度中的任何其他成员而与上帝直接建立联系。

复兴主义者当然也会警告说，危险总是潜伏着，诱惑无时无刻不在，堕落与完善顽固对立，魔鬼活跃于人间。但他们也想象着出现一次大规模的灵性转化，使上帝的国度得以降临人间。为此，他们希望招募大批信徒帮助他们传播上帝之爱，打消不信者的疑虑，说服其选择善而不是恶，加速千禧年的到来。他们传播的福音、许诺的前景和当时的社会环境，似乎吸引了大批美国新教徒，特别是那些寻找新的社区形式的年轻人和不受拘束的人，以及那些见识了市场的活力和破坏力的人（不管其年纪如何）。然而，福音教会开始出现数量不成比例的店主、小制造商、大工匠和普通工匠，到处都能看到他们的妻子和女儿带着他们皈依，并加入其中。事实证明，19世纪的阶级文化经验具有深刻的性别特征。

---

1 加尔文主义，基督教新教加尔文派的神学学说，由法国宗教改革家加尔文提出。加尔文主义认为，上帝对于谁可以救赎，谁不可以救赎的决定是不可更改的，人们无法改变上帝的决定。

2 阿民念主义，基督教新教的一种神学学说，由荷兰神学家阿民念提出。阿民念主义认为，一个人在自由意志和上帝恩典的协助下，可以接受或拒绝上帝提供的救赎。——译者注女性在建立宗教团体或其他信仰团体时发挥核心作用的现象，并不是新教、复兴主义、美国或19世纪所独有的。几个世纪以来，在大西洋两岸的犹太教－基督教信仰中，这种现象司空见惯。它既反映了妇女掌握了某种形式的道德权威，也反映了她们可以通过某些手段制约男性权力。19世纪头几十年大众宗教热情的爆发，在这个方面与以前并无不同。真正不同的是传教的方式：一方面，信徒有责任参与传教；另一方面，新的传教方式为公众活动提供了新的机会。法国来访者亚历克西斯·德·托克维尔在19世纪30年代发现的美国人的结社倾向，不仅仅体现了男性间的兄弟情谊和政治纽带，也带着强烈的女性色彩，而且往往与教会以及与其相关的社会改革项目有关，并使成千上万的女性——大多来自普通家庭——参加会议、组织，并最终走上街头。有些人将以自己的方式走向废奴主义，并最终走向女性主义。其他许多人则被吸引加入传教士协会、主日学联盟、圣经书社、致力于打击卖淫或吸烟的协会，还有以穷人、孤儿和堕落者为对象的救助和康复协会，以及旨在推动监狱和教育改革的协会。不过，毫无疑问的是，参与禁酒运动的人最多。

与当时的其他议题相比，禁酒运动似乎最能体现人们对可能危及这个快速变化的社会的致命威胁的担心，而且它与"社会地位"的概念息息相关。在许多福音派教徒看来，酗酒是在向更加低级的欲望屈服，是缺乏自律的表现，也是招致贫穷、家庭解体和种种恶习的罪魁祸首。"是什么填满了救济院和监狱？是什么让你这个颤抖的可怜虫上了绞刑架？是酒。"曾经的酒鬼约翰·B.高夫反思道。当包括蒸馏酒和发酵酒在内的酒精饮品的消费量达到前所未有的水平时，酒在某些方面则被视为魔鬼的化身，批评家担心大众将被"朗姆酒恶魔"奴役。"不禁酒,"牧师莱曼·比彻咆哮道,"是这片土地的罪恶,它正像洪水一样向我们袭来;如果说有什么东西会让世界的希望落空,那就是那条燃烧的河流,它摧毁了生命的空气,并在死亡的气息中四处蔓延。"其他一些人将其比喻为传染病一类的疾病,称其为"侵袭政治体"的癌症。

禁酒运动类似于一场十字军运动,而且肯定是19世纪30年代规模最大的社会运动;它不仅承诺将使"洪水"倒流,给家庭和社区带来和平与繁荣,治愈社会机体的癌症,使其恢复健康,还定义了以"清醒"为中心的新的个人行为和社会举止的规范——自律、自我克制、自我控制、节俭和勤奋,所有这些都与屈服于酒精而呈现的性格特征形成鲜明对比。一些倡导者主张采取温和手段限制饮酒,但越来越多的人要求全面禁酒。后者开始改革自己的家庭和教会,排斥酗酒者。他们把目光投向工作场所,终结了"圣周一"(周一歇工一天)的传统,以及在小酒馆请客、休息时喝上一小杯的习惯。他们成立了俱乐部、社团、祈祷圈和母亲协会。通过基层政治活动、请愿和恐吓等手段,他们成功说服立法机构颁布了禁止生产和销售酒精饮品的州法律。到19世纪50年代中期,东北部和中西部的大部分地区已经禁酒。

正如禁酒运动的发展过程所示,改革者正是在与体现社会病态的"症状"的接触过程中做出了自己的诊断,并由此形成了是什么使像他们自己这样的人与众不同的认识。福音派不再支持社会差异是神的旨意或等级制度的产物这样的说法。相反,在访问救济院、贫民窟、妓院、监狱和孤儿院的过程中,许多慈善、博爱和改革团体将注意力集中在他们认为的个人和群体的"恶习"上。不是低工资、前途无望、种族和族裔歧视或缺乏就业机会，而是游手好闲、无知、酗酒、赌博、乱性、不知节俭和对家庭不负责任，带来了犯罪、贫穷和放荡。

女性改革者尤其关注她们看到的贫困女性，但她们的同情心反而强化了是什么使自己与这些贫困女性不同的认识。部分原因在于，她们反感这些贫困女性的恶习，诸如酗酒、随意的性行为、不虔诚等。同时，她们将婚姻和家庭生活视为反击公共空间和市场中粗暴的、竞争性的、破坏稳定的因素的手段。这后来被称为"家庭性策略"、"分离领域"或"维多利亚主义"，这一系列做法和愿望与其说是标志着19世纪初期到中期对女性的禁锢，不如说是宣布了一个新兴的社会群体与位于其下的人（工人阶级和穷人）和其上的人（富裕商人和庄园主等上层）的区别。结果，这些女性在努力限制家庭规模，提倡对子女，尤其是儿子的教育，以及在与她们一样的人之间建立社会网络的过程中，构建了一套新的价值观，形成了一种新的性格特征，并为阐释和复制新的阶级经验奠定了基础。

得克萨斯与棉花

对于得克萨斯的命运和未来来说，英国的企图更为重要。叛乱的得克萨斯人认为，圣安纳在圣哈辛托河战役后的投降确保了得克萨斯的独立。虽然大多数人似乎打算加入美国，但新宪法确认他们建立的是一个共和国，新国会划定了广阔的疆域，即从南部的格兰德河一直到北部的北纬42度线。剩下的问题是：如果没有其他政府的承认，得克萨斯共和国是否真的存在？虽然圣安纳做过承诺——

当他最终回到墨西哥城后，他将受到蔑视——但正如韦拉克鲁斯的一家报纸所说，墨西哥"没听说过一个名为得克萨斯共和国的国家，只知道有一群违反共和国法律的叛乱冒险者"。在墨西哥人看来，战争仍在继续，墨西哥军队将收复自己的领土——他们在1838、1839和1842年尝试过几次，最后一次短暂占领了圣安东尼奥和戈利亚德。美国似乎并不乐意正式承认得克萨斯独立，英国、法国和其他欧洲国家也没有这样做，杰克逊在总统任期即将结束时称这样的行动是"不明智的"，不过他希望有朝一日能够吞并得克萨斯。最终，接替山姆·休斯顿成为得克萨斯总统的佐治亚人米拉博·B.拉马尔与英国、法国、荷兰和美国进行了外交交涉。拉马尔曾经参加过拒绝承认或执行联邦法令的运动，并将得克萨斯视为一个"未来的帝国"，而不是美国的一个州。但拉马尔的努力并未奏效，得克萨斯的地缘政治地位仍然悬而未决。

得克萨斯问题对由各州组成的美联邦提出了若干挑战，这些州都拥有巨大的领土野心，但对联邦的看法存在分歧。几乎所有政党和地区的政治领袖至少都想象着美国以大陆强权的姿态出现，同时望向大西洋和太平洋。杰克逊派的记者约翰·L.奥沙利文在1845年提出了美国的"天定命运是扩张并占有整个大陆"，这一说法对政治文化的影响非常深刻，几乎被所有的政治派别所接受。各方的差异主要在于实现目标的速度和方法、新获得或征服的领土的政治地位、新加入者的宪法地位，以及国家主要社会阶层的相对权力等。

对吞并得克萨斯和向太平洋扩张有所迟疑的主要是全国各地的辉格党人，他们设想的是渐进式的扩张，即当一个地区的人口和经济发展到一定程度后，通过外交手段实现扩张。他们还担心快速扩张将导致人口从美国东部向西部迁移，使得整体人口密度过低，而这可能会破坏原有的权力平衡。他们怀疑墨西哥北部或古巴部分地区是否可以成为合格的州，或者是否应该欢迎这些地区的天主教徒、印第安人和混血居民加入美国——宪法并未对这些问题做出明确规定——这些都暴露了他们的种族主义思想。东北部和中西部的许多辉格党人对增加新的领土和州感到不安，因为在那里奴隶制将是合法的，奴隶主将掌握权力，从而使政治权力中心进一步向密西西比河下游转移。他们看到奴隶主插手得克萨斯革命，看到他们要求吞并得克萨斯。东南部的辉格党人担心，奴隶主和奴隶从切萨皮克、卡罗来纳和佐治亚向密西西比、路易斯安那、得克萨斯，或许还有西部和西南部的其他地方迁移，可能会破坏原先的奴隶制结构，削弱他们的政治影响力。辉格党人提出的更多是警告而非替代方案，而福音派信仰为他们反对扩张提供了文化上的理由。

一些北方的民主党人，特别是那些越来越同情废奴事业的人，有和辉格党人相似的顾虑。他们要么与党内的范布伦派（也被称为"烧谷仓派"）有关，要么是东海岸的商人或托运人，主要从事大西洋贸易。不过，大多数民主党人耗费了极大的精力，以极大的热情支持扩张，寻求吞并得克萨斯，这与他们的政治经济和政治文化理念是一致的。扩大美国疆域，建立一个"海洋共和国"，不仅可以增加美国的国际经济影响力，还可以保障小生产者的未来，同时消除工业化和城市化的危险。对于支持扩张的民主党人来说，英国不仅仅是一个竞争对手和有威胁的强权，它代表了一条令人厌恶的发展道路，其特征包括令人痛苦的工业、拥挤的城市、社会贫困化和阶级冲突。因此，西部的空间为未来的美国开拓者提供了逃避的可能性，这些开拓者由种族、民族、宗教和渴望独立的精神联系在一起，就像19世纪通过所谓的"大迁移"移民到南部非洲内陆的布尔人一样。这是一个获得土地并重新组织社区的机会，一个将自给自足的农业与商业化的农业相结合的机会，一个逃离银行和其他公司控制的机会。他们想象着一个以共和原则为基础建立的农业帝国，这将加强而不是破坏美联邦的结构。

一些民主党人觉得自己有政治上的宣教使命。他们认为自己生活在一个由君主制和其他形式的暴政所统治的世界，是特立独行的民主价值和民主文化的实践者，有责任在整个大陆和整个西半球传播民主的思想和制度。从某种意义上说，他们把杰斐逊的"自由帝国"和麦迪逊的《联邦党人文集》第十篇结合起来，当作自己在19世纪的使命。《民主评论》等杂志和国家改革协会等组织，为他们发出了最强有力的声音。他们重点关注土地问题，同情流行于爱尔兰、波兰、意大利、德国和法国的民族主义运动。他们将自己的运动称为"青年美国"运动——受19世纪30年代意大利人朱塞佩·马志尼的启发，当时世界各地出现了大量"青年"运动——这显示出他们受到了欧洲思潮的影响。"文明的终极形式，也就是民主，第一次在这个国家扎根，"约翰·L.奥沙利文在19世纪40年代写道，"她的榜样将宣告国王、等级制度和寡头暴政的死亡，并将和平与善意的喜讯传递到那些无数人正过着仅比田间的牲畜稍令人羡慕的生活的地方。"他还补充说，民主体现了"基督教世俗的一面"。

奥沙利文和青年美国运动的参与者使用的语言和展望的前景，可以被野心不大的扩张主义者接受，因为后者普遍忽略了奴隶制本身也是一种"等级制度"和"暴政"，也因为他们对美国民主的理解本身就建立在种族歧视和性别歧视的基础上。致力于把"民主"传播到新领土的"青年美国人"均是白人男性，可能是新教徒，崇尚武勇——这体现了19世纪对"男性气概"的定义——他们看到的是一个由于落后的经济、昏聩的政治、无知、迷信、天主教信仰、女性化和种族融合而危机重重的世界。扩张主义将消除滋生这些弊病的机制，并让那些渴望"文明"的人享受"文明"的好处。这至少会压制这些机制，使其受到削弱，从而让自由而有活力的男性（和他们的家人）找到必要的空间。而民主和文明为那些想要通过建立"海洋共和国"使自身飞黄腾达的非法对外征伐者、冒险家和投机者提供了一个方便的借口。

但对于许多民主党人，尤其是深南部各州的民主党人来说，得克萨斯问题具有特殊的急迫性。吞并得克萨斯意味着更多的领土、另一个蓄奴州和大片棉花种植地。如果无法成功吞并，美国的扩张可能会受到拖累。随着墨西哥从南部逼近，加上科曼奇人、基奥瓦人、威奇托人和卡多人在西部和北部的劫掠，以及国库的空虚，新生的得克萨斯共和国看上去前景暗淡。英国人似乎希望能达成一笔交易。有传言称，如果得克萨斯人同意废除奴隶制并拒绝并入美国，作为交换，英国将为其提供财政和军事支持，并帮助他们抵御墨西哥的进攻。英国人已经在殖民地废除了奴隶制，并希望向自己的经济和政治竞争对手施加压力，迫使其同样走上解放奴隶的道路。通过在得克萨斯获得影响力，英国可以限制美国在墨西哥湾的势力，或许还可以进一步限制美国在整个西半球的势力。这样一来，美国不仅无法继续将自己的边界向西推进，为奴隶制的扩张创造条件，反而将不得不在西南部面对一个废除了奴隶制的麻烦制造者。

离任的安德鲁·杰克逊在被称为"隐居地"的自家种植园里，用煽动性的言辞解释了这个可怕的逻辑："与得克萨斯结盟后，英国将期待与我们开战。它会向得克萨斯派出两三万人，部署在萨宾河附近……然后穿过路易斯安那和阿肯色，进驻密西西比，煽动黑人叛乱；这样一来，下游将沦陷，接着就是新奥尔良，一场奴隶战争将在南方和西部爆发。"

新总统约翰·泰勒十分关注英国的真实意图。他派编辑达夫·格林——约翰·C.卡尔霍恩的亲密盟友——前往伦敦调查。格林声称自己在那里打听到了英国人的一个庞大计划，即利用得克萨斯来巩固其对世界经济的控制，并在这个过程中摧毁美国的经济实力——不是通过废除奴隶制，而是通过挑战美国对棉花供应的控制。这种说法听起来很有道理，尤其是对那些认识到国内繁荣和全球经济实力之间的密切关系的人来说。"得克萨斯的劳工在英国资本的刺激和扶持下，很快就会种植像美国一样多的棉花，"《麦迪逊主义日报》在1844年春警告道，"棉花很快就会在我们的土地上灭绝，或者我们只能在自己的国家销售棉花。"相反，吞并得克萨斯不仅可以防止"奴隶战争"和其他潜在的被英国包围的危险，而且正如宾夕法尼亚州参议员詹姆斯·布坎南所说，它将"使地球上所有适于种植棉花的地区都纳入我们的联邦之中"。"（得克萨斯）将使我们完全控制那个主要作物，将成为我们对外贸易的根基和世界和平的伟大保护者，"来自北卡罗来纳的一名国会议员预言道，"（因此）只要控制了棉花贸易，我们就不必担心与欧洲国家的战争。"

英裔得克萨斯人的领袖山姆·休斯顿支持得克萨斯与美国合并，并巧妙打出"英国牌"以推动事态向前发展。到了1843年，泰勒坚定地加入了支持吞并得克萨斯的阵营。但美国国内的反对势力依然强大。无论是辉格党人还是"烧谷仓派"民主党人，都不希望扩大英国对得克萨斯的影响力，不希望放弃美国的帝国野心，也不希望危及棉花经济。在棉花对保持国家经济活力的重要性上，各党派有着广泛的共识，这种共识成为19世纪社会和政治变革的重要限制因素。但是，他们并不相信英国有上述计划。他们更担心西南部的奴隶主可能趁机扩大权力，美国可能会与墨西哥爆发战争（墨西哥仍将得克萨斯视为自己的领土）。当卡尔霍恩——他是泰勒的国务卿——将吞并得克萨斯与捍卫黑人奴隶制联系在一起时，他们更加不愿意看到得克萨斯加入美国。因此，1844年春通过谈判达成的合并条约，没有在美国参议院获得必需的票数（必须得到三分之二参议员的同意），以失败告终。

泰勒和卡尔霍恩都不打算放弃，但两人在当年晚些时候的民主党总统提名中都遭到淘汰。看到扩张主义者波尔克在11月获胜，泰勒决定采取一种截然不同的策略，他在执政的最后几天，以联合决议（只需获得参众两院的多数支持）而不是以条约的形式推动吞并得克萨斯。虽然已经是"跛脚鸭"，但他还是确保了足够多的票数。1845年2月下旬，在波尔克宣誓就职的前几天，该决议获得了通过，接下来是得克萨斯进行自己的批准程序。结果几乎没有悬念。投票的得克萨斯人几乎一致支持与美国合并，得克萨斯于12月获得了正式加入美国的资格。

得克萨斯问题无疑加剧了美国国内在其未来发展方向和奴隶制的地位等问题上本已严重的政治分歧。废奴主义者和其他反对奴隶制的盟友认为奴隶主权势在背后操纵着一切，并诋毁即将卸任的总统约翰·泰勒是其工具（泰勒本人就是弗吉尼亚的奴隶主）。几年后，泰勒做出了反驳。他拒绝接受这样的指控，即他是为了奴隶主和奴隶主的利益才支持吞并得克萨斯的。他坚持主张得克萨斯对整个美国"至关重要"，因为它确保了"棉花种植园事实上的垄断地位"（这些种植园将如他期望的那样由奴隶种植）。他声称，这样一来，美国就获得了"对世界事务更大的影响力，而这种影响力无法通过强大的陆军或庞大的海军获得"。

战争的政治阶段

长期以来，吞并得克萨斯一直被认为是美墨战争的催化剂，辉格党就曾这样警告过。但事实上，在墨西哥领土爆发的战争至少在吞并得克萨斯五年前，在美国决定开战六年前就已经开始了。决定性的事件发生在阿肯色河沿岸的本特堡附近，时间是1840年的上半年，参战者与人们想象的不同，是在大平原上存在已久的势力——既不是美国人，也不是得克萨斯人或墨西哥人，而是夏延人、科曼奇人、基奥瓦人和阿拉帕霍人。

他们聚集在一起是为了解决他们之间由于人口流动以及由此导致的平原地区的政治经济变化而带来的冲突。夏延人受到从东边入侵这里的拉科塔人的压力，不得不从他们的圣山布拉克山南下。他们与盟友阿拉帕霍人一起，又向科曼奇里亚边界推进，进入普拉克河和阿肯色河之间的野牛狩猎场，并因此与科曼奇人、基奥瓦人和平原阿帕奇人发生了激烈的冲突。这些人绝不会容忍新的入侵者进犯。夏延人和阿拉帕霍人可以从两个与其交易的美国商人那里获得枪支，双方的冲突因此变得更加致命。19世纪30年代末的一场天花导致更多人死亡，双方似乎到了该达成某项协议的时候了。

随后召开的集会持续了两天，参与者众多。大部分时间用于双方互赠礼物，用于安抚那些在战斗中失去家人和朋友的人，并促进双方的友谊和信任。夏延人和阿拉帕霍人带来了毛毯、枪支、弹药、珠子、印花布和铜壶，科曼奇人和基奥瓦人带来了数百匹马和骡子。这次互赠礼物的仪式极为重要，时至今日夏延人仍将这次会面的地点称为"隔河互赠礼物处"。此外，双方还达成了一些重要协议，如共同占有阿肯色河流域的大部分地区，建立包括美国商人在内的商业伙伴关系，并结成政治联盟，已经与夏延人结盟的拉克塔人也间接地加入了这个联盟。在这次所谓的"1840年大和议"之后，平原上的各印第安民族和睦相处了许多年。

然而，平原印第安人之间达成和平协议后，一些好战的印第安人，尤其是科曼奇人，将目光转向了南方。18世纪后期，科曼奇人与西班牙人议和，并以东边的圣安东尼奥和西边的圣菲为中心从事贸易和外交活动。他们还结成了一个对抗阿帕奇人的准政治军事联盟。随后的墨西哥革命以及墨西哥的最终独立，使这些关系受到影响，部分原因是墨西哥无法对周边地区实施有效控制，墨西哥财政枯竭，传统的"赠礼外交"难以为继。维系了数十年的和平开始瓦解，科曼奇人加强了对科阿韦拉－特哈斯州和其他墨西哥北方州的袭击，但与北部原住民部落的持续冲突限制了他们的活动范围和强度。

得克萨斯叛乱和得克萨斯共和国的建立使政治形势变得更加复杂。科曼奇人以不同的方式——军事或外交——处理与不同政权的关系（在得克萨斯，休斯敦寻求建立外交关系，拉马尔试图消灭印第安人），以保卫自己的狩猎场。而墨西哥人实际上失去了一个平台，他们本可以利用其重建和平，并将其作为缓冲区应对攻击。达成"1840年大和议"后，科曼奇人不再需要同夏延人和阿拉帕霍人交战，因而可以将精力转向别处。他们并未袭击得克萨斯东部防守严密的定居点——这些定居点的人可以轻而易举地进入科曼奇里亚展开报复——而是盯上了格兰德河下游防守薄弱的村落和牧场。科曼奇人的劫掠队开始向墨西哥纵深推进。他们进入奇瓦瓦、科阿韦拉、新莱昂，并最终向南推进到圣路易斯波托西。抢掠队抢走了上万匹马和骡子，同时在一场激烈的战斗中夷平了墨西哥人的定居点。双方不断增加的伤亡使战斗变得更加惨烈，科曼奇人使数以百计的牧民、农民、工人及其家庭以及地主遭殃，其中许多人被残忍地杀害，包括女性和儿童，尸身无法辨认。幸存的居民逃离饱受蹂躏的乡村，前往附近相对安全的城镇。得克萨斯吞并问题似乎使科曼奇人的行动变得更加频繁。而在更靠西的地方，阿帕奇人、纳瓦霍人和尤特人同样抓住机会侵袭墨西哥人。

然而，对于墨西哥城来说，印第安人在北部的袭击只是19世纪40年代初中期一系列严重的政治问题之一。自独立以来，墨西哥一直处于动荡之中。没有任何一个社会团体或政治派别能够树立自身的权威，总统和政府如走马灯般变化，而且都是通过政变而非选举取得权力的。虽然主要的政治分歧存在于联邦主义者（倾向于自由主义）与中央集权主义者（倾向于保守主义甚或君主制）之间，但内部斗争各方往往没有明确的阵营，而且不可避免地受到军队和天主教会这两个自殖民时代以来一直都很强大的势力的影响。就在平原印第安人达成大和议的同时，墨西哥城发生了史上最暴力的政变，街头的枪炮声持续了近两周。唯一可以确定的是，安东尼奥·洛佩斯·德·圣安纳暗中参与了这起事件。在最终卸任前，他共11次担任总统。

墨西哥城的动荡局势使首都变成了各政治派系的战场，并进而造成周边地区，如上加利福尼亚、索诺拉、萨卡特卡斯、尤卡坦、普埃布拉、瓦哈卡等地的社会和政治动荡，这些地区的动荡又增加了美国吞并得克萨斯的可能性。一些地区的动荡与得克萨斯的叛乱一样，反映了当地精英希望获得更大程度的自治权，控制更多的土地、劳动力和其他资源。但各地农民日益增长的不满情绪同样不容忽视。问题主要不在于受剥削的、依附于庄园的劳动力——他们显然有自己的不满——而在于乡村的农民。他们看到公有财产受到抱持自由思想的精英的攻击，后者希望把公有财产变成可以在市场上买卖的私有财产。这种攻击是两个世纪以来一直在欧洲和美洲展开的进程的一部分（在美国，它促进了对原住民土地的掠夺）。虽然披着进步、生产力、文明和比较经济优势的外衣，但它将摧毁农民传统生计的基础及其整个生活方式。在戈达山、特万特佩克地峡，尤其是尤卡坦半岛，人们已经感受到了即将发生的大规模暴乱的苗头。

可以肯定的是，按照美洲的标准，墨西哥拥有一支强大的军队。它的规模比美国陆军大得多，而且它经过了多次战争的考验，如镇压特哈斯叛乱，抵御西班牙和法国军队的入侵等。它的军官团极有活力，甚至有些狂妄，骑兵的骑术和风姿也给人留下了深刻的印象。但总的来说，这支军队装备简陋，纪律涣散。新入伍的步兵包括农民、流浪者和被征召或被迫服役的囚犯，装备着过时的武器，衣食水平欠佳，逃兵不断。炮兵的装备尤其陈旧，作战效率低下。最严重的问题是，军队缺乏足够的兵力和财政资源来应对一个庞大的、各自为政的、反抗四起的、领土受到威胁的社会所带来的挑战。北部的定居点请求得到更多的保护以抵御印第安人的掠夺，但未能如愿，军队仍然集中在墨西哥中部。因此，各州州长和政治领袖都希望建立自己的民兵组织和乡村警察武装。

美国的政策制定者和部分美国民众——后者主要通过媒体——越来越清楚墨西哥的政治困境和平原印第安人对墨西哥的惩罚性袭击，这产生了深远的影响。他们共同创造了一幅墨西哥和墨西哥人的画像，墨西哥人被描绘成软弱、落后、懦弱、无知、无能和懒惰的形象。在这幅画像中，墨西哥人似乎无法建立自由的政治体制，无力保护自己的领土和家人免受野蛮的攻击，无法建立有活力的经济，无法消除迷信，也无法教育自己和自己的孩子适应19世纪的新世界。墨西哥土地贫瘠，人口稀少，土地利用率低下。腐败使墨西哥的国库枯竭，墨西哥的领袖都是暴君，他们自相残杀，对顺从的追随者发号施令。天主教会的影响力同样受到指责，更不用说种族混血了。相反，盎格鲁－撒克逊人正踩着民主的鼓点阔步向前。他们受到文明的祝福，知道如何抓住机会，有能力将沙漠变为良田。当这两种截然不同的力量发生碰撞时，就像在19世纪30年代的得克萨斯发生过的那样（这场战争常常被用种族化的语言加以描述），谁会对美国将取得胜利有任何怀疑呢？

美国总统詹姆斯·K.波尔克对墨西哥近北地区——印第安人正在那里大肆破坏——的兴趣远不如偏远的西北地区，排在首位的是加利福尼亚，其次是新墨西哥。很可能是印第安人在军事上的成功，以及墨西哥人无法收复这里，让他认为自己不需要付出太大的代价或努力就可以得到自己想要的东西。1845年春末，他命令4000名美军在扎卡里·泰勒将军的指挥下先进入得克萨斯，然后南下努埃西斯河，并指示墨西哥人一旦越过格兰德河，就将其视为敌人。当年秋天，他派太平洋中队前往加利福尼亚海岸，指示其在美国与墨西哥发生武装冲突时夺取旧金山（最初被称为耶尔瓦布埃纳），同时建议美国驻蒙特雷领事尽其所能鼓励心怀不满的加利福尼亚人反抗墨西哥当局。最后，他派代表路易斯安那的众议员约翰·斯莱德尔作为使节前往墨西哥城——墨西哥城已经因为美国吞并得克萨斯而与美国断绝了外交关系——让他通过谈判达成解决方案：美国出资2000万美元购买加利福尼亚；出资500万美元购买新墨西哥；如果墨西哥接受以格兰德河为得克萨斯南部和西部的边界，美国将帮助资金紧张的墨西哥政府偿还拖欠美国人的债务。

考虑到墨西哥紧张的政治局势，波尔克可能认为自己向墨西哥人提出了一个他们无法拒绝的提议，但这实际上是一个他们无法接受的提议。时任墨西哥总统的何塞·华金·德·埃雷拉为了缓解国家的财政危机，似乎急于避免开战。有报道称，他可能准备考虑出售加利福尼亚和新墨西哥。但仅仅是显示出他有意考虑这个选项——最明显的迹象是允许斯莱德尔进入墨西哥——就使他受到了猛烈抨击。很快，他就成为自己手下的将军、保守派的马里亚诺·帕雷德斯·伊·阿里利亚加策划的政变的牺牲品，后者得到了其他政治派别的支持。1846年年初，扎卡里·泰勒的军队渡过努埃西斯河来到格兰德河，再加上3月斯莱德尔发出的最后通牒，和平解决这场危机的最后一扇大门被关闭了。波尔克已经决定开战。5月的第二个星期在格兰德河发生了一场导致16名美国人伤亡的小规模冲突后，战争爆发了。

为大陆命运流血

爆发于1846年5月的美墨战争（由国会宣战），几乎被所有人认为是一场规模不大，但为美国赢得了重大地缘政治利益的军事行动。这场战争更多的是为后来扮演更重要的历史角色的演员们提供了一个展示的舞台。战争持续了不到18个月，美国军队占领了墨西哥城。当战争结束后，美国夺走了墨西哥西北部的大部分地区，包括加利福尼亚和得克萨斯以南格兰德河附近双方都承认的边界地带。

但事实上，美墨战争是美国历史上代价最大、分歧最严重、政治纷争最剧烈的事件之一。它涉及全面入侵另一个国家，而且是攻击性质的。它需要动员大量的兵力和财政资源。它掠夺了墨西哥人民，战争期间亦有暴行发生，这在很大程度上是由于美国军队内部存在着激烈的种族主义思想和反天主教思想。它造成了美军士兵极高的伤亡率。它使美国征服并获取了新的领土和人民；相较于美国其他地区，这些领土和人民将是独特的存在。它再次引发了关于美国奴隶制和奴隶主的未来的尖锐对立。它刺激了美国社会一些最激进的政治文化。它使新的美墨"边境"剑拔弩张，混乱、暴力和军事行为一时无法消除。它在最根本的方面提出了大陆帝国的问题。

波尔克总统在给国会的战争咨文中没有提及获取领土的问题，

而是把墨西哥描述为挑衅者，因为墨西哥"入侵了我们的领土，并让美国人在美国的土地上流血"，并要求国会"承认战争的存在……虽然我们已经为避免战争倾尽全力……但是（请国会）准许行政部门积极备战"。可是，当国务卿布坎南为避免欧洲的反弹而劝说波尔克明确放弃以获取领土为战争动机时，总统"大吃一惊"。布坎南说："虽然我们不是为了征服而开战，但很显然，如果有可能的话，通过和谈我们可以获得加利福尼亚和墨西哥的其他领土，这将足够抵消我们向墨西哥所支付的赔偿，还可以支付这个国家因其长久以来的错误和对我们造成的伤害而迫使我们不得不发动的战争所消耗的费用。"

加利福尼亚毫无疑问会在第一时间被占领，而且它受到的攻击将来自几个方向。早在1845年秋，波尔克和布坎南就向驻蒙特雷的领事托马斯·拉金发出警告——拉金在次年4月收到消息——告诉他"外国政府"可能企图"夺取加利福尼亚的控制权"，并提醒他索诺马和纳帕谷的美国移民——几百名商人、牧民、捕猎者、定居者和酿酒师——对墨西哥当局心怀不满，敦促他鼓励他们效仿得克萨斯的叛乱者。波尔克和布坎南向他保证，他们会"被当作兄弟"。然而，真正引发叛乱的似乎是具有深厚人脉的约翰·C.弗雷蒙（托马斯·哈特·本顿的女婿）。他当时奉官方之命率领一支陆军工程兵部队的调查队，经圣路易斯、阿肯色河和大盆地来到这里。截至目前，还没有人知道弗雷蒙为什么会出现在加利福尼亚——他以前曾在这里进行过一次类似的任务——他接到的命令是什么，以及他在随后的动乱中扮演了怎样的角色。清楚的是，叛乱的美国人聚集在他和他的队伍周围，在1846年6月占领了墨西哥最北端位于索诺马的前哨。他们宣布成立熊旗共和国，以示脱离墨西哥。短短几天，叛军就把弗雷蒙视为领袖，准备寻求与美国合并。

合并甚至不需要正式的程序。几乎与此同时，太平洋中队在年迈的约翰·D.斯洛特准将的指挥下再次来到蒙特雷。在得知美国和墨西哥爆发了"实际的战争"之后，他奉命夺取加利福尼亚的港口。他于7月初驶入蒙特雷湾。和之前的琼斯准将一样，斯洛特和他的部下没有遇到任何抵抗，顺利登陆并升起美国国旗。与琼斯不同的是，他坚持认为国旗要留在那里。"从今以后，"斯洛特在没有得到官方授权的情况下宣布，"加利福尼亚将是美国的一部分。"太平洋中队的另一艘船迅速占领耶尔瓦布埃纳，并派士兵前往索诺马，在那里宣布斯洛特的命令，降下熊旗，升起美国国旗。弗雷蒙随后前往萨克拉门托谷的萨特堡做了一遍同样的事情。

在接下来的几个星期里，美国人似乎将轻而易举地占领整个上加利福尼亚。7月中旬，理查德·斯托克顿接替斯洛特担任中队指挥官，并与弗雷蒙一起迅速向南进发，后者将熊旗共和国的叛军编入美国陆军加利福尼亚营。到了8月中旬，他们成功占领圣迭戈、圣巴巴拉和洛杉矶——洛杉矶已取代蒙特雷成为首府——其间未遇到像样的抵抗。大部分墨西哥军队退入索诺拉和下加利福尼亚。斯托克顿和弗雷蒙只在南部留下了一支小规模守军，便率大部队返回北部。

更多的美军士兵正从东面赶来。大约就在熊旗共和国的叛军进攻索诺马的同时，西部军团在斯蒂芬·沃茨·卡尼将军的指挥下离开莱文沃思堡，向800英里外的圣菲进军，打算将新墨西哥——波尔克的第二个主要领土目标——置于美国的控制之下。卡尼的部队

包括近3000名士兵（其中大部分是志愿兵），还有一车车的补给品，
阵容壮观。士兵穿过科曼奇里亚的一些地区时完全不用担心受到骚
扰，而新墨西哥州州长已经逃到奇瓦瓦。和斯洛特一样，卡尼也升
起旗帜，宣布美国占领了这里。他组织了一个文官政府，并宣布墨
西哥的新墨西哥州（Nuevo México）从此成为美国的新墨西哥（New
Mexico）准州。随后，他率领300名部下前往加利福尼亚。听说斯
托克顿和弗雷蒙已经占领了沿海的主要城镇和要塞后，他命令一半
以上的人返回圣菲。

不过，当1846年12月初卡尼和他的小部队经过漫长而疲惫的行
军抵达圣迭戈附近时，战局已然发生逆转，新的变化出现了。墨西
哥加利福尼亚人在沿海城镇外的牧场重新组织起来，煽动民众表达
出对美国的占领和当地指挥官的强硬政策的不满。数周内，他们重
新占领了圣迭戈、圣巴巴拉、圣伊内斯和圣路易斯－奥比斯波，并
迫使留守洛杉矶的阿奇博尔德·吉莱斯皮中尉签署了投降条款，然
后把他赶走。就在加利福尼亚人发动叛乱并南下的消息传到斯托克
顿和弗雷蒙的耳中的同时，北部又爆发了另一场反抗，反抗军在蒙
特雷和旧金山之间的萨利纳斯山谷骚扰美军。美军经过几个月的协
同行动才使这里的局势稳定下来，其中包括在圣迭戈附近的圣帕斯
夸尔发生的一场代价高昂的战斗。1847年1月中旬，《卡温加条约》
签署后，加利福尼亚人放下武器，以换取权利、保护和行动的自
由。但不到一周，普韦布洛人就与新墨西哥人结盟，在陶斯发起反
抗，反对美国对新墨西哥的占领。他们杀了美国人任命的准州州长，
剥了他的头皮，还刺激了其他地方的秘密计划。反抗最终被卡尼的
继任者成功平息，被抓获的16名反抗分子随后被判处谋杀罪和叛国

罪（不过他们从未向美国宣誓效忠），并被绞死。

新墨西哥人普遍的怨恨似乎在很大程度上是由美军志愿兵的行为导致的，这不会是志愿兵最后一次激怒平民。当波尔克总统派扎卡里·泰勒将军到格兰德河地区时，泰勒的部队大多是正规军士兵，许多人来自东海岸，大约一半是移民，主要是爱尔兰裔，其次是德裔。他们签约五年，和当时大多数军事单位的士兵一样，既与社会主流隔绝，又要接受严厉的纪律约束。军官可以对违反命令的人采取各种形式的体罚和羞辱性的惩罚（鞭打仍然是合法的），被抓到的逃兵会被关禁闭。在泰勒的指挥下，他们将马里亚诺·阿里斯塔将军率领的墨西哥军队赶回了格兰德河对岸，随后占领了马塔莫罗斯镇。在那里，只入伍一年的志愿兵加入了他们，其中许多人来自西部和南部各州，几乎没有受过训练。大多数人是经新奥尔良——或许是这场战争主要的集结地——而且往往是在新奥尔良制造了严重的骚乱之后才来到这里的。在战争中，志愿兵的人数是正规军的两倍。

不过，大部分艰苦的战斗是正规军完成的。在墨西哥东北部，科曼奇人和阿帕奇人的劫掠有助于他们实现自己的战略目标。一方面，印第安人连年的侵扰极大消耗了墨西哥本可能用于与美国作战的兵力；另一方面，各社区不愿意把自己的人送进墨西哥军队，因为这会使本地的防御更加脆弱。1846年秋，中央政府在奇瓦瓦、萨卡特卡斯和杜兰戈三个州征兵以支援圣安纳在圣路易斯波托西的部队（他计划与泰勒作战），但没有征召到一名士兵。"多年来，我们徒劳地呼吁人们帮助我们，把我们从摧毁国家财富的野蛮人手中解救出来，"杜兰戈的一份报纸解释说，"现在我们无法派出军队，因为……我们的兄弟或者死于野蛮人之手，或者为躲避这些狂暴的人远走高飞。"印第安人的劫掠严重消耗了本可以用来装备骑兵和运输物资的马匹和骡子，墨西哥东北部各飞地也不再合作。

没有人知道，如果没有与印第安人的战争，墨西哥的军事抵抗力度会增强多少。不过，泰勒和他的部下无疑将遇到一支规模更大、后勤更有保障的军队，在恢复农村秩序和镇压游击队活动时将遇到更大的麻烦。墨西哥平民本来未必会继续效忠墨西哥政府，因为他们很可能会把美国入侵者看作对抗科曼奇人和阿帕奇人时的潜在盟友。但驻守的美军志愿兵在被征服的土地上的暴行激起了当地人的反抗。"我们的民兵和志愿兵在墨西哥犯下的暴行，可怕的暴行，即便只有十分之一属实，就足以让上帝哭泣，让每一个恪守基督教道德的美国人为自己的国家感到羞愧，"温菲尔德·斯科特将军在1847年年初记录道，"当着被捆绑起来的家庭男性的面杀害、抢劫和强奸他们的母亲和女儿，这种事在格兰德河一带司空见惯。"志愿兵多是未受运气眷顾的年轻人，纪律涣散，内部权力结构松散（他们可以选举自己的军官），即便肆意妄为也无须承担什么后果。一名下士嘲笑他所在的团"由被遗弃的男孩组成，他们有病，不太正常，有的瘸了，有的瞎了一只眼，其他人则是60岁的男孩"，是一群"被扔到体面人当中"的"无赖（和）恶棍"。天主教教堂成了他们纵火和抢劫的主要目标，这种亵渎行为所表达的刻骨仇恨在美国人的队伍中埋下了宗教对立的种子，并使墨西哥人得以引诱数百名大多是天主教徒的美国逃兵转投自己一方，组成了圣帕特里西奥营。一名来自俄亥俄的志愿兵认为，"完全可以肯定，这场战争是上帝的旨意，旨在净化和惩罚这个被误导的民族"。这名志愿兵只"希望我有权力摧毁他们的教堂……让那些贪婪的牧师、僧侣、修士和其他神职人员在公路上干活"。

对墨西哥东北部和西北部的军事占领，再加上美国占领者在加利福尼亚和新墨西哥州发表的政治宣言，使波尔克最初公开否认的征服和取得新领土的问题引发了美国政界激烈的争论——可能正如波尔克所预料的。与墨西哥之间可能的战争从一开始就引发了异议，主要是辉格党人和一些"烧谷仓派"民主党人，他们对波尔克的侵略行为嗤之以鼻，担心战争可能带来政治和宪法上的挑战。虽然大多数人投票支持波尔克宣战，但他们并非出于真心，或许只是因为他们一厢情愿地认为可以不涉及领土问题。来自东北部和中西部的少数反对奴隶制的辉格党人是例外——其中最著名的是约翰·昆西·亚当斯和俄亥俄的乔舒亚·吉丁斯——他们认为战争是奴隶主权势的蛮行，因此坚决反对。但到了1846年8月，当美军在加利福尼亚和新墨西哥攻城略地，当泰勒在前往蒙特雷的途中经过雷诺萨和卡马戈时，波尔克不再掩饰自己的意图。他要求国会拨款200万美元，用于支付战争可能带来的"特别"费用。每个人都知道这与领土有关。

大卫·威尔莫特就是这样理解拨款请求的，事实证明他将成为一个令人意外的搅局者。威尔莫特来自宾夕法尼亚，刚刚当选为国会议员。他来自波尔克的党，而且曾经支持吞并得克萨斯以及对墨西哥宣战。但他同时也属于范布伦派，并且在拨款法案中加入了一条附加条款，规定从"墨西哥共和国"获得任何领土必须满足"一个明确和基本的条件"，即"奴隶制和非自愿奴役不得存在于上述领土的任何地方"——这些话引自《西北土地法令》。威尔莫特提出的附加条款——后来被称为他的"附文"——似乎得到了其他一些反对奴隶制的民主党人的支持。然而，威尔莫特不是废奴主义者，他更希望"给自由的白人劳工留下一个公平的国家、一份丰厚的遗产，与我属于相同种族，拥有相同肤色的劳动者可以有尊严地生活在这里，不用忍受黑人奴隶制给自由劳工带来的羞辱"。讽刺的是，他把他的附文称为"白人条款"。它险些获得通过——在众议院赢得了多数人的支持，在参议院被否决了（没有得到足够的支持者）。

　　因此，征服新领土肯定会再次引发人们对奴隶制在一个重组的而且领土大幅增加的美国的未来的争论，但问题并不止于此。其他一些严重的问题及其解决方式同样表明，在整个政治领域（不管在政治光谱的哪个位置），种族主义多么根深蒂固，帝国野心将带来多么大的麻烦。美国从墨西哥购买或夺取的领土在未来的地位如何？它是否会在联邦政府的管辖下成为准州，并像路易斯安那那样逐渐被划分为几个州？它是否将永远是准州或受联邦直接管辖的"属地"？还是说，它只是占领地，不会和美国合并，而是由联邦任命的军政长官和其他文官以及部分军队管理，就像英属印度那样？生活在这些地区的人呢？他们能否得到与其他美国人一样的待遇，享有相同的权利并承担相同的义务？还是说只有某些群体才有这样的机会？抑或根本没有机会，而是沦为某种形式的附庸？加利福尼亚似乎很可能会按照路易斯安那的模式加入美国，因为原先生活在那里的墨西哥公民很少，而且美国的军官似乎从战争一开始就打算让加利福尼亚走这条路。卡尼将军已经宣布新墨西哥为美国准州。但墨西哥东北部或更接近政治中心的领土呢？美国是否应该寻求占领整个墨西哥共和国？

　　随着时间的推移，大规模领土征服的可能性越来越大。波尔克在取得加利福尼亚、新墨西哥和格兰德河之后，最初打算利用墨西哥东北战场来展示美国的军事优势，以打击墨西哥人的士气，迫使他们接受美国的和平条件。然而，虽然遭受了一系列挫折，尤其是在蒙特雷、奇瓦瓦和布埃纳维斯塔（圣安纳本有机会在这里击败泰勒），但墨西哥政府仍然拒绝谈判。因此，美国必须制订新战略，将军事行动的目标定为远在南方的墨西哥城。如果美军在那里取得一场大胜，墨西哥人很可能放弃抵抗。新战略于1846年秋完成制订。为了完成这个任务，美军决定调整进攻方向，由墨西哥湾的港口城市韦拉克鲁斯发动攻势，重演16世纪西班牙人埃尔南·科尔特斯的征服行动（否则部队将不得不穿越内陆地区延绵数百英里的沙漠和山脉）。波尔克没有选择泰勒，而是选择温菲尔德·斯科特将军来指挥这次行动。

其实不管是斯科特还是泰勒，都不受波尔克待见。就像大多美国军官一样，两人都是有政治抱负的辉格党人，与总统的工作关系都不佳。内阁和其他幕僚怀疑泰勒的能力，因此波尔克勉为其难地选择了斯科特。事实证明这是一个明智的选择，至少从军事的角度来看是这样的。1847年4月，斯科特的部队在韦拉克鲁斯南部发动了一次大规模的两栖攻击（这是美国人在二战前进行的最大规模的攻击）。经过几天的狂轰滥炸后，斯科特的部队占领了该镇，然后往西向墨西哥城进发。战斗有时十分激烈，因为险峻的地势和游击队的骚扰（有些是墨西哥政府组织的，有些则是自发的）几乎切断了斯科特的补给线，他的部下只能就地取给。虽然困难重重，而且沿途不断有服役期满的志愿兵离开队伍，但斯科特还是奋力向前，于9月初进入墨西哥首都。根据一直密切关注事态发展的威灵顿公爵的判断，这次战役"在军事史上是独一无二的"，斯科特因此跻身最伟大的美国军人之列。

斯科特的成功刺激了美国的帝国野心。占领墨西哥城不仅使美国处于非常有利的谈判地位，同时也增加了征服领土的机会，远远超出战争开始时联邦官员的设想。一些人——他们发起的运动后来被称为"全墨西哥运动"——要求把整个国家当作和平谈判的条件，少数人甚至开始觊觎整个中美洲。不出所料，为首的是南方、西部和东部的民主党人，《布鲁克林鹰报》的编辑沃尔特·惠特曼认为"5万名新兵……将使人们尊重我们的权威"。一些军官也赞成永久占领。这场运动也有一些出乎意料的参与者。创办了《国家时代》的废奴主义者加梅利尔·贝利希望效仿英国的先例，把帝国和解放奴隶联系起来。他的计划是为墨西哥各州提供加入美国的机会，选择这样做的州可以"在与原先各州地位平等的基础上加入联邦"。他认为，这将"最终确定我们的大陆边界，使我们的帝国在南方获得400万平方英里的土地，使自由成为北美大陆根本的、不可动摇的法律，使共和主义永远占据上风"，这样美国便"不是一个抢劫姐妹共和国的匪徒，而是其最大的赞助人"。

并不是只有贝利把被吞并的墨西哥领土想象成护栏，用一个波士顿人的话说，它将是"一道无法逾越的屏障"，可以阻止"奴隶制向南扩张"。他们提醒读者，墨西哥已经废除并且不可能再恢复奴隶制。因此，就构建一个"自由劳工"的帝国而言，还有什么比吞并墨西哥更好的方法呢？对于许多支持奴隶制的扩张主义者来说，这就是关键所在。佐治亚的《奥古斯塔编年与前哨报》认为，全墨西哥运动鲁莽而危险，而且贻害无穷。"你们希望受1000万人的支配吗？他们对你们充满敌意，首先将你们视为敌人和征服者，其次视你们为那套制度的支持者。"奴隶主利益集团的其他人，尤其是密西西比河流域和整个西南部的奴隶主，往往持更具歧视性的立场。他们倾向于吞并加利福尼亚、新墨西哥和墨西哥东北部的州，因为那里人烟稀少。但是，他们不愿意向更南边推进，因为那里的居民更加稠密，治理难度更大。那些地方不仅可能对奴隶制构成威胁，而且居民融合也困难重重。南卡罗来纳的约翰·C.卡尔霍恩从一开始就反对战争。他警告说，等待吞并主义者的将是文化和政治的泥潭。卡尔霍恩在参议院宣称，美国"只吞并过高加索人种。吞并墨西哥将打破先例，因为墨西哥一半以上的人口是纯种的印第安人，而到目前为止剩余的人口中大部分是混血。我们的政府是白人的政府"。

卡尔霍恩的观点以这样或那样的形式得到广泛认同。北方和南方的辉格党人，不管他们在其他问题上有多么严重的分歧，此时都怀疑美国的制度能否在墨西哥的领土上扎根，或者他们眼中的未受教育的、堕落的、落后的、迷信的民众是否能够被美国公民和政治社会接纳。甚至连有反奴隶制倾向的辉格党人也对吞并一块被天主教徒和"劣等种族"占据的土地抱有疑虑。民主党人类似的担忧尤其能说明问题。《民主评论》曾高呼"天定命运"，此时它惊恐地指出，虽然美国拥有"巨大的自然财富"，但"（墨西哥）并入美国将是一场灾难"，因为这将增加500万"无知懒惰的、未完全开化的印第安人"，以及150万"自由黑人和黑白混血人，这是英国奴隶贸易的残余"。"我们不想要墨西哥的人民，无论是视其为公民还是附庸，"密歇根的刘易斯·卡斯告诉国会，"我们要的只是他们名义上拥有的一部分领土，那里通常没有人居住，或者即便有人居住，也只有很少的人，而且人口很快就会减少，或者认同我们。"

全墨西哥运动在墨西哥国内可能也有一些支持者。墨西哥精英阶层中的一些自由主义者认为，一旦墨西哥成为美国的被保护国，他们可能更容易实现自己的政治愿望。这是一个很好的例子，说明了当美国军队从几个方向逼近墨西哥时，激烈的派系斗争如何困扰着墨西哥政府。墨西哥人是否应该冒着军队被全歼，整个国家被占领的风险继续战斗？他们是否应该以长期游击战的方式逐渐消耗美国人的力量？他们是否应该邀请欧洲人出手干预，要么重组整个国家（也许建立一个君主国），要么进行调停？或者，他们是否应该寻求和谈？不过，一旦选择和谈，就意味着他们将不得不大幅改变他们的边界。

1847年9月，墨西哥政府逃离墨西哥城，逃到了北面约100英里的克雷塔罗，希望签订和平条约的温和派掌控了局势。首都的沦陷和再次担任总统的圣安纳的辞职，是温和派能够掌权的部分原因，但更重要的是下层的暴动。随着越来越多的墨西哥军队前去抵御入侵的美国人，民众趁机发起暴动。尤卡坦的玛雅人暴动被该州州长称为"野蛮的、灭绝性的战争"，令当地精英——他们同样有分离主义倾向——惊恐万分，他们要求美国出面干预（这一要求被拒绝了）。在普埃布拉、圣路易斯波托西和韦拉克鲁斯的瓦斯特克地区，农民在酝酿暴动。在塔毛利帕斯，庄园被烧毁，地方领袖被杀。自由派和保守派虽然在其他方面存在严重分歧，但对持续的社会动荡均忧心忡忡。到了1847年年底，随着新的温和派总统当选，他们决定与美国议和。

美国的军事和政治选择余地也越来越少。无论进一步的征服对一些扩张主义者来说多么诱人，美国也已经没有更多的军队和资金了。虽然波尔克在1846年夏设法获得了拨款（最后为300万美元），但到了第二年夏天，再次获得额外财政支持的可能性已经消失了。在1846年的国会选举中，辉格党以极小的优势控制了众议院。不过，更重要的或许是，辉格党的胜利体现了公众对战争的态度的转变。两党都对吞并格兰德河以南的墨西哥领土表示不安或彻底反对，这使进一步的军事行动变得没有意义。而对墨西哥领土的占领同样使美国不堪重负。在1847年12月给国会的年度报告中，波尔克承认"墨西哥人普遍对美国抱有敌意，并利用一切机会对我们的军队实施野蛮的暴行"。他们拿起武器，"开展游击战"。在韦拉克鲁斯和墨西哥城之间的走廊，以及北部地区，美军指挥官不得不派出大量士兵防备墨西哥的游击队，但收效甚微。越来越多的人开始对墨西哥的长期占领表示担心，转而希望和墨西哥谈判。

波尔克意识到，自己的回旋余地正在迅速缩小。事实上，上一年春天，他曾派遣特使尼古拉斯·特里斯特与斯科特一起寻求缔结和约。总统坚持要求割让上加利福尼亚和新墨西哥，并将格兰德河定为得克萨斯的西南边界。他还希望获得下加利福尼亚和渡过南部特万特佩克湾的过境权。作为交换，美国将支付1500万到2000万美元，并承担美国公民对墨西哥的个人索赔。特里斯特起初进展不大，当墨西哥城沦陷后，波尔克变得更加贪婪，而且对与斯科特——仍是波尔克的死对头——走得越来越近的特里斯特愈发不满。但随着温和派上台，特里斯特看到了机会，他无视华盛顿的召回令，开始谈判。1848年2月初，双方在伊达尔戈的瓜达卢佩镇签署了一份条约。随后，特里斯特将条约交给了波尔克。波尔克对特里斯特非常愤怒，但考虑到当时美国国内的政治分歧，他毫无办法。波克尔迅速与内阁讨论了该条约，并将其送交参议院批准。

《瓜达卢佩－伊达尔戈条约》——该条约后来被这么称呼——满足了波尔克提出的全部条件，使他得到了自己想要的大部分东西。墨西哥政府将上加利福尼亚（包括圣迭戈湾）、新墨西哥（希拉河以北），以及得克萨斯努埃西斯河和格兰德河之间有争议的土地割让给美国。美国政府同意向墨西哥支付1500万美元，承担美国公民的个人索赔，并将"以强力手段限制"印第安人"入侵"现在的美国领土；如果"无法阻止"，将给予"惩罚"（第11条），作为预防"野蛮部落"对墨西哥东北部造成损失的措施。美国还承诺禁止美国居民购买印第安人俘获的墨西哥人或其他外国人，并将营救"自己领土内"的俘虏（或任何其他"被盗财产"），"将他们送回本国，或交给墨西哥政府的代表"——具有讽刺意味的是，这是对各种形式的印第安人奴隶制的打击，与美国盛行的《逃亡奴隶法案》正好相反。没有任何一个受影响的原住民部落参与缔结和约。

更麻烦的是居住在新吞并领土上的大约10万墨西哥人的命运，其中就包括被墨西哥视为公民的印第安人。该条约允许他们留下或离开，但要求他们在条约批准后一年内选择"是保留墨西哥的公民身份和权利，还是获得美国的公民身份和权利"。不管怎样选择，他们的"自由和财产权都将得到保护，宗教自由也将得到保障"。不过，那些放弃墨西哥公民身份的人何时才能"根据宪法原则享受美国公民的全部权利"，还要由国会在"适当的时候"决定。换言之，无论措辞多么令人鼓舞，留下来的墨西哥人的身份必然是模糊的、不稳定的，因为美国政府实际上将新的西南边境地区的许多居民视为其忠诚心值得怀疑的逃犯、入侵者和非法越境者。

因此，这场战争可以说同时体现了美国帝国野心的回报和为此付出的代价。随着《瓜达卢佩－伊达尔戈条约》的缔结，美国的领土横跨北美大陆，美国如其大多数领导人一直追求的那样，在太平洋沿岸取得了强有力的、牢固的立足点，拥有众多优良港口，可以参与东亚和南亚蓬勃发展的贸易。美国牢牢控制了得克萨斯及其广阔的棉花田，边界也符合此前的要求。以新奥尔良为中心的密西西比河下游地区，正在成为一个不断扩张的帝国的中心，而这个帝国正在寻找征服南方其他地区的机会。

然而，帝国野心的代价也是显而易见的，没有人可以无视。一个想象中的帝国的经济、政治和文化前景足以吸引大多数美国人，但建立帝国的实际过程充斥着严重的对立和矛盾。仓促占领如此广阔的领土，挑动了那些希望建立更紧密的政治经济联系的人的经济敏感神经；为获得领土发动侵略战争，挑动了那些认为美国代表着一种与好战的欧洲截然相反的模式的人的外交敏感神经；奴隶制和奴隶主权势的扩张，挑动了那些坚持将"帝国"等同于"自由"的人的道德和政治敏感神经；允许不同种族的新人口加入美国，挑动了那些致力于建立一个"白人共和国"的人的种族和宪法敏感神经。新英格兰信仰一神论派（否认三位一体和基督神性）的超验主义者西奥多·帕克认为美墨战争是"卑鄙而邪恶的"，但这反而可能会使"整个大陆"被美国"通过一个拥有更加优越的思想和更好的文明的上等种族的稳步发展，通过商业、贸易和艺术，通过比墨西哥人更好、更聪明、更人性化、更自由、更有男性气概的治理模式""恰当地占有"。对于被施"恩"的对象来说，这似乎是一种小小的安慰。

但也有一些人付出了代价。随着时间的推移，他们被忘却了。美国士兵在外国的土地上进行掠夺、破坏、杀戮，不仅给墨西哥军民造成了严重的损失，而且他们自己也蒙受了巨大的人员伤亡。在美军中服役的人，无论是正规军还是志愿兵，有超过一成的人在不到两年的时间里死亡（绝大多数是病死），超过两成的人因各种原因致残。考虑到这场战争持续的时间很短，它可能是美国历史上最致命的战争，也为后来各种形式的帝国冒险主义者敲响了警钟。

黄金、全球主义与不祥之兆

纵观美属加利福尼亚的历史，时机往往就是一切。发生在1848年头几个星期的事就是最好的证明。正当在墨西哥城的尼古拉斯·特里斯特即将结束为《瓜达卢佩–伊达尔戈条约》的最终签订以及加利福尼亚正式并入美国而举行的令人疲惫的谈判时，在内华达山脚，距离美利坚河和萨克拉门托河交汇处不远的地方，发生了一件影响深远的事。1月下旬，约翰·萨特的一名雇员在萨克拉门托河谷为其修建锯木厂时发现了黄金。萨特是一名瑞士移民，后来成为墨西哥公民。他在萨克拉门托河谷获得了一大片土地，并一心想要建立自己的商业化农业帝国。

萨特极力阻止消息外泄，但收效甚微。3月，发现黄金的消息传到了旧金山。这个消息最初遭到怀疑，但一经证实，就开始在太平洋沿岸地区扩散。由于当时海上交通的发展，这个消息向南传到了墨西哥西海岸——不过还没有快到足以破坏条约的签署和批准——和南美洲，不出数月就传到了秘鲁和智利，并传到了夏威夷、澳大利亚和中国。头几个月，加利福尼亚发现金矿的消息还只在太平洋地区传播，因为按当时的海路（绕过合恩角）计算，旧金山到美国东海岸的距离（1.5万到1.6万海里[1]）是到悉尼或广州的两倍多，是到瓦尔帕莱索的近三倍，是到卡廖的四倍，是到阿卡普尔科和火奴鲁鲁的八倍左右。1848年还未结束，有关加利福尼亚发现金矿的报道已经传到了大西洋地区。波尔克总统在9月驳斥了相关报道后，在12月告诉国会："关于该地区发现金矿的消息听起来匪夷所思，如果不是去过矿区的联邦官员证实确有其事，几乎不会有人相信。"

发现金矿的消息不仅激起了全世界各地人们的想象，还立即引发了移民潮。"淘金热"这个词甚至都不足以形容当时的盛况。和预想的一样，第一批移民来自附近的旧金山。据观察家说，到了1848年5月底，旧金山几乎所有男性——男性占当地人口的绝大多数——都收拾好行囊，向东来到内华达山脚下。北边的俄勒冈、东边的大盆地和南边墨西哥索诺拉的移民很快加入他们的行列。随后是秘鲁人、智利人、夏威夷人、塔希提人、澳大利亚人和中国人。再接下来是来自东北部、中西部和西南部的美国人，包括英裔、爱尔兰裔、德裔和法裔。这股热潮很可能是美国历史上到那时为止最能体现文化多样性的事件，而且由于持续时间很短，它可能永远不会被超越。

淘金热期间的移民模式既显示了太平洋和大西洋世界日益完善

---

1 海里，法定计量单位中只用于计量航程的单位。1海里相当于1852米。——译者注

的交通和通信网络，也显示了经济全球化的影响。一些移民有采矿经验，如来自索诺拉、美国东北部和中西部，以及欧洲部分地区的移民。不过更多的人是因为发现自己身处家乡经济快速转型的旋涡中，为了逃离或更充分地接受这种转型而选择移民的，如来自智利中部、美国大部分地区和中国南方珠江三角洲的移民。有些人会和雇主签订契约或在胁迫下为船主和企业家工作，如一些来自智利、索诺拉和澳大利亚的移民。大多数人希望能够独立采矿，但事实上他们经常会将各自的资源集中起来，因为运输成本和前期花费通常非常高。但不管他们的出身或社会环境如何，淘金热期间的移民使加利福尼亚的非原住民人口和矿工人数在五年内增加了大约20倍。这些移民几乎都是男性。

最开始时，金矿靠近地表，黄金在被称为"砂矿"的矿床中，通过劳动密集型而非资本密集型的方法就可以开采。只要有镐头、铁锹、水桶、平底锅、淘金摇动槽和水闸就行，剩下的就是艰苦的劳动了。因此，砂金的开采对个人和小团体有利，他们通常还会雇用一些当地的印第安人（这些人熟悉这里，而且可能已经开采过一些金矿）。有能力开展大规模作业的奴隶主和劳工承包人虽然在寻求优势，但遇到了激烈的抵抗。美国人的抵抗尤其激烈。矿工迅速行动起来，以确保小生产者的地位。他们划分区域，并试图限制个人采矿的数量和规模。在某些地区，如尤巴河左岸，他们决定"奴隶或黑人不得拥有采矿权，甚至不得在矿区工作"，并采取他们认为恰当的方式执行这条规则，比如将违规者赶出矿区，吊死或残害无视警告的人。只有当砂矿开始枯竭，开采新的金矿需要重型设备时，小型采矿的合伙关系才开始向工业化的组织和金融模式转变。

淘金热发生在一个处于边缘的政治世界中。在这个世界里，墨西哥本就脆弱的权威正在瓦解，而美国的权威又尚未建立。因此，许多法律和规则是在当地创立的，就像尤巴河矿工的例子所示的那样。由于牵扯到利益，主张、行使和捍卫权利都需要经过激烈的斗争，而且往往是相互竞争的不同族群之间的斗争。但美国征服和吞并加利福尼亚，确实使美国矿工，尤其是英裔矿工占了上风。他们在政治和军事行动上都利用了这一点。他们为逼迫对手放弃竞争，发起了一系列准军事化行动，即所谓的"智利战争"和"法国革命"，并且"开始对有色人种淘金的砂矿采取激进的敌对行动"（用一名来自澳大利亚的英国移民的话说，他和一名中国人、一名马来西亚人一同抵达矿区）。他们认为"外来人口"是"入侵者"，"对土地没有任何权利"，并推选地方官员，靠其驱逐他们。不久之后，他们说服政府机构对"外国矿工"征税，并控制了至关重要的水权。

虽然英裔美国矿工很快就建立起了地方政治机构的雏形，并动用粗暴的司法手段来执行他们的命令，但淘金热引发的复杂问题和斗争事实上推动了加利福尼亚建立更加正式的组织。通常情况下，这意味着要建立联邦管辖下的准州政府，但当1849年春新任命的军政长官要求召开会议，由代表们决定是制定准州宪法还是州宪法的时候，人们明显更倾向于建立州政府。毕竟，淘金热吸引了大量移民，加利福尼亚的人口远远超过建州的门槛——根据《西北土地法令》的规定，自由成年男性公民达到6万人，即可申请作为新州加入联邦。同时，一个州政府可以建立一个符合英裔群体利益的政治经济权力体系。唯一的阻力来自代表南加利福尼亚的少数代表（一般是欧裔加利福尼亚人）。他们看到了不祥的征兆，做出最后努力，提议将加利福尼亚分为北方的州和南方的准州，但没有成功。

会议代表的构成不仅对北加利福尼亚有利，也对东北部和中西部的州有利，这两个地方的代表人数最多（其中10名代表来自纽约州）。因此，纽约和艾奥瓦的州宪法（三年前成功制定）的副本被四处传阅，加利福尼亚州宪法的大部分内容就是在这些州宪法的基础上制定的。但是，由于相当多的代表来自奴隶制仍然合法的州，而且他们本人通常也是奴隶主，因此人们预计将发生一场激烈的斗争。但事实上这样的情况并没有发生。一名来自纽约的爱尔兰裔代表威廉·香农的提案反映了许多砂矿矿工的想法。他提出："除非是为了惩罚犯罪，否则本州不应允许存在奴隶制和强制奴役。"值得注意的是，他的提案得到了威廉·格温的支持。格温是密西西比的奴隶主，不过他有很大的政治野心——他看中了加利福尼亚未来的参议员的席位——并且很早就参与金矿的开采。"在我们的矿区，一些最聪明、最受人尊敬的人从事着日常的劳动，"格温坦陈，"他们不希望看到一些富有的种植园主带来的奴隶与他们一同劳动，与他们竞争。"于是代表们一致通过了香农关于奴隶制的提案。

更大的争议是一名来自肯塔基的代表提出的禁止"引进受契约或其他条件约束的自由黑人"。这种提法不算新。19世纪加入联邦的大多数州，包括一些之前加入的州，不管奴隶制是否合法，都颁布了一系列"黑人法案"，要么限制非裔进入，要么要求以巨额担保金作为进入的条件。这样做的目的是排除那些被认为属于"低等种族"的成员和可以把奴隶变成契约奴工的奴隶主阶级——就像在东部一些地区发生的那样——并迅速垄断州资源。在两天的激烈辩论中，支持黑奴禁令的代表警告称，允许黑奴进入将使白人劳工及其社区的处境恶化（包括其他州会将过剩的奴隶输入加利福尼亚）。但他们并未达到目的，该提案被否决了。不过并不是出于崇高的道德标准考虑，而是担心该法案可能会影响其加入联邦的前景。因此，加利福尼亚宪法对奴隶主和奴隶均不友好，而且并未提及有色自由人的问题（不过它限制了包括欧裔加利福尼亚人在内的白人男性的投票权）。1849年10月中旬，制宪会议制定了宪法。11月中旬，选民批准了该宪法。随后，宪法被送到分歧严重的国会等待最终审议。

美墨战争尚未结束，国会已经开始考虑加利福尼亚未来的地位。墨西哥割让地未来的地位如何？生活在那里的人又将如何？最麻烦的是，奴隶主能否带着他们的奴隶移民到那里？大卫·威尔莫特的附文开了第一枪。虽然它在1846年以失败告终，但由此引发的关于奴隶制在不断扩张的西部的未来的辩论，将国会议员分成了不同的阵营。詹姆斯·K.波尔克在总统任期即将结束时希望加利福尼亚能够成立准州政府，而奴隶制问题或由准州居民决定，或将《密苏里妥协案》规定的北纬36度30分延伸到太平洋地区。波尔克所属的民主党的温和派成员斯蒂芬·道格拉斯为了更快地解决这个问题，提出把整个墨西哥割让地组成一个州，并允许它加入联邦，这样就完全回避了附文问题。该建议赢得了波尔克和其他一些温和派民主党人的支持，但同时也引起了像乔舒亚·吉丁斯这样支持一个"绝对的、无条件的、不妥协的附文"的反奴隶制的辉格党人和支持奴隶制的民主党人——卡尔霍恩派以及深南部和密西西比河流域激进的奴隶主利益集团——的愤怒，后者认为道格拉斯的做法虽然没有附文之名，但实质与其并无二致。在这个问题上，国会似乎陷入了僵局。

将墨西哥割让的大部分或全部领土并入一个州的想法，也引起了加利福尼亚制宪会议代表们的重视。虽然西班牙的传教站和要塞位于太平洋沿岸，大部分欧裔加利福尼亚人居住在那里和邻近的河谷地区，但墨属加利福尼亚还包括了从内华达山脉到大盆地再到落基山脉的广大地区。有人认为，将上述大部分地区划入单一的加利福尼亚州，不仅可以平息围绕着奴隶制扩张问题而展开的争论，还可以极大增加加利福尼亚和太平洋沿岸地区的利益。有人则希望加利福尼亚能够像得克萨斯一样，最终再被划分为几个州。支持该观点的威廉·格温说："就我而言，我希望在加利福尼亚看到六个面向太平洋的州。"

对于许多代表来说——就像曾经的斯蒂芬·道格拉斯一样——这是一个吸引人的想法。但绊脚石是位于想象中的大加利福尼亚境内的大盐湖谷地迅速增长的人口，这些人是耶稣基督后期圣徒教会的信徒，更为人所熟知的名字是摩门教徒，摩门是他们的一位先知的名字。摩门教移民为寻求只有极度与社会隔离才能获得的安全感，于1847年夏与他们的领袖杨百翰（又译布里根姆·扬）一起抵达了那里。1830年前后，佛蒙特出生的约瑟夫·史密斯在纽约西部的宗教热潮，即所谓的"第二次大觉醒运动"中成立了耶稣基督后期圣徒教会，宣扬即将到来的千禧年（基督再次降临）。他的信众多是出身相对卑微、流离失所的新英格兰人（主要是小农场主和工匠），这些人似乎同时追求强烈的精神性和父系权威。摩门教徒先迁移到俄亥俄，随后前往密苏里，接着又移至伊利诺伊，他们在密西西比河岸边建立了定居点。他们将宗教和公有制社会合二为一。作为一种劝诱改宗和有先知信仰的信徒，摩门教徒使成百上千人皈依。到了19世纪40年代，他们在伊利诺伊的定居点——他们称其为"诺伍"——人口过万，几乎与邻近的圣路易斯的人口相当。但由于麻烦不断，他们不得不继续迁移。

一方面，摩门教徒的经济独立和勤劳节俭使邻居对他们颇有好感。各地民主党人非常欢迎他们的到来，因为他们通常会投票给民主党。但另一方面，他们的传教热情、社区观念，史密斯明显的专制行为，以及关于他们有悖伦理的性习俗的传言（他们虽未公开支持，但显然在实践一夫多妻制），令外界不安。在密苏里，摩门教徒不堪忍受越来越严重的骚扰，成立了准军事组织加以反击，州长因此下令将他们"消灭或驱逐出州"。同样的一幕在伊利诺伊南部继续上演。1844年，史密斯和他的兄弟遭一名愤怒的暴徒杀害。当继承史密斯事业的杨百翰率领陷入困境的追随者走出沃萨奇山脉，瞥见贫瘠、偏僻，不太可能"被其他人觊觎"的"不毛之地"大盐湖谷地时，他认定"就是这个地方"。

到了1849年春，这里聚集了大约5000名移民，几个定居点的建设工作也在进行之中，摩门教徒组织了一个名为"德撒律州"（Deseret出自《摩门经》，意为蜂巢）的临时政府，管理着西至加利福尼亚南部的太平洋沿岸，东至落基山脉，南至新墨西哥，北至俄勒冈的广袤土地。他们还向国会申请以州的名义加入联邦。虽然只有少数摩门教徒前往金矿区，但德撒律州通过为越来越多经大盆地前去淘金的人提供补给品而繁荣起来。因此，加利福尼亚的许多矿工和一些代表接触过摩门教徒，亲眼看到了其位于大盐湖谷地附近规模庞大的著名社区。他们思考着如何将摩门教徒的德撒律州并入新成立的加利福尼亚而不至于引发大规模骚乱，但不仅毫无头绪，甚至怀疑这根本不可能实现。因此，代表们降低了期望，接受以内华达山脉为加利福尼亚的东部边界。这不会是摩门教徒最后一次影响外密西西比西部的组织和政策。

尽快批准加利福尼亚建州而不仅仅是准州的想法，本来可能会引发国会出现严重的对立，但这个方案意外地在白宫中赢得了一位支持者。征服墨西哥东北部的扎卡里·泰勒虽然没有参加进攻墨西哥城的战斗，但成功地利用自己的名气成为1848年辉格党总统候选人。而这正是波尔克所担心的。泰勒与辉格党候选人的传统形象相差很大。出生于弗吉尼亚的泰勒是詹姆斯·麦迪逊的亲戚，成年后基本都在美国军队中度过，参加过1812年战争、黑鹰战争、第二次塞米诺尔战争和美墨战争。他一度成为密西西比的杰斐逊·戴维斯的岳父——他的女儿在结婚三个月后去世了——在路易斯安那拥有一个大种植园和大量奴隶。尽管如此，他并不打算在西部建立一个奴隶制帝国，反而怀疑奴隶制能否在墨西哥割让地扩张。他认为如果国会能够尽快承认加利福尼亚，以及不久后的新墨西哥，联邦的"和谐与安宁"或许可以维系。在总统竞选期间，他为了使一个越来越难以管理的辉格党联盟能够维持下去，尽量避免触及此类议题；在11月的选举中，他以100万票的优势击败了民主党候选人刘易斯·卡斯，并于次年3月宣誓就职（顺便一提，新自由土地党的总统提名人马丁·范布伦获得了约10%的选票，位居第三）。上任后，泰勒立即派一名事务官前往加利福尼亚，鼓励当地"组建政府，由共和党人主导"。当事务官到达时，加利福尼亚的军政长官已经要求召开制宪会议。

当年12月，泰勒在对国会发表的年度讲话（后来被称为国情咨文）中，表示支持悬而未决的加利福尼亚建州方案，并说服一些议员支持他。但反对建州的势力更加强大，在两党反对建州的派系的牢骚声和威胁声中，次月的一系列法案讨论了若干具有争议性的议题，包括《逃亡奴隶法案》和逃亡奴隶权利问题、得克萨斯和新墨西哥的边界争端、墨西哥割让地（包括德撒律州）的组织问题，以及最为重要的奴隶制问题。由于泰勒坚持己见，他在辉格党内的竞争对手、来自肯塔基的亨利·克莱出面提出了一系列折中方案，最终形成了一揽子法案，旨在"友好解决和调解（因奴隶制引发的）现存所有争议问题"。克莱认为，他的提案满足了奴隶制争论各方的主要诉求。他们将依据加利福尼亚不久前提交的州宪法——该宪法禁止奴隶制——同意其建州，墨西哥割让地的其余部分，包括德撒律州归联邦所有，联邦不会"对奴隶制做任何限制或规定"，这意味着他们接受了最早由刘易斯·卡斯阐明的人民主权论（或称"蓄奴自决权论"）。他们还将禁止哥伦比亚特区的奴隶贸易，但并没有废除奴隶制。同时，他们确保州际奴隶贸易不受国会监督，并要求制定更严厉的逃奴法案，以抵消一些州通过的《人身自由法》的影响。在西南部的边界争端中，他们更加偏袒新墨西哥，但同时许诺替得克萨斯偿还所有未偿债务。

接下来的6个月，先是针对克莱的提案，后是针对一揽子法案展开辩论。美国人不仅听到了克莱、丹尼尔·韦伯斯特和约翰·C.卡尔霍恩的长篇大论，还看到了追求建立大陆帝国如何对美国的生存构成威胁。事实上，他们看到以要求"确定"奴隶制的未来为主旨的大陆主义削弱了帝国松散管理的吸引力。参与辩论的人，无论他们对上述议题的认识如何，都认为一个"得体"的社会正处在生死存亡的关头。自由土地党人警告说，允许奴隶制扩张到新领土将造成可怕的后果。他们坚称，奴隶制会阻碍"社区的发展和繁荣"，消磨"进取心"，加剧"贵族化倾向"，危及共和政府，并使劳工陷入"毫无价值和悲惨的"境地——这代表了非奴隶主的态度。

支持奴隶制向西扩张的人则认为，这是"一个关乎我们生死存亡的问题"，并反驳了反对者的"自由土地"的主张。他们指责说，如果将奴隶制限制在当前的范围内，"两个种族（将）陷入可怕的冲突，除了死亡，没有任何妥协的冲突……而政府将不再是整个联邦的政府，而会变成一台机器，加剧"敌对势力的利益对立。他们断言：奴隶制非但没有贬低白人劳动者，反而提升了白人劳动者的地位；奴隶制非但没有阻碍企业的发展，反而有助于企业的发展；奴隶制非但没有削弱共和国，反而加强了共和国；奴隶制非但没有加剧社会冲突，反而减少了社会冲突。"你们的立法将把我们从加利福尼亚和新墨西哥的领土赶走，这些领土是用全体人民的鲜血和财富换来的，"佐治亚的辉格党人罗伯特·图姆斯愤怒地说道，"我赞成脱离联邦。"即便真的如克莱保证过的那样，一揽子法案得到了足够的票数，但这些谩骂和威胁本身就足以引起人们的担忧。克莱的妥协案本来或许可以结束争端，就像过去的妥协案一样。但不幸的是，它似乎无法得到足够的票数，而为达成妥协所做的一切努力看起来注定要失败。

到了1850年仲夏，妥协案的前景突然变得光明起来。泰勒总统原本希望加利福尼亚和新墨西哥以州的身份加入联邦，对克莱的妥协案并不感兴趣（有人担心如果法案成功通过，他可能会否决该法案）。但他突然去世了，来自纽约州的副总统米德勒·菲尔莫尔接任总统之职，后者对克莱试图做的事情更感兴趣。同样重要的是，伊利诺伊的民主党人斯蒂芬·道格拉斯掌握了立法进程，并使之朝着不同的方向发展。他意识到折中方案无法获得多数票，但他相信，如果将整个方案拆成几个部分，就可以争取不同集团的支持，从而使每个部分都能获得多数票。道格拉斯为推动立法进程软硬兼施，到9月中旬，方案的每个部分都获得了参众两院的通过，并由渴望看到法案通过的菲尔莫尔签署。

危机得到化解。人们有理由认为，把立法作为奴隶制问题"最终解决方案"的做法可能是正确的。虽然道格拉斯使国会通过的一揽子法案并不是有实质意义的"妥协"，但它确实为新获得的墨西哥割让地可能出现的奴隶制扩张问题提供了一个解决方案，就像《密苏里妥协案》——以类似方式表决——对路易斯安那准州所做的那样。从此以后，再没有领土存在争议。

与此同时，黄金继续以惊人的数量从加利福尼亚矿区流出，并为美国和国际市场经济提供了巨大的动能。在1850年至1855年间，这些矿场平均每年向缺乏贵金属的环境投入了价值1.31亿美元的黄金（不过不同的学者估算的结果相差很大）。从加利福尼亚到智利的农田，从中国南方的村落到夏威夷的蔗糖种植园，从意大利的乡村到英国的账房，都能感受到这种影响。跨大西洋的新资本流动为美国的铁路建设注入了新的活力，特别是在东北部和中西部，并使得经济发展的动力发生了决定性的转变——从沿海转向内陆，从依赖出口转为依赖国内市场。沿海城市老牌商业精英渐渐没落，制造业、运输业和贸易业的新对手实力加强。最重要的是，加利福尼亚的黄金进一步刺激了那些一直抱着建立一个庞大的大陆帝国的野心的人的胃口。

第五章　边境战争

斯蒂芬·道格拉斯和帝国内陆

虽然斯蒂芬·道格拉斯为在分歧严重的国会推动后来所谓的《1850年妥协案》消耗了极大精力，但他在那几个月里还忙着推动另一个项目，这个项目更直接地体现了他对美国未来的构想。这就是计划经芝加哥连接墨西哥湾和五大湖的伊利诺伊中央铁路。道格拉斯在芝加哥有大量不动产投资，这有助于解释他对建造这条路的热情，不过伊利诺伊中央铁路的意义远不止于此。道格拉斯把铁路看作建立一个进步的、强大的国家的重要一环，密西西比河流域和芝加哥在其中占据特别重要的地位，而且美国将是一个"海洋共和国"，并将很快向南扩张到加勒比地区。与妥协案类似，修建伊利诺伊中央铁路的目的是最终形成一个庞大的、延伸到太平洋，甚至可能到巴拿马地峡的交通网络，这个网络将促进美国政治和经济的统一。"如果各位绅士希望联邦永存，"佐治亚的民主党人豪厄尔·科布在谈到道格拉斯的努力时说，"他们能做的最有用的事情莫过于通过一条连接全国各地的铁路，把西北部和遥远的南方连在一起。"9月，这些法案在一天内全部通过。

道格拉斯迅速成为政治新星中最耀眼的一个，这些政治新星认为帝国是维护联邦的最佳手段。为此，他们试图改变民主党。他们生于19世纪，在东部出生长大，不过大多数后来搬到了西部。他们与老一辈民主党人一样，支持个人独立、地方控制、州权和领土扩张，但对市场，特别是对政府在发展经济基础设施中的作用，与更普遍的观点一致。与许多辉格党人不同，他们对制造业或工业化没什么兴趣，主要关注农业和商业，将城市视为加工和配送中心。他们认为美国的政治制度是世界的榜样，一度对1848年的欧洲革命表示同情。他们的根基是19世纪40年代的青年美国运动，他们的反对者被称为"老家伙"。他们认为自己构想的帝国可以弥合奴隶制问题上日益严重的分歧。道格拉斯似乎体现了他们典型的性格特征和政治倾向。道格拉斯在佛蒙特和纽约州北部度过了青少年时代，随后搬到伊利诺伊。在那里，他成为巡回法官、民主党领袖，并接连担任众议员和参议员。他的妻子出自北卡罗来纳一个显赫的家族，该家族拥有大量土地和奴隶，其土地向西直至密西西比。19世纪50年代初，刚刚在国会取得胜利的道格拉斯把目光投向总统宝座。虽然他由于过于心急而未能在1852年获得党内提名，但他已然成为逐渐崛起的帝国派的代言人和战略家。

道格拉斯对以密西西比河流域为中心的不断扩张的农业-商业帝国的憧憬，激发了他对修筑一条通往太平洋的铁路，以及鼓励向外密西西比西部移民的兴趣。和提议修筑伊利诺伊中央铁路时一样，他认为政府必须在促进建设（通过向各州捐赠土地）和向耕种者提供廉价土地（他在1849年提出了这样的法案）两方面发挥重要作用。妨碍他的是一大片没有政府机构的联邦领地，这些领地最初是路易斯安那购地案中涉及的一部分，位于密苏里、艾奥瓦和明尼苏达准州以西，印第安人保留地以北。道格拉斯问道："面对宽达1500英里，充斥着敌视我们的野蛮人，切断了我们与太平洋沿岸之间所有联系的辽阔荒野，我们该如何开发、关心和保护我们在太平洋沿岸的巨大利益和财产？"他接着说道："如果乘着速度不及火车的交通工具旅行，不能以电的形式接收信息，那么没有人能跟得上这个时代的精神。因此，我们必须有从大西洋到太平洋的铁路和电报线。""实现所有这些目标的第一步，"道格拉斯主张，"是以准州政府的形式使美国的法律适用于这些地区。"

道格拉斯出任参议院准州委员会主席并非偶然。早在1844年还在众议院时，他就提出了成立内布拉斯加准州的议案（准州虽然采用了印第安名字，但拒绝承认印第安人的领土权利主张）。四年后，他在参议院再次提出该议案（其他人也提出了类似的议案，不过均未成功）。1853年12月，当代表艾奥瓦的参议员奥古斯都·C.道奇将法案提交给准州委员会时，道格拉斯已经看出了问题的症结：根据《密苏里妥协案》，提议设立的准州是路易斯安那购地案中禁止奴隶制的一部分，蓄奴州的代表因此拒绝设立这个准州。正如一名密苏里人所说："如果我们不能带着我们的财产去那里，那我觉得不如就让印第安人永远拥有它吧。比起废奴主义者，他们是更好的邻居，好得多。"道格拉斯希望既能推进法案又能讨好蓄奴州，于是主动出击，调整了道奇法案的内容，提议设立两个准州——南边的堪萨斯和北边的内布拉斯加——并明确废除了《密苏里妥协案》对奴隶制的限制。修订后的法案规定："在各准州和即将成立的新州中，所有与奴隶制有关的问题都将由居住在那里的人民决定。"

这条法案后来被称为"人民主权论",不过很难说它是道格拉斯的发明。密歇根的刘易斯·卡斯在1848年竞选总统(最后失败了)时接受并发展了这一政策(主要是为了应对威尔莫特附文和自由土地党的挑战),《1850年妥协案》将其作为组织新墨西哥准州和犹他准州的原则。道格拉斯一厢情愿地主张,《1850年妥协案》已经使《密苏里妥协案》的奴隶制禁令失去了意义。不过,道格拉斯确实使人民主权论具有了前所未有的政治意义,而且更重要的是,使其成为19世纪50年代民主党的核心信条。在道格拉斯看来,人民主权论符合宪法原则,反映了美国移民的民主意识,并使有争议的奴隶制问题不再受联邦政府管辖,从而使其摆脱了联邦权力的束缚。

道格拉斯并不支持奴隶制扩张,怀疑奴隶制在密西西比河以西地区的前景,怀疑那里的移民是否会欢迎奴隶制。他强烈反对某些人的指责,即他的法案将使被《密苏里妥协案》排除在外的地方"恢复和重建奴隶制"。但他确实认为宪法确立了"国会不得干涉各州和准州的奴隶制"的原则,不管是内布拉斯加还是有朝一日将属于美国的古巴。而且他构想的联邦和帝国将允许"地方制度和法律的多样性"的存在,而这又将反过来加强联邦和帝国。他关心的是白人的命运,而在他看来,这样的制度将保证白人的繁荣。道格拉斯后来宣称,一个同时包括蓄奴州和自由州的美国,在人口、领土、财富和权力方面的发展将是"地球上前所未有的",将使"文明世界感到恐惧和钦佩","堪萨斯和内布拉斯加成立准州政府是向伟大和人民主权又迈进了一步,是指引着我们前行的政治理念的一个实例"。

奴隶制帝国的军事之臂

斯蒂芬·道格拉斯是一名老练的政客，也是一位在政治上具有远见卓识的人。他十分清楚人民主权论将带来怎样的"民主"实践，尤其是当奴隶制受到威胁的时候。即便是在这个问题还没有引起广泛争议的时候，大吵大闹和准军事主义在竞选过程中已经司空见惯，政党印制的选票、左轮手枪、刀、长鞭、棍棒和酒精是全国许多地方投票站的标准配置。这些随时可能引发激烈冲突。

每个人都知道，最重要的战场将是堪萨斯。内布拉斯加在北方，对于奴隶制和农业来说不是一个好地方。相反，堪萨斯刚好在蓄奴州密苏里的西面，其东部地区似乎很适合种植主要作物。但这将是一场激烈的争夺。《堪萨斯－内布拉斯加法案》正式签署时（1854年5月），堪萨斯准州只有800名白人定居者，虽然当时尚不清楚人民主权论将带来怎样的结果——奴隶制何时将合法化或被废除——但不久后就必须选举出一个准州立法机构，并向国会派出一名准州代表。因此，尽快向堪萨斯移民以在准州选举中取得优势，就成了支持奴隶制和反对奴隶制的势力在该州竞争的核心。

授权立法后的几个月里，堪萨斯准州的人口迅速增加。到了1855年年初，人口增加了十倍。奴隶制的同情者起初获得了优势，佐治亚、南卡罗来纳、肯塔基、田纳西，甚至连遥远的亚拉巴马的居民都纷纷移民堪萨斯。不过，最主要的移民来源地还是相邻的密苏里，其中绝大多数是农民；他们拖家带口，也许还带着一两个奴隶。1854年夏，他们在索尔特溪谷（莱文沃思堡附近）做出的一系列决议，意味着他们决心捍卫奴隶制并赶走废奴主义者。但从许多方面来看，最重要和最危险的组织是由"自卫队"在密苏里动员起来的。自卫队是一个自警团，意图通过使奴隶制向西扩张来保护密苏里的奴隶制。他们向堪萨斯输送移民（通常被称为"边境暴徒"），但这些人并不打算在那里定居。相反，这些携带武器的男性移民只打算待一段时间，目的是使准州选举结果有利于奴隶制。

到了1855年3月举行准州立法机构选举时，"边疆暴徒"对潜在的选民产生了极大影响。虽然准州州长（民主党人）发表声明，规定只有已经在堪萨斯居住（"实际居住"）而且将要留下来的人才拥有选举权，但就在投票前几天，数百名密苏里人分成几组渡过了密苏里河。虽然准州的人口普查数据显示堪萨斯有2905名合格选民，但实际投票人数超过6000，而最终选出的立法机构支持奴隶制。当年夏天，就在准州州长召开州立法会议后不久，准州就颁布了一部宣布奴隶制合法的法典。"支持奴隶制的政党，堪萨斯准州热爱联邦的人们，只需要关注一个议题，也就是奴隶制的议题，"他们做出决议，"任何党派提出或试图提出任何其他议题，都是——而且应该被认为是——废奴主义者和分离主义者的盟友。"

为使奴隶制在堪萨斯准州合法而展开的准军事行动，可以被视为构建以密西西比河下游为基础的更大的奴隶制帝国的计划的一部分。那里的奴隶制度不久前才确立，奴隶主年轻，富有侵略性，而且新奥尔良一直是加勒比贸易、奴隶买卖和美国非法对外征伐活动的中心。19世纪30年代中期前去支持得克萨斯叛军的人和19世纪40年代中期前去参加美国在墨西哥的军事行动的人，大多以新奥尔良为中转站。虽然美墨战争在公众日益强烈的反对声中结束，但在

19世纪50年代，奴隶制扩张的势头再次加强。"我想要古巴，而且我知道我们迟早会得到它，"代表密西西比的参议员艾伯特·加勒廷·布朗大声疾呼，"我想要塔毛利帕斯、波托西和其他一两个墨西哥州。我想要它们的理由都是一样的——为了让奴隶制扎根并使其扩张。在中美洲获得立足点，将帮助我们取得其他国家。是的，为了奴隶制的扩张，我想要这些国家。"

从19世纪初开始，古巴就引起了形形色色的美国人的兴趣。到了19世纪50年代，美国与古巴的经济联系——对铁路、银行、企业和种植园的投资——已变得很重要，新英格兰的商人和企业家以及深南部的奴隶主都加入其中，使美国成为古巴的第二大贸易伙伴（仅次于西班牙），而古巴也成了美国最重要的贸易伙伴之一。康涅狄格的一名民主党人甚至将古巴称为"美洲地中海的直布罗陀"，并预测吞并古巴的主要受益者很可能是东北部各州。

经济繁荣使得古巴生机勃勃。18世纪末以前，古巴还不是一个种植园社会，而是西班牙在西半球其他地区的财产的中转站。古巴的大多数人是自由的欧洲人的后代，甘蔗产量相对有限。后来，英国在七年战争期间占领了哈瓦那，并促进了那里的经济自由化，这引起了西班牙王室的注意。18世纪90年代，当圣多曼格岛由奴隶起义发展而来的革命摧毁了那里的统治阶级后，古巴开始发展种植园，并引进了大量非洲奴隶。该岛很快成为世界上最重要的蔗糖产地，哈瓦那港成为西半球最大的贸易中心和城市之一。路易斯安那甘蔗种植园主对古巴垂涎已久，他们希望吸收古巴的竞争者。他们预期，吞并古巴后，美国在世界主要作物市场的地位将进一步提升，在加勒比地区的存在感将显著加强，南方的政治经济会更有活力。路易斯安那州州长在19世纪50年代设想："如果古巴被吞并，哈瓦那将迅速成为南方商品的主要转口港，几年后将成为纽约的竞争对手。由于地峡的存在，它将成为枢纽，所有墨西哥湾港口、许多南美港口、所有北美和南美太平洋港口，以及亚洲和东印度港口的贸易都将在这里汇集。"他还说，哈瓦那"将是一个南方的城市，一个奴隶制的城市"。

另一方面，恐惧同样刺激着吞并主义情绪。英国一直在为限制古巴的奴隶贸易——1817年签署了与此相关的条约——向西班牙政府施加压力。美国奴隶主担心，英国会试图以全面解放奴隶来换取政治上的让步，就像得克萨斯的情况一样。19世纪40年代初，支持废奴的大卫·特恩布尔被任命为英国驻哈瓦那领事。这似乎是一个信号，表明了英国的意图，并且引发了英国和西班牙之间将达成解放奴隶协议的传言。虽然被吞并后的古巴在美国联邦中的最终地位尚不清楚，是州、准州，还是其他什么，但吞并至少可以保证古巴不再受英国的影响，并防止美国周边再出现一个废奴的种植园社会。为此，身为奴隶主和扩张主义者的詹姆斯·K.波尔克总统，授权他的驻西班牙公使为该岛开出了高达1亿美元的报价——西班牙人认为没有任何理由接受这一提议。

在整个19世纪50年代，购买古巴始终是民主党政府——弗兰克林·皮尔斯和詹姆斯·布坎南——的目标。来自新罕布什尔的皮尔斯在1853年的就职演说中宣布："本届政府的政策绝不会被扩张会带来恶果的胆怯预言所左右……从作为一个国家所应采取的态度和我们在全球的地位来看，我们将不得不获得某些尚不在我们管辖范围内但对保护我们至关重要的领土。"皮尔斯的内阁和外交使团中充斥着来自全国各地的公认的扩张主义者，包括密西西比的杰斐逊·戴维斯，马萨诸塞的凯莱布·库欣，宾夕法尼亚的詹姆斯·布坎南，路易斯安那的皮埃尔·苏莱，以及纽约的约翰·L.奥沙利文、奥古斯特·贝尔蒙特和威廉·马西。皮尔斯要求国会拨款1000万美元，以争取从西班牙购买古巴（国会拒绝了），然后又和他的国务卿一起在比利时的奥斯坦德和普鲁士的亚琛与他的欧洲公使会面，以制定一项战略。1854年秋，他签署了所谓的《奥斯坦德宣言》。该宣言援引了一个"非洲化"的古巴的潜在危险与"自我保护"的原则，主张"古巴对北美共和政体的重要性不亚于现在的任何一个国家"，而且事实上是在威胁西班牙——如果它拒绝放弃该岛，那么战争将一触即发。宣言本来是一份秘密文件，但还是被泄露了出去，并引发了巨大争议，皮尔斯的企图因此受挫。不过即便如此，吞并古巴仍然是民主党政策的核心，签署了该宣言的詹姆斯·布坎南在1856年赢得了总统选举，并主张美国将"确保在墨西哥湾地区的优势地位"。

事实上，与获取古巴有关的大部分活动不是通过正式选举进行的，也不是由被任命的官员发起的，而是由私人武装力量承担的。这些人被称为"非法对外征伐者"（filibuster，来自法语的flibustier和西班牙语的filibustreo，指战争掠夺者和海盗），他们的目的是通过武装入侵"解放"该岛。非法对外征伐的历史与美国联邦的历史一样长，而且总是与官方权力和领土野心有着复杂的关系。非法对外征伐反映了联邦权力的分散性和常备军的相对弱势，非法对外征伐者将目光投向佛罗里达、路易斯安那、加拿大、得克萨斯、墨西哥和古巴，参与者常常包括知名政治、军事人物。其中一些人认为自己的行动得到了联邦高层的支持，大多数人希望通过做政府不能或不愿做的事来影响美国的政策。国会非常担心非法对外征伐在国际上产生不良影响，因此颁布了一系列中立法令，后来又在1818年通过了《中立法案》。根据宪法对惩罚"违反国际公法"行为的授权（第1条第8款），《中立法案》规定，对在美国管辖范围内"对与美国和平相处的外国和外国君主的领土、属地，或殖民地，或行政区，或人民……发动或策划发动军事远征"的人处以监禁和罚款。

虽然有《中立法案》，但在美墨战争和《1850年妥协案》通过后的几年里，非法对外征伐活动仍旧取得了丰硕成果。非法对外征伐者对古巴很感兴趣，尤其是奴隶主阶级，他们对加利福尼亚作为非蓄奴州加入联邦感到不满。深南部富有的种植园主和他们在新奥尔良的商业盟友为非法对外征伐者在古巴的行动提供资金，而那些在美墨战争后难以回归正常生活的退伍军人非常乐意加入突击部队。在这十年间，每年都有人入侵或策划入侵古巴或加勒比海的其他地区。正如一个得克萨斯人所说，占领古巴是"这个时代最重要的事业"。约翰·A.奎特曼是其中的主要组织者之一。

奎特曼于1798年出生在纽约州，最终搬到了密西西比的纳奇兹，在那里从事法律工作，娶了一名出身种植园家庭的女性为妻，并积极参与州政。到了19世纪30年代中期，他拥有一个大型种植园和100多名奴隶（后来他在路易斯安那和得克萨斯也拥有大量财产），还担任过一任州长。奎特曼是约翰·C.卡尔霍恩和"拒绝承认或执行联邦法令"运动的坚定支持者，很早就开始支持分离主义。他认为向南方扩张是维护奴隶制社会和州权的重要手段，不过他不希望动用正规军或发动侵略。他参加了19世纪30年代的得克萨斯叛乱，后来在对墨西哥的战争中应征入伍，在扎卡里·泰勒和温菲尔德·斯科特手下指挥一个旅，并担任被占领的墨西哥城的临时军政长官。

19世纪40年代末50年代初，奎特曼通过总部设在纽约市和新奥尔良的古巴流亡社区及其领导人——委内瑞拉出生的纳西索·洛佩斯，参与了对古巴的非法征伐活动。他希望发动入侵并吸引同情者。不过，奎特曼拒绝直接参加军事行动——与罗伯特·李见杰弗逊·戴维斯时的反应一样——主要是因为他当时是密西西比州州长。但他确实提供了财政支持和战略建议。因此，当一支由600人组成的非法对外征伐队于1850年进攻哈瓦那东面的沿海城市卡德纳斯失败后不得不返回美国时，他与洛佩斯一起被新奥尔良的联邦大陪审团以违反《中立法案》的罪名起诉。在随后的审判中，陪审团拒绝给他们定罪，洛佩斯和奎特曼仍然可以继续他们的活动。一年后，洛佩斯又率领一支由400人组成的远征队出征。这支远征队本来计划与中东部太子港（现为卡马圭）的反抗西班牙统治的民众会合，但等待他们的是西班牙政府军，包括洛佩斯在内的许多人或战死或被处决。

卸任密西西比州州长的奎特曼，填补了洛佩斯死后留下的领导真空。他吸引了大量支持者。除了幸存的洛佩斯的手下，他还招募了许多有名的得克萨斯人，以及亚拉巴马州州长、几名密西西比的种植园主和州议员、佐治亚的亚历山大·H.斯蒂芬斯、多名深南部的报人，还有路易斯安那的朱达·P.本杰明和密西西比的艾伯特·加勒廷·布朗等美国参议员。他还与约翰·L.奥沙利文和纽约的劳工领袖迈克·沃尔什合作，他们都支持他的古巴计划。事实上，政府内部人士认为，虽然皮尔斯在公开场合明确反对非法对外征伐，但他可能会睁一只眼闭一只眼。无论如何，参议院的本杰明和布朗，以及路易斯安那的另一名参议员约翰·斯莱德尔，都试图废除《中立法案》，这实际上相当于给奎特曼的活动大开绿灯。

虽然密西西比河下游和深南部的一些政客声称，奴隶制在古巴等加勒比地区的前景比堪萨斯好得多，就像《新奥尔良每日花絮报》所评论的那样，人民主权论为古巴"被安全地纳入南方各州"提供了方便，但《堪萨斯-内布拉斯加法案》实际上打乱了奎特曼于1855年年初发起的远征古巴的计划。辉格党人和非蓄奴州的一些民主党人变得更加愤怒。"从波士顿到芝加哥一路都有人在烧我的像。"斯蒂芬·道格拉斯对1854年夏末的反弹直言不讳。因此，皮尔斯无法继续对非法对外征伐坐视不管，奎特曼在参议院的朋友们也无法得到足以废除《中立法案》的票数。联邦官员开始用法律手段威胁奎特曼和他的同伙，总统亲自劝阻密西西比人不要尝试入侵古巴，并保证奴隶制在古巴内部得到了很好的保护。由于局势明显对自己不利，奎特曼转而选择在国会继续自己的政治活动，不过在那里他仍然是非法对外征伐的坚定支持者。

古巴并不是美国非法对外征伐者和奴隶制帝国主义者的唯一目标。不时能够得到得克萨斯游骑兵帮助的得克萨斯奴隶主，对墨西哥北部发动了一系列袭击——奴隶外逃和美国未能与墨西哥当局达成引渡协议也是发动袭击的重要原因。"必须为保护本州的奴隶财产做些什么，"游骑兵队长和被称为"浪子"的非法对外征伐者约翰·福特声称，"奴隶制的边界在收缩，只有上帝才知道要收缩到何时、何地。"他们甚至一度支持特哈诺的叛徒何塞·卡瓦哈尔，后者希望在塔毛利帕斯成立独立的谢拉马德雷共和国，并允许美国人带走逃亡奴隶。成立于肯塔基，主要在得克萨斯活动的金环骑士团，拥有更大的野心。他们将墨西哥视为一个正在不断扩张的奴隶制帝国的重要组成部分——这个帝国将囊括古巴，中美洲、南美洲的部分地区和西印度群岛的大部分地区——未来可能有25个新的蓄奴州加入联邦。其他一些人，如达夫·格林、约翰·斯莱德尔、皮埃尔·苏莱和朱达·本杰明等，则设想建立一个庞大的交通网络，通过墨西哥将华盛顿特区与美国的太平洋地区连接起来。当皮尔斯总统在1853年的"加兹登购地案"中获得了希拉河以南近5万平方英里的土地，使得修建一条通向西部的铁路线成为可能时，他们可以说自己实现了一个小目标。约翰·奎特曼在众议院宣称，墨西哥只是一个等待强权征服的"弃儿"。

并不是所有非法对外征伐者都认为自己是一个扩张中的奴隶制帝国的先头部队或为奴隶主利益服务的使者。许多人是为寻求财富、权力、冒险机会，或者是为了使自己珍视的政治制度向周边扩张，这套政治制度产生自一个几乎没有什么限制并且轻视领土边界的政治文化体。19世纪50年代，还有一些人，或者是因为在加利福尼亚的金矿区破产了，或者是因为在密西西比河下游地区失败了，或者是为了逃离欧洲大陆失败的革命，或者是在从东北部一直到墨西哥湾沿岸的城市里运气不佳（很可能是新移民），他们在美国的新西南部特别活跃，多次入侵索诺拉和下加利福尼亚（通往墨西哥银矿的门户），并策划了各种冒险活动。莫比尔、新奥尔良、得克萨斯南部和旧金山常常被他们当作中转站，他们在深南部的任何地方都可能受到招待——或许还能募集到资金。因此，无论无心还是有意，这些非法对外征伐者都与奴隶制问题联系在一起，而且如果有必要，他们会充分利用这一点。

威廉·沃克是这些人的代表。他是这群人中最强大、最成功的一个。沃克1824年出生在田纳西，后来在宾夕法尼亚大学学习医学，短暂游历欧洲之后去了新奥尔良，在那里从事法律工作并编辑了一份报纸《新奥尔良新月报》。由于妻子死于霍乱，以及旧金山发现了金矿，他于1849年离开新奥尔良，前往旧金山。在那里，他继续从事法律工作，同时编辑报纸，并积极参与民主党的政治活动。他还参与了几次决斗，这可能解释了他为什么从1853年开始被非法对外征伐吸引（不过他的动机仍然是个谜）。墨西哥政府拒绝了他在索诺拉建立定居点的请求后，沃克便带着大约45个人出发去实现自己的构想。他首先进入墨西哥下加利福尼亚州南端的拉巴斯，宣布该地独立，他本人担任独立后的共和国的总统。随后，他前往索诺拉，在那里遭遇惨败，不得不撤回美国。当他回到旧金山后，联邦官员以违反《中立法案》的罪名对他进行了审判，但就像约翰·奎特曼和其他许多非法对外征伐者一样，陪审团拒绝给他定罪。最重要的是，沃克已经拥有了国际知名度。

沃克的名字在尼加拉瓜的自由派精英当中广为人知。与墨西哥的自由派一样，他们自1821年从西班牙独立后就一直在与保守派做斗争。到了19世纪40年代，农民，尤其是太平洋地区的农民，也加入了这场斗争，他们试图抵制尼加拉瓜中央政府对他们的生存权和社区权利的蚕食。自由主义者希望加强自身的力量，并想象着沃克作为一个与他们拥有共同愿望的美国人会帮助自己，于是派代表到旧金山雇用沃克。沃克一度似乎使他们梦想成真。1855年6月，沃克带着近60名非法对外征伐者驾船驶入位于太平洋沿岸的雷亚莱霍港，很快就击败了保守派，解散了尼加拉瓜军队，事实上控制了这个国家。不过，他最初更倾向于设置一个傀儡政权进行统治。沃克通过废除征兵制赢得了大批民众的支持。在农村地区，农民希望他能废除前几届政府实施的破坏性政策。自由派向沃克的追随者提供了经济奖励，鼓励他们定居，并认为他们可能会帮助尼加拉瓜走上美国式的发展道路。许多保守派也开始认为沃克是一个能够维持秩序的人，并与当地的军阀一起劝他担任总统。沃克本人赢得了两名美国企业家查尔斯·摩根和科尼利厄斯·加里森的支持，他们正与科尼利厄斯·范德比尔特争夺从加勒比海到太平洋的尼加拉瓜中转运输线的控制权，这样就能够得到通往加利福尼亚的重要交通线。

沃克在尼加拉瓜的好日子并不长。1856年夏，沃克操纵选举登上总统宝座，并迅速采取行动压制反对派精英，以巩固自己的权力。他开始没收不动产，将其重新分配给非法对外征伐者，并在9月恢复了奴隶制（前西班牙属地中仅此一例）。他声称这样做是为了解决种植主要作物的劳动力短缺问题，以促进农业发展。新的种植园主阶级将是他的美国追随者和未来的美国移民，这些人管理着非裔奴隶和签订了契约的原住民。虽然没有什么迹象表明他有意加入美国或与美国达成某种正式的政治安排，但人们有充分的理由相信，他希望赢得奴隶主及其民主党盟友的支持。而事实上，美国国内对沃克的热情逐渐高涨。皮尔斯政府曾短暂同意接待沃克的外交部长，1856年的民主党全国大会宣布支持他的活动，并且美国的扩张主义者在新奥尔良和深南部为沃克政权筹集资金。

然而，在尼加拉瓜，沃克的统治基础迅速瓦解。沃克对尼加拉瓜精英阶层的攻击使自由派和保守派前所未有地团结起来，并与危地马拉、萨尔瓦多、哥斯达黎加和洪都拉斯结成军事同盟。他们共同发动了反对沃克政权的"民族战争"，开始收复国家。虽然中美洲人未能动员农民，但沃克的新劳动计划使其丧失了大部分民意支持，他变得越来越孤立。决定性的一击可能来自科尼利厄斯·范德比尔特，他对沃克与他的竞争对手摩根和加里森的联盟感到愤怒，于是开始向沃克的敌人输送资金和武器。1857年5月，沃克和他的手下被迫投降，随后莫名其妙地被允许离开尼加拉瓜。

沃克逃过一劫，这释放了错误信号。沃克回到美国后大受欢迎，尤其受蓄奴州的民主党人的欢迎。他立即着手组织一支远征队重返尼加拉瓜。他在深南部有大批拥趸，并努力培植自己的势力，因此遭到倾向于共和党的报纸《纽约时报》的指责，后者称他正在为"一个南方奴隶制帝国……奠定根基"。不管终极目标到底是什么，沃克都决心夺回权力。两次尝试失败后，他于1860年春出发前往洪都拉斯，打算取道攻入尼加拉瓜。但这一次，他寡不敌众。无计可施的他向英国海军的一名军官投降，希望能够再次侥幸逃脱。但这次运气不再眷顾他。英国人把他交给了洪都拉斯人，洪都拉斯人没有犯和尼加拉瓜人一样的错误。他们立即采取行动，命行刑队将他枪毙。

废奴事业的政治进展

支持奴隶制的势力通过公正或不公正的手段，率先在堪萨斯准州的移民和政治上建立了优势，但他们很快受到了挑战。可以肯定的是，无论原先生活在什么地方，大多数堪萨斯移民最关心的还是土地和农业，或许还有商业和投机机会。除了密苏里，许多人来自伊利诺伊、印第安纳、俄亥俄、艾奥瓦和肯塔基，他们更关心这里的经济前景而非奴隶制的命运。即使是由伊莱·塞耶组织并由马萨诸塞州立法机构特许成立的新英格兰移民援助公司，最初成立的目的也是帮助未来的定居者从事商业活动，并向他们提供武器——这与不久后爆发的土地争端有关。

但就像支持奴隶制的人一样，那些担心奴隶制进一步向外密西西比西部扩张的人同样意识到了其中的利害关系，并下定决心不让奴隶主控制堪萨斯准州。"那就来吧，蓄奴州的先生们，"《堪萨斯-内布拉斯加法案》通过后，纽约的辉格党参议员威廉·苏厄德挑衅地说道，"既然无法逃避你们的挑战，我就以自由之名接受。我们将为堪萨斯的处女地展开竞争，上帝会将胜利赐予人数更多的一方，这将证明他们是正确的。"密苏里"边疆暴徒"的涌入和腐败的选举，导致支持奴隶制的准州立法机构上台，这使人们清楚地认识到，上帝很可能会把胜利赐给人数占上风而非"正确"的一方。废奴主义者号召全国各地反对奴隶制的选民和堪萨斯内部人数日益增多的自由州派积极响应。1855年8月，自由州派聚集在劳伦斯镇（以马萨诸塞棉花商人阿莫斯·劳伦斯的名字命名，他从泰尔手中接过新英格兰移民援助公司的管理权），并决心采取行动。他们谴责支持奴隶制的立法机构是非法机构，并决定召开制宪会议，以公开表达自己的主张，并寻求以州的身份加入联邦。

几个月内，自由州派成立了自由州党，撰写并颁布了一部州宪法，该宪法宣布奴隶制非法（但在一次单独投票中却将自由有色人排除在准州之外），并在堪萨斯西部城镇托皮卡建立了一个由他们选择的人组成的政府。该镇在支持奴隶制的立法机构召开会议的勒孔普顿（在此之前，立法机构在波尼人和肖尼人传教站召开过会议）的上游（堪萨斯河），两地相隔只有几英里远。这是一个大胆而冒险的举动，皮尔斯总统称勒孔普顿的立法机构虽然有"违规行为"，却是"合法的"，而托皮卡政府则是"革命的"，而且可能是"叛国的"。事实上，皮尔斯利用军事力量来威胁自由州运动，并要求国会拨款镇压他们。就这样，1856年仅仅过了几个月，堪萨斯便同时出现了两个政府，每个政府都在寻求获得联邦政府的承认，每个政府都把对方视为奉行激进主义的冒牌货。这是人民主权论在实践过程中一个令人不安的案例。

堪萨斯不断发展的危机，生动地说明了美国关于奴隶制未来的斗争如何越来越紧密地与政治生活结合在了一起。19世纪30年代后期到40年代前期，不满足于加里森的道德劝说和立法请愿策略的废奴主义者，开始寻求在正式政治舞台上推进他们的事业。他们拒绝接受加里森的观点，即宪法是与奴隶制的契约，联邦政府和选举程序不得不受其影响。相反，他们认为联邦权力可以不被用来攻击个别州存在的奴隶制（他们承认宪法保护奴隶制），而是用来废除联邦拥有管辖权的地区的奴隶制，并消除其存在的基础。他们认为，国会可以从哥伦比亚特区、佛罗里达（在1845年成为州之前）等地，以及使用奴隶劳工的联邦要塞、军火库、海军船坞和海军舰艇开始，着手废除奴隶制。它可以插手州际奴隶贸易，可以废除或削弱《逃亡奴隶法案》。它当然也可以拒绝接纳新的蓄奴州，自从围绕着密苏里展开的斗争爆发以来，反对奴隶制的国会议员一直在试图这样做。1840年，这些政治废奴主义者组织了自由党，开始竞选包括总统在内的公职。

　　自由党一般被认为只是从19世纪30年代的立即实现主义到19世纪50年代的大规模反奴隶制政治的一个短暂的过渡。虽然自由党人在1844年通过投票使辉格党领袖亨利·克莱在总统大选中意外败选，但总的来说，他们的选票很少，而且该党教育选民了解奴隶制的罪恶和争取政治支持的手法并没有什么新鲜之处。但更重要的是，自由党的领导人和理论家，包括加梅利尔·贝利、托马斯·莫里斯、萨蒙·P.蔡斯和乔舒亚·莱维特，开始制订一项政治计划，旨在从地理上遏制奴隶制的扩张，并在奴隶制仍然合法的地方使其失去活力。他们建议采取与加里森相左的方式，将宪法解释为反奴隶制的文书，而自由是联邦的制度，奴隶制只是地方制度。他们的观点——土地改革家乔治·亨利·埃文斯已经预料到其中一部分主张将被人提出——可以在大卫·威尔莫特的附文和1848年由反对奴隶制的民主党人和"良心"辉格党人创立的自由土地党中得到体现。后者缺乏自由派的道德热情，但接受了他们拒绝奴隶制扩张的策略。伴随着"自由的土地、自由的言论、自由的劳动、自由的人"的口号，自由土地党人就像自由党的支持者一样，要求联邦政府"在政府拥有宪法权力的地方，不再允许奴隶制存在"，并严格禁止"奴隶制扩张"。不久之后，奴隶制"不再扩张"，而是以财产制度为中心划定更明确、更严格的边界，将成为取代民主主权的另一个有力的选项。

　　与自由党不同，自由土地党人的政治影响力更强。1848年，他们派出超过15名的候选人，其中包括2名参议员候选人，参加国会选举。他们的总统候选人马丁·范布伦，吸引了超过25万张大众选票（但没有获得选举人票）。虽然《1850年妥协案》使他们遭受了挫折，但自由土地的概念在新英格兰、中大西洋和中西部地区赢得了支持，尤其是辉格党人，蓄奴州的选民坚定维护人民主权论和强硬的《逃亡奴隶法案》的态度令其感到震惊。奴隶制问题对辉格党的影响远超民主党，前者内部发生了分裂。当蓄奴州辉格党人投票支持《堪萨斯–内布拉斯加法案》时，该党瓦解了，随之而来的是19世纪二三十年代出现的所谓"第二政党体制"。

民主之门

在《堪萨斯–内布拉斯加法案》成为法律之前，"反内布拉斯加"的动员就已经开始了，参加者为不满该法案的反对奴隶制的辉格党人和自由州的民主党人，范围从新英格兰一直到中西部的北部。在威斯康星的里彭，他们甚至威胁要组织一个新的共和党来取代辉格党和自由土地党。然而，随着辉格党瓦解，以及第二政党体制濒临崩溃，另一股政治力量似乎更有条件填补政治真空，打造反民主党的形象。它虽然吸引了担心奴隶制扩张的前辉格党人，但是真正促进其快速发展的是对另一种类型的越界行为的关注。这股力量形成的根源是根深蒂固的反天主教传统。它的出现不仅反映了不断扩大的城市工人阶级对政治民主的疑虑，而且具有强烈的本土主义色彩。

自15世纪末以来，在大西洋世界，大量人口向西和西北方向迁移。在美国革命前的175年时间里，大约有785 000名移民前往北美，其中约四分之三的人不是以完全自由的身份来到这里的。一些人是非洲人或非裔奴隶，另一些人是来自英国和欧洲大陆，主要是德国部分地区的契约劳工。后来，在19世纪头十年，非洲奴隶贸易正式终结，再加上拿破仑战争的爆发，移民潮变为涓涓细流。到了19世纪第二个十年中期恢复和平之后，移民潮才开始重新涌动，但这次的性质与以往截然不同。虽然奴隶贩子继续向美国偷运少量奴隶，但除此之外，其他的移民都是合法的自由人。在多数情况下，他们因为人口过剩和市场强化而不得不背井离乡。他们或是被赶出土地，或是因为不断上涨的租金、土地被划分为小块出租以及某种形式的圈地而陷入贫困。他们与世界各地因商业化农业生产的趋势而流离失所的农民一起，来这里寻找新的生存空间。有些人，包括南亚人和东亚人，签订了在西印度群岛的甘蔗种植园工作的合同，追随着新的世界帝国的扩张轨迹。另一些人则坐上便宜的三等舱，到南边的巴西和阿根廷或北边的加拿大和美国寻找更好的机会。

19世纪二三十年代，美国移民数量稳步增长，从每年约1万人增加到近10万人。许多移民是爱尔兰人。早期的爱尔兰移民多是来自北方的新教徒或拥有技术和资源的天主教徒，但到了19世纪30年代中期，大多数是来自南方和西部农村的贫穷的天主教徒，充其量只能算是非技术工人。与此同时，德国移民的人数也不少，而且天主教徒越来越多。德国移民通常会去中西部的城市（辛辛那提、密尔沃基、芝加哥）和农村，而爱尔兰移民则倾向于前往港口城市充当劳动力，范围从波士顿、纽约、费城、巴尔的摩，一直到南方和西部的查尔斯顿、萨凡纳、莫比尔和新奥尔良。爱尔兰移民在码头、港口、建筑工地和街头从事繁重的体力工作，当需要开凿运河、铺设铁轨或收割农作物时，他们就会涌向内地。早在19世纪30年代，他们已经开始攻击自由的黑人工人，支持反废奴主义者的活动。到了19世纪40年代初，美国新教协会和美国共和党作为本土主义组织，开始浮出水面，恶性的排外主义骚乱在费城的肯辛顿区和萨瑟克区爆发。

到了19世纪40年代末50年代初，移民大量涌入美国，规模空前。1845年至1854年间，近300万欧洲人来到美国，每年20万至45万不等，约占19世纪40年代中期美国总人口的15%。其中半数左右来自爱尔兰，主要是因为爱尔兰出现了大饥荒。当时，晚疫病菌导致爱尔兰马铃薯（爱尔兰农民的主食）歉收，最终100万人因此失去了生命。由于大饥荒和移民，爱尔兰的人口可能减少了20%以上，而且导致了长期的人口下降，下降的趋势持续了一个多世纪。大部分离开的人都是贫穷的农村居民，信仰天主教，几乎没有存款，也没有什么其他的财产。可能多达三分之一的人只会讲盖尔语。

不管在什么情况下，这种短时间内人口大量流入的影响都是显著的，而且它进一步加剧了社会的紧张、焦虑和冲突。19世纪40年代初的种族冲突令城市居民记忆犹新，除此之外，还有围绕着学校经费、阅读圣经、天主教会财产和禁酒运动展开的新的地方性冲突，所有这些都激起了反天主教的情绪。然而，对于土生土长的新教观察家来说，最令人不安的是政治和政治权力的问题。由于投票的要求很宽松，无须登记，在许多地方只要宣布自己打算入籍就可以了，因此许多新移民，特别是爱尔兰天主教徒，很快与民主党结盟。对他们来说，这样做是有意义的，因为民主党既不是福音派，也不愿意在学校教育、饮酒、工作场所的行为举止和娱乐方式等问题上发动文化战争。他们愿意为爱尔兰移民提供工作和保护以换取选票，而且似乎同情爱尔兰劳工与雇主和黑人竞争对手之间的斗争。民主党借此在许多大城市夺得了权力，而且常常能够主导联邦政府的行政和立法部门。

因此，从最初一个名为"星条旗社"的秘密兄弟会组织发展起来的一无所知党——这个名称的来源并不完全清楚——希望打击他们认为的日益强大的天主教移民及其政治赞助人。然而，虽然当时弥漫着种族对立的氛围，但《堪萨斯-内布拉斯加法案》的通过和辉格党的垮台，才使原本默默无闻的一无所知党——正式名称为美国人党——在全国范围内获得了政治影响力。一无所知党最主要的支持者来自爱尔兰移民影响力最大的东北部城市，倾向于吸引以前站在辉格党一边的新兴资产阶级和小资产阶级，包括商人、小生产者、职员和技术工人。这些人在19世纪40年代和50年代初长大成人，并因奴隶主再次表现出的侵略性以及他们所认为的支配着城市生活的政治"腐败"而感到不安。

一无所知党并没有要求限制移民入境，而是试图限制移民发挥政治影响力。他们提议将入籍年限从5年延长到21年，要求规定只有在美国出生的人才能担任公职，并主张文盲不得行使选举权。早在1854年的秋季选举中，一无所知党就横扫了新英格兰地区，在宾夕法尼亚和印第安纳表现出色，而且完全控制了马萨诸塞州政府。快速崛起的一无所知党似乎将取代辉格党，成为民主党在国家政治舞台上的主要竞争对手。

虽然一无所知党为不满《堪萨斯-内布拉斯加法案》的辉格党人提供了一个政治归宿，但天主教移民对奴隶主的明显同情显然限制了该党的发展前景。反对奴隶制、提倡禁酒、反天主教的立场，确实使一无所知党对东北部和中西部部分地区的农村选民，尤其是福音教徒，极具吸引力。但这些不仅无法吸引蓄奴州的辉格党人，反而使他们对一无所知党抱着相当大的敌意。然而，一无所知党的崛起也提醒我们，随着早期工业化的影响逐渐显现以及城市工人阶级的重塑，19世纪二三十年代的民主冲动正遭到越来越强烈的抵制。一无所知党恰恰体现了一系列缩小、强化和更密切地巡视正式政治边界的努力。

在一个重要意义上，美国在19世纪四五十年代开始面临着一个同样困扰着英国和欧洲大陆大部分国家的国内政治挑战，即是否应该允许名义上自由但经济上有依附性的成年人进入正式政治舞台。美国大多数州取消了投票和担任公职的财产要求，而且成年白人男性获得选举权的过程相对轻松，这反映了杰克逊时代早期，小生产者拥有大量获取财富的途径，靠薪水过活的阶层发展受限，种族结构相对单一。围绕着选举权民主化产生的最严重的分歧发生在工业化和城市化程度最深的罗得岛，这不算意外，但清算之日不久就会到来。

由于遭到新英格兰北部以外的政治社会的排斥，再加上反对奴隶制的白人盟友的冷漠态度，从中大西洋到中西部的非裔美国人开始努力争取被剥夺的平等的公民权利。他们的脆弱性显而易见：许多人是逃奴或逃奴的子女；几乎所有人都非常贫穷，没什么财产，只能做非技术性的、临时性的工作或家政工作，和爱尔兰移民非常相似。他们在公共生活的各个领域，特别是学校和公共交通，遭到歧视和排斥，上中西部和下中西部刚加入联邦不久的州的各种"黑人法案"剥夺了他们的居住权。但在19世纪三四十年代，一些黑人领袖在大大小小的城镇举行正式的和不太正式的集会，以表达他们的不满，并号召人们支持他们的事业。他们提醒附近的白人，他们出生在美国，对国家的发展做出了许多贡献。他们敦促自己的黑人同胞提升自己，努力工作，学习读书写字，照顾家庭。最重要的是，他们谴责通过移民解决奴隶制问题的方案，并呼吁——在某些情况下要求——扩大选举权。

与20世纪初贫困的白人不同，黑人的呼声无人理睬，有时还会引发敌意。非裔美国人不仅在争取平等和选举权的过程中彻底失败，还经常失去原有的权利。在宾夕法尼亚、北卡罗来纳和田纳西，有色自由人本来已经能够投票，但白人男性选举权扩大后，黑人失去了选举权。黑人只在罗得岛有所收获，不过也只是微不足道的收获。19世纪40年代的选举权伴随着巨额财产要求，只有极少数黑人男性获得了政治权利。事实上，这些连同1850年新的《逃亡奴隶法案》的颁布，蓄奴州对有色自由人越来越多的限制，以及非裔美国人争取进入正式政治舞台的努力的失败，都反映了黑人日益危险的现状和未来——他们将继续作为一个遭鄙视的种族和工人阶级中的下层成员生存下去。他们与美国社会的距离变得更远，在奴隶制问题上变得更加激进。

在美国被排斥在正式政治舞台之外的自由成年人中，仅次于奴隶、排在第二位的是法律上从属性最强的群体——女性。她们从小到大一直受父权制的约束，小时候受父亲管束，成年后受丈夫管束（除了极少数例外）。结婚后，她们将财产和工资交给丈夫，很容易遭受家庭暴力，而且几乎无法离婚。越来越多的单身或已婚女性进入劳动力市场，成为纺织工人、服装工人、外包工人或家庭佣工——她们往往工作在最有活力的制造业部门。有些女工在工作场所组织起来，抵制减薪和其他形式的剥削。在马萨诸塞的洛厄尔，纺织女工在19世纪30年代发动过两次罢工，一位领袖还"发表了玛丽·伍尔斯顿克罗夫特关于权利和'权贵'的不义行为的演讲"。但在大多数情况下，提出和寻求解决女性公民权和政治地位问题的是出身较好的女性。她们更适合推动女性权利运动，因为她们有充裕的时间，受过教育，有一定的社会关系，而且越来越自信。

女性权利运动者的经验源自废奴运动。19世纪30年代各种形式的废奴运动，尤其是请愿运动，造就了一批女性活动家；她们对男性权力的产物感到厌恶，对基层政治的运作驾轻就熟。其中许多人是贵格会教徒，最著名的有萨拉·格里姆克和安吉丽娜·格里姆克姐妹、柳克丽霞·莫特、伊丽莎白·麦克林托克和阿比·凯莉等，还有一些加里森的信徒，其中一些人因性别原因无法参加1840年在伦敦召开的世界废奴大会。更多的人来自中等农民家庭和各新教教派，她们居住的地方受到了废奴运动的影响，这些地区通常在自由党人或烧谷仓派民主党人的控制之下。她们可能早在1844年就开始为平等的公民权利向州立法机构请愿。1848年夏，生活在纽约州北部繁华的塞尼卡福尔斯镇的伊丽莎白·卡迪·斯坦顿呼吁召开一场争取女性参政权的会议。斯坦顿经历过伦敦废奴大会的挫折。她的父亲支持司法改革，她的丈夫支持在政治层面废除奴隶制，她的贵格会盟友主张赋予黑人平等权利，她受到了这些人的影响。

1848年，激进主义风起云涌。当年春天，要求政治自由——在某些情况下要求社会民主——的人民革命在法国爆发并蔓延至整个欧洲大陆，法国殖民地的奴隶制和俄国西部的农奴制就此终结。在英国，要求扩大选举权的宪章运动受到工人阶级的大力支持。自由土地党在美国蓬勃发展。弗雷德里克·道格拉斯评论道："多亏了蒸汽船和电线……革命不再局限于首义之地以及那里的人民，它以闪电般的速度以心传心，把世界从沉睡中唤醒。"

包括道格拉斯在内的废奴主义者，共300名男女，一听到斯坦顿的召唤就赶往塞尼卡福尔斯，其中100人签署了《感伤宣言》（以美国废奴协会的创建宣言命名）。这是一份由斯坦顿和贵格会的伊丽莎白·麦克林托克精心拟定的出色文本。宣言宣称"所有男性和女性都是平等的"，并要求所有人享有不分性别的平等的公民权利，包括"神圣的选举权"。"我们聚集在一起，"斯坦顿解释说，"是为了抗议一种未经被统治者同意而存在的政府形式，是为了宣示我们的自由权利，与男性相同的自由权利，是为了在我们要向其缴纳赋税的政府中享有代表权，是为了废除允许男性打骂、监禁他们的妻子的恶法，是为了夺回她赚取的工资、她继承的财产以及在分居的情况下夺回她所爱的孩子，这些法律使她不得不仰人鼻息。"

然而，虽然当时女性运动的政治能量很大，接下来的十年，各地陆续召开会议追求女性权利，但就像1848年的欧洲革命一样，遭到了拒绝，以失败告终。虽然国会开始推进关于已婚女性的财产权的立法——主要是因为它为男性的经济困境提供了借口——但女性选举权被政治圈彻底否决。就像自由的非裔美国人和天主教移民一样，女性权利活动家曾试图重新定义正式政治的边界，使其更具包容性，更符合《独立宣言》的崇高原则。但是，与非裔美国人和天主教移民一样，她们发现正式政治的边界反而在收缩，她们越来越难以进入。

反抗奴隶制的边界

1831年，纳特·特纳在弗吉尼亚的南安普顿县策划的起义以失败告终，并遭到残酷的清算。至此，自美国革命初期开始并持续了半个世纪之久的奴隶反抗运动似乎告一段落。这一时期的反抗运动背后存在着复杂的政治联系：由于海地革命的影响，18世纪90年代反抗运动愈演愈烈，尤其是卡罗来纳和下路易斯安那；19世纪第二个十年，英国人、西班牙人和塞米诺尔人发生冲突，反抗运动再次爆发，比如路易斯安那的圣约翰施洗者堂区和圣查尔斯堂区的大规模奴隶暴动；19世纪20年代初，当国会围绕着是否接受密苏里以蓄奴州的身份加入联邦展开辩论时，反抗又一次爆发（可能是登马克·维西和他在南卡罗来纳的查尔斯顿的追随者们策划的）；19世纪20年代末30年代初，随着大卫·沃克发表了《呼吁书》，成千上万的奴隶在牙买加发起反抗，废奴主义在东北部多个地区因为有了制度基础，而爆发了奴隶反抗运动。此后，随着奴隶主阶级巩固了其在新近并入联邦的深南部内陆地区的权力，奴隶反抗运动似乎进入了低潮期，奴隶们转入更加传统、更加秘密的渠道。至少在接下来的四分之一个世纪里，美国的土地上再没有爆发大规模反抗运动。

然而，即使奴隶们真的因为诸多不利因素而不再谋划反抗，他们也并没有停止反抗奴隶制。他们开始尝试新的方式。他们以一个或几个人的形式，经陆路或海路进入边缘地带。在那里，他们的地位是模糊的，而他们的盟友会站出来揭示这种模糊性。奴役是否与人身紧密相连，无论奴隶走到哪里都无法摆脱奴隶的身份？在已经宣布废除奴隶制的州或外国，奴隶的身份意味着什么？逃奴是否能获得法律援助或是否有权获得自由废奴主义者的实质性保护？奴隶主是否能与威胁或无视其财产和特权的美国和外国的人民和政府保持和平？奴隶们经陆路或海路跨越边境的这种行为，不仅清楚展现了其主人权力的界限，还引发了各种国际性的政治对抗。在这个过程中，他们促使奴隶主重新评估他们在美联邦中的地位，并帮助打开了美国政治的新局面。

跨越边境的工具包括用来将奴隶从美国的一个市场运到另一个市场的船，通常是用于近海航行的船。19世纪30年代，三艘从里士满或查尔斯顿出发，驶向新奥尔良的船，遭风暴袭击，停靠在巴哈马群岛。当时，英国议会即将废除奴隶制，这些奴隶将被如何对待，适用什么法律？虽然美国人提出抗议，但英国官员或许遵从了萨默塞特判决的逻辑，大胆地释放了船上的所有奴隶。英国政府后来提供了少量赔偿，从而避免了外交危机。当时这起重要事件可能已经在美国东部沿海地区的奴隶当中传播开来，至少传到了麦迪逊·华盛顿耳中。华盛顿是弗吉尼亚的奴隶，曾逃到加拿大，但当他回来解放妻子时，被抓住卖给了奴隶贩子。1841年，当华盛顿被送上从里士满前往新奥尔良的"克里奥尔"号时，他制订了一个清晰的计划。他和另外18名奴隶（总共有135名奴隶）迅速夺取了该船的控制权，并把船开到拿骚，最终在那里获得了自由。这是美国至此最大也是最成功的一次奴隶反抗事件。

但是，最吸引美国公众目光，最能体现大西洋奴隶制世界日益增加的复杂性的海上事件，始于古巴附近水域，终于美国最高法院。1839年6月下旬，两个西班牙人在哈瓦那购买了53名奴隶，并带着奴隶乘巴尔的摩的"阿米斯特德"号船做一次短途旅行，目的地是太子港附近的种植园地区。但在出发的第三天，两名奴隶桑克和格拉博领导了一场起义，控制了船只。船长和厨师被杀，西班牙奴隶贩子成了俘虏。桑克本打算驾船驶向非洲，但由于缺乏航海知识，他被一名商人欺骗，驾船向北而不是向西航行。由于缺少食物和水，船最终停靠在了长岛东部，船上的人被美国海军扣押。

这起案件本来并不复杂，在古巴水域发动起义的奴隶本就归属西班牙商人，必须归还给商人或西班牙官员。但事实证明，这批奴隶在被带到哈瓦那的奴隶市场前，刚从塞拉利昂的隆博科港被运往古巴，并在那里待了两个星期，而这违反了英国和西班牙之间的条约。根据国际法，这些非洲人是自由的，商人很可能犯了死罪，桑克和他的同伴的行为可能不是叛乱、谋杀或海盗活动，而是自卫。此案立即引起了美国东北部的废奴主义者的兴趣，尤其是福音派商人刘易斯·塔潘，他开始为桑克等人做法律辩护并向公众宣传此事。不过，这起案件并没有乐观的理由。杰克逊派的继承人马丁·范布伦占据着白宫，而且即将竞选连任。他只想了结这个案子，满足西班牙人提出的将这些黑人送回古巴的要求，并避免疏远拥有奴隶的民主党同僚。来自总统的压力自然不可能无视，而且审理此案的联邦法官安德鲁·T.贾德森是一个种族主义者和杰克逊派民主党人，很可能会让总统得偿所愿。

然而，令废奴主义者感到惊讶和欣慰的是，贾德森裁定这些俘隶是被非法运送到古巴的，因此他们的反抗不能被视为犯罪，他们是自由的，应该被范布伦送回非洲。范布伦政府对这一裁决感到震惊——它已经派出一艘军舰将这些黑人运往古巴——立即向最高法院提出上诉。他们预计最高法院会做出对其更加有利的判决，因为大多数大法官来自蓄奴州，而不久前才成为首席大法官的罗杰·B.托尼是一个拥有奴隶的马里兰人。但辩方争取到了前总统约翰·昆西·亚当斯的助力，而最高法院的一致意见是由来自马萨诸塞的大法官约瑟夫·斯托里准备的，他小心翼翼地维护了贾德森的裁决，不过丝毫没有质疑奴隶制的合法性。对于奴隶制的支持者和反对者来说，这都是一个决定性的时刻，尤其是对首席大法官托尼而言。

不如这起案件引人注目但实际影响更大的是许多小规模的奴隶逃亡，奴隶们从奴隶制仍然合法的州逃到自由州或即将废除奴隶制的州的黑人定居点。这些奴隶和弗雷德里克·道格拉斯一样，通常是从蓄奴州和自由州（或国家）接壤的"边境地带"——马里兰、弗吉尼亚、肯塔基、密苏里、路易斯安那、得克萨斯——逃走的，他们事前已经知悉旅行的路线、安全的庇护所、盟友的名单、必要的行为举止和成功概率更大的目的地。道格拉斯曾向奴隶同伴询问可能的目的地，听他们说"加拿大是美国受奴役者真正的应许之地"，其次是"宾夕法尼亚、特拉华和新泽西"，还听说"在北方，最不济的就是纽约市"，那里有被骚扰的风险——"去那里的坏处是可能遭追捕，然后被送回主人身边重新成为奴隶"。因此，当他在1838年成功脱逃后，他只在纽约市短暂停留，在那里得到了纽约自警团领袖大卫·拉格尔斯的庇护。拉格尔斯立即将道格拉斯藏了起来，并帮助道格拉斯与他的妻子团聚。听说道格拉斯做过裁缝工人后，还把他送到马萨诸塞的新贝德福德，他可以在那里找到工作，并居住在一个非裔美国人社区。这种秘密移民网络通常被称为"地下铁路"，相当于奴隶制和自由之间的中转线。它最好被视为一个主要由奴隶和有色自由人建立的巨大的政治网络的一部分，旨在推动反对奴役的斗争。

道格拉斯与许多其他逃奴都参与了废奴运动。他们虽然钦佩加里森及其忠实的追随者，但立场变得越来越激进。逃奴比美国任何其他人更了解支撑奴隶制的权力和暴力、奴隶主及其白人支持者的秉性。他们知道，无论身处何地，都要时刻保持警惕，而且要有自卫的能力。他们还知道，只要绝大多数非裔美国人仍处于奴役状态，那些已经摆脱了奴役的人就绝不会有光明的前途。亨利·海兰·加内特曾是弗吉尼亚的一名奴隶，后来逃往宾夕法尼亚和纽约州。1843年，他在纽约州布法罗市举行的一次黑人大会上对"全美国的奴隶"发表了一场生动的演说。他的演说词说明他很清楚上面提到的那些。加内特指出，亲情、友情和人性的线把奴隶和逃亡者联系在一起。他称赞了登马克·维西、"爱国主义者纳撒尼尔·特纳"、"不朽的约瑟夫·桑克"和"闪耀的自由之星麦迪逊·华盛顿"的英勇行动，号召奴隶们"起来，起来"，"为你们的生命和自由奋斗"。

加内特的演说在当时引起了巨大争议，但不久之后，大量黑人废奴主义者接受了他的观点并转而拥抱激进主义。1849年，俄亥俄举行的一场黑人会议呼吁"奴隶立即扛着锄头离开种植园"，并建议将大卫·沃克的《呼吁书》和加内特的演说词印成一卷本广泛发行。道格拉斯本人当时也认为，奴隶可以理直气壮地杀他们的主人。1855年，激进的黑人废奴主义者和白人废奴主义者在雪城召开会议。会上，道格拉斯赞成直接"镇压"奴隶制的主张。1850年，国会通过了更为严苛的《逃亡奴隶法案》后，逃亡中或已获得自由的草根非裔美国人重新组织了地方自警团，在某些地方甚至组建了民兵组织，如纽约和辛辛那提的阿特克斯警卫团，为即将到来的战斗做准备。包括加内特在内的其他一些人则改变主意，似乎放弃了在美国继续斗争，转而寻求移民到西非、海地、中美洲、南美洲或任何有机会过上更好生活的地方。

在已经宣布奴隶制非法的州，奴隶逃亡也带来了新的激进行为。19世纪50年代以前，庇护逃奴、抵御奴隶捕手袭击的主要是非裔美国人。黑人定居点和黑人自警团的成员会巡视码头，在当地的交通要道巡逻，试图营救被绑架的黑人，并在必要时进行武装抵抗。大部分对抗是类似于游击战的小规模冲突，不过还是有一些接近正面战场的战斗。比如，1851年夏末，当马里兰的奴隶主爱德华·戈萨奇在几名联邦官员的帮助下，与他的儿子和几个邻居一同出发，前往宾夕法尼亚的兰开斯特找回四名逃亡奴隶时，他们遇到了大约75至150名手持手枪、步枪、镰刀、玉米刀或其他农具的黑人男女。在随后的战斗中，戈萨奇被杀，他的儿子受重伤，其他人被赶走。这起事件后来被称为"克里斯提安那骚乱"。

非裔美国人将继续承担社区防卫的重任，不过在19世纪50年代，他们开始得到白人废奴主义者的帮助。虽然大多数白人居民愿意接受和执行更加严苛的《逃亡奴隶法案》，但白人废奴主义者对该法案非常愤怒，因为它要求联邦政府直接参与追捕逃奴，同时剥夺了非裔美国人获得司法救助的权利。由于最高法院在1842年的普里格诉宾夕法尼亚案中对各州通过的各种《人身自由法案》的合宪性提出了质疑，废奴主义者失去了具有制度性的抗议途径，只能选择不合作。渐渐地，白人废奴主义者开始接受长期以来主张直接行动的黑人废奴主义者的逻辑，并在多个场合与他们一同阻止奴隶捕手，干扰联邦专员，惩罚合作的警察，还试图营救重新沦为奴隶的逃亡者。在波士顿、纽约、费城、雪城、辛辛那提、密尔沃基、底特律、桑德斯基、奥伯林和威尔克斯－巴里，他们走上街头，包围监狱和联邦大楼，谩骂阻止他们的人，并向其投掷石块，以夺回逃奴，再把他们送往安全之地。

他们有时成功，有时失败。但即使失败了，他们的努力也能给当地的观察家留下深刻的印象，这些人以前从未认真思考过奴隶制的道德困境和政治困境。例如，1854年春，当遭联邦政府通缉的弗吉尼亚逃奴安东尼·伯恩斯在波士顿被逮捕时，黑人和白人废奴主义者立即行动起来，组织抗议集会，制订营救计划。他们还筹集资金，为伯恩斯提供法律援助，并试图赎回伯恩斯的自由。可是，这些努力没有任何效果。不过，即便所有补救措施都没有奏效，而且伯恩斯的支持者已经无计可施，政府仍然不得不动用"国民骑枪[1]兵队、一支炮兵部队和三名海军陆战队队员"才从大约5万名愤怒的波士顿人中开辟出一条道路，将伯恩斯送上一艘驶向南方的联邦缉私船。

描写奴隶和有色自由人在挑战奴隶制边界方面的努力的作品以全新的方式引起了公众的注意，激发了公众的同情心，并使许多白

---

1 骑枪，即卡宾枪，枪身较短的步枪。最初供骑兵使用，多为制式步枪的缩短型。——译者注

人废奴主义者动摇了对原先的废奴主义路线的信念，其中以斯托夫人的《汤姆叔叔的小屋》最为著名。当看到装备精良的联邦警察和奴隶主联手抓捕逃奴或任何被怀疑是逃奴的非裔，以及逃奴和他们的黑人盟友为自由而战时，越来越多的人开始对道德劝说、不抵抗与和平主义产生怀疑，并接受了暴力是实现废奴主义目标的必要手段的观点。同时，奴隶主从废奴主义日益增长的对抗性，特别是废奴主义者对管理逃奴的联邦法律与日俱增的蔑视态度中，看到了联邦陷入危机乃至瓦解的迹象。如果保护一个州的强势成员的法律得不到另一个州的成员的遵守，如果"法治"不再占上风，那么联邦还有什么用处呢？

堪萨斯的分裂

19世纪50年代，发生在堪萨斯东部平原，而不是在波士顿的街头巷尾，不是在查尔斯顿的报纸上，也不是在新奥尔良的港口或议会的事件，充分预示了美国奴隶制的未来。这起事件不是因为逃奴开始涌向堪萨斯，也不是因为越来越多的大奴隶主和坚定的废奴主义者来到这里，而是因为较贫穷的人觉得自己的命运岌岌可危，为了寻求土地、前途和喘息的空间而选边站队。他们很少有人出于道德原因支持或反对奴隶制，几乎没有人对奴隶或非裔美国人有任何兴趣。但许多人把支持奴隶制的一方或支持自由土地的一方视为保障自身安全的工具，认为另一方一心想要摧毁自己。他们心甘情愿地在这场权力斗争中成为突击部队，这场斗争将外密西西比西部与美国的最高层联系在了一起。

堪萨斯第一个真正严重的警讯，不是密苏里的"边境暴徒"的入侵，也不是1855年3月准州立法机构的欺诈性选举（19世纪中期欺诈选举司空见惯，只是这次更加夸张）。与它们相比，立法机构召开会议的方式是更加不祥的征兆。支持奴隶制的多数派不仅驱逐了主张成立自由州的少数派，还迅速通过了《惩罚侵犯奴隶财产行为法案》。该法案将表达反奴隶制情绪的行为定为犯罪，并禁止主张建立自由州的人担任任何与该法案相关的案件的陪审员。一名此前曾鼓励密苏里人"进入堪萨斯的每个选举区……在猎刀和左轮手枪的枪口下投票"的领袖，对"使废奴主义者噤声的法律表示赞许，因为虽然他们在这之前夸夸其谈，但他们知道这些法律将被以最严格的方式执行"。

堪萨斯的反对派没有就此消失。主张建立自由州的人认为准州立法机构是不合法的。他们创办报纸，开始组建自己的政府，并申请建州。但由于皮尔斯政府已经承认了支持奴隶制的立法机构，并且认为他们组织立法机构的行为是革命的、叛国的，因此他们明白自己的处境很危险。他们不能指望得到"官方"的保护，而只能拿起武器来保护自己。任何冲突或争吵都很容易被赋予政治含义，并迅速升级为全面对抗。1855年年底，一场由土地所有权引发的争吵以谋杀告终，与奴隶制支持者过从甚密的凶手免遭逮捕。于是受害者的朋友与主张建立自由州的一派结盟，烧毁了被告及其证人的房子作为报复。不久之后，由于警长未能成功逮捕肇事者，一伙经过武装的密苏里人包围了属于自由州一方的劳伦斯镇。由于州长的干预，这起事件并未发展成流血冲突（不过它仍被称为"瓦卡鲁萨战争"）。仅仅过了几个星期，警长卷土重来，劳伦斯镇"沦陷"

了——报社被捣毁，自由州酒店（这派的政治总部）被炸毁、烧为平地，一名领袖的住宅遭纵火。

曾在多地游历的约翰·布朗是响应保卫劳伦斯号召的移民中的一员。他是一名狂热的废奴主义者，从《圣经》的角度理解反奴隶制斗争。几个月前，他从纽约州北部来到堪萨斯，与他的儿子、女儿和女婿一起来到奥萨沃托米镇附近的一个营地（这里被当地人称为"布朗站"）。布朗的儿子小约翰·布朗曾写信给他，说支持奴隶制的"流氓团伙"的目的是尽可能给自由州的支持者制造麻烦，他们把"最卑鄙、最绝望的人……武装到了牙齿……用各种肮脏的手段让奴隶制在这片光荣的土地上生根"。总而言之，小约翰·布朗需要更多的武器，而布朗同意为他寻找并带给他。不过，最初小约翰·布朗才是领导者。在"布朗站"和奥萨瓦托米附近，他是自由州支持者社区的中心人物，而且赢得了托皮卡自由州制宪会议代表的选举，此后不久又赢得了自由州立法机构的席位。他还在当地组织了民兵武装，以打击不断骚扰自由州的亲奴隶制的准军事组织。1856年5月，当布朗夫妇及其盟友骑马出征保卫劳伦斯时，小约翰·布朗是这群人的领袖。

然而，约翰·布朗一到堪萨斯就积极投身这场斗争，并且越来越担心自由州派的前景。他早就接受了其他废奴主义者此时才逐渐接受的观点：只有通过暴力手段才能终结奴隶制。他组织过主要由黑人逃奴组成的吉利德联盟，以反抗《逃亡奴隶法案》。他还参与了激进的废奴党的成立。抵达堪萨斯后，他很快就接受了武装自卫的逻辑，不管是前往投票站，还是保护劳伦斯这样的小镇不受攻击。事实上，布朗在瓦卡鲁萨战争时就在劳伦斯，在避免战斗的谈判中，他被自由州派的领导人任命为民兵队长。但是，支持奴隶制的一方仍不时发动进攻，而联邦官员并没有什么反应。他和儿子们第二次来到劳伦斯时，被告知他们来得太晚，已经来不及阻止劳伦斯的陷落了。于是，他决定发动反击。5 月 24 日晚，布朗和其他七人（包括他的四个儿子，但不包括小约翰·布朗和他的一个女婿）来到支持奴隶制一方位于波特沃托米溪的定居点，杀了五个手无寸铁的人。他们的目的似乎是报复他们眼中前几个月的"恐怖统治"，并反过来威吓支持奴隶制一方的其他成员。

发生在波特沃托米的杀戮几乎立即被称为"波特沃托米大屠杀"。这件事使支持奴隶制的人意识到，本来不被他们认为是强大敌人的自由州派其实拥有武装，是非常危险的。但这起事件并没有像布朗希望的那样，多少让支持奴隶制的一方感到恐惧。波特沃托米的民兵、武装队等非正规武装在堪萨斯的乡间穿行，骚扰敌人并施展报复。这场战斗持续了数周。约翰·布朗在战斗中表现出了极大的勇气，更不用说军事技巧了（他学习过游击战）。他至少挫败过一伙前来骚扰的密苏里人。然而，当新任命的准州州长约翰·W. 吉里（美墨战争期间在西部服役）在当年秋天着手恢复当地的秩序时，布朗和他的追随者损失惨重。布朗的营地和附近的奥萨沃托米被烧毁，他的两个没有参与袭击波特沃托米的儿子遭到殴打，另一个儿子弗雷德里克遭枪击。其他人很可能知难而退，选择更安全的抗争方式，但约翰·布朗没有这样做。堪萨斯的磨难使他变得像一名"圣战士"。他希望用新的、更大胆的计划继续斗争。

由于波特沃托米大屠杀而受到指控的布朗，很快离开了堪萨斯。不过吉里只是暂时恢复了堪萨斯的平静，他的成功并未持续太长时间。这里的情况已经影响到了密西西比河以东地区，动摇了政治格局。消息传到华盛顿特区后，共识、联盟和文明消失了。最令人震惊的一幕或许发生在参议院，发生在劳伦斯被洗劫的一天后，同时也是布朗袭击波特沃托米的几小时前。代表马萨诸塞的共和党参议员查尔斯·萨姆纳，接连两天向坐满了观众席，甚至挤满了门口的观众发表了备受期待的演讲《对堪萨斯犯下的罪行》。他认为民主党人打算不惜一切代价把堪萨斯变成一个蓄奴州，他们让"刺客"和"暴徒"在这里横行，道格拉斯的人民主权论最终成了"人民奴隶制"，堪萨斯应该根据在托皮卡起草的自由州宪法加入联邦。萨姆纳也借机对许多人进行人身攻击，其中包括道格拉斯、弗吉尼亚的詹姆斯·梅森和南卡罗来纳的安德鲁·P.巴特勒等参议员。两天都没有出席的巴特勒被称为"奴隶制的堂吉诃德"，他"选择（做）……奴隶制的情妇和妓女"，并被嘲笑"语无伦次……废话连篇……偏离真理"。由于巴特勒无法为自己辩护（当时他在南卡罗来纳），他的表亲、同样来自南卡罗来纳的众议员普雷斯顿·布鲁克斯替他出席。5月22日下午，等所有女士离开参议院长廊后，布鲁克斯走到萨姆纳的桌前，用自己的金头手杖疯狂殴打这位参议员一分钟，将其打得不省人事。

直到现在还不清楚，约翰·布朗在去波特沃托米之前是否知道萨姆纳遭杖击之事。这不是国会议员第一次，也不是最后一次在议院里互相攻击。具有讽刺意味的是，布鲁克斯为人谦虚（不过有些幽默感），之前曾提议国会议员在进入众议院前应被检查是否携带枪支。但在堪萨斯流血事件的背景下，杖击萨姆纳之事不仅激化了奴隶制争议双方对对方在道德和政治方面的愤慨，而且似乎象征着这个国家陷入了极端危险的处境。布鲁克斯成了奴隶制热心捍卫者眼中的英雄，也成了反对者眼中奴隶制恶行的化身。"我不明白一群野蛮人怎么能和一群文明人一起组成一个国家，"爱默生大声疾呼，"我认为我们必须摆脱奴隶制，否则就将失去自由。"

然而，堪萨斯造成的伤害不仅加大了奴隶制支持者与反对者之间的鸿沟，也动摇了民主党的根基，而民主党当时仍然包括来自蓄奴州和自由州的成员，并且双方似乎已经就以人民主权论作为解决准州奴隶制的方案达成了某种共识。没有人比斯蒂芬·道格拉斯更不祥地感觉到了民主党内部的分裂。作为人民主权论的倡导者和总统候选人，道格拉斯曾希望一个不断扩张的美帝国的前景能够使围绕着奴隶制未来展开的斗争向不同的方向发展。道格拉斯期望堪萨斯人拒绝奴隶制，虽然这仍不确定、但奴隶主阶级已经将目光转向新墨西哥和可能的犹他，更不用说更远的南方和加勒比地区了，而主张自由土地的人则盯上了辽阔的北方平原（艾奥瓦和明尼苏达已经在为建州做准备）和西北部。虽然人民主权论至少看上去是受欢迎的，但是堪萨斯支持奴隶制的势力在人数上占优，这仿佛是在嘲笑人民主权论。虽然准州州长吉里和1856年民主党人詹姆斯·布坎南赢得总统竞选后接替他的密西西比人罗伯特·沃克努力维持和平，但勒孔普顿支持奴隶制的"官方"立法机构还是在1857年春天召开了州制宪会议（遭到自由州派的抵制）并在当年秋天颁布了一部保护奴隶制的州宪法，然后提交给了国会批准。

受奴隶主欢迎的布坎南支持该州宪法，并称自由州派在"反抗政府"。道格拉斯非常生气，并谴责勒孔普顿派的"诡计和花招"。他警告布坎南说，这样的方针会危及民主党在自由州的生存，而且他将动员反对这部亲奴隶制的州宪法。"我希望你记住，"布坎南冷冷地回应道，"还没有一个民主党人在与他自己选择的政府产生分歧时能够取得成功。"到了国会投票的时候，道格拉斯似乎证明了布坎南是一个糟糕的预言家。虽然参议院批准了堪萨斯加入联邦，但众议院以微弱的优势将其拒之门外。堪萨斯以蓄奴州的身份加入联邦一事就这样结束了。不过，布坎南看到了道格拉斯计划的弱点。他在认真思考了最高法院于上一年3月做出的一项重大决定后，大肆宣扬"根据美国宪法，堪萨斯存在奴隶制"，"因此堪萨斯此刻与佐治亚或南卡罗来纳一样，都是蓄奴州"。

奴隶制没有边界？

布坎南在1857年3月4日就任总统之前就已经知道最高法院即将对斯科特诉桑福德案做出的裁决。实际上，他在之前就已介入这起裁决。布坎南参加完首席大法官罗杰·托尼主持的宣誓仪式后，发表了就职演说。他在演说中虽然承认人民主权论存在"意见分歧"，但同时声称这个问题是"一个法律问题"，最高法院"很快将最终解决"这个问题。两天后，正如布坎南所预料的，法院宣布了解决办法。他没有料到的是，这项裁决将在多大程度上动摇联邦的根基，其影响至今仍能感受得到。

最高法院的重大决定源自一些身份最为低微的人提起的一起诉讼案。德雷德·斯科特于19世纪初生在弗吉尼亚，生来就是奴隶，不过他的出生日期和本名都不为人所知。斯科特的主人彼得·布洛在南安普顿县——后来纳特·特纳在那里策划了奴隶起义——经营一个占地800多英亩的农场。和许多奴隶主一样，布洛也在寻找新的机会，特别是在快速发展的深南部和密西西比河流域。因此，1818年，布洛带着他的家人和奴隶搬到了亚拉巴马的黑带（Black Belt），开始为蓬勃发展的国际市场种植棉花。12年后，他们再次搬家，不过这次搬到了一个截然不同的地方，开始经营一项截然不同的事业——布洛搬到密苏里的圣路易斯，在那里开了一家名为杰斐逊酒店的寄宿公寓。

布洛搬到圣路易斯时已年近五旬，而且显然身体不好。也许这就是他选择放弃种植业，转而经营旅店的原因。不管怎么说，他在1832年去世时留下了五名奴隶作为自己遗产的一部分。虽然我们不清楚布洛的财产具体是如何处置的，不过到1833年年底，其中一个可能被布洛称为山姆的奴隶被卖给了一个名叫约翰·爱默生的军医。这名奴隶以德雷德·斯科特之名留在历史中，不过具体原因尚不清楚。

爱默生不是典型的奴隶主。他于19世纪初出生在宾夕法尼亚（他可能与斯科特年纪相仿），在宾夕法尼亚大学学习医学（像威廉·沃克一样），在其他蓄奴州生活了一段时间后，于19世纪30年代初来到圣路易斯。在那里，爱默生成了一名军医，不久后就带着新获得的奴隶德雷德·斯科特前往伊利诺伊州罗克艾兰的阿姆斯特朗堡。爱默生在购买斯科特时已经参军，而且打算带他去执行任务，这不仅表明拥有奴隶的状况在各行各业中多么普遍，也表明联邦政府无法撇清支持和保护奴隶制的责任。

在阿姆斯特朗堡短暂服役期间（约两年半），爱默生在邻近的艾奥瓦购买了一些土地。之后，他被调往远在密西西比河上游的斯内灵堡，它属于当时的威斯康星准州。作为奴隶的斯科特跟随他一起前往斯内灵堡，在那里遇到了一个名为哈丽雅特·鲁宾逊的女奴（她的主人是当地的印第安人事务官），两人很快成婚（通过民事婚姻的方式。对于奴隶来说，这极其罕见）。当爱默生被再次调往圣路易斯的杰斐逊军营时，他们仍然留在斯内灵堡，为这座军事要塞服务。最终，斯科特夫妇在路易斯安那的杰瑟普堡与爱默生再会。爱默生在那里娶了伊丽莎·艾琳·桑福德，她也是圣路易斯人，父亲移居到了弗吉尼亚。随后，爱默生又回到了斯内灵堡。在此期间，斯科特夫妇的第一个孩子伊丽莎在密苏里北部出生。然后，爱默生再次回到圣路易斯，在那里与自己的妻子和斯科特夫妇分别，独自前往佛罗里达参加塞米诺尔战争。他将离开两年，其间艾琳和斯科特夫妇住在艾琳父亲位于圣路易斯郊外的庄园，不过斯科特夫妇可能被出租给其他人，而德雷德·斯科特可能与布洛家族重新取得了联系，特别是彼得·布洛的儿子泰勒，他们的关系显然很密切。

1842年年底，爱默生终于回到了圣路易斯，开始了他的平民生活。他在那里开了一家诊所，但经营失败了。随后，他和妻子一起前往艾奥瓦的达文波特，在他此前购买的土地附近盖了房子。斯科特夫妇没有同行，他们被租给了正在圣路易斯的杰斐逊军营的艾琳的姐夫。爱默生夫妇很快有了一个女儿，但爱默生似乎是受晚期梅毒的并发症——梅毒可能是他多年前感染的——的折磨，不久后就去世了。根据遗嘱，他将自己的财产，包括奴隶德雷德和哈丽雅特，留给了艾琳。艾琳在1846年从姐夫那里带回了他们，并立即将他们租给了圣路易斯的塞缪尔·罗素。许多奴隶被迫与他们四处迁徙的主人一起迁徙，不管是由于美国政府的命令，还是出于经济和家庭生活的原因。而许多奴隶，特别是住在圣路易斯这样的城市或上南部农耕区的，经常会被租给其他人。然而，斯科特在被迫迁徙的过程中，不仅跨越了多个州和准州的边界，还跨越了奴隶制合法和不合法地区的边界。1846年4月，在圣路易斯的一个州巡回法庭上，斯科特夫妇决定验证这些边界的意义，提起诉讼以赢回他们的自由。

现在还不清楚斯科特夫妇的诉讼是如何发起的。是圣路易斯的朋友和同情者（如布洛家族）的想法？还是斯科特夫妇自己有了提起诉讼的念头，然后再去寻求同情他们的白人的法律援助和财务支持？抑或双方一拍即合，从一开始就在合作？我们可能永远无法知道真相，但有些事很清楚。虽然密苏里是蓄奴州，但它位于蓄奴州和自由州的交界处，而且圣路易斯是所有蓄奴州中仅有的三个可以公开进行反奴隶制活动的城市之一（其他两座城市分别是马里兰的巴尔的摩和特拉华的威尔明顿）。律师、政治家、报社编辑、牧师和有色自由人公开反对蓄奴，还做了一些反对奴隶制的工作。更重要的是，在过去20年间，越来越多的非裔奴隶为争取自由向圣路易斯法院提起诉讼，到1860年已有300多人。他们的理由和斯科特一样，他们曾被主人带到与伊利诺伊接壤的自由州或其他自由州，在被带回伊利诺伊之前曾经在那里居住。其中一些人获得了成功，他们的诉求不仅得到当地巡回法庭的支持，还得到州最高法院的认可，从而成为重要的判例。考虑到斯科特夫妇在认定奴隶制非法的地区待了很长时间，特别是他们曾在那里和圣路易斯被租借给别人，他们肯定学到了关于奴隶制的地缘政治的重要一课，并听说过有奴隶为争取自由提起诉讼，还获得了成功。

这反映了交流和信息网络的作用。斯科特夫妇的诉讼案遵循了之前那些诉讼案的标准和逻辑：事实上，这并不是"奴隶"为争取"自由"而提出诉讼，不是因为自己遭到"非法入侵""攻击""非法监禁"而要求赔偿；这起诉讼的依据是，斯科特夫妇由于曾经居住在自由的土地上，因此已经获得了自由，而艾琳非法监禁他们，让他们为奴，并"殴打、伤害和虐待"他们。虽然他们的案子看起来胜算很大，艾琳的律师也很担心，但斯科特夫妇要经历漫长的司法过程。在第一次巡回法庭的审判中，陪审团以技术性问题为由裁定艾琳胜诉，斯科特夫妇没有上诉，而是再次在巡回法庭提起诉讼。这次的结果截然不同，陪审团裁定斯科特胜诉，宣布他为自由人。现在轮到艾琳行动了，她立即向密苏里最高法院提起上诉。

时机对斯科特夫妇不利。由于人员变动，此时的州最高法院的态度与之前大不相同。当1851年年底斯科特夫妇的案件上呈州最高法院时，上一年国会妥协案的争议仍在继续。几个月后，州最高法院的法官以二比一的投票结果，裁定斯科特夫妇败诉。法官们认为，虽然奴隶制在伊利诺伊和威斯康星准州是非法的，但奴隶回到密苏里后奴隶身份会"重新附着"在其身上。但最令人不安的是多数法官的说法。"这是一种耻辱，"首席法官写道，"看到本州的法院根据外地法律没收本州公民的财产，只有伊利诺伊州宪法和美国的准州法律能够让斯科特成为自由人。"他接着悲叹道："不仅是个人，连各州……都以一种愚昧而粗暴的态度对待奴隶制……密苏里有义务拒绝任何暗合这种态度的举措。"他用的字眼是：没收、外地法律、愚昧而粗暴的态度。

密苏里案多数意见的主旨反映了1856年2月（距离上次判决已

经过去了很长时间）美国最高法院的大法官们（其中五位来自蓄奴州）在听取控辩双方就斯科特案展开辩论时，这些大法官可能在想些什么。实际上，这次上诉并非针对密苏里州最高法院在斯科特诉爱默生一案中做出的判决，而是针对下级联邦法院在斯科特诉桑福德案中做出的裁决。当艾琳·爱默生于1850年左右东迁并再婚时，约翰·桑福德成为约翰·爱默生遗产执行人，很可能也成了斯科特夫妇的主人（桑福德的名字后来在最高法院的记录中被拼错了）。首席大法官托尼审理过"阿米斯特德"号案，而且对"北方的侮辱和侵略"越来越愤怒。虽然许多大法官似乎并不愿意过多卷入奴隶制斗争，但斯科特案为他们提供了一个彻底解决部分问题的机会——更何况堪萨斯的边境战争正如火如荼地进行着，桑福德的律师效仿斯蒂芬·道格拉斯提交《堪萨斯–内布拉斯加法案》时采取的策略，提出了《密苏里妥协案》的合宪性问题。

对德雷德·斯科特和哈丽雅特·斯科特以及他们的孩子来说，在最重要的问题上，最高法院于1857年3月初以七比二的投票结果驳回了他们的诉讼请求，裁定他们仍然是奴隶。多数意见的依据是，德雷德·斯科特从伊利诺伊返回密苏里后，密苏里的法律对他适用。而且由于身为奴隶，他"在宪法意义上"既不是密苏里的公民，也不是美国公民，因此无权在任何一级法院提起诉讼。斯科特案本来可能以管辖权为由被驳回，但托尼和一些大法官选择走得更远，在其他裁决和意见中（其中没有一项裁决和意见能够获得七票），他们极大地促进了奴隶主在联邦中的政治利益，并将所有在美国出生的非裔降至非公民的地位。

托尼在意见书中仅获得三票支持的一节中写道，黑人被视为低于白人，因此无论是奴隶还是自由人，都没有"理所当然地"获得美国白人尊重的权利，而且不能成为美国公民。但对当时的政治影响更大的是——当时对美国公民的定义尚不明确——托尼在得到大法官更多的支持（六票）的情况下，继续宣布《密苏里妥协案》违宪，因为它未经正当法律程序便剥夺了奴隶主拥有财产的权利，因而违反了第五修正案。"如果宪法承认奴隶是主人的财产，而且对该财产的描述与公民拥有的其他财产没有任何不同，"托尼郑重地写道，"那么美国的任何法庭……都无权对二者做出区分，也无权拒绝奴隶主享受为保护私人财产不受政府侵犯而做出的规定和保障。"

德雷德·斯科特案的裁决令废奴主义者感到震惊和愤怒。一直以来，这种感情影响了绝大多数研究这起案件和这段历史的学者。他们认为这项裁决是臭名昭著的，也许是最高法院有史以来最糟糕的判决，是对宪法的严重歪曲。从政治正确和社会正义的角度看，这样的结论是毋庸置疑的。然而托尼的解读并没有真正脱离当时美国法学界的主流意见，坚持认为宪法受到奴隶制污染的加里森主义者很快就承认了这点。大多数法官，无论是来自蓄奴州还是自由州，都不会反对托尼在黑人公民权和种族问题上的看法，几乎所有法院都会否认非裔美国人拥有州或美国的公民身份。正如曾经的首席大法官、来自弗吉尼亚的约翰·马歇尔在1834年所说："真正令人满意的是，在这个微妙的议题上，在这个蓄奴州感到极其敏感的议题上，北部和中部各州的聪明人的意见与南方如出一辙。"

虽然大法官们对联邦能够在各准州行使多大的权力仍有很大争议，但在托尼看来，包括个人财产权在内的宪法权利在各准州与在各州同样重要，这个观点将在全国范围内得到广泛支持。斯蒂芬·道格拉斯不会反对这个观点，而且这个观点可以轻而易举地被人民主权论者接受。不过，托尼又把这个逻辑往前推了一步。他认为，如果宪法不允许国会限制奴隶主进入准州，那么准州政府也不应该被允许这么做——"宪法不能赋予任何由其授权建立的地方政府违反宪法规定的权力"。

对于奴隶主来说，托尼在德雷德·斯科特案的观点极大提振了他们的信心和对未来的预期。这意味着在外密西西比西部的广阔联邦领土上，奴隶制将不会被设置任何边界，甚至连一些州强加的边界也可能存在合宪性问题。毕竟，在德雷德·斯科特案的法律世界里，如果一个州的"公民"搬到另一个州去，或者决定在那里短暂居住，他有什么理由被剥夺财产权利呢？但对道格拉斯来说，托尼的主张将带来巨大麻烦。它挑战了人民主权论的信誉，使他提出的加入联邦和帝国的计划受到怀疑，并危及了他在民主党中的奴隶主和非奴隶主心目中的地位。虽然他可能从未想过，但真正阻碍他的与其说是一个暴躁的首席法官，倒不如说是一群意志坚定的密苏里奴隶和许多像他们一样的人。

第六章　联邦之死

国家的语言

1858年，斯蒂芬·道格拉斯即将完成他在美国参议院的第二个任期，正为1860年的竞选连任和可能的总统竞选做准备。他从19世纪40年代初就开始在国会任职，而伊利诺伊历来是民主党人的天下。19世纪四五十年代，辉格党人从来没有想过争取该州支持自己提名的总统候选人。在此期间，州立法机构和州长职位一直由民主党垄断。考虑到道格拉斯在全国范围内的知名度，以及他为了使伊利诺伊成为不断扩张的美帝国的重要枢纽所做出的努力，他可能会认为自己将轻松连任参议员。

但政治变革之风正从新的方向吹向东北部和上中西部，而伊利诺伊的大草原已经听到了阵阵风声。自从1854年道格拉斯在大多数民主党同僚和蓄奴州的辉格党人的支持下策划通过《堪萨斯－内布拉斯加法案》以来，反对奴隶制的辉格党人（通常被称为"良心辉格党人"）和自由州的民主党人一直在寻找新的政治阵地。不少辉格党人，特别是新英格兰和中大西洋地区的辉格党人，最初都倾向于新兴的一无所知党，因为该党关注移民和奴隶主的权利，关注公私领域中得体的个人举止。本土主义一度似乎可以使全国各地的前辉格党人找到一个可以接受的共识基础，使他们能够再次向民主党人发起挑战。然而，和19世纪50年代其他政治领域一样，奴隶制问题侵蚀了一无所知党的活力，该党注定无法在蓄奴州和自由州之间架起桥梁。

总的来说，蓄奴州的辉格党人在美国政治日益动荡的海洋中四处漂流，而自由州的辉格党人投入了新生的共和党的怀抱。共和党是在1854年反对《堪萨斯－内布拉斯加法案》的抗议活动中在上中西部创建的，此后逐渐吸引支持者并建立起了政治联盟。与辉格党人一样，共和党人也将关注点放在了国内经济发展上，并认为积极有为的联邦政府是成功的重要因素之一。虽然许多人怀有帝国野心，但与民主党人不同，他们构想的是一个逐渐成形的、各地区间联系更加紧密的帝国。他们支持利用保护主义政策扶持美国的制造业，支持交通运输网的快速发展，支持发展一个有活力的商业银行部门。在大多数情况下，他们对这一时期的改革，无论是禁酒运动还是教育改革，都抱有同情心，希望能以此塑造一种对社会有益的美国人的性格。许多人仍然有反天主教的倾向——反天主教对美国政治文化的影响极为深远。与可能受到乔治·亨利·埃文斯影响的自由州民主党人一样，共和党人也赞成旨在加速家庭农场主在外密西西比西部定居的土地政策，并为此开始接受关于"家园"的立法。

然而，使他们同仇敌忾并为之共同奋斗的仍然是反奴隶制事业。有些人在废奴运动和自由党活动中获得了最初的政治经验；另一些人在加入共和党前是自由土地党人或良心辉格党人；更多的人关注的是奴隶主权势咄咄逼人的攻势及其对联邦的明显企图——奴隶主阶级在1850年通过的严苛的新的《逃亡奴隶法案》、取代《密苏里妥协案》的臭名昭著的《堪萨斯-内布拉斯加法案》，以及后来的斯科特案判决，不仅证明奴隶主阶级控制了联邦的行政、立法和司法分支，而且奴隶制还有可能在美国大部分领土上扎根。1856年，共和党人召开会议，提名约翰·C.弗雷蒙为总统候选人。

对于一个新兴政党来说，共和党在1856年取得了很好的成绩，赢得了大约三分之一的大众选票和100多张选举人票（一无所知党也派出了一名候选人——前辉格党总统米勒德·菲尔莫尔，他的表现远远好于预期）。虽然他们没能拿下伊利诺伊，但民主党在那里只赢了大约9000票（4%），而且共和党成功地从民主党手中夺走了州长之位。到了1858年，共和党准备推出一名候选人挑战斯蒂芬·道格拉斯。虽然这名候选人几乎没有从政经验，但他从州首府斯普林菲尔德起步，凭借对道格拉斯和人民主权论日益激烈的攻击，一跃成为党内举足轻重的人物。他就是亚伯拉罕·林肯。

林肯不是从自由党或自由土地党转投共和党的。他踏入政坛后一直是坚定的辉格党人，并对有组织的反奴隶制活动抱有戒心和不信任感。林肯出生于肯塔基，之后随家人迁往俄亥俄河对岸，先是到了印第安纳，后来前往伊利诺伊。他是亨利·克莱的拥趸，支持后者对保护性关税的看法。林肯曾在伊利诺伊州立法机构短暂任职，担任过一届众议员（1847—1849年）。他还是一名律师，擅长民事诉讼（债务、铁路、土地所有权和家庭纠纷）。林肯虽然雄心勃勃，而且仍然活跃于辉格党的政治活动中，但他在奴隶制问题上越来越直白的发言才是他引起公众注意的真正原因。

我们并不清楚林肯对奴隶制的不适感究竟源自何处。他身为浸礼会信徒的父母反感奴隶制，不过其他亲戚拥有奴隶。他一生中的大部分时间都生活在蓄奴州和自由州的边界，没引起什么麻烦。伊利诺伊南部必然存在着雇用奴隶和买卖"仆人"的现象，该州奉行种族隔离的政策。林肯本人也使用过带有种族主义色彩的语言，有一段时间他并不认为白人和黑人未来能够和平共处。但作为一个一生几乎全靠自学的人，林肯阅读了大量政治经济学书籍。他在国会任职时，似乎受到了反对奴隶制的辉格党人乔舒亚·吉丁斯的影响，而且确曾起草过一份要求逐步废除哥伦比亚特区奴隶制的法案（该法案从未被提交）。到了19世纪50年代初，林肯似乎赞成温和自由派的观点，认为蓄奴州的权利应该得到宪法保护，但反对奴隶制扩张到外密西西比河西部。虽然他不知道如何在奴隶制合法的地方废除奴隶制，但他似乎认为，就像北方各州的情况一样，任何废除奴隶制的计划都应该是渐进的，奴隶主应得到补偿，获释奴隶应自愿前往其他地区。类似的观点更多地被辉格党人和后来的共和党人称为"奴隶制问题的移民解决方案"。

但在1854年秋对《堪萨斯-内布拉斯加法案》做出回应后，林肯才被公认为是一个"有感染力的演讲者"。他为与道格拉斯一较高下，"在州立图书馆待了几个星期，搜肠刮肚寻找观点和论据"，然后在布卢明顿、斯普林菲尔德和皮奥里亚的大批听众面前发表演讲（道格拉斯也在这些地方演讲）。虽然他拒绝接受黑人可以"与我们拥有平等的政治权利和社会权利"的观点，但他还是批判了人民主权论在解释宪法方面的逻辑漏洞，列举了建国者反对奴隶制的种种行动，并警告说奴隶制可能会扩张到堪萨斯和其他准州。不过，林肯也将立意升华，指出"自由主义将在世界各地兴起"，坚称"一个人使另一个人成为奴隶，在道德上不可能是正确的"，并暗示美国"一边推动对人类的奴役，一边宣称自己是人类自由的唯一朋友"的做法是虚伪的。"我们的共和政体的长袍被染污，在尘土中被拖拽。"他呼吁再次让它变得干净，并重拾《独立宣言》的信条。

不久之后，林肯就积极参与伊利诺伊共和党的成立，并成为中坚分子。他与伊利诺伊和其他地区的同伴一同谴责斯科特案判决和托尼所在的最高法院，并于1858年6月被共和党州议会选为该党候选人，挑战当时由斯蒂芬·道格拉斯占据的美国参议员席位。在接受提名时，林肯继续抨击斯科特案判决及其对人民主权论的影响。但他也有力地反思了所谓的"分裂的房子"的现象。"一半人是自由的，一半人永远是奴隶，这是无法让人接受的，"他缓慢而郑重地说道，"要么反奴隶制者将阻止奴隶制进一步扩张，并使其最终消亡；要么奴隶制的拥护者将推动奴隶制的发展，直到奴隶制在所有州，无论是新州还是旧州，北方州还是南方州，都是合法的。"

这些观点将成为林肯和道格拉斯在1858年夏末秋初进行的七场辩论的框架。道格拉斯试图将林肯刻画为反奴隶制激进主义者和种族平等论者，声称林肯支持"无条件废除《逃亡奴隶法案》"，反对"再接纳任何新的蓄奴州"，并希望赋予"黑人以公民权利和特权"。林肯则指责道格拉斯背叛了建国者的意愿和《独立宣言》的精神，并通过斯科特案判决对人民主权论的实际影响——现在是否还有可能让一个准州禁止奴隶制——来驳斥他的论调。

不过，贯穿着演说和辩论、立论和反驳的主线的是围绕着"分裂的房子"这个比喻展开的一系列争论。事实上，道格拉斯多次批评林肯主张的显然是"不同州之间的制度统一"，并对林肯"分裂的房子无法矗立"的观点大加嘲讽。在琼斯伯勒举行的第三次辩论中，道格拉斯大声说道："美国自建国之日起直至今天，就一直分裂为自由州和蓄奴州。"但那又何妨？"在此期间，我们的人口从400万增加到3000万，"道格拉斯提醒听众，"我们的领土从密西西比河扩张到了太平洋；我们获得了东西佛罗里达、得克萨斯和其他使我们的地理范围倍增的土地……我们从一个弱小的国家崛起为让文明世界不可小觑并且钦佩的国家；而这一切都是在被林肯先生认为的……'无法矗立'的宪法下实现的。""我们的政府，"道格拉斯继续说道，"是建立在地方制度和法律的多样性原则，而不是统一原则的基础之上的。"

虽然林肯否认自己支持"统一"，但事实上，他与越来越多的共和党人已经在讲着一种可被视为"国家的语言"的语言，而不是自美国独立以来一直居于主流的"联邦"和"帝国"的语言。可以确定的是，国家的语言早就存在，特别是在《联邦党人文集》（尤其是约翰·杰伊的作品）的一些章节中，以及联邦党和辉格党党纲的只言片语中。但人们对美国的主流定义是一个由各州组成的联盟或联邦，共同追求建立一个帝国，而这个帝国的边界从未被明确划定。各州可以拥有多大的权力，帝国的边界可以多么迅速、多么持久地扩张，这些常常会引发争议，尤其是当奴隶制成为中心问题时，争议就更大了。然而，无论是辉格党人还是民主党人，无论是奴隶主还是非奴隶主，政治领袖们都倾向于同意宪法涉及的主要关系一方面是联邦政府与各州的关系，另一方面是各州与个人的关系。因此，无论是联邦宪法还是联邦法院都无法给美国公民下一个明确的定义（不过托尼的最高法院明确了哪些人不具备公民资格）；

大多数人认为，公民身份和政治权利是各州的事。

正是在为反对奴隶制寻找宪法依据的过程中，国家的语言才开始变得有意义。制定政治语法的是像萨蒙·P.蔡斯、托马斯·莫里斯和加梅利尔·贝利这样的人，他们都来自阿巴拉契亚山脉以西，最初与自由党有联系。虽然他们承认宪法保护蓄奴州的奴隶制，但他们主张，建国者认为自由和平等是人类的自然状态，奴隶制只是一项暂时的、不符合人类天性的制度。他们指出，宪法文本中从未出现过"奴隶"或"奴役"的字眼，使用的是各种委婉的说法（"其他人"或"受劳动和服务约束的人"），这表明了制宪者的不安。同样重要的是，他们宣称，宪法是由"人民"而非"州"制定的，主权是由人民传承的。他们还声称，自由是"全国的"，奴隶制只是"地方性的"。"宪法确认了奴隶制存在的事实，并使它继续作为州制度存在——州法律的产物和依附物——其存在和性质完全是地方性的，"蔡斯写道，"宪法没有使其成为一种国家制度。"

"国家"一词并不是国家的语言的基本组成部分，而只是用来替换"联盟"和"联邦"的，是它们的政治同义词。就这一点而言，林肯和其他共和党人使用"联盟"一词的频率似乎远远高于"国家"。国家的语言与以往不同的地方在于对美国的认识，或者说对美国的描述：一片拥有公认的边界和一整套原则、法律和制度的领土，由联邦政府直接统治，中间没有任何其他拥有主权或宣称拥有主权的实体。奴隶主之所以让一些福音派基督徒火冒三丈，是因为奴隶主挡在了上帝和奴隶之间，阻止奴隶走上救赎之路，因而推迟了天国的降临。奴隶主也因为类似的原因激怒了反对奴隶制的国家主义者——奴隶主挡在政府（也就是人民）和奴隶之间，从而使美国无法从一个遭奴隶制腐蚀的国家迈向一个自由的国家。

从根本上讲，斯蒂芬·道格拉斯和亚伯拉罕·林肯都是正确的。在一个帝国或联盟中，存在着奴隶制和多种独立主权的空间，存在着"多样性"；但在一个国家，或者说民族国家中，这样的空间并不存在。这就是症结所在。

支持脱离联邦

到了林肯明确说出国家的语言的时候，蓄奴州也形成了一种非常不同的语言，同时在推动一种非常不同的运动。最明显的是，它是一种地方的或者说"分离的"语言，是一种关于"南方"的理念，即具有共同的身份认同，以及一系列经济、政治利益和文化上的独特性。在1787年的制宪会议上，制宪者为了制定一部能够被各地代表接受的宪法，不可避免地会谈及南方和南方的关切。合众国成立之初，许多政治人物都提到了地方主义或分离主义。但到了19世纪30年代，地方主义开始成为美国核心政治词语，这是因为奴隶制的争论进入了新的阶段，支持和反对奴隶制的双方都在争取民众的支持。

废奴主义者和其他反对奴隶制的政党人士在其中发挥了重要作用，尤其是他们在经济和政治层面对奴隶劳动力做出的批判，以及对不存在奴隶制和奴隶制盛行的地区各自不同的倾向做出的对比："自由"对"农奴制"，"自由财产"对"租佃制"，"民主"对"专制"，"教养"对"无知"，"进步"对"停滞"。有人把梅森-迪克森线和俄亥俄河以北的地区称为"北方"，在那里奴隶制已被废除，自由劳工大批出现。与之形成鲜明对照的是，这条线以南的"南方"以等级分明、社会退化和文化落后为标志。反奴隶制的政治话语事实上抹去了奴隶制和奴隶解放事业在东北部和中西部的漫长历史，试图在不断发展的世界当中划出一道鲜明的界限。

支持奴隶制的政治领袖和理论家，特别是来自东南部和墨西哥湾沿岸的人，参与了新语言的塑造。他们这么做部分是为了回应对奴隶制是否明智，是否符合道德的新质疑，部分是因为他们意识到了政治和经济的权力平衡有可能会被打破。在制宪会议的时代，美国人普遍认为，联邦人口在向西南方向移动，因而加强了奴隶制和种植园制度占主导地位的地区的权力。白人定居点和奴隶制在深南部和得克萨斯的快速扩张，无疑给奴隶制注入了新的活力。但到了19世纪30年代，同样明显的是，那些已经废除奴隶制或奴隶制受到威胁的州的发展速度更快。在这个解放主义在全球范围内高歌猛进的时代，奴隶制看起来前途未卜。海地革命和英属西印度群岛废除奴隶制这两件事，甚至让最富有、最有信心的奴隶主感到不安。加勒比地区的形势使美国奴隶制的安全问题变得极为复杂。

"南方"这个概念包含诸多方面，其特征至今仍争论不休。但从19世纪30年代起，它在很大程度上成为一个与经济利益和文化倾向结合在一起的政治观点。它旨在缓和奴隶制所体现的地方的、特殊的主权（主人和奴隶的关系，以及奴隶制根深蒂固的州的权利）与种植不同作物、处于不同的人口结构下的奴隶主（也就是说，肯塔基和亚拉巴马、马里兰和南卡罗来纳、弗吉尼亚和路易斯安那的奴隶主）共同关切的问题之间的紧张关系。"南方"是作为一种政治表述形成的，是作为一个区域或"部分"存在的，在这里奴隶制是合法的，政治、经济围绕其组织，而且它成功地抵御了早期的解放主义潮流。这个概念出现的背景包括：对奴隶制越来越激烈的捍卫，尤其是对"自由劳动社会"的批判；反对保护性关税，支持自由贸易；要求联邦中蓄奴州和自由州的数量至少维持均势，而且新的准州要对奴隶制开放；专门讨论"南方"的文学作品和商业刊物大量出现。从一个很重要的意义上说，"南方"是奴隶主阶级新兴意识的核心特征，不过这个特征与奴隶制政治本身一样充满了矛盾。

政治上的"南方"是与强调州权和家庭权利的赋权理论一同发展起来的。南卡罗来纳的约翰·C.卡尔霍恩在其关于国家主权和"拒绝承认或执行联邦法令运动"的著作中，将对奴隶制和地方权利的辩护结合在一起。他的论点并不新鲜，只不过他的阐述最为清晰，影响力最大。"州权"成为奴隶主、奴隶主阶级的代表，以及人数更多的民主党人的政治口号。不过相较于北方的民主党人，南方的民主党人更倾向于赞同各州以主权身份创建了联邦并保留了自身的主权权力的观点。但对大大小小的奴隶主来说，州权的意义主要在于，他们不仅能够对自己的奴隶行使权力，还能对其他家庭附庸，包括他们的妻子、子女和住在他们屋檐下的人行使权力。这就是为什么他们会将废奴主义与对父系家庭权威的其他挑战联系在一起，尤其是女性权利运动和禁酒运动。

虽然卡尔霍恩努力给联邦权力划出界限，并削弱各州与联邦政府之间的联系，但他仍然是一名联邦主义者。他把"拒绝承认或执行联邦法令运动"理解为一种通过宪法维系美国的手段，是在面对相互冲突的财产制度时，选择捍卫联邦中的"少数人"。但南卡罗来纳的"拒绝承认或执行联邦法令者"确实曾威胁说，如果安德鲁·杰克逊总统试图对他们发动战争，他们就脱离联邦。虽然其他蓄奴州都不支持他们，但此后脱离联邦还是被人们公开讨论。在19世纪30年代余下的时间和40年代的大部分时间里，奴隶主阶级的代表讨论了各种问题，包括帝国的目标和手段，吞并得克萨斯和古巴，是否应全面吞并墨西哥，以及如何在墨西哥湾沿岸地区压制废奴主义，尤其是英国式的废奴主义，并且与自由州的代表就这些问题展开了争论。在这些年里，棉花成为国际市场的王者，为奴隶主带来了丰厚的利润，而奴隶制似乎在继续发展。

然而，随着美墨战争结束，美国必须决定如何处理墨西哥割让地，而奴隶主看到了越来越多的不祥之兆：宾夕法尼亚的民主党人大卫·威尔莫特提出了一条限制性附文，要求不得在墨西哥割让地实施奴隶制；新当选的辉格党总统和战争英雄扎卡里·泰勒试图使加利福尼亚以自由州的身份加入联邦，而且最终获得了成功（具有讽刺意味的是，他是一名来自路易斯安那的奴隶主）；北方民主党人斯蒂芬·道格拉斯和刘易斯·卡斯制定的《1850年妥协案》并未全盘接受人民主权论。

激进的奴隶主从卡尔霍恩那里得到启示，认为事态的发展必定于他们不利，于是希望"南方"能够联合起来做出回应，以捍卫自身的"权利"。一些人，也就是所谓的"吞火者"，已经将脱离联邦视为捍卫奴隶制唯一可行的手段，其中最有名的有南卡罗来纳的罗伯特·巴恩韦尔·雷特和詹姆斯·亨利·哈蒙德、亚拉巴马的威廉·郎兹·扬西、密西西比的约翰·A.奎特曼，以及弗吉尼亚的埃德蒙·拉芬和纳撒尼尔·贝弗利·塔克。其他人则希望考虑"南方的"选项。他们想联合蓄奴州的政治领袖，影响关于如何达成妥协的国会辩论。他们首先在密西西比开会，确定于1850年6月在田纳西的纳什维尔召开大会。

纳什维尔大会在大多数方面都失败了。组织者原本打算吸引来自各蓄奴州的有影响力的代表，而且不想让南卡罗来纳的代表太出风头，因为卡罗来纳人素来以单边激进主义著称。但大会在这两方面都失败了。大多数代表来自深南部（没有一名代表来自马里兰、特拉华、肯塔基、密苏里、北卡罗来纳或路易斯安那），而且正如人们预料的那样，南卡罗来纳派出的代表团人数最多，代表们的知名度也最高。更糟糕的是，威尔莫特附文的失败和卡尔霍恩的病逝，使国会辩论的基调转向温和。纳什维尔大会只产生了各种具有威胁性的话语，以及援引"南方"权利的决议。该决议支持将《密苏里妥协案》的适用范围延伸到太平洋沿岸，并发誓要在不久的将来再次召开大会。

虽然奴隶制激进主义似乎已经失败，南卡罗来纳再次被孤立，但暗中讨论了若干年的分离主义却获得了新的生命力。深南部和弗吉尼亚的分离主义者已经在着手建立一个政治网络。1849年12月，佐治亚的国会议员亚历山大·H.斯蒂芬斯评论道："我发现越来越多的南方成员开始考虑解散联邦——如果反奴隶制（的举措）越来越极端……人们现在开始认真谈论它，而在12个月前，他们几乎不允许自己去想这件事。"分离主义者也总结了一些惨痛而宝贵的教训。他们认为脱离联邦是必要的，但如果要赢得公众的支持，就需要发动一场运动。分离主义者必须利用竞选活动、报纸、政治俱乐部和公民协会来传播他们的思想，解释他们的逻辑，正如亚拉巴马的一名分离主义者所说："最大的困难是让民众克服他们的短视……

我们需要时间。"他们还必须把分离主义的支持者和同情者塞进州政府，这些人可以塑造舆论，并使选民做好行动准备。他们还必须意识到，最初可能无法协调一致地开展运动，可能需要一个州点燃火种，之后——用约翰·A.奎特曼的话说——"整个南方将立即实现积极友好的联合，并组建一个完整的南部同盟国"。

在纳什维尔大会和妥协案通过后的几个月里，分离主义看起来前景渺茫。或者至少说，联邦主义仍然是美国各地政治思潮的主流，许多支持奴隶制的政治家把妥协案形容为奴隶制问题的"最终解决方案"。来自各蓄奴州的辉格党人和温和派民主党人开始组建各种"联邦"党，并在随后的州一级选举中大获全胜。但是，如果说分离主义者并没有因为选举的惨败而有所收敛的话，那么他们反倒从中获得了某些好处。由于支持联邦的民主党人选择与辉格党人合作，分离主义者控制了州和地方一级的民主党组织，深南部更是如此。这样他们就可以自由地推举自己人组成县管理机构和立法机构，自由地选择州长候选人，还可以影响民主党报纸的编辑工作和编辑政策。19世纪50年代，随着政治中心逐渐被侵蚀，以及《堪萨斯－内布拉斯加法案》宣告了辉格党的灭亡，分离主义者逐渐占据有利地位。他们既可以说服许多南方选民相信脱离联邦的合法性，又可以营造一种脱离联邦是唯一明智选择的环境。他们正同时自下而上、自上而下地发起一场政治运动。到了19世纪50年代中期，他们在政治结构上处于极其强大的地位。

即使是在联邦主义和温和主义表面上占优势的南方地区，分离主义的意识形态仍然无孔不入。《1850年妥协案》达成后，在佐治亚召开的大会上，代表们虽然承诺"将（妥协案）当作对这一争议问题的永久解决方案"，但他们发表的《佐治亚纲领》的其余部分却用严厉的警告来表述这一承诺："佐治亚应该而且将会抵制任何破坏其与联邦之间的纽带的行为，抵制国会在哥伦比亚特区或受国会管辖的其他地区就奴隶制问题采取的与维系国内安全与安宁不相容的举措，包括损害蓄奴州的权利和荣誉的行为，以奴隶制的存在为由拒绝接纳准州为州的做法，禁止将奴隶制引入犹他准州和新墨西哥准州的法案，以及废除或实质性修改目前已经生效的任何《逃亡奴隶法案》。"这些"联邦主义者"对自由州提出的条件非常严苛。

但是，赋予分离主义活力和动力的不止宪法争论和联邦即将出现危机的预感，还有一种对扩张和追求现代化的未来的期许，它着眼西部、加勒比地区、墨西哥和中美洲，并认为政治潮流可能已经开始对奴隶制合法的南方有利。无论18世纪末以来解放主义取得了多么重大的胜利，深南部的奴隶主仍然有理由相信，在世界舞台上，反奴隶制的浪潮可能已经过去。到了19世纪50年代中期，大西洋世界的民众反抗接连失败，最著名的是1848年欧洲大陆的革命和英国的宪章运动，而废除奴隶制后的加勒比地区乃至整个拉丁美洲似乎举步维艰，遭遇了严重的社会和经济困难，甚至连曾经的废奴主义者都深感失望——他们并不反对从外国引进契约工人，这使得从牙买加到秘鲁海岸的甘蔗种植园能够补充劳动力。海地也许是一个发生了翻天覆地变化的世界最令人不安的象征，外交和经济上的封锁使其陷入孤立，农村的贫困和政治上的专制使其停滞不前。政治保守主义似乎因为人民革命的挫败和这一时期的经济发展得到加强，大西洋两岸的商人和银行家获得了更大的影响力和更多的财富。结果，不断加速的工业革命创造了一个繁荣的世界棉花市场，美国的蓄奴州是这个市场的主要供应者，而奴隶种植园主则是主要的受益者。

虽然一些分离主义者希望恢复逐渐消失的农村世界，但他们中越来越多的人并没有表现出这种怀旧情绪。总的来说，至少在南卡罗来纳以外的地区，分离主义对年轻的、有进取心的奴隶主最有吸引力。这些人想象着如果奴隶财产能够得到保障，奴隶制的边界如果能够扩张，他们就会有一个繁荣的未来。许多人已经在深南部经历了充满活力的经济增长，此时他们开始望向更南和更西的地方。他们很可能对非法对外征伐的冒险活动抱有浓厚兴趣，对古巴投以热切的目光，对激进主义和男性气概的发扬光大兴奋不已。他们赞成建设南方的基础设施，希望看到一条经过整个南方并贯穿大陆的铁路。有些人甚至支持重启非洲奴隶贸易，这样像他们一样的人就可以拥有更多的劳动力，而非奴隶主也有机会跻身奴隶主阶级。只要他们的代表在联邦政府中掌握权力，他们就有一丝可能指引联邦走上这条道路。如果政府落入敌人之手，他们就必须寻找新的方向。

许多激进的分离主义者，也就是所谓的"吞火者"，都是以社会和政治局外人的身份白手起家的。这并非偶然。最能体现深南部和密西西比河流域新兴奴隶主的愿望的人，非J.D.B.德鲍莫属。德鲍于1820年出生在南卡罗来纳的查尔斯顿，出身于一个来自纽约的移民商人家庭。在进入查尔斯顿学院学习法律之前，他曾做过店员和教师。但是，正如与他同时期的一个人所说，"他天生是一个统计学家，还带着一丝文人气"。在《南方季刊》工作期间，他开始设想创办一本专门为蓄奴州的利益服务的商业杂志。德鲍有了这个想法之后，决定搬到前景似乎更好的新奥尔良，并从1846年年初开始发行《南部与西部商业评论》(更常见的名字是《德鲍评论》)。

虽然德鲍不是第一个主张脱离联邦的人，不过他确实是奴隶制的坚定捍卫者，极力宣扬奴隶制适应经济生活的方方面面的观点。德鲍对重建旧南方的怀旧观点不以为然，而是力主通过经济多样化、农业改革和铁路建设来实现现代化并提升地区实力。他经常参加各蓄奴州的商业会议，在自己的杂志上花了很大篇幅讨论如何改良耕作方法，如何进行经济实验，而且支持普及教育。最重要的是，他宣扬领土扩张，想象着南方奴隶主进军墨西哥、中美洲地区的前景。在谈到"南方非奴隶主在奴隶制中的利益"时，德鲍认为，奴隶制帝国可以使没有奴隶的白人晋身为奴隶主阶级。他甚至建议重开奴隶贸易，以更好地促进奴隶制的发展和白人的社会流动。

德鲍意识到要尽可能多地吸引听众，因此他最初小心翼翼地避谈脱离联邦——他的终极目的显然就是这个。他支持纳什维尔大会，认为《1850年妥协案》危及了南方蓄奴州的安全，并认为共和党正将奴隶主排挤出"国家发展的各个领域"。他在1857年的诺克斯维尔商业会议上站出来公开支持脱离联邦，在会上号召南方保持政治统一，并坚持认为南方有资源"维持一流强国的地位，而且只要认为有必要，就可以建立一个独立的联盟国"。这段同时体现了乐观精神和预见性的话，将成为一个非常有说服力的论点。

暗中的期望

围绕着奴隶制展开的政治斗争越来越激烈，奴隶威廉·韦布敏锐地注意到了这点。韦布于19世纪30年代中期出生在佐治亚，后来随主人前往密西西比，又因主人家庭的原因，多次移居于密西西比和肯塔基之间。在这个过程中，韦布皈依了基督教。但在"弗雷蒙竞选总统"前后，他开始参与奴隶居住区的政治讨论。韦布和他的奴隶同胞们"举行大型会议，其中不少人发表了演说"。为避免活动败露，他们会派出护卫进行警戒，并誓死保守秘密。他们"把所有的信任都寄托在弗雷蒙身上，希望他能把他从奴役中解救出来"。

弗雷蒙失败了。韦布回忆说，"有色人种愤怒至极"，而奴隶主们则"欢欣鼓舞"。这虽然令人沮丧，但并未削弱奴隶们的政治热情。奴隶们"开始研究如何获得自由"，他们会聚在一起"尝试通过其他方法来摆脱残酷的束缚"。他们会"发表演讲"，思考"接下来的行动步骤"。韦布写道，有些人"会提及叛乱和杀戮"，有些人则会说"再等四年吧"，想象着"下一任总统会让有色人种获得自由"。同样重要的是，他们希望建立一个联络网，以便远近的奴隶能分享情报、掌握局势和组织活动。韦布自己在被带到肯塔基后继续组织奴隶活动。他召集了各个种植园的12名奴隶领袖，并将民间宗教（互相传递装着植物的根的袋子，"绕屋子走7圈"）与政治预言结合在一起。他回忆说："我告诉他们，弗雷蒙点燃了星星之火，它会一直燃烧，直到传遍全世界。"他还说："密西西比河下游的奴隶主们非常不安，就我所见，我认为光明即将到来，而且将比我们预期的更快。"韦布声称他在很短的时间里结交了"全国各地的朋友"，"得到了许多州的消息"。

威廉·韦布的叙述表明，奴隶们了解美国政治的本质和周期。

他同与他一起生活在密西西比和肯塔基的奴隶们都清楚地认识到，约翰·C.弗雷蒙是反奴隶制斗争的潜在盟友，并对官方的政治日程有所了解（"再等4年"）。虽然韦布是一个特例，但他让我们看到了一个地下政治的世界，在这里奴隶们能够感受到形势的变化，能够表达他们的愿望，而且能够在美国的权力斗争中发挥作用。他们尤其关注白人之间爆发冲突的迹象，试图搜集情报并评估其意义。随着大众选举政治的出现以及纸媒的爆炸性增长，他们接受政治教育的机会也相应地增加了。

奴隶通过各种途径搜集政治情报，包括从在开庭日、民兵的集会上和竞选活动中无意间听到的白人政治家的话里，从只有少数识字的人能够读懂的报纸和私下流传的小册子（如大卫·沃克的《呼吁书》）里，从像威廉·韦布这样被迫从其他州和准州迁移来的人的口中，从身边流露出恐惧和关切之意的奴隶主那里，从返回南方将更多黑人带到北方黑人定居点的逃奴那里。不过，最常见的是从四处漂泊的奴隶那里。这些人或者在种植园庄园工作，或者受雇于城镇和码头，或者作为马车夫、船夫和商人辗转四方，然后把消息带回居住地。在这个过程中，南方各州许多地方的奴隶构建起了关于政治叙事和政治期许的话语——关于政治的地形、关于朋友和敌人、关于他们对自由的期望，以及自由会给他们带来什么。虽然他们经常想象着解放是由上帝或上帝在尘世的代理人带来的，但他们准备在审判日到来时提供帮助。

在美国及西半球其他奴隶制尚存的社会，政治活力往往是由一些重大事件的消息与即将或最近宣布解放的传言的结合所带来的。北卡罗来纳东部的黑人传教士在19世纪20年代初试图使他们的信徒相信（而且取得了一定的成功）："美国政府已经让他们获得自由，但他们仍不公正地被迫处于奴役状态之中。"重要的是，就在这个时候，围绕着密苏里加入联邦的问题展开的辩论使国家陷入混乱。这件事仿佛在"夜间拉响了火警铃"，声音甚至比托马斯·杰斐逊担心的还要响亮。奴隶主的担忧和关于国会投票的报道会不会使奴隶们认为，反对密苏里以蓄奴州的身份加入联邦的人有更大的企图，而且已经取得了胜利，只是他们的胜利无法在南方兑现？1822年，南卡罗来纳州查尔斯顿的奴隶们听说州立法机构讨论的不是解放奴隶的问题，而是私自释放奴隶的问题后，可能会得出类似的结论。因此，这引起了登马克·维西和他的由黑人奴隶和有色自由人组成的政治圈子的警觉。

竞争激烈的总统选举即便与奴隶制问题没有明显关系，也会引起人们对未来的期望。1800年约翰·亚当斯和托马斯·杰斐逊之间的激烈竞争——当时许多美国人担心联邦正处于解体和内战的边缘——再加上圣多曼格岛长达十多年的革命，刺激了加布里埃尔在弗吉尼亚州里士满附近策划大规模起义。数年之后，根据一个逃奴的回忆，"就在1836年大选前，从邻近的种植园传来消息……如果范布伦当选，他将给予所有奴隶以自由"。这个传言"迅速在奴隶当中传播开来"，奴隶们"欢欣鼓舞"，并加强了他们对"以色列子民"的认同。1840年，威廉·亨利·哈里森的竞选活动使佐治亚的一些奴隶坚信，如果哈里森"当选美国总统，他们应该会获得自由"。

我们不知道奴隶们如何看待亚当斯和杰斐逊对海地革命的不同看法（亚当斯有意与杜桑·卢维杜尔结成联盟，而杰斐逊希望摧毁卢维杜尔的政权），或者他们是否听说过范布伦反对吞并得克萨斯，抑或他们是否知道哈里森已经加入辉格党并在俄亥俄定居。但他们似乎知道，他们的主人将谁视为敌人，而那些人就是他们潜在的盟友。1844年，当自由党推出一名候选人竞选总统时，佐治亚的政治家豪厄尔·科布写道："黑人们已经在交头接耳了。他们说一些伟大的人物正试图让他们获得自由，并且一定会成功。"到了1856年秋，当共和党选出第一位总统候选人时，解放可能就在眼前的传言在奴隶中迅速传播，威廉·韦布作为目击者留下了相关记录；这些传言反过来使奴隶准备发动起义的传言在白人中流传。所有蓄奴州都有惊慌失措的奴隶主报告奴隶在放火、私藏武器和密谋叛乱，特别是得克萨斯和深南部其他地区。

在反对奴隶制的人当中，有一个人将希望寄托在奴隶身上，期待他们会采取行动。这个人就是约翰·布朗。离开堪萨斯后，布朗开始谋划一个大胆得多的计划：鼓励奴隶们起身抵抗，在蓄奴州的中心地带建立一个敌对国家，以此来打击奴隶制政权。这个计划反映出废奴主义者越来越接受这样的观点：奴隶制是有组织的暴力和战争行为，竞选活动和政治动员对它是无效的，解放奴隶很可能需要动用武力。"曾经有一段时间，人们认为可以通过政治行动来废除奴隶制，"赫里特·史密斯一针见血地指出，"但那个时代已经过去了。我估计，永远过去了。美国人民的德行不足以使奴隶制和平地终结，剩下的就是使奴隶制血腥地结束"。

1857年，布朗在新英格兰为进行中的堪萨斯斗争筹集资金和武器时，遇到了一些重要的废奴主义者，包括富兰克林·桑伯恩、乔治·L.斯特恩斯、托马斯·温特沃思·希金森、塞缪尔·格里德利·豪、西奥多·帕克和赫里特·史密斯（这六个人后来被称为"秘密六人组"），并赢得了他们的同情。这六个人将为他提供资金支持。他还吸引了黑人废奴主义者弗雷德里克·道格拉斯和马丁·德拉尼的兴趣，这两个人对废奴进程和黑人的地位愈发感到不满。布朗毕竟是参加过反奴隶制战争的斗士，为反对接纳堪萨斯作为蓄奴州加入联邦的斗争做过贡献。与其他激进的废奴主义者不同，他似乎有一个计划，并准备将其付诸实践。

这个计划最准确的称呼其实是"粟色战争"。布朗打算集结一支庞大的队伍，并将其武装起来，然后从阿巴拉契亚山脉的据点出发，袭击奴隶主的农场和种植园，并召集奴隶加入自己的队伍。随着阿巴拉契亚据点逐渐发展壮大，他们将组建治理机构，同时通过武装袭击和唆使奴隶逃亡的方式，继续动摇从弗吉尼亚到亚拉巴马的奴隶制。为了实现这个计划，布朗在1858年年初到罗切斯特拜访道格拉斯时，起草了一份临时宪法，准备将其提交给即将在安大略省查塔姆召开的黑人大会，希望同时赢得支持并募集到人手。这份临时宪法承诺将保护"在美国被排斥、被压迫、被奴役的公民和被排斥、被压迫的种族"，规定所有财产将是公有的，而且将被平均分配，要求人们"以某种方式为共同利益劳作"，并鼓励所有成员，"无论男女"，都"公开携带武器"。事实上，有些人看到了它和牙买加、圭亚那具有极强政治影响力的黑人定居点的相似之处。布朗小心翼翼地指出，宪法"不应被解释为将以任何方式鼓励推翻美国任何州政府"或"解散联邦"。相反，布朗更想"修正和废除"，并宣称"我们的旗帜与我们的祖先在革命中使用的旗帜相同"。

布朗不认为奴隶们会自发参加他的战争。他知道自己必须做好准备，这正是他前往弗吉尼亚的哈珀斯费里的原因。哈珀斯费里既是联邦军火库的所在地（可以提供武器），也是进入阿巴拉契亚山脉的门户，位于逃奴逃跑路线的中间位置。相邻的弗吉尼亚、马里兰和宾夕法尼亚不仅有越来越多的有色自由人飞地，而且散布着奴隶人口，其中一些人曾在附近的铸铁厂工作。1859年春，布朗在哈珀斯费里附近租了一间农舍，开始建立一个网络，将包括牧师和商人在内的当地自由黑人领袖纳入其中——他意识到非裔美国人的参与对自己的事业至关重要。布朗深知波托马克河以北的许多黑人非常激进，而且他们为了自卫开展了一些准军事活动。他似乎想象着可能建立一个联盟，从阿巴拉契亚山脉的边缘一直延伸到马里兰和宾夕法尼亚的乡村，然后向东延伸到巴尔的摩和费城。至少我们有理由认为，到了1859年夏，哈珀斯费里周边的许多黑人，无论是奴隶还是自由人，都多少知道约翰·布朗的意图。

1859年初秋，布朗决定进攻哈珀斯费里，而不是像他最初计划的那样，先袭击奴隶种植园和农场，然后再进攻那里。也许这是因为他招募到的战士少于预期——查塔姆会议只为他赢得了一名志愿者，而且虽然他的发言很有说服力，但弗雷德里克·道格拉斯还是拒绝了他（不过道格拉斯的同伴希尔兹·格林选择加入了他的队伍）。虽然如此，带着越来越强烈的紧迫感和仅有的20多人（大部分是和布朗一起参加过堪萨斯战争的白人，其中3人是他的儿子，此外还有5个黑人），布朗于10月16日晚出发前往哈珀斯费里，还派了一小队人马攻击附近的奴隶主，解放附近的奴隶。

虽然一开始突袭进行得相当顺利，布朗和他的部下成功地占领了军火库，切断了电报线，并武装了冒险前来的奴隶和自由黑人（人数在25到50之间），但到了17日清晨，一列东行的火车被放行后，有人迅速向当局报告了这起"黑人暴动"。不久之后，当地的民兵和愤怒的镇民就包围、攻击了布朗和他的同伴，罗伯特·李和J. E. B.斯图亚特指挥的军队也往这里赶来。10月18日上午，李要求布朗无条件投降。遭到拒绝后，他命令士兵发动攻势。当硝烟散去的时候，布朗的10名部下，包括他的2个儿子，还有多达17名和他们一起拿起武器的黑人或死或受了致命伤。包括布朗的1个儿子在内的5个人成功逃脱，而包括布朗本人在内的5个（后来又有2个）头部和肩部受伤的人被俘虏。不到2个月后，经过短暂的审讯，他们被处以绞刑。

即便在最乐观的估计下，约翰·布朗对哈珀斯费里附近的奴隶也只能寄予这么大的期望。那里的白人人口是黑人的4倍，奴隶们大多住在农场而不是种植园，最多只和几个同伴住在一起。因此，他们之间的交流非常困难，几乎不可能动员一支庞大的武装。虽然有些奴隶和自由黑人急切地拿起给他们的武器，顽强地战斗，但其他大多数人要么视而不见，要么迅速逃回相对安全的居住区。如果布朗和他的部下设法收集武器，逃进山里，他们可能会成为逃亡者的灯塔，能够对住在谷地的奴隶主的地盘发动攻击。但他们选择据守军火库，战斗很快就结束了。

在布朗发动突袭前的几个月里，听说了他的计划的奴隶和自由黑人很可能对它的性质和成功的前景疑心重重。布朗一家并非他们耳熟能详的人物。布朗既不是政党领袖，在反对奴隶制的事业中也不出名（说到与堪萨斯相关的问题时，他可能会被顺带提及，但不会被特别提到）。奴隶主和代表他们的政客可能从未提到过这个名字，1859年秋也不是竞选季——竞选季每天都会出现关于奴隶制未来的紧张局势。许多黑人，不管是奴隶还是自由人，可能都认为这个计划是不可行、不明智的，注定是一场灾难。另外一些人可能决定等待，看看事态如何发展，然后再决定采取怎样的行动。无论是对突袭行动的残酷镇压，对俘虏的公开处决，还是联邦政府在维护奴隶主利益方面所扮演的角色，都不会令任何人感到高兴或欣慰。虽然他们认识到这次突袭证明了反奴隶制情绪的高涨，也感受到了许多奴隶主在受到突袭后的恐慌，但他们要等到更多具有重要政治影响力的事件发生后，才会抓住时机。

谁将统治这个国家？

1859年12月2日，当约翰·布朗被送上绞刑架时，他预言："唯有鲜血才能清除这片土地上的罪恶。"他发动的失败的袭击只是一场规模更大、更加致命的战争的序曲。弗吉尼亚的一家报纸把"布朗和他的亡命之徒"比作"一种癌症，北方社会的大部分人都患上了这种病"，而奴隶主们则开始组织自警团，并警告其他废奴主义的先行者，自己已经准备好和他们开战了。许多废奴主义者则把布朗当作伟大的殉道者来哀悼。爱默生的反奴隶制倾向越来越明显，他称布朗是"世上罕见的英雄，一个纯粹的理想主义者"，是一个"圣人"，他的处决将"使绞刑架像十字架一样光荣"。

然而，联邦面临的直接威胁并不是废奴主义者带动的奴隶暴动或奴隶制问题的激进化，而是来自美国正式政治核心重新划分阵营的斗争。进入19世纪50年代初，美国政坛由两个政党，即辉格党和民主党主导，它们的观点和政策截然不同，但都是全国性的政党。

辉格党更倾向于行使联邦权力，特别是在追求国内经济发展上，不过他们赢得了蓄奴州的一些种植园主和商业利益集团的支持。民主党人主张州和地方权力至高无上，主张棉花和其他主要作物种植者的重要性，主张积极的地理上的扩张，但他们吸引了自由州的农民和城市工人的支持。由于奴隶主在联邦中所占的比例和他们在民主党内的影响，奴隶主能够掌握的权力远远超出他们的实际影响力。他们能够限制联邦政府的权力，能够阻碍制造商和银行家的发展计划，如保护性关税等，因为这些计划可能会牺牲奴隶主的利益。19世纪20年代，进入大众政治的时代以后，民主党人仍然能够基本控制联邦政府的行政、立法和司法部门。

然而，到了19世纪50年代末，一种截然不同的竞争正在酝酿之中，它很可能对联邦的未来产生重大影响。一方面，辉格党的垮台和共和党的迅速崛起将一个几乎完全由自由州组织起来的政党推上了政治舞台。该党意在摧毁奴隶主权势，并促进小制造商、手工艺人、面向国内市场的农民、没有参与出口贸易的银行家和技术工人这一美国政治经济中最不依赖奴隶种植园制度、最关心"国家"发展的社会群体的利益。共和党人考虑到与本土主义联系在一起使他们付出的政治代价，决心将反奴隶制，尤其是使奴隶制"不扩张"到外密西西比西部，作为选举动员的主轴，希望能够吸引来自北欧和西欧的新教移民，特别是德国人和1848年革命失败后逃亡的难民。

另一方面，民主党虽然仍然是全国性的政党，但人民主权论使其内部的分歧愈演愈烈。最高法院在斯科特案中坚持认为，宪法保护准州奴隶主的权利。而当斯蒂芬·道格拉斯在与林肯的辩论中提出，准州还是可以通过拒绝颁布奴隶法典（他称之为"不友好的立法"）将奴隶制拒之门外时，南方民主党人开始考虑采取补救措施以牢牢掌握联邦权力。1859年年初，密西西比的杰斐逊·戴维斯设法使美国参议院通过了一系列决议，声称如果准州政府无法提供必要的保护措施，那么"联邦政府有责任这么做"。戴维斯实际上是要求制定一部联邦奴隶法典。因此，随着1860年大选的临近，对联邦政府控制权的争夺达到了前所未有的激烈程度，对赢家和输家都产生了巨大影响。

如果詹姆斯·布坎南选择谋求连任，南方民主党人或许能赢得胜利。在1856年的大选中，布坎南曾大胜对手——共和党和美国党的候选人，横扫所有蓄奴州（除了马里兰，菲尔莫尔在这里获胜）以及新泽西、印第安纳、伊利诺伊、加利福尼亚和他的家乡宾夕法尼亚。虽然布坎南出身自由州，但他一直同情奴隶主的利益，尤其是他们向西和向南扩张的帝国利益。他在1859年给国会的国情咨文中宣称，斯科特案的裁决明确确立了"每个公民"都有带着他们的"奴隶进入准州"的权利，并且"受到联邦宪法的保护"。但布坎南决定不参加竞选（安德鲁·杰克逊以后再没有总统连任过），这加剧了民主党内部的团结危机，同时增加了共和党赢得选举的胜算。

斯蒂芬·道格拉斯至少在10年之前就对总统之位虎视眈眈。虽然他在接纳堪萨斯加入联邦的问题上与布坎南发生了冲突，但他很可能是民主党在1860年能够派出的最强大的候选人。他不仅在自由州，特别是在至关重要的中大西洋和下中西部走廊有大量追随者，而且花了多年时间在蓄奴州培养支持自己的势力。他在1850年精心构想了妥协案，强化了《逃亡奴隶法案》，使墨西哥割让地的大部分地区可以实行奴隶制，在起草组织堪萨斯和内布拉斯加准州的法案时，虽然不情愿，但还是寻求明确废除引发奴隶主不满的《密苏里妥协案》划定的界限。最重要的是，他为把密西西比河流域变成美国农业、商业帝国的主动脉殚精竭虑，而且非常看好奴隶制在加勒比地区扩张的前景。在整个过程中，他赢得了深南部的一些著名领导人，特别是得克萨斯、路易斯安那、阿肯色和佐治亚的领导人的支持。

但道格拉斯及其政党面临的问题相当多。道格拉斯与激进的南方民主党人渐行渐远，先是反对按照在勒孔普顿镇起草的使奴隶制合法化的宪法将堪萨斯纳入联邦，后来又向对斯科特案裁决不满的移民提供了将奴隶制排除在外密西西比西部准州之外的策略。19世纪50年代，恰恰是这些"南方权利"的倡导者，在他们的州里掌管了民主党。到了1860年年初，当机会到来时，他们成功地指示各州参加总统提名大会的代表团，要么拒绝道格拉斯，要么要求在党纲中加入制定联邦奴隶法典，要么二者兼而有之——如若不然，就退出大会。大会将在南卡罗来纳的查尔斯顿举行，候选人需要赢得三分之二，而不是简单多数的代表投票才能赢得提名，这使道格拉斯得到提名的希望变得更小。

4月下旬开始的查尔斯顿大会的主要争论是党纲而不是候选人提名。南方代表呼吁制定一部联邦奴隶法典，宣布"联邦政府有责任……在必要时保护各准州的个人和财产权利"。而道格拉斯一方则主张由最高法院来决定"准州立法机构权力的性质和范围"。这个问题只需要赢得大会代表的多数票即可决定。道格拉斯一派的民主党人虽然赢得了胜利，但最终结果证明，这场胜利的代价高昂。大多

数来自深南部的代表立即退场，明确表示了他们的不满，道格拉斯
因此无法获得赢得党内提名所需的票数。最后，对立的代表团分别
重新集合，试图使候选人和纲领匹配——希望将领土问题留给最高
法院决定的"北方"民主党人选择了道格拉斯，要求制定联邦奴隶
法典的"南方"民主党人选择了来自肯塔基的现任副总统约翰·C.
布雷金里奇。双方都谴责了"各州立法机构颁布的旨在破坏忠实执
行《逃亡奴隶法案》的法令"，都支持"在条件允许的情况下尽快
取得古巴岛"。

共和党面临的挑战是找到一个既符合代表们的要求，又能赢得
选举的总统候选人。纽约州的威廉·苏厄德和俄亥俄的萨蒙·P.蔡
斯是可能的候选人，他们是该党反奴隶制政治的代表人物，不过他
们赢得宾夕法尼亚和下中西部的机会渺茫，因为那里种族主义思想
盛行，反奴隶制势力软弱无力。加利福尼亚和俄勒冈（1859年成为
州）的情况更加糟糕。密苏里的爱德华·贝茨不仅保守得多，还是
一名本土主义者。他可以在苏厄德和蔡斯缺乏吸引力的地方获得选
票，但同时会让许多忠实的共和党人望而却步。一个无名小卒本来
获得提名的机会并不大，但用一名支持者的话说，他却成了"所有
人的第二选择"。他就是出身伊利诺伊的亚伯拉罕·林肯。

1858年，林肯曾与道格拉斯争夺伊利诺伊州的参议员席位，他
们的辩论获得了媒体的广泛报道，当时林肯成了全国的焦点。虽然
他输了，但伊利诺伊的报纸开始宣传他将竞选总统，其他州的共和
党人也开始征求他的意见，这些激发了他的雄心壮志。到了1859年
秋，他似乎已经打算参加竞选。林肯为此前往东部做巡回演讲，目
的是提高他的知名度，并向那些对他心存疑虑的共和党人展示他反

对奴隶制的决心，以使他们安心。在纽约市的库珀学院，林肯在共和党的重要领袖面前宣称：美国绝大多数建国者把奴隶制视为罪恶，应在地理上加以限制；在"财产权"和"人的权利"的冲突中，后者必须占上风；奴隶主们计划"摧毁政府"，除非他们能在争论的各个方面都占上风，否则不会得逞。他强烈要求共和党人即使面对南方的威胁也要坚持自己的原则，并敦促他的听众要"相信力量来自正义"。

林肯在库珀学院的演讲以小册子的形式广为流传。他在新英格兰地区的巡回演讲，引发了人们的兴趣和热情。1860年共和党在芝加哥召开大会，这对林肯十分有利，他似乎已经确定了一套能够吸引大量北方选民的论点。他引用"分裂的屋子不能矗立"的比喻警告说，如果不加以制止，奴隶制必将向西扩张。在反思1858年与道格拉斯竞选的经历时，他敦促共和党人尽量避免提及"黑人平等"这个容易引发争议的问题。印第安纳的斯凯勒·科尔法克斯不是唯一意识到林肯是即将到来的选举中最有可能巩固"胜利方阵"的人。第一轮投票后，苏厄德的形势岌岌可危，而林肯排名第三，有了胜选的可能。没有人退出竞选。

虽然自1856年以来发生了一些重要变化，但党纲的制定并未引发激烈的斗争。与以往一样，奴隶制和奴隶制可能的扩张仍然是中心议题。与此同时，该党拥护《独立宣言》，并对斯科特案的裁决、"不顾堪萨斯民众的抗议强行通过的臭名昭著的勒孔普顿宪法"、重开非洲奴隶贸易的企图以及"脱离联邦的威胁"大加挞伐。"在正常状况下，奴隶制不应存在于美国的任何领土之上，"党纲规定，"我们不承认国会或准州立法机构或任何个人，有权使美国任何准州的奴隶制合法存在。""新的教条，即宪法本身的力量将奴隶制带入美国的任何或所有准州，"它警告说，"是一种危险的政治异端……（并且）具有革命倾向，破坏了国家的和平与和谐。"

不过，党纲更多的内容是对联邦权力和社会发展的构想。该党要求实行保护性关税以维护国家的"工业利益"，实行有利于"实际定居者"的"家园政策"，改善河流和港口以"保障现有的商业并使其更加便利"，并要求联邦政府帮助修建一条"通往太平洋的铁路"。它还希望保障工人获得高工资，农民获得更高的收入，机械师和制造商得到足够的报酬，国家的商业繁荣且独立。实际上，这份党纲不仅仅是对共和党选民的号召，更是一份新的政治经济蓝图。

激进的政治派别和政治倾向之间的斗争愈演愈烈，其中一方谴责奴隶制和奴隶主，另一方维护奴隶制和奴隶主，双方都试图动用联邦权力来帮助实现自己的目标。在总统选举中，斗争的激烈程度前所未有。不过，还是有人希望尽可能保持现状。道格拉斯一派的民主党人显然想象着分裂的房子在未来依然能够矗立，不过他们把希望寄托于已经做出对自己不利的判决的最高法院。而那些没有转投民主党（蓄奴州）或共和党（自由州）的前辉格党人，特别是那些居住在"边境"州的人，急于恢复亨利·克莱所体现的保守妥协精神。他们自称宪法联邦主义者，追随克莱在参议院的继任者约翰·J.克里滕登，批评共和党人和民主党人都在制造灾难，并承诺"除了宪法，不承认任何政治原则"。他们本来可能赢得足够的选票，把选举拖进众议院，在那里一些明智的人或许能够力挽狂澜。但在一个政治矛盾根深蒂固的新世界里，这样的主张看起来令人厌倦、不合时宜、无关紧要，就像支持该主张的那些政治人物一样。

当他们在1860年春天开会提名总统候选人时，他们之中最受关注的人（克里滕登、温菲尔德·斯科特、山姆·休斯顿，可能还有爱德华·贝茨）都超过了65岁，其中克里滕登（如果愿意，他可以得到提名）已经72岁了。最后，他们能找到的最好的人选是来自田纳西的奴隶主约翰·贝尔，他64岁，相对年轻。

随后的选举是美国有史以来最不寻常、最引人注目的一次。一方面，共和党在蓄奴州有强大的组织，但在肯塔基、密苏里、马里兰和特拉华等"边境"州的存在感极弱。如果想在更远的南方举行竞选活动，他们甚至不得不冒着生命危险——在许多奴隶主看来，他们是意图颠覆现有社会秩序的"黑人共和党人"，尤其是在约翰·布朗的袭击之后，这些奴隶主获得了更广泛的支持。由于布雷肯里奇与布坎南的关系，他这一派的民主党人在康涅狄格和宾夕法尼亚有一定的影响力，在俄勒冈和加利福尼亚的影响力更大，民主党人长期在这两个地方占据主导地位，来自蓄奴州的移民主导着这里的政治舞台，副总统候选人约瑟夫·雷恩就住在俄勒冈。另一方面，他们在自由州几乎得不到支持。道格拉斯打破传统，在全国各地不知疲倦地开展竞选活动（除了远西地区），并且在肯塔基、密苏里、路易斯安那、阿肯色和佐治亚等蓄奴州（除了佐治亚，其他州都在密西西比河流域）获得了一定的支持。但他的基本盘显然在自由州，特别是新英格兰地区的州。至于宪法联邦主义者，他们的支持者集中在蓄奴州，尤其是"边境"地区的蓄奴州。

民众对1860年选举的兴趣和参与程度超过了此前任何一场选举，在随后的一个半世纪很难再现这样的盛况。80%以上的合格选民前去投票，这反映了人们对这场选举的重视。在某些方面，这似乎是两场，而不是一场选举。林肯在自由州对阵道格拉斯（在这些州，两人加起来一共赢得了90%以上的选票），布雷肯里奇在蓄奴州对阵贝尔（在这些州，两人加起来一共赢得了80%以上的选票，而其中大多数州的选票上甚至都没有林肯的名字）。但事实上，共和党人和布雷肯里奇一派的民主党人在动员选民关心奴隶制问题和美国政治、经济的未来方面做得非常成功，只有他们能在任何一个州赢得一半的选票，而且在选举人票计票时，他们是明显的领先者（他们加起来一共获得了选举人选票中的83%和大众选票中的近60%）。

如果林肯面对的是一个团结的民主党，那么结果很可能不同。至少，他将失去加利福尼亚和俄勒冈。在那里，他凭借大约三分之一的选票勉强进入下一轮选举。然而，他在新英格兰、纽约州和上中西部复制了1856年弗雷蒙的成功，并如该党所希望的那样，成功地争取到了足够的选民。他在印第安纳和伊利诺伊稍占上风（各赢得了51%的选票），在宾夕法尼亚赢得了更多的选票（56%）。美国的政治平衡由此变得对他有利。虽然林肯只获得了不到四成的大众选票，但他还是赢得了选举人票的决定性多数（59%）和美国总统的宝座。再加上共和党拿下了自由州大多数立法机构的控制权和州长职位，并在众议院取得了重要的胜利，该党已经准备好执掌联邦权力。

奴隶主的叛乱

自从强大的中央集权国家，特别是16世纪和17世纪欧洲 – 大西洋世界的中央集权国家崛起以来，地方自治和自称拥有主权的飞地一直在抵制新的国家权威的主权声索。它们抵制繁重的税收、司法干预、征兵和其他提供人力的要求。在大多数情况下，抵抗来自乡村的贵族、地主和农民，他们的手段可能非常激烈。17世纪，大规模反抗和内战在英国、俄国和欧洲大陆国家屡见不鲜，专制主义遭到严重削弱。18世纪和19世纪初，抵抗多发生在西半球的国家和这里的殖民地。在这些国家和殖民地，奴隶起身反抗他们的主人声称拥有的权威，克里奥尔人起身反抗欧洲大都市声称拥有的权威（不过法国旺代的事件表明，斗争绝不仅仅发生在大都市）。不管是奴隶还是克里奥尔人，都试图推翻他们眼中不公或暴虐的政权。

这就是为什么即使新世界的反抗者成功了——如美国、墨西哥、西属拉丁美洲的大部分地区和海地的例子所示——他们要么组建松散的联合体，要么发现很难对其他群体施加权威，更不用说将权威拓展到他们中的一些人声称要统治的大片领土上了。他们几乎从一开始就面临着大大小小的分离主义运动的挑战。这些运动分裂了海地，割裂了中美洲部分地区、得克萨斯和尤卡坦大部分地区与墨西哥的联系，并使大哥伦比亚共和国解体为委内瑞拉、厄瓜多尔、巴拿马和哥伦比亚。失败的尝试在一个极大的政治地理范围内屡次上演——一些运动被残酷镇压，另一些则以其他形式继续下去。

分离主义从一开始就存在于美国——革命本身就可以被视为一种分离主义运动——尤其是最初加入联邦的各州的偏远地区（在反联邦主义者身上体现得最为明显）、1812年战争期间的新英格兰，以及合众国建立初期的密西西比河下游地区。一些认为宪法是与奴隶制订立的契约的废奴主义者，也认为在政治上退出联邦是一个可以考虑的选项。而吞并墨西哥割让地同样给联邦带来了众多挑战者，包括从德撒律州的摩门教徒到加利福尼亚的熊旗人和墨西哥同情者。

在1860年大选前接受了分离主义的南方白人，与当时以及以后的各种反联邦主义者站在了一起。他们相当清楚这一点，还常常把自己与美国独立运动时期的革命者相提并论。他们曾齐心协力游说其他南方白人，特别是领导层，试图让人们相信妥协或不作为将会带来危险。他们试图营造一种氛围，以使人们相信他们警告过的政治结果，即共和党掌握联邦权力正在成为现实。随着1860年大选的临近，他们中越来越多的人公开宣称，林肯的胜利将导致联邦分裂。如果这成为现实，他们将实施自己的计划。

一直以来，分离主义的势头在东起南卡罗来纳、西至得克萨斯的深南部各州最为强烈。在那里，大多数奴隶生活在种植园，种植着美国大部分的棉花和其他主要作物，居住着全国大部分最富有、最有影响力的奴隶主。在那里，政治和经济生活的活力以及对未来的想象，并不是面向北方各州，而是面向加勒比地区、墨西哥和新的西南部。深南部拥有一批被称为"吞火者"的激进分子——深南部的人几乎不会反对他们——拥有经常宣扬分离主义的报刊。该运动拥有相当强的民意基础和政治支持。一旦大选进入计票环节，剩下的唯一问题就是如何进一步推动该运动向前发展。

分离主义者此前几年的工作颇有成效，此时深南部各州考虑的首要问题不是是否要脱离联邦，而是应以单个州的身份脱离联邦（这是各州主权的表现）还是携手一起脱离联邦。支持前者的人被称为"立即分离派"，支持后者的人被称为"合作派"。毫无疑问，立即分离派是深南部领导层中最有活力的。他们认识到，犹豫可能会使他们失去难得的机会。他们必须推动事态迅速发展。他们应假定民众本来就是站在他们一边的，而不是试图继续煽动大众的情绪。"我不认为民众能够理解，"一名分离主义者承认，"但是，当要进行一场伟大的运动时，谁等待过民众？我们必须采取行动，迫使他们跟随。"

正如许多人所期待的，也正如其他深南部的分离主义者所希望的那样，南卡罗来纳抓住了这个机会，迅速召开会议讨论这个议题，并在1860年12月20日颁布了脱离联邦的法案。至此，深南部已有五个州开启了脱离联邦的进程，并规定在接下来的一个半月内召集代表召开关于脱离联邦的会议——南卡罗来纳的大胆举动显然推动了分离主义运动的发展。不过，虽然立即分离派似乎态度坚定，准备迅速采取行动，而合作派似乎准备不足，无力回应，但立即分离派遇到的阻力其实并不小。即使是在南卡罗来纳，他们也是凭借强大的宣传攻势和自警团的积极活动才在重要的选举中取得了胜利。在密西西比、佛罗里达和亚拉巴马，合作派的代表赢得了35%到45%的选票（主要是因为非种植园区对脱离联邦有所顾虑），但在佐治亚和路易斯安那，他们赢得了近50%的选票（实际票数可能更多）。在得克萨斯，时任州长的山姆·休斯顿不是分离主义者，拒绝召集州立法机构开会。分离运动的领导人不得不在次年1月临时召开了一场会议（其合法性受到怀疑）。无独有偶，在代表选举中，合格选民的投票率相较1860年11月总统选举时大幅下降。

无论总票数到底如何（在这种情况下，票数往往难以统计），在州立法会议上，立即分离主义者声称赢得了大多数代表的支持，而且一个接一个坚定地拥护脱离联邦（得克萨斯也是如此）。不过事实上，除了南卡罗来纳，各州并不是一致同意脱离联邦的。这是一场令人印象深刻的运动，激进的奴隶主和他们的代言人以耐心和坚定的态度发动了这场运动。他们组织了一场针对新联邦政府，并进而针对整个联邦的叛乱，而且说服了足够多的对联邦心存疑虑的人和非奴隶主接受这样的结果，后者没有公开集会表示抗议。类似的运动曾在1832年至1833年间和1850年至1851年间失败过，此类运动的胜算看起来并不大。考虑到风险，脱离联邦的进程最终竟能以令人眩晕的速度一路向前推进——比美国殖民者反对英国政府的行动快得多——确实令人瞩目。合作派别无选择，只能同意参加2月初在亚拉巴马的蒙哥马利召开的组建"同盟"的会议。

鉴于深南部各州对如何脱离联邦仍有异议，而立即分离主义者的影响力极大，七个脱离联邦的州的代表在蒙哥马利迅速成立了一个"永久性的联邦政府"。他们有可资利用的文献和框架——美国宪法。他们的祖辈在制定联邦宪法的过程中发挥了主导作用，而人们很容易找出两次制定的宪法在语言和逻辑上的相似之处。但事实上，两份宪法的意义截然不同。虽然在1787年的制宪会议上，奴隶主代表为保护奴隶制和奴隶主的利益进行了顽强斗争，但他们知道自己将与强大的非奴隶主势力共同组建联邦，因此做出了明显的让步，使用了委婉的语言，没有让与奴役相关的字眼出现在纸面上。"联邦比例"和"逃亡奴隶条款"使用的字眼不是"奴隶"，而是"其他人"或"受劳动和服务约束的人"。虽然国会被赋予监督准州和接纳（或不接纳）新州的权力，但宪法并没有解决奴隶制在这些新州是否合法的问题。

蒙哥马利会议则不然。聚集在那里的深南部代表引用了一些使宪法具有特殊感染力的华丽语言，如"我们人民"，但使用的目的大不相同。他们认为自己说的不是现在被他们称为"美利坚诸州同盟"的"人民"的意愿，而是拥有"主权和独立特征的"各州的意愿。他们明目张胆地使"奴隶制"和"奴隶"这两个词成为这份文本的核心，将决定合格选民资格的权力留给新成立的政府，并要求任何希望加入他们的联盟国的准州或州——他们当然也在考虑扩张——必须使奴隶制合法化，并允许奴隶主和奴隶行使过境权。这些权力远远超出美国宪法赋予联邦政府的权力，并清楚地表明了新政府最看重哪个群体的利益。蒙哥马利的代表们建立了一个奴隶主的政府——由奴隶主所有，为奴隶主服务，而且没有明确规定各州有脱离新的联盟国的权力。

就像先前召开的脱离联邦会议一样，南部同盟制宪会议没有规定将宪法交由公众批准，而是以当前受到的压力为由，决定行使"临时"国会的权力，直到11月举行选举。毕竟，这个新的"国家"需要在政治、经济和军事上进行动员，以抵御可能的，甚至是迫在眉睫的攻击。因此，代表们还为他们的新政府选出了一名总统和一名副总统，他们可以在晚秋参加选举。综合考虑此前30年的政治倾向和被他们视为必不可少的从政经验，他们做出了两个可怕的选择。他们推选来自密西西比的杰斐逊·戴维斯为总统，他曾是民主党人（但不是吞火者），毕业于西点军校，参加过美墨战争，担任过国会议员、参议员和国务卿。他们选择佐治亚的亚历山大·斯蒂芬斯为副总统，他是辉格党人，属于温和派，曾在国会任职，认识亚伯拉罕·林肯，在1860年支持斯蒂芬·道格拉斯，并一度试图阻止南方脱离联邦。戴维斯和斯蒂芬斯在许多方面截然相反，二人也无法产生积极的化学反应。他们的共同点是坚信奴隶制是南部同盟的"基石"。

即将到来的分裂

从深南部分离主义驶入快车道的那一刻起，深南部领导层的目光就集中在他们所在州的政治动向和蓄奴州对北方邻居的政治态度上。南卡罗来纳的分离主义者立即派使者到弗吉尼亚的立法机构发表演说，所有蓄奴州之间的联系变得热闹非凡。但是，为深南部所热衷的分离主义，在这个地区之外却很难找到同样狂热的支持者。虽然所有蓄奴州都声称自己支持脱离联邦，但在上南部诸州，包括特拉华、马里兰、肯塔基、密苏里、阿肯色、田纳西和北卡罗来纳，分离主义者显然是少数（在某些地方寥寥无几）。这并不是因为奴隶主放弃了这些州的领导权，也不是因为这些州与奴隶制的联系削弱了。19世纪30年代，弗吉尼亚和马里兰曾考虑过渐进式解放奴隶的方案，但最终坚决地否定了这个选项。1847年的特拉华也是如此，即便这里的奴隶一直在减少，有色自由人的数量在不断增加。上南部与深南部的区别实际上在于政治经济和地理条件。在这些地区，奴隶主拥有的奴隶较少，而且很少让奴隶种植主要作物，更多的是为了满足季节性劳动力和奴隶雇用的需求。在上南部，黑人人口较少（虽然从绝对数量上看，弗吉尼亚的奴隶数量多于其他任何一个州），没有奴隶的白人人口较多。与深南部不同，上南部与下中西部和大西洋中部各州的经济和文化联系更为紧密。上南部和位于南北交界处的各州一直是亨利·克莱一派的辉格党人的票仓，这里的人对帝国扩张的兴趣不大，对所谓的"南方权力"也远没有那么着迷。在1860年的选举中，约翰·贝尔和立宪联盟派在这些州赢得了大部分选票。林肯赢得大选后，这里弥漫着犹豫不决的情绪。

上南部和南北交界处的蓄奴州最初对分离主义的态度，肯定不会让深南部的分离主义者感到高兴。从1860年冬季到1861年早春，分离主义在上南部接连受挫，各州要么拒绝开始正式的审议程序（马里兰、特拉华、肯塔基），要么拒绝召开立法会议（田纳西、北卡罗来纳）。即便召开会议，分离主义者也遭到猛烈抨击（弗吉尼亚、阿肯色）。即使是南部同盟的成立也未能打消这些地区的疑虑和恐惧，有些州甚至直言不讳地拥护联邦主义。

上南部的犹豫不决在一定程度上是由于联邦政府行政和立法分支紧急采取的妥协与和解举措。布坎南总统一直深受奴隶主爱戴。他利用12月初在国会发表最后一次年度讲话的机会，宣称分离具有合法性，但他拥有采取反制措施的权力。《辛辛那提问询报》指责道："我们很少见到如此具有争议性的议题竟得出如此蹩脚无力的结论。"布坎南实际上提议召开宪法大会以解决脱离联邦的问题，而某种形式的宪法修正案似乎能帮助那些试图阻止联邦分裂的人实现自己的目的。

亨利·克莱在参议院的继任者、来自肯塔基的约翰·J.克里滕登，以十三人委员会成员的身份提出了一个解决方案。他提出了一系列宪法修正案和决议，目的是保护奴隶主财产不受威胁，也不受联邦解放主义潮流的影响，并使奴隶制能够扩张，使《密苏里妥协案》规定的分界线能够一直延伸到太平洋。虽然奴隶制在该线以北的各州被禁止，但这条线以南，奴隶制将是合法的，并受联邦保护，而且不仅适用于"现在属于联邦的"地区，还必须适用于任何

"以后取得的"领土。为了确保这项交易不会受到挑战，他还要求该修正案永远不能被废除。

在多年来一直致力于消灭奴隶主权势的废奴主义者看来，《克里滕登妥协案》一无是处。当选为总统的亚伯拉罕·林肯，也无意牺牲共和党的核心主张来安抚奴隶主。虽然林肯素以观点温和著称，而且从政经验相对不足，但他很清楚，摊牌的时刻已经到来。他批评克里滕登的建议"将使我们失去通过选举获得的一切……并使我们再次走上通往奴隶制帝国的道路……如果我们投降，我们的末日就会到来。他们会无休止地一次次试探我们……直到我们不得不将古巴作为他们继续留在联邦的条件"。关于蓄奴州的未来，林肯承认，从宪法上讲，它不在联邦政府的管辖范围之内。"不管是直接还是间接，"他多次表示，"我无意干涉蓄奴州的制度，我认为我没有合法的权力这样做，我也不打算这样做。"他还表示愿意支持众议院通过并将交给他批准的宪法修正案（第十三修正案），该修正案将使联邦政府永远无法废除蓄奴州的奴隶制。但"在领土问题上"，他非常"固执"。"如果争斗不可避免，"林肯坦诚，"迟来不如早到。"

林肯同样不承认脱离联邦在政治上具有可行性。他担心如果不能维护联邦权力，那么发生在深南部的事情可能会影响其他地区。他认为联邦是由"人民"，而不是各州建立的（正如南部同盟在宪法中写的那样），因此是"永久的"。"可以断言，"林肯在1861年3月4日的就职演说中指出，"没有哪一个正常的政府会在自己的组织法中列入一条要终止自己执政的条款……任何一个州都不能单凭自己的动议而合法地脱离联邦。"因此，所谓的分离主义者实际上无权制定涉及各州主权的法律，他们是在策划叛乱，而且很可能连累大部分白人人口。林肯声称，分离主义"实质上就是无政府主义"，而且也是对"多数原则"的嘲讽。

然而，从短期来看，他有充分的理由保持克制。最初，反对脱离联邦的蓄奴州多于支持脱离联邦的蓄奴州（8:7）。如果联邦采取强硬措施，这八个州很可能重新考虑是否加入南部同盟。林肯仍然认为，联邦主义情绪依旧潜伏在喧嚣的舆论之下，即便在深南部，它也只是暂时受到分离主义者的压制，只要耐心等待，大众很可能会重新支持联邦主义，而分离主义将名誉扫地，惨淡收场。关键是要避免冲突和挑衅。要做到这点并不容易，特别是当新成立的南部同盟各州开始在其声称拥有主权的领土上没收军火库、海关大楼和军事要塞等联邦财产时。林肯虽然曾发誓要"使用、占领和拥有属于政府的财产和场所"并"在各州执行联邦法律"，但就目前的情况而言，谨慎似乎更能体现勇气。他似乎对被报刊讽刺为"宗师级别的不作为"政策感到满意，既拒绝收回被南部同盟各州没收的财产，也拒绝在"敌视合众国"的地区行使联邦权力。

萨姆特堡是个例外。刚开始修建不久，尚未完工的萨姆特堡位于查尔斯顿港中央。这里驻扎着一支小规模的联邦军队，他们在1860年12月放弃了老旧破败的莫尔特里堡，因此避免了大多数位于南部同盟境内的联邦军事要塞的命运。莫尔特里堡离南卡罗来纳很近，南部同盟可以轻而易举地攻占那里。攻占萨姆特堡则要困难得多，这座要塞建成后可配备近150门大炮和近700名士兵。转移的命令出自要塞指挥官、来自肯塔基的罗伯特·安德森少校。他虽然同情南方，但仍忠于联邦政府。此举虽然为他赢得了时间，但防守萨姆特堡也不容易，因为这里虽然易守难攻，但这样的地理条件也使其难以获得补给。如果得不到补给，萨姆特堡的守军只能按照南部同盟的要求撤出要塞。

詹姆斯·布坎南在离任前试图增援安德森和他的部下。1861年1月初，他派200名士兵携带给养登上一艘没有武装的商船"西部之星"号。他们没能成功。南部同盟军队发现"西部之星"号驶入查尔斯顿港后，对其开火，将它赶回大海。安德森没有还击，所以对抗没有升级。但随着时间的推移，安德森的处境越来越不利。得知林肯就任总统后，他知道南部同盟军即将发动攻势。

林肯政府的大多数官员都认为应该命令守军撤出要塞。新任国务卿威廉·苏厄德——他已经有了抢林肯风头的希望——也许是放弃萨姆特堡的最主要的倡导者，而且起初站在他这边的人很多。内阁中只有来自马里兰的邮政局长蒙哥马利·布莱尔明确支持为要塞提供补给，而年迈的陆军参谋长温菲尔德·斯科特则认为，联邦要派出一支规模不小的军队才能守住萨姆特堡，这是目前联邦难以负担的。苏厄德对自己的判断极为自信，他甚至向南部同盟的使者泄露了守军即将撤离的消息。

然而，在政府之外，一种截然相反的政治动向迅速发酵。萨姆特堡可能沦陷的消息在东北部和中西部各州引起了强烈反弹，不仅是共和党人，甚至连忠于联邦的民主党人都反对放弃要塞。他们似乎意识到，不管他们在对奴隶制的未来的看法上有什么分歧，也不管他们打算如何解决当前的危机，联邦的命运已岌岌可危。一名记者情绪激昂地预言："如果守军撤出萨姆特堡，新政府将就此终结。""我们还有政府吗？"许多家报纸的编辑这样问道。而其他人则更担心"在凶恶的叛徒面前捍卫国家荣誉和国旗的那群勇士"。就连贵族出身的律师乔治·坦普尔顿·斯特朗也不满地问道："我们的国鸟是不是只是一只插着鹰的羽毛的弱鸡？"在公众看来，放弃萨姆特堡不会加强南方联邦主义者的力量，也不会削弱叛军的力量，只可能适得其反。蒙哥马利·布莱尔的父亲弗朗西斯·布莱尔与林肯见面时对后者说，放弃要塞"实际上就是放弃整个联邦"，这个行动本身可能就是叛国行为。

除此之外，还有一个原因使林肯彻底忽视这些要求维护联邦权威的主张。林肯似乎很清楚，美国是一个庞大而松散的联邦，内部存在着强大的离心力。联邦政府一直是一个弱中心，随着国家向西、向南扩张，在没有如杰斐逊所设想的一个强大的大都市中心的情况下，对维持一个发展中的帝国的挑战越来越多。新修建的运河、铁路等基础设施将这个国家的部分地区更紧密地联系在一起，而使其他地区要么相对孤立，要么走上不同的发展道路。一些人可能已经将希望寄托于太平洋沿岸以及连接它与东部的新铁路线上。但在1861年，经合恩角附近的海路，或经中美洲的海路和陆路，才是东西部之间最快捷的交通路线。住在平原、西南部和西北部的广大领土上的大多是原住民，其中许多人是出色的战士和商人，然而这片土地已经引起了与其毗邻的中西部和远西部各州的白人农民和投机者的觊觎。林肯可能赢得了所有自由州的选举人票，但他获得的大众选票并不多，特别是在下中西部和西海岸，这些地区的地方主义传统依然根深蒂固。

加利福尼亚的情况很好地反映了林肯政府面临的种种困难。虽然在《瓜达卢佩-伊达尔戈条约》签订后不久，加利福尼亚就以自由州的身份加入联邦，但在19世纪50年代，它在政治上被南方来的移民和民主党同情者控制。这些人不仅控制着州长、立法机构成员和国会议员的人选，而且似乎比其他自由州的民主党人更成功地度过了《堪萨斯－内布拉斯加法案》带来的灾难。在1856年的总统选举中，当地英雄约翰·C.弗雷蒙只获得了19%的共和党人的选票。到了1860年，支持奴隶制和支持分离主义的情绪似乎变得更为普遍。新当选的美国参议员米尔顿·莱瑟姆在1860年春的一场演讲中在为奴隶制辩护的同时，又向支持脱离联邦的人示好："我们加利福尼亚人有理由既不成为南部同盟的一员，也不成为北方联邦的一员，我们有能力维持一个自由而独立的州。"当年11月，包括支持奴隶制的俄勒冈人约瑟夫·莱恩在内的布雷肯里奇一派在南加利福尼亚赢得了不少选票，而林肯在全州只获得了不到三分之一的大众选票。林肯之所以能够赢得该州的选举人票，完全是由于民主党的内部分裂（布雷肯里奇和道格拉斯的对立）。几周内，认定蓄奴州必将脱离联邦的《旧金山先驱报》开始构想加利福尼亚牵头成立一个太平洋共和国或单独成立一个共和国。

在这方面，加利福尼亚绝非个例。北方的大部分地区，特别是靠近南方的地区，州权意识仍然很强，中西部和大西洋中部仍有反对废除奴隶制的有影响力的飞地。《芝加哥时报》和《克利夫兰实话报》代表了支持奴隶制的市民，而俄亥俄的《汉密尔顿电讯报》、密歇根的《奈尔斯共和报》、印第安纳的《新奥尔巴尼纪事报》和伊利诺伊的皮奥里亚的《民主联盟报》则显示了小城镇和农村对奴隶制的支持，但滋生对南方和奴隶主的同情的温床是纽约市。这里受民主党控制，而且与棉花贸易有着很深的联系，这些因素使其政治态度暧昧，在联邦和南部同盟之间摇摆不定。虽然反对奴隶制的呼声越来越高，但反对废奴主义的根基仍然深厚，后者的支持者主要是老牌的商业精英和新爱尔兰天主教移民结成的联盟。一些报纸，包括很有人气、阅读量很大的《纽约先驱报》，都表示支持奴隶制，将其视为一种社会组织和种族控制的形式。另一些报纸，如《纽约商报》，认为接受南方和平脱离联邦比武装冲突更可取。事实上，身为民主党人的市长费尔南多·伍德的主张恰好反映了这种暧昧态度，他建议纽约市脱离联邦，建立一个与德国不来梅或汉堡相似的自由港。

从1860年年底到1861年年初，随着分离进程在深南部的推进，各地纷纷开始讨论另组联邦或成为独立的州或共和国。东部的一些人设想建立一个从纽约州到弗吉尼亚的"中央联邦"，以充分发挥该地区的经济和政治活力。中西部的分离主义情绪开始抬头，因为人们担心新成立的南部同盟会封锁密西西比河下游，使中西部各州成为新英格兰和五大湖区航运利益集团的"奴隶和农奴"。在一直深陷争论之中的密苏里，"身为领袖的绅士们"讨论了"该州独立的可能性"。总之，真正的问题不是如果林肯无法树立联邦权威，美国是否会分裂成两个国家，而是美联邦是否会就此解体，北美大陆是否将充斥着相互竞争的州和联盟。

无论如何，到了1861年3月底，林肯决定采取行动。他的内阁的立场开始发生变化，不过苏厄德仍在做最后的努力。他建议林肯对西班牙或法国宣战，这样美国人或许会团结起来共抗外敌，但林肯还是打算对叛乱的南部同盟动武，并给安德森少校送去了他们急需的物资。林肯选择只运送食物和衣服，这是一着妙棋。他派一支军队前往萨姆特堡，并在同一天告知南卡罗来纳州州长弗朗西斯·皮肯斯自己的和平意图。"我只打算为萨姆特堡提供给养,"他通知州长,"如果一切顺利,我不会在没有告知的情况下送去人员、武器和弹药——要塞受到攻击的情况除外。"林肯不知道北方和上南部会如何看待他"为饥饿的人提供食物"所做的努力,但他通过这样的行动把责任转移到了南部同盟一方。

杰斐逊·戴维斯及其新组建的内阁,与林肯及其内阁的处境相同。双方都不希望自己被视为挑衅者,同时都对处于南北交界处的各州充满期待。这些州是政治战场,可能削弱也可能加强奴隶主的叛乱。和林肯政府一样,戴维斯政府也受到越来越大的压力。舆论要求其采取与其宣称的独立的"国家"地位相符的行动。"在这种不作为的政策下,人民开始怀念联邦,乃至渐渐流露出了爱国主义之情,"莫比尔的一家报纸警告说,"如果不尽快采取一些行动……整个国家会对南方独立的假象感到厌恶,一旦举行选举,人们会彻底改变整个运动的方向。"有人甚至认为,"流血"能够"使犹豫不决的州的许多选民改变立场"。激进的《查尔斯顿水星报》评论道:"除非我们能够证明我们有能力解放自己,否则南方边境各州永远不会加入我们。"

戴维斯打算按他们的建议采取行动。他从州长皮肯斯那里得知林肯要为萨姆特堡提供补给后,于4月9日召开内阁会议,命令查尔斯顿的南部同盟指挥官P. G. T.博勒加德将军在补给运抵之前"攻克"要塞。博勒加德随即要求安德森投降。遭到拒绝后,他于4月12日凌晨下令开火。不到一天半,要塞陷入火海。博勒加德的部下虽然筋疲力尽,但无人丧命。安德森最终放弃了要塞。联邦权威在深南部的最后象征落入南部同盟之手。

　　林肯立即做出回应。他指出南卡罗来纳、佐治亚、亚拉巴马、佛罗里达、密西西比、路易斯安那和得克萨斯"加在一起的实力过于强大，一般司法程序或现有的军事力量无法击败它们"。他呼吁"联邦各州"提供7.5万名志愿兵，服役期限为90天。但南部同盟的激进派对上南部的看法似乎是正确的。没有一个留在联邦的蓄奴州同意派出志愿兵，大多数州以嘲笑和蔑视回应林肯的命令。肯塔基州州长拒绝"为制服南方姐妹州这一邪恶目的提供一兵一卒"，而密苏里州州长则声称林肯召集志愿兵的做法是"非法的、违宪的、革命的和非人道的"。最为严重的是，四个蓄奴州以弗吉尼亚为首，立即开始重新审视分离主义议题，并选择支持脱离联邦。到了6月初，北卡罗来纳、阿肯色、田纳西，连同弗吉尼亚均断绝了和联邦的关系，加入新成立的南部同盟。80多年前建立的联邦，通过军事和外交手段将这个由奴隶主和非奴隶主组成的帝国扩张到了整个大陆；现在，它即将崩溃，那些曾经使其维持统一的力量已不再起作用。

第二部分

国家与帝国

第七章 国家的诞生

南部同盟西进

　　就在美利坚诸州同盟制定宪法后不久，萨姆特堡之战开始前几个星期，一直密切关注着东部和北方的南部同盟领导人，也将目光转向了西部。毕竟，最终导致南方脱离联邦、组建南部同盟的政治斗争，正是围绕着幅员辽阔的外密西西比西部的未来展开的。而且南部同盟宪法明确规定，只要奴隶制合法，奴隶主的权利得到尊重，新的准州和州就可以加入联盟国。虽然从理论上说，从路易斯安那购地案、墨西哥割让地和俄勒冈边界解决案中划出的准州和州仍属于联邦，但林肯政府不能理所当然地认为它们会继续保持忠诚。加利福尼亚和俄勒冈在政治上强烈倾向于民主党，许多人同情南部同盟，而且已经有人提出建立一个新的太平洋沿岸共和国的想法。大量摩门教徒定居的犹他在19世纪50年代末一直在反抗联邦政府，布坎南总统为此还不得不出动军队。此时，它需要面对一个正式将一夫多妻制和奴隶制视为"野蛮的两大残余"的共和党政权。在人民主权论的基础上建立的新墨西哥准州，不仅在1859年颁布了一部奴隶法案，还让南方人担任准州州长并允许其在准州最高法院任职。

不过，以新任命的国务卿罗伯特·图姆斯为首的南部同盟官员首先把目光投向了与得克萨斯、阿肯色和堪萨斯相邻的印第安领地，特别是19世纪30年代被强行迁移到那里的所谓的"五大文明部落"。可以肯定的是，南方的白人，无论是奴隶主还是非奴隶主，都曾对印第安人施加过军事和政治压力，将其赶出东南部。各部落在此过程中蒙受了巨大的人员伤亡，失去了众多土地，内部纷争不断，因此几乎不可能对以前的施暴者产生好感。但一些有影响力的部落成员，尤其是那些更愿意接受美国文化的部落的人，对奴隶制的看法确实与南部同盟非常相似。与美国联邦政府打交道的经历使这些人感到沮丧，他们乐意倾听任何使者的提议。最先做出这样的尝试的不是联邦而是叛乱的南部同盟，后者很快就决定任命艾伯特·派克为使者与印第安人联络。

派克出生于阿肯色，是一名律师，曾参加过美墨战争，很熟悉印第安人。他早先曾为几个部落提供法律援助，并成功地为克里克人争取到了一大笔迁移费用。戴维斯政府不仅授权他可以动用高达10万美元的经费来确保双方建立政治和军事联盟，而且承诺将为反抗联邦政府的部落提供更加优厚的条件——现有土地的所有权、南部同盟国会的代表权和年金。虽然克里克人、塞米诺尔人和切罗基人之间日益激烈的争端增加了派克完成任务的难度，但到1861年10月末，他与每个部落，或者至少是部落中的某个派别都达成了协议，而且其中均有提供军队的条款。他用奢侈的礼物和奢华的宴会成功说服通卡瓦人、卡多人、瓦科人、塞尼卡人、欧塞奇人、肖尼人和更西边的一些科曼奇人把自己置于南部同盟的保护之下。科曼奇人甚至同意停止骚扰得克萨斯。切罗基混血派的首领斯坦德·瓦捷成了南部同盟军队的上校（后来成为将军），而派克也因功被授予准将军衔，负责领导新设立的印第安领地军团。就在林肯最初选择放弃印第安领地的同时——他撤走了驻扎在那里的联邦军队，不愿征召印第安士兵，还停止支付部落年金——南部同盟正向西挺进。

南部同盟还将目光转向西南部。作为富兰克林·皮尔斯的战争部长，杰斐逊·戴维斯一直对建设一条经南方横贯大陆的铁路非常感兴趣，为此还积极推动1853年的加兹登购地案，要求吞并索诺拉、奇瓦瓦和新墨西哥边境地区一块面积不大但战略价值极高的土地——事实上，戴维斯还想得到更多的土地。随着南方脱离联邦并成立南部同盟，戴维斯迅速行动起来，与墨西哥城的胡亚雷斯政府建立友好关系，并将南部同盟的影响力扩大到墨西哥北部的边境地区。他之所以这么做，是担心这里可能会受到联邦军队攻击，从而使联邦可以从这个方向包围联盟国。虽然戴维斯派往墨西哥城的使者空手而归，但新莱昂、科阿韦拉、塔毛利帕斯、索诺拉和奇瓦瓦的情况令人鼓舞。奇瓦瓦州州长私下暗示，他不会允许联邦军队经过他的州，而新莱昂和科阿韦拉有独立意向的州长甚至提出未来将直接加入南部同盟。帝国野心依然没有丝毫收敛。"我们必须拥有索诺拉和奇瓦瓦，"戴维斯派往墨西哥的一名官员欣喜若狂地说道，"有了索诺拉和奇瓦瓦，我们就能得到（下）加利福尼亚，还能修筑一条通向瓜伊马斯的铁路，这样我们的得克萨斯就会成为各国的交通枢纽。"

建立一个奴隶制帝国的前景早就激发了各州，特别是深南部各州的热情。但是正式脱离联邦，成立南部同盟政府之后，新的问题立即浮现出来。南部同盟很快与联邦开战，并面临着联邦对大西洋南部和墨西哥湾沿岸的海上封锁。为了在政治和军事压力下生存下去，南部同盟迫切需要国际社会的承认和支持。虽然许多人认为南部同盟在国际棉花市场的影响力为其赢得了巨大的，甚至可以说是不可动摇的外交优势（这被称为"棉花王国外交"），但他们也知道，侵略墨西哥或加勒比地区将会招致他们最需要的国家，如法国、比利时、俄国、西班牙，以及最重要的英国的孤立乃至直接干预。南部同盟国务卿罗伯特·图姆斯及其继任者尤其重视向欧洲人保证古巴的安全，因为怀有建立奴隶制帝国野心的人一直对古巴垂涎三尺。图姆斯指示一名外交人员说："如果你发现他们有顾虑，担心本政府会尝试用任何方法获得该岛，你就要不遗余力地打消他们的错误想法。同盟政府的政策是，古巴仍将是西班牙的殖民地。"

英国政府和法国政府都确信美国正在解体，联邦无法制服南部同盟。1861年7月，联邦军队在华盛顿特区附近的奔牛河之战中意外地迅速失利后，情况变得更为严峻。但是英、法两国也知道，如果在外交上承认南部同盟，林肯政府必将报复，而且很可能宣战。两国因此选择中立，这同时恶化了联邦和南部同盟的处境。不过，英国承认南部同盟为"交战团体"，使其在购买物资和筹措资金时能够拥有一定的国际信誉。虽然南部同盟方面曾预计英国和法国对原棉的需求会使其选择在外交上承认南部同盟，但1858年至1860年的棉花大丰收使两国的纺织业和政府无须承受太大的压力。欧洲人选择隔岸观火，越来越倾向于不支持任何一方，并且促进双方通过谈判实现停火，他们认为这也许会使其重新获得对北美大陆的影响力。

不过，南部同盟还可以争取将影响力扩张到美国西南部。制定了奴隶法典并拥有大批南部同盟同情者的新墨西哥，被戴维斯视为通往南加利福尼亚和太平洋的门户。他一直认为犹他南部适合种植棉花，而且想象着拥有金银矿的地区的矿产资源会流入南部同盟的国库。事实上，他在几年前担任战争部长时，就曾命人从北非运来74头骆驼，以测试它们能否适应美国的沙漠。但西南战役最积极的支持者是南部同盟中的得克萨斯人，他们曾在1850年不情愿地放弃了对新墨西哥部分地区的主权要求。1861年7月，他们在约翰·R.贝勒的率领下，迅速占领了得克萨斯境内的联邦要塞，在离埃尔帕索不远的布利斯堡升起了南部同盟的旗帜，然后迫使新墨西哥的梅西亚镇外的联邦军投降。梅西亚支持脱离联邦。8月，贝勒宣布，南部同盟将于1862年年初正式吞并位于北纬34度线以南的亚利桑那准州。

身处圣安东尼奥的得克萨斯部队指挥官亨利·霍普金斯·西布利，正在酝酿一个更加雄心勃勃的计划。西布利毕业于西点军校，参加过美墨战争，后来选择退出联邦陆军，转投南部同盟。他设想的远征不仅要夺取新墨西哥和亚利桑那，还要占领科罗拉多和加利福尼亚的金矿区。他前往里士满，试图说服杰斐逊·戴维斯这个计划是可行的。事实证明，他的口才出众。他被授予准将军衔，带着"新墨西哥陆军司令"的头衔返回得克萨斯。"这次战役的目标和意图是征服加利福尼亚。"西布利手下的一名军官后来说道。占领加利福尼亚之后，西布利希望能进一步征服墨西哥西北部。截至1861年深秋，西布利吸引了3000多名得克萨斯志愿兵，并率领他们向布利斯堡进发。1862年2月初，他们进入新墨西哥的格兰德河流域。几天后，西布利在巴尔韦德击败了一支联邦军队。3月中旬，西布利的部队占领了阿尔伯克基，在圣菲上空升起了南部同盟的旗帜，然后将目光转向北面的科罗拉多。

联邦部队的军官们很快承认，西布利的军事行动构成了极大威胁。他们注意到入侵新墨西哥的"真正目标"至少是"征服加利福尼亚、索诺拉、奇瓦瓦、新墨西哥、亚利桑那和犹他，而最重要的是要控制太平洋沿岸所有的黄金储备"。莱瑟姆·安德森准将认为："单是征服这片辽阔的土地……就能确保南部同盟得到欧洲列强的承认。"他接着说，这还将使南部同盟变得更加独立和强大。

再造联邦

随着1860年大选的临近，分离主义者警告说，亚伯拉罕·林肯和共和党打算建立一个庞大的中央集权国家，他们不仅会用其新获得的权力反对奴隶制和奴隶主，还会插手公共和私人生活的许多领域。许多民主党人将共和党人称为"黑人共和党人"，认为后者将无视宪法并利用官员任用权唆使奴隶反对主人，非奴隶主反对奴隶主，妻子反对丈夫，黑人反对白人，而最终目的是破坏奴隶制，建立专制政权。分离主义者提到了"公开的、不可动摇的、强大的影响"，这种影响力来自"正在做对奴隶制和奴隶主不利的事情的……成千上万的政府官员和政府雇员"，来自"在南方各州"担任公职的共和党人"连同他们的追随者和朋友"，来自"南方各州的黑人共和党人，他们是北方狂热主义者的盟友和傀儡，并且在短短数年内公开宣扬废奴主义"。"到了次年3月4日，"罗伯特·图姆斯在1861年1月于佐治亚召开的分离主义大会上说，"他们将掌握联邦行政机构以及巨大权力，将拥有官员任用权和法律特权，将能够指挥陆军和海军，还能够支配财政收入。"

不过，虽然共和党的党纲要求联邦政府发挥积极作用，但共和党人和林肯政府能做的其实不多。联邦政府只有不到3.7万名雇员，其中大多数是海关和邮政官员，很多可能是政治"酬佣"。美国陆军只有不到1.7万名现役军人，其中大多数人分散部署在外密西西比西部的各个要塞。美国海军只有不到1万人和一支由42艘舰艇组成的不起眼的舰队，而且大部分舰艇正在千里之外巡逻。更糟糕的是，许多加入南部同盟的南方各州的军官选择支持叛乱。这些人作战经验丰富。除了金银币，联邦没有中央银行和国家货币，流通货币主要由1500多家州银行发行，兑换时通常要接受大幅折价。资本积累和投资的主体是私人公司、商行和与联邦政府几乎没有或完全没有关系的银行，以及发行债券的州政府和市政府。欧洲投资者仍然非常重要，大型基础设施尤其需要他们的投资。联邦政府的收入主要来自关税和出售公共土地，而最近30年关税税率一直在下降，各级政府的税收收入很少。全国各地的民主党人都是州权和地方控制的坚定支持者，因此林肯虽然坚决否认脱离联邦的合宪性，拒绝承认南部同盟，但不得不经常向行政分支以外的权力让步。最重要的是，他无法对奴隶制仍然合法的各州采取措施，以迫使其废除奴隶制。

即使是在战争爆发以后，林肯似乎仍未充分意识到危机的严重程度，对联邦提出的要求也很低。他虽然号召各州提供7.5万名士兵协助平定南方的叛乱，但也只是以1792年的《民兵法案》为依据，仅仅要求各州提供服役期为90天的志愿兵。不过，他确实迅速下令封锁南方海岸线，以阻止南部同盟出售主要作物并获取物资。4月下旬，由于存在着分离主义活动，他暂停了华盛顿—费城走廊的人身保护令。随后，因为联邦军队遭到攻击，再加上哥伦比亚特区三面被蓄奴州马里兰包围，而且后者即将脱离联邦，他才开始在巴尔的摩实施戒严。5月，他又召集了4.2万名志愿兵。这次的服役期是3年，陆军正规军和海军的兵力也增加了近5万。但由于当时国会休会，林肯的行动既可以被形容为果断的，也可以说是谨慎的。虽然他没有取得国会授权，以前所未有的方式推进着征兵计划，但他不能被称为独裁者，或者被认为有建立一个中央集权政府的打算。

然而，到了7月初，当国会在他的指示下重新开会时，他对未来已经有了清醒的认识。虽然林肯不承认自己"有意干涉各蓄奴州"，但他要求国会"使政府能够调动……至少40万人"（国会批准了100万人）"还有4亿美元"。在不久的未来，当林肯意识到这场战争显然不可能在短期内结束，而且破坏性越来越大时，他计划对美国的政治、经济等至关重要的各个领域采取重大措施。林肯政府将促进发展一支规模庞大的常备军、一个不断增长的制造业部门、一个新的金融和银行体系。他将在南方各州建立基于合同而非奴役的劳工制度，并将在一直被激烈争夺的外密西西比西部实施一系列雄心勃勃的工程。他还将征召男性参军，并挑战自共和国成立以来就一直存在的种族排斥现象。联邦政府的职权将大幅扩张，施政能力将大幅提高，并与强大的私人利益集团产生密切联系。目前仍未确定的是，在双边关系中，谁将是真正的赞助人，谁将成为依附者。

除了动员军队和平定叛乱，林肯政府面临的最严峻的挑战或许是为战争筹措资金。负责这项工作的是财政部长萨蒙·P.蔡斯，起初人们觉得他很可能不堪此任。蔡斯曾是硬钱派民主党人，通过走反奴隶制路线成了共和党内举足轻重的人物。由于林肯决心将自己的竞争对手纳入政府，蔡斯因此进了内阁。蔡斯没有试图建立某种形式的中央银行，而是采用了此前联邦政府在需要额外资金时常用的方法——发行债券。由于战争爆发后这些债券已经无法在欧洲市场出售，蔡斯将目光转向了次好的买家——费城、波士顿、普罗维登斯和至关重要的纽约市的私人银行家和投资者。他同时出售长期债券和短期债券。最初的反应使蔡斯误以为，爱国情怀可以使私人债权人和政府结成像亚历山大·汉密尔顿在18世纪90年代设想的那种联盟。

然而，短短数月之后，蔡斯就发现银行家的爱国情怀远不及他的期待。于是，他计划面向更多人出售面值低至50美元的债券，同时寻求向更多的投资者兜售债券。他为此求助于杰伊·库克，后者出身于俄亥俄一个与蔡斯有政治关系的显赫家族，不久前刚在费城创办了自己的银行。库克已经在为宾夕法尼亚州政府出售债券，还用到了其构筑的金融网络。他在东北部，首先是费城，然后是其他地方，说服许多银行家相信政府债券可以带来好处（债券收益以黄金支付，转售债券也可获得收益），然后通过爱国主义广告向大众推销债券。库克取得了极大的成功。到了1862年秋，他被蔡斯任命为美国债券认购总代理。截至战争结束，美国政府收入的三分之二是通过出售债券和其他证券筹集的。

然而，这仍不足以应付飙升的战争开支。1861年，国会对收入超过800美元的人征税，次年又通过了《法定货币法案》，授权发行1.5亿美元（最终总共发行了4.5亿美元）"用于支付美国所有的债务和账款"。来自西部的共和党人对财政部迎合东部的银行家和金融家的行为投以批判的目光，这给了蔡斯越来越大的压力，于是他着手建立一个新的银行体系。虽然银行仍为私人所有，许多是以前的州特许银行，但如果它们遵守一系列关于金银储备、贷款抵押，以及最重要的购买政府证券的要求，它们就可以获得联邦政府的许可，发行新的国家货币。这个由国会于1863年立法通过并在1864年和1865年修订的制度，确保了一个稳定的联邦债券市场，但同时也使州银行家可以像伪币制造者一样随心所欲地印制钞票。

对于财政部长蔡斯和共和党国会来说，说服银行家积极加入这个体系并不容易。事实上，中央银行体系引发了不少银行家的不满，尤其是纽约市的银行家，他们成功地使政府接受了他们的一些要求。不过，在债券和黄金市场上将自己的命运与联邦政府捆绑在一起的金融利益集团确实获得了一笔意外之财，而且打算在叛乱最终被平定后，找到一个新的、强有力的立足点。虽然分成不高，但杰伊·库克还是通过销售债券积攒了一大笔财富。另外一些人也是如此，比如年轻的J.P.摩根，他的家族通过伦敦和纽约间的贸易获得了丰厚的利润。他本人花钱找人代服兵役，不仅在二级证券市场获利颇丰，还通过军火生意和黄金贸易获得了更大的利润。一个主要面向国内市场的新的金融资本家阶层，作为联邦政府的利益相关者逐渐成形。

银行家和私人投资者并不是唯一从联邦应对战争的举措中获益的人。为军队提供补给品和运输服务的商人通过联邦合同获得了一笔意外之财，而此前他们的财富和地位远不及出口商和大地主。19世纪50年代，中大西洋和下中西部修筑了大量铁路，这些铁路对军事行动至关重要。曾做过铁路公司律师的林肯，本可以动用总司令的权力接管这些铁路，但他不仅将这些铁路留在它们的经理和股东手中，还任命宾夕法尼亚铁路公司副总裁托马斯·A.斯科特为助理战争部长，主管政府交通事务。由于监管力量有限，而需求显然是无限的，铁路公司在制定运费费率时有很大的余地，并借此成功积累了前所未有的巨额利润。林肯政府在给了铁路公司很大空间的同时，也促进了轨道轨距、信号灯和货运车辆的标准化，为未来更好的发展打下了基础。类似的合作关系，促进了从新英格兰南部经纽约、宾夕法尼亚、俄亥俄一直到芝加哥的重要政治走廊的肉类加工业、钢铁业、成衣制造业、煤炭业、武器制造业等行业的发展，对这些行业的大企业尤其有利。共和党控制的国会为了筹措战争经费，在1861年通过了《莫瑞尔关税法案》，这标志着其转向了保护主义。此后关税税率节节高升，上述行业因此获得了更加丰厚的利润。

然而，使战时的政治经济具有特殊的拉动力，并在国家和资本之间建立起关键联系的是针对外密西西比西部的政策。自19世纪40年代起，国会各政治派别的领袖对鼓励白人向西部的新准州移民，以及修筑通往太平洋的铁路表现出越来越浓厚的兴趣。田纳西的民主党人安德鲁·约翰逊率先提出对宅地立法，伊利诺伊的民主党人斯蒂芬·道格拉斯积极推动修建一条横贯大陆的铁路。虽然奴隶制扩张问题最终导致这些努力付诸流水，但民主党和共和党都在1860年将横贯大陆的铁路计划列入本党的党纲，而随着大多数南方民主党人脱离联邦，共和党人有了足够的选票，可以按照自己的意愿开发西部。1862年通过的《宅地法案》规定，个人或户主可获得多达160英亩的"未被征用的公共土地"，可耕种五年，五年后也只须支付少量费用即可继续耕种。同年颁布的《太平洋铁路法案》规定，特许成立联合太平洋铁路公司和太平洋中央铁路公司，并通过土地和金融激励手段，修建一条连接内布拉斯加的奥马哈和加利福尼亚的萨克拉门托的铁路。

人们称赞这些法案将确保前往西部农村的移民是会把农产品源源不断输往市场的自耕农，而不是土地投机者。但事实上，这些法案使富人受益。公共土地大多位于半干旱平原和大盆地，在这些地区，灌溉的重要性不言而喻，更何况160英亩土地并不足以维持农户的生计。虽然一些人认为横贯大陆的铁路应该是公有的，受政府的监督和管理，但铁路公司的大规模游说使他们的希望破灭了。相反，国会为修筑这条铁路精心挑选了一个由私人组成的理事会，给予了他们超过1亿英亩的土地连同其上的煤矿和铁矿的使用权，并发行了价值数百万美元的30年期债券。许多国会议员从铁路公司那里获得了股票和其他利益。这是为公司利益立法的一个前所未有的案例，它也预示着共和党官员将继续支持这条铁路的建设。

横贯大陆的铁路在当时的经济意义有限。这些"公共土地"的居民主要是原住民，他们认为其中的大部分土地是他们的，而且对为中西部和东部市场种植农作物和饲养牲畜的兴趣不大。即使通过了《宅地法案》，在很长一段时间里，可供运输的产品仍付之阙如。不过，关于宅地和铁路的立法更多是出于政治目的，而非经济目的。它们是控制西部的计划的一部分。林肯政府很清楚19世纪50年代末科罗拉多的淘金热，新墨西哥南部和内华达山脉新发现的金银矿，加利福尼亚的港口作为通往太平洋贸易的门户的重要地位，整个外密西西比西部此起彼伏的分离主义活动，以及南部同盟正向新墨西哥推进，于是果断采取措施扩大联邦的权力。共和党国会相继设立了科罗拉多（1861年）、达科他（1861年）、内华达（1861年）、亚利桑那（1863年）、爱达荷（1863年）和蒙大拿（1864年）等准州，任命与自己关系密切的人管理这些准州。1861年，堪萨斯以自由州的身份加入联邦，科罗拉多和内华达在1864年申请建州（只有内华达成功加入联邦）。联邦政府重组了军区，以期募集更多的志愿兵，并遏制不忠行为。联邦军队收复了印第安领地，发动了一系列旨在征服住在平原的原住民的军事行动，并消灭了密苏里亲南部同盟的游击队。

林肯很早就对横贯大陆的铁路感兴趣。1859年，他对工程师格伦维尔·道奇说："修建一条通往太平洋的铁路的重要性超过其他一切。"作为总统，他为加强加利福尼亚和西部内陆地区与联邦之间的联系，迅速签署了《太平洋铁路法案》，呼吁以更慷慨的条件吸引私人投资者，并考虑同时修筑三条通往西海岸的铁路。他还亲自选择将奥马哈作为铁路东部的终点站。林肯和其他共和党人意识到，外密西西比西部的未来决定了战后联邦的未来，二者都将由战争的过程而不仅仅是结果来决定。

平原上的反叛

在约翰·波普看来，被调到上平原是一场使自己的名誉严重受损的惨败。波普毕业于西点军校，参加过美墨战争，做过测量员和工程师。他的父亲是联邦法官，也是林肯的朋友。波普曾在1861年年底率部将南部同盟军赶出密苏里，并在1862年春使联邦重新控制了南至孟菲斯的密西西比河流域。由于表现出色，他自视甚高。晋升为少将后，他与亨利·W.哈莱克将军一起推进到密西西比的柯林斯，这是一个铁路枢纽。此时林肯将他调到东部，让他指挥新组建的弗吉尼亚军团。这支部队有5万人，在里士满以北集结。

对于联邦和波普来说，这一刻看起来既令人绝望又似乎充满希望。自林肯政府开始征召志愿兵平定南方各州的叛乱以来，一年多的时间已经过去了，此时的情况正如英国人和法国人所预测的那样，几乎没有什么进展。虽然各州州长和男性选民热烈响应林肯的号召，使得联邦政府很快就招募到了所需的兵员，但许多军队的指挥官，特别是东部战场的指挥官，似乎不愿意带领士兵上战场。先是指挥东北弗吉尼亚军团的欧文·麦克道尔，接着是指挥重新组建的波托马克军团的乔治·B.麦克莱伦，他们无休止地抱怨自己的部队缺乏经验，兵力不足。他们最终决定采取行动，但迎来的却是灾难性的结果。麦克道尔从华盛顿出发，意图攻克南部同盟的首都里士满，但在1861年7月的奔牛河之战中遭遇惨败，南部同盟军险些攻占华盛顿。1862年春，麦克莱伦试图从东南方向经弗吉尼亚半岛攻占里士满。虽然他的兵力远超南部同盟军，而且他的部队一度与里士满近在咫尺，甚至能听到里士满教堂的钟声，但他们最终不得不撤退。这在很大程度上是由于南部同盟前线指挥官罗伯特·E.李、"石墙"托马斯·杰克逊和J. E. B.斯图尔特等人布置了巧妙的战术。

正如约翰·波普的战绩所示，联邦军在西部战场的表现更加出色。密西西比河的控制权是争夺的重点，这从美国独立战争时期起就是如此。联邦军从南北两个方向发动进攻。他们先攻入田纳西和密苏里，后来又从墨西哥湾出发，攻占了皇冠上的明珠新奥尔良。1862年4月，在田纳西河畔的夏洛的血战中，联邦军虽然遭受南部同盟军的突袭后几近溃败，但最终还是在付出惨重代价后守住了阵地。当波普稍后离开柯林斯时，联邦军占据上风，正准备向维克斯堡进军。波普在弗吉尼亚北部与部下会合。不久之后，麦克莱伦的军队从弗吉尼亚半岛铩羽而归，不过他马上开始考虑再次进军里士满。

从行动来看，波普仿佛一名致力于解决军界、政界和民间士气低落问题的医生。他向部下吹嘘："我从西部来，在那里我们看到的总是敌人的背影。"他还声称："成功和荣耀就在前方，灾难和耻辱将成为往事。"但是没有人被打动，尤其是乔治·麦克莱伦，他似乎被喜欢夸夸其谈的波普激怒了。在与"石墙"杰克逊、A. P. 希尔以及詹姆斯·朗斯特里特指挥的罗伯特·E. 李的一部分军队在蓝岭山脉以东地区试探性地接触了几个星期后，8月下旬，波普的军队在马纳萨斯会合点附近与南部同盟军全面交火，打破北方幻想的第一次奔牛河之战就发生在这里。这次的结果与上一次大同小异。波普损失了1.6万人，或死或伤或失踪。像之前的麦克道尔一样，他被迫退回华盛顿。从战争过程来看，麦克莱伦没有支援波普，因此林肯内阁打算解除麦克莱伦的职务。南部同盟叛军此时似乎打算北上马里兰，可能还有意进军宾夕法尼亚。林肯本人认为麦克莱伦的行为是"无法原谅的"，但也承认麦克莱伦仍然极受士兵欢迎，并且有独特的能力可以"让我们的部队成形"。最终，林肯决定把波普打发走，让他前往明尼苏达，苏人已经在那里发动了起义。

发动起义的是苏人东部的一支，也被称为"桑蒂人"。他们总共约6500人，分为四部，自称达科他人。在苏人发动起义之前，当地的紧张局势已经持续了至少20年。苏人曾与英国、法国和美国的商人保持着良好的贸易关系，一些商人还和苏人通婚，并在苏人的村落里安顿下来。但后来，苏人与联邦官员和白人移民，主要是德国、斯堪的纳维亚和爱尔兰移民爆发了激烈的政治冲突，后者对明尼苏达南部栖息着大量野生动物的肥沃土地虎视眈眈。在这个过程中，达科他人割让了数百万英亩的土地，包括其祖先的土地，以换取沿明尼苏达河的一块保留地、年金和其他物品。由于美国国会固执己见，再加上印第安人事务官和商人的腐败，双方达成的一系列条约无法落实。到了19世纪50年代末，达科他人承受着巨大的压力，内部分裂加剧，一些部落陷入了饥馑。

当联邦政府与叛乱的南部同盟之间的战争爆发后，许多达科他人将注意力转向了这场战争，并开始评估战局。南部同盟虽然没有努力争取他们成为自己的盟友，但与他们有联系的南方同情者在大力宣扬联邦即将失败。联邦军队出现在附近的里奇利堡、阿伯克朗比堡和里普利堡，但随即撤退，这使得达科他人的一些领袖误以为"局势对南方极为有利……北方大势已去"。1862年8月，当一名联邦军官前来招募"混血"年轻人参军时，酋长"大鹰"判断："白人一定很难招到和南方作战的人了。""有人开始窃窃私语，"他回忆道，"说现在是和白人开战，夺回土地的好时机。"部分达科他人为寻找急需的食物占领了联邦仓库，这进一步加剧了紧张局势。在达科他人当中颇有威望的领袖"小乌鸦"解释道："当人饿了的时候，他们别无选择。"印第安人事务官安德鲁·迈里克轻蔑地反驳道："在我看来，如果他们饿了，就让他们吃草吧。"

一件小事导致五名白人移民死亡，随之而来的报复成为起义的导火索。8月18日，"小乌鸦"率领一队战士攻击了印第安人事务官的哨所。他们高喊着"杀光白人"的口号占领了那里。迈里克是首批被杀的人之一，他在逃向树林时被射杀，而且算是得到了报应——进攻的达科他人把草塞进了他闭上的嘴里。

其他苏人主战派在明尼苏达的乡村大规模复仇，白人移民被杀，他们的农场被抢并被烧毁，联邦要塞受到威胁。到了8月底，起义已经向西蔓延到了达科他，而且有可能扩散到更南的艾奥瓦和内布拉斯加。明尼苏达州州长亚历山大·拉姆齐首先动员了留在州内的部队，然后给林肯和战争部长埃德温·斯坦顿发去电报，请求派遣援军并提供武器和马匹。"这不是我们的战争，"他急切地说道，"这是国家的战争。"威斯康星、达科他、艾奥瓦和内布拉斯加的州长随后也要求支援。他们担心所有苏人可能很快就会和奇佩瓦人、温纳贝戈人一起加入起义者的行列。达科他准州州长大声疾呼，如果"5万名印第安人决定与我们为敌"，数千名移民只能听天由命。他要求联邦政府"必须立即采取行动"。

对于1862年夏末的林肯政府来说，西部印第安人的起义无疑是雪上加霜。联邦军队刚刚在第二次奔牛河之战中失利，伤亡惨重，而南部同盟军已经从查塔努加进入肯塔基，希望在那里建立一个效忠自己的政府。甚至有传言称，英国可能打算在外交上承认南部同盟。此时，联邦还有多余的士兵、武器或精力分给西部吗？斯坦顿觉得联邦已经没有余力了，特别是当明尼苏达州州长拉姆齐要求该州在其他地区为联邦效力的士兵返回本州时。不过林肯担心的是，这意味着将开辟一条新战线。他听说南部同盟在西北部策划阴谋，那是一个"策划许久的计划"，其中还涉及"派往南方的使者"。甚至有一些报告说，加拿大的英国商人也参与其中。"有消息说，"林肯告诉国会，"密西西比河和落基山之间的所有部落将同时向白人定居点发起进攻。"他为此匆忙成立了西北军团，辖区包括明尼苏达州、威斯康星州、艾奥瓦州、内布拉斯加准州和达科他准州，并任命约翰·波普少将为指挥官。听说自己被放逐到了西部，波普感到震惊和羞辱，认为是麦克莱伦在背后耍了花招。但在向斯坦顿和林肯抱怨后，他还是启程前往位于圣保罗的新总部，并于9月中旬抵达那里。

波普打算迅速镇压印第安人的起义。他深知印第安人事务官和商人的腐败行径，因此对签订条约不报希望，决定完全通过军事手段解决问题。"我的目标是，"波普宣布，"一旦有机会，我将彻底消灭苏人，即使这意味着战争将持续明年一整年……要像对待疯子或野兽一样对付他们，绝对不要把他们当成能够签订条约或会妥协的人。"在亨利·黑斯廷斯·西布利上校（与南部同盟的西布利没有亲戚关系）和270名在田纳西的默夫里斯伯勒向南部同盟投降并被释放的明尼苏达第三步兵团士兵的帮助下，波普包围了苏人，并迫使其投降。不到一个月，近2000名苏人被联邦俘虏。波普和西布利决定制订一个"处理这些印第安人的最终解决方案"，并为此成立了一个五人委员会，审查与每名俘虏相关的证据，判决他们是否"参与了最近的暴行"。西布利很快报告说，303名印第安人和"混血"苏人被判处绞刑。

波普和西布利似乎对自己的所作所为感到满意，并准备举行一场大规模处决，但林肯和他的内阁对此顾虑重重。一方面，明尼苏达是一个强大的共和党州，那里的移民高呼复仇。另一方面，林肯担心惩罚的人数过多，而且过于严厉，因此坚持在执行死刑前必须审查审判记录。这些审判令他感到震惊：匆忙做出判决，缺乏证据或目击者的证词，而且委员们的脾气很坏。林肯虽然背负着政治压力，不得不让委员会继续工作，但还是减少了被判处死刑的印第安人的人数，赦免了一些人，并判处一些人缓刑。他最终同意处决38人。时至今日，这场发生在12月26日的绞刑，仍然是美国历史上规模最大的一次处决。

然而，国会随后得到林肯的同意，在某些方面对苏人的打击更具破坏性。1863年年初，国会废除了与达科他苏人签订的所有条约，事实上剥夺了他们在明尼苏达河沿岸的保留地，不承认他们对这片土地可能拥有的权利主张，停止支付年金，并迫使他们离开明尼苏达，前往达科他东南部克罗河沿岸的平原。2000名温纳贝戈人也被国会从明尼苏达赶到那里，他们同样被怀疑参与了苏人的起义。至于波普，他从明尼苏达移民及其政治领袖的脾气中学到了一些重要的教训。最初，波普宣布战争已经结束，但迎接他的是"边境一带愤怒的白人"的抗议，他们要求"现在应该转头进攻……直到所有被诅咒的人都被消灭"。

按照波普自己的想法，他会被立即派往东部，派到对抗南部同盟的战略要地，他认为这才是对其成功完成任务的恰当奖励。但是，他被留在了西部。于是，他决定从1863年春开始对达科他的苏人发动新的攻势。到了7月初，"小乌鸦"战死，他的头皮被带回明尼苏达州历史协会展出，联邦对外密西西比西部印第安人的战争全面爆发，这场战争将再持续20多年。

奴隶的反抗

就在决定派约翰·波普去西部镇压苏人起义的同时，林肯总统准备签署一项关于美国奴隶制问题的重要行政命令。我们不知道他何时有了签署这样一份行政命令的想法，只知道他在7月将这份行政命令提交给了内阁，并计划在联邦取得一场军事胜利后公布。这份行政命令是他以美国总统兼陆海军总司令的身份向叛乱州发布的，命令叛乱州在1863年1月1日前放下武器，否则叛乱州的所有奴隶"从此之后将获得永久自由"。"当时没有……参与叛乱的……蓄奴州"不受该行政命令的影响。对于这些地区，林肯要求它们"在各自管辖范围内……自愿地……立即或逐步废除奴隶制"，并承诺为这些州以及这些州的非裔移民提供联邦援助。1862年9月22日，在安提塔姆战役——很难说联邦确实是胜利者——后不久公布的这份行政命令被称为《预备解放黑人奴隶宣言》。

林肯采取这一立场并不容易。他虽然一直致力于防止奴隶制扩张到外密西西比西部的联邦领地，但也致力于不让联邦干涉各州的奴隶制，并尽可能地避免使奴隶制成为这场叛乱战争的焦点。虽然废奴主义者——包括黑人和白人——经常恳求林肯抓住这个独一无二的、具有重大历史意义的机会，而且糟糕的军事形势似乎也需要联邦政府注入新的政治活力，同时英国和法国也在施压迫使双方停战，而这意味着联邦可能不得不接受南部同盟的独立，但林肯仍然不愿意下定决心摧毁南部同盟存在的根基。他的犹豫在一定程度上反映了美国奴隶制边界的模糊，一些州及其强大的领导人同时支持奴隶制和联邦。林肯迫切需要确保像肯塔基这样的州不要倒向南部同盟。他知道，贸然采取反对奴隶制的行动可能会破坏自己的战略。他的犹豫也在一定程度上反映了种族主义在美国大陆的盛行，不管是在蓄奴州还是所谓的自由州，种族主义思想同样根深蒂固。林肯担心，把解放奴隶与战争联系起来，可能会削弱联邦的士气，减缓征兵的速度。而且在国际上，甚至包括已经废除了奴隶制的国家，人们普遍认为，以前的奴隶解放运动并不成功，用自由劳工代替奴隶之后问题仍然存在。

林肯甚至似乎有意讨好仍然忠于联邦的奴隶主，为他们提供奖励以换取他们继续效忠联邦或支持解放奴隶。他对废奴主义者的态度截然相反。当废奴主义者号召采取行动时，他不屑一顾；当他们提议招募黑人参军时，他嗤之以鼻；当反对奴隶制的军官提出主动出击时，他斥责甚至赶走他们。1862年8月，林肯在会见一个黑人代表团时说得尤其直白。"你们和我们是不同的种族……你们还远不能与白人平起平坐，"他粗鲁地解释道，"如果不是因为你们在我们当中，战争本来不会爆发。"甚至到了开始考虑解放奴隶的时候，他仍然把这一进程想象成渐进的（时间跨度超过35年），而且涉及黑人向其他国家的移民。因此，在发表《预备解放黑人奴隶宣言》数周前，他在给华盛顿的《国民通讯员报》的一封信中写道："在这场斗争中，我的首要目标是拯救联邦，而不是拯救或消灭奴隶制。如果我可以在不解放任何奴隶的情况下拯救联邦，我会这样做；如果我可以通过解放所有奴隶来拯救联邦，我也会这样做。我对奴隶制或有色人种所做的一切，都是因为我相信这些有助于拯救联邦。"

随着战争变得日益血腥，林肯肯定预料到废奴主义者会卖力游说，反对奴隶制的群体会发起请愿活动，国会中的激进共和党人会努力推动废除奴隶制，国际社会也会施加政治压力，要求他一举铲除南部同盟存在的根基。这些他早就习以为常，而且很清楚如何回应。出乎他意料的是，解放奴隶的最大动力来自奴隶自身。

林肯或许没有把奴隶想象成政治参与者，但奴隶作为南方许多地方的实际政治参与者，已经在相当长的时间里把林肯想象成政治领袖了。自从1860年总统大选以来，特别是1861年年初，关于奴隶关注政治和有迹象表明他们将发起反抗的报道在南方各州流传。观察家们注意到，"每次政治演说"都能引起奴隶们的兴趣，他们喜欢在竞选集会场所或法院广场"逗留"，"倾听演说者们都说了些什么"。而且他们有兴趣从不同的渠道收集信息，解读其含义，这似乎印证了威廉·韦布对自己在1856年的活动的描述。然而，更重要的是，林肯的竞选活动似乎使奴隶们觉得他有意"使他们全部获得自由"。

关于撕裂美国的政治冲突的信息不难获得，特别是对于那些长期关注时事的人来说尤其如此，这些事件可能会影响到他们当前及未来的处境。不管是火车站还是码头，法院还是集市，教堂集会还是民兵集会，政党演说还是选举活动，总有奴隶在那里。他们或与主人在一起，或受雇于人，或在为主人办事。最重要的是他们的主人的担忧，包括不时对林肯当选总统可能带来的后果做出的可怕预测，比如废除奴隶制、破坏或没收植物园、种族"融合"，以及整个世界被"黑人共和党人"彻底颠覆。林肯似乎是他们的主人最忌惮的敌人，因此他很可能是他们的朋友和政治盟友。

等到林肯上任并决心粉碎奴隶主的叛乱之后，奴隶将自己的希望和期待化为行动。在弗吉尼亚的彼得斯堡附近的一个种植园里，一群奴隶为了庆祝林肯就职，宣布自己已经恢复了自由，并且离开了主人的庄园。亚拉巴马北部的奴隶已经开始相信"林肯将解放他们"，并"准备在他到来时帮助他"。1861年5月下旬，路易斯安那的博西尔堂区的一个逃奴告诉抓住他的奴隶捕手，北方现在正在为黑人而战，他和他的主人一样自由。"林肯第一次以候选人的身份竞选总统时，"在弗吉尼亚西部长大的布克·T.华盛顿后来回忆说，"我们这些偏远地方种植园的奴隶……很清楚其中涉及的问题是什么……当战争开始时……我们种植园的每个奴隶都知道，虽然其他问题也被提及，但最重要的还是奴隶制问题。"在一个忧心忡忡的肯塔基奴隶主看来，奴隶们"太了解（林肯）了，整个州都在议论这件事……（他们）和我们知道的一样多……他们知道的太多了，我们不得不担心自身的安全，总是心绪不定"。

林肯政府并没有兴趣鼓动南部同盟的奴隶举行起义。相反，像南部同盟一样，联邦同样担心战争会引起奴隶暴动。联邦军队的指挥官接到指示，在向蓄奴州进军时，不仅要让"原有制度"不受干扰，而且要"镇压"任何可能爆发的奴隶"叛乱"。1861年4月，当本杰明·巴特勒将军率领马萨诸塞的军队南下马里兰时，他明确表示愿意与马里兰州州长"合作"，以制止那里可能发生的奴隶暴动。奴隶暴动只会使镇压奴隶主叛乱的首要任务变得更加复杂。

但是，奴隶暴动还是发生了，不过没有按联邦或南部同盟预期的方式。奴隶没有采用对奴隶主的人身和财产构成致命威胁的暴力方式（至少一开始没有）而是采取了小规模逃亡的方式（奴隶逃脱奴隶制的传统方式之一），从束缚他们的种植园和农场逃到联邦军队的营地，他们想象着自由可能在那里向他们招手。这些行动不是某个人的自发行为，而是奴隶们集体讨论和合作组织的产物。他们要全盘考虑战争的意义、联邦的意图、联邦军队和南部同盟巡逻队的位置，以及逃亡的个人或小团体会对留下来的人造成怎样的影响。初期，奴隶们实际是在测试他们对战争和林肯政府的判断是否正确。逃亡者一方面依赖他们家乡的社区提供情报和补给品，一方面又把有关时局的重要情报传回社区。从某些重要的意义上说，这正是约翰·布朗希望从弗吉尼亚的哈珀斯费里附近的奴隶身上看到的。

无论如何，逃向联邦一侧是一项危险的任务，奴隶主会对自己的奴隶发出警告，经常用双管猎枪迫使让他们留下。林肯原本计划执行《逃亡奴隶法案》，起初命令他的军队不要干涉奴隶制。而联邦军队的指挥官中有许多是民主党人，他们对废奴主义充满敌意，完全有理由把逃奴送回主人身边。当奴隶反抗主人的要求和权威，逃往联邦一侧时，他们认为自己是联邦的盟友，并且认为这是一场反对奴隶制的战争。但像所有政治使者一样，他们很快发现联邦并未将其当成盟友，联邦军官并不认同他们的目标。出身弗吉尼亚的北安普顿县的30岁的奴隶哈里·贾维斯，在1861年初春决定逃离他那可憎的、经常拿着枪的主人，前往联邦军队位于弗吉尼亚半岛门罗堡的前哨。这次逃亡历时三个多星期，其间"朋友们随时告诉我事态的进展，并给我送来食物"。最后，贾维斯找到一艘独木舟，划了"35英里，渡过了海湾"。到达门罗堡后，他第一时间找到指挥官本杰明·巴特勒，"请求让我参军"。巴特勒拒绝了他，告诉他"这不是一场黑人的战争"。贾维斯被激怒了，回击道："在他们取得进展之前，这就会变成一场黑人的战争。"不过，在目睹了一个逃亡的同伴"被交给来找他的主人"后，他决定寻找更安全的庇护所，于是登上了一艘开往古巴的船。

巴特勒对哈里·贾维斯的态度在意料之中。他是民主党人，在1860年的大选中支持约翰·布雷肯里奇，看起来完全不像一个可能破坏奴隶制或引导战争走势的人。不过，巴特勒同样对联邦忠心耿耿，致力于保护自己的部下，一心挫败叛乱的奴隶主。当他得知——显然是在贾维斯离开之后——附近的南部同盟军队正在利用奴隶修建防御工事时，他对来到自己防线寻求庇护的"财产"采取了不同的态度。他宣布他们是"战争禁运品"，并让其中身强体壮的人为联邦军修筑防御工事。

巴特勒将逃奴定义为"战争禁运品"，这并没有挑战奴隶制的财产基础。他既没有为奴隶提供自由，也没有提出一项关于奴隶的全面政策，而不管其主人的政治倾向如何。事实上，战争部长西蒙·卡梅伦在当年夏天晚些时候告诉巴特勒，要避免"干涉……和平公民的奴隶"或鼓励"这些奴隶抛弃对其主人的合法义务"，并认为禁运品政策有利于促进国会为奴隶主提供"公正的补偿"。但巴特勒的举动确实相当于向那些考虑逃亡的奴隶发出了邀请，他们对逃到联邦阵线的意义或许有自己的理解。美国军队继续向南推进，先是南卡罗来纳海岸，然后是密西西比河下游，那里存在着拥有大量奴隶的种植园。在此过程中，奴隶开始以数十乃至数百名的规模出现在联邦军队的军营中，有时是包括男人、女人和孩子在内的整个社区一同逃亡。这种现象明显是对他们的主人声称享有的绝对权力的嘲讽。

奴隶逃亡首先迫使联邦军队，然后迫使林肯政府不得不着手处理一个他们宁愿选择视而不见的问题。他们的新政策开始向留在种植园和农场的奴隶倾斜。美国国会很快在1861年8月通过了《第一次禁运品法案》，批准了巴特勒的战争禁运品政策。由于战争迟迟无法结束，国会和林肯采取了各种他们认为属于自己职责范围内的措施来削弱奴隶制，包括禁止西部的奴隶制（部分推翻了斯科特案的判决），废除哥伦比亚特区的奴隶制（向奴隶主支付金钱作为补偿），禁止利用美国士兵将逃跑的奴隶送回主人身边（拒绝执行《逃亡奴隶法案》），向任何愿意以渐进的、有偿的方式解放奴隶的州提供联邦援助。同时，不管是由于环境原因还是自己选择留下，仍然留在南方的奴隶往往会抓住这个机会与奴隶主谈判。由于逃亡以及其他迫在眉睫的威胁，奴隶要求将更多的时间花在自有地上，提高他们对农场或种植园的经营的话语权，甚至要求得到少许工资或部分收成。至少在一个案例中，他们威胁说，如果主人不接受，他们就会吊死他。

到了1862年夏，由于官方或非官方的原因，奴隶制正在解体，不过最主要的原因还是奴隶自己决心反抗。但是，无论以何种形式解放奴隶，其与战争以及美国未来的关系仍不确定。奴隶制是否会继续以零敲碎打的方式被一点点消灭？解放奴隶的权力和责任还要继续留给各州或奴隶主个人吗？如果联邦无法平定叛乱，或如英、法两国希望的那样，双方达成停战协议，那么会发生什么？甚至连那些激进的、可能承认暴力的必要性的废奴主义者，都无法在如何结束奴隶制，以及由谁领导结束奴隶制等问题上达成共识。可供选择的模式要么是圣多曼格岛的革命，奴隶制和奴隶主在这个过程中被消灭；要么是各种渐进的形式，这种模式顾及奴隶主的利益，通常会给予他们相当大的自主权。林肯希望处于南北边界地带的州率先走上渐进废奴道路，并逐渐克服解放的障碍，但这个愿望很快破灭，甚至连奴隶人数不到1800人的小州特拉华也不能如其所愿。

不管林肯到底是什么时候对奴隶制问题有了新想法，这个新想法显然是在上述由逃亡的奴隶和叛乱的奴隶主营造的背景之下产生的，这样的背景要求林肯重新构想战争的目标、方法和可能从战争中诞生的国家。大部分政策由国会中激进的共和党人提出，他们在1862年7月成功地颁布了两项具有重大意义的立法。其中一项被称为《第二次禁运品法案》，它正式宣布奴隶主的叛乱是叛国行为，并宣称将严厉惩罚参与或协助叛乱的人，死刑也在考虑范围之内。被列为罪魁祸首的是"所谓的美利坚诸州同盟"的总统、副总统、国会议员、法官、内阁官员和外交部长，参与叛乱的陆军和海军军官，各州州长和参加脱离联邦会议的成员，以及任何之前在联邦后来在南部同盟担任公职的人。

同样重要的是，该法案规定，凡是通过逃亡、俘虏或联邦军队占领等方式进入联邦防线的由叛乱奴隶主拥有的奴隶，将"永远免于奴役"，并授权林肯"雇用他认为必要的、尽可能多的非裔美国人……平定叛乱"。总而言之，《第二次禁运品法案》是第一部使联邦政府有责任实行普遍解放政策的法律，并建议政府利用前奴隶对抗叛乱的奴隶主，并以叛国罪惩罚叛乱的参与者。

同一天，国会还通过了1862年《民兵法案》，对林肯如何"雇用非裔"做了更具体的规定。这标志着联邦政策的巨大转变。自美利坚合众国成立以来，非裔美国人，不管是自由人还是奴隶，都被禁止在联邦军队和州民兵组织中服役。没有什么比这更能体现他们的底层地位，也没有什么比这更能剥夺他们的权利主张——在当时的美国政治世界里，男性气概和公民身份总被相提并论。虽然黑人作为向导、间谍、翻译或战斗人员参加了美国发动的所有战争，但是他们的角色一直是非正式的。南北战争初期，当自由黑人试图加入联邦军队时，他们遭到了各级政府官员的拒绝，尤其是林肯政府。"本部门无意征召任何有色人种为政府效力。"战争部长直截了当地宣称。

然而，战争迟迟无法结束，再加上禁运品营地挤满了逃奴，一些起初看似不切实际的提议产生了难以想象的影响，其中之一便是招募奴隶和自由黑人。至少从1861年下半年开始，这个想法得到了一些政治人物的支持，一些指挥官甚至走得更远。1862年的头几个月，当时在南卡罗来纳的大卫·亨特将军、在路易斯安那的约翰·W.费尔普斯将军和在堪萨斯的詹姆斯·H.莱恩将军（他和亨特曾在那里成功招募了一些原住民），开始组织和训练黑人部队，这让林肯政府十分恼火。然而，到了仲夏，雇用非裔美国人为联邦服役的想法得到认可，国会在1862年《民兵法案》中授权林肯"为劳动或其他（非裔足以胜任的）军事……目的，允许他们为美利坚合众国服役"。人们本来希望黑人新兵能在军营中从事体力劳动，这样白人士兵就能够专心作战，而黑人将"根据他们的级别"领取报酬。但武装奴隶的大门显然已经打开。夏天还没过完，战争部就允许新英格兰的废奴主义者托马斯·温特沃思·希金森组织南卡罗来纳第一志愿兵团，这个团完全由前奴隶组成。

　　林肯的《预备解放黑人奴隶宣言》没有提到要武装奴隶或任何其他非裔。它开篇重申了林肯发动战争的目的：使联邦与叛乱各州之间的"宪法关系……事实上得到恢复"。紧接着，它承诺向那些接受渐进解放、停止叛乱的州提供"资金援助"，帮助它们通过移民的方式逐步解决奴隶制问题。它接下来宣布，对于1863年1月1日仍未停止叛乱的各州，这些州的所有奴隶将获得"永久的自由"，并声称将在当天公布叛乱州名单。虽然《预备解放黑人奴隶宣言》在公布的那一刻引起了极大的震撼，但它在许多方面只是总结了林肯和国会已经在做的事，包括鼓励忠于联邦的蓄奴州推行渐进式的解放，在军队力所能及的地方解放叛乱奴隶主的奴隶。事实上，林肯明确援引了1862年3月通过的《战争条款》（禁止军人送还逃奴）和《第二次禁运品法案》来为自己的行动辩护。因此，到了1863年1月1日，当南方各州如预期一样仍然处于叛乱之中时，林肯只须重新发布宣言，更加具体地说明哪些州是叛乱州就可以了。他在12月给国会的咨文中继续强调渐进解放和移民方案，甚至主张修改宪法以确保这些能够实现——这表明他确曾打算这么做。

　　但值得注意的是，他并没有这样做。虽然林肯重申了自己对渐进解放和移民方案的兴趣，但他对正式的《解放黑人奴隶宣言》的想法已经发生了巨大转变。他在1863年1月1日签署的其实是一份完全不同的文件。《预备解放黑人奴隶宣言》的一些措辞仍然被包括在内，只是林肯将特拉华、马里兰、密苏里、肯塔基和新成立的西弗吉尼亚（这些州没有与联邦交战），以及田纳西（在联邦的占领下，并试图组建一个忠于联邦的政府），还有弗吉尼亚东部和下路易斯安那的几个县和堂区（也在联邦的占领下，并试图组建新的政府）排除在外。然而，所有关于渐进解放或移民的提法都不见了。《解放黑人奴隶宣言》首次出现了接受"符合条件的前奴隶……加入美国武装部队"的说法。虽然宣言以"军事需要"为由为解放奴隶辩护，而对前奴隶在美国社会的地位只字未提，但它确实提出了激进的废奴举措，包括不向奴隶主提供补偿，以及武装奴隶和自由黑人以便在战场上击败奴隶主。

《解放黑人奴隶宣言》引起了巨大反响。虽然英国仍在调停——10月，英国财政大臣威廉·格拉德斯通主张南部同盟事实上"已经建立了一个国家"——但《解放黑人奴隶宣言》显然使联邦在英国的城市，特别是制造业地区的城市赢得了广泛的支持，而根据所谓的"棉花王国外交"的预测，这些地区将由于缺少棉花而崩溃。纺织工人是最强有力的支持者，他们中的一些人注意到了奴隶的政治斗争和他们自己的政治斗争之间的联系。"我们的普遍印象是，"一名工人说，"不管他们的主人如何反对，曾经遭鄙视、被奴役的非洲人不仅将获得自由，还将获得公民权利；当奴隶不再是奴隶，而是被赋予公民权利的自由人时，英国工人的诉求就可能得到倾听。"

废奴主义者弗雷德里克·道格拉斯认为当下发生的事情具有更加深远的意义。道格拉斯从基督教和世俗两个方面解读《解放黑人奴隶宣言》的意义。他认为《解放黑人奴隶宣言》既是神意的体现，也是美国迈入一个新的历史阶段的标志。在这个阶段，美国以民族国家的面貌出现在世人面前，"奴隶的事业和国家的事业"终于得以结合。事实上，18世纪末以来，欧洲大陆和美洲大陆的民族国家之所以能够从奴隶制和农奴制的废墟中崛起，其推动力正是它们决心废除奴隶主和领主的微主权，要求获得解放的奴隶和农奴为国家服兵役。奴隶的反抗改变了战争的目标，使美国的重建成为可能。

后方的"叛乱"

自亚伯拉罕·林肯就职以来，他和他的政府就面对着各式各样的叛乱和反抗，这些事件使联邦被一些根深蒂固的政治和社会裂痕撕裂。虽然奴隶主的叛乱规模最大、最具威胁，但从一开始，联邦就面对着发生在西部、中西部和东部部分城市的反抗，它们同样可能使国家分裂，变得与以往不同。在上平原和印第安领地发动起义的印第安人，希望抓住联邦政府实力明显遭到削弱的机会收复故土。而那些长期关注美国和其他地方发生的关于奴隶制未来的旷日持久的斗争的奴隶，越来越清楚谁是他们的朋友，谁是他们的敌人。他们知道美国白人内部已经陷入分裂，听说他们想象中的盟友所领导的联邦政府在初期遭受挫折后，他们开始起身反抗主人的权威。

然而，随着时间的推移，林肯政府不得不面对另一场"叛乱"。参与"叛乱"的是一群在名义上仍然忠于联邦的人，而林肯为了取得胜利，不得不依靠这些人与反叛的奴隶主作战。他们就是民主党人。越来越多的民主党人被动员起来挑战共和党在政治、经济和国家建设方面的措施，特别是共和党新制订的战争目标——摧毁奴隶制。可以肯定的是，当1861年春战争刚刚爆发时，大多数北方民主党人站在联邦和联邦政府一边，谴责南部同盟军的挑衅和攻击。斯蒂芬·道格拉斯就是一个典型例子。他大力谴责分离主义，为林肯出谋划策，并试图说服蓄奴州的高层继续留在联邦。

　　1861年6月初，由于竞选总统过度疲劳，再加上分离主义和战争的折磨，道格拉斯突然辞世。他的死预示着即将到来的政治危机。联邦军队在奔牛河之战的失利和已经开始的大规模动员，使人们开始怀疑战争的结果及政治影响。很快，越来越多的民主党人开始追随少数积极反对战争并试图干预战争进程的南部同盟同情者。这些人对联邦权力的急剧扩张、人身保护令的暂停，对银行、制造商和城市有利的经济法案的颁布，以及对南部同盟财产特别是奴隶财产的攻击感到不满。他们看到了一个过度行使权力，用暴政和种族"融合"来威胁国家的共和党政府。他们把反对近期财富和权力过度集中的民粹主义同种族主义和地方主义结合在一起。他们主要集中在拥有大量南方移民的中西部"丁香园"地区（伊利诺伊、印第安纳、俄亥俄南部），以及东北部和中大西洋地区具有多种族和多文化的地方，特别是在纽约、费城、巴尔的摩和宾夕法尼亚东部的煤矿区。"宪法如故，联邦如故，黑人如故"成了他们的口号。他们对那些试图严格区分党派和爱国心的民主党同僚施加压力。共和党人称他们为"铜头蛇"，林肯称这些人的反对意见是"后方的火"。

　　俄亥俄的克莱门特·L.瓦兰迪加姆是铜头蛇主义的代表人物。瓦兰迪加姆出生于俄亥俄南部一个弗吉尼亚移民家庭，妻子出身于当地一个马里兰移民家庭。他生活的地方恰好是蓄奴州与自由州的交界处。同大西洋彼岸的英国人和法国人一样，他不认为联邦政府能够使南部同盟屈服，因此要求停战，要求联邦军队从南方撤军。他从一开始就公开谴责在他看来违宪的国会立法，并呼吁人们站出来反对战争。瓦兰迪加姆对任何威胁公民自由的举措都很敏感，但他最关注的还是白人的命运和未来，并对林肯政府转向一场"邪恶"的"废奴"战争感到愤怒。他的这些主张在民主党内主张"和平"的派系中不算特别。真正使他与众不同的是他的雄辩和自认为正义的态度。1863年5月，他在俄亥俄的弗农山庄发表谴责战争并敦促"林肯国王"下台的演讲后，被联邦军队逮捕。

几个月前因在弗吉尼亚遭遇惨败而被调往俄亥俄军团的安布罗斯·伯恩赛德将军认为，瓦兰迪加姆违反了不久前下达的一项命令，该命令规定"在我们的战线内为我国敌人的利益行动的人"将被视为"间谍或叛徒"。伯恩赛德虽然没有具体说明哪些行为属于这一范畴，但坚持认为"公开对敌人表示同情"是叛国行为，不能被容忍。由于林肯在上一年9月，也就是发布《预备解放黑人奴隶宣言》并决定镇压苏人起义的那个月，已经在整个联邦范围内暂停了人身保护令，因此瓦兰迪加姆在军事法庭受审并被判处在战争期间受到监禁。林肯知道瓦兰迪加姆的被捕入狱会引发俄亥俄民主党人的怒火，担心此举会使瓦兰迪加姆成为烈士，于是迅速将处罚改为流放，并将瓦兰迪加姆交给田纳西的南部同盟军，后者相当不情愿地收留了他。瓦兰迪加姆去了安大略的温莎，在那里接待访客，寻求为自己平反，并试图竞选俄亥俄州州长。民主党提名他为候选人，但广大选民对他并不感兴趣。1863年秋，他在竞选中大败，州长一职仍由共和党人担任。

瓦兰迪加姆案提出了一系列关于政府在战时能够行使的权力的棘手问题，特别是在远离战场的地方。共和党人同样担心政府可能会侵犯公民的自由。事实上，如果考虑面对的风险和现实情况，林肯政府的作为远远谈不上铁腕。任意逮捕平民的行为大多发生在南部同盟境内或靠近边境的地方，其中大部分是因为被怀疑充当间谍、突破封锁或走私而遭到逮捕。冲突双方几乎没有因为信仰不同而把美国人投入监狱。林肯对《芝加哥时报》和《纽约地图集》等报纸表现得相当克制，这些报纸经常激烈批评他的政策和战争目标。

事实上，后方背叛行为的催化剂并不是对公民的任意拘留或侵犯言论自由，而是征兵问题以及征兵与解放奴隶之间的关系。当战争开始时，联邦和南部同盟的征兵工作是在州和地方一级组织的，由民选官员主持。虽然中央政府定下了兵额，但州长才是确保能否足额征兵的关键，而志愿兵是主要征召对象。男性会报名服满一个服役期，如果能活下来，他们会被鼓励再次报名。战争爆发初期，由于爱国主义、保卫家庭和社区的热情，以及公众压力，人们纷纷报名参军。两边都有大量符合条件的男性挺身而出，特别是南部同盟，因为那里即将面临外部入侵。

但不久之后，不断升级的战争需求就暴露了这种分权制度的局限性。在战争第一年，志愿兵征召殆尽，而在当时仍以农村和农业为主的社会中，来自后方的压力越来越大。由于南部同盟符合征兵条件的自由白人男性人数大约只有联邦的五分之一，而且许多志愿兵的服役期只有12个月，因此南部同盟早在1861年年底到1862年年初就面临兵员不足的危机。他们能寻找的新的刺激再征兵的办法很少。虽然早在1861年春，南部同盟就组建了一支由新奥尔良的有色自由人组成的路易斯安那原住民警卫队，这远早于联邦采取的类似行动，但最初没有人考虑使用约占南部同盟人口40%的奴隶来从事军事工作或民事劳动以外的其他工作。因此，南部同盟国会被迫在4月颁布了一项法律草案，要求志愿兵服役三年，也就是将志愿兵原来的服役期限延长两年。

虽然南部同盟要求各州州长确保兵额，并提出了许多豁免条件，但南部同盟的草案从一开始就引发了争议和冲突。以佐治亚的约瑟夫·布朗和北卡罗来纳的泽布伦·万斯为首的许多州长认为该法案正是他们极力避免的"专制主义"的一个例子，而这正是他们脱离联邦的原因，因此发誓不会配合。在离战场较近的地方，士兵往往对南部同盟新近采取的强制举措感到愤怒，尤其是那些不太富裕的非奴隶主，他们觉得服役的负担被转嫁到了自己的肩上。几个月后通过的法案规定，拥有20个或更多奴隶的种植园主或种植园管理者不需要服兵役（有些人将其称为"20个黑人法"），这加强了人们的这种感觉。对征兵的抵触情绪开始发酵，特别是青年男性和较贫穷的白人家庭较多的地区，逃兵成为一个令人头疼的问题。

因此，除了奴隶反抗，可能出现的内部反抗开始令南部同盟领导层忧心忡忡。引起他们不安的迹象越来越多。比如，自私自利的奴隶主拒绝让自己的奴隶放弃种植棉花而为政府提供劳动；普通士兵离开前线，返回故乡，以帮助入不敷出的家庭；躲入山中或山谷的反对者抵制征兵并扣押官员，有时还和联邦军队一同行动；士兵的妻子要求南部同盟政府给予其救济和资助，最终因为缺乏粮食而发生了暴动。试图在奴隶制的基础上建立一个国家，尤其是一个立即被推入战争的国家，是一场巨大的赌博。即使南部同盟的人曾想象历史的风可能会吹向新的方向，奴隶制和棉花将被证明是力量的源泉，但到了1863年年底，他们中的一些人开始考虑一个此前他们根本不会考虑的问题——通过招募奴隶参军的方式使其获得解放。

从逻辑上说，联邦的国家建设之路同样可能招致危机，而且可能遇到更加激烈的抵抗。林肯政府和共和党国会的政策不仅使权力向中央集中，而且以牺牲一部分选民的利益为代价使另一些选民获利。债券销售使新兴的银行家和金融家阶级富裕起来，他们与铁路开发商携起手来，而这些开发商刚刚获得了政府的巨额激励。联邦的合同为服装业、食品加工业和军需工业的制造商带来了意外之财。关税和银行立法对城市和工业有利，但牺牲了农村和农民的利益。而印制"绿钞"导致的通货膨胀，降低了技术工人和非技术工人的生活水准，尤其是后者，其中许多人是来自英国、德国和爱尔兰的移民，他们传统上支持民主党。

联邦的社会和政治紧张局势一触即发，而林肯政府效仿南部同盟施行征兵制，允许雇人代役或支付300美元以免除兵役，这使得局势进一步恶化。这项制度在一年以后，也就是1863年春正式施行，这使联邦能够动员更多的兵力，而且士兵的服役期更长。北方也受到了与南方类似的批评——专制、不公、暴政。但是，征兵制是在《解放黑人奴隶宣言》和决定大量征召非裔美国人（包括奴隶和自由人）加入联邦军队之后立即施行的，因此它似乎是联邦政府扩大权力和重新组织战争的努力的一部分。

北方民主党占上风的地区，爆发了反对新征兵法案的运动。移民工人飞地的反对尤其激烈，这里住的多是爱尔兰和天主教徒移民，他们一直在与雇主斗争。事实上，征兵可以同时成为工人和雇主的动员工具，前者可以把征兵制描述为体现战时社会秩序的专制和不公的例子，后者可以招军队前来破坏罢工。宾夕法尼亚东北部的无烟煤县有大量爱尔兰矿工，这里因劳工和征兵问题爆发了激烈冲突，令人恐惧的秘密组织莫利·马格瑞斯可能就是在这样的背景下出现的。

紧张的局势导致纽约市爆发了极具破坏性的暴动和野蛮的种族主义暴行。纽约市的征兵暴动始于1863年7月13日，在五天的时间里经历了几个不同的阶段。起初，这似乎是一场针对征兵办公室的大规模抗议活动，主要参加者是技术工人，尤其是建筑业工人。他们举着要求停止征兵的标语牌，沿着城市的大街小巷行进。他们关闭商店、工厂和其他工作场所，号召那里的工人加入进来。有些人甚至推倒电线杆，破坏电车轨道。他们很快使抽签征兵不得不停止，并为居住在该市的民主党人、反对解放奴隶的乔治·B.麦克莱伦将军欢呼。但到了当天下午，一些人开始威胁被他们认为反对奴隶制的共和党领袖，部分示威者将怒火转向警察局、宪兵司令部、共和党人的报社，以及富有的共和党人的宅邸。警察遭到殴打，财产被毁坏，建筑物被焚烧，还有人趁乱抢劫。这一天，有色人种孤儿院被烧毁，几名黑人成年男子和男孩遭到殴打。

到了星期一下午和晚上，一些抗议者的报复行为和惩罚行为改变了事态的发展方向。到了星期二上午，许多原来的示威者，特别是那些集中在征兵办公室的示威者（他们往往是德国和美国本地出生的工匠和学徒），停止了示威活动，有些人还与城市官员联手试图平息暴乱。从那时起，暴乱主要由爱尔兰工人推动，其中许多人受雇于纽约的机械厂、铸铁厂和码头，他们将矛头指向那些被他们视为恶棍的人，包括废奴主义者、社会改革者及其机构、共和党人和政治精英，还有非裔美国人。

纽约市的黑人不多，地位不高，也不富裕。在这个拥有80多万人的城市里，黑人只有不到1.3万人，少于2%，其中许多人是南方逃奴或北方获释奴隶的后代。只有少数人拥有一技之长或一定的财产，绝大多数人是工人或家庭佣人，在经济上处于纽约市的最底层。他们拥挤地生活在市中心的三个区，并被赶出上城区塞尼卡村——有些人在那里拥有土地——以腾出空间建设中央公园。像大多数非裔美国人一样，在19世纪50年代，他们受到来自各个方面的攻击。虽然他们一直积极参与废奴政治，但在自己的社区之外，他们几乎没有可靠的盟友。

对黑人尤其不利的是，纽约市曾经有过反废奴主义和暴力对待黑人的历史，更何况黑人劳工与爱尔兰工人曾经在多个工作场所发生过冲突，特别是码头，码头主人为破坏码头工人的罢工不久前刚雇用了一批黑人。不仅如此，纽约的民主党报刊一直在攻击联邦政府的"黑人战争"，还警告说解放黑人会使这个城市充斥着绝望的黑人，这些人将抢夺白人的工作。雪上加霜的是，非裔被征召入伍，而且似乎将帮助共和党实现他们的新目标。总而言之，黑人的地位极其脆弱，他们是战争中最令人厌恶的政策的象征，而且一旦获得解放，他们很可能对白人工人构成威胁，而他们在面对愤怒的对手时缺乏必要的自卫手段。

事实上，到了第二天，暴乱就体现了种族屠杀的一些特征。由成年和未成年男性组成的团伙——其中许多与爱尔兰码头工人的家庭有联系——在码头游荡，清除黑人居民，并以最可怕的方式杀死被他们抓住的黑人——绞死、刺死、枪杀、踩死、石刑、烧死或肢解。"向纽约的每一个'黑鬼'复仇。"一个凶残的暴徒喊道。直到事态平息，共有11名黑人被暴乱分子处以私刑，数百名黑人逃离这座城市，前往相对安全的布鲁克林和新泽西。

街头和工厂的激战仍在继续，而该市的警察落于下风。由于军事动员，警察力量严重不足，而且几乎没有额外的武装力量能够支援他们。最后，战争部出面，命令几个团的美国士兵离开葛底斯堡交战正酣的战场，前去占领纽约市，以展示联邦的武力和决心。这件事并不容易。士兵们小心翼翼地前进，不时受到暴徒的袭击，还要还以颜色，有时只能一栋建筑一栋建筑地缓慢向前。到了星期五，当援军兵力达到6000人后，他们才成功恢复了纽约市的秩序。

林肯政府急于重启征兵工作并维护自身的权威，城中的兵力逐渐增加到2万人。但联邦政府并未宣布戒严，也没有寻求对那些参与暴动的暴徒立即进行惩罚，这些暴动者可以被指控犯下了叛国罪。相反，当地方大陪审团拒绝起诉多名暴动者时，联邦政府袖手旁观，并允许纽约市议会拨款为那些拒绝服兵役的人寻找替代服役者，或者免除他们的兵役。随着两党领导人的介入，以及征兵办公室搬到共和党选区，征兵工作于8月19日重启，并有条不紊地继续进行。与此同时，更多的黑人选择逃离这座城市。

展望一个国家

1863年11月18日，也就是纽约市恢复征兵的3个月后，林肯总统从华盛顿特区出发，乘坐5个小时的火车，先向北后向西，前往宾夕法尼亚的葛底斯堡，被召集的联邦军队在这里平定叛乱。他并不常做这样的事。自从1861年抵达华盛顿参加就职典礼以后，他就很少离开首都。但这次情况特殊，而且令人悲伤———一座公墓将在葛底斯堡落成。1863年7月，葛底斯堡爆发了一场重要而惨烈的战斗，一支联邦大军在战场上挫败了同样规模庞大、雄心勃勃的南部同盟军的攻势。在3天的时间里，数千名联邦士兵阵亡，然后被匆匆下葬。此时他们被重新安葬，他们的英雄事迹受到称颂。林肯、几名内阁成员和其他官员分别坐在四节车厢里。他们将与几名效忠联邦的州的州长以及当地的政要和市民在第二天聚集在一起，听取马萨诸塞州著名的演说家、积极捍卫宪法和联邦统一的保守主义者爱德华·埃弗里特（前辉格党人）的致辞。林肯答应到时"看情况评论几句"。

虽然林肯似乎只是列席，但他非常认真地对待自己的任务。几个月来，他一直在考虑发表一篇演说，向公众解释这场漫长而可怕的战争的意义，已有不少人劝他这么做。公众蒙受了巨大的损失，迫切需要了解他们到底经历了什么，以及他们将走向何方。此时林肯有了一个独一无二的机会。虽然后来传说他的演讲稿是在火车上写成的，或者是在最后一刻写在信封上的，但其实他酝酿了许久，而且手写了几份。他所做的是描述一个"国家"的深层历史，而这个"国家"几乎就在他讲话的同时诞生了，他完成这件事只用了不到300个字。

当林肯站在演讲台上，看着那些代表着死亡而非生命的标志，看着那些象征着这个他曾发誓要保护的国家所经历的灾难的标志时，他需要极其坚定的信念才能发表这篇演说。与叛乱的奴隶主之间的战争已经超过了两年半，在大多数情况下，这个故事似乎不是一个关于创造，而是一个关于解体的故事，其中包括联邦解体、政治忠诚解体、经济关系解体、奴隶制解体，然而却没有人知道如何阻止解体或构建一个与以往不同的新关系。虽然林肯经常声称战争是为了"拯救联邦"，但几乎没有迹象表明这场战争可以在短时间内结束。而且，随着他不得不面对各式各样的叛乱，人们越来越怀疑最后还会有多少值得拯救的东西。

在军事上，林肯政府最多只能宣称这场持续了两年多的战争陷入了僵局。最令人鼓舞的是西部。南部同盟在遥远的西南部发动攻势，本已占领了新的亚利桑那准州，攻克了阿尔伯克基和圣菲，并很可能进一步深入科罗拉多乃至加利福尼亚，但最终在1862年3月下旬败给了一个意想不到的敌人。起初，联邦战争部计划派遣一支加利福尼亚志愿兵部队穿越西南沙漠，前去剿灭亨利·霍普金斯·西布利的叛军。但由于南加利福尼亚的分离主义者和南部同盟的同情者的干预，这个计划被推迟。当这些加利福尼亚人准备行动时，西布利和他的人已经到了新墨西哥北部。大卫·亨特少将从堪萨斯命令科罗拉多准州州长"派出你能派出的所有武装力量"。经过漫长而艰苦的行军，科罗拉多的志愿兵冒着风雪穿过高原和山脉，在格洛列塔山口奇袭南部同盟军。虽然南部同盟军的伤亡不算重，但科罗拉多人成功地迫使西布利撤退。西布利先是撤退到新墨西哥的格兰德河流域，接着返回得克萨斯。当加利福尼亚的部队向东进发时，任务已经完成，他们被留在这里占领图森，在亚利桑那和新墨西哥西部确立联邦的权威，并盯着南部同盟军下一步可能采取的冒险行动。在战争余下的时间里，他们的主要交战对象是酋长曼加斯·克罗拉达斯和科奇斯领导的奇里卡瓦阿帕奇人。

联邦军队在至关重要的密西西比河流域也取得了军事胜利。格洛列塔山口的战斗结束几天后，联邦陆军和海军就收复了新奥尔良，并开始向周围的甘蔗种植园堂区进军，那里的辉格党种植园主认同联邦主义，更不用说涌入匆忙建造的禁运品营地的奴隶了。在北方，联邦军队从田纳西、密苏里和阿肯色南下，占领了亨利堡和多纳尔森堡，驱逐了皮里奇的叛军，在夏洛的一场血战中获胜，随后占领了孟菲斯。联邦军队的目标是控制密西西比河，但这并不容易。密西西比河的战略要地维克斯堡仍掌握在南部同盟手中，由于叛军挖掘壕沟，联邦军队无法渡过这条河，尤利西斯·S.格兰特和威廉·T.S.赫尔曼轮番攻击数月未果。

再往东，形势就没有这么乐观了，坎伯兰军团在田纳西中部没有取得太大的进展。1862年秋，联邦军队不得不抵御南部同盟对肯塔基的大胆入侵。南部同盟军前进到距离辛辛那提不到100英里的地方，差点在法兰克福成立州政府。弗吉尼亚的战局同样焦灼。联邦军为夺取里士满发起的每一波攻势，不管是从北面还是东南方向，都被挫败。1862年8月在奔牛河之战再次失败后，罗伯特·E.李率领的叛军开始发动反攻。他们计划攻入联邦领土，在蓄奴州马里兰吸引一些支持者，通过军事胜利进一步打击北方公众的士气，加剧主张和平的民主党人的恐慌情绪，使欧洲人相信联邦无法实现既定目标，或许还能迫使林肯坐上谈判桌。虽然要冒巨大的风险，但这样做是有意义的。北方士气低落，州和国会选举将在11月举行，而麦克莱伦，那个被林肯称为"慢吞吞的家伙"仍在指挥联邦军队。

1862年9月初，罗伯特·E.李率领5.5万人渡过波托马克河，向马里兰进军。他们遇到的第一个意外是，与早先设想的不同，同情他们的马里兰人并没有站出来支持他们。第二个意外是，联邦军队由于纯粹的运气，发现了一份被罗伯特·E.李粗心搞丢的计划书，并据此做好准备（不过麦克莱伦还是像往常一样犹豫不决）。10多万人参加了随后的安提塔姆战役，其中近四分之一或死或伤。虽然战场上的输赢并不明显，但罗伯特·E.李在此役过后退回到弗吉尼亚，而林肯发布了《预备解放黑人奴隶宣言》。不过，这次挫折并没有使罗伯特·E.李重新评估自己的战略。1863年春，他再次把目光投向北方。由于他在5月的查尔斯韦拉战役中战胜了兵力超过自己的联邦军队，这次他变得更加大胆。与此同时，南部同盟的副总统亚历山大·斯蒂芬斯提议与林肯会面，讨论停战交换俘虏以及双方达成和平的可能性。

1863年7月头两个星期，战局开始对联邦有利。6月初，罗伯特·E.李的军队开始向北穿过谢南多厄河谷，并在6月中旬再次渡过波托马克河进入马里兰。与此同时，联邦军队先后在约瑟夫·胡克将军和乔治·米德将军的指挥下，一直在追踪罗伯特·E.李的军队的动向。联邦军队确保自己挡在叛军和华盛顿特区之间。6月下旬，罗伯特·E.李的部队进军宾夕法尼亚，在宾夕法尼亚东南部就食，沿途洗劫了众议员撒迪厄斯·史蒂文斯的钢铁厂，并盯上了州首府哈里斯堡。但在7月1日，他们在葛底斯堡寻找用于补给的鞋子时遇到了联邦骑兵，双方展开了三天的血腥战斗。这次的结果很清楚。7月3日，罗伯特·E.李在损失了三分之一的部队后承认失败，下令撤退，不是撤退到宾夕法尼亚或马里兰（他们很可能从那里再次入侵北方），而是回到波托马克河对岸南部同盟所属的弗吉尼亚。亚历山大·斯蒂芬斯的提议变得毫无意义，他的老朋友林肯拒绝让他安全通过联邦防线。

7月4日，联邦政府听到了更多好消息和重要消息。在葛底斯堡西南千里之外的地方，另一支庞大的叛军部队在维克斯堡被围困了数周之后，终于向格兰特将军投降。联邦不仅控制了密西西比河，还将南部同盟一分为二。罗伯特·E.李曾希望在宾夕法尼亚取得军事胜利以减轻维克斯堡叛军的压力，同时为中西部和中大西洋的铜头蛇运动注入活力。纽约市的征兵暴动表明，如果联邦暴露更多弱点，潜伏在暗处的不满势力可能会制造事端。叛军在葛底斯堡和维克斯堡的失败，连同纽约市暴动的平息，即便不是对南部同盟的致命打击，也使越来越多的美国人和欧洲人相信联邦将取得战争的胜利。

但这将是一个怎样的联邦呢？这是一个自合众国成立以来所有美国人一直在激烈争论的问题。它是拥有一定主权的州组成的松散联合体吗？是一个联邦政府和州政府分享权力的国家吗？是一个由许多不同的地方组成，由一个弱小的中心和一个激动人心的目标支撑起来的帝国吗？战争是否改变了联邦的性质，还是说仅仅是改变了组成联邦的成员？林肯和其他反对奴隶制的共和党人，在北方的辉格党人、自由党支持者和自由土地党人的政治观念的基础上，早在战争爆发之前就已经开始回答这个问题。他们设想的不仅仅是一个松散联盟或一个帝国，而是一个拥有独特的政治组织形式和政府形式，拥有特定的领土范围、政治经济、社会关系和文化目标的国家。

希望已被唤起，理念得到发展，论点已被提出，当1863年11月19日下午林肯在葛底斯堡开始发表演说时，他似乎是在宣布一个国家存在的事实。他描述了这个始于《独立宣言》的国家的历史，为其赋予鲜明的政治特征，并解释了南北战争不是国家出现的时刻，而是国家生存的手段："87年前，我们的祖先在这片大陆上建立了一个新的国家，它以自由为理念，致力于实现人人生而平等的主张。"

"如今我们正经历一场伟大的内战，"林肯继续说道，"考验着这个国家，或任何一个有此信仰和信念的国家，能否长久生存下去。"他把这片墓地称为"那场战争的一个伟大战场"，它已成为"那些为国家生存而献出生命的人的安息地"，并声言"在这里奋战过的勇敢的人，无论活着还是死去，已使它神圣化，我们贫乏的能力不能加以增损"。不过，"我们这些还活着的人"要继续"推进他们未完成的事业"，而这个"他们为之投入了全部热忱"的"事业"被林肯精辟而有力地描述为："这个**国家**将获得自由的新生，这个民有、民治、民享的政府绝不会从地球上消失。"

林肯虽然没有在这篇演讲中明确提到解放黑人奴隶或政治民主，但在描述战争的"事业"时，他显然在暗示，二者对于"国家"来说具有根本意义。然而，还有一些事情他没有提及，也没有承认，这些将与未来的"国家"有莫大关系。林肯只字未提上平原的苏人起义，对它的镇压，对起义者的处决，其他印第安盟友及敌人的命运，或联邦军队与他们中的许多人之间的战争。他也没有提到新招募的黑人士兵大量阵亡的战场——特别是南卡罗来纳沿岸的瓦格纳炮台，葛底斯堡战役仅仅几天后，这里爆发了一场激烈的战斗——以及这些士兵和其他黑人在这个经历了"自由的新生"的"国家"中可能拥有怎样的地位。这些充满了矛盾的重要问题仍有待解决。

第八章　定义一个民族国家

叛乱州的命运

联邦军队还没有进入反叛的蓄奴州，新的共和党决策层就已经开始考虑以何种形式恢复联邦。此前深南部和上南部的叛乱者仓促召开会议，声明脱离联邦，成立所谓的美利坚诸州同盟，并发誓要争取独立，反抗联邦的胁迫。但是，这在政治和宪法上的意义究竟是什么？联邦政府有什么权力对叛乱者采取行动？如何解释叛乱，以及这种解释将对重建产生怎样的影响？政府的哪些分支有权力制定规则，是行政、立法，还是司法？

最初，林肯政府的观点和共和党的主流观点是：脱离联邦在宪法上是不可能的，联邦是永久的，联邦的主体是人民而不是各州，1860年到1861年的政治危机是叛乱者挑起的，他们占据了各自的州，决心为实现自己的政治目的向联邦政府宣战。联邦政府认为叛乱者只是有强大影响力的少数人，而公众仍然是广泛支持联邦主义的，他们的声音只是暂时受到了压制。因此，联邦政府认为自己的首要任务是平定叛乱，找出忠于联邦的人，将各州的控制权交给他们。这样，各州在联邦中的地位就不会发生变化，各州及其公民的法律和制度仍将保持不变。联邦政府要做的只是恢复叛乱前的那种联邦制。

也就是说，如果叛乱很快被平定，联邦主义就会重获生机。初期，这就是联邦政府的期望。"各州在联邦中有自己的地位，" 1861年7月4日，林肯对国会说，"它们没有其他法律地位。"然而，叛乱者拥有强大的军事实力，而联邦主义者在军事上不占优势，人们越来越清楚地意识到战争不会很快结束，共和党人也不能指望叛乱州的白人男性及其家人会支持联邦。因此，这种期望即便没有造成严重的政治影响，也极具误导性。叛乱使叛乱州无法融入联邦，尤其是共和党控制下的联邦。无论宪法如何措辞，都无法掩盖叛乱者控制的地方所发生的变化和面临的挑战。事实证明，新的想法是必要的。

因此，激进派共和党人提出了一种非常不同的观点。他们不否认联邦是永久的，也不否认脱离联邦是不可能的。他们否认的是，叛乱州没有发生任何根本性变化的观点。正如代表俄亥俄的国会议员约翰·宾厄姆所说，这些州的"叛乱的民间组织……宣布退出联邦政府……这使其失去了联邦赋予它们的权利"。代表马萨诸塞的参议员查尔斯·萨姆纳甚至声称，由于出现了叛乱行为，各州实际上"已经成了'自杀者'（felo-de-se）"，不复存在。他的许多同僚虽然不喜欢这个说法，但得出了类似的结论：叛乱州相对于联邦和中央政府而言，已经回到或"降格"为受联邦管辖的准州。

这种观点后来被称为"准州化"，它的好处是将叛乱州归入一个熟悉的法律类别，但这样做并没有带来任何具体的对这些州进行政治重组的方案。事实上，当国会在1862年年初开始讨论这个问题时，人们提出了许多想法，而公众似乎倾向于支持其中的某一个版本。来自纽约州西部的请愿书要求将南卡罗来纳、佐治亚和佛罗里达降为准州，并将其作为黑人的保留地（预示着1865年的谢尔曼保留地的出现）。其他北方人主张国会强加给各个叛乱州一个临时政府或准州政府——这不算意外。无论如何，这些州的"权利"将被牺牲，它们无法独立处理民政事务，联邦政府的权威将被神圣化。

不过，林肯并不支持准州化。至少在原则上，他仍然坚持这样的观点：从宪法上讲，脱离联邦是不可能的，各州仍然存在，应尽快组建忠于联邦的州政府。他尤其希望恢复那些被占领并能举行必要选举的叛乱州的国会议员席位。不过，林肯的想法也发生了变化，毕竟此时战争已经进行了一年多，平叛的前景渺茫，他很难指望这些州自行重新加入联邦。相反，联邦政府必须动用军事力量介入并取得控制权，恢复选举并确定合格选民。随着林肯政府和国会同时通过立法和军事手段推动奴隶解放的进程，人们已经在讨论是否将废奴作为恢复国会席位的先决条件。越来越多的共和党人似乎准备放弃"准州化"，以换取林肯在奴隶制问题上采取更强硬的立场，因为他们意识到二者都是以新的联邦主权形式为前提的。

在这样的背景下，林肯在葛底斯堡发表演说后不久，就发表了《赦免和重建宣言》。这份宣言并不是一个明确的计划，而是一个框架。林肯希望通过刺激南方的忠诚心，并保障其未来的自治使战争早日结束。这份宣言成为联邦在被占领的南方建立新的州政府的指导方针。林肯赦免所有承诺未来效忠联邦并支持解放奴隶的人（不包括南部同盟最高军事领导人和政治领导人）并规定当效忠联邦者占1860年总统选举投票人数的"不少于十分之一"时，他们可以通过新的州宪法，并寻求恢复在国会的代表权（须经国会批准）。考虑到这份宣言开篇就宣布"许多人犯了叛国罪，现在仍不知悔改"，林肯给出的承诺非常慷慨，似乎又回到了他早先对重建的想法。当然，除了奴隶制。

林肯的赦免有"恢复奴隶以外所有财产权"的内容，他希望新的州政府能够给予被奴役者"永久自由"。对于前奴隶的公民地位或政治地位，林肯只字未提（按1860年的法律规定，选民是有选举资格的人，因此都是白人）。林肯接受了"临时安排（的可能性）……符合他们目前作为没有土地和家园的劳动阶层的现状"。随着奴隶制问题逐步得到解决，"自由"的问题日益凸显。但是，林肯没有像发布《解放黑人奴隶宣言》时那样提及他作为陆海军总司令的权力，而是通过总统的权力"对危害美国的罪行给予缓刑或赦免"——他曾经认为这违反了宪法。他宣称联邦政府的地位高于各州，并要求各州废除奴隶制，以此作为恢复其在联邦中的地位的条件。

这份宣言也被称为"林肯的十分之一计划"。它起初在共和党人当中得到了广泛支持，主要原因是它主张废除奴隶制。然而，随着该政策在路易斯安那正式施行，原本支持它的共和党人改变了立场。1862年4月，联邦军队攻占了路易斯安那的新奥尔良，这是其在深南部获得的第二个重要的立足点（南卡罗来纳的海洋岛是第一个立足点，联邦军队于1861年11月占领了那里）。到了1864年年初，忠于联邦的各派展开了激烈竞争。温和派在联邦指挥官纳撒尼尔·班克斯将军的帮助下占了上风，制定了一部终结奴隶制的州宪法。这部宪法将权力集中在新奥尔良，对白人工人有利，但完全没有提及黑人的公民地位或政治地位，不管是自由黑人还是获释奴隶。相反，他们要求国会向忠诚的奴隶主提供补偿，其中许多人是周边地区富有的甘蔗种植园主。这部宪法的政治影响令人不安。激进的改革家温德尔·菲利普斯评论道，林肯的政策"使南方的政治仍由南方的大地主支配，黑人奴隶的自由只是假象"。至少，根据《赦免和重建宣言》提出权利要求的人，其忠诚度是值得怀疑的；如果允许叛乱州迅速加入联邦，共和党的权力和计划将受到威胁。

　　国会中越来越多的共和党人接受了两种观点，这使他们与林肯发生了冲突。一种观点是林肯的计划过于仓促和宽大。一名代表马萨诸塞的国会议员认为林肯的计划应该包含"更加激进的内容"。同他观点相同的人从宾夕法尼亚的共和党人撒迪厄斯·史蒂文斯的主张中得到启发，认为叛乱州实际上相当于组成了一个"交战国"，是"抛弃和破坏了先前具有约束力的市政义务、契约、宪法和法律"的外敌。他们希望大幅延长将叛乱州重新接纳入联邦的时间，或许是无限期延长。另一种观点是从宪法的角度出发的。他们援引1849年最高法院对卢瑟诉博登案的判决，以及宪法对各州"共和政府"的保障（第四条第四款），声称"决定哪个政府是新的州政府，这是只属于国会的特权——该权利属于国会，而非总统"。

　　1864年初夏，代表俄亥俄的参议员本杰明·韦德和代表马里兰的国会议员亨利·温特·戴维斯提出的法案，被国会共和党人用来作为林肯路线以外的替代方案。虽然《韦德-戴维斯法案》在黑人选举权方面没有任何进展，黑人选举权问题在联邦中仍存在很大争议，但该法案确实要求新的州宪法"永远禁止"非自愿奴役，"保障……所有人的自由"，剥夺南部同盟官员和军官的权利，并"使所有人都有权接受公正的审判"。但该法案的核心内容是要求在"大多数……白人男性公民"，而不是1860年选民的十分之一宣誓效忠联邦之后才能启动重建的进程，而且只有从未担任过南部同盟的"民事或军事"职务或没有"自愿"拿起"武器反对联邦"的人，才能参加州议会代表选举或担任州议员。在这些苛刻的条件得到满足之前，该州仍由经总统任命的、参议院同意的临时州长管理。

在共和党人压倒性的支持下，《韦德-戴维斯法案》于7月初在国会通过，并被送到林肯的办公桌上待他签字。但林肯没有签署该法案。林肯并不是从根本上反对该法案的条款，如果哪个叛乱州愿意自行遵守这些规定，他并不觉得有什么问题。但他担心，如果该法案成为法律，路易斯安那，也许还有阿肯色、田纳西和弗吉尼亚这些州正在推动的政治进程可能会遭到破坏，平定叛乱的势头可能会被削弱。他拒绝在国会休会前签署它（这被称为"搁置否决权"）。韦德和戴维斯无法抑制自己的怒火，公开指控林肯"蛮横地篡夺"国会的权力。

这是行政分支和立法分支围绕着宪法权力的基本问题展开的斗争，也是共和党内各派围绕着"重建"政策的速度和范围展开的斗争，它们将在此后的10年里继续下去。然而，人们很容易忽视一个正在发生的重大转变。美国花了70年时间建立了一个中心脆弱的帝国，构建了一个具有模糊的、多层次的主权基础的联邦结构，但叛乱战争使执政的共和党人有了界定民族国家边界的机会。

获释奴隶的未来

在这样一个民族国家中，帝国倾向将在多大程度上得到保留，这还有待观察。不过，在关于刚刚获得解放的奴隶以及他们作为自由人的地位问题上，我们可以看出它的一些特征。不管是《禁运品法案》、华盛顿特区或外密西西比西部准州的废除奴隶制的法案，还是《预备解放黑人奴隶宣言》和《解放黑人奴隶宣言》，没有任何一项解放奴隶的立法或法案对前奴隶的公民权利做了说明，他们由此进入了一个斯科特案的判决仍然有效，州和地方各级法律仍然明显歧视他们的世界。这是一个由多重主权构成的世界。在这个世界里，只有极少数非裔享有"理应受到白人尊重的权利"或可以成为美国公民。决策者充其量将他们想象成为"合理的"工资工作的劳动人民，林肯在《赦免和重建宣言》中便是如此。

在南方的农业州，一个强大的逻辑将前奴隶与劳动联系在了一起。没有人能够否认，在叛乱战争爆发前，棉花种植促进了联邦的经济增长，联邦的大多数政策制定者将振兴棉花经济视为保证国家未来繁荣的核心要素。一些人认为这是展示自由劳动力比奴隶劳动力具有更高的效率和生产力的机会，另一些人则急于通过价格高昂的棉花获利。无论如何，黑人提供劳动力被认为对战争的终结与和平的形成都是至关重要的。

联邦的本杰明·巴特勒将军明确建立了这样的联系。1861年春，当逃奴涌向他在弗吉尼亚的门罗堡的营地时，巴特勒曾宣布他们是"战争禁运品"，并让他们修筑防御工事。征召黑人为联邦军队工作，迈出了征召黑人参军的第一步。一年后，在面对下路易斯安那禁运品营地人口过多的问题时，巴特勒引入了"契约劳工制度"，目的是使前奴隶能够工作，同时恢复种植园的生产。根据联邦的指导方针，具有"禁运品"身份的黑人可以受雇于已经宣誓效忠联邦的南方地主和租种或购买农田的北方人。黑人劳工每月只能领取少许工资和基本生活物资，受到严格监督，活动受限，还可能因为违反纪律受到惩罚——这多少类似于19世纪30年代英国人在解放奴隶的过程中创立的学徒制。

与学徒制类似，契约劳工制度也被当作解决未来的获释奴隶问题的途径之一。不管人们如何谴责奴隶制是一种罪，是一种落后的经济制度的残余，但事实上甚至连许多废奴主义者都怀疑奴隶是否已经为自由做好了准备，还是说他们需要接受"指导"，以了解自由的要求和责任。奴隶制施加的屈服、胁迫、剥削和残暴，是否已经使奴隶变得过于被动和依赖他人，失去了独自维持生计的能力？奴役的强制和家长制消失后，他们能够养活自己并对经济激励作出反应吗？他们是否理解私有财产，或者如一名北方评论家所说的"我的东西"和"你的东西"的性质，是否会有偷窃的倾向？在奴隶制否定了与家庭相关的一切后，他们是否准备好成家，能否接受一夫一妻制的婚姻，能否承担养育子女的义务？他们是否准备好接受教育，能否接受对上帝的信仰？

这就是为什么除了一些决心消灭美国奴隶制的人在叛乱战争中表现积极，那些打算把他们认为的奴隶性格转变为自由人性格的人同样跃跃欲试。美国传教士协会自1846年成立以来，一直积极参与反对奴隶制的斗争。它迅速动员传教士和教师前往联邦占领区，向

"战争禁运品"提供各种援助，教他们识字，让他们了解性规范、节俭和勤劳的价值，男性和女性各自的角色，以及基督教信仰的变化，以帮助他们尽快熟悉自由世界。除此之外，来自其他教会团体或废奴协会的改革者、教师和传教士不顾军营生活的危险和不确定性，开始按照他们认为合适的方式"重建"奴隶制盛行已久的南方。

　　但共和党占主导地位的联邦也有自己的利益。如何管理从奴隶制到自由的过渡？前奴隶将如何融入战后社会？国家应该承担哪些责任，又应该避免承担哪些责任？奴隶制的苦难会对刚刚获得自由的前奴隶的性格产生怎样的影响，他们将对社会和政治秩序构成怎样的挑战？为了解决这些问题，就在《解放黑人奴隶宣言》公布后不久，战争部长埃德温·斯坦顿于1863年3月成立了美国获释奴隶调查委员会。委员会由罗伯特·戴尔·欧文、詹姆斯·麦凯伊和塞缪尔·格里德利·豪领导，他们都有强烈的改革和反奴隶制信念。委员会的任务是"调查（被解放的）有色人种的状况……并报告需要采取哪些手段"使他们摆脱奴役，并且有能力"自立和自卫"。

　　为完成交付的任务，委员们前往被占领的南方和加拿大，采访了军官、前奴隶主、传教士、前奴隶和自由黑人。他们欣慰地发现，"除了极个别人"，投奔联邦的黑人"难民"都是"忠诚的人，对政府有信心……只要能按时拿到报酬，他们愿意为合理的工资工作。他们温顺而且易于管理……只要受到公正的对待，即使从事艰辛的劳动，也能保持好心情，不抱怨"，而且"无论他们来自外国，还是在本地出生，都愿意和白人劳工一样长时间从事艰苦的劳动"。委员们承认他们发现了一些获释奴隶有偷窃、撒谎、淫乱等恶习，但他们把这些恶习归咎于奴隶制的环境，并认为这些恶习"并未扎根"，可以"通过培养新获得自由的人的自尊心，承认他们的权利来逐渐消除"。英国的学徒制被认为并不成功，该制度在施行四年后，而不是最初规定的六年后被终止了。考虑到这种情况，委员们建议建立一个期限较短的联邦组织，监督废除奴隶制后的过渡期，提供"启蒙教育"，行使临时法庭的职能，确保"（获释奴隶）能按时、定期拿到工资"，并实行"严格和全面的登记制度"，提醒每个获释奴隶一旦登记了姓名，"以后就不得更改，而奴隶在更换主人时会有改名的习惯"。

1865年3月，委员们的调查有了结果，国会授权成立期限一年的自由民局，负责监督废奴进程，以及解决白人和黑人难民的需求。该局在每个叛乱州都有事务官，这些人将帮助推进自由原则的落实。他们将确保劳动关系建立在"合同"而非强制的基础之上，合同条款是公平的，劳动者和雇主都能理解，工资是合理的，不得体罚劳动者，劳动者和雇主必须履行各自的义务。他们将努力解决争端。如果民事法庭尚未运作，他们将建立法庭，并采取行动限制对获释奴隶使用暴力，防止其受到其他暴行的伤害。他们还将鼓励获得自由的男性和女性登记奴隶制下实际存在的婚姻，并将帮助建立面向黑人儿童和成年人的学校。从一个重要的意义上说，该局的目的是落实战争带来的一个观念，即自由是全国性的。它将按照一定的规则和行动来表达自己；它既是文化上的，也是法律和政治上的。

然而，发挥作用的不仅仅是从外部带来的在政府部门监督之下的通往自由之路的预期。美国获释奴隶调查委员会的成员发现："难民最大的心愿是拥有财产，特别是土地，哪怕只有几英亩。"事实证明，这只是使委员们和其他许多北方人的预期变得混乱，感情变得复杂的事情之一。他们注意到，一些逃亡者带着被视为他们自己的财产的物品来到这里，其中有些人似乎已有相当成熟的自由观，有些人对"圣经的主要教义"有"非常正确的"理解，许多人认为"工作理应获得报偿"，相当多的人有些"小聪明"，他们或许比贫穷的南方白人"精明得多，也聪明得多"。一些前奴隶，如田纳西的摩西·巴特尔，当面驳斥了北方人对他们的个人素质的评价。听到一名慈善家预测说"除非迫不得已，否则黑人不会工作"时，巴特尔礼貌而坚定地反驳道："先生，我不知道为什么有人会这么想。黑人同胞一直在支撑着这个国家。当他们不得不为他们的主人工作一整天时，他们会在接下来的一整夜为自己工作，甚至还包括星期天。现在，当他们可以为自己工作一整天时，我不知道他们为什么要躺下挨饿。"

事实上，在南方各地，获得自由的非裔美国人显然已经为自由做好了准备，并对自由可能为自己带来什么有着十分成熟的想法。在南卡罗来纳沿岸地区和密西西比西南部——著名的罗亚尔港和戴维斯湾的一部分——他们继续耕种作为奴隶时耕种的土地，按照自己的方式管理自己，设立各种章程和地方法庭，并选举官员。在密西西比河流域，一些团体将资源集中起来，从美国政府或北方承租人那里租来土地。他们被观察家认为是"所有人当中最成功的"。在弗吉尼亚和北卡罗来纳部分占领区，成年黑人被招募参军之后，剩下的大部分是妇孺和老人，这些前奴隶逐渐将禁运品营地和附近的农村变成了如一名联邦官员所说的"面积很大的非洲村庄"。他们盖房子，耕种土地，修建教堂和学校，经营店铺。在仍被叛军控制的领土上，奴隶们利用战时的诸多干扰，以及从他们的通信网络获得的消息，和奴隶主就条件和规则重新谈判，要求得到少量工资或对农作物分成，有更多的时间耕种自有地，以及对农活和家庭事务有更大的控制权。即使在种植园，他们也会为劳动力的配置、农作物的组合和收成的分配发生争执，偶尔会发动"小叛乱"。

因此，当奴隶获得自由而且努力表达并尽力实现自己的愿望时，他们证明从奴隶制到自由的过渡会引发激烈的争执。他们还证明自己有能力赢得盟友，使共和党的政策制定者和他们在叛乱州当地的代表产生进一步分化。可以肯定的是，大多数在战争期间与获释奴隶接触的教师、传教士和联邦官员，接受了反奴隶制文学作品和种族主义对奴隶形象的描述，并努力使获释奴隶变得文明，使他们成为工资劳动中可靠的工人。但是，一些更敏感和更有人情味的人开始认识到被刻板印象所掩盖的东西，并在政治上同情他们所看到的：作为奴隶，非裔美国人在家庭、工作和社区方面建立了关系，充满了期望，这更多地是在与一个正在被侵蚀的世界产生共鸣，而不是与战争正在创造的政治经济产生共鸣，这很可能与许多共和党领导人希望追求的国家建设类型相悖。

印第安人和西部的命运

这个新兴的民族国家仍有帝国野心，在盯着南方的同时也望向西部，在盯着新解放的奴隶的同时也望向原住民。不过，自合众国成立以来，西部政策一直存在矛盾，既有同化的"胡萝卜"，也有强制迁移和限制活动范围的"大棒"。那些有改革意识的人，认为原住民和非裔一样，在文化上是落后的，需要得到救赎，因此他们致力于使原住民变得"文明"。他们想象着白人教师可以提高原住民的识字率，传教士可以传播基督教义，印第安男性将认识到其居无定所的生活方式是错误的，转而从事定居农业，财产公有制将被摒弃，印第安家庭将采用新的性别分工。这样，印第安人将在社会和文化方面被同化。

然而，改革者的计划几乎无法与白人移民及其政治盟友的计划相抗衡，后者对印第安人的土地虎视眈眈，对同化毫无兴趣。在白人移民看来，印第安人落后、野蛮、无可救药，阻碍了"进步"，必须改变原有的生活方式。切罗基人中的混血派选择接受文化转型的"胡萝卜"，效仿白人的生活、工作和政治模式。但是，甚至连他们也知道，报复的"大棒"迟早会来。由于改革者基本上接受了白人移民定义的"进步"和"野蛮"之分，并认为自己正在参与一场消灭后者、促进前者的斗争，因此他们能做的只是努力减轻这个进程的负面影响，而对该进程的终极目标，即白人的领土扩张，土地和劳动力的商品化，以及基督教价值观的传播并无异议。

因此，"保留地"成了缓和"野蛮"与"文明"之间紧张关系的手段。印第安人不是简单地交出他们的土地，也不是在他们居住的地方接受文化教育，而是让出白人移民想要的土地，搬到政府为他们划定的地区。在那里，印第安人可以得到一笔年金，并在印第安人事务官和传教士的帮助下，学习白人的生活方式。"经验……已经确凿无疑地表明，"印第安人委员卢克·莱尔在1859年声称，"只有一种政策可以实现印第安人的复兴……（那就是）让他们待在可以得到控制的地方。"在那里，他们才能抛弃"野性"和"傲慢"，他们会因"生活的需求而不得不从事农业劳动"，并"在对文明生活的更高尚的追求中接受训练"。从19世纪50年代初涉及加利福尼亚的139个小部落和群体的一系列安排开始，"保留地"很快成为联邦政府，特别是一系列委员会和内政部负责"印第安人事务"的官员的选项。

这个进程的核心是"条约"，就像以前一样，这在很大程度上反映了定义联邦和帝国的多种形式的主权。最高法院在19世纪30年代曾将原住民称为"国内附庸国"的成员，这种所谓的"国内附庸国"没有正式的主权，但实际上被视为特殊的政治实体，既没有国会代表权，也不需要纳税。每次和原住民的接触以及每个条约都会遇到法律地位不明的问题，正如一位美国司法部长所说，"我们的整个法律体系中，没有什么比……印第安人与本政府和各州政府的关系更难准确定义的"。不过，条约一般还是将作为签约对象的印第安人称为"国家"、"部落"或"部落联盟"的成员，这暗示联邦政府承认原住民群体可以对其成员行使某种程度的主权权力，而这种主权权力又体现在其与联邦政府的关系中。

然而，参与缔结条约的印第安部落内部几乎无一例外地发生了分歧，有时甚至非常严重，而叛乱战争则破坏了印第安人与联邦政府的关系。印第安人中的五大文明部落（其中许多人是奴隶主）几乎立即与南部同盟正式结为同盟，后者承认他们的主权并鼓励他们参与政治和军事活动。1861年5月中旬，奇克索人和乔克托人派出了军队。不久之后，亲南部同盟的切罗基人就把亲联邦的切罗基人、克里克人和塞米诺尔人赶到了邻近的堪萨斯。到了1861年11月，南部同盟将印第安人领地划为一个军区，斯坦德·瓦捷等切罗基人在南部同盟军队中获得了任命。林肯政府立即停止支付年金，拒绝招募印第安士兵，并撤出印第安领地的所有联邦军队。这进一步加深了双方的敌意。1862年7月，国会允许林肯终止与任何"事实上敌视美国"的部落签订的条约。

早在几个月前，林肯就已经认为最好放弃对印第安领地的幻想，并决心重新占领那里。1862年3月，联邦军队在阿肯色西北的皮里奇大胜一支由南部同盟军和印第安人组成的联军，这不仅为联邦占领印第安人领地开辟了道路，更重要的是，它象征着联邦对印第安人政策走向军事化。联邦陆军指挥官对外交缺乏耐心，更希望用武力这一他们最熟悉的方式来达到预期的效果。在明尼苏达，约翰·波普将军对条约乃至整个印第安人的"制度"嗤之以鼻。他希望将处理印第安人事务的权力由内务部转交给战争部，收回联邦印第安人事务官的权力，并建立规模庞大的军事哨所，以帮助"集中"、孤立和包围被击败的部落。

在新墨西哥，曾率部从加利福尼亚出发，向东南穿越沙漠以拦截南部同盟军的詹姆斯·卡尔顿准将，在与纳瓦霍人和阿帕奇人接触后得出了类似的结论。卡尔顿承认自己的目标是"把敌对的原住民逐渐集中到一个远离他们的藏身处的保留地"，教他们"识字"，让他们了解"和平的艺术"和"基督教的真理"，这样"他们就能接受新的习惯、新的想法和新的生活模式"。但他同样认为："现在绝不能承诺不对那些不值得信任的人使用武力，他们甚至还不如山中的狼值得信任。"他的话绝非玩笑。和波普一样，他不同意与敌对的原住民部落签订条约，而是认为必须毫不留情地追击他们，直到他们彻底屈服。"我们不会与印第安人见面，也不会举行任何谈判，"卡尔顿对手下即将与梅斯卡莱罗阿帕奇人交战的军官说，"无论何时何地，只要发现，就要杀死他们……如果他们乞求和平，他们的首领和20名主要人物必须来圣菲，而你要继续追击他们的人，杀死他们，直到你接到让你停止的命令。"强大的阿帕奇人首领曼加斯·克罗拉达斯就是牺牲品。联邦士兵挥舞着象征停战的白旗，将克罗拉达斯诱入陷阱，然后将他残酷地射杀。随后，他被斩首，首级送往东部的史密森学会（博物馆），那里积累了越来越多的印第安人的骨头和文物——这是由蛮力和征服带来的知识创造的象征物。

卡尔顿和波普为"文明"和联邦表现出的咄咄逼人的势头，表明从1862年开始，一种日益铁腕和暴力的政治将在整个平原蔓延。卡尔顿不仅把数千名原本就是敌人的梅斯卡莱罗阿帕奇人和纳瓦霍人安置在新墨西哥以东面积很小的博斯基·雷东多保留地，而且以独裁的方式统治自己的军区，威胁当地官员，最终被"几乎所有居民憎恨和蔑视"（《新墨西哥周刊》评语）。科罗拉多准州州长约翰·埃文斯同样独断专行。埃文斯是伊利诺伊移民，也是新成立的联合太平洋铁路公司的董事。他不担心准州的南部同盟同情者，这些人的声音虽然很大，但人数不多；他担心的是夏延人和阿拉帕霍人的袭击。他认为镇压印第安人的抵抗是使横贯大陆的铁路通过丹佛的关键。他认为约翰·奇文顿与自己有相同的想法，后者是科罗拉多志愿兵的指挥官，曾率领志愿兵在新墨西哥的格洛列塔山口战胜南部同盟的叛军。

如果埃文斯和奇文顿真的以为残忍的攻击可以迫使印第安人屈服，那么他们失算了。到了1864年夏，夏延人、阿拉帕霍人、基奥瓦人、科曼奇人和苏人在平原的各个地区发起反抗，并切断了圣菲和奥弗兰小道的交通和通信。"我现在很满意，"埃文斯狂热地警告华盛顿特区的印第安人事务委员，"平原的部落几乎都参与了这场可怕的战争。"他预测道："这将是这个国家有史以来规模最大的印第安人战争，战线将从得克萨斯一直延伸到英国的防线（加拿大）。"埃文斯对联邦官员的冷漠态度感到失望。他收回了先前许下的保护友好部落的承诺，并敦促科罗拉多白人"无论在哪里发现敌对的印第安人"，都要消灭他们。奇文顿不需要埃文斯再说什么。11月下旬，他率领700名志愿兵前往丹佛东南的沙溪，进攻已经向联邦军方投降的夏延人和阿拉帕霍人的营地，并展开了杀戮。

沙溪屠杀的消息迅速传开，平原印第安人的怒火变得更盛。1865年年初，夏延人、阿拉帕霍人和苏人开始袭击主要的路口、牧场和驿站。参与袭击的印第安人有时多达上千人。他们切断电报线，烧毁定居点，并沿内布拉斯加准州和科罗拉多准州境内的普拉特河南北支流袭击补给列车，事实上切断了丹佛与东部的欧弗兰之间的交通，更不用说盐湖城和旧金山了。"夜晚，整个河谷被燃烧的牧场和驿站的火焰照亮。"一名与夏延人一起前去沙溪的幸存者后来回忆道。时任联邦陆军总司令的尤利西斯·S.格兰特重组了西部战区，任命波普指挥新成立的密苏里分战区（包括此前的密苏里军区、堪萨斯军区和西北军区）。波普则开始策划1865年的重大战役，以镇压反抗的印第安人，并重新打通经过印第安人地区的道路。

关于沙溪屠杀的消息同样传到了东部。虽然最初的报道，特别是奇文顿的报告，将这一事件描述为一场军事胜利，但相反的证据显示这起事件"令人胆战心惊"（用参议院印第安人事务委员会主席的话说）的事实，而知道真相的人越来越多。迫于公众压力，国会和军方迅速展开调查。调查报告将沙溪描述为"最令人反感的野蛮的谋杀现场"，而约翰·奇文顿则被描述为"犯下了最令人不齿的野蛮行为"。联邦将印第安人政策军事化的意图受到打击后，公众严重怀疑军队能否避免此类事件重演，"人道主义"改革者的方案因而赢得了支持。

林肯总统听从了明尼苏达主教亨利·B.惠普尔的请求，迅速成为印第安人制度改革的主要倡导者。听完惠普尔的话后，林肯承诺："如果我们赢得这场战争的胜利，而且我还活着，我将改革印第安人的制度。"但林肯仍然认为印第安人是"野蛮人"，并不认为他们是"美国人民"的一部分。林肯曾对到访白宫的黑人领袖说："你们和我们是不同的种族。"1863年春，他用类似的语言对部落首领说："这个白皮肤的民族和他们的红种人兄弟，无论是在数量上还是在生活方式上，都有很大的不同。""白皮肤的民族，"他解释说，"人数众多，而且很繁荣，因为他们耕种土地，制作面包，依靠土地上出产的作物而不是野味来维持生计。"因此，正如他曾经认定移民是解决美国白人和黑人困境的恰当办法一样，他也把"将印第安人集中在一起，并把他们限制在保留地的计划"视为"政府的既定政策"。

林肯对叛乱战争与开发外密西西比西部之间的关系的看法，进一步强化了这个所谓的"既定政策"。他在1864年12月的年度讲话中指出："人口的稳定增长、经济条件的改善和政府机构在我国新的和未被占领的地区稳步扩张……几乎没有受到我们伟大的内战的遏制……通过铁路和电报线将大西洋和太平洋各州连接起来是一项伟大事业……大量发现的金银和朱砂矿价值达到1亿。"因此，他希望"为印第安人提供适当的治理"，使前往西部的移民能够获得安全保障。林肯对"分裂的屋子"的概念进行了新的不祥的扭曲，他早先曾声称："一个国家可以说是由它的领土、它的人民和它的法律组成的……地球表面由美国人民拥有和居住的那部分土地，很适合成为一个民族家庭的家园；而它不适合成为两个或更多民族家庭的家园。它的辽阔疆域，它的各种气候和产品，在这个时代对一个民族来说是有利的，无论它们在以前的时代可能是什么。"

雅各宾派和农民的梦想

谁是"美国人民"？如何确定"民族大家庭"的成员资格？提出这些问题的不仅有像苏人首领"大鹰"所说的不愿意"放弃自己的生活，像白人一样生活"的印第安人，还有反抗奴隶主以及深入全国各个角落的被歧视和压迫的非裔美国人。自19世纪二三十年代以来，逃奴与自由黑人盟友一直在向州和联邦政府施加压力，要求其停止与奴隶主合作，并废除强加给非裔美国人的次等地位。他们要求参加当地或更高层级的会议，要求在公民社会中享有平等的地位，获得接受公共教育和使用其他公共设施的机会，享有与白人同等的投票权。不过，真正改变讨论的基调，并使其具有实现的可能性的是帮助联邦击败南部同盟的武装叛乱的奴隶。

虽然联邦急需大量志愿兵，但招募非裔美国人，不管是奴隶还是自由人，既不符合根深蒂固的排斥非裔的传统，也很难被官员和军官接受。弗雷德里克·道格拉斯等自由黑人领袖和联邦军队中具有废奴思想的军官的诉求几乎没有得到什么回应，反而招致陆海军总司令的反对和惩罚。另一方面，奴隶们完成了他们的盟友未能做到的事情，他们以超出美国官员预料的数量逃出被奴役的地方，涌入禁运品营地和其他军营。田纳西军团的一名随军牧师形容"抛弃"邻近地区的棉花种植园，前往"北方佬"防线的黑人"本身就组成了一支军队"。契约劳工和其他租赁安排提供了一种缓解人口压力的手段，但随着兵员不足的问题持续困扰着联邦，招募黑人成了一个再也不能被忽视的选项。1862年7月，国会通过了《民兵法案》。不久之后，战争部允许成立一个由前奴隶组成的团，即南卡罗来纳第一志愿兵团。

然而，重要的是，直到1863年1月1日《解放黑人奴隶宣言》发表后，联邦政府才开始全面招募非裔参军。到了那时，林肯政府才允许北方各州州长招募居住在当地的黑人男子（其中不少是逃奴及其子女）。结果，18岁至45岁的黑人男性中，近四分之三前来应征（共32 671人），这一比例远远高于符合条件的北方白人男性。蓄奴州招募的黑人士兵更多，尤其是南部同盟的州。黑人士兵共140 313人，在美国军队中所占的比例越来越大——远远超过10%，在某些军区几乎占到一半。因此，解放不仅是一项战争措施，而且与黑人男性的招募息息相关。黑人男性通过参军使自己以及自己的母亲、妻子和孩子获得自由（根据1865年3月的一项国会决议），这决定了对新的民族国家的政治文化至关重要的性别等级关系。

起初，联邦官员认为黑人士兵将主要在防线后方工作，用《民兵法案》的话说，"挖掘战壕，从事营地服务或其他劳动"。这样一来，更多的白人士兵就能够集中精力作战，但黑人士兵和白人士兵之间的区别很快就消失了。许多非裔拿起武器，投身于激烈的战斗中。非裔之所以参加战斗，有几个原因。虽然招募黑人士兵有助于摧毁奴隶制特有的微主权和地方本位主义，打破美国军队内部的种族排斥传统，但黑人士兵在自己的战线后方仍然不得不面对各种挑战。他们的部队，不管是作战部队还是其他部队，与白人的部队是分开的，除了少数例外。他们无法获得晋升，被安排做营地里被人瞧不起的工作，而且由于被认定是劳工，因此工资不到白人士兵的一半。他们还常常受到白人军官和士兵的嘲笑和蔑视。艾奥瓦州州长塞缪尔·J.柯克伍德在谈到"黑人参战"的问题时，刻薄地断言："当这场战争结束，我们清点战争给国家造成的生命损失时，如果发现死者中有一部分是黑人而不全是白人，我丝毫不会感到遗憾。"

像柯克伍德这样的态度，使一些白人指挥官将黑人士兵置于军事上的必死之地，因为他们认为白人的生命更有价值，但这只是造成黑人士兵死伤率偏高的原因之一。无论有多少曾经是奴隶的黑人男性多么希望能够帮助摧毁南部同盟及其赖以生存的奴隶制度，但相较于白人盟友，他们都更容易遭到报复。南部同盟将"穿着联邦军服的奴隶"视为"十恶不赦的叛徒"，而不承认他们是"受战争规则约束的士兵"，并决意对"武装叛乱的奴隶"处以"严厉的惩罚"。1862年11月下旬，在联邦开始大规模招募黑人士兵之前，南部同盟总统杰斐逊·戴维斯就命令他的指挥官将"所有在战斗中俘虏的黑人奴隶……交给他们所属州的行政当局，并按该州的法律处理"，而这些法律无一例外地规定让他们重新成为奴隶或将他们处决。

虽然在战争开始时就是自由人的非裔士兵被当作例外，而且南部同盟官员不鼓励各州进行公开处决，而倾向于使俘虏恢复奴隶身份或强制他们从事军事劳动，但南部同盟军官在战场上有极大的自由裁量权，这对联邦军队中的黑人士兵来说绝不是好消息。最臭名昭著的事件发生在1864年，内森·贝德福德·福里斯特将军——后来成为三K党的创始人之一——在田纳西的皮洛堡屠杀了数十名投降的黑人士兵。小规模杀害被俘黑人士兵的行为更加普遍。1864年，一名南部同盟士兵在北卡罗来纳写道："我们都明白，我们不收留黑人俘虏。"这也是黑人作战勇猛的原因之一。一名北方观察家写道："每个黑人都看到，反叛者都被处死了。"

他们的勇气和决心并没有白白浪费。黑人逐渐打消了联邦决策层的顾虑，后者原本认为奴隶制会使奴隶变得过于懦弱，纪律涣散，不适合战斗。1863年春夏，在密西西比河下游的米利肯湾和哈德孙港口以及南卡罗来纳的瓦格纳炮台的重要战役中，他们不惧敌人凶猛的火力，英勇奋战。他们很快就出现在大多数战场上，挖掘战壕，守卫营地，与南部同盟游击队交火，参加大规模战斗，尤其是在弗吉尼亚，他们帮助尤利西斯·S.格兰特将军击败了罗伯特·E.李率领的叛军。招募非裔美国人参军时，北方大部分地区正陷入军事僵局，士气低落。他们的参与被证明是战争的转折点，联邦的实力因而得到加强，南部同盟的实力受到削弱。关于黑人在面对南部同盟军的火力时的决心、在最危险的环境下的顽强战斗、在激烈的战斗中表现出的非凡勇气，以及他们的前主人多么野蛮的报道，迅速传播开来。这些报道既提升了黑人部队的士气，也挑战了北方白人对黑人的刻板印象。"我们在饱受煎熬的时候征召了他们，当时我们已经招募不到志愿兵，征兵工作陷入停滞，赏金变得毫无意义，"陆军上校诺伍德·P.哈洛韦尔后来回忆道，"他们没有资格获得晋升，投降或被俘后无法得到战俘的待遇。作为士兵，除了可能死在战场上或被绞死，他们的未来是不确定的。幸运的是……他们能够应对危机。当一个种族几百年才会遇到的重大历史时刻到来时，他们没有错过。"

　　政治上的影响可能和军事上的影响一样大。禁运品营地和后来的联邦陆军步兵团把非裔美国人集中到一起，其人数远超种植园和农场的规模（种植园和农场的奴隶很少超过50人，通常不到10人），而且每个人的背景和条件不同，比他们以前遇到的人要复杂得多。在阿肯色组建的美国第57有色人种步兵团，就包括出生在其他12个州的士兵，其中最主要的来自田纳西。在弗吉尼亚组建的第23步兵团，拥有出生在南方9个州、北方3个州和哥伦比亚特区，以及英国殖民地牙买加的士兵。著名的马萨诸塞第55步兵团的士兵至少来自16个不同的州和美国以外的3个国家。也就是说，在这些部队中，他们可以见到来自南方效忠联邦的州和叛乱州的前奴隶，来自南方和北方各州乃至西印度群岛的有色自由人，以及长期参与废奴运动或由于欧洲革命失败，作为政治难民逃到美国的白人军官。在这些部队里，他们可以追踪战争的发展，了解联邦政策的演变，谈论以前的经历和未来的前途。在这些部队里，他们会发现新的权威和忠诚的形式，与此前奴隶主或小群体的情况截然不同。在这些部队里，他们还可以学习识字，同时受到来自世俗和宗教的关注。这样，由于战争和解放事业的向前推进，联邦的军营成了非裔美国人的第一个大规模政治集会场所。托马斯·温特沃思·希金森评论道："（我的黑人）团的人比任何一个白人团的人更能理解这场战争的目标和可能出现的结果。"

　　但是，联邦军在创造了一支纪律性和自我意识越来越强的致力于解放统一事业的军队的同时，也揭示了黑人士兵的政治目标与联邦政府的政策目标之间的紧张关系。这种紧张关系几乎是显而易见的，而且很快就表现在多个方面，如战斗任务、工资、晋升机会和其他形式的歧视和排斥。这些都表明，在解放后的美国，非裔仍将处于从属地位。主要由北方黑人士兵及其活跃在公共领域的盟友领导的最著名的和有组织的活动，是反对歧视性工资的抗争（黑人士兵每月的工资是7美元，而白人士兵每月的工资16美元），这本身就源自黑人将主要承担军事劳动，而不是作为士兵参加战斗的假设。黑人士兵拒收任何报酬，直到工资标准得到公平调整（这样就不需要发动兵变或离开军营），他们以这样的方式吸引了北方公众的注意和同情，最终在1864年6月迫使国会做出了实质性让步。在这个过程中，黑人士兵，不管是奴隶还是自由人，都开始表达对公民社会和政治社会的未来的不同看法。他们的设想包含了平等、公民权和社会正义等新理念，比大多数联邦官员或共和党领导人进步得多。

　　由于武装的黑人士兵的存在，被称为"雅各宾派"的政治倾向在1864年和1865年的一系列重要政治集会上逐渐抬头。1864年10月4日，代表17个州和哥伦比亚特区的150名黑人领袖，在纽约州的雪城召开了前所未有的"真正的全国黑人大会"。这次会议距离上次会议已经过去了九年，而上一次的会议不仅气氛阴郁，而且内部出现了分歧。这次，像亨利·海兰·加内特这样的移民主义者和约翰·梅塞·兰斯顿这样的融合主义者共同主持了会议，并起草了《是非宣言》。该宣言提到了"有色人种无可置疑的爱国情操和忠诚心"，他们"在没有酬劳、没有赏金、没有晋升前景、没有政府保护的情况下，体现了自己的男性气概"，并据此要求"立即无条件"废除奴隶制，公平分配土地（其中一些土地是以1862年的《宅地法案》为依据的），授予有色人种"完整的公民权"。在休会前，与会者成立了国家平等权利联盟，以进一步声索他们的"正当权利"。

三个月后，在田纳西的纳什维尔——这里的政治平等运动自联邦占领以来不断发展——62名"有色人种公民"向当时正在召开州制宪会议的白人联邦主义者请愿，请求"通过你们的组织法里的明文规定，消灭奴隶制的最后残余"，并扩大选举权。他们声称"自由是所有人的自然权利"，并解释说，他们"清楚公民的责任，并准备好承担这些责任"。他们从"我们在联邦军队中的……近20万名兄弟"的牺牲中获得了信心，并开始行动。他们问道："既然我们被要求在战场上与叛军作战，又有什么理由剥夺我们在投票站投票反对叛乱公民的权利呢？"

就在纳什维尔黑人正式提出这个问题的同时，新奥尔良召开了一次大会。新奥尔良的大会受到之前雪城大会的启发，一针见血地直指当时政治的要旨。近百名代表参加了大会，其中许多代表是该市的有色自由人（会议记录同时使用英语和法语），但也有一些代表来自"农村堂区"。主持大会的是詹姆斯·H.英格拉哈姆，他很好地体现了战争背后的革命动力。英格拉哈姆出生在一个奴隶家庭，六岁时获得自由。他是一名能够阅读和写作的木匠，是一名在哈德孙港英勇作战的美国陆军上尉，也是更早的雪城大会的代表。英格拉哈姆主张"我们必须要求被赋予作为人的权利"，并"采取大胆而普遍的立场"。他提醒代表们注意根据林肯的"十分之一计划"组织起来的路易斯安那州立法机构对他们的"蔑视",并建议他们向美国国会请愿,因为"只有国会才有权力"赋予他们权利。在数天的讨论中,他们还对新奥尔良铁路车厢里的种族隔离做法提出了抗议。最终,大会确定了平等权利联盟的组织架构,计划在多地设立分会,并将根据国家公民的概念要求黑人能够获得公民权利。"如果我们不是公民,那为什么要招募我们参军?"

随着大会闭幕,被指定为路易斯安那平等权利联盟机关报,并将英格拉哈姆称为"有色人种的米拉博"的《新奥尔良论坛报》,宣布"新时代"到来了。《新奥尔良论坛报》写道:"这是该州有色人种有史以来第一次采取政治行动……也是农村堂区代表第一次……来到这座城市,就政治问题采取行动。在这里,富人和穷人,有文化、有教养的人和还没有完全摆脱奴役的农村劳动者并排而坐,他们的区别只是心灵的天赋不同……他们有共同的理想,即从社会和政治的束缚中解放出来。"《新奥尔良论坛报》呼吁务必铭记法国的先例:"我们必须从革命中走出来,不仅仅是作为解放者,也要作为真正的共和主义者。"

数百英里之外,另一场会议正在佐治亚的萨凡纳举行,它暗示了更广泛的革命冲动和更像农民而不是雅各宾派的社会倾向。联邦的威廉·T.谢尔曼将军带着他的部队从亚特兰大出发前往那里,数百名贫穷的黑人难民紧随其后。赶到那里后,谢尔曼将军得知,有报道说他"几乎像厌恶罪犯一样厌恶黑人",这不符合"政府的意图"。1865年1月来访的战争部长斯坦顿认为"这些说法是正确的"。谢尔曼迅速召集20名黑人宗教领袖开会,征询他们的意见并决定应采取怎样的行动。参加会议的牧师都是黑人教会的"小组长、执事和牧师"，几乎所有人都在佐治亚或卡罗来纳出生和长大，其中四分之三的人曾经是奴隶，一半以上的人至少在乡村待过一段时间。67岁的浸礼会牧师和前奴隶加里森·弗雷泽被选为他们的发言人，他对他们的愿望和政治归属感做了非常不同的描述。弗雷泽把奴隶制描述为"用不可抗拒的力量迫使另一个人劳动"，而自由则是"使我们可以收获劳动果实，照顾自己，并协助政府维护我们的自由"。弗雷泽认为："我们能最好地照顾自己的方式就是拥有土地，并通过自己的劳动来耕种土地。"他明确表示，希望"让我们独自生活……而不是散居在白人当中……因为南方对我们的偏见需要很多年才能消除"。

弗雷泽只字未提公民权利或政治权利，也没有提及节俭、勤劳、婚姻、家庭或合理的工资。他使用的不是正式政治、民族国家或市场的话语。他想象的是一个独立、拥有土地并与"政府"合作的未来，使用的是社区、自给自足和集体治理的语言。他的愿望赢得了刚刚获得解放的奴隶的广泛认同，与所谓的"农民的梦想"的共同点远多于斯坦顿和林肯政府期待的政治经济的未来。不过，值得注意的是，四天后，为了满足"眼前的迫切需要"，谢尔曼发布了第15号特别战地命令，"保留并划出……从查尔斯顿以南的岛屿、沿河离海30英里的废弃田地，以及佛罗里达圣约翰河沿岸的土地，供黑人居住……将其分割，每个家庭可以拥有不超过40英亩的耕地"。这40万英亩土地本来为南方最富有的种植园所有。这道命令实际上摧毁了傲慢的沿海统治阶级，并且很可能为新的社会秩序的建立奠定了基础。

奴隶主叛乱何时被挫败？

武装黑人奴隶似乎表明联邦已经下定决心粉碎奴隶主的叛乱，并摧毁奴隶制的社会基础。同时，它也显示出林肯政府可以动用的资源，包括铁路运输，钢铁、煤炭生产，武器、弹药制造，农产品生产和牲畜饲养，以及人力（部分原因在于从欧洲涌向美国东北部和中西部的移民潮持续了数十年）的重要性。联邦能够动员的兵力是南部同盟的两倍，获得衣食等补给品的能力也远超叛军——南部同盟虽然同样在努力发展制造业，但终究无法弥补差距。联邦军半数以上的士兵是外国出生的男性或非裔男性。同样重要的是，林肯终于找到了合适的军事领导人，尤其是尤利西斯·S.格兰特和威廉·T.谢尔曼，他们认同林肯对战争的看法，并且不遗余力地平定叛乱。

这次转变具有重大意义。1863年夏天以前，人们对战争的结局和联邦命运的信心似乎已经产生严重动摇。罗伯特·E.李和他的部队刚刚在弗吉尼亚的弗雷德里克斯堡和查尔斯韦拉获得大胜，已经准备好再次渡过波托马克河，进攻马里兰和宾夕法尼亚。南部同盟军如果能在北方取得一场重大军事胜利，联邦军队可能会遭受重挫，被围困在维克斯堡的南部同盟守军很可能趁机解围，林肯甚至可能寻求停战并放弃他在《解放黑人奴隶宣言》中所说的全面解放。毕竟，英国人和法国人虽然不愿意在外交上正式承认南部同盟，但仍然希望看到林肯失败，并随时准备为双方调停。然而，不久之后，形势突变。罗伯特·E.李在葛底斯堡遭受毁灭性打击，只能带着残部退回弗吉尼亚；3万名饥饿、疲惫的南部同盟士兵在维克斯堡投降；叛军被迫撤出田纳西，进入佐治亚西北部。此时，联邦几乎控制了密西西比河及其两岸，切断了南部同盟西部与东部的联系。从哥伦比亚特区和宾夕法尼亚到伊利诺伊的下北部已经高枕无忧，南部同盟此时几乎不可能再实现其梦寐以求的政治独立了。

然而，阻止南部同盟进攻并使其转为守势，并不等于叛乱将以双方均认可的方式全面终结。林肯寻求的是南部同盟"无条件投降"，但问题是向谁投降，投降后将造成怎样的影响。他显然希望南部同盟军放下武器，南部同盟政府解散，但既然他从未承认过南部同盟，并坚持主张掀起叛乱的是个人而不是州，那么什么行为才能被视为叛乱正式结束，叛军及其盟友接受了联邦政府的权威呢？可以肯定的是，到了1864年，南部同盟在前方战场和后方都承受着巨大的压力。由于迫切需要士兵、军需品和在后方劳动的工人，南部同盟政府颁布了征兵令，对农产品征收实物税，规定了农作物种植品种，并授权军需官筹集所需的物资和劳动力。这些措施加剧了社会的紧张局势，激起了民众的不满。

奴隶主认为中央集权对他们的微主权构成了潜在的威胁，因此并不愿意合作。他们同样对政府要求他们种植玉米而不是棉花，并要求征用他们的奴隶来支持南部同盟军感到不满。非奴隶主和他们的家庭受害更深。由于成年男性乃至十几岁的男孩都被征召入伍，女性、儿童和老人不得不靠做农活来养活自己。越来越多的人缺乏必需品，而且由于通货膨胀严重，他们也无力从城里或十字路口的商店购买必需品。一些女性大胆地反抗囤积必需品的商人和种植园主，"面包还是鲜血"成了她们的口号；还有许多女性给丈夫和儿子写信，讲述她们遭遇的困境。未经批准擅自离开军营的人越来越多，这进一步削弱了已经因为伤病而减员的部队。到了1864年年初，约三分之一到二分之一的南部同盟士兵可能已经离开了他们的部队。事实上，有迹象表明，南方社会存在着普遍的不满，特别是以农场而非种植园为主的地区。民众直言不讳地批评戴维斯政权，支持和平和"重建"，反对南部同盟，甚至表达了对联邦的忠诚，而联邦将从南部同盟各州招募大约10万名白人士兵。北卡罗来纳西部和弗吉尼亚、田纳西东部以及佐治亚北部的不满情绪似乎最为严重，但亚拉巴马、密西西比、阿肯色和路易斯安那州的山区同样有人心怀不满。

失败的预期使一些叛乱者变得激进，帕特里克·克利伯恩就是其中之一。克利伯恩是出生于阿肯色的爱尔兰裔律师，强烈支持脱离联邦，在战场上表现出色，赢得了"西部石墙"的绰号，并晋升为少将。但在1863年年底随南部同盟军从田纳西撤退后，他认真思考了叛军面临的挑战。他将部下召集起来，向他们提出了很有现实性的分析和建议。克利伯恩认为，士兵们"不知道战争何时才能结束"，"只知道我们已经筋疲力尽"，而且正与"兵力占优"的敌人作战，很快就会"陷入孤立无援的境地"。此时南方已经没有了适合参军的白人男性。而在他看来，奴隶制是"我们最大的弱点，我们一直不知道该如何处理"，这是"一个隐蔽的弱点"，同时也是"敌人强大力量的源泉"。因此，他建议南部同盟"立即着手训练一大批最勇敢的奴隶作为后备军"，并"承诺在合理的时间内让南方每个忠于南部同盟的奴隶获得自由"。

征召奴隶，废除奴隶制，以挽救南部同盟的叛乱，这个想法被克利伯恩的战友认为是"令人厌恶、有失体统和可憎的"。戴维斯和他的内阁也不认可他的想法，并下令"压制"所有由这个建议带来的"讨论和争议"。随着时间的推移，南部同盟中的少数人认为应当招募和武装奴隶，其中包括罗伯特·E.李和戴维斯，但他们还不足以制定一项政策或构想一条解放之路，即便是一条漫长的道路。叛军要做的就是采取守势，尽可能地将战争拖延下去，重创联邦军队，并寄希望于政治风向转为对自己有利。

南部同盟方面确实有一些乐观的理由。1864年秋，美国将举行总统和国会的定期选举，林肯政府同时面临着来自内部和外部的真正威胁。共和党内部的激进主义者对林肯的温和态度越来越不满，首先是在奴隶制问题上，然后是在"重建"问题上（林肯不久前行使搁置否决权否决了《韦德－戴维斯法案》）。他们中的萨蒙·P.蔡斯，也就是林肯政府的财政部长，一直有意挑战总统之位。一个人数较少的激进派系支持共和党曾经的风云人物约翰·C.弗雷蒙获得总统候选人提名。他们似乎并非毫无胜算。25年前，就有一位在任总统未能得到本党的提名（1840年的马丁·范布伦）。而最近30多年来，没有一位现任总统成功连任（上一次成功连任的是1832年的安德鲁·杰克逊）。美国选举政治的不稳定性，使身为政治大师的林肯都对自己的政治前途产生了严重的怀疑。

不过，事实是，林肯轻而易举地再次获得党内提名。他战胜了共和党内反对自己的蔡斯和弗雷蒙，在竞选时提出的纲领承诺将"彻底平定叛乱"，要求叛乱分子"无条件投降"，并将通过一项废除奴隶制的宪法修正案（纲领中没有出现"南部同盟"这个词）。他还把田纳西的民主党人安德鲁·约翰逊选为自己的竞选搭档（后者因为坚决反对分离主义而广受赞誉），以争取共和党人所谓的"联盟党票"，希望能赢得参战的士兵和支持战争的民主党人的选票。林肯面对的是一个追求截然不同的政治目标的强大对手。民主党提名受人欢迎的乔治·B.麦克莱伦将军为候选人（麦克莱伦在几个月前被林肯架空，失去了实权），并批准了一份主要由铜头党人克莱门特·瓦兰迪加姆（结束短暂流亡后，返回联邦）撰写的纲领。该纲领谴责林肯"滥权"，并呼吁立即停战。民主党的纲领没有提到保留奴隶制或废除奴隶制，只提到了各州拥有的权利和恢复"由各州组成的联邦"。

许多共和党领导人坚信该党将在大选中落败，一些人甚至希望向里士满派遣一个和谈代表团。林肯则在私下里承诺，如果当选，他将与麦克莱伦合作，"在选举结束之后，就职典礼举行之前，拯救联邦"。林肯之所以这么做，是他认为麦克莱伦可能会让大众相信自己"无法在当选后拯救联邦"，他想借此赢得选举。"我输定了，"林肯在8月下旬一边叹气一边说道，"除非我们能取得一些重大胜利。"格兰特的波托马克军团不大可能赢得这样的胜利。1864年春，格兰特已经在弗吉尼亚连续追击罗伯特·E.李和他的叛军士兵两个月，鲜血浸透了这里的土地（双方的伤亡人数很可能都在10万左右）。他至多只能包围彼得斯堡和里士满，但几乎看不到守军投降的迹象。罗伯特·E.李和叛军同僚进行了"激烈抵抗"。他们认为，如果自己能够坚持到大选结束，就可以"和一个新总统打交道"。

就在林肯说自己"输定了"的两天后，他等到了自己期待已久的"重大胜利"，这仿佛是一个奇迹。在佐治亚，威廉·T.谢尔曼将军和他的部下经过漫长的战斗，于9月3日进入了具有重要战略意义的铁路枢纽城市亚特兰大。谢尔曼胜利地进入这座城市，而在这之前，南部同盟士兵在撤离时将其付之一炬。这场胜利具有重大的政治影响力。"我从未见过大众如此高兴。"一名北方的报纸编辑评论道。虽然林肯并不认为自己的连任已经十拿九稳，但亚特兰大的胜利确实改变了选民的态度。当11月的投票到来时，他和他的政党获得了压倒性的胜利。林肯赢得了55%的大众选票，以及除肯塔基、特拉华和新泽西以外的联邦各州的选举人票；他最终赢得了惊人的212张选举人票，而对手只赢得了21张选举人票，尤其令人欣慰的是士兵选票。虽然麦克莱伦在军队中的地位很高，但林肯还是赢得了将近八成的士兵选票。尤其重要的是，共和党将控制国会四分之三的席位以及支持林肯的州的州长职务和议员席位。

谢尔曼的重大胜利对叛军造成了灾难性的打击。当他和他的部队离开亚特兰大，在通往萨凡纳的300英里长的走廊上肆无忌惮地破坏时，南部同盟的士气更加低落。一家报纸预测，今后"阴霾"将"笼罩整个南方"。而对于一开始就热心支持叛乱的南卡罗来纳的玛丽·博伊金·切斯纳特来说，其意义更加令人不寒而栗。"亚特兰大失陷之后，我彻底失去了希望，"她坦言，"我们将被从地球上抹去。"在弗吉尼亚，孤立无援的罗伯特·E.李的部队士气迅速下降，每周都有数百人开小差，留下来的人也只是在"软弱无力地"继续战斗，明显"信心不足"。到了1865年1月底，罗伯特·E.李向杰斐逊·戴维斯暗示，他的军队再也坚持不下去了。

戴维斯执意战斗下去，哪怕以接受渐进解放为代价，哪怕要武装奴隶为南部同盟而战。或许这样就能说服英国人和法国人参战，并站在南方一侧。即使无法继续作战，戴维斯也可以与林肯举行谈判，"以确保两国间的和平"——这意味着联邦要承认南部同盟的完整和独立。但对于南部同盟的大部分政治领袖来说，无论是戴维斯的内阁成员还是各州州长，他们并不想继续抵抗，而是想达成一项协议，使他们能够保留在各州的权利，保护他们的财产不被没收，不被追究战争责任，不会因为与脱离联邦和战争有关的罪行受到起诉。考虑到战争持续了四年，伤亡人数高达数十万，他们的这些要求只是奢望。不过有消息说，林肯会宽大处理，包括为解放奴隶的奴隶主提供补偿。

林肯的一些做法确实暗示出他可能会宽大处理，特别是在1865年2月初，他在弗吉尼亚的汉普顿锚地会见了一个小规模的南部同盟代表团。然而，他的底线没有动摇，叛军必须无条件投降，南部同盟必须"解散所有敌视（联邦）政府的武装"，所有州必须再次尊重"国家权威"并废除奴隶制。当格兰特的波托马克军团日益逼近罗伯特·E.李在里士满和彼得斯堡的残余部队时，林肯告诉格兰特，"除了接受李的军队投降，不要决定、讨论或商议任何政治议题，否则不要与李将军见面……"。这些事务将留由林肯，而不是"军事会议或政党代表大会"来处理。不久之后，格兰特开始与罗伯特·E.李通信，在信中描述了他所看到的罗伯特·E.李的绝望处境，表示自己希望避免"流更多的血"，并提及罗伯特·E.李不得不投降的理由。

罗伯特·E.李知道大势已去。虽然包括戴维斯在内的南部同盟的一些人或许希望罗伯特·E.李能与北卡罗来纳的约瑟夫·约翰斯顿的部队会师，或者将自己的部队化整为零，以游击战的方式继续战斗，以突破联邦军队的防线，但罗伯特·E.李决定不这样做。他认为像这样的散兵游勇"不会比强盗好多少"，他们对南方造成的破坏可能"需要数年才能恢复"。"我年纪大了，不能再去丛林里打仗了，"他坦诚，"即便让军队分散开的决定是合理的，我也不打算这么做，我打算向格兰特将军投降。"为此，自称宁愿"死1000次"的罗伯特·E.李最终同意于1865年4月9日在阿波马托克斯法院大楼与格兰特会面。投降条件极其宽大。叛军军官及其部下被允许有条件释放。他们将"武器和公共财产……集中起来"交给格兰特指定的人，然后带着自己的随身物品和"私人马匹"回家，而且"只要他们遵守释放条件和居住地的法律，就不会被联邦当局打扰"。没有人遭到拘留，也没有关于逮捕、叛国罪指控或任何形式的惩罚的报道。

值得注意的是，大约两周后，谢尔曼在北卡罗来纳的达勒姆火车站附近向约翰斯顿和他的部队提出了更加优厚、影响更大的投降条件。这些条件是由戴维斯的内阁成员起草的，不过谢尔曼在接受其中大部分条件时，坚持认为它们体现了林肯指示的精神。在军事上，叛军将被解散，而不是正式向联邦军队投降，叛军士兵被允许携带武器返乡，这些武器理论上应该存放在他们所在州的军火库中，为日后"维持和平和秩序"所用。在政治上，只要叛乱州政府的官员宣誓效忠联邦，叛乱州政府就将得到承认，叛乱州的居民仍将享有政治和财产权利，"只要他们生活在和平与安宁中，不再以武力对抗联邦，并遵守他们居住地的法律，那么他们就不会因为近期的战争而受到干扰"。约翰斯顿没有征求过戴维斯的意见，这让戴维斯感到勉强，但他还是迅速同意了投降条件。但格兰特立即根据上级的指示推翻了这份协议。格兰特亲自前往北卡罗来纳，坚持要求约翰斯顿按照罗伯特·E.李在阿波马托克斯接受的条件投降。

罗伯特·E.李和约翰斯顿似乎都承认，他们的投降相当于"南部同盟的灭亡"。但这是否意味着奴隶主的叛乱已经结束了？4月初，杰斐逊·戴维斯和他的内阁逃离里士满，先逃到南弗吉尼亚的烟草城丹维尔，打算在那里重建政府。4月4日，戴维斯在丹维尔发表声明，敦促他的人民保持"活力和精神"，向他们说明放弃里士满的好处，并暗示战争远未结束，而是"进入了一个新的阶段"。南部同盟的士兵不再需要坚守城市，而是可以上山，用游击战术击溃联邦军队。戴维斯断言："不管多少次，我们会回来的，直到疲惫、茫然不知所措的敌人绝望地放弃不可能完成的任务。"即使在得知罗伯特·E.李和约翰斯顿投降的消息后，戴维斯仍然认为自己可以征召一支军队。他把目光投向外密西西比西部，想象着在那里与埃德蒙·柯比·史密斯的部队会合，后者仍在抵抗。在那里，他或许还可以与墨西哥结盟——此时统治墨西哥的是法国扶植的君主马西米连诺一世——从而实现在脱离联邦后未能达成的政治目标，并恢复贸易关系，这种贸易关系自战争爆发以来就被证明对叛军有利。

与此同时，一个南部同盟的同情者和阴谋家使联邦政府遭受了前所未有的重大打击。1865年4月14日晚，林肯总统被约翰·威尔克斯·布斯暗杀。布斯是一个演员，出身于马里兰著名的演员世家。他支持南部同盟，认为奴隶制是"上帝赐予这个受到偏爱的国家的最大祝福之一"；他痛恨林肯，认为林肯是暴君和篡权者。1864年秋，随着南部同盟成功的希望变得越来越渺茫，布斯与南部同盟的特工，尤其是活跃在边境蓄奴州马里兰的特工取得了联系。他最初计划绑架林肯，将其带到弗吉尼亚，以换取联邦释放南部同盟的战俘。其他南部同盟的支持者和间谍早就有这样的想法，这显示了林肯在赢得连任和战争似乎接近尾声时所面临的危险。但罗伯特·E. 李投降后，林肯在4月11日称将把选举权扩大到"非常聪明"而且"作为士兵投身我们的事业"的非裔美国人，而布斯则嘲笑说"这意味着给'黑鬼'公民身份"，于是他认定这将是林肯"最后的演讲"。

就像杰斐逊·戴维斯一样，布斯认为，"一些决定性的伟大行动"将扭转南部同盟的命运。毕竟，约瑟夫·约翰斯顿的部队还没有投降，戴维斯政府仍在活动，而且希望重新组织起来并激发民众再次起身反抗联邦。布斯召集了一小群同谋者，一起策划谋杀副总统安德鲁·约翰逊、国务卿威廉·苏厄德和总统林肯，这样美国政府就将失去领导层。这个阴谋险些成功。当布斯得知林肯将于4月14日晚在华盛顿的福特剧院观看一场戏剧表演时，他决定动手。约翰逊躲过一劫，苏厄德受重伤，林肯头部中弹，几个小时后不治身亡。在此之前，从来没有哪位美国总统死于刺客之手。

在此前——至少从总统须经大众投票开始——和之后，从未出现过总统来自一个政党，副总统来自另一个政党的情况。起初，问题并不明显。林肯去世后继任总统的约翰逊来自蓄奴州田纳西（当时属于南部同盟），不过不是奴隶主精英阶层的成员，他出身卑微，做过裁缝。不过，约翰逊也是一名经验丰富的政治家，继承了杰克逊一派民主党人的传统。这一派的民主党人认为自己代表着小地主和劳动人民，也就是"生产阶级"的利益，反对他们眼中的投机者和贵族。约翰逊是国会中《宅地法案》的早期发起人之一，痛恨南方种植园主阶级，尤其是那些领导和支持脱离联邦、发动叛乱的人。他对联邦忠心耿耿，在被提名副总统之前，曾在联邦占领的田纳西担任战时州长，而且非常强硬。他最终接受了奴隶解放。最重要的是，他曾承诺不向"叛国者领导人……提供任何妥协条件"，要让"叛国行为人人喊打"，让"叛徒受到惩罚"。布斯没能杀死约翰逊，甚至没能伤到他，使联邦政府群龙无首的阴谋因此没有得逞。

听到林肯遇刺的消息后，杰斐逊·戴维斯脸色煞白。他很清楚约翰逊的政治倾向，认为约翰逊继任总统将"给我们的人民带来灾难性的后果"。类似的担忧情绪非常普遍。事实上，在约翰逊正式成为总统后的几天乃至数周的时间里，南方人感到了深切的恐惧。南部同盟的军事和政治领导人很清楚，自己已经被联邦当局视为叛徒，他们的数千英亩土地已经在联邦的控制之下。随着奴隶制被废除，叛乱行将结束，联邦下一步是否打算清算他们，瓦解他们的社会？观察家注意到了当时南方人听天由命的心态。其中有人写道："他们没有任何期待，已经打算迎接最坏的情况，不管发生什么都不会抱怨。"他还认为："不管联邦政府开出什么样的投降条件……叛乱州都会接受。"

事态的转折似乎鼓舞了激进的共和党人。林肯说的是宽容与和解，而约翰逊说的却是惩罚与报复。代表俄亥俄的参议员本杰明·韦德像许多人一样，对林肯政府感到失望，但当听到约翰逊宣称叛国是一种罪行，"必须受到惩罚"后，他认为"现在的政府不会有什么问题了"。一名激进主义者赞叹道："我相信，只要林肯先生还能发挥作用，全能的上帝就会让他继续任职，然后再换一个更好的人来完成这项工作。"虽然南部同盟的一些人仍在抵抗，但约翰逊肯定将延长戒严令，逮捕叛军领导人（戴维斯5月初在佐治亚被联邦士兵抓获），为恢复叛乱州居民的公民权利定下苛刻的条件，允许自由民局继续分配被废弃和被没收的土地，并要求国会给予非裔平等的公民身份，至少给予部分非裔选举权。这样一来，南方的叛乱就彻底平息了。

然而，到了 1865 年 5 月下旬，当约翰逊公布简要介绍其政策的宣言时，他的语气和要求却和缓了许多。他宣布除小部分精英外，将赦免绝大部分南部同盟的叛乱者，恢复他们的财产（不包括奴隶）以及他们的公民权利，条件是他们愿意宣誓效忠联邦。他援引宪法对"共和制政府"的保障，从不积极支持脱离联邦的民众当中挑选出各个叛乱州的临时州长，由他们监督召开重新制定州宪法的会议——在此之前，州宪法一直是奴隶制社会的政治基础。只有那些被赦免的人可以参加会议代表的选举，或者担任代表。对于新的州宪法，约翰逊的要求不高，只需要包含废除奴隶制、反对分离主义、各州不再偿还为资助叛乱而借的贷款的内容即可。他还暗示自己将同意给予黑人有限的公民权，但没有具体说明。没有一名非裔在代表选举中投票，也没有一名非裔参加州制宪会议。

没有自动获得赦免的人虽然不多，但这些人对发动叛乱和强化南部同盟的奴隶社会发挥了极大作用。这些人主要包括在南部同盟政府任职的高级官员、放弃联邦的政府和司法职务"协助叛乱"的人、在美国军事学院接受教育并为"叛军服役"的人，以及"自愿参加叛乱"而且应税财产超过 2 万美元的人。虽然约翰逊并未提及是否会逮捕和起诉这些人，但理论上没有得到赦免的人仍可以按叛国罪加以惩处。不过，约翰逊允许他们中的每个人向他"提出特别申请"，并暗示自己将尽量宽大处理。

约翰逊在很短的时间里转变了态度，这不仅使南方的许多叛乱者感到惊讶，也使后来的学者困惑不已。如果只关注约翰逊本人，那很容易夸大他的态度转变的意义。一方面，约翰逊不久后就公开宣称，他的政策将达成林肯死前一直致力于实现的目标：确立联邦政府的权威和分离运动的非法性，确保奴隶制的终结，为叛乱者提供展示忠心和责任心的机会，并尽快实现政治上的重新融合。另一方面，约翰逊挑出的可能受到惩罚的南部同盟精英的范围更广，而且他拒绝全面赦免叛乱的种植园主阶级，这极大地改变了南方的政治格局——由于被剥夺了参加选举或担任公职的权利，种植园主的影响力大幅削弱，而一个人数更多、地位较低的土地所有者群体的影响力大幅提升，其中一些人曾拥有奴隶，一些人倾向于支持联邦主义。

因此，真正的问题在于，约翰逊是准备利用他的赦免权在叛乱的南方实现政治变革，还是寻求为他的政策和连任（他是民主党人，而当前的政权是共和党政权，他不能指望在1868年会获得共和党人的支持）奠定基础。实现有意义的政治变革似乎已经足以使大多数共和党人留在约翰逊的阵营，即使他们认为新总统不如他们希望的那么严厉。从被约翰逊任命为临时州长的人选看，他似乎有这样的打算。这些人要么来自非种植园地区，要么致力于早日实现和平，要么没有参加战争，其中得克萨斯的安德鲁·杰克逊·汉密尔顿甚至在联邦军队服过役。但在1865年夏，约翰逊的政治野心似乎越来越大，压倒了他对实现政治变革的兴趣。虽然南部同盟总统戴维斯和副总统斯蒂芬斯已经被逮捕，但约翰逊并没有对他们提起诉讼，指控他们犯下叛国罪。他还批准了几乎所有的个人赦免申请，其中大多数申请者是富裕的种植园主。更重要的是，约翰逊积极主张将被没收或遗弃的土地财产交还给前主人，即使前奴隶已经开始在土地上耕种。当同情前奴隶的联邦官员和自由民局事务官试图拖延执行约翰逊的命令时，他们受到了巨大的压力，不得不让步。

约翰逊颁布的政策对叛乱州的影响更大。这些政策非但没有换来原本担心会受到严厉处罚的叛乱者的感激和忠诚，反而激起了他们的无耻之心和反抗。约翰逊实际上使叛乱者有了选择的余地。他没有强行要求叛乱者和叛乱州在重新加入联邦之前必须满足一定的条件，而是提出了一系列步骤，要求他们按部就班地执行。这种做法最好的结果也只是使叛乱者证明他们接受了联邦最高当局所定义的战争结果。但在没有受到威胁的情况下，很少有叛乱者打算这样做。而一旦他们被允许选择，他们就没有动力为了国会代表权和在联邦中的正式地位低头。

1865年夏秋举行的各州制宪会议以及随后的立法和地方选举的过程和结果，甚至无法使最宽容的联邦胜利者感到满意。虽然大多数当选的代表在1860年到1861年都反对脱离联邦，但他们对与联邦合作不感兴趣，而且很可能对约翰逊政府嗤之以鼻，深南部各州尤其如此。在密西西比和亚拉巴马，州宪法只承认奴隶制已经被废除。在密西西比、佐治亚和佛罗里达，代表们决定废除脱离联邦的法令，而不是宣布其无效。根据新的州宪法选出的立法机构包含了大量积极参与叛乱的人，他们很快开始限制获得解放的奴隶在自由世界的活动，并为此制定了流浪法、狩猎和围栏法、职业许可法，以及限制前奴隶的公民地位和租借或购买土地能力的法律。没有一名非裔被允许对这些法律投票。在县和市，特别是拥有大量种植园的地区，受种植园主资助的人继续担任警长、财务官和法官。虽然这些州选出的大多数国会代表此前都反对脱离联邦，但佐治亚的立法机构还是将担任过南部同盟副总统的亚历山大·斯蒂芬斯送进了参议院。虽然国会在1865年12月复会之后，拒绝让南方的代表获得席位，但叛乱者仍然对最重要的地方保持着强有力的控制。国会议员在评估此前六个月的事态发展时，可以合理地提出疑问：叛乱是否真的平息了，还是说它只是换了一种新的形式？

前奴隶、前叛乱者与土地之争

安德鲁·约翰逊在国会复会之前试图制定并实施自己的政策的过程，通常被称为"总统重建"。约翰逊主导的重建从一开始就遭到强烈反对，反对者不是在政府任职的激进共和党人，而是叛乱州的非裔美国人，不管他们生来就是自由人，还是通过解放才获得自由的。他们从战时占领和应征入伍的那一刻起，就进入了公众的视野。他们对解放后的世界的期待远远超出林肯和约翰逊能够支持的范畴。通过会议和游行，通过通讯网络和地下讨论，他们以各种方式呼吁给予自己公民权利、公民身份、选举权、土地以及社区的独立地位。在这个过程中，他们与前主人以及不久前被遣散的南部同盟士兵发生了激烈的冲突。这是叛乱战争的最后一仗，它将为新的解决方案和新的秩序铺平道路。

最早的动员出现在南方的城市及其毗邻地区，联邦军队在叛军正式投降之前已经到达这里，包括新奥尔良、莫比尔、诺福克、威尔明顿、纳什维尔、孟菲斯和查尔斯顿以南的沿海地区。与共和党以及战争期间黑人成立的组织——联邦联盟和平等权利联盟——有联系的政治组织，成为黑人凸显自己的政治存在的工具。他们定期举行集会，并邀请远近地区有影响力的人物参加；他们宣传黑人军队为摧毁奴隶制和打败奴隶主所做的贡献；他们强烈抗议联邦官员对他们的苛待和歧视，这些与南部同盟官员的所作所为没有区别；他们说出了自己的雄心壮志和遭遇的不公；他们让成千上万的非裔美国人了解政府如何运作，国家管理机构可能实施的计划，以及他们的盟友和敌人的特点；他们努力争取进入美国的公民和政治社会。大量刚刚得到解放的奴隶为寻求经济机会并保障自身安全，从周边的农村涌入城镇，这增加了黑人的政治影响力。

1865年夏秋两季，大多数叛乱州举行了自由民大会，这些会议充分体现了非裔美国人的重建构想，他们提出了与约翰逊总统的重建迥然不同的方案。领导者多是来自北方和南方的有色自由人——一些前逃奴回到了他们此前逃离的州，与会者同时包含了来自农村和城市的代表。他们在各州的首府或最大城市召开会议，寻求"给白人留下深刻印象"，正如詹姆斯·D.林奇牧师在田纳西的自由民大会上所说，"我们是美利坚合众国的一分子"。为了预测、配合或回应在约翰逊的支持下召开的只有白人参加的州制宪会议，他们对"约翰逊重建"的合法性提出了质疑。在黑人大会通过的几乎所有决议中，他们都强调对接受教育的渴望，鼓励非裔美国人过节俭的生活并努力赢得人们的尊重，宣扬他们"在美国历史上最黑暗的时刻"对联邦的忠诚和在战场上的英勇表现，要求法律上享有平等地位，并且呼吁联邦允许他们——如北卡罗来纳的大会主席大声疾呼的那样——"把选票投进投票箱"。因此，虽然他们的大会的基调是温和的、主张和解的，但会议过程体现了一种"雅各宾派"的精神。他们在白人共和党盟友面前，激昂地提出了解放奴隶和国家统一的条件，正如弗吉尼亚的自由民大会所说，"任何重建计划……如果不打算给予非裔美国公民以白人公民所享有的一切权利包括豁免权，就是极不公正的"。

但在绝大多数前奴隶生活的农村，斗争的性质和动机完全不同。就在自由民大会要求"平等权利"的同时，流言在农村广泛传播。人们听说世界将大变样，大量土地将被重新分配，这些要么通过联邦政府的法令，要么通过黑人的武装暴动来实现。流言背后的逻辑很容易被人接受，至少被解放的奴隶是这么认为的。土地改革的想法反映了他们认为正义和有意义的解放将为他们带来什么，也反映了他们对联邦政府的期待。作为农业生产者，他们认为土地与生计、独立和社区的稳定息息相关。有了土地，他们就能维持自给自足的生活，不需要为前主人工作以换取报酬，并且能够建立一个避风港，亲情和友谊都可以以此为中心展开。作为奴隶，他们很清楚，他们没有任何回报的劳动给土地带来了价值，增加了奴隶主阶级的财富。一些人还知道，他们的劳动为国家的经济增长做出了贡献。因此，重新分配土地相当于对他们所遭受的痛苦的奴役和多年来无偿耕种土地做出的公正的补偿。弗吉尼亚的一名前奴隶生动地解释了其中的政治经济背景："为了购买我们现在所在的这片土地，我们的妻子、我们的孩子、我们的丈夫一次次被卖掉。清理土地、种植作物的难道不是我们吗？……北方的大城市难道不是靠我们生产的棉花、糖和大米才变得繁荣的吗？"因此，他主张："我们有权拥有（这片）土地。"

另一些前奴隶则认为土地问题不仅是社会经济问题，也与宗教有关。他们援引《圣经·利未记》提到的"禧年"（jubilee）——他们称之为"欢喜日"（day of jubilo）——将自由与将土地给予拥有合理权利主张的人联系在一起。无论哪种情况，他们对自己拥有土地相关"权利"，并认为这种"权利"会得到承认的信念，因为联邦政府的措施而变得愈发坚定了。由于1861年和1862年的《禁运品法案》和谢尔曼的第15号特别战地命令，政府控制了叛乱州90多万英亩的土地，而且根据批准设立自由民局的法案，可以将其划分为40英亩大小的地块分配给前奴隶。联邦似乎真的有可能实行土地改革，前奴隶从忧心忡忡的种植园主和占领军中的黑人士兵那里都听到过类似的话。甚至连约翰逊总统令人失望的《大赦宣言》，以及后续将被遗弃和被没收的土地归还给白人所有者的做法，都未能使他们放弃这样的信念。事实上，约翰逊的做法及其引发的争议，很可能反而提高了他们的期望。

事实上，到了1865年初夏，关于政府将推动财产大规模重新分配的传言开始在南北卡罗来纳沿海地区流传，随后迅速蔓延开来，尤其是前奴隶人数最多的地区。到了11月，在弗吉尼亚、卡罗来纳、佐治亚、亚拉巴马和得克萨斯的种植园区，以及密西西比河流域的路易斯安那、密西西比、阿肯色和田纳西，黑人的期望逐渐升温，而白人的担忧则与日俱增。一名熟悉密西西比河下游情况的自由民局官员报告说："大多数有色人种……乐观地认为，政府会把种植园分割成40英亩大小的地块，连同参加叛乱的前主人，一起交给有色人种处理。"一些人认为清算的日子随时可能到来，而且越来越多的人认为清算的时间将是圣诞节期间，尤其是圣诞或元旦，因为每年的这个时候，人们会习惯性地交换礼物，奴隶主也会借此机会仪式性地展示自己的权力。这也是为什么在叛乱战争之前，许多次奴隶起义，包括1831年使英国走向解放奴隶之路的牙买加奴隶大起义，都发生在圣诞节期间。这是一个监视放松而随之紧张加剧的时期。

然而，正如土地重新分配的传言体现了前奴隶最深切的愿望和他们想象中的与联邦官员的联盟一样，土地改革和它将给黑人带来权力的预期，也使被解散的叛军重新组织了起来。种植园主和那些认为土地应由白人所有的人，不久前才从主要战场返回家中。他们听说了前奴隶抱有的"对自由的不切实际的想法"，还听说"他们普遍认为"联邦政府将分配土地，而且如果联邦政府拒绝采取行动，前奴隶则计划起身反抗或发动"大起义"，试图在圣诞节期间用武力夺取土地。地主们称"农村弥漫着紧张的气息"。他们把大部分责任归咎于占领军中的非裔士兵，这些人在政治上为前奴隶"壮胆"，使得前奴隶在工作中"消极怠惰"。

约翰逊政策的致命弱点此时暴露无遗。白人地主向所有愿意倾听的人大声抱怨，而且正式向在总统重建期间被任命或当选的临时州长请愿，要求其重视他们的担忧。无论这些州长在叛乱战争期间如何反对分离主义并拒绝与叛乱者合作，作为在当地长大而且有各种人际关系的本地人，他们通常不会忽视地主的诉求，并对其发出的警告做出了回应。收到描述紧张局势，要求撤走黑人部队，并请求获准调动民兵组织（以维持"秩序"和"压制有色人种"）的信件和请愿书后，州长们会与联邦军官、自由民局事务官联系，必要时甚至还会与约翰逊总统联系，以满足地主的诉求。从这个角度看，州长们与其说是约翰逊政府在各州的代表，不如说是种植园主和国家之间的中间人，将他们的意见当作民意上呈联邦政府。

密西西比州州长威廉·夏基与本州的种植园主关系匪浅，他的言辞尤其激烈，而且很有说服力。他在1865年8月警告约翰逊"黑人简直无法无天"，他们"打算在圣诞节前后发动一次大叛乱，目的是夺取财产"。"为了应对紧急情况并消弭犯罪"，夏基建议动员"各县的志愿民兵组织"，确保掌握"州军械库"，"将全体民兵组织起来"，并尽可能迅速撤走黑人部队。在亚拉巴马，临时州长刘易斯·E.帕森斯在州制宪会议上提出了一项与此类似的决议，建议"每个县组建一个或多个民兵组织……以协助平息骚乱和维护和平"。

根据约翰逊和自由民局专员奥利弗·奥蒂斯·霍华德将军的命令，自由民局事务官前往农村地区，"打消"前奴隶对联邦政府将重新分配土地的"错误想法"，并"劝他们……签订次年的（劳动）合同"。不过，联邦官员并没有一边倒地相信种植园主的警告。路易斯安那的一名军官报告说，新组建的民兵组织"只想着报私仇，不遵守政府的政策"。另一名军官则认为"过去的分离主义者"的影响力犹存。共和党人、联邦老兵卡尔·舒尔茨是约翰逊的特使，他请求总统禁止在叛乱州组织民兵（提出这样的请求的并非只有他一个人）。当发现约翰逊并不反对正式重新武装被解散的前南部同盟部队并恢复奴隶巡逻队时，他深感震惊。约翰逊可能鄙视大奴隶主和大地主，但他对奴隶，哪怕是获得解放的奴隶同样没有好感。他设想的解放后的世界是一个由白人统治，符合白人利益的世界，黑人只是从属于白人的劳动阶级。他还设想通过一系列政策迅速恢复叛乱州的自治，这些政策可以刺激人们表现得忠诚、温和、得体，到那时就意味着叛乱确实结束了。但是，就像更早的《大赦宣言》一样，他愿意允许叛乱州"根据你们的民兵法组织武装警察"，这最终只是证明了叛乱的精神以及叛乱本身仍然存在。约翰逊的做法实际上只是为在农村四处迫害前奴隶的各种自警团开绿灯。种植园主和他们的盟友以所谓的"暴动"为由，发动了一场解除农村黑人武装，驱逐和恐吓黑人的运动，目的是使黑人再次被置于白人地主的"温柔的怜悯"之下。任何黑人集会，任何经济独立的请愿，任何无视或反抗种族从属地位的尝试，都会使参与者受到骚扰或遭到即决惩罚。甚至连离岗的黑人联邦士兵都有可能受到自警团的袭击，这些自警团的成员绝大多数是前南部同盟的士兵。佐治亚的萨姆特县的一个这样的白人"政党"甚至宣称：他们将制定自己的法律……如果黑人在圣诞节前不按他们的条件在雇用合同上签字，森林将会因为黑人的尸体变得臭气熏天。

虽然对即将发生的黑人"暴动"的警告可能是夸大其词，但这些警告显示了解放之初前奴隶群体的政治活动，以及解放所引发的愈演愈烈的权力斗争。就像白人地主为了维系地方特权而大肆宣扬重新分配土地的传言预示着黑人即将发动暴动一样，前奴隶同样利用重新分配土地的传言来加大自己的谈判筹码。他们似乎会定期在自己的社区和相邻的社区见面，不时"演练"如何自卫，有时还会与地主争论他们的工资条件或对土地的权利。1865年9月，一名南卡罗来纳的监工告诉种植园主威廉·亚历山大·格雷厄姆："你的人说他们会得到一半的收成，不管他们工作还是不工作，你都不能把他们赶走，因为这片土地不属于你。"1866年，虽然种植园主和自由民局事务官都在催促，但一些前奴隶拒绝签订劳动协议，因为他们担心会存在与合同相关联的强制行为。还有许多人认为，等到新年，他们有可能得到属于自己的土地，因此没有理由接受只提供少量报酬却要承担无限责任，还要受到严格监督的合同。"黑人……不打算在圣诞节前签订任何合同，"田纳西的一名地主记下了当年10月的情况，"他们预期似乎到时候会发生一些事情，比如分配土地或类似的事情。"

新年到来时，这些田纳西的黑人和许多像他们一样的前奴隶签订了条件更好的新合同，他们得到了更高的报酬或农作物分成，获得了自有地，住房租金也降低了。但他们在签订合同的同时也相当于承认重新分配土地的"希望"无法实现，圣诞节"暴动"的"威胁"也不会付诸实践。圣诞节期间，他们遭受了更多轮的骚扰、鞭打和深夜搜查。在他们看来，一度有所忌惮的叛乱者突然感到有恃无恐，拒绝服从联邦权威，并着手建立对其有利的新秩序。约翰逊赦免了大多数叛乱者，并将落入联邦手中的土地等财产归还给他们，但对于他提出的为数不多的政治要求，这些人要么心有不甘地勉强接受，要么坚决抵制，而且抵制的情况不在少数。联邦陆军指挥官按照种植园主的要求，将黑人士兵从发生冲突的农村地区撤走。自由民局事务官试图解释即将重新分配土地的传言与事实不符，并向前奴隶施加压力，迫使他们签订合同。南方的立法机构开始削减黑人获得经济独立或平等公民权的机会。黑人人口占大多数的两个州——南卡罗来纳和密西西比颁布了严厉的《黑人法典》，亚拉巴马也通过了类似的法案。这使得一名自由民局助理专员感到"奴隶制正在死灰复燃"。地方的种植园主和其他地主达成协议，同意将强制执行劳动合同，惩罚"流浪汉"，限制种植园主或地主相互争抢劳动力，禁止将土地租给或卖给前奴隶，并协助维护治安。

总统的重建工作举步维艰，这使得原本支持约翰逊的大批共和党官员逐渐抛弃了他。他早期关于赦免叛乱者并归还其财产的政策引起了废奴主义者和激进共和党人的不安，而南方各州制宪会议对奴隶制、脱离联邦和黑人权利等问题的处理，则使人们普遍怀疑约翰逊的政策路线是否明智。最令北方人感到不安和愤怒，并且使温和保守派共和党人大失所望甚至激起他们反对的，无疑是联邦土地改革和圣诞节暴动的传言带来的针对黑人和白人联邦主义者的暴力活动。由于北方报刊连篇累牍的报道，再加上吸引了大量听众的巡回演讲，1865年夏秋的暴力活动和"引发义愤的暴行"似乎颠覆了人们对南北战争的结果的认识，超出了北方能够容忍的限度。"南方人民得到了最好的机会，"《辛辛那提日报》12月初的社论写道，"但反过来，他们展现的是反叛的精神。"

绝大多数国会议员似乎都认同这种说法。当1865年12月的第一个星期，第39届国会复会时，国会拒绝接受叛乱州的代表，成立了重建联合委员会，并开始认真检讨约翰逊的政策及其行使行政权的权限。共和党国会意识到，在军事上被击败的叛乱者可能会在他们自己选择的"战场"获得胜利，因此决心将主动权掌握在自己的手里，以不同的方式处理叛乱。

激进的国家意识

将近一年以前，国会为维护自身权威和扩大联邦权力迈出了一大步，不过其动力主要来自外部。废奴主义者和其他反对奴隶制的活动家一直在施加压力，要求确保奴隶解放是普遍的、不可逆的。早在1863年春，由苏珊·B.安东尼和伊丽莎白·卡迪·斯坦顿领导的全国妇女忠诚联盟就发起了大规模的请愿活动，一共收集了约

40万个签名。到了当年年底，国会的共和党议员和一小部分民主党议员准备采取行动。他们意识到了《解放黑人奴隶宣言》的局限性（它并没有废除所有州的奴隶制），而且担心作为一项战争措施，战后它的法律地位可能会受到挑战。因此，他们决心起草一份彻底废除奴隶制的宪法修正案，但修宪并不容易。共和党人最初想通过法律手段终结美国的奴隶制，但由于这种手段的逻辑明显将宪法的法律效力延伸到了极限，因此引起了争议。一些人提出——就像他们在重建初期所做的那样——脱离联邦使叛乱州重新沦为准州或"被征服的省份"，另一些人则认为宪法保障了各州的"共和政府"（第四条第四款）。

　　最终，议员们认为修正案更加有效而且更有约束力。不过，当参议院司法委员会于1864年1月开始工作时，争议再次出现。议员们对这份修正案应该包含哪些内容，做到什么程度有不同的看法。修正案是否应只提及废除美国境内的奴隶制，还是也应给予被解放者公民身份，同样富有争议。代表马萨诸塞的参议员查尔斯·萨姆纳在这些问题上看得最远。查尔斯·萨姆纳深受法国大革命时期的《人权宣言》的影响，而且很可能非常熟悉法国1794年颁布的解放奴隶的法令。他建议修正案不仅要废除奴隶制，不给奴隶主任何补偿，还要规定"法律面前人人平等"，这显然意味着将授予黑人完整的公民权。遗憾的是，他不是司法委员会的成员，司法委员会主席、代表伊利诺伊的莱曼·特朗布尔没有理会他的建议。结果，修正案采用了1787年《西北土地法令》的语言，只字未提身份平等或公民权："奴隶制和非自愿奴役不得存在于美国境内或任何受其管辖的地方，除非是用来惩罚犯罪分子。"该修正案实际上禁止在美国未来的任何准州实行奴隶制（与前南部同盟宪法正好相反），并在第二节中授权国会"通过适当的立法"来执行该修正案。

国会的执法权似乎为官僚机构的扩权奠定了基础。它使大多数北方民主党人感到惊恐，更不用说前奴隶主了。这些人的担忧并非全然没有道理，因为该条款使联邦政府获得了更大的权力，超出了此前宪法的授权，而且使国会可以随心所欲地提出与修正案没有明确阐释的前奴隶公民身份和政治地位相关的法案。如果规定禁止奴隶制和非自愿劳动，那么为了"执行"这一禁令，国会需要制定怎样的法案呢？叛乱州的《黑人法典》会不会因此招致联邦的干预？共和党多数派会不会利用法律执行权强行推动涉及公民权和选举权的法案？密西西比的立法机构认为修正案的执行条款是"一种危险的授权，（它）可能会允许联邦对本州的公民和居民立法"，而南卡罗来纳和亚拉巴马的立法者则担心修正案将"赋予国会就前奴隶的政治地位立法的权力"。

这种担心是有道理的。虽然总统约翰逊、国务卿威廉·苏厄德和民主党人很快就辩解说，修正案将结束而不是挑起"关于黑人应获得哪些权利"的争论，但大多数共和党人，甚至连那些不同意萨姆纳对修正案的态度的人都认为这是一个好机会，可以证明自由不仅仅意味着"不受束缚的权利"——这是代表俄亥俄的国会议员詹姆斯·A.加菲尔德的说法。共和党人根据修正案的执行条款很快行动起来，为自由赋予实质内容。1866年年初，他们起草并通过了两项法案：一项延长了自由民局的存在期限，并授权其事务官在"属于白人的公民权利"方面保护前奴隶；另一项（1866年的《民权法案》）规定"所有在美国出生、不受任何外国势力管辖的人，不包括

未被征税的印第安人，自此为美国公民"，并具体规定了公民享有
的权利乃至特权，这些权利包括自由劳动权、财产所有权和法律面
前的平等地位，但没有提及选举权。上述法案似乎都意味着，奴隶
制的终结要求对国民地位进行明确的重新界定，公民身份将由联邦
政府定义和授予，而斯科特案的判决结果不再被当作国家的法律。

　　约翰逊以"大踏步向中央集权迈进"为由否决了这两项法案。
他还想通过此举争取民主党人和保守的共和党人的支持，以孤立激
进的共和党人，但否决反而对约翰逊不利。共和党人团结起来以维
护自身的权力，并阻止约翰逊再次干涉其政策目标。对于奴隶制问
题，这意味着修宪再次被提上日程。事实上，自从第十三修正案通
过之后，与解放相关的修宪提案不断被提出。修宪的风险很大。共
和党在前蓄奴州几乎没有组织起来，而奴隶制的终结似乎意味着一
个奴隶相当于五分之三个自由人的联邦比例将不再有效。前奴隶和
自由人被同等对待，意味着南方各州将获得更多的代表权。如果前
奴隶没有取得公民身份和政治地位，前奴隶主及其盟友在国内的政
治权力可能比叛乱前要大得多。这是共和党失败、奴隶主复辟的一
个可能的剧本。

　　数十年来，非裔美国人一直致力于将黑人的政治权利提上议
程，尤其是在黑人开始为联邦军队服役之后，他们就参军与公民政
治权利之间的联系提出了极有说服力的论点。越来越多的共和党人，
不管是基于原则还是出于机会主义，转而支持他们。但到了真正的
"雅各宾时刻"，这样的政治革命应该被推进到什么程度？在那样一
个建设中的国家里，公民权又应该包含哪些内容？与废奴主义有很
深渊源的女性选举权活动家，在战前为争取选举权进行了激烈的抗

争，但最终失败了。随后，她们放弃自己的政治抱负，转而支持起联邦和奴隶解放。此时，空气中弥漫着人民的春风，公民权利和政治生活的旧边界正承受着前所未有的压力，随时可能被打破，一个使革命继续深入并且有可能取得丰硕成果的时刻或许已经到来。正如伊丽莎白·卡迪·斯坦顿所说，这是一个"女性和黑人获得公民身份"的时刻。

非裔美国人认为，服兵役显示了他们的勇气和男性气概，这意味着他们接受了19世纪的性别政治文化，这种文化认为公民权利是建立在男性气概的基础之上的。不管"种族"因素看起来对获得普遍权利和平等身份造成了多么大的障碍，黑人男性由于长期遭受奴役而形成的依附性和女性化的特征进一步增加了他们主张自身权利的难度，而他们十分清楚这一点。共和党人大多受福音派新教文化的影响，将由男性主导的家庭视为维护社会稳定的根基，将"独立领域"视为公共生活和私人生活的组织原则。随着战争期间奴隶制的解体，他们想确保前奴隶熟知资产阶级的美德，能够对市场激励做出反应，并且知道如何以在道德上能够接受的等级制度为基础构建家庭关系。甚至连他们提出的激进主张，几乎都无法用于为女性争取选举权。温德尔·菲利普斯是反奴隶制阵营中最激进的人之一。他声称希望"有朝一日"，自己可以"像约翰·密尔一样"在最后一条"不得因种族、肤色和其他前置条件被剥夺选举权"的条款中"大胆地加入性别一词"。但是，他补充说："现在是黑人的时间。"

1866年6月国会通过的第十四修正案，同时体现了这一革命时刻的影响及其局限性。一方面，它以1866年《民权法案》为基础，

确立了出生和归化是成为美国公民的条件，还规定美国公民在各州
拥有相同的"权利包括豁免权"，而且将"受到法律平等的保护"。
另一方面，它没有更加有力地驳斥斯科特案的判决，也没有进一步
落实激进共和主义。该修正案事实上还禁止了曾宣誓效忠宪法，随
后又"参与暴动或叛乱"的人担任政治或军事职务，不过只要获得
国会三分之二的多数票，这条限制就可以被废除。

　　该修正案的局限性还体现在第二节。国会本可以确立涉及更多
公民政治权利的原则，并规定各州不得更改，以此来处理选举权
问题，并进而扩大公民的政治参与度。但国会并没有这样做，而是
以间接的方式处理联邦政府的权力问题，以直接的方式处理性别问
题。它将计算各州的总人口以决定如何分配席位（这使联邦比例原
则无效化），并通过按一定比例减少国会代表数量的方式来惩罚任
何拒绝使"年满21岁的居民和美国公民"获得"投票的权利"的
州。然而，该修正案排除了女性选举权。它规定这里提及的"居民"
必须是"男性"，明确地以性别为依据界定普遍政治权利的范围，
并前所未有地直接将女性排除在外。一个曾协助平定叛乱并推动奴
隶解放事业的联盟就这样破裂了。

　　激进派甚至无法实现使黑人男性获得选举权的目标。根据约翰
逊的重建计划选出的南方立法机构，充斥着不符合第十四修正案要
求的成员。这些人的行为表明，甚至连剥夺国会代表权的威胁，都
不足以推动黑人选举权问题向前发展。截至当时，叛乱州还没有恢
复国会席位，但其新当选的领导人仍能很好地处理各项事务，尤其
是与土地和劳工相关的事务。除了田纳西，其他州都在1866年的夏
天和初冬之间拒绝了第十四修正案（批准该修正案是重新获得国会

席位的先决条件），理由是黑人选举权带来的压力，以及"我们公民中最好的一部分人"被排除在外。对于像代表印第安纳的国会议员乔治·朱利安这样的激进共和党人来说，教训是显而易见的：不能将决定权交给各叛乱州，它们必须服从"华盛顿的中央政府伸出的强有力的权力之臂"。

1866年秋举行的国会选举，对朱利安和赞同他的政治观点的激进派有利。他们将选举变成了对第十四修正案的公投，安德鲁·约翰逊的政治失误同样使他们获益。同年夏天，总统花费大量时间做巡回演讲，也就是所谓的"竞选人巡回演讲"。他在呼吁和解及支持各州权利的同时，尖锐抨击共和党对手。他损害的不仅是自己的声誉，还有民主党的前途。以前从未见识过这种竞选风格的选民，对约翰逊的无礼感到震惊，纷纷抛弃了他和他的政党。最终，共和党赢得了国会三分之二以上的席位，这使其可以不受否决权的限制。被孤立的是安德鲁·约翰逊，而不是他所针对的激进派。

产生自所谓的"革命的严酷考验"（《纽约先驱报》语）的激进主义的影响力在此时达到巅峰，它将采取与林肯、约翰逊或温和派共和党人所构想的完全不同的方式来迎接叛乱的最后阶段。1867年3月，国会以压倒性的优势通过了《军事重建法案》。根据该法案，国会彻底否定了鼓励叛乱者向联邦宣誓效忠，并允许他们在大多数情况下按照自己认为合适的方式重建政治制度的做法。取而代之的是，叛乱州将被划分为五个战区，每个战区由联邦陆军的一名将军管辖，这名将军将监督各州再次制定州宪法并重组政府。各州将重新召开制宪大会制定新的州宪法，经公众批准后，才能选举地方、州和国家官员。但这一次，大多数黑人——大部分人在几年前还是奴隶——将作为选民和代表参加制宪会议，而这些会议将使非裔拥有与白人平等的公民权，并批准第十四修正案作为重新接受各叛乱州加入联邦的条件。换言之，国会要求在叛乱州设立一个全新的政治机构，而且一旦完成统一，这个机构将确保共和党的统治。

在接下来的几个月里，美国军队协助完成了美国历史上第一次黑人选民登记。这是一项艰巨而意义重大的任务。联邦官员尽忠职守，前奴隶社区积极响应，这些都使这项工作变得更加顺利。非裔美国人通过他们的通信网络、非正式组织、联邦联盟和共和党使者，动员他们的同胞涌向各个登记点——这往往与他们的雇主的想法背道而驰——帮助寻找合适的黑人登记员，挑战怀有敌意的白人登记员的误导或冷漠态度，并努力教育和保护那些不理解这一过程或害怕承担后果的人。"这里正在登记，黑人都在登记。"从北卡罗来纳到得克萨斯的种植园主抱怨道。到了1867年秋，合格选民的名册已经编制完成，其中黑人成年男性的比例高得惊人——密西西比83%，其他地方超过90%。更重要的是，黑人选民占叛乱州选民总人数的很大一部分，特别是在种植园奴隶主长期统治的县和堂区。

到了此时，叛乱似乎结束了，南方大部分地区乃至整个国家的新政治秩序的基础似乎已经建立——不过联邦发动战争的权力将一直保持到1871年年初。联邦政府宣示了其对美国领土的主权。主要的叛乱者虽然没有被逮捕或被刑事处罚，但付出了政治代价，在各自所在的州被边缘化了。曾经在国会和国家政治中占据举足轻重地位的南方集团自此沦为少数派。国家公民的定义被明确化了，普选权作为一项政治文化原则不断扩大。前奴隶和其他非裔在其聚居的地方获得了权力，而共和党激进派，即美国的雅各宾派能够按照自己的想法塑造美国的政治经济。战争最初的目的是平息各种叛乱，尤其是奴隶主的叛乱，后来却演变为一场社会和政治革命，一个民族国家在这个过程中诞生了。

不过，截至此时，这场革命的全部意义和民族国家的计划还没有完全实现。叛乱的南方没有实行土地改革，女性也没有获得选举权，这两项诉求遭到强烈抵制。国会围绕着货币、银行、关税和铁路问题展开了激烈的争论，这使人们不得不怀疑战争和解放促使的伟大变革究竟在为哪些人的利益服务。不过，外密西西比西部发生的变革更加彻底。随着奴隶主叛乱的失败，联邦政府比以往任何时候都更加坚决地镇压在中部平原、西南部和西北部地区不断爆发的印第安人反抗。就在最后一支南部同盟军队正式投降的几个月后，印第安领地的部落为"与美国的敌人签订条约"并与他们长期并肩作战付出了代价——切罗基人斯坦德·瓦捷是最后一个投降的南部同盟将军。国会任命的委员会将他们称为"犯错的孩子"。他们被告知，如果"想保持内部的和谐，并与美国保持和平"，他们就要"放弃所有年金和利益"，还要与联邦签订新条约。新条约要求他们划出土地供"堪萨斯和其他地方的友好部落居住"，组成"一个统一的政府"，让渡铁路通行权，而且不仅要接受"无条件解放所有被奴役者"，还要"将他们纳入部落，身份与原成员平等"（在其他地区，关于解放黑人奴隶的问题尚未被提出）。

当年夏天早些时候，内政部长更加宽泛地谈到西部印第安人的命运，并且为了回应林肯，指示印第安人事务官"用最有力的措辞向他们强调，移民潮正在迅速蔓延到全国各地，政府没有权力或意愿去阻止它"。"他们应该放弃流浪生活，在专门划给他们的保留地定居，"内政部长声称，"这符合两个种族的利益，尤其是印第安人的利益。"将近三年后，在军事重建下的第一次选举中，曾下令对南方叛军发动"全面战争"并发布第15号特别战地命令没收和重新分配他们的土地的威廉·特库姆塞·谢尔曼将军，与印第安人和平委员会一起访问怀俄明准州，与先前发起反抗的苏人及其盟友签订《拉勒米堡条约》。这份起草于1868年春的条约，划定了印第安人保留地的边界，禁止他们占领"保留地以外"的领土，并要求他们"不得反对目前正在平原上修建的铁路"。

　　并不是所有苏人领袖都在条约上签了字。一些最好斗的人在"坐牛"的带领下，在当年夏天和初秋继续袭击密苏里河上游的联邦要塞。1868年夏，在平原上的其他地方，在西南部和西北部，基奥瓦人、科曼奇人、夏延人、阿帕奇人和派尤特人都参加了反对被联邦政府视为"这片大陆上关于人口和定居点的必然规律"的战争。因此，到了10月，印第安人和平委员会已经准备好进一步评估形势，并催促联邦尽快对政策做重大调整。委员们得出结论："现在政府不应再继续承认印第安部落为'国内附庸国'（现有条约有明确约定的除外）……从今往后，所有印第安人都应被视为受美国法律管辖的个体，并应以这个身份被对待。"三年后，国会在一项印第安人拨款法案中正式规定了一个新的民族国家对居住在其境内的人的要求："此后，在美国境内的任何印第安民族或部落都不被承认或认可为独立的、美国可以与之签订条约的民族、部落或政权。"这个新的统一国家内部不存在任何竞争的主权，南部和西部的重建因此构成了一个具有深远影响的国家计划的一部分。

第九章　资本主义

资本之轮

在所有因内战暴富的人当中，最有名的非杰伊·库克莫属。1861年，当联邦为支付战争经费发行债券时，出身平平的费城银行家库克利用自己强大的人脉关系和创造性的想法为联邦筹措了大量资金，并从中赚了一大笔钱。到了19世纪60年代末，他已跻身超级富豪之列，拥有实力强大的费城杰伊·库克银行。这家银行雇用了300多名员工，在纽约和华盛顿特区开设了分行，每年利润超过100万美元，同时与共和党保持着密切的联系。

库克与尤利西斯·S.格兰特的财政部长之位失之交臂，未能入阁让他感到失落和痛苦。1873年9月18日发生的一件事更是令美国金融界震惊——库克公司宣布破产。股价瞬间暴跌，纽约证券交易所不得不暂停业务。银行倒闭的多米诺骨牌效应迅速蔓延到全国各地，美国遭遇了一场前所未有的、旷日持久的大萧条。

库克之所以陷入困境，最直接的原因是他在北太平洋铁路上下了重注。这条铁路计划连接德卢斯、明尼苏达和皮吉特湾，并于1864年获得了国会的批准。一旦建成，这将是第二条横贯大陆的铁路。虽然库克最初认为这项投资只是一件"无足轻重的小事"，但他很快就将自己想象成伟大的西北铁路走廊的掌舵人，而这很可能涉及吞并加拿大西部。对他来说，只要鼓励"有家室而且值得信赖的人偷偷越过边界，向那里移民"，就可以在"不违反任何条约"的情况下实现这一点。美国铁路债券越来越不受欧洲市场青睐，而库克对此似乎并不太担心，因为在战争后期，他已经充分展示了自己在向美国小投资者推销债券方面的天赋。

但事实上，欧洲债券市场的变化标志着国际金融界出现了大麻烦。由于19世纪50年代的经济大繁荣，欧洲大陆的资本流动关联性越来越强，而且越来越强劲。德国、低地国家和法国迎来了工业的快速发展，英国不仅巩固了其作为工业大国的地位，还巩固了其作为金融资本中心的地位。农产品，尤其是小麦的贸易量大幅增加，特别是在美国南北战争期间及其后。农产品贸易还将俄国、奥匈帝国与西边的邻国紧密地联系在一起，与巴黎的联系尤其紧密，后者是仅次于伦敦的金融中心和投资资本来源地。由于这些因素，廉价的美国小麦几乎一下子就占领了欧洲的粮食市场，而普法战争结束后，法国蒙受了奇耻大辱，被要求从巴黎向柏林转移大量黄金。整个北欧和中欧的粮食商人不得不进行套期保值[1]，有的还被迫变卖资产，那些依靠法国黄金的新兴特许银行随时可能破产。1873年5月，维也纳股市崩溃，阿姆斯特丹、柏林、巴黎和伦敦很快被波及。英格兰银行家认为，除了提高贴现

1　套期保值，又称"套头交易"，通过同时买进或卖出现货和期货，以回避或缩小汇率或产品价格波动风险而进行的买卖活动。——译者注

率[1]，他们别无选择。在短短几个月内，贴现率就从4.5%飙升到9%，达到了19世纪的最高水平。

对于像库克这样的美国金融家来说，这是一个警告：他们很可能无法再像以前搭国会和财政部的便车那样，轻松获利。随着南北战争的结束，联邦政府要对此前采取的战时措施做出一系列决定：那些大幅扩张了国家权力和影响力的政策和机构应该保留、强化还是废除？政府在做决策时应优先考虑谁的利益？部分亟待解决的问题与战时金融有关，因为一个新的中央银行系统已经建立，而且联邦已经印制了4亿多美元的绿钞，虽然它们不能兑换成金属铸币，但已经在流通了。银行系统是否应该被保留，它是应该继续向城市和制造业部门倾斜，还是说应该修改银行章程，降低对银行的资本金要求，并允许其以房地产为抵押品发放贷款（这对农村和小城镇更有利）？绿钞是应作为流通货币继续存在下去（其数量会随着需求增加或减少），还是应被废除，转而使用金银币，尤其是以金币为货币？政府债券高达数百万美元的利息即将到期，应该用绿钞支付（有利于债务人），还是只用黄金支付（有利于债权人）？

共和党在国会中占绝对多数席位，因此能够在很大程度上决定战后政治经济的性质及其走向。但是，该党内部对调整速度和总体方向存在严重分歧，这反映了该党所构建的联盟的复杂性。东部的

---

1 贴现率，指商业银行办理贴现时预扣的利息与票面金额的比率。贴现，指拿没有到期的票据到银行兑现或做支付手段，并由银行扣除从交付日至到期日这段时间内的利息。——译者注

银行和金融资本（其中一些是由共和党政府自己赞助的），希望限制中央政府的权力，并且希望其放松对资本市场的管制，削减保护性关税，尽快使绿钞停止流通，并要求债务人以黄金而不是币值不断缩水的绿钞偿还债务。西部的农业生产者（以国内市场为主的农场主）则赞成货币通货膨胀，用绿钞还债（大部分债券人在美国东部和欧洲），采取保护主义政策来支持国民经济，并支持联邦修建铁路等基础设施以促进必需品的销售和推动消费者购买。但在从新英格兰经纽约和宾夕法尼亚一直到伊利诺伊的制造业带，以及中西部的农村和小城镇，分歧出现了。宾夕法尼亚西部的钢铁制造商强烈支持绿钞和保护主义，东北部和大西洋中部的纺织品制造商则寻求更低的关税和更稳定的资金。在许多方面，这是重建过程中的一个决定性的，但很少被人注意到的时刻。许多激进的共和党人希望改变以前奴隶制所在的南方，同时促进北方小生产者获益，因此支持绿钞和保护主义。更加温和保守的共和党人同实业家、银行家关系密切，渴望恢复南方种植园经济，因此赞成征收适度的关税和重新使用金银币。马萨诸塞的激进派人士查尔斯·萨姆纳曾经是自由州的民主党人，他对保护主义不屑一顾，拥护硬通货。

在接下来的30年里，从19世纪30年代开始抬头的"货币问题"比其他任何问题都更加严重地困扰着美国政治，这指的是围绕着推动国家经济发展的权力平衡而展开的一系列激烈斗争。但到了19世纪60年代末，最终的结局，以及联邦重建的局限性已经一目了然了。安德鲁·约翰逊总统的财政部长休·麦卡洛克本人就是银行家，担任过杰伊·库克的顾问。他是第一个发难的人，而且得到了不少共和党人的支持。他通过在绿钞存入联邦公库时使其退出流通领域的方式推动货币紧缩政策，同时推动温和的通缩政策。到了1869年，在东部共和党人的强力支持下，国会通过了《公共信用法案》，以确保联邦政府的债务将以实物或实物担保的票据而不是绿钞支付。这些都是大金融利益集团和他们的盟友的胜利。

　　像杰伊·库克这样的银行家和投资者之所以能如此有效地改变政策，使其对自己有利，是因为他们积累政治忠诚者的速度几乎与其积累资本或获得资本的速度一样快。可以肯定的是，长期以来，大多数共和党人一直主张联邦加大对基础设施的投入和对制造业的扶持力度，将美国广袤的领土置于一个新的民族国家的权威之下。对于他们来说，保护性关税、西部自耕农农场、中央银行和横贯大陆的铁路等与其说是为了应战时之急，倒不如说是兑现了共和党人自建党以来一以贯之的倡议。此时，由于许多反对他们的南方民主党人离开国会，这些倡议终于有机会实现。但资助铁路项目需要的不仅仅是土地赠与和由联邦担保的启动贷款，还需要几乎无休止的借贷来保证项目能挺过漫长的建设期。为此，铁路公司有必要通过诸如邀请国会议员在铁路董事会中担任董事等手段来讨好他们，也有必要出售估值远高于实际价值的股票并创办一些空头建筑公司。而贪污受贿之风不仅在国会的立法分支盛行，同样影响了行政分支。

　　对于杰伊·库克来说，销售债券成了一门家族生意。长久以来，库克一直满足于从联邦债券市场获得回报。但随着政府开始偿还债务，而他最熟悉的市场开始萎缩，库克开始在其他地方寻找投资机会。像当时的其他新晋富豪一样，他同样把目光投向了铁路，尤其是陷入困境的北太平洋铁路。1870年，库克取得了这条铁路的控股权。他虽然得到了政府赠与的大量土地（5000万英亩），但既没有获得联邦的现金资助，发行的债券也没有得到联邦的担保。他希望而且可以说是预计政府会为他提供财政援助，以使他的公司迅速开始运营。但是，围绕着横贯大陆的铁路的猖獗腐败和管理不善的新闻，使公众对联邦的慷慨赠与行为感到不满，并对国会施压，敦促其着手调查，其中最臭名昭著的一起事件涉及一家名为"信贷动产"的公司（这是联合太平洋铁路公司设立的一家空头建筑公司，用于向国会议员行贿，以换取他们的资金支持）。因此，即便对于像杰伊·库克这样的人来说，在国内外推销铁路债券也变得越来越困难。当北太平洋铁路建设因此放缓时，库克向他的兄弟亨利求助。亨利虽然不是金融天才，但一直在经营费城杰伊·库克银行的华盛顿分行。更重要的是，他在1867年成为弗里德曼储蓄银行的财务主席。该银行由国会授权成立，并于1865年3月获林肯总统的正式批准。

成立弗里德曼储蓄银行的本意，不是使其成为一家商业投资机构，而是联邦政府指导非裔美国人摆脱奴隶制的努力的一部分，联邦政府希望鼓励前奴隶能够培养有责任心的自由人和工薪族所具有的诸如节俭、努力工作和着眼未来等品质。银行与自由民局同时成立，这并不是偶然。包括女性在内的获得解放的奴隶将能够创建存款账户，将钱存入银行，而政府向他们保证提供6%的利息。前奴隶没有多少钱，也不习惯与储蓄银行打交道，因此该机构起步较慢。但到了19世纪60年代末，弗里德曼储蓄银行在南方的城镇相继设立分支行。更令人印象深刻的是，这些银行的个人存款增加了近十倍，超过100万美元，其中相当一部分将用于购买土地。

亨利·库克加入弗里德曼储蓄银行时，银行存款的投资方向有明确限制。对亨利而言，这不是什么大问题。他很快前往国会，要求修改许可证的内容，而且发现不少人愿意降低标准，其中代表马萨诸塞的参议员兼激进的共和党人查尔斯·萨姆纳影响力最大。不久之后，亨利开始大量借出银行存款，甚至以5%的回报率把50多万美元的存款投入杰伊·库克银行。也就是说，贫穷的黑人劳工、佃户和小地主在不知不觉中成为库克家族的投资者，进而成为北太平洋铁路的投资者。劳动人民辛辛苦苦赚来的钱赞助了富有的投机者的高风险冒险，而这不会是最后一次。

对于这些储蓄者来说，不幸的是，库克对不祥的预兆视而不见。部分是由于他的自信，部分是由于他和联邦政府的关系。库克可能无法取得联合太平洋铁路公司和中太平洋铁路公司的同行们的经济支持，但他并不缺乏重要的政府援助。虽然北太平洋铁路已经快建到北达科他的俾斯麦，但距离皮吉特湾仍有相当长的距离，而且计划中的大部分路线甚至还没有勘测过。更为棘手的是，这条路线中很长的一段，特别是位于蒙大拿东部的黄石河流域的路段，需要经过"坐牛"领导的富有战斗精神的苏人的领地。他们拒绝签署1868年的《拉勒米堡条约》。该条约会将他们限制在保留地，并要求他们允许铁路通行。北太平洋铁路的勘测队显然需要保护，以免遭到袭击。他们得到了被派往该地区的数百名美国陆军步兵和骑兵的保护。

这本来可能足以让他们取得必要的进展，但不屈的苏人并不关心军事力量的强弱，也不想等待有利的时机。他们不计后果地以命相搏，"要么生，要么死"（用另一个苏人首领"斑鹰"的话来说）。"（密苏里河）以西一直会很危险，"1872年春，一名军官对铁路总勘测师说："所有人都要记住，如果不想被割下头颅，就要永远保持警惕。"

　　正如他预料的那样，第一批士兵抵达后不久，战斗就在当年夏天晚些时候开始了。这场战斗持续了几个月，联邦不得不为此投入更多的士兵，包括第七骑兵团及其爱吹嘘的新指挥官乔治·阿姆斯特朗·卡斯特。他在1873年8月遇伏，几乎丧命。对库克和北太平洋铁路影响更大的是，勘探和军事行动吸引了报社记者，他们来到这里，开始报道印第安人对铁路的威胁，以及与铁路相关的财政困境。到了1872年年底，随着投资者变得越来越谨慎，杰伊·库克银行越来越难销售债券。当年12月，这家银行险些倒闭。此后，就在北太平洋铁路努力"穿过好战的苏人的土地"的消息向东传播的同时，上游平原传来了更加糟糕的消息。"我们的人和护卫队遇到印第安武装的抵抗，并爆发了冲突。他们人多势众，士气高昂，我们的工作难有起色，"北太平洋铁路公司的一名高管坦承，"公司的工程师实际上已经被印第安人赶出了黄石河流域。"1873年9月初，卡斯特上个月险些丧命的消息被公开，虽然他成功地从蒙大拿的伏击中逃生，但北太平洋铁路公司就没有那么幸运了。起义的苏人导致库克破产，弗里德曼储蓄银行也被拉下了水。

　　这是一个标志性的历史时刻，经济剧烈变革的时期就此告终，一个包含了新的社会和政治关系的体系即将诞生。铁路不仅体现了当时正在发生的事情，也预示着未来的走向。早在19世纪40年代末50年代初，也就是第一次铁路大繁荣时期，未来的框架已经清晰可见。它预示着大型私营公司的出现，这些公司将得到州和市政府的大力支持，通过出售债券和相关的金融证券筹集资本，采用法律上的公司形式，建立等级制管理体系，并雇用大量依靠工资生活的工人——从不同种族的修路工和护路工（其中大多数是新移民）到半熟练和熟练工人。这些半熟练和熟练工人的工作包括为发动机点火，处理故障，连接车厢，驾驶机车和维修机车。这是一个发展中的资本主义生产和流通的模式。此前，人们已经在其他交通项目、海上作业和纺织业预见了这种模式，而此时它在铁路建设中表现得更加明显。无论国家政治如何发展，铁路都将成为从19世纪中叶开始在美国扎根的资本主义的典型代表。

但战争和新诞生的民族国家赋予了这个进程新的范围、规模、方向、联系和人员，该过程因此有了完全不同的特征。它的中心是一个复杂的联盟，包括通过与政府做生意获利的金融家和实业家、民族国家的立法分支和行政分支，以及美国军队的高层。最终，这个联盟还将包括联邦和州法院。金融资本将扮演越来越重要的角色，不仅将帮助美国修建横贯大陆的铁路和许多其他的国内铁路，还将帮助美国建造更多的矿场和工厂，而这些矿场和工厂将促进美国工业化。金融家希望积累资源，消除前进道路上的障碍，不管是环境还是人；他们还希望利用那些已经脱离了土地和人身束缚，正在世界各地寻找生计的劳动者的力量。他们的目标除了外密西西比西部，还有墨西哥——他们在国境线两侧都能找到政治盟友——甚至是整个西半球。这个普罗米修斯式的计划刺激了像苏格兰移民安德鲁·卡内基这样雄心勃勃的人。卡内基在宾夕法尼亚铁路公司的托马斯·斯科特的帮助下，通过战时投资发了一笔财（他花钱雇人替他服兵役）。但他并不想直接购买铁路公司的股份，而是做了次优的选择。他用新近获得的财富投资钢铁业，因为他知道修筑铁路必然会用到钢铁。

当投机泡沫最终在1873年破灭，铁路繁荣崩溃之时，卡内基比他的老上司汤姆·斯科特应对得更好，当然也比杰伊·库克或其他一头栽进旋涡的金融家好得多，这些人几乎遭遇了灭顶之灾。经济危机的影响是深刻、广泛且持久的——信贷枯竭，工厂和商店或者倒闭或者大幅裁员，工人工资降低，失业率直线上升，破产率激增，家庭经济崩溃。这场严重的危机导致了长达20多年的政治斗争，引发了社会动荡，并让人对政治经济的许多基本运行方式提出了质疑。但是，在战争中形成的联盟将继续存在下去，在许多方面甚至变得更加强大，那些曾经富裕但此时陷入困境的人终将东山再起。

农村的变化

商品的生产和流通以及资金来源集中在城市和工业，因此资本主义发展通常与它们联系在一起。但在美国乃至全球范围内，农村的变化是资本主义兴起和持续发展的必要基础。除非土地成为一种可转让的商品，不再是公有的或只有使用权，而且通过奴隶制、农奴制和社区义务形成的人与土地之间的纽带被彻底切断，否则大规模商品或劳动力市场就不可能出现。经过几个世纪的酝酿，这种转变在19世纪大幅加速。当时，欧洲和西半球的奴隶和农民得到解放，这些地区以及亚洲东部和南部、撒哈拉以南的非洲和环地中海地区出现了新的土地市场，数以百万计的成年男女和儿童因此不得不自力更生，这造就了历史上最大规模的移民潮。

移民美国的人数最多。在美国，他们可以在码头、建筑工地、运河、铁路、矿山、磨坊、工厂和商业农场找到工作。但是，在南北战争期间及其后，美国农村也发生了新的变革，比几十年前的市场强化更加深刻，波及范围更广。这同时证明并促进了资本主义关系的发展。这一点在美国南部和西部表现得最为明显。

从战争一开始，前叛乱州的种植园经济就是共和党政策制定者关注的重点，一些最出人意料、影响最大的变革正是在这些地区的种植园中发生的。这样做的风险非常高。在南北战争爆发前夕，棉花和甘蔗种植园主是所有美国人中最富有、政治影响力最大的人，他们的奴隶生产的农作物被证明是整个国家经济增长的核心。从新奥尔良到波士顿的商行和船行通过棉花贸易获得了大量收入，从宾夕法尼亚到马萨诸塞的纺织厂依靠运来的棉花纤维纺织纱线制作布料。如果不能平定叛乱，就会给经济造成严重的后果。反之，要么是种植园被摧毁，要么是权力从种植园所有者的手中转移到使种植园繁荣的工人手中。虽然少数激进的共和党人希望通过某种形式的土地改革来瓦解种植园经济，以及种植园主阶级，并在奴隶制南方建立一种与北方相似的社会秩序，但大多数共和党人认为，恢复棉花经济对国家未来的繁荣至关重要。而且他们担心，获得土地的黑人农民会把精力放在种植粮食而不是经济作物上。

联邦政策的逻辑首先可以从1862年契约劳工体系的出现看出。当时，联邦军队已经占领了新奥尔良，正向密西西比河流域进发，以平定那里的叛乱。与此同时，他们也在废除奴隶制并恢复种植园的生产。遭到遗弃的庄园被出租或出售给迅速赶来的北方人或宣誓效忠联邦的南方人。随后契约劳工前去耕种，以换取微薄的工资或获得分成。其中一些北方人曾参与废奴运动，并希望证明自由劳动力的效率高于奴隶劳动力。由于联邦海军封锁了大西洋和墨西哥湾沿岸地区，棉花价格高企，其他大多数人希望趁机来赚钱，而且很可能成为像西印度种植园主那样的"不在地主"（生活在城镇的地主）。南方的土地承租人或忠于联邦的人则试图在废除奴隶制的过渡期获利。

后续政策，从林肯的"十分之一计划"到约翰逊的《大赦宣言》，同样旨在促进一个忠于联邦的（白人）棉花和甘蔗种植园主阶层的出现，并将前奴隶想象为主要是重组后的种植园的雇用工人。谢尔曼的第15号特别战地命令将主要叛乱者的多达40万英亩的土地分配给黑人，但这个命令很快被收回。负责重新分配另外近50万英亩由联邦政府所有的叛乱者土地的自由民局，则侧重于监督和执行劳动合同。到了1865年秋，占领军既要打消前奴隶年底前（人们普遍认为是圣诞节前后）就能得到土地的念头，又要控制白人准军事人员的过激行为，后者试图压制黑人为获得土地采取的一切政治行动。因此，在共和党的主持下，民族国家在重构废除奴隶制后的南方的新劳动制度方面发挥了核心作用。至少在理论上，该制度不仅建立在个人主权、自愿、契约而非强迫的基础上，而且会为劳动者带来利润分成和工资等报酬。

然而，理论是一回事，实践是另外一回事。前奴隶主几乎不认为前奴隶会在没有他们长期使用的包括鞭打在内的强制手段的情况下工作，许多人觉得与此前对自己言听计从的男性和女性"讨价还价"是一件耻辱的事。1865年春，南卡罗来纳的一名种植园主愤怒地抱怨黑人懒惰无知，以及农田的糟糕状况。他得出了一条会被其他许多种植园主认可的结论："劳工必须完全服从我们，否则我们绝不会再种植棉花。"

前奴隶深知其前主人的看法和手段。他们希望解放能给自己带来机会，可以在自己购买或租种的土地上为自己工作。他们将在接下来的几十年里为在某种程度上实现这一目标进行艰苦的斗争。但就目前而言，他们将日复一日、年复一年地为农业制度的新规则同前主人抗争，这些规则包括监督的范围、季节性义务、家庭成员的责任、租金，以及工资的形式、水平和调整的规则。考虑到双方强烈的敌对情绪，一旦爆发冲突，后果可能极其严重，因为前主人试图尽可能地保留奴隶制，而新获得自由的人则试图在保留原有利益的同时，限制以前不得不服从的强制性权力。劳动者和雇主向自由民局的地方办事处提出了数以千计的申诉，足以证明这个过程中的冲突之激烈。

最后，土地和劳动关系的转变是多方面的，也是不平衡的。这是由奴隶制下的作物栽培方式、生产组织方式，以及奴隶制在南北战争期间崩溃的具体方式共同决定的。在南方，最迅速、最直接地完成向雇佣劳动过渡的地区，或者是从一开始就需要投入大量资本用于经营的地区（下路易斯安那的甘蔗种植园就是典型例子），或者是对劳动力的要求具有高度季节性特征的地区，如生产活动越来越集中于小麦、牲畜、卡车等的南方边境地区，尤其是那些没有受南北战争波及，现金和信贷更容易获得的州，甘蔗种植园主设法留下了大量劳工，以现金支付工资，在罢工和其他不稳定因素导致他们像古巴的甘蔗种植园主一样，建立雇用黑人劳工的中央工厂之前，尝试雇用华人、本地白人和意大利工人。南大西洋沿岸种植水稻的富裕种植园主也投入了大量资金，但效果并不好。战争期间，联邦军队很早就占领了这里，并引发了一系列事件，包括土地的重新分配，有的直接交还给原主人。这些事件导致出口部门出现了不可逆转的衰退，而南方最大的黑人小地主飞地之一就出现在这里。到了19世纪的晚些时候，水稻种植在路易斯安那、得克萨斯和阿肯色的大草原重新出现，不过此时它建立在外部资本的投入、高度机械化、土地的大范围承包和季节性工资劳动力的基础上。

棉花种植带是叛乱的中心，也是现金和信贷紧缩最明显的地方。在这里，虽然强制劳动的残余仍然顽强地存在，但工资劳动力的重要性同样不容忽视，而且可能比通常人们认为的更加重要，特别是在佛罗里达北部和密西西比三角洲新开发的地区。但总的来说，种植园主和前奴隶还是不断朝租佃制的方向前进，只是在这个过程中，小规模冲突接连不断，州政府和地方政府会出手干预，共同使用权被废除，个人暴力和私刑司空见惯。种植园主会继续提供住房、工具、牲畜和种子，但会将他们的种植园分割为地块，由分散居住在各地而不是原先的黑人居住区的黑人家庭来耕种，他们用劳动换取一部分收成作为回报。

不管这些农业经济的组织形式和支付报酬的方式有多大差异（其中一些看上去更像是对"自由劳动"的嘲弄），它们都具有一套新的社会关系，将南方各州的农场和种植园与附近数量不断增加的城镇和村庄联系起来，然后再与北方和东部的金融和政治权力中心联系起来。虽然人身控制以及经济外的强制和压迫仍然存在，而且在某些情况下反而得到强化，但与奴隶制不同的是，它们并没有正式将黑人劳工与庄园或财产所有者的直接权力捆绑在一起，而是逐渐促成了一个特殊的劳工阶级。这些人虽然名义上拥有个人主权，但被剥夺了生产或自给自足的手段，而且在国家法律和警察权力的压制下，除了在田地里为地主劳作，几乎没有其他选择。《反流浪法案》要求他们在某个规定的日期之前找到一份"有收益的工作"。《反煽动法案》则禁止雇主以高工资和更好的工作条件为诱饵引诱劳工离开。《围栏法案》禁止为饲养牲畜对未圈土地行使公共使用权。《狩猎法案》对在森林里狩猎和溪流里捕鱼做出了限制。到了19世纪70年代，南方的法院已经开始认定佃农的法律地位相当于"雇佣劳动者"，在地主解决他们的其他财务义务之前，他们无权享有自己种植的作物。

虽然种植园主和其他大地主最终成功动用国家的力量来保护自己的财产并获得黑人劳动力——这成了重建政治在地方层面得以展开的血淋淋的基础——但他们也不得不接受新的经济和政治权力结构对自己不利的一面。反抗联邦政府失败后，他们眼睁睁看着自己的奴隶获得解放，而没有获得金钱或其他补偿。随着联邦军队的进驻，他们不得不面对戒严和长期军事占领的后果。最重要的或许是，在可预见的未来，他们必然无缘分享国家层面的权力。由此带来的影响是巨大的。战前，使他们能够以优惠的条件销售棉花和购买供应品的经济体系已经被摧毁，他们被迫转型为在城镇和十字路口兜售货物的商人，他们自己也依赖外部资本以获得必要的信贷和生活必需品。由于战争期间建立的中央银行体系和联邦财政部缩减了绿钞供应量，南方缺乏资本，南方人因此也不能通过抵押土地获得贷款。

由于上述原因，再加上新劳动制度的不确定性，南方的利率远高于国内其他地区。保护性关税提高了地主需要购买的商品的价格。面对竞争日益激烈的主要作物出口市场，他们不能像其他解放后社会的地主精英那样得到联邦政府的帮助。他们没有资源吸引移民劳动力，无法得到联邦为实现农业现代化所提供的优惠贷款，没有能够降低信贷成本的合作社，他们种植的作物也没有价格支撑。此时，主导政权的共和党越来越重视东北部和中西部的大金融家和大实业家的利益。这个胜利联盟牢牢掌握着国家的政治和经济权力，几乎不需要与地主阶级讨价还价，而后者则不得不承担工业化的后果。

叛乱战争的结果改变了南方农村，推动了资本主义农业的发展，甚至连南方曾经以自耕农为主的地区也是这样。自耕农主要依靠家庭劳动力，并种植少量经济作物。战争结束后不久，主要是在重建政府的支持下，新的铁路线就延伸到了这些地区，将它们与南方不断发展的城市以及东北部的金融和商业中心连接起来。铁路沿线的城镇成倍增加，商人很快开辟了主要作物的销售渠道，而且由于与北方资本市场的联系不断加深，他们还为自耕农提供了有利于其生产的信贷工具。不久之后，自耕农为了还贷，用生长中的作物、土地和其他生产性财产充当抵押品，并因此卷入了国际棉花市场。而商人（其中一些开始兼并土地）在地方和国家政治中获得了新的权力。

如果南方的棉花经济能够恢复战前的活力，这个商业扩张的过程至少有可能使白人地主获得丰厚的利益，并缓慢增加资本和信贷。但是，战时对叛乱州的封锁使其退出了国际棉花市场，并刺激了全球其他地区，如印度、埃及和巴西的棉花生产，而这些地方此前生产的棉花数量有限。到战争结束时，世界棉花供应迅速增长，其他重要的经济作物同样如此，而欧洲和北美的一些工业中心对棉花纤维的需求却趋于饱和。到19世纪70年代初，棉花和其他农产品的国际价格开始下滑。1873年的经济危机加剧了通货紧缩，越来越多的生产者受到影响。到了19世纪末，南方的棉花大部分由白人劳动力种植，租佃或分成租佃变得非常普遍，越来越多的白人农户不得不靠纺织厂和其他各种长期或季节性工作来维持生计。虽然当时还看不出来，但南方的棉花经济已经在慢慢解体，种植棉花的白人和黑人劳动力不久将大批离开。

见证南方农村剧变的人开始担心，曾经作为美国经济增长引擎、大量产出主要农作物的南方，已经近乎沦为东北部的"殖民地"。南方经济以农业和其他资源，如煤炭、木材、磷酸盐等的开采为主，这些农作物和资源将被运往北方加工并制造成不同的产品。南方出口产品价格下降，而为必不可少的信贷支付的利息却在增加。此时，该地区在整个国家政治体系，尤其是在联邦政府的行政分支和司法分支中居于从属地位。"殖民地南方"的说法也在文化表述上获得了共鸣。它至少表明了美国的政治经济出现了新的权力平衡，而这正是南北战争的结果。

开发和改革模式最接近殖民关系的是外密西西比西部，后来西半球和太平洋其他地方的殖民关系很多是这里的翻版。这不仅体现在联邦政府积极促进这里的土地等资源的市场开发，以及对这里的许多准州行使直接政治权力（联邦政府在这里发挥的作用远大于重建时期的南方，持续时间也长得多）方面，还体现在这里迅速建立的新的经济权力关系当中。自《西北土地法令》（1787年）颁布以来，关于西部在美国政治经济中的未来，特别是它是否应被允许使用奴隶的问题就引发了激烈的争论，并且成为叛乱战争最主要的导火索。此时，叛乱者已经被击败，胜利者可以将自己的想法付诸实践了。

西部开发的动力是铁路，不仅仅是数量增加一倍的横贯大陆的铁路，还有许多经过广阔内陆地区的铁路，特别是在北部的爱达荷、蒙大拿、明尼苏达、达科他，以及南部的科罗拉多、新墨西哥、亚利桑那等矿产资源丰富的地区。联邦、州和地方政府，以及金融资本的扶持，为铁路建设带来了活力。铁路反过来又推动了采矿业和伐木业的快速发展，因为修建铁路需要大量木材和煤炭。铁路同样促进了新兴的钢铁业的发展。威廉·杰克逊·帕尔默就是西部开发受益者的一个典型例子。帕尔默是特拉华人，接受过工程师培训。他坚信煤炭对国家的未来至关重要，并在宾夕法尼亚铁路公司总裁埃德加·汤姆森的支持下，成功使该公司的机车的动力由木材改为煤炭。他凭借着与汤姆森及后来的托马斯·斯科特和年轻的安德鲁·卡内基（这两人也是宾夕法尼亚铁路公司的职员）的关系，获得了成立铁路公司所需的人脉和资本，特别是来自费城投资者的资本。

战争结束后不久，看好采矿业前景并对自己的事业有清晰规划的帕尔默来到了科罗拉多。他开始在铁路枢纽丹佛南部购置煤储量丰富的土地，并很快使自己的丹佛和格兰德河铁路通向那里的煤矿。1880年，他成立了科罗拉多煤铁公司，不久后又在普韦布洛建立了一个综合性钢铁厂，到19世纪末重组为科罗拉多燃料铁矿公司。该公司拥有数千英亩土地，在怀俄明、新墨西哥和科罗拉多都有业务，雇用了1.5万名工人，生产了科罗拉多四分之三的煤炭。科罗拉多燃料铁矿公司规模庞大，实力雄厚，在1902年被约翰·D.洛克菲勒收购，后者当时对铜矿和新发现的化石燃料石油的开采产生了兴趣。

　　科罗拉多燃料铁矿公司的兴盛是19世纪最后40年西部内陆地区矿业繁荣的象征。19世纪60年代，淘金热和淘银热从内华达的卡姆斯托克和科罗拉多的派克斯峰转移到爱达荷、蒙大拿，以及内华达的怀特派恩县；19世纪70年代转移到南达科他的黑山、亚利桑那的汤姆斯通和科罗拉多的莱德维尔；19世纪80年代转移到爱达荷的科达伦；19世纪90年代转移到科罗拉多的克里普尔克里克；然后转移到加拿大西北部和阿拉斯加。此外，19世纪80年代在西南部边境地区和蒙大拿还出现了大规模的铜矿开采，19世纪八九十年代在明尼苏达、威斯康星和密歇根兴起了大规模的铁矿开采。正如宾夕法尼亚东北部的无烟煤区所预示的，这些地方的共同点包括：铁路带来运输和投资，男性人口占绝对多数，主要产业与采矿业密切相关的小城市崛起，不同文化、不同种族的依靠工资为生的工人大量涌现，公司快速发展。

　　最初的个体或集体"采矿人"大多是小生产者（可能会雇人帮忙），他们在靠近地表处淘金银或采矿。但是，当地表矿床或浅层矿床开采殆尽时，更下方位于坚硬的岩石层的矿藏就需要利用矿井或矿坑挖掘，这不仅需要大量资本，操作也更为复杂。采矿人逐渐被淘汰，取而代之的是矿工，后者有严格的地位之别，依据的是技能和种族。有经验的矿工通常来自英格兰和爱尔兰，特别是英格兰的康沃尔；他们居于金字塔的顶端，其下是来自中欧、东欧、地中海、斯堪的纳维亚、伊比利亚半岛和墨西哥的半熟练和不熟练工人，此外还有一些非裔美国人和华人劳工。除了非裔美国人，很少有工人是本地出生的，不同种族的工人经常在营地发生冲突。

　　至于投资来源和所有权的变化，虽然旧金山商人和银行家作为西部第一次淘金热的受益者提供了一些资金，但大部分资金来自以纽约和波士顿为主的东北部的金融机构，其中许多机构已经参与了西部铁路建设。部分新的铁路枢纽，如19世纪80年代的埃尔帕索、阿尔伯克基和图森，为在干旱的内陆地区开发矿产资源提供了便利。在大多数情况下，新的矿业公司的所有者成为他们所勘测土地的主人。他们会买下大片土地，建立公司、城镇，并事实上掌控着当地的市政委员会、警察局和法院。哈里曼、古尔德、摩根、萨奇和古根海姆等积极参与其中。著名的菲尔普斯·道奇公司利用自己掌握的矿山、炼油厂、土地和铁路在亚利桑那形成了很大的势力。拥有大量铜矿和洛克菲勒的阿纳康达公司的蒙大拿，很快就被称为"公司州"。资本主义和殖民主义携手并进。

19世纪七八十年代在大平原和大盆地飞速发展的牧场养牛业经历了类似的过程。当时，联邦军队击败了原住民，铁路横穿草原，曾经庞大的野牛群销声匿迹。养牛业集中在得克萨斯（起源于墨西哥北部的牧场），其销售对象是位于墨西哥湾沿岸的皮毛厂和油脂厂。但在南北战争期间，无法推向市场的牛群规模大增，到1865年，这一数字已经超过了400万头。在铁路和联邦食品合同的支持下，大型畜牧场和屠宰厂也在芝加哥建立起来。在芝加哥最大的九家铁路公司和该市屠宰商协会的支持下，投资近100万美元的联合堆场和转运公司于1865年下半年开业。

得克萨斯的养牛人——其中一些是新近在狭长地带崛起的养牛业"国王"——利用廉价的土地、公有土地的露天放牧和一小群被称为"牛仔"的熟练工人开始了所谓的"长途驱赶"。他们首先赶着多达2500头的牛群前往阿比林和堪萨斯的其他几个城镇，包括位于该州西部的道奇城。1865年至1885年间，超过500万头牛从得克萨斯向北迁移，主要目的地是芝加哥的畜牧围场，还有一部分去了圣路易斯、奥马哈和堪萨斯城。但随着铁路口岸的增多，赶牛人和迅速增加的农业定居点之间的空间冲突加剧，一种新的经济配置方式应运而生。利用不久前（1874年）刚获得专利的可以控制牲畜的铁丝网，以及来自美国东北部和英国的大量投资，大牧场在中部和北部平原大量出现，几乎一直延伸到落基山脉的山麓，从堪萨斯和科罗拉多一直到怀俄明和蒙大拿，甚至延伸到达科他（年轻的西奥多·罗斯福在那里买下了两座牧场）。1883年由苏格兰投资者建立并由亚历山大·斯旺管理的斯旺土地和牛业公司在怀俄明东南部拥有一座占地面积近1.3万平方英里的牧场。斯旺出生于宾夕法尼亚，曾在俄亥俄和艾奥瓦从事畜牧业，1874年与兄弟们一起来到怀俄明。怀俄明种畜协会成了"怀俄明地区无可争议的主人"，这与邻近的蒙大拿的阿纳康达公司多少有些相似之处。

令南方的旧种植园相形见绌的大规模资本主义农业生产，同样是战后西部开发竞争的产物。这种大规模农业生产持续时间最长的是加利福尼亚。在那里，大量的墨西哥土地赠与和巨大的灌溉成本使人们转向占地面积通常达数千英亩的小麦农场。这些农场从一开始就高度机械化，大量使用联合收割机和蒸汽动力拖拉机，只由一小批职业经理人和全职工人经营。在收获季节，来自中国、墨西哥、南欧的移民工人也会加入他们的行列。到了19世纪80年代，加利福尼亚的小麦产量仅次于明尼苏达，在美国排名第二，而那里的农场的纵向联合清楚地表明，农业即将在20世纪主导位于该州中央的谷地。

更引人瞩目的是19世纪70年代从萧条的废墟中重新崛起的达科他的"大农场"。事实上，正是杰伊·库克的北太平洋铁路（它在1873年刚刚到达俾斯麦）的失败，成就了这些大型农场。在那之前，该公司用自身贬值的证券换取了肥沃的雷德河河谷一带的土地。到1880年，北太平洋铁路已经出售了近300万英亩的土地，其中大部分土地的买家是美国东北部和英国的投资者，面积最多达到10万英亩的"农场"（每个农场的平均面积约为7000英亩）也逐渐形成。和加利福尼亚一样，这些农场的机械化程度很高，通常由经理或租赁者经营，依赖移民劳工群体。其中一些劳工在明尼苏达北部的木材营地做季节性的工作，还有许多人在城市和农村之间四处寻找工作，按照小麦收获的时间从堪萨斯一路向北前往加拿大边境。19世纪90年代的大萧条使这些曾经拥有极高利润率的农场陷入危机，农场的大部分土地被分成小块，要么卖掉，要么租给农户。不过，农户还是维持着资本主义生产关系（只是规模较小），依靠昂贵的机器和季节性雇工耕种土地。这种资本主义生产关系似乎是大平原上的农业所需要的。

从大平原到加利福尼亚的小麦和其他谷物生产的大繁荣，不仅将外密西西比西部推向扩张中的国际商品市场，还给美国其他地区的种植者带来了变革性的后果。受冲击特别严重的是东北部和大西洋沿岸的农业生产者，他们的村庄较小，土地也不肥沃，无法与西部拥有大片土地和资金的同行竞争。这些人本来便是靠自我剥削[1]和寻找外部现金来源来勉强维持生计，此时许多人开始放弃或出售他

1　自我剥削，指让自己处于超负荷的不快乐的工作之下。——译者注

们的土地。有时，他们把土地卖给那些寻找避暑别墅或乡村度假地的城市中产阶级和上层阶级。他们的儿女也越来越多地离开了农村。同时，新英格兰和中大西洋地区的城市人口随着农村移民和新的跨大西洋移民的到来而不断膨胀，越来越多的人因此放弃种植谷物，转向生产乳制品或种植蔬菜，为波士顿、纽约、纽瓦克、费城、巴尔的摩以及邻近的小城市蓬勃发展的食品市场提供牛奶、奶酪和果蔬。和西部一样，他们同样开始依靠精耕细作（使用犁地机、除草机和肥料）和移民劳工（在偏北的地方是不久前来到美国的欧洲移民，在偏南的地方是非裔美国人）来获得一定的收成。

虽然粗放的耕作模式不具有可持续性，但小麦和玉米仍然主要由家庭种植。为了寻求喘息的空间，他们把生产中心从印第安纳、伊利诺伊、威斯康星和密苏里向西移到了堪萨斯、内布拉斯加、明尼苏达和达科他。与大庄园不同，小农在为国内和国际市场种植谷物的同时，也种植其他农作物并饲养牲畜。这些农作物和牲畜或者在当地销售，或者由农户自己消费，就像一直以来他们在南北战争爆发前的美国农村所做的那样。由于长期依赖面对面的交易和当地的信贷来源，他们能够像世界许多地方的农民生产者一样，在面对市场的不确定性时有一定的自由度（不过无法避免与邻居的冲突和诉讼），并通过改变作物组合来保持经济独立。随着农业移民迁移到纽约州西部、宾夕法尼亚以及中西部，大多数居住在农村的人都采取这样的生活方式。在南北战争爆发前夕，甚至是在18世纪前几十年的市场强化过程中，这些做法仍是主流。

战后，特别是1873年经济危机之后，真正发生改变的并不是家庭农业的结构和关系，而是这些农民参与的交易方式和信贷环境。

可以肯定的是，草原农业带来了一系列密西西比河以东地区不需要面对的挑战，因为后者有丰富的降水、大量林地和更加肥沃的土壤。对于草原农业来说，小块宅地已经不足以维持生计，甚至无法支撑不太大的家庭。因战争而加速发展的机械化生产也需要更多的支出。此时出现了一些新的放贷人，他们不再居住在农村和小城镇，而是居住在更遥远的城市。他们为农民提供抵押贷款，使其能够支付租赁土地和购买农业设备的费用。投资这种信贷方式的主要是东北部的个人和机构投资者。最大的投资者或许是人寿保险公司，其中许多成立于19世纪四五十年代。这些公司看到了在农业地区发展业务的可能性，正如储蓄银行将城市工人视为潜在的储户一样。这些抵押贷款的利率低于南方，而且东部和西部的利率日益趋同。但这些抵押贷款必须在几年内（通常是五年）还清，而且还有最末期大笔还款在等着借贷者。因此，金融资本的循环迫使西部农民将越来越多的土地用于种植主要作物，如小麦和玉米，中西部上游地区还生产大量乳制品。这多少与南方各州北部的农村自由农民的做法相似。

因此，谷物和其他农产品开始涌入市场。但是，这种过剩不是美国独有的，而是全球性的。正如新的铁路、新的金融工具和新的城市人口将美国大平原卷入国际贸易的旋涡中一样，俄罗斯和奥匈帝国的大草原、阿根廷的潘帕斯草原、加拿大草原和澳大利亚的内陆地区也开始生产过量的农产品。19世纪下半叶，世界小麦产量增加了一倍多，1870年至1890年的增长尤为迅速。与早先的农业扩张不同，此时的扩张不仅在地理范围上要大得多，在社会控制上也要强得多，不仅是国际市场的经济扩张，更是对资本主义生产关系的巩固。

工业化的特质

无论人们认为美国工业化出现的标志是19世纪初纺织厂的兴起，1837年经济危机后的经济繁荣，还是得到联邦政府支持的军工项目的繁荣及其直接后果，1860年至1900年间，美国的工业确实发生了重要转变。在南北战争爆发前夕，国家的主导产业主要是以棉布、毛布、成衣、靴子、鞋子、帽子、木材和面粉为主的消费品生产行业，就像国家的主体是农业社区和城镇社区的时候一样。在机械化或分工最充分的部门，如纺织业和服装业，劳动力主要由女性和儿童构成。相反，在机械化和分工最不充分的部门，男性工匠、学徒和熟练手工艺人占据主导地位。这种主导地位有时非常牢固，有时则不得不面对日趋恶化的外部环境的压力。

然而，到了19世纪末，一种非常不同的工业经济形成了：消费品的重要性已经基本等同甚至不及"资本品"，如钢铁、机床、橡胶、石油、金属精炼和化工产品等；工业企业的规模大幅扩大；参与工业生产的劳动力猛增数倍；工匠铺被边缘化，大部分劳动由半熟练工人完成；美国跻身世界主要工业强国之列。这个故事大家耳熟能详，课堂或书本经常提及。不过需要注意的是，变化的过程既不是线性的，也不是渐进的。虽然机械化生产在稳步推进，但新建成的工厂同样采用了很多传统的生产方式。虽然工作场所从小作坊变为更大的车间，但熟练的手工艺人仍在努力保持自身的技术专长和在生产过程中的传统权威。在许多情况下，"经理的大脑"仍然"在工人的帽子下"。在新的工业秩序得以巩固之前，人们必须在几条战线上战斗。但是，无论组织形式如何，无论"大脑"在哪里，劳资关系的影响范围已经急剧扩大，并占据了制造业的核心位置。

靠赚取工资为生曾经被认为是临时的选择，是通往经济独立或安定的家庭生活的垫脚石。年轻的、没有经验的男性可以当学徒、帮工、佃户和农场工人，直到他们有资源和工具，能够建立自己的工匠铺或在自己的农场耕种为止。女性可以当家庭佣人、外包工或纺织工，直到她们结婚并从事家务劳动。然而，早在19世纪70年代，这一趋势就显露无疑——三分之二从事生产的美国人为工资工作，通往独立的道路变得越来越崎岖，越来越具有挑战性。

这在很大程度上是由于在南北战争之前的几十年里，市场强化的趋势席卷了东北部、中大西洋地区和中西部的城镇和农村，并使快速增长的人口中的很大一部分卷入了新的现金和信贷关系中。经济和人口压力共同促使农户生产更多的农作物用于销售，并鼓励他们的儿子和女儿到其他地方寻找工作，就像新英格兰农家女孩自19世纪第二个十年以来一直做的那样，养活家庭或自己。无论是季节性的还是永久性的，从农村到城市的移民先移动到农业区的小城镇，然后再移向位于东海岸和内陆的大城市。纽约和费城的规模虽然也有所增长，但增幅远不及芝加哥、匹兹堡、圣路易斯和布法罗，更不用提密尔沃基、明尼阿波利斯、大急流城、特雷霍特、托莱多、雪城、泽西城、布里奇波特和福尔里弗等小型商业和制造业城市，它们的人口达到了原先的两三倍。在这些地区，不管是当文员、工匠、工厂工人、家庭佣人、女裁缝，还是在铁路车间或建筑工地工作，大多数移民都是为了赚取工资。

雇佣劳动的扩张也是以巨大多样性为特征的工业体系的一部

分。纽约、费城、芝加哥等大城市同时也是重要的转运中心，拥有最复杂的经济基础。由于城市居民的需求，服装贸易和食品加工一般都占据重要地位，其特点是机械化程度较低，不需要太复杂的劳动分工。各种类型的制造业应有尽有，生产的商品和生产环境各不相同。在大多数情况下，这些行业以个人和合伙企业经营的中小型工匠铺和工厂为主，但它们与庞大的铁路货场和拥挤的码头相邻，有雇主、主管和工人等不同等级。

不过，在新英格兰的纺织和制鞋中心（洛厄尔、劳伦斯、福尔里弗，以及马萨诸塞的林恩和新罕布什尔的曼彻斯特）、宾夕法尼亚东北部和下中西部的煤矿区（宾夕法尼亚的斯克兰顿、威尔克斯-巴里，以及伊利诺伊的布莱德伍德），宾夕法尼亚西部的炼铁和炼钢中心（匹兹堡及周边城镇），以及木材和矿产丰富的地区（南方和外密西西比西部的许多地方），也有依靠单一产业或者以单一产业为主导的城镇。但到了19世纪70年代，工业发展最快的似乎是能够将制造业和运输业与周围的农村联系在一起的小城镇，包括：北面大西洋沿岸新泽西的威尔明顿、特拉华、托伦顿，康涅狄格的沃特伯里，罗得岛的普罗维登斯；纽约州西部的斯克内克塔迪、尤蒂卡、布法罗和罗切斯特；宾夕法尼亚中部的雷丁、哈里斯堡和阿尔图纳；俄亥俄和密歇根的阿克伦、托莱多、赞斯维尔和大急流城；西部山区的科罗拉多的普韦布洛、蒙大拿的比尤特和内华达的弗吉尼亚城。叛乱战争结束后，大量产业工人聚集在这些地区。

小型工业城镇的活力反映了手工业组织一直以来的重要性、雇主在生产过程中的有限权力以及劳动力的社会构成。虽然纺织厂，尤其是公司化的、依靠商人资本建设的、高度机械化的、依赖半熟练工人的纺织厂，是工业革命的标志，但直到19世纪末，它们仍然只占极少数。19世纪六七十年代的大多数制造企业规模都小（雇员少于十人），老板很可能曾经是大工匠，高度依赖传统的、大多为本地人或者来自附近城镇及农村的技术工人的技术（采矿业是例外）。19世纪40年代到50年代初，大量爱尔兰移民的涌入才改变了大城市工业工作场所的种族平衡。而在其他地方，土生土长的工人仍然占主导地位，来自英国、德国、北欧和西欧其他地区的有技能的移民居于次要地位。

即便如此，根据生产的性质和机械化程度的不同，生产过程还是采取了各种各样的形式：有时，工厂不过是扩大了的工匠铺，雇员继续控制着生产的进度和组织；有时，不同生产阶段的熟练技术工人会雇用并监督自己的助手（如打铁工人、压路机工人或煤矿工人），或在工厂内充当事实上的分包商（如许多机械和军需品车间）；有时，随着劳动分工变得更加复杂，熟练的手工艺人会与半熟练工人和其他工人一起工作（如部分采用机械化的制鞋业）；有时，一小群手工艺人会把他们的产品拿到附近的店铺或住宅完成收尾工作（如高档服装业）；有时，如在劳动强度大的成衣行业中，能够在廉价公寓中完成的劳动密集型的计件工作大多可能采取外包的形式。在这些方面，虽然形式和背景大不相同，但小城镇和大城市的产业图景有很多共通之处。

因此，虽然劳资关系已非常普遍，但劳动合同中仍然保留了不少此前的劳动关系的残余。虽然奴隶制的废除事实上将"市场""国有化"，使政府成为劳资关系的仲裁者，但由于工作所需的技术水平不同，工人的性别、种族和出生地也不同，因此雇主通常是在高度地方化和分散的市场中寻找雇员。不同行业间的工资差异很大。手工艺人，特别是那些仍然能够保护自己行业的手工艺人（有时是利用正式的组织），在劳动条件、工资、福利和将面临的竞争等方面有极大的话语权。其他部门的劳动者相对脆弱些，不过他们的工作机会的多寡也不尽相同，这取决于当地劳动力的供应情况。外国出生的男性（约占1870年所有产业工人的三分之一）在钢铁业、纺织业，特别是采矿业中占很大比例，在印刷业、伐木业和碾磨业中则少得多。女性不分国籍，绝大多数从事服装业和制鞋业，而且即使在这些行业也主要从事技术含量较低的工作。缺乏技术或在季节性行业工作的本地男性经常流动，大多在城镇和乡村附近，不过有时也会离家很远。他们的工资和待遇取决于他们的人数，以及是否有正在进行并且急需工人的公共工程项目。就非裔美国人而言，九成的人生活在南方各州，而且由于州和地方法规的限制，他们很难找到农业以外的就业机会。雇主之间心照不宣的默契同样限制了他们的选择，而种族主义阻碍了他们在所有地区的就业。

生产过程在结构上的复杂性和劳动力市场的碎片化，加深了19世纪70年代的经济危机，并为挺过这场风暴的资本家指明了新的方向。从一个重要的意义上说，1873年的经济危机及其后果，与其说是国际市场崩溃的多米诺骨牌效应，不如说是一个持续了约四分之一个世纪的商业周期，即所谓"长趋势"的终结。当时关于这一点的证据非常多。19世纪四五十年代的经济高速增长在1847到1854年间达到顶峰，从19世纪60年代开始放缓，即便有战争需求，仍然无法恢复高峰时的水准。每名工人创造的平均附加值急剧下降，原材料价格的增长速度超过了制成品销售价格的增长速度。虽然一些部门的利润很高，但其他部门的表现不佳。主要问题似乎在于制造业自身的组织：小企业众多，激烈竞争不可避免；虽然工业产出有所提高，但工艺还是限制着生产力；不稳定的劳动力市场挤压了制造业商品的利润空间；还有不得不支付的信贷成本。特伦顿铁匠阿布拉姆·休伊特焦虑地提到，"美国只有不到10个家庭"在他所从事的行业"取得了成功"。他称"雇主普遍感到不安，因为制造业赚不到钱"。这就是为什么那些倾向于保护小制造商和其他"生产者"的共和党人支持保护性关税和通货膨胀，反对绿钞收缩和回归金本位。他们在政治上的失败早在经济危机爆发之前就已显而易见，而他们的失败将给他们的选民和他们希望维护的世界带来致命的打击。

变革的方向产生自工厂的车间和办公室。虽然一些早期的尝试发生在19世纪60年代，但在19世纪七八十年代，人们开始了一个漫长的探索和实验期，以寻找替代传统方法的方案。变革的动力通常来自一些"外来"的工厂主和经理。他们并非一开始就在目前从事的行业，因此具有更大的经济视野，对技术进步及其潜在的前景有深刻的认识，十分清楚生产和营销的关系，而且很熟悉新的官僚型管理模式。在这些工厂主和经理当中，不少人有在铁路公司或商品销售部门工作的经验，有些人接受过工程师培训或曾在军队服役。他们很清楚国家和国际经济、大型组织以及新的投资方式带来的挑战。他们抱怨制造业的传统做法"混乱"而且"浪费"，难以确定生产成本。他们认为，工厂需要更好的管理，工厂的组织结构应该由上面的经理而不是下面的熟练工人决定，而且随着工厂的规模越来越大，这两点的重要性日益凸显。他们逐渐意识到，激烈的竞争是造成当前困境的主要原因，因为竞争导致利润下降，并造成整个经济的不稳定。

作为组织创新者，他们从几方面入手开展工作。他们试图提高劳动过程的机械化程度以提高生产率，并削弱一直掌握在技术工人和手工艺人手里的控制权。他们试图增加专门任务，从而使半熟练工人能够取代手工艺人。一些人甚至尝试使用后来被发展为流水线的技术。他们希望将监督权从出自工匠或熟练工人的工头手中转移到他们自己雇用的雇员手中。他们试图实施成本核算及相关的管理方法。他们还采取行动，尽可能多地掌握其产品的市场，并尽可能地将生产和销售过程中的多个环节整合在一起。

这条道路并不平坦。熟练工人强硬地捍卫自己的地位和特权，这一时期劳资冲突的激烈程度远超以往。财富和权力的集中损害了小制造商和运输商的竞争力，他们展开了反击。进行中的巨大变革要付出严重的社会和政治代价，这令改革者深感担忧。在接下来的20年里，变革进行得毫无章法，结果难以评估，遇到的阻力也非常大。但到了19世纪末，形势明显对有组织的新型产业有利：工厂的数量和规模增加了一倍以上，特别是钢铁、纺织、机械、电气产品、化工和玻璃制造等行业；一些工厂雇用了上千名工人，最大的工厂雇用了近万名工人；个体工人的生产力飞速增长，19世纪70年代增长了8%，19世纪80年代增长了13%，19世纪90年代增长了36%，手工艺人逐渐被能够操作机器的操作工人取代。同样重要的是，在政府和法院的大力支持下，工厂主和技术人员正逐渐在建立更加"合理""高效"的产业管理以及重组劳动力和产品市场的斗争中取得胜利。

安德鲁·卡内基在19世纪70年代到90年代建立的钢铁帝国是该趋势的典范，而且他自己也常有创新之举。卡内基是出身卑微的苏格兰移民，没有炼铁或炼钢的实际经验。事实上，他是通过地方的赞助，在宾夕法尼亚铁路公司的办公室开始了自己的事业，并巧妙利用与该公司副总裁托马斯·斯科特的关系，学会了与铁路相关的业务知识，学起了投资。在南北战争期间，同金融业、制造业和运输业的从业者一样，斯科特和卡内基也受益于国家资助的资金。斯科特管理宾夕法尼亚铁路公司的业绩得到认可，被任命为助理战争部长，专门负责联邦铁路事务。他带着卡内基去了华盛顿。在那里，卡内基对庞大的工业体系有了更清晰的认识，同时忙着通过投资与铁路有直接或间接的关系的公司来积累资金。到战争结束时，卡内基已经积累了大笔财富，兴趣也从铁路转移到对铁路至关重要的钢铁上。

卡内基曾在一家钢铁和桥梁建设公司工作，这使他看到了钢铁业的长期发展前景，以及在他看来的该行业的糟糕状况。钢铁的需求巨大，但生产过程几乎没有整合。生产者和商人之间缺乏协调，成本核算被彻底忽视。卡内基深知贝塞麦转炉这些最新的技术设备将使钢取代铁，于是利用宾夕法尼亚州立法机构批准的扩大合伙关系，并通过向宾夕法尼亚铁路公司出售铁轨（他以宾夕法尼亚铁路公司前总裁埃德加·汤姆森的名字为工厂命名）来筹集资金，成功在1875年创办了一家钢铁厂。另一方面，他坚持采用新的会计技术和等级管理制度，任命自己挑选的人担任主管，这些人和他一样致力于削减成本，对压低工资和用机器代替熟练工人尤其感兴趣。在接下来的15年里，卡内基扩大了自己的工厂，整合了业务，使产品线多元化，并开始通过购买铁矿和焦炭冶炼厂来控制原材料的供应。19世纪90年代，当宾夕法尼亚的霍姆斯特德的大型工厂发生大罢工时，他手中握有足够的谈判筹码。

作为钢铁业的头部企业，卡内基渴望竞争。他精力充沛，拥有足够的资源和人力，期待在竞争中获胜。但是，在19世纪下半叶的工业界，很少有同行认同他的观点。他们认为竞争具有破坏性，效率低下，对他们的投资构成威胁并带来不便。因此，就像工厂主和经理开始尝试改进生产流程一样，他们开始探索新的合并的途径。其中之一是组成股份公司，它使公司能够通过发行股票筹集资金，保护投资者不对公司债务承担过度的责任，允许投资者出售股份，使所有权和管理权分离，以确保公司的长期稳定性。事实上，股份公司的历史可以追溯到18世纪，成立于19世纪上半叶的股份公司有数百家。但这些股份公司往往是为了公共利益成立的（比如银行业和运输业），而且在大多数情况下，它们是在州立法机构的许可下成立的。虽然纽约等几个州在南北战争爆发前就颁布了普通公司法，但大多数州的公司法是在战后不久效仿这些州颁布的，这成了各州促进私人企业发展的新手段。这个过程一度受到一个重要问题的困扰，即作为社会和法律实体的股份公司的实质究竟是什么。包括卡内基在内的许多工业企业直到19世纪90年代仍由个人、家庭和合伙人拥有，但变革的方向是显而易见的。

事实证明，竞争是一个更为棘手的问题。1873年的经济危机爆发后，情况进一步恶化，那些固定成本高昂且缺乏回旋余地的行业尤其如此。竞争被许多人视为市场经济的基础和防止垄断的手段，政治言论和公共政策仍然倾向于小生产者，反对可能对他们造成伤害的做法。然而，当时仍不乏敢于尝试之人。约翰·D.洛克菲勒便是早期的探索者之一。南北战争期间，洛克菲勒通过销售农产品赚取了数千美元（联邦陆军是他的客户之一）。而在那之后，他先将注意力转向铁路，随后又转向不久前在宾夕法尼亚西北部农村发现的石油。他与一些商业伙伴在附近的克利夫兰建了一座炼油厂，很快就达到每天1500桶的惊人产量。洛克菲勒重视的不单单是技术，他更看重确立自身的优势。像卡内基在钢铁行业所做的一样，他开始收购竞争对手的炼油厂。然后，他与铁路公司达成秘密交易，成功降低了石油运费，这样他就能够在东部市场上以更加低廉的价格出售石油（主要是照明用煤油）。不久之后，他向竞争者提供现金或公司股票，邀请他们加入自己的集团，从而控制了成本和价格。该做法在很多方面颇为明智，但不容易把握火候，而且合法性存疑。然而，他一步步地为自己的标准石油公司带来了一个有吸引力的解决方案。

更多的尝试涉及铁路本身。由于巨大的建设和设备成本以及沉重的债务负担，再加上雄心勃勃的竞争对手和破坏性的运费费率价格战，铁路的运营困难重重，常常崩溃。密西西比河以东的铁路更是如此。它们已经受到经济危机的影响，大部分轨道和货运业务集中在这里，由此带来的不确定性使投资者、运输者和经理都感到心寒。"任何事情都不稳定，缺乏系统性和固定性，"芝加哥一家报纸的编辑约瑟夫·梅迪尔抱怨道，"全国都因为这种不确定性带来的价格波动而颤抖。"一些铁路公司，比如位于宾夕法尼亚东部无烟煤地区的铁路公司希望通过买断发货人，或为他们的业务提供特别的"回扣"来控制运输端。另一些人则联合起来，通过组织联营和运费费率协会来分摊货运量和管理价格。还有一些人，如果他们有资金，就购买较小的干线，扩大铁路网的覆盖范围。贪婪催生了一些新想法，不过效果并不明显。众所周知，联营本身就很难执行，再加上回扣、固定费率和兼并，铁路公司引发了公众的敌意。无论如何，进一步的尝试似乎是必要的，制造商和经理对此并无异议。到19世纪80年代，人们越来越认识到建立某种制度的必要性。

真正给实业家带来转机的是前所未有的大规模移民潮。这些移民主要来自南欧、东欧和东亚的农村地区。他们来自俄罗斯、波兰、匈牙利、希腊、意大利、伊比利亚半岛和波罗的海国家，以及中国的东南地区。他们是全球很多地区的新的政治经济格局的产物——在许多情况下，他们被迫离开故土。新的政治经济格局包括：跨洋帝国的建立；国际贸易范围的扩大；农民、奴隶和宗教异端的解放，以及随之而来的土地和劳动力的商品化；西北欧的工业化，以及欧洲大陆的民族国家建设。19世纪，欧洲一半以上的人口在迁徙，他们或者在快速变化的农村寻找新的安身立命之所，或者迁往能够找到商业机会或工厂工作的城市。有大约4000万到5000万人选择离开欧洲，前往阿尔及利亚、突尼斯、埃及和黎凡特地区，或阿根廷、乌拉圭、巴西和加勒比地区，再或者是南非、澳大利亚和新西兰，还有北美地区。截至当时，前往北美的移民数量最多。大约三分之二的移民最终在美国定居或临时定居，这比1860年美国的总人口还要多。除此之外，还有成千上万的移民来自世界其他地区，如中国广东的广大地区（那里的大多数移民去了东南亚）和墨西哥北部的现代化地区。

其中，最有组织的移民是由一群在旧金山的中国商人发起的。

这些中国商人组织了所谓的"六大公司"，也就是六个社团的联合体。19世纪40年代末至80年代初，他们从中国东南地区带来了近20万工人（绝大多数是男性）。这些工人抵达旧金山后，六大公司的代理人就给他们安排工作（他们虽然不是正式的契约劳工，但带有契约劳工的许多特点，包括债务）。大多数人前往内华达山脉的金矿区，在那里多少受到了欢迎。到了19世纪60年代，当矿区的地表矿藏开采殆尽时，许多人被铁路公司，特别是中央太平洋公司雇用，在西部内陆崎岖的山地铺设铁轨。还有一些人从事各种繁重的体力劳动或进入服务业工作，如在农场、牧场、工厂工作，或者当洗衣工和家政工作者。到了1870年，他们可能占加利福尼亚总人口的近十分之一，占有薪工作者的五分之一。

东欧和南欧移民的人数是华人的数倍，持续的时间也长得多。他们抵达美国的第一站是纽约市，而且没有华人移民那么周密的安排。虽然国会在南北战争期间颁布了鼓励契约劳工的法律，但契约劳工的重要性非常有限，而且大西洋东岸的劳工中介很少。新成立的蒸汽船公司确实会在欧洲各港口张贴广告，宣传可能在美国找到新机会，但大多数移民都是沿着他们的家人、同乡或同胞，也就是所谓的"亲属链"开辟的道路来到美国的。劳工中介和将意大利移民带到美国的包工头的作用排在第二位，他们在大西洋西岸的码头为钢铁厂、纺织厂，特别是外密西西比河西部的矿山、木材厂、农场和铁路招募工人（有时是罢工破坏者）。这样的国际移民和交流渠道共同促进了新的国家和国际劳动力市场的产生。

19世纪70年代初以后来到美国的数百万移民，不仅使美国工业化城市的规模大为增加，还使城市内部的各民族飞地不断扩大。

这些移民与19世纪上半叶的英国和德国移民不同，而是与19世纪四五十年代的爱尔兰移民更为相似。他们几乎没有与制造业相关的技能，他们的文化传统，包括语言、宗教和社交形式，使他们与以本地人为主的主流社会格格不入。他们中的大多数人曾经是农民，或者生活在由于商业和市场扩张而失去了稳定性的农业社区。许多人只想在美国短期停留，攒够钱后再返回出生地。无论种族和文化根源如何，他们都拥有结实的肌肉，能够长时间从事简单易学的工作，知道如何操作正在取代熟练工人和手工艺人的机器。

话语的脉络

虽然与历史现代性[1]关系密切，但美国还是为资本主义的发展提供了复杂的文化环境。虽然对美国的殖民发生在国际贸易，特别是大西洋贸易大规模扩张的背景下，但小农经济和强迫劳动仍然在某种程度上被复制到了美国，二者是从大西洋到乌拉尔山，从波罗的海到地中海的欧洲经济生活的标志，甚至在封建主义和封建关系崩溃之后仍然如此。北美大陆早就住着各个原住民部落，这些部落的原住民与欧洲人一样，彼此间战争不断，同时拥有密集的交换网络。但他们也有独特的劳动分工和所有权制度，而这些制度普遍不

1　现代性首先呈现为西方文艺复兴以来的遍及政治、经济、文化等学科的启蒙运动，它打碎了中世纪宗教神学的束缚，建立起科学、民主、理性等社会法则并充满乐观精神，相信沿着我们前进的道路会有一个终点，即完全掌握了未来的完美社会。这就是历史现代性，或称之为启蒙现代性。参见齐格蒙特·鲍曼《流动的现代性》。——译者注

承认私人财产，尤其是土地私有制。切萨皮克和卡罗来纳的种植园面向大西洋，为资本的跨国积累做出了贡献。但黑人奴隶承担了这些种植园中繁重的劳动，他们受主人束缚，无法自愿或根据自己的需要进入任何市场。遍布新英格兰、中大西洋地区和南方内陆地区的农业社区主要使用家庭（附庸）劳动力，承认私有财产和共同使用权，在自给之外还会出售剩余农作物。他们会对市场做出反应，但通常非常谨慎。

市场越来越深地介入北美人的生活，它的模糊地位在原住民的宇宙论和清教信条中都能找到有力的文化表达。前者主要将物质产品与满足社区和精神需求联系在一起，而后者将繁荣视为上帝祝福的衡量标准，但对贪婪、世俗的虚荣和竞争行为嗤之以鼻。第一次和第二次大觉醒运动，诞生于社会对立加剧和市场强化的背景下，既可能挑战既有的等级制度，强调人的能动性和个人责任，也可能强化某些更符合市场的特征，并赋予新兴的中产阶级以文化权威。然而，直到19世纪，对市场的影响力，对它的缺乏个性，对它的欺骗和奸诈的一面（所谓的"品行恶劣者"就是典型例子）的怀疑就已经弥漫在大众文化中，并引发了从共产主义实验、重申父权制到攻击银行和纸币的一系列尝试。即使是在城市中产阶级当中，被视为粗犷的男性世界的市场在被神圣化的同时，女性占主导、充满感性色彩的家庭世界也被视为必要的庇护所。

政治文化不仅没有为市场的模糊性提供明确的解决方案，还在许多方面对市场提出了严重质疑。虽然共和主义的意识形态强化了对英帝国殖民统治的批判，并促成了一个由商人、贵族和奴隶主组成的联盟，但它未能给那些不得不依赖市场的人提供栖身之所，而他们几乎没有财产，不得不为市场工作。政治理论家认为，共和国的生存依赖于独立的、了解公共利益的人，并且总是受到那些缺乏谋生手段、可能为暴君投票的大众的威胁。而拥护共和主义的美国人认为，独立取决于经济状况，拥有某些生产性财产是独立的前提。那些因环境或个人失败而无法实现经济独立的人是"依附者"，只配被人唾弃，自然没有登上政治舞台的机会。他们实际上与奴隶相差无几。

到了18世纪最后25年，自由主义的情感和言论仍然不难在精英政治圈中找到，这些情感和言论指向一个与自主地追求自我利益的世界有极大差异的世界。詹姆斯·麦迪逊在《联邦党人文集》第十篇中对传统智慧提出了有力的挑战。他认为，最适合共和制长存的是拥有大量利益集团的大国，比如美国。因为任何一个利益集团都无法支配其他利益集团。这预示了一些重要的理论路线。但对取代共和主义的自由主义方案最感兴趣，而且表述得最清楚的是废奴主义者及其亲密盟友。在他们看来，自由的本质并不在于共和主义所珍视的经济独立，也不在于共和主义所颂扬的对公共利益的追求，而在于自我所有权所带来的个人独立，而这正是被奴隶制彻底剥夺的。废奴主义者威廉·杰伊宣称，伴随着解放，奴隶将"获得自由之身，成为自己的主人，这才是最重要的"。对贵格会教徒和他们当中的福音派而言，自我所有权使个人能够与上帝建立直接联系，能够遵循内在之光的指引，除此之外没有其他方式可以使上帝的国度降临人间。而对于废奴主义者以及19世纪30年代到50年代越来越多的改革者来说，自我所有权使人们能够按照社会和谐和进步所要求的方式行事，包括约束自己，改善自己的环境，完善自己的性格，对物质激励做出回应，正确地抚养自己的孩子，培养感情，并对未来有所期待。

可以肯定的是，无论是废奴主义者还是当时与他们志同道合的社会改革者，都不认为自己是在促进资本主义的利益。看到当时其他国家的市场对文化的影响，其中大多数人都对市场产生怀疑。他们尤其担心市场经济似乎会使人背井离乡。通过事实上将"自由"与共和主义的经济独立观念分开，并将其嵌入个人的自我所有权中，他们对各种形式的强制权力提出了挑战，同时为各种极易招致恐惧与担忧的市场关系赋予了道德合法性。南北战争刚结束不久，一些人就在言辞上将"市场"称为人类交往的基本舞台，并认为市场的动力是名副其实的人性"法则"。

他们是在他们想象的世界面临严重挑战的情况下这样做的。在从亚当·斯密、大卫·李嘉图到约翰·斯图亚特·密尔等古典政治经济学家的影响下，这些自由主义者认为，自我所有权和对自我利益的追求将使社会平衡能够自我调节，将使所有人受益。一旦摆脱了奴隶制和奴役的束缚，自我所有权就能在个人性格和野心允许的范围内促进个人最大限度的解放。像威廉·劳埃德·加里森一样认为随着第十三修正案的通过，他们的目标已经实现，前奴隶从今往后必须自力更生的废奴主义者大有人在。但是，如果在南方的土地上或北方的工厂中劳动的人发现，在财富和资源不平等的情况下，自我所有权只是一个空洞的承诺，完全无法抵御雇主的权力和剥削；如果他们试图减少工时，或者通过土地和政治权利改革来赢得经济独立的前景，那么又会发生什么？如果他们拒绝接受仅凭自我所有权和自我利益就能实现愿望的想法，而要求国家干预呢？

这些挑战使自由主义者与激进主义者渐行渐远。有些人一直对共和党的经济政策有疑虑，尤其是它对保护性关税的支持；有些人对金本位制情有独钟，对过度使用绿钞，甚至为了取得军事胜利使用绿钞的行为感到震惊。他们的共同点是个人或家人参加过废奴运动，以及继承了信仰清教的北方，尤其是新英格兰的文化传统。一旦废奴运动有取得成功的迹象，他们与激进共和主义者在其他方面的分歧就变得更加明显，后者不仅要为前奴隶争取平等的公民身份和政治权利，一些人还支持土地改革。在埃德温·L.戈德金、大卫·埃姆斯·韦尔斯、查尔斯·埃利奥特·诺顿、爱德华·阿特金森、霍勒斯·怀特、亨利·亚当斯和弗朗西斯·阿马萨·沃克等人的带领下，自由主义理论家开始在《国家》（1865年正式创刊）、《哈珀周刊》、《北美评论》、《斯克里布纳月刊》和《大西洋月刊》（北方中产阶级和上层阶级阅读最多的期刊）上发表文章，批评周遭的不良观念和"腐败"行为，无论是工人要求的八小时工作制，还是由"下流的白人"和"无知的黑奴"组成的、在前南部同盟的废墟上建立的政府。温德尔·菲利普斯等激进主义者仍然同情劳动人民，并继续代表他们支持国家干预，而他们在共和党内越来越被孤立。

19世纪70年代，由于大西洋两岸的动荡，自由主义的文化和政治影响力迅速提升。工会的扩张、国际工人协会（即第一国际）的成立、巴黎公社的短暂胜利和1873年的经济危机，都表明了"阶级"感情和国家支持下的"实验"可能带来的巨大危险。像戈德金这样的自由派知识分子对前奴隶的前景感到失望，怀疑他们是否已准备好接受赋予他们的权利和责任。他和其他自由主义者对在经济萧条的阵痛中赢得工人和农民支持的通货膨胀计划嗤之以鼻。他们将城市政治腐败与大量的欧洲贫穷移民联系在一起。他们越来越怀疑在一个工业化高速发展的社会里，大众民主是否是最好的治理方法。他们曾经同情生产者、工人和前奴隶，但此时却站在了雇主一方。

这就是英国人赫伯特·斯宾塞和美国人威廉·格雷厄姆·萨姆纳（父亲是英国人）的作品在新的精英圈子大受欢迎的原因。斯宾塞于1820年出生在一个身份相对卑微、不信奉宗教的家庭，曾接受过土木工程师的训练，喜欢物理学和生物学，并试图将二者融入一个伦理学体系中。虽然他被认为是社会达尔文主义者，但他的观点不仅早于达尔文主义，也预示了后者的出现，而且表明了《物种起源》（1859年）是在一个自然科学、政治经济学和英国工业主义准备了大量知识材料的环境中产生的。1851年，斯宾塞出版了自己的第一部著作《社会静力学》，提出人类适应生存条件是伦理学的发展动力。斯宾塞对那些希望利用立法来实现社会改良目标的改革家，尤其是杰里米·边沁的门徒，几乎没有好感，并且坚决反对国家对经济或民间社会的干预，特别是当这种干预看起来对穷人有利的时候。提出"适者生存"的是斯宾塞，而不是达尔文。

随着多卷本的《合成哲学系统》的出版，从1860年开始，斯宾塞在美国赢得了越来越多的受众，特别是自由主义者和受自由主义吸引的人。"赫伯特·斯宾塞先生已经成为世界上的一股力量，"《大西洋月刊》在1864年评价道，"他代表了这个时代的科学精神……这些原则……将为一个改良社会奠定基础，而这个基础可以得到各方的认可。"在接下来的30年里，斯宾塞的思想成为镀金时代自由主义者及许多正在走向成熟并将在20世纪的哲学和社会思想中留下印记的美国思想家，如威廉·詹姆斯、乔赛亚·罗伊斯、约翰·杜威等人的理论试金石。不过，斯宾塞的影响并不止于思想界。劳动经济学家约翰·R.康芒斯说自己"是在印第安纳本土主义、共和主义、长老会主义和斯宾塞主义的熏陶下长大的"。他回忆说，在他的童年时代，生活在印第安纳东部的每个人都是"赫伯特·斯宾塞的追随者，他当时是进化论和个人主义的最杰出的代言人"。到了20世纪初，斯宾塞的著作在美国售出了近40万册。

威廉·格雷厄姆·萨姆纳也是斯宾塞的信徒。斯宾塞很像他的精神导师。萨姆纳是一个英国工匠的儿子，摆脱了新工厂制度的影响，多少有些讽刺地在新泽西的工业化城镇帕特森定居下来，向家人灌输勤劳和自力更生的价值观，不过死时一贫如洗。萨姆纳比斯宾塞小20岁，在19世纪70年代初担任圣公会牧师后供职于耶鲁大学。在任教期间，他在社会学的课堂上向大学生介绍斯宾塞的思想。萨姆纳常常引用"生存斗争"的说法，并大力普及进化论，因此常常被贴上和斯宾塞一样的"社会达尔文主义者"的标签。不过，古典政治经济学（他在耶鲁大学讲授的学科）和新教价值观对他的影响，并不少于达尔文的自然选择学说（他在作品中从未提及达尔文）。

萨姆纳的《社会各阶层彼此负有什么义务》（1883年）批评了国家干涉主义，歌颂了自由放任原则，同时对"穷人"大肆诋毁。萨姆纳认为，"穷人"作为当时政治经济的核心，耗尽了纳税人和社会其他阶层的资源。他对书名提出的问题的回答是"不负有任何义务"。萨姆纳在19世纪七八十年代花费大量时间写作和发言，反对保护主义、改革主义、社会主义以及政府对穷人的救助，同时参与呼吁自由贸易的运动。他认为"国家"除了"保障和平、秩序和权利"，不亏欠"任何人"。随着美国社会的冲突不断升级，他转而研究文化民俗，出版了著名的《民俗论》，同时发表关于社会秩序中的自然权利和自由放任原则的文章。

无论是萨姆纳还是斯宾塞，都不认为自己支持由新兴的大资本家掌握权力，也不认为自己是正在形成的公司资本主义的拥护者。萨姆纳实际上对大资本家和公司资本主义持批评态度，将其视为无所不在的政治腐败和令他深恶痛绝的保护政策的根源。事实上，他反而对杰斐逊主义有一定的好感，赞美"被遗忘的人"，也就是认真工作、照顾家人，而且对国家没有任何要求的中产阶级。然而，他和斯宾塞，尤其是后者，受到当时的资本主义改革者全心全意的支持，这些人致力于在工作场所和市场塑造新的关系，并乐于找到一种语言和科学依据来解释他们的计划的逻辑和智慧。铁路大亨詹姆斯·J.希尔和石油大亨约翰·D.洛克菲勒都欣喜地认为，他们和其他"大企业"的财富是"由适者生存的法则决定的"，证明他们拥有"超强的能力、远见和适应性"。"适者生存"成了那些在镀金时代积攒下空前财富的人的口头禅。其中世界观变化最大的可能非安德鲁·卡内基莫属。

卡内基放弃加尔文主义和斯韦登伯格主义（该派主张耶稣体现了上帝的神性）后，虽然仍纠结于"神学和超自然"问题，但其先在达尔文，然后在斯宾塞身上发现了"如洪水般涌现的光"，这些"光"向他展示了"真理"。卡内基显然认为达尔文和斯宾塞的学说更加合理，他们二人认为进步是道德的，也是物质的，工业社会是对此前的社会的改良，人类臻于完美，"没有想象的终点"。"一切都好，因为一切都会越来越好"成了他的座右铭，给他带来了"真正的安慰"。19世纪80年代初，卡内基进入伦敦文学圈，最终遇到了斯宾塞，开始关注他并赠送他礼物。卡内基对斯宾塞个人和理论崇拜的成果，体现在卡内基1889年在《北美评论》上发表的题为《财富》的著名文章中。

卡内基和萨姆纳都出席了1882年斯宾塞在纽约德尔莫尼科餐厅举行的盛大宴会，斯宾塞刚刚结束了为期七周的美国之旅。这是一次展现镀金时代的自由派和新的工业时代的巨头之间文化联系和交际的盛会。出席者包括戈德金、查尔斯·达纳、查尔斯·弗朗西斯·亚当斯、卡尔·舒尔茨、伊莱休·鲁特、哲学家约翰·菲斯克，以及接受了达尔文主义的著名牧师亨利·沃德·比彻和莱曼·阿博特，还有电报先驱和金融家赛勒斯·菲尔德、铁器制造商艾布拉姆·休伊特和铁路公司主管昌西·迪皮尤。他们一起以最华美的辞藻赞美斯宾塞。舒尔茨甚至提出，如果南方人熟悉斯宾塞的《社会静力学》，战争或许可以避免。他们似乎都对斯宾塞赋予他们的文化权威感到满足和感激。这种文化权威意味着，他们可以将自己理解为进化的自然规律的产物，而社会的进化不是像达尔文设想的那样由"斗争"带来，而是由必然的、相对和谐的进步带来的。

看得见的手和看不见的手

公众对斯宾塞和萨姆纳的支持，正如约翰·R.康芒斯在印第安纳东部所指出的，并由全国各地的图书销售情况所证明的那样。人们很容易将其视为一种指标，以此证明资本主义获得了新的文化声望，对资本主义发展至关重要的社会关系和社会动力得到了普遍接受，新兴的实业家和金融家阶层将赢得主导权。然而，我们有理由怀疑这个结论。斯宾塞主义的盛行恰逢大西洋世界危机四伏、社会纷争加剧之际，它将受到城市和农村的劳动人民及小业主的激烈反抗，这些人将以极大的决心采取行动，目标或者是压制市场，或者是构建不同的关系和创造价值。他们对资本主义的抵制对19世纪下半叶乃至20世纪的国内和国际政治产生了巨大的影响。事实上，受过教育的中上层阶级阅读自由派期刊，听牧师、朋友、家人、教师、俱乐部成员和商业伙伴使用他们的逻辑和词汇，除了他们，人们根本无法知道资本主义文化在这个时期渗透的广度和深度。

有利于资本主义的维持和发展的思想和倾向确实对各州和联邦司法机构产生了巨大的影响，尤其是这些部门的法律传统和它们所体现的政治和阶级取向。在联邦层面，新近得到任命的司法人员绝大多数是共和党人，与该党的温和派和保守派关系密切（1864年成为最高法院首席大法官的萨蒙·P.蔡斯是一个例外，他属于激进派），而且绝大多数人属于资产阶级。他们的观念由商业、制造业或金融业的世界所塑造，他们受的教育使他们熟悉斯宾塞主义、达尔文主义、普通法和南北战争前各级法院奉行的经济学中的工具主义。州法院的情况似乎更加复杂，因为大多数法官通过选举而不是任命产生，担任法官的既有民主党人，也有共和党人。但事实上，如果我们不考虑治安法庭和其他地方法院，州法官和联邦法官在社会背景和司法审判上的相似之处多过不同之处。他们来自特权家庭或受特权家庭赞助，急于扩大自己的司法管辖范围，支持契约自由，而且通常会追究拒绝雇主要求的工人的责任。

此时的最高法院由来自东北部和中西部的共和党法官主导，他们的行事风格虽然不完全如上面所述，但这些已经成为他们的标签。在屠宰场案（1873年）、美国诉克鲁克香克案（1876年）、民权案（1883年）这一系列具有里程碑意义的判决中，最高法院缩小了第十三修正案和第十四修正案的适用范围，限制了联邦公民权，前奴隶因而更容易遭受暴力和歧视，而在大法官看来，这些施加暴力和歧视的人只受他们所在州的法律约束。这样一来，法院就加强了南方各州雇主，往往是前奴隶主的力量，他们依赖黑人劳动力，习惯于使用强制剥削的手段，并通常采用准军事化手段来挫败罢工和其他非裔美国人的政治动员。与此同时，法院开始草拟新的合同规则，旨在将实质性正当程序原则（保护公司不受政府的干预）付诸实践。这一原则不仅将在未来几年重塑美国的法学，还将保护公司免受工人、小业主以及试图促进工人和小业主利益的政治机构的影响。但在许多方面，真正使市场关系被广泛接受的其实是联邦和州下级法院对判例的解释和对具体案件的判决，而这也强化了雇主的权力。事实上，美国似乎存在着两个独立的法律体系，一个体系管理商业和制造业，另一体系管理劳工，每个体系都有自身的原则。法院普遍使用的劳动法具有深厚的历史背景，植根于英美法传统，并且仍然受几个世纪以来的主仆规则影响。这些规则是以奴役和其他形式的强制和依附劳动为特征的前资本主义经济制度的残余。这意味着，即使工人自愿签订合同，雇主对工人的劳动仍然拥有财产性权益，不仅在工人的合同期内，当工人在没有"合法理由"提前终止合同，如辞职的情况下，雇主也有权保留"整个"合同期的劳动成果。它还意味着，对于工人因工作场所事故遭受的伤害或死亡，雇主需要承担的责任非常有限，只有当雇主被证明存在过失，并且过失方不包括这名雇员（"共同过失"）或另一名雇员（"伙伴雇员规则"）时，雇主才会对工人遭受的伤害承担责任。南北战争结束后，美国工厂的事故发生率可能是全世界最高的。当一些部门，如农业部门的工人签订年度合同时，这些规则给予雇主很大的权力，而使雇员居于弱势地位。

然而，当涉及市场时，法院不断放弃严格的普通法判例（这在19世纪初就很明显了），转而支持一套基于契约自由原则的学说。这套学说更加灵活和务实。最终，接受了反托拉斯法的"合理原则"（区分合理和不合理的贸易限制）的法院，很快通过了法官制定的法律（衡平法[1]），并赋予公司以法律人格，从而使其能够根据第十四条修正案的正当程序条款，主张自己拥有实质性正当程序的权利。当涉及商业活动时，越来越多的法官似乎抱着一种便宜行事的心态。联邦法院开始保护商业利益，尤其是公司的商业利益，使其免受州和地方诉讼的困扰。每当更易受民众影响的州立法机构觉得应当审查合同内容，不论是限制法定工作日的工作时间，还是禁止以实物而非现金支付工资，上级法院就会迅速站在雇主一边。宾夕法尼亚州最高法院认为，要求以现金支付报酬的法律对工人来说是"可耻的、侮辱性的"，因为它试图"阻止有权处理自己事务的人自主订立合同"。美国最高法院在1905年具有里程碑意义的洛克纳案中维持了这一判决。

---

1 衡平法，英国法传统中与普通法平行发展的一种法律，只适用于民事案件。——译者注

商业法和劳动法最明显的交集是集体行动领域，特别是工人的罢工、纠察和抵制。从1877年开始，联邦法院首次介入大型劳资纠纷，对罢工工人发出禁令。这些工人在巴尔的摩和圣路易斯之间的铁路罢工。1873年经济危机之后，这些铁路中的不少已经破产，被联邦接管。因此法官依据这些铁路"目前在公权力的掌握下"，做出裁决以"加强我们对铁路的管理能力"。在接下来的20年里，铁路罢工工人成为法院下达禁令的主要对象，虽然这通常与政府接管有关，但不久之后法院就开始对针对私人控制的铁路和其他一些大型企业的罢工下达禁令，特别是在工会参与的情况下。不久之后，法官就利用禁令来打击日益增多的全市范围内的抵制和同情性罢工者。参加这些活动的不仅有非工会工人和工会工人，还有当地的居民和小业主。参加这些活动的组织被认定为"不负责任的小圈子或小集团"，目的是"推翻政府"。

下达禁令的过程有时暴露了司法机构成员，特别是联邦一级的司法机构成员与铁路官员及其律师之间的密切关系。一些法官受雇于或曾经受雇于铁路公司，在铁路董事会任职，或者投资铁路，可能在法庭诉讼中为铁路公司辩护。但更多的是，它显示了大多数法官对于资本主义的社会关系，对于什么人"负责任"，什么人"不负责任"，对于私有财产和契约自由作为公共利益的基础，都有一致的看法。可以肯定的是，担心新兴的公司和工业利益集团的规模过大和实力过强的法官并非个例，他们有意限制这些巨头，以使较小的竞争者受益。然而，他们也倾向于将劳工动员，尤其是加入工会的劳工动员视为更具威胁性和破坏性的活动，将危及私有财产和社会秩序，而且可能受到了在大西洋两岸迅速传播的共产主义的影响。法官与警长、市议员等地方官员不同，后者往往住在不同阶级混居的社区，可能同情罢工工人，或者至少不愿意对他们采取行动。法官则多少与社会脱节，因此更有可能维护他们认为正确的法律原则，在必要的时候，也乐于看到军队出动。

1877年的铁路罢工不仅是19世纪美国规模最大、破坏性最强的劳资冲突，也是联邦为保护资本利益动用军队的最早的例子之一。当然，军队并非首选。当工人发动罢工时，铁路沿线各州的州长出动民兵，却发现民兵要么不足以挽回局面，要么公开向罢工者示好。在社会冲突愈发激烈的背景下，出动联邦军队是一个令人左右为难的选择。战争部长乔治·麦克拉里是共和党人，曾在海斯总统的内阁中任职。他认为"军队之于美国，就像一支纪律严明、训练有素的警察部队之于一座城市一样"，民兵在面对"大批控诉不公待遇的民众"时是"不可靠的"，因为"他们或多或少同情所在社区"。他坚持认为，只有"冷静、稳健、服从命令"的正规军才能"对付群情激昂的暴民"。

威廉·T.谢尔曼将军和菲利普·H.谢里登将军等陆军高级军官参加过南北战争，重建时期在南方和西部服役，他们对劳工运动能够帮助他们强化部队和改革兵役制度的前景感到欣喜。正如谢尔曼所暗示的，这些运动有助于使军队"普鲁士化"。埃默里·厄普顿也抱着这样的想法。他是陆军将军和军事战略家，在欧洲待了很长时间，不久前才返回美国。他决心使正规军专业化，使民兵边缘化，但国会犹豫不决。1874年大选后控制众议院的民主党人（其中包括南方人）希望缩减而不是增加士兵和军官的数量。他们不愿意看到美国士兵介入劳资纠纷。"你不妨好好检查一下阁楼上的火枪和手枪，"谢尔曼对自己的弟弟、代表俄亥俄的参议员约翰·谢尔曼抱怨道，"因为每个一家之主都不得不用火器保卫自己的城堡的时代很快就要来了。"

这样一来，选择权便落到了州和地方政府的头上。一些地方早就采取过行动。19世纪40年代，纽约和费城等大城市已经开始建立制服警察部队，因为随着爱尔兰天主教移民的增加，守夜人和巡逻人员已不足以应对城市里越来越多的酗酒、斗殴和暴力事件（他们自己也经常参与这些事件）。新的城市警察通常会在本地或英国出生的新教徒工匠当中招募，这些人的行业似乎因为市场强化变得越来越不稳定。警察被指示使用强制手段，而不需要说服。他们随身带着棍棒，令人生畏。一名警察局长指示他的部下："你要先在一场公平的打斗中打倒一个人，否则永远不要逮捕他。"虽然在这些穿制服的人当中，不少人本身就在制造混乱，但在1863年残酷的征兵混乱中，纽约警察的纪律和坚定成功吸引了商界和政界领袖的注意。在接下来的30年里，美国各城市的巡警人数快速增长，一些巡警参与了一系列与市政当局的利益息息相关的行动，包括监视工人阶级的会议和组织。

然而，最重要的发展与被军队高层否定的各州民兵密切相关。民主党人艾布拉姆·休伊特是纽约的制造商，于1874年赢得国会议员席位；他带头反对军队改革和增加拨款，主张由各州"维持自己境内的秩序"，并警告说，如果军队承担了国家警察部队的角色，混乱的威胁将会更大。不过，他同样非常重视眼下的威胁，提议加强各州民兵的力量，甚至提出了"国家民兵制度"的建议。这项改革更多地由各州向上推动，而不是由国家向下推进。

休伊特得到了一个不断壮大的群体的支持。铁路工人罢工之后，国民警卫队协会立即成立，目的是"提高美国现役民兵的军事效率"。在接下来的15年里，各州特别是在从东北部延伸到西部的发展中的工业地带，修改了军事法规，为有组织的现役武装部队提供补给，大幅增加军事拨款，并开始举行年度野营训练。很快，全国各地的工业城市在远离工人阶级区建造了新的军械库，以安置、训练现有的国民警卫队，并为之提供补给。位于曼哈顿的第七民兵团的军械库尤其引人注目，它的建筑风格非常新颖，看起来像一个巨大的堡垒，"上面有可用于火枪射击的圆孔……这样的结构使它可以抵御从任何方向攻来的暴徒"。在全国范围内，警卫和民兵的数量增加到10万以上，他们的主要职责是作为国家警察控制和镇压劳工运动引发的混乱。

资本家最依赖武力的地方是西部。这是因为联邦、州和准州的官员在西部开发项目中有极大的利益，而且通常是经济利益。联邦军队被派去平息原住民对铁路建设的抵制，并阻止随铁路而来的白人移民，然后又被留在那里保护铁路，而这些铁路通常为私人所有。国民警卫队经常被州长和准州州长征召来平息铁路和西部内陆矿区的劳资纠纷，这些官员很可能自己也投资了这些铁路和矿区。当武装部队不足以平息骚乱或无法出动时，各行业的大资本家，如养牛的牧场主、矿主、农业经营者，就会雇用枪手、自警团成员和私人军队（与平克顿私人侦探公司类似）来维护他们的规矩并惩罚他们的敌人。

这是一个颇受前奴隶主青睐的方案，因为他们既不希望看到联邦军队进驻，也不希望供养规模越来越大的州民兵。毕竟，他们习惯于通过私人或半私人手段，即由他们自己、监工和地方奴隶巡逻队来控制劳工，并且一直将准军事化视为有组织的选举政治的重要辅助手段。自警团成员或者受惠于他们的家族，或者直接隶属于民主党。这些人在巡查"自由"劳工和击败地方和州一级的敌对的重建政权方面发挥了至关重要的作用。到了19世纪80年代，当棉花和木材经济的地理范围进一步扩大并引发年轻黑人劳工的移民潮时，私刑团体计划强迫黑人服从——奴隶制的余威已经无法达到这个目的。在许多案件中，私刑受害者与雇主发生了冲突，并被指控谋杀了雇主或雇主的家庭成员。警长和治安法官通常会睁一只眼闭一只眼，有时甚至直接参与，私刑者因此对"法治"不屑一顾。

法院扮演的角色，以及资产阶级广泛使用国家或法律认可的暴力手段来解决劳资冲突，似乎象征着美国资本主义在战后初期的复杂发展过程。一方面，战争刺激了那些一心推动资本主义经济发展的力量，帮助其击败了反对势力。在联邦国家的巨额援助下，新兴的制造商和金融家阶层迅速积累了大量资本。他们希望让市场的触角延伸到美国的各个角落，甚至更远的地方。美国南方各州至关重要的种植园经济得以复苏，并围绕着至少在财产形式上近似于雇佣制的社会关系进行重组。与市场逻辑相结合的新自由主义倾向在中产阶级和精英阶层中获得了相当大的影响力，打击了一度获得他们支持的激进共和主义。联邦和各州的司法机构有了越来越多重视契约自由的法官，他们认为工人在工作时要服从雇主的权威，在工作之余可能危害社会秩序。

另一方面，制造商在试图扩大其工作场所或修建新工厂时面临严重的挑战，因为他们依赖的工匠和熟练工人能够利用其技术知识和经验控制大部分生产过程。东部和西部的矿主同样依赖熟练工人，这些工人大多来自国外，并且自己雇用帮手挖掘矿井、运输煤炭和贵金属。在共和党人建立的金融体系中，南方的大地主缺乏现金，难以获得贷款。他们的生产主要供给国际大宗货物市场，但在谷物和棉花价格下跌的冲击下，这个市场越来越不景气。甚至连机械化程度更高的中西部、大平原和远西地区的地主，也感受到了土地抵押贷款和农作物价格不振的拖累。1873年的经济危机和随之而来的经济萧条不仅标志着长期的经济扩张告一段落，也使资本家和劳工的世界动荡不安。随之而来的政治冲突以及规划好的方向和项目将在国内和国际上促成一个新的政治经济局面的形成。

第十章　帝国之臂

联邦政府在叛乱南方的影响力

1867年3月，当国会推翻了安德鲁·约翰逊总统的否决，通过《重建法案》时，菲利普·H.谢里登将军被任命为新成立的第五军区的指挥官，其管辖范围包括路易斯安那和得克萨斯。他其实并不需要前往那里。1865年春，南部同盟军陆续投降后，陆军总司令格兰特将军解除了谢里登中部分战区的指挥权，这个分战区的管辖范围涵盖弗吉尼亚的谢南多厄河谷，由于格兰特的焦土政策，这里成了一片废墟。格兰特还命令谢里登向西"尽可能在最短的时间内收复被敌人占领的得克萨斯和路易斯安那部分地区"。但当谢里登到达新奥尔良的指挥部时，他得知埃德蒙·柯比·史密斯麾下的叛军已经正式投降，于是转而把大部分注意力放在得克萨斯和墨西哥的边境地区。那里的一些叛军正逃往墨西哥，希望得到法国扶持的皇帝马西米连诺（他是一名奥地利大公）的支持。

谢里登对逃亡的叛军和马西米连诺的政权都没有好感，认为后者是对"共和主义"的侮辱。和与他关系密切的格兰特一样，谢里登把马西米连诺夺取政权理解为"受南部同盟入侵鼓励的叛乱的一部分"。它必须被挫败，这样叛乱才算真正被平息。谢里登命令骑兵和步兵共四个师进入得克萨斯，至少是为了展示武力，而且这种好战行为所预示的入侵，确实激起了皇帝宫廷的深深忧虑。马西米连诺很快就撤走了驻扎在墨西哥北部大部分地区的军队，南部同盟在科尔多瓦建立殖民地的计划随之失败。谢里登很快受到国务卿威廉·H.苏厄德的约束；苏厄德虽然同样具有帝国野心，但不希望与墨西哥爆发战争，然而，谢里登还是向被废黜的自由派总统胡亚雷斯的部队输送军需品，后者最终将法国人赶走，并砍下了马西米连诺的头颅。

　　谢里登是奉命实施戒严，并监督叛乱州的国会重建进程的五位将军之一。他是一个合适的人选。谢里登坚持树立联邦政府的权威，对安抚叛乱者及其合作者没有兴趣，并坚信必须将前奴隶的自由置于坚实的基础之上。他知道自己面对的是什么。谢里登目睹了自己所在地区，特别是得克萨斯"无法无天的乱象"，发现"现在这里弥漫着比1861年更为严重的叛乱情绪"。他撤换了那些在约翰逊总统政策下获得权力的文职官员，包括两个州的州长，并对新获得公民权的黑人选民进行大规模登记，以帮助完成各州宪法的制定和国家的再造。

　　不管是谢里登还是其他任何一名军区指挥官（其他人没有在这项任务中表现出如谢里登一般的活力）都没有大量资源可供支配。自1865年春以来，占领军的规模逐步减少，剩下来执行《重建法案》的士兵约为2万人，其中大多数人驻扎在较大的城镇或周边地区，只有少数人分散在广大的农村。负责管理遭到遗弃的叛乱者土地和监督自由劳动制度实施情况的自由民局缩小了行动规模。虽然人们希望能在南方的白人中找到支持者，特别是在具有商业头脑的地主和商业利益集团当中，但这样的盟友很难找到。事实上，就像谢里登的得克萨斯一样，对前奴隶、共和党的重建计划和黑人选举权的敌意不断在曾叛乱的南方的许多地方酝酿，并通过准军事组织的致命行动表现出来，比如随着《重建法案》的出台而诞生的三K党。

虽然资源短缺，但当国会共和党人伸出帝国之臂，要求前叛乱州采纳新的社会和政治关系框架时，像谢里登这样的军区指挥官有大量工作要做。当国会在1865年12月拒绝接纳这些州新近选出的议员时，这些州事实上已经被降格到类似于准州的地位。他们被要求承认奴隶制已经终结，并被期望遵照自由民局的决定，沿着通往自由的契约劳动的道路前进。1866年，他们被指示批准第十四修正案，以便重新加入联邦——只有田纳西批准了。然而，即使没有国会代表，前叛乱者和前奴隶主在其所在的地区仍然拥有很大权力。他们得到了由许多叛乱参与者组成的州立法机构和县市官员的帮助，这些官员即使不是完全听任他们摆布，至少也对他们表示同情。简而言之，在国会决定自行处理南方事务之前，南方人几乎不存在帮助共和党人达成目标的动机，反倒有许多机会来阻挠这些目标的实现。

在努力将曾叛乱的南方及其新公民变成他们所设计的民族国家的忠实成员时，国会共和党人确实有各种各样的盟友。许多人是传教士和社会改革家，其中有黑人，也有白人。他们通常带着传布福音般的狂热之情，修建学校和教堂以提高识字率，宣扬基督教，推进节俭以及工业主义和物质主义的价值观，并促进前奴隶组建父系家庭。其他许多人是联邦陆军军官，通常在自由民局或各地的分支机构任职。他们为前奴隶提供了伸冤的机会，使他们的前主人受到了应得的惩罚，并保护其免受被打败的叛军的报复。还有一些是来自北方各州的企业家。他们凭着废奴主义的热情，租赁或购买种植园，希望能以合同的方式教导前奴隶，同时展示自由劳动力相对于奴隶劳动力的经济优势。他们一起努力，为即将到来的政治统一制定了新的社会标准和文化条件。

但在许多方面，共和党最重要的盟友是政党组织者。他们进入南方，使共和党人第一次在这里获得了真正的立足点，而他们组织的黑人选民将立足点转化为权力。他们扮演着非常重要的角色。当南北战争爆发时，共和党在奴隶制仍然合法的州几乎没有存在感。它虽然在蓄奴州和自由州的一些边境地区，如马里兰、特拉华、肯塔基、密苏里建立了桥头堡，但共和党的活动家知道，再往南的话，他们的生命会受到威胁，林肯的名字甚至没有出现在那里的选票上。虽然林肯的战时"十分之一计划"为共和党在弗吉尼亚、阿肯色、田纳西和路易斯安那赢得了机会，但如果这些叛乱州在前奴隶获得投票权之前根据1865年约翰逊总统的宣言重新加入联邦，民主党将完全控制这些州，而共和党即便仍然保有国家权力，其势头也必将被削弱。

事实证明，在这方面，没有任何组织比联邦联盟更为重要。联邦联盟成立于1862年到1863年间，目的是动员公众支持林肯政府和南北战争，并且很早就同时接受了大众政治和贵族政治的做法。联邦联盟的成员被要求保守秘密，而且要像共济会一样宣誓并举行入会仪式。该联盟通过遍布中西部和东北部的分会打下了坚实的公众基础，并赢得了费城、纽约和波士顿等州效忠联邦的精英的支持。不久之后，它就在南方的联邦军事占领区创立了新的分会；等到战争基本结束时，它继续进行教育和鼓动工作，主要对象是居住在南方丘陵和山区的支持联邦的白人。该联盟声称自己将"保护、团结和捍卫所有忠于联邦的人，不管他们属于哪个派系和种族，有何背景"，开始赞助政治活动，并针对仍被剥夺选举权的非裔美国人成立了一些分会，主要是在里士满、罗利、萨凡纳、塔拉哈西和纳什维尔等大城市。

然而，一旦《重建法案》赋予黑人选举权并对选民登记做出规定，联邦联盟的组织者就迅速改变方向，向小城镇和周边的农村地区发展，特别是非裔美国人最多、最密集的种植园区。黑人虽然与共和党关系密切，但仍然是一个非常多元的群体。联邦联盟的一些活动家是北方激进的共和党人，曾在军队服役或在自由民局任职；还有一些是南方忠于联邦的白人，他们已经在山区建立了分会。但越来越重要的是那些曾在联邦军队服役、参加过早期自由民大会或向解放后的南方黑人会众传布福音的非裔美国人，特别是非洲卫理公会的牧师。这些人的工作极其艰巨，而且极为危险。为了动员前奴隶，组织者经常受到白人地主和自警团成员的致命威胁。因此，保密和武装自卫是成功的基础。

联邦联盟组织者取得的成功可以说是出乎意料的。甚至连国会中最卖力地推动黑人获得平等的公民权利的激进共和党人，也担心给予黑人投票权是否对共和党有利。毕竟此前，前奴隶从未涉足以粗暴著称的选举政治的世界，在没有重大土地改革的情况下，几乎所有人仍然依靠前奴隶主过活。他们会不会受到一系列旨在控制其政治活动或使其失去活力的胁迫手段的影响？他们会不会屈服于前奴隶主和地方民主党老板的直接权力？这些老板此时有可能获得更大的政治力量，因为联邦比例原则已经失效，黑人和白人一样按人数计算选票。这些都是共和党人不得不考虑的令人不安的问题。然而，前奴隶以令人惊叹的方式证明，这些担心是没有必要的。他们利用在奴隶制下凝聚起来的感情、通信网络、机构和宗教团体，积极参加登记，并抵制白人民主党人的招揽和威胁。他们成群结队地前去投票，并参与了新州宪法的制定，重建了曾是奴隶社会的政治体。除了少数例外，他们大多投票支持共和党。在这个非常关键的时刻，他们使共和党得以扩大，使其政权得到强化。

共和党掌控的联邦政府与前奴隶之间的政治联盟，在基层的联邦联盟和活动家的撮合下日渐成形。这个联盟虽然是符合逻辑的、必要的，但也存在严重问题。毋庸置疑，在残酷的战争环境中，双方在共和党的民族国家建设过程中的许多重要项目上有共同利益，如解放奴隶、在军事上击败奴隶主、确立出生公民权、确保成年男性获得选举权、赋予联邦政府权力、在叛乱的南方建立共和党组织，以及利用联邦机构，特别是军队和自由民局保护忠于共和党和民族国家的人的生命安全和权利。不过，虽然也有一些民主党人希望"争取黑人的善意和信心"，并试图赢得他们的选票，但很少有非裔美国人上钩。非裔美国人清楚地知道，是共和党人而不是民主党人推动了解放事业，武装了奴隶，平息了奴隶主的叛乱，支持前奴隶获得平等的公民权利，并努力使其获得权力。只有那些几乎与黑人社区完全隔绝或完全依赖白人维持生计的人才会支持民主党，而在深南部，这些人往往在南北战争爆发前就已经获得了自由。

共和党人在国家和州一级将非裔美国人，特别是前奴隶视为自己在南方站稳脚跟并确保自己掌握联邦权力、树立联邦权威的关键盟友。这个联盟的结成既出于原则，也是权宜之举——除了忠于联邦的肯塔基东部、田纳西、北卡罗来纳西部、佐治亚北部、亚拉巴马、阿肯色和密苏里部分地区，共和党人无法吸引南方白人的支持。虽然南方白人基本接受了奴隶制不复存在的事实，而且一些人，特别是前奴隶主，因为共和党保护种植园的承诺感到安心，但很少有人能够接受赋予黑人选举权。他们认为，黑人选票及其后的政治动员是一个专制的、黑人共和党的中央政府对南方的非法暴行，是对在黑人的从属和服从的基础上重建起来的社会关系的巨大威胁，而这是他们唯一能够接受的基础。他们很少提及联邦主权的概念或其所包含的文化和政治要求。一旦发现前奴隶"原先的忠诚"一去不复返，而且不能获得"对黑人的强大的个人影响力"时，他们要么选择退出政治舞台，要么试图不择手段推翻共和党的统治。

因此，对于有意将前叛乱州纳入新的民族国家的共和党人来说，前奴隶是人数最多、最可靠的盟友。但这个联盟既紧张又特殊。虽然双方都支持自由劳动、平等的公民权利和政治民主化，但共和党领导人和前奴隶持非常不同的，而且从本质上来说相互对立的政治立场。共和党人组织了一个复杂的联盟，但他们越来越关注制造商、金融家和其他有产阶级生产者的利益。他们关心的是推进国家的工业化，稳定货币和信贷，振兴棉花经济，并将越来越多的美国人拉入资本主义市场。根据出生地、居住地、种植的农作物、技术、祖先和亲属网络，前奴隶也有自己的社会等级，但拥有土地或其他生产资料的人很少，绝大多数人是劳动者，主要在田间、码头、矿山、铁路、森林、城镇为白人雇主劳动。他们的愿望是摆脱经济上的依附地位，能够养活自己。他们努力减少自己受到的剥削，增加自己的工资收入或农作物分成，摆脱白人的控制，重建自己的社区，并利用政治进程增加自己的筹码。在美国工人阶级中，从来没有哪个团体像他们这样与某个政党维持如此密切的关系，但共和党依旧不是黑人的政党。

在军事重建前期，联盟为不同的参与者提供了远超其预期的政治回报。非裔美国人的积极行动是关键。他们面临危险并受到直接威胁，例如佐治亚民主党人豪厄尔·科布就声称"投票反对我的黑人是在自取灭亡"。但他们还是坚持动员自己的社区去支持共和党，因此投票率极高，参加投票的人常常占有投票资格的人的八成到九成。这个动员过程对于达成目标十分重要。它既反映了奴隶制的深远影响，又反映了自由的新的可能性。前奴隶利用"葡萄藤"（电报）交流，利用保密和自卫的传统来确保自己的聚会地点不被泄露，追随那些早在奴隶制时代就赢得影响力和尊重并在解放后站到台前的领袖（特别是那些曾在联邦军队服役的人），同时建立新的社区生活制度。奴隶制时期就有的宗教集会变得尤其重要。他们的牧师大多是自耕农、佃农和工人，通常具有演讲、算数、解决冲突、将世俗和精神问题联系起来的特殊才能，阅读和写作的能力更是不在话下，这些能力在正式的政治舞台是必不可少的。参加集会的人以亲属关系、劳动关系和邻里关系为纽带，利用这个文化空间讨论涉及彼此重大利益的问题，并敬拜上帝。对于集会参与者来说，教堂也是学校、联邦联盟会场和慈善机构，是社区生活的中心。

这说明政治对非裔美国人来说在很大程度上是一项集体事业，性别和年龄的界限并不清晰。虽然只有黑人男性获得了选举权，但是毫无疑问，在奴隶制被废除、社会关系将被重构之际，社区权力的平衡对整个黑人群体都更加有利。参与者，包括参与决策的人，比以往更多，选举将地方社会和政治生活的其他领域联系在一起。黑人女性像黑人男性一样参加集会，并借此机会发表自己的意见。她们对政党忠心耿耿，选票于她们而言，甚至可以被视为一种家庭财产。她们中的一些人和一些孩子一起负责收集和传递必要的情报，另一些人在农村学校教书，还有一些人协助保护公共集会免受袭击。一旦有机会，她们就会陪同达到投票年龄的男性去投票，替他们打掩护，展示社区的支持，这一切使得男性更加坚定。

更为重要的是，女性在扮演强制执行者的角色时，对形成中的社区政治文化做出了最有力、最独特的贡献。她们通过操纵男性对情爱与性爱的渴望，一方面使不愿参与政治的男性感到羞愧，从而使其履行自身的政治职责，另一方面对离经叛道的男性施加最直接、最具羞辱性的报复。这是保证生存和成功所必需的纪律和维护团结的核心方式。当时一名保守的南卡罗来纳白人评价道："黑人和白人一样不能容忍反对意见。"他们排斥、驱逐，甚至杀害"可能转投民主党"的"自己人"。按照他的说法，"女人比男人更坏，她们拒绝与叛徒交谈或结婚，并在他人袭击他时成为帮凶"。

当前叛乱州申请重新加入联邦时，共和党利用黑人的选票加强了自己对联邦政府的控制，并将自身的影响力扩大到南方。1868年，黑人选民的支持使共和党总统候选人格兰特赢得了大众选票中的多数（他没有赢得多数白人选票），而且由于前叛乱州黑人的投票，他在选举人票中也获得了足够的优势（赢了6票）。由于这些州开始根据新宪法举行选举，赋予非裔美国人公民权，并剥夺了一些叛乱者的投票权，共和党人赢得了几乎所有州的州长职位和立法机构选举（弗吉尼亚是个例外），并掌管了许多县市的政府，不过不包括大奴隶种植园主（其中大多数参与了叛乱）曾统治的种植园区。现代社会很少有这种类型的政治革命，它以一个与新的民族国家有直接关系的精英阶层取代了另一个原本声称拥有地方主权的富有而强大的精英阶层。

这场政治革命最引人注目，或者说影响最为深远的是非裔美国人通过选举得以进入政府，其中大多数人不久之前还是奴隶。两名黑人，来自密西西比的海勒姆·R.雷弗尔斯和布兰奇·K.布鲁斯，成功当选美国参议员，其中雷弗尔斯得到了之前南部同盟总统杰斐逊·戴维斯的席位。16名黑人中的许多人来自分离主义的据点南卡罗来纳，他们将进入众议院。在各州和地方任职的黑人越来越多。近300名黑人参加了军事重建进程中召开的制宪会议，并促进州政府朝着更加包容和民主的方向发展。100多人赢得了选举或接受了任命，担任包括州长在内的州一级的职务，其中P. B. S.平奇巴克在亨利·克莱·沃尔莫斯被弹劾时曾暂任路易斯安那州州长；近800人在州立法机构中占有一席之地，在某些情况下成为多数派（南卡罗来纳和密西西比）或接近多数派（路易斯安那），他们在那里为建设后解放时代的新社会奋斗。"这个机构几乎就是一个黑人议会，"一名北方记者看到南卡罗来纳州议会后评论道，"议长是黑人，书记官是黑人，看门人是黑人，议员的青年助理是黑人，筹款委员会主席是黑人，牧师是黑人。"不同于那些曾经出入会场的"演说家和政治家"，此时他看到的是"一个上下颠倒的社会的奇特景象"。

在前奴隶占人口大多数的农村地区的县，这一奇景更加明显。在那里，原本由蓄奴家族及受惠于他们的人管辖的地区，此时由数量多达一千五百人的黑人治理，他们担任陪审员、治安法官、县委员会委员、税务稽核员、校长、法医、选务官、治安官和法警。这是这些地区、这个国家乃至这个半球（欧洲国家的海外领地除外）前所未有的政治变革和颠覆之举，它对南方白人习以为常的社会秩序构成了最直接的威胁。"这个州的民主党人对国会的兴趣还不到对立法机构、法官或治安官的兴趣的一半，"佐治亚的黑人共和党领袖亨利·麦克尼尔·特纳解释道，"他们对国会让黑人进入他们的大厅并不那么在意……但他们不希望黑人在这里拥有在他们之上的地位。"

"黑人统治"的到来令白人民主党人惊恐不已，这个词也被当时和后来的许多人用来表示重建政治的非法性。但事实上，在这个时期，白人仍占共和党领导层和公职人员中的大多数，掌握大权的高层更是如此。联邦和各州议员中的绝大多数是白人。州长一职，除了短暂任职的平奇巴克之外，都由白人垄断，而且除了南卡罗来纳、密西西比和路易斯安那，共和党的立法代表团大多由白人组成。即便在地方一级，包括种植园区，大部分职务，特别是拥有警察、司法和税收权力的职务，如治安官、法官、税务稽核员和财政官也由白人担任。

但是，"黑人统治"这个概念确实准确地描述了军事重建促成的政治权力的重大转变，权力从以前的奴隶制精英手中转移到曾经

无缘登上南方正式政治舞台的群体之手。除了前奴隶，这个群体还
包括：曾为联邦军队和自由民局服务，此时开始从事农业活动、商
品销售或开始从事教学和传教工作的北方白人（被蔑称为"投机钻
营的北方人"）；曾支持联邦或至少不积极参与叛乱，没有或只有
很少奴隶，与种植园主阶层没有关系的南方白人（被嘲讽为"无赖
汉"）；受过教育，有一技之长，参加过联邦的军事行动，在非洲卫
理公会担任过牧师和传教士的北方黑人，其中一些人很早就摆脱了
奴役；还有一些南方黑人，他们在战前已经获得了自由。总体而言，
这些人的财产要少得多，缺乏政治经验，对维持原有的种植园秩序
不感兴趣，而且他们的地位大多得益于黑人选票。

从1868年开始掌管前叛乱州的共和党政权开始进行改革和创
新，以重建这些地区的基础设施，重新组织其公共生活，调整地方
的权力平衡，并将新政府的命运与国家紧密联系在一起。共和党人
创建了第一个公共教育系统。该系统同时为白人和黑人服务，但实
施种族隔离，只有新奥尔良的一些学校除外，它们在1870年至1875
年间允许黑人和白人一同学习。同时，共和党人大大增加了对各种
公共机构，包括医院、孤儿院和监狱等的投入，并新增了一些公共
机构。他们增加税收，将征税对象从个人（人头税、许可费用）转
移到不动产和其他财产上，并在某些情况下迫使种植园土地进入市
场。他们与铁路开发商结盟，致力于修复在战争中被毁坏的铁路，
并修建一直延伸到以前处于市场经济边缘的地区的新铁路，从而将
南方与东北部和中西部更紧密地连接起来。他们普遍集中了政治任
命的权力，使其掌握在州长手中，阻止了种植园主强制黑人劳工依
附的企图，禁止体罚，减少了死刑的数量和针对轻罪的刑罚。他们

放宽了离婚限制，给予已婚妇女财产权，并使非裔美国人能够参加陪审团以及在法庭上起诉和做证。这些都颠覆了旧秩序。在那个时候，奴隶主是他们领地的主宰，担任家长、法官和陪审员；铁路和河运的作用主要是将种植园带与南方港口连接起来；公共部门几乎就是一个空壳。

但共和党的政治革命引发了动荡。大多数前奴隶主此时与民主党结盟，他们意识到权力的传统模式已经发生变化，自己无法再像以前那样轻而易举地强迫黑人工人服从。既然无法使被解放的奴隶在政治上听命于自己，他们很快就转而使用在奴隶制下维持秩序的政治斗争核心方法——准军事主义。从一个重要意义上说，它继承了南方社会的军事传统，包括美国革命时期的民兵和奴隶巡逻队，南北战争期间的叛军，然后是试图解除新解放奴隶的武装并对其进行镇压、使其听任前主人摆布的自警团。这些准军事组织包括各种以三K党名义活动的地方团体，成员多是前叛军军官和士兵，他们被允许保释或被允许在不交出武器、弹药、马匹的情况下返回家乡。他们开始在农村巡逻，骚扰并惩罚那些充分利用新获得的自由，或者表现出经济独立的迹象，或者行为举止被视为不服从的前奴隶。不过更常见的是，他们将当地黑人领袖和他们的白人盟友当作目标，如联邦联盟的组织者、基层黑人活动家、公职候选人、同情黑人的教师和牧师，以及决心投票给共和党的非裔美国人。许多黑人领袖被暗杀或被驱逐出家园，家庭和社区受到恐吓，学校和教堂被烧毁。受害者还包括共和党国会议员、州议员和县官员。准军事组织的暴行很有效果，在1868年的大选中，民主党人在佐治亚和路易斯安那获得了胜利。

迫在眉睫的问题是，联邦政府和南方效忠联邦的州政府是否会采取政治和军事措施来保护共和党的选民和官员，并确保他们政权的权威。在一段时间内，答案是肯定的。虽然格兰特政府没有增加兵力，但联邦士兵被派去平息严重的骚乱，镇压最恶劣的自警行为。而国会对三K党展开了调查，最终通过立法（被称为1870年和1871年《实施法案》），将密谋剥夺黑人公民权利的行为认定为非法。在卡罗来纳、密西西比和亚拉巴马，数百名犯罪者被逮捕并被起诉。虽然很少有人被定罪，但许多三K党领导人逃离了这些州，三K党的后方受到了实实在在的打击。一些共和党州长，特别是那些在战争中表现出色的老兵，组织了州民兵（有的地区黑人占很大比例），并派他们执行任务，特别是在三K党活动猖獗的地区。

然而，政治风向开始改变，共和党激进派逐渐让位给人数更多的温和派。结果，联邦政府收回了一直张开的帝国之臂——从1863年全面支持解放到1867年通过《重建法案》。一定程度上是由于前奴隶获得了权利，并且金融和工业利益集团对决策层具有越来越大的影响力。南方激进的重建过程对美国其他地区的治理和政治经济意味着什么？格兰特在1872年再次被提名为总统，他的竞选活动既显示了温和主义的力量，也反映了公众对联邦干预的厌恶与日俱增。格兰特在选举中以压倒性的优势赢得了大众选票（56%）和选举人票，这似乎表明共和党对民族国家的统治不再依赖于一个忠诚可靠的共和党南方。

1873年经济危机的影响可能更大，它导致了经济萧条和大裁员。共和党联盟的金融业和制造业部门遭遇重创，其与国家有关部门串通的腐败行径被揭露，突然爆发的劳工运动也开始动摇人们对该联盟的信心。数以百计的纺织、铁路和矿场工人举行罢工，反对削减工资。东北部和中西部的工业城市爆发了大规模的示威游行，呼吁市、州政府开始实施公共工程项目。1874年1月，数千人聚集在纽约市的汤普金斯·史夸威尔，高呼"要么工作，要么面包"。这场示威活动遭到了警察的镇压，并且开启了一个残酷镇压工人运动活动家的新时代。北方的雇主和金融家越来越同情那些抱怨黑人劳工懒惰、无礼和在政治上不服从的南方种植园主。格兰特政府也越来越不愿意帮助那些在南方各州和地方陷入困境的共和党官员，不愿出动联邦军队来应对"每年秋季的突发事件"。在这样的氛围中，当民主党于1874年夺回众议院控制权时，共和党很难再伸出帝国之臂，他们实施在南北战争期间所构想的各种雄心勃勃的计划的能力受到了威胁。

经济危机及其后果不仅加剧了共和党领导层与南方黑人选民之间的阶级对立，也加剧了南方共和党人内部阶级和种族的紧张关系。早在经济危机发生之前，黑人共和党人就对白人共和党人不愿意让他们进入领导层感到不安。他们虽然认识到白人受过的教育和拥有的政治经验值得尊敬，但对自己在联盟中居于下位感到不满，并认为他们的愿望和关切没有得到充分的理解和重视，他们提出的公平分享公职的要求没有实现，他们仍然很容易遭受暴力和受到胁迫。南卡罗来纳的一名黑人抱怨白人共和党人"（当选前）对前奴隶许下重诺，当选后却什么也不做"，而且拒绝支持提名"有色人种"担任重要职务，并且"罢免了一些黑人法官"，"解除了一些黑人民兵连的武装"。"任何一个种族的人的首要职责，"他愤怒地说道，"就是要特别关注自身群体的利益。"

黑人的不满很快迫使白人共和党官员，特别是州长做出决断。他们可以更充分地关注黑人支持者的"利益"，但这会疏远白人支持者，还可能疏远共和党领导层。他们也可以通过减税和削减支出、谴责"腐败"、倡导"改革"以及向民主党人提供一定的赞助和职位来努力讨好温和派民主党人。大多数人选择了后者，这在一定程度上反映了财政紧缩的倾向。然而，这些举措收效甚微。民主党人没有与白人共和党人联手的意愿和需要，而是更愿意动员南方白人反对"黑人统治"的威胁，并依靠准军事力量来完成无法通过投票做到的事情——夺走共和党人及其黑人支持者的政治权力。

三K党可能更受联邦关注，但它的成员过于分散，缺乏协调，只能在少数地区推翻共和党政权。作用更大的是步枪俱乐部（也被称为"白人联盟"或"红衫军"），他们是民主党的真正武装力量，主要目标是瓦解和消灭反对势力。他们利用一个由亲属关系、赞助和兵役结成的网络，跨越县的界限，将政治恐怖统治带入种植园区，随后又将目标对准州立法机构。步枪俱乐部的民主党人袭击共和党人的集会，并以暴力手段夺去了许多与会黑人的生命。他们残酷地殴打甚至杀戮地方黑人领袖和白人共和党领袖。他们会威胁即将参选的选民，说随后会全副武装地出现在投票站，以此恐吓他们。即使共和党人成功赢得了选举，步枪俱乐部的成员也会试图阻止胜选的候选人上任，或者在他们上任后将其赶走。越来越多的县以这种方式被"收回"，共和党在州和地方一级的政权要么遭到削弱，要么被孤立在不断升级的准军事主义的海洋中。在路易斯安那，数千名白人联盟成员于1874年公然试图推翻共和党的州长和立法机构。在联邦军队介入之后，政变被挫败。这次图谋虽然失败了，但他们在农村取得了成功，至少八个堂区的共和党官员在暴力行动中致残或丧命。雷德河堂区的情况尤为惨烈。8月，正式当选的治安官、税务官、治安法官，以及一名登记官、一名共和党律师和几名黑人支持者在县城考沙塔附近被集体屠杀。

非常值得注意的是，非裔美国人依然对共和党忠心耿耿。当白人共和党人在准军事主义和黑人的强硬态度下退缩时，黑人成了该党的主力，他们在南卡罗来纳、密西西比和路易斯安那等州全力支持共和党，共和党政权因而得以维系。19世纪70年代初，越来越多的黑人在南方担任公职，这种情况在1874年前后达到顶峰。在一些地方，武装的黑人压制了步枪俱乐部。如果没有大规模的选举舞弊，单凭武力威胁、夜间骑行和恐怖主义活动，民主党仍将是失败的一方，无法保有权力，特别是在黑人政治实力最为强大的南方各州。不管在当时还是后来，民主党人都发现，非裔美国人因南北战争和争取解放的斗争而释放出的政治能量极难被压制。

然而，同样很清楚的是，共和党政权的帝国之臂只能伸展至此。他们镇压了奴隶主的叛乱，废除了奴隶制，加强了联邦政府的权力，确立了国家公民权，并在前叛乱州的前奴隶中建立了党组织。他们还实施了戒严，并规定前叛乱州必须在满足一系列政治和社会条件之后才能恢复在现在的民族国家中的地位。上述这些是已经发生的政治和社会革命。为了使这场革命继续下去或至少为了维护革命果实，在未来的一段时间内，联邦军事力量仍是必不可少的。但是，共和党的长期利益越来越多地站在资本一边，而不是使革命成为可能的黑人劳工一边。这些劳工的生命和权利受到了威胁。

1876年，美国的"热月政变"发生了。这一年，美国总统选举以及南卡罗来纳、路易斯安那和佛罗里达州政府的选举出现争议，这些选举的结果互相之间密切相关。民主党提名的来自纽约州的塞缪尔J.蒂尔登赢得了大众选票，只要再获得一票就能赢得选举人团的多数票；共和党提名的来自俄亥俄州的拉瑟福德·B.海斯在普选中落后，需要赢得南卡罗来纳、路易斯安那和佛罗里达的所有选举人票才能获胜。一个选举委员会被召集起来，以期在格兰特总统任期结束以及重大危机爆发之前解决这个问题。与此同时，南卡罗来纳和路易斯安那形成了两个政府并立的局面。共和党的议员和州长声称拥有合法权力，但他们的办公室被要求其投降的民主党对手——步枪俱乐部团团围住。由于格兰特向州议会大厦附近派驻联邦军队，冲突暂时没有爆发。一些人担心，战争会一触即发。

不过，最终决定结果的是统治者之间的交易，而不是他们之间的战争。共和党人占多数的选举委员会决定支持海斯，从而确保该党对联邦政府行政分支的控制。随后，海斯向被击败的民主党人做出了一系列让步。海斯本人也是一名退伍军人，不过他呼吁"永久和平"，"结束刺刀统治"。此后不久，他撤出了驻扎在南卡罗来纳的新奥尔良和哥伦比亚的联邦军队。结果可想而知，最后的共和党重建政府倒台，民主党在整个深南部建立了"本土统治"。当时还不明显但同样影响深远的是，现代美国政治经济的基础之一也建立了起来。

外密西西比西部的殖民主义

民族国家的帝国之臂在外密西西比西部要强壮得多，其中谢里登将军发挥了重要作用。谢里登因执行国会共和党人的军事重建计划而触怒了安德鲁·约翰逊总统，约翰逊评价他对第五军区的管理是"绝对的专制"。因此，上任短短几个月后，谢里登便于1867年8月被调到新成立的密苏里军区。在那里，他将承担一项不同的职责，而其重要性并不比共和党人原先设想的国家建设计划低。他不会去镇压奴隶主的叛乱，保护前奴隶的新权利，或为前叛乱州的新治理结构奠定基础，而是将通过彻底镇压被视为叛乱者的美国原住民来强化联邦政府的主权权威，推行联邦政府大力支持的财产和经济原则。

当谢里登在堪萨斯的莱文沃思堡上任时，联邦政策已基本确定。在印第安领地，与南部同盟结盟的部落受到惩罚，他们的黑人奴隶被解放，他们提出的土地要求难以实现。一直被用来处理联邦政府与印第安人之间的关系的条约体系即将被抛弃，印第安人极为有限的政治主权不再得到承认。以铁路为主的交通基础设施的建设，新发现的矿产资源的开采，以及西部内陆地区移民的安全将被优先考虑，原住民用于生存、贸易和居住的土地将被侵占。将原住民限制在保留地，并被"文明化"，被政策制定者和改革者视为"印第安人问题"的解决方案。虽然印第安"事务"仍由美国内政部而不是战争部管理，但负责执行任务的是像谢里登这样的军官指挥的军队。而且像谢里登一样，其他许多军官，如奥利弗·奥蒂斯·霍华

德、尼尔森·A.迈尔斯、E. O. C.奥德、爱德华·坎比、约翰·波普等，
不仅参加过南北战争，还曾在被占领的南方服役过。

不过，虽然联邦政策的方向已经确定，但是执行起来并不容易。大平原和西部内陆地区住着北美大陆上最强悍的印第安人。北部的苏人、扬克顿人、克洛人和夏延人，南部的科曼奇人、阿拉帕霍人、（南）夏延人和基奥瓦人，以及西南部的阿帕奇人、纳瓦霍人和尤特人，在18世纪末和19世纪普遍成为强大的骑手。他们建立了错综复杂的贸易网络，将美国、墨西哥和加拿大的商人纳入其中，在经济活动中大量使用俘虏，对广阔的边境地区构成了巨大威胁。其中一些战胜了各种对手，积极扩大领土，使那些他们威胁要袭击的人感到恐惧。虽然多年的战争和疾病使印第安人的数量减少，对生存战略的不同态度招致了其内部的政治分歧，但很少有人打算放弃传统的生活方式，接受联邦政府提供的所谓的"文明"。1862年的苏人反抗清楚地表明了双方的紧张关系。

甚至当一些部落似乎有意屈服，打算迁入保留地时，他们还是普遍认为，自己不会完全靠政府供养，也不会被迫放弃狩猎转而从事农耕，也不会在传教士的指引下皈依基督教。基奥瓦酋长萨坦塔（绰号"白熊"）于1867年10月签署了《梅迪辛洛奇条约》。依据该条约，基奥瓦人和科曼奇人将迁出得克萨斯西部，迁入印第安人保留地。但是，萨坦塔拒绝接受其中的一些要求。"阿肯色（河）以南的所有土地都属于基奥瓦人和科曼奇人，我不想放弃任何一块土地，"他对约翰逊总统任命的和谈委员会的委员说，"我听说你们想把我们安顿在山附近的保留地，我不想移居到那里……我爱这片土地和这里的野牛……我喜欢在辽阔的大草原四处漫游，这使我感到

自由和快乐。当我们定居下来时，我们会变得无聊，渐渐消亡。"再往北数英里，协商中的《拉勒米堡条约》同样有迁入保留地的条款，这引发了好战的苏人的愤怒（"坐牛"和"疯马"领导的部落拒绝签约）。苏人要求仍能在保留地以外的土地上狩猎（"只要那里还有野牛"），还要求联邦放弃有争议的通向蒙大拿的博兹曼·特雷尔（那里有大量猎物）沿线的军事堡垒。"我们想过从小到大一直过的生活，狩猎草原上的动物，"一个加入同盟的克罗人首领声称，"不要再说把我们关进保留地，让我们耕种土地之类的话。"

西部许多部落存在的内部分歧，以及对协议截然不同的理解，使格兰特政府后来的"和平政策"（1869—1877年），也就是所谓的"通过善意征服"迅速瓦解，该政策将"集中"（保留地）和"文明"教化（教育、传教和定居农业）与对拒绝服从的原住民部落的果断镇压结合在一起。许多部落拒绝接受协议。从得克萨斯到亚利桑那西南部的广大地区，科曼奇人、基奥瓦人、纳瓦霍人和阿帕奇人继续越过美墨边界发动袭击，并继续在保留地以外的地区狩猎。在西北部，莫多克人和没有签订条约的内兹帕斯人（最有名的是"小约瑟夫"的部落）努力避免被限制在保留地内，内兹帕斯人更是为此跋涉了近1700英里。在东边不远处，在蒙大拿的黄石河和南达科他的黑山之间，拒绝在拉勒米堡定居的苏人、夏延人和阿拉帕霍人建立了一个武装抵抗的中心。19世纪70年代初在科罗拉多落基山脉的银矿和黑山的金矿形成的采矿热潮，更加坚定了原住民捍卫自身社会和文化生活方式的决心，也更加坚定了作为民族国家的美国沿着西部开发的路线强化其统治秩序的决心。

联邦军队已经做好了战斗准备。到了19世纪70年代初，格兰特总统本人也失去了耐心。谢里登将军急于对得克萨斯南部发动越境突袭行动，主张进行一场"歼灭、抹杀和彻底摧毁对手的战争"，并与总司令谢尔曼一起重新采用他们在南北战争中常用的"全面战争"战术。在得克萨斯的雷德河之战（1874—1875年）中，谢尔曼率部入侵印第安人的冬季营地，把他们从居住地赶走，破坏他们的谋生手段，并无情地追击他们，直到他们投降。不久之后，科曼奇人、夏延人、阿拉帕霍人和基奥瓦人因受到攻击，再加上天气的影响，放弃了战斗。74名首领被送到佛罗里达的圣奥古斯丁监禁，其他人被迫迁入指定的保留地，他们再未拿起武器反抗联邦。

但事实证明，北方平原的部落更不愿意屈服。苏人拒绝出售或租赁蕴藏黄金的黑山，联邦出动军队试图迫使他们及其盟友屈服。由于面临严寒和大雪，谢里登攻击印第安人冬季营地的计划难以实施。随后对原住民村落的攻击被挫败，联邦军队不得不仓促撤退。试图攻击坚持抵抗的部落的美军遭遇伏击。即便集结了2500名士兵，联邦军队仍然无法取得值得一提的军事胜利。"他们表现出了非凡的勇气，准备为自己的家园而战，"1876年春，奥格拉拉苏人的首领"红云"如此评价富有战斗精神的部落成员，"他们不怕联邦士兵，也不怕他们的首领……家家户户都会派出自己的年轻人，并且都会自信满满地对他们说，'让敌人来吧'。"联邦士兵对这些置若罔闻。他们确实来了，而且蒙受了灾难性的后果。当年6月，乔治·克鲁克准将在战场上遇到"疯马"，但没能打败后者。自视甚高、自信满满的中校乔治·阿姆斯特朗·卡斯特表现得更糟。卡斯特指挥第七骑兵团进攻小比格霍恩（这里被苏人称为"油草"）时，无视克劳人和阿里卡拉人向导的警告，兵分几路攻击一个非常大的村庄。几个小时后，联邦士兵全部阵亡。这场战斗后来被称为"屠杀"和"最后一搏"，在几天后的1876年7月4日，也就是美国独立一百周年纪念日时才被公开。

苏人及其盟友与联邦军队在战场上陷入了苦战。单论伤亡情况，他们显然是占优势的一方，在黑山之战中阵亡的联邦士兵大约是印第安战士的两倍。但谢里登的整体战略，也就是不断驱赶抵抗者，破坏他们的生计，利用人数优势作战，让他们疲惫不堪，最终还是成功了。陆军军官在卡斯特战败后要求得到更多的部队和重型武器装备，但真正起作用的或许是国会在1876年夏采取的行动——国会在苏人放弃包括黑山在内的所有领土要求之前，不再对其拨款。待在保留地，靠联邦政府供养的印第安人很快就妥协了。"坐牛"逃到加拿大，"疯马"逃到保德里弗的农村后，许多武装分子开始投降。没过多久，"疯马"（1877年）和"坐牛"（1881年）也放弃了。只有西南部的阿帕奇人仍然在杰罗尼莫的领导下坚持抵抗。

除了联邦军队的铁拳，新的政治经济的长臂也起到了同样的效果。可以肯定的是，许多平原印第安人在18世纪开始骑马之后，之前衣食住行完全依赖的野牛遭到了更大规模的屠杀。到19世纪中叶，野牛数量不断减少。一些最强大的部落短期内或许可以受益于骑马狩猎带来的皮毛贸易的增长，但随着平原开通铁路，以及机械化使大规模皮革制品的生产成为可能，印第安人遭遇了灭顶之灾。白人野牛猎人很快带着长步枪来到草原，以前所未有的速度屠杀野牛。由于赖以生存的基础被摧毁，几乎所有的印第安人别无选择，只能接受保留地和与之相伴的政府依赖。这个过程使印第安人无法选择其他生活模式，这为资本主义向密西西比西部的扩张扫清了道路。

正如威廉·谢尔曼将军在1880年的年度报告中所评论的那样，"繁荣的农场和牧场出现在十年前还没有人敢去的地方，这虽然在很大程度上要归功于联邦士兵，但也不能忽略敢于冒险的开拓者，以及一个新的、最伟大的文明传播者——铁路"。

原住民接受了迁移到分散于西部内陆的保留地的命运，联邦官员和社会改革家因此有机会实践一直被他视为终极目标的殖民管理模式——文化进步和同化。他们对印第安人的习俗、价值观或精神信仰不屑一顾，认为它们是野蛮的、堕落的和异教的，希望向印第安人传递个人主义、财产私有、辛勤工作、父权制和基督教信仰等价值观，为他们提供一条通往"文明"的道路。他们的最终目标是"去部落化"，并废除保留地。在此之前，奥利弗·奥蒂斯·霍华德、克林顿·B.菲斯克和塞缪尔·查普曼·阿姆斯特朗等改革者就曾以相同的口吻教导叛乱州的前奴隶，目的是使他们摆脱迷信、懒惰和野蛮，试图把他们变成具有自我驱动能力、重视物质利益的工人。新的白人监护人在保留地建立学校和教堂，不同的教派被分配到不同的保留地。传教士鼓励印第安人从事农业和畜牧业，并建立了由美国原住民组成的警察队伍和法院。莫洪克湖印第安人之友会的一名参与者声称，必须让印第安人"明智地自私起来……脱掉毛毡，穿上裤子，而且裤子要有口袋，口袋里将装满美元"。

保留地外的寄宿学校引发的争议最大，这些学校是为解决保留地的教育难题而开办的。在那里，印第安儿童被教师和传教士以新的方式社会化，同时又留在仍然遵循传统方式的家庭和社区中。陆军上尉理查德·亨利·普拉特曾在雷德河之战后护送印第安俘虏到圣奥古斯丁。他自诩对原住民的性格了如指掌，并坚信自己看到了希望。"在印第安文明中,"他在一次宗教大会上说,"我是浸礼会教徒,因为我相信要让印第安人浸泡在我们的文明中。我们要紧紧抓住他们,直到他们彻底浸透。"在政府的支持下,普拉特于1879年在宾夕法尼亚农村创办了卡莱尔印第安人学校。后来有二十几所学校效仿它,汉普顿师范和农业学院(招收黑人和印第安人的时间基本相同)和塔斯基吉师范和工业学院也参考了它的模式,它们都致力于非裔美国人的文化教育事业。事实证明,"浸泡"的说法并不是一句玩笑话。卡莱尔印第安人学校实行彻底的浸入式教育,印第安孩子一入校就起了英文名,男孩剪短了头发,所有学生都被要求穿校服而不是原住民的衣服。他们学习阅读和写作,被鼓励只说英语,被灌输"美国"的行为模式和价值观,并受到严格的纪律约束,不听话的孩子会受到严厉的惩罚。只有在接受了多年教育之后,他们才被允许回家,以免受到"污染"。

虽然普拉特和其他改革者通过结交部落酋长,常常能使他们得到支持,但部落民大多对寄宿学校态度冷淡甚至敌视,因此改革者需要采取更多的强制手段。保留地的成年人不仅担心改革者的目标是"杀死印第安人"并打算"永远"改变他们的孩子,而且对孩子常年离家在外且很容易染病感到不满,而疾病确实夺走了许多年轻学生的生命。因此,改革者将一些印第安儿童强行带离保留地,并送到数百英里之外的地方。这是一个令人痛心的例子,说明"文明化的过程"总是伴随着严厉的手段,而印第安人事务局在海斯总统的内政部长卡尔·舒尔茨的管理下规模和权力不断扩大,就经常采取此类措施。

舒尔茨参加过1848年的德国革命,失败后几经周折来到美国。

他很早就加入了共和党，后来晋升为将军，曾极力主张赋予前奴隶选举权。他被海斯总统任命为内政部长后，坚定地支持改革文官制度，希望清除内政部和各地印第安人事务官当中猖獗的腐败行为和裙带关系。他坚持任命局视察员，让他们直接向自己汇报，这是南北战争带来的民族国家建设的另一个特征。印第安人事务局不仅监督保留地的教育工作和年金的分配，还在19世纪80年代中期采取行动反对各种被认为不能接受的或落后的原住民习俗，这相当于对印第安人的文化发动了正面攻击。该局利用对生活必需品的控制，同时以监禁为威胁，禁止印第安人的一夫多妻制、土法制药、新娘聘礼、丧葬仪式，以及拉克塔人的宗教和社会生活中占据着重要地位的太阳舞等传统习俗。

然而，改革者和联邦官员也知道，"同化"的关键是"去部落化"，而"去部落化"的关键是铲除维持部落文化的土地基础和社区习俗，正如一名印第安人委员会的委员所说，"应该打破部落关系，摧毁社群，以家庭和个人的自主性取而代之"。虽说教育年轻一代的原住民和废除老一辈特别令人反感的习俗，都有助于实现这个目标（没有多少证据表明这两方面的转变能够在短时间内完成）但土地所有权和土地使用方式仍然是最大的障碍。为此，国会打破了长期以来改革者一直不愿碰触的禁忌，对印第安人的生活方式的最后基础发动了攻击。在马萨诸塞州参议员亨利·L.道斯的领导下，国会于1887年颁布了《道斯土地分配法案》（又称《道斯法案》）。道斯是共和党人，参加过废奴运动和民族国家的重建，在查尔斯·萨姆纳离开国会后接替他担任议员。该法案支持家庭、个人主义和私有财产的理念，授权总统调查保留地，将保留地划分为至多160英亩的地块并分配给印第安家庭的户主，这与《宅地法案》有些类似。为了避免这些土地落入掠夺性的投机者之手，联邦政府会托管这些土地25年，在此期间这些土地不能出售，到期后拥有这片土地的印第安人将获得土地的绝对所有权。接受土地分配的印第安人可以成为美国公民（在此之前，美国原住民无法成为美国公民），而不用于分配的"剩余"土地可出售或供白人移民建立定居点。

从多个方面看，《道斯法案》完成了这个进程，而且它本身也充斥着矛盾之处，就像联邦最初在前叛乱南方所施行的政策一样。就像黑人从奴隶制的束缚中解脱出来一样，原住民不仅将从社群的束缚中解脱出来，还可以通过支持私有制成为美国的正式成员。事实上，就像20年前的第十四修正案一样，《道斯法案》受到了改革者的欢迎，并被视为一项极其重要的措施，开创了"印第安人事务的新纪元"。正如内政部长所说，"从实践上来说，它可以被视为美国印第安人的普遍归化法"。但从更直接、更实际的角度来看，同20年前一样，该法案剥夺了原住民为数不多的抵御民族国家的帝国之臂的手段，同时为民族国家的企业家盟友实现其目标提供了便利。与前奴隶不同，原住民并不是"获得解放"以在新的政治经济中成为种植园的雇佣劳动者和帮工，而是失去了被移民、矿主、铁路建设者和商人觊觎的土地的控制权。

如同第十四修正案赋予前奴隶的权利和对他们的保护逐渐被削弱，《道斯法案》也出于方便土地买卖的目的被修订，这带来了19世纪末的白人购地潮。到19世纪90年代，土地分配进一步扩大到以前被豁免的印第安领地，这使五大文明部落的半主权要求被边缘化，并为俄克拉荷马建州铺平了道路。1881年，原住民拥有

155 632 312 英亩土地；到 20 世纪初，已减少到 77 865 373 英亩（减少了一半以上），其中用于分配的土地只有 5 409 530 英亩。

公民身份是另一个问题。虽然大多数改革者设想印第安人将成为"聪明的美国公民"，但联邦官员和民众怀疑他们是否已准备好或适合成为美国公民。共和党人已经因为对印第安人与南方的非裔美国人之间的联盟感到不满，听任其被白人民主党人摆布，所以此时对印第安人的疑虑更甚。"在接纳了 400 万名黑人奴隶之后，"前分离主义者、时任内政部长的 L. Q. C. 拉马尔当着纽约改革者的面说出了自己的想法，"我们不必对此大惊小怪。"《道斯法案》事实上提供了某种形式的妥协，并表明了民族国家可能对国民身份做出的限制——虽然该法案理论上将所有美国原住民置于联邦政府而不是他们自己的部落法律或制度的管辖之下，但它只将公民身份给予那些"自愿"接受土地分配且"不属于任何印第安部落"的人。留在不断缩小的保留地并拒绝与部落断绝关系的人（为数不少）仍然无法享受"法律的平等保护"。

但是，他们也在塑造新的身份和生活方式。虽然联邦政府可能会通过孤立或利用他们的依附地位来惩罚留在保留地的印第安人，但事实上，保留地不仅可以提供文化和经济创造性，而且可以成为抵抗国家项目的场所。印第安人经常无视政府的规定和通行证的要求，定期越过保留地的边界相互访问，交换劳动和货物，继续扩大发展了几十年的交流网和跨种族关系——特别是通过通婚的方式。在这个过程中，他们加深了自己与部落的联系，同时在部落间发展出了一种泛印第安人意识。这种意识体现在 1890 年拉克塔地区的反殖民鬼舞运动中，这场运动引起了美国军队的大规模动员。在此后的几十年里，这种意识以各种形式反复出现。

对原住民的殖民奴役似乎是19世纪后期外密西西比西部历史的断裂面，但它也是更为普遍的权力动态的表征。虽然有最高法院在斯科特案中做出的判决，但共和党从一开始就打算让"自由"劳工而非"奴隶"劳工成为该地区的主流，并确保联邦政府在该地区保持影响力和权威。当该党在1860年的大选中获胜并控制了未脱离联邦的地区时，这种意图变得更加迫切，这不仅仅因为在平原和西南部占主导地位的是美国原住民，还因为许多地区，特别是太平洋沿岸，弥漫着分离主义情绪。1861年4月，林肯决定坚守萨姆特堡。该举动是给西部和南方的分离主义者的信号，表明他决心保卫联邦，树立中央政府的权威。林肯和国会的共和党人很快采取行动，旨在为联邦的权威在西部奠定坚实的经济、政治和文化基础。他们颁布了《宅地法案》以促进白人移民垦殖，为修建横贯大陆的铁路提供了极为慷慨的奖励，在联邦管辖的地区废除了奴隶制，重组军区以招募更多的志愿兵并镇压不忠诚者，平息了苏人的反抗，通过了一项认定一夫多妻制非法的法案。一夫多妻制是共和党定义的"两大野蛮遗产"之一（另一个是奴隶制），该法案针对的是自19世纪50年代以来一直在抵抗联邦统治的犹他摩门教徒。

不过，最能清楚体现西部发展中的殖民结构的或许是建立和维持一些面积很大的准州——1861年设达科他、科罗拉多和内华达，1863年设亚利桑那和爱达荷，1864年设蒙大拿，另外还有国会在墨西哥割让地划出的新墨西哥和犹他。这些准州囊括了中部平原、西南沙漠和落基山脉的大片土地，拥有丰富的金银和其他贵金属资源。它们也受联邦政府，特别是总统的直接管辖，准州州长、检察官和法官等主要职务由总统任命。林肯上任后至少开除了15名在原准州（在他成为总统前设置）中任职的民主党人，并在新成立的准州中任命了至少30名官员。这些肥缺几乎总是由政治上忠诚可靠的人担任，而对于他们要服务的准州来说，这些人是外来者。"这里有候选人，"一位科罗拉多的法官写道，"但任命他们……是不安全的。""完全不要理会来自新墨西哥的候选人，"另一名官员建议说，"要任命从未到过这里的可靠的知名共和党人。"

主要由律师、商人和获政治任命的官员组成的政治圈在准州司空见惯，他们与在联邦执政的主要政党成员（绝大多数是共和党人），以及在准州内部占主导地位的开发利益集团，如铁路公司所有人、牧场主、土地投机者和矿场经营者等，结成紧密的联盟，而且通常以严厉的方式统治拥有多元文化的准州居民。他们对原住民或西班牙裔的关切和福祉不感兴趣，而是尽可能地通过贸易和供应网络，利用联邦拨给保留地的资金获利。凭借能够得到联邦支持和联邦资金的便利，他们加强了对民选的准州立法机构的控制。无论是他们还是他们在联邦政府中的赞助人，都没有太大的动力推动新准州升格为州。

除了面积大，西部准州的另一个特点是，它们需要花很长的时间才能以州的身份加入联邦。密西西比河以东的新准州升格为州时间较短（平均13年），而密西西比河以西的新准州通常要在几十年里受联邦政府的管辖。新墨西哥成为州的时间是62年，亚利桑那49年，犹他46年，北达科他和南达科他28年，爱达荷27年，蒙大拿25年，怀俄明22年。仅有的例外是科罗拉多和内华达，前者从准州升格到州的时间是15年，后者仅仅用了3年，不过这主要是为了确保林肯在1864年成功连任。

然而，殖民统治的机制因准州而异。犹他对联邦的挑战在很多方面与前叛乱的南方并无不同，因此经历了与南方类似的"重建"。为逃避来自密西西比河以东的迫害，19世纪40年代末移民到这里的摩门教徒曾表示愿意效忠宪法，同时要求对自己的事务拥有半主导权，包括高度隔绝、社区化的经济、名副其实的神权主义和一夫多妻制。他们不止一次寻求以德撒律州的名义加入联邦，并于19世纪50年代尽其所能抗拒联邦的干预。1857年，他们为反抗获政治任命的官员而发起反抗，詹姆斯·布坎南总统派军队前去镇压。但反对摩门教徒最坚决的是新生的共和党人，他们认为奴隶制和一夫多妻制之间存在着密切的联系。在共和党人看来，这两者都助长了专制、放荡和暴力的罪恶，都可能动摇共和国的根基。

虽然1862年的《莫里尔反重婚法案》事实上无法得到执行，但共和党主导的联邦政府还是采取了各种措施以削弱摩门教的势力。国会首先在犹他两侧设立了新的准州以防犹他可能的扩张，东边是科罗拉多准州，西边是内华达准州。国会议员甚至考虑通过一项"抹掉这个准州"的法案，将其划给科罗拉多和内华达，从而一劳永逸地解决"摩门教问题"。随后，联邦军队借口防备尤特人的突袭，从加利福尼亚前来，但其真实目的是更加严密地监视拒绝服从联邦的犹他居民。不久之后，国会通过了一系列法案，旨在通过没收土地、征税、剥夺公民权、强制宣誓效忠、刑事诉讼等手段来瓦解一夫多妻制和摩门教的等级制度，就像激进的共和党人寻求惩罚叛乱领袖和重建前叛乱的南方一样。

19世纪70年代末和80年代，摩门教的社会和政治组织受到了全面攻击。就在撤离南方的那一刻，国会和包括美国最高法院在内的联邦法院联手对犹他的摩门教徒发动了攻势。除了"屠宰场案"（1873年）和"民权案"（1883年）的判例，法院在"雷诺兹诉美国案"（1879年）中裁定，一夫多妻者无权实行国会禁止的婚姻形式。随后，联邦执法官员开始起诉违法者，包括一夫多妻婚姻中的孕妇（以通奸的罪名），限制她们的政治权利，监督解散教会公司，并没收教会财产。

到了1890年，摩门教领导层决定屈服。这一年，主持教会的长老引用神的启示，发表了一份"宣言"，宣布废除一夫多妻制，允许准州政治世俗化，这为取回被没收的财产、使被定罪的一夫多妻者获得自由，以及为犹他加入联邦奠定了基础。弗吉尼亚的民主党国会议员约翰·伦道夫·塔克在1887年与其他人一同提出了一项坚决打击一夫多妻制和教会权力基础的法案——《埃德蒙兹－塔克法案》，他十分清楚这一刻对于帝国的意义。他声称，正如我们"为了使印第安人成为好公民而切断了印第安人部落之间的联系"，"我们打破了这个教会组织的结构，以使每个成员成为犹他准州的自由公民"。

新墨西哥和亚利桑那准州加入联邦同样有问题，不过性质非常不同。这两个准州的设立与围绕着奴隶制的未来展开的斗争和奴隶主的叛乱有关。新墨西哥是1850年停战后在人民主权论的基础上组建的，它颁布了一部奴隶法典，并吸引了不少分离主义的同情者前来。亚利桑那最初是由叛乱政府建立的，联邦对此做出回应，批准其为联邦准州。这两个准州的英裔移民的数量都不及只拥有有限的民事、政治地位的其他族裔。西班牙裔居民在美墨战争前就已经在这里定居，但尚未获得公民身份，而普韦布洛人、纳瓦霍人、阿帕奇人等印第安人则激烈地反对被限制在保留地内。在这两个准州，政治集团都占了上风，以新墨西哥著名的"圣达菲集团"最为突出。而且由于共和党的赞助以及和共和党的关系，这些政治集团能够在这两个准州攫取巨额财富。在这两个准州，铁路的到来成了发展的转折点，银矿和铜矿的开采以及美国移民从东部或西部的涌入因此成为可能。

但是，这两个准州升格为州的过程并非一帆风顺。这两个州的西班牙裔居民担心，加入联邦很可能会强化英裔精英的权力和文化倾向，后者会强迫其他族裔效仿他们的税收、公立学校、土地所有权和反天主教的政策，强迫其接受选举权的观念。许多白人民主党人在南方的叛乱州出生长大，担心以州的身份加入联邦会使共和党人与西班牙裔支持者之间的联盟牢牢控制这两个州。但最重要的是，各准州和首都华盛顿的共和党人和民主党人普遍认为，新墨西哥和亚利桑那还没有为建州做好准备。在这两个准州，占人口多数的西班牙裔居民可以在民主选举中成功获得统治权，实际上是说"外来语"的"异族"，没有充分"美国化"。联邦政府不得不再次决定是否要坚持"宪法追随国旗"的原则，以及如何实现这一原则。这不是第一次，也不会是最后一次。20世纪初，美国参议院准州委员会主席艾伯特·贝弗里奇考察了中部平原和西南部后，赞同西班牙裔居民没有充分"美国化"的看法。贝弗里奇在思考自己的观察时，将"美国式"的俄克拉荷马与"边疆式"的亚利桑那、"墨西哥式"的新墨西哥做了对比，并称西班牙裔居民是被动的、未受过教育的、不守信用的，甚至可能是"明显拒绝学习英语的叛国者"。他只建议允许俄克拉荷马以州的身份加入联邦。随着越来越多的英裔美国人移民到新墨西哥和亚利桑那，这里的人口平衡将被打破，建州成为可能。到了1912年，它们作为最后的大陆准州升格为州。

密西西比河以西的其他准州，如达科他、爱达荷、华盛顿、怀俄明和蒙大拿，虽然在这两个准州之前成为州，但也拖延了很久。有时，激烈的党派斗争导致新的州宪法难产；更多的时候，国会拒绝批准州宪法，因为议员发现了一些"问题条款"，这些条款或者涉及原住民、西班牙裔和摩门教徒，或者与政党建设有关，或者与确保民族国家的权威联系在一起。联邦政府内外的政治领袖和知识分子，只是将西部准州视为"殖民地"，把旨在处理原住民或"外来"族群的政策视为将对未来产生影响的重要先例。"准州的政府形式和殖民地的政府形式可能没有什么不同。"他们中的一个人这样说。1887年《道斯法案》的发起人亨利·道斯似乎也认同这个观点，这暗示了未来帝国权力将在外密西西比西部受到挑战。他认为用来管理印第安人的措施同样适用于其他外来种族，"他们的未来应受我们的监督"。

穿越边境

当谢里登将军将目光投向得克萨斯以南，并开始关注1866年墨西哥的混乱局势时，他注意到美国正在大力支持墨西哥人反抗法国扶持的皇帝马西米连诺。"1865年冬至1866年春，我们继续暗中向自由党人提供武器和弹药，仅巴吞鲁日兵工厂就送出了3万多支火枪，"谢里登写道，"到了仲夏，胡亚雷斯组织了一支大军，控制了格兰德河的整条战线。"联邦做的不仅仅是输送武器。墨西哥自由党人早就希望吸引美国投资者；自1865年以来，在南北战争中致富并获得了权力的美国金融家和制造商购买了数百万美元的墨西哥债券。此时，这些人中的詹姆斯·比克曼、威廉·E.道奇、安森·费尔普斯·斯托克斯、约翰·雅各布·阿斯特、J. P.摩根、亨利·杜邦、奥古斯特·贝尔蒙、塞勒斯·菲尔德、罗素·塞奇和杰伊·古尔德等，看到了美墨边境地区和墨西哥内陆存在的机会，决心大展身手。一名帮助过林肯政府的银行家说："随着叛乱的平息，联邦得以重建，再也不会受到攻击，再加上墨西哥重新成为一个自由的、充满活力的共和国，这样还有什么力量胆敢阻止帝国的西进呢？"

一些美国金融精英将兼并墨西哥北部和加拿大西部纳入了"西进"的目标中。但对于其中的大多数人来说，"帝国"主要是商业性的，与他们在外密西西比西部的开发计划密切相关。也就是说，他们的目标是：镇压原住民（主要是阿帕奇人，但也包括索诺拉的雅基人；他们仍然会发动袭击，并且拒绝接受进步的资本主义文明）；建设连接墨西哥中部和美国东北部的铁路和其他基础设施；开发墨西哥的矿产和农业资源；加强他们在加勒比海和太平洋地区的地位。为此，如同在西部一样，他们需要国家和地方官员的合作，最好是后者的鼎力支持，而这些官员也有自己的想法。

在一段时间内，构想这些目标不难，但实现起来困难重重。墨西哥自由党人普遍赞成美国共和党人对现代化的看法，希望废除印第安部落的公有制，使私有财产可以自由交易，增加中产阶级的财富，建立交通和通信网络，实现农业商业化，扩大民众参与政治的基础，使墨西哥完全融入国际市场的经济和文化之中。然而，19世纪40年代墨西哥在美墨战争中的失败和遭受的屈辱使他们清醒过来，他们自然而然地担心起美国投资的泛滥会损害已经陷入困境的墨西哥的主权。他们还承受着来自美国债券持有者的越来越大的还款压力，这是墨西哥越来越难以偿还的外债的一部分。胡亚雷斯政权和随后的塞瓦斯蒂安·莱尔多·德·特哈达政权开始做出让步，尤其是对像宾夕法尼亚的托马斯·斯科特这样的铁路大亨和J. P.摩根这样的银行家。不过，虽然美国公使威廉·斯塔克·罗斯克兰斯（参加过叛乱战争，是联邦的将军，也是一名投资者）加大了施压力度，但是他们仍然只同意做出些许让步。莱尔多甚至拒绝偿还墨西哥的部分债务，取消了与美国签订的铁路合同，并且拒绝与美国签订双边贸易协定。

波菲里奥·迪亚斯上台后，美墨关系趋于缓和。迪亚斯是出身南部瓦哈卡的军官和精英地主，在不久前与法国人的战争中表现出色。他从19世纪70年代初就盯上了墨西哥总统之位。1876年，他发动政变推翻了莱尔多政权，并着手巩固自己的权力，同时促进墨西哥实现现代化。迪亚斯立即行动起来，他与共和党人在外密西西比西部的准州所做的事情并无二致。通过任命忠于他的官员，同时吸引外国资本来建设铁路、开采矿山、经营种植园和打造重要的交通网络，他打破了地方政治领袖对边境各省，尤其是北部的控制。迪亚斯恩威并施，加强了中央政府的权力，并许以重诺以吸引感兴趣的投资者。这是长达30年的国家建设和独裁统治的开始，这个过程或许可以被形容为"从上而下的革命"，而引用他的政权的说法则是"大量的管理，很少的政治"。这就是所谓的"波菲里奥时代"。

对于迪亚斯来说，时机再有利不过了。就在迪亚斯夺取政权的那一年，在墨西哥拥有铁路利益的共和党人拉瑟福德·B.海斯在1876年竞争激烈的大选中脱颖而出，成为总统。虽然海斯仍未放弃吞并墨西哥北部一些州的想法，对迪亚斯也不太信任，但他很快开始寻求与迪亚斯政权合作，以使美军能够尽快平息印第安人的跨境突袭。美国东北部与海斯关系密切并支持迪亚斯上台的金融家，很快获得了回报。迪亚斯在忠于自己的地方官员的协助下，向铁路财团提供补贴并开放路权，同时以雷霆手段镇压在边境地区劫掠的阿帕奇人、发起反抗的农民和态度激进的工会成员。不久之后，新铁路从拉雷多、马塔莫罗斯、伊格尔帕斯、埃尔帕索和诺加莱斯向南通往墨西哥城，与一些穿越西南部或在埃尔帕索、阿尔伯克基、图森和凤凰城会合的美国铁路相连，这些铁路包括南太平洋铁路、得克萨斯铁路和太平洋铁路，以及艾奇逊、托皮卡和圣菲铁路。到19世纪末，美国人不仅出资修建了大约7500英里铁轨，还持有墨西哥铁路公司出售的80%的股票和债券。这就是为什么作为墨西哥铁路系统动脉的墨西哥中央铁路于1880年在马萨诸塞成立了公司。

与在外密西西比西部的情况一样，美国人投资墨西哥经济的重要渠道一个是铁路，另一个是矿产。墨西哥政府的干预再次被证明是至关重要的。新的采矿法通过后，土地所有者首次被允许拥有地下资源。美国投资者，如古根海姆家族、洛克菲勒家族、斯蒂尔曼家族、哈里曼家族、古尔德家族、菲尔普斯家族和道奇家族，利用此前在落基山脉，特别是西南沙漠的经验，引进新技术，用自己的工程师和工头开采矿石，雇用墨西哥工人在矿井下完成危险的任务，并在偏远地区修建铁路干线以将矿石运到美国的冶炼厂。最后，他们还在墨西哥修建了冶炼厂。

银矿开采是帝国事业的核心。美国人在古根海姆家族的带领下，开始主导西部的奇瓦瓦、索诺拉和杜兰戈，东部的圣路易斯波托西和科阿韦拉中心地区，以及位于更远的南部的瓜纳华托。就像他们在美墨边境靠美国一侧所做的那样，他们逐渐控制了白银生产，随后将注意力转向铜和石油。在这个过程中，他们创造了一个相互连接的工业化的边境地区，将美国一侧的汤姆斯通、比斯比、格利森和道格拉斯等矿业城镇与墨西哥一侧的卡纳内阿、纳科萨里、马格达莱娜和莫克特苏马相连。"20年前……（这里）就像今天的非洲一样偏远，交通不便，"一名美国地质学家在19世纪末20世纪初描述了边境地区的变化，"现在，凭借穿越沙漠的铁路、美国企业和矿业勘探的魔力，这里的每座山都被搜索过，每亩地都被勘察过，每块石头都被仔细检查过。"

实际上，这里效仿的是外密西西比西部的开发模式，包括土地使用、农业生产和公司投资等。迪亚斯推动农村土地私有化，稍稍放开了外国人购买土地的禁令，这些都有利于美国投资者大规模掠夺土地，同时进军墨西哥的其他经济部门。矿主们兼并了周边的土地，部分是为了使自己经营的矿山能与铁路相通，并为其提供水、电和食物，这使它们变得非常像在蒙大拿、爱达荷、科罗拉多和亚利桑那兴起的公司城镇。一些有钱的美国人建立了规模达数千英亩的大型牧场，一方面是向市场提供肉类和皮毛，另一方面是为了使他们不断扩大的投资组合多样化。银行家、进出口商人和如万国收割机公司的赛勒斯·麦考密克这样的制造商，在韦拉克鲁斯投资生产咖啡和糖，在尤卡坦投资生产剑麻，在南部的恰帕斯和西北部的索诺拉沙漠投资生产橡胶（取自银菊橡胶树）。除此之外，他们还投资创办了木材公司和钢铁厂。到了19世纪末，墨西哥三分之一以上的土地为外国人所有，其中大部分土地，也就是约1.3亿英亩掌握在美国人手中。在同一时期，迪亚斯废除了农村公有制，使得90%以上的墨西哥农民失去土地。

但是，美国投资的影响远不止于此。正如美国的帝国经济之臂经外密西西比西部延伸到墨西哥一样，美国在墨西哥投资的各种项目，从采矿业、农业、伐木业、航运业到信贷业，也为美国在西半球及其他地区建立一种新型霸权铺平了道路。这个过程一度是渐进的，但从19世纪70年代末开始变得引人注目。美国银行利益集团开始向中美洲和加勒比地区的土地所有者和新兴开发商提供贷款，并投资基础设施项目，以期修建一条横跨地峡的运河。美国制造商向克里奥尔生产者出售先进的机械和其他技术。美国商人、船运公司和炼油商帮助组织出口贸易，特别是糖和其他热带商品（炼糖业成为纽约市的主导产业），而美国是其主要市场，甚至连那些仍处于欧洲殖民统治下的社会也是如此。作为民族国家的美国在詹姆斯·布莱恩等共和党扩张主义者的推动下，通过谈判达成了一系列互惠条约，提高了美国在西半球贸易中的重要性，甚至有能力挑战欧洲的主要竞争对手英国。

西班牙殖民地古巴就是一个重要的例子。美国对古巴的干涉可以追溯到18世纪，在19世纪初随着甘蔗种植业和奴隶经济的起飞而进一步加深。总部设在美国东北部的商业公司在哈瓦那等港口修建筑，提供贷款，参与奴隶贸易，购买糖料作物，并获得了一些甘蔗和咖啡种植园。以民主党为主，同时掺杂其他势力的美国政治利益集团积极推动美国吞并古巴，这在当时看来似乎是不可避免的，甚至连约翰·昆西·亚当斯也看到了"政治引力法则"的作用。但南北战争爆发后，除了一些来到这里的南部同盟官员，古巴与美国的联系断绝了。

但随着1878年古巴第一次独立运动，即所谓的"十年战争"的失败，美国有了一个吞并之外的新选项。以金融家为主的美国投资者发现克里奥尔种植园主急需资金重建他们的甘蔗种植园和工厂，于是通过取消抵押品赎回权和投机相结合的方式购入土地，比如位于西恩富戈斯占地6万英亩的康斯坦西亚种植园，该种植园是公认的全世界最大的甘蔗种植园。美国的资金也流向了古巴经济的其他领域，如公用事业、烟草、采矿、运输等，而不断增长的贸易量使美国成为古巴当时最重要的合作伙伴。美国领事拉莫·O.威廉姆斯在19世纪80年代说道："事实上，古巴已经加入美国的商业联盟……该岛现在完全依赖美国的市场……（而且）甘蔗种植园、铁路、进出口贸易……每个下面还包含数百个子行业……现在都和美国市场有直接联系，相关从业者占其就业人口的94%。"

加勒比地区的其他地方也有类似的项目。它们虽然规模较小，但为19世纪末更大的企业的出现奠定了基础。在尼加拉瓜，在威廉·沃克失败的政变后上台的政权，将保守主义政治与经济现代化结合在一起，而且像波菲里奥政权一样，为生产以咖啡为主的出口商品的生产商和建设基础设施项目的开发商提供补贴，并修改法律，使其更容易获得土地和劳动力。随着美国投资者将目光投向这个国家（起初他们认为这里最适合开凿一条横跨大陆的运河）美国的文化和经济影响力也随之增加。在邻国哥斯达黎加，美国企业家亨利·梅格斯在1871年获准修筑一条从首都圣何塞到加勒比海港利蒙的铁路。当政府拖欠款项时，梅格斯的一位亲戚，作为他的继任者，设法获得了80万英亩土地，并且很快开始着手种植和出口香蕉，这是联合果品公司的前身。

中美洲和越来越被视为美国的地中海的加勒比地区并不太担心自己被美国吞并。不过，格兰特确实打算吞并圣多明各，但最后失败了。在遥远的太平洋群岛夏威夷，这个问题更为严峻。这将是一个漫长而曲折的过程，很像联邦官员和社会改革者对北美原住民的改造，结果也类似。就像西半球的陆地居民最初都是来自亚洲东北部的移民一样，南太平洋的波利尼西亚人从公元前4世纪开始就逐渐渡过太平洋在夏威夷定居。他们的后裔最终建立了四个具有复杂社会的岛屿王国，并互相竞争霸权。到19世纪初，这场斗争有了结果，卡梅哈梅哈二世统一了诸岛。他是一位强有力的领导人，建立了世袭王朝。但在19世纪上半叶，他和他的直接继承人，尤其是他的直接继承人，开始担心自己的统治权威。这是有充足理由的。自18世纪中期以来，夏威夷已经成为经济和文化的十字路口，成为欧美商人和捕鲸船的补给站，其中一些商人和船只参与了太平洋和印度洋贸易，在火奴鲁鲁和拉海纳建立了海上贸易中心。到了19世纪20年代，主要来自新英格兰的美国传教士，带着他们的信仰和"文明"来到这里，其中包括塞缪尔·查普曼·阿姆斯特朗的父母。阿姆斯特朗本人出生在毛伊岛，后来在美国军队服役，指挥过黑人部队作战，还建立了汉普顿师范和农业学院（布克·T.华盛顿曾在这里学习），教育非裔美国人和美国原住民。

　　夏威夷的统治者没有尝试直接抵抗外来的挑战，而是采取与北美的切罗基人相似的做法，皈依基督教，接受欧美的法律，以及财产私有和政治代表权的观念，通过迁就西方人来保护自己的主权。他们希望通过证明自己符合西方所定义的"文明"和"进步"来赢得国际尊重，并被承认为一个独立国家。为了达到这些目的，他们组建了一个民选的立法机构，开始发行报纸，并颁布了一项被称为"土地大分配法令"的土地改革计划，将以前属于王国的土地私有化，不仅允许外国人购买，还允许外国人获得土地的完全所有权。事实证明，该战略给夏威夷群岛的政治和文化版图带来了巨变，而且一度似乎起了效果。英国和法国发表了一份联合声明，承认夏威夷的主权；虽然一些美国人主张吞并夏威夷，但美国政府还是在1849年与卡梅哈梅哈三世签署了《友好通商航海条约》，明确承认夏威夷王国的独立，并达成了两国之间的商业互惠协议。在后来被称为《泰勒声明》（以约翰·泰勒总统给国会的致辞命名）的文件中，美国声称，只要欧洲列强不谋求占领夏威夷群岛，自己就"不会寻求对夏威夷政府的排他性控制"，并接受夏威夷的独立。

　　然而，与美国原住民的情况一样，夏威夷人在文化和政治上做出的妥协，成了其抵御美国强大的开发势力的软肋。夏威夷统治者推行的法律和政治改革，使经济上有野心的美国人（其中许多人要么是传教士，要么是传教士的子女）得以建立初步的资本主义农业，特别是甘蔗种植。夏威夷的种植园经济起步于19世纪50年代，在美国与夏威夷签订互惠条约，使夏威夷的蔗糖能够免税进入美国市场（1875年）后迅速发展，最终重塑了当地的权力关系和人口结构。美国的种植园主和商人找到了共同的经济利益，并通过联姻确保双方的联盟稳固。随着奴隶制在全球范围内瓦解，他们同其他地方的种植园主和商人一样，开始寻找契约劳工。他们首先盯上了已经在外密西西比西部以及东南亚的矿山和铁路工作的华人，但发现华人在第一份合同到期后就不再任他们摆布。接下来，他们开始招募葡萄牙劳工，其中许多人来自阿索雷斯，然后是日本人、朝鲜人和菲律宾人。到了1890年，夏威夷群岛的本土人口还不到总人口的一半。

虽然经济蓬勃发展，但美国种植园利益集团与商人、传教士对夏威夷统治者的脾气，以及夏威夷人任意行使的权力怨声载道。他们时常谈及腐败、贪婪、浪费和落后，就像美国的改革精英谈论城市老板、政治机器和重建的南方一样。欧裔美国人越来越多地采用白人至上主义的语言和逻辑，并开始怀疑夏威夷的统治者是否有能力统治自己的岛民，更不用说统治别人了。在这方面，传教士和他们的后代做了大量文化上的工作。到19世纪80年代末，美国人开始酝酿发动政变。在洛林·瑟斯顿和桑福德·多尔的领导下，他们成立了夏威夷联盟，拥有自己的准军事武装，这类似于南方和西部的政治风格。他们制定了一部新宪法，剥夺了国王卡拉卡瓦的许多权力，把它们转移给立法机构，该机构将由极少数符合标准的选民选出。1887年夏，他们把宪法文本扔到卡拉卡瓦的膝盖上，以武力为后盾要求他服从。卡拉卡瓦别无选择，被迫签署了所谓的"刺刀宪法"——这个称呼恰如其分。虽然以吞并夏威夷为目标的美国人尚未完全控制夏威夷政府，但他们显然已经发动了一场成功的政变，夏威夷的政体被更加紧密地置于美帝国控制之下。

威廉·H. 苏厄德的帝国野心

早在主张吞并夏威夷的美国人利用1887年的政变夺取权力之前，威廉·H.苏厄德就曾设想让美国"悄悄吸收"夏威夷。苏厄德拥有强烈的帝国野心，曾是纽约州州长、美国参议员、激进派共和党人、1860年的总统候选人和林肯内阁的国务卿。他对在墨西哥或其他地区建立甘蔗种植园或以美国为总部开办工厂不感兴趣，也不鼓励美国人在海外建立定居点。他一度有意让加拿大和墨西哥加入美联邦，但后来又失去了热情。他感兴趣的是美国在太平洋地区的商业霸主地位，以及对通往亚洲的航线的控制。他认为"只有海洋帝国才是真正的帝国"，亚洲将成为"奖品……将成为今后世界的主舞台"。苏厄德坚信太平洋对美国未来的重要性。苏厄德是废奴运动的代表人物，他认为奴隶制和自由之间的斗争是"不可避免的冲突"；他希望新被征服的加利福尼亚能尽快加入联邦，只要能阻止它脱离联邦，"即使以蓄奴州的身份加入也并无不可"。对他来说，加利福尼亚甚至比南方叛乱州更为重要。一旦加利福尼亚脱离联邦，这才是真正的"帝国解体"。

在继续担任约翰逊内阁的国务卿期间，苏厄德积极考察了加勒比地区及其以西的许多地点。他的目的不是征服和殖民，而是考察建立对于美国与亚洲贸易来说至关重要的供煤港和商业转口港的地点。他设想在不久的将来开凿一条地峡运河，并认为圣多明各和法属西印度群岛的一些岛屿具有重要的战略意义，但却无法在外交上取得任何进展。在考察丹属维尔京群岛结束后，苏厄德签署了一项吞并该群岛的条约，但参议院拒绝批准。他在太平洋中部的运气更好，将中途岛成功并入美国。在苏厄德自己看来，他最大的成就是在1867年以区区700万美元出头的价格从俄国人手中购入阿拉斯加（不过当时许多人并不这样认为，有人戏称阿拉斯加是苏厄德的"冰箱"）。苏厄德深知这片由俄国人控制、居住着美洲原住民的地区从长远看，具有商业价值，也深知俄国人在灾难性的克里米亚战争后渴望复仇。他认为收购阿拉斯加既可以强化美国对北美大陆的统治，也可以帮助美国获得一个通往日本和中国的重要供煤站。他的目标是"拥有美洲大陆，控制全世界"。苏厄德清楚地认识到商业力量和政治力量之间的关系，也知道军事力量是实现美国的帝国目标的后盾。不过，他并不赞成使用武力扩张领土，不允许谢里登在涉及马西米连诺和法国人的墨西哥内战中越过美墨边界，而是坚持执行他所认为的自愿行动。当苏厄德把目光投向亚洲，尤其是拥有巨大的市场潜力、令美国商人和制造商垂涎三尺的中国时，他希望与其他西方国家合作，确保美国能够获得平等的商业机会。1868年，中美签署和批准的《中美天津条约续增条约》[1]（又称《蒲安臣条约》）不仅承认中国的领土完整，还废除了苦力买卖，鼓励中国移民，并保证两国公民在海外享有对等的特权。早在30年前，"门户开放"这个词被普遍使用时，苏厄德就已经构想了该政策的框架。

苏厄德没有放弃对美国国内事务的兴趣。他的帝国观念将国内

---

[1]《中美天津条约续增条约》，该条约为当时美国前驻华公使蒲安臣利用被清政府委派为出使各国大臣的名义，与美方擅自签订。条约方便了美国掠卖华工、加强文化和宗教等方面侵略的行径。——译者注

事务和国际事务错综复杂地联系在一起，二者没有明确的边界。在他看来，全球范围内的商业霸权需要建立在强大稳定的国内社会秩序和繁荣的工农业经济基础之上，一个大力支持商人和农民利益的联邦政府是必不可少的。苏厄德早在19世纪40年代就呼吁修建横贯大陆的铁路，主张实行保护性关税，并反对扩大奴隶制（部分原因是，他认为这将使美国不适合成为他所构想的那种帝国）。他寻求在分离主义造成实质性损害之前就将其消弭于无形。为此，他建议对英国和法国宣战。在林肯被暗杀，而他侥幸逃脱之后，他支持约翰逊为国家统一而与叛乱州和解。

苏厄德意识到这个新兴的民族国家具有各种各样的帝国倾向，同时这些倾向在其想象的领土边界的内部和外部发挥着作用。因此，他努力扩大帝国之臂所触及的范围。在叛乱战争结束后的几年里，帝国之臂向美国内外的多个方向伸展。民族国家总是将自己与一系列他们愿意接受的价值观联系起来，而不管它是民族的还是"普世的"。他们推崇公民和归属的理念，这些理念破坏了先前存在的个人和集体主权形式。他们倡导法治，旨在废除一直以来地方社区的武断裁决。民族国家利用交通、通信、警察权力和知识等手段，在其宣称拥有主权的领土上扩大自身的权力。他们对生活在其边界内的人进行统计和分类（通常是通过人口普查的方式），还探索自然和绘制地形图。他们为各种社会关系，如劳动、两性、家庭等构建框架，并对他们认为的某些"文明"的文化和精神行为给予特别优待。他们通过对公民和非公民采取激励措施（其中既有积极的，也有消极的），鼓励这些人抛弃自己的狭隘和"落后"，转而接受被视为"现代"和恰当的行为模式。

这就是为什么民族国家通常对教育和其他类型的"传教"活动有很大兴趣，而这些活动的出现几乎总是与社会和政治改革运动（这些运动往往不得不做出调整，否则就只能以失败告终）密切相关，其目的是促进新的特征、参与、代表、市场导向和信仰的形成。正如威廉·H.苏厄德预见的，民族国家即使在准备寻找新的领域时，也在永久地、不可避免地对自己的领域进行殖民。

第十一章 不同的道路

反垄断

亨利·乔治骑马穿行于奥克兰的山间时，灵感突现。他早在19世纪50年代末就来到了加利福尼亚，是一个雄心勃勃、四处闯荡的人。16岁时，他离开出生地费城，同一群从纽约出发的商人一起去了墨尔本和加尔各答，回来后给一名印刷工当学徒。1857年经济危机期间，他将目光转向西部的俄勒冈和不列颠哥伦比亚，当时一场新的淘金热席卷了不列颠哥伦比亚。像许多其他希望跟随美国扩张的步伐获取经济利益的人一样，乔治很快失望了。最后，他去了旧金山，凭借自己的排版技术在报社找到了工作，不过在此后的十多年里一直过着不稳定的生活。到了19世纪70年代初，乔治终于找到了相对稳定的工作。他拿出不多的积蓄参与创办《旧金山每日晚报》，后来又成为该报的编辑。

乔治在一个杰克逊派民主党人的家庭长大。他既被加利福尼亚的边疆特色吸引，又震惊于投机热带来的巨大的贫富分化。"有一个百万富翁，就意味着有无数的无产者。"他写道。他有田园主义倾向，欣赏由农民、手工艺人和商人组成的小型社会所具有的美德。

土地授予尤其令他愤怒，因为这使大量公有土地转移到私人手中。早在1868年，他就发表了一篇名为《铁路会给我们带来什么》的文章，随后又于1871年发表了《政府补贴问题与民主党》和《我们的土地与土地政策》两本小册子，感叹"土地强盗在加利福尼亚横行无忌"。乔治想知道，到底是什么导致了"贫者愈贫，富者愈富"。

他在奥克兰山间旅行时，当地人告诉他，有一个人正以每英亩1000美元的价格出售土地。听闻此事，他突然想到了上述问题的答案。"随着人口的增长，"乔治意识到，"土地的价值不断增加，而耕耘土地的人必须为这种特权付出代价。"此后不久，他开始写作《进步与贫困》。这既不是一本小册子，也不是一篇辩论文章，而是一部500多页、逻辑严密的政治经济学论著，对古典政治经济学家，特别是大卫·李嘉图和托马斯·马尔萨斯的假设和观点提出了挑战。这部著作专门探讨了他所认为的现代社会的核心矛盾："在各国向往的物质进步实现得最充分的地方……我们看到了最严重的贫困、为生存斗争进行的最激烈的竞争和最迫不得已的无所事事。"

乔治不同意用人口增长带来生存压力或工资收入本质上是"不变的"等观点来解释"进步与贫困"。他认为，没有确切的证据证明人口的增长一定快于物质进步，而且也找不到人口增长导致贫困的任何实际案例。"工资"的观点的错误在于，它假设工资是从现有的资本而不是从由劳动创造的产品中支付的。事实上，《进步与贫困》想象的是一种动态的、多元的经济。在这种经济中，土地（他将其视为"自然的机会"）是基础，劳动（他将其视为"人的努力"）将土地资源转化为财富，而用来创造更多财富的财富可以被视为资本。人口越多，劳动者的数量越多，工资，即劳动的产品就应该越高。乔治并不认为劳动和资本之间有内在的冲突，而是认为"商人或店主是……与制造商和农民一样的真正的生产者，他们的股票或资本是用于生产的，与制造商和农民一样"。

那么问题究竟出在哪里？这样的经济动力为什么会造成现在这样的贫困和不平等？乔治基于西部经验提出了一个重要观点：土地是所有人的基本生产资料和财富之母，它不仅被从公共领域夺走，供私人使用，还通过政府的慷慨赠与和投机，被少数富人"垄断"。加利福尼亚是一个非常明显的例子。这里的铁路建设带来了土地升值的预期，人们大量购置土地，而且矿业公司也因为打算在这里开采矿产而大量购入土地。其结果可以从为使用土地资源而支付的实际"租金"中看出。租金随着劳动者生产能力的增加而增加，并将劳动者排除在有价值的就业之外，同时使工资下降。"财富分配不平等的最大原因，"乔治声称，"是土地所有权的不平等。"

虽然乔治认为社会主义理想是"伟大而崇高的"，真正补救他所看到的罪恶的唯一方法是"使土地成为人们的共同财产"，但他并不赞成"限制土地所有权"。他认为平均分配土地是不可行的。乔治支持采取一种与租金价值相当的税收政策，即后来所称的单一税，以抑制投机性的投资和垄断行为。他提出："如果我们把土地不受干扰的使用权优先让渡给拥有土地的人，同时收取地租以为公用，我们就能够把改良土地所必需的土地所有权的固定性，与充分地、完全地承认所有人有平等使用土地的权利相调和。"

《进步与贫困》的阅读难度极高。它没有任何引人入胜或令人伤感的故事，也没有使用华丽的或宗教的语言，而是一步步展开论证。乔治援引古典政治经济学家的观点和大量史实作类比，进行了缜密的论证。但即便如此，这本书在1879年出版时，还是引发了阅读热潮，并为乔治赢得了国内和国际声誉。在整个19世纪，在美国的销量超过这本书的只有《圣经》和《汤姆叔叔的小屋》。不到十年，他以独立劳工候选人的身份竞选纽约市市长，虽然失败了，但获得的票数超过了年轻的西奥多·罗斯福。这其实不难理解。亨利·乔治和《进步与贫困》以其强大的道德力量激发了全国范围内广泛存在的"反垄断"情绪，而乔治所指出的不平等和由资本主义的进步带来的日益激烈的斗争进一步激化了这种情绪。

反垄断在美国政治文化中有深厚的根基，在大西洋世界同样如此。它萌芽于共和主义的思想土壤，而共和主义一直在寻求消灭导致暴政的各种集权政体；它还由经济上独立的、致力于为公共利益服务的公民进行耕耘。19世纪二三十年代，与同情手工艺人的欧洲激进主义者一样，早期的劳工改革家和劳工党号召反垄断，他们对当时的市场强化发起了反击。反垄断影响了安德鲁·杰克逊与中央银行这个"怪物"之间的"战争"，中央银行被称为富有的尼古拉斯·比德尔的个人机器。人们对纸币的看法与对中央银行的看法相同，将其视为贪婪的"投机者"用来剥夺辛勤的"生产者"的工具。到了19世纪四五十年代，它成了废奴主义者批评奴隶制南方的重要依据之一。东北部和中西部的选民被警告说，少数奴隶主积累了大量财富，使没有奴隶的大多数白人和奴隶一起沦为他们的附庸。但直到南北战争接近尾声，战后的社会秩序以及新的美国民族国家的特性开始引发人们讨论的时候，作为吸引了大量拥趸并且一直在发展的反垄断才真正成为政治信仰，而核心问题是货币。

从某种意义上说，"纸币"和"金属货币"仍然是泾渭分明的两大阵营，但原来的拥护者互换了立场，而且问题变得复杂得多。
30年前，随着市场经济在美国腹地的扩张，有所警觉的生产者将金
属货币视为对冲自身经济脆弱性的工具，金银币因此成了得到普遍
认可的交易媒介，因为它们具有其他交易媒介所不具备的实体性。
金银币的供应量不大，它们与本地用于支付的纸币同时流通，这样
就能使补充生计的商品贸易变得更加方便。然而，纸币是由各州银
行印制的，它助长了投机行为，并不总是能兑换成金属货币，而且
经常折价交易。很多人将1837年的经济危机归咎于纸币的大量发行。
19世纪40年代危机过后，许多州的立法机构采取了行动，要么对发
行纸币的银行实施监管，要么直接令其关闭。

　　然而，当联邦政府为了平定南方的叛乱建立中央银行体系，并
发行了4亿多美元的绿钞——这种纸币虽然不能兑换成金属货币，
但可以用于交税和交易——时，情况发生了变化。中央银行体系和
绿钞共同构建了一个新的资本积累和投资的框架，这使原本青睐它
们的选民转而敌视它们。一方面，新近获准成立的中央银行仍为私
人所有，而且由于其业务的资本和信贷要求，城市和规模较大的经
济机构更占优势。另一方面，绿钞使联邦政府以及大众控制了货币
供应，城镇和农村的小生产者更容易获得现金以维持他们的商店、
农场的运转或偿还债务。阵营因此得以重划。围绕着货币问题产生
的对立，使阵营不再简单地按照东部与西部、农村与城市，甚至不
是按照通货膨胀派与稳健货币派的界限来划分。新形成的战线跨越
了阶级与地域的差别，并催生了可替代的政治经济模式。

　　第一个发声的是劳工改革者，他们受战争期间经济活动激增的
鼓舞，认为自己能够对战后政策产生影响。1866年，他们将各行

业工会联系在一起，建立了全国劳工联盟这一伞形组织，谴责中央银行系统促成了货币垄断，并主张联邦政府有责任规定利率、发放贷款和印制足以满足生产需要的货币。在这点上，他们受到了爱德华·凯洛格著作的影响。凯洛格是杰克逊时代后期的商人和货币理论家，认为私人金融利益集团对利率的操纵会导致劳工愈发贫穷。亚历山大·坎贝尔是一个中西部小城市的市长，主张发展制造业；他进一步发扬了凯洛格的思想，并影响了战时绿钞的发行。"我们的目标是，"全国劳工联盟主席、铁匠威廉·西尔维斯声称，"建立一种新的货币制度，该制度将使货币不再受少数人的操纵，并将为人民大量提供一种廉价的、安全的货币。"

全国劳工联盟发展成了全国劳工党，后来又发展成了劳工改革党。虽然这两个以支持绿钞为主要纲领的反垄断政党很快就解体了，但在1873年经济危机之后，"绿背纸币主义"赢得了大量生产者的支持，这些人认为货币紧缩是导致经济危机的罪魁祸首。他们知道自己将面对怎样的障碍。国会已经决定用黄金而非绿钞来支付公众的债务（对债权人有利），到了1875年，又允许人们将联邦发行的纸币兑换成金属铸币，并希望以此使绿钞退出流通（这被称为《恢复硬币法案》）。1874年年底在印第安纳会面后，一群反垄断主义者很快组建了绿背劳工党，要求停止恢复金属铸币，主张根据经济发展的需求调整货币发行量（这是绿背纸币主义的核心诉求），并称促进"所有行业，如农业、矿业、制造业、商业等的全面发展……是政府的责任"。

绿背纸币主义作为反垄断的核心理念，赢得了众多农业生产者和小制造商的支持，他们开始对铁路和债权人的剥削行为感到不满，并且将自己视为杰克逊主义平等权利传统的继承者。其中不少人已经参加了地方的反垄断和改革运动，在新英格兰、中大西洋部分地区、上平原、落基山脉和远西地区的势力尤其庞大。然而，劳动改革者和工会主义者（可以追溯到全国劳工联盟和激进的共和主义）是重要的核心。像亚历山大·坎贝尔和温德尔·菲利普斯这样的激进主义者虽然也在其中，但更多的是矿工、鞋匠、铁模工人、造船工人和印刷工人。这些行业工会的领导人强烈支持货币改革。1876年，绿背劳工党首次参加竞选；1878年，该党在全国范围内获得了近15%的选票，在新英格兰、北部平原、落基山脉各州和太平洋沿岸地区获得了20%至25%的选票。20多名候选人在"绿背"选民的支持下当选国会议员。绿背劳工党在州和地方一级的表现更加抢眼，尤其是工业城镇和矿业城镇，其中一些人与其他的独立政党或劳工政党结盟。在这些地区，如俄亥俄的托莱多，绿背劳工党赢得了市和一些县的公职，并将两名候选人送进州议会。

虽然绿背纸币主义者还不足以竞争重要的国家权力，但其日益增长的影响力迫使两大主要政党不得不正视它。事实上，在争论金融体系的特征的过程中，尤其是在1873年经济危机引发大萧条之后，共和党和民主党的内部都面临分歧。民主党内的矛盾更为尖锐，因为西部的各个利益集团，如农业生产者、城市工人、小镇店主等以货币改革的名义向倾向于财政保守主义的东部发起挑战。许多人被俄亥俄的乔治·H.彭德尔顿的计划吸引，他是前国会议员和副总统候选人，后来成为参议员。他的计划包含了一系列挽救绿钞的措施，比如用绿钞而不是黄金来支付给债券持有人，他们的力量在接下来的20年里与日俱增。相反，共和党人在19世纪60年代末挫败了党内的通货膨胀派后，似乎坚定地支持稳健货币和金本位制，但他们还是感受到了来自科罗拉多和内华达等州选民的压力。在这些州，持续的淘银热促使人们呼吁使用银作为货币。因此，在绿背纸币主义风靡美国的同时，通过铸造银币来增加货币供应的想法也被提上了政治议程。

历史学家常常把银币和绿钞视为通货膨胀政治的两大支柱，但情况并非如此。虽然绿背纸币主义者常常支持将银币作为增加流通中的货币和降低利率的手段，而金融保守主义者常常认为白银对经济体系的稳定构成了严重威胁，但将白银的有限货币化作为一种缓解经济危机的对策，以及绿背纸币主义之外的一种替代方案，日渐受到主流共和党人和民主党人的支持。在金币之外再铸造银币，并不会挑战中央银行体系的结构，也不会导致纸币滥发。这种做法即便会产生影响，也只是增加金属铸币的供应量，从而使绿钞更快地退出流通领域。1878年，温和的白银政策赢得了胜利，国会推翻了共和党总统拉瑟福德·伯查德·海斯的否决，通过了《布兰德-埃勒森法案》。该法案要求财政部每月铸造少量银币（200万至400万美元），并规定银币与金币的比值为16∶1。

绿背纸币主义者的想法非常不同。作为更大的反垄断政治的一部分，他们希望中央银行体系要么收缩规模，要么被废除，并且货币的发行由联邦政府掌控，绿钞流通量的增加或减少由国家的生产需求决定。他们希望限制银行和金融家紧缩货币、操纵利率的权力，使其无法再为自身利益而牺牲大众利益。他们寻求打击由于私人控制货币体系而带来的财富和日渐集中的权力。他们构想的是一个建立在生产者基础之上的充满活力的经济，这些生产者的需求，如市场准入、信贷、土地、运输和通信网络等将得到国家的保证和鼓励。

到19世纪70年代末，美国许多地方都出现了反垄断的倾向，这是对战后政治经济中不断变化的权力平衡的反应，这种平衡对东北部的金融和工业精英有利，而美国许多其他地区的人则不得不承担资本主义发展的成本。小城镇和农村地区的各个阶层一度因为反垄断结成联盟，因为技术工人、店主、地主和佃农都是各种形式的垄断的受害者。他们对各种垄断怨声载道，如铁路公司收取的高昂运费，银行家和商人收取的高额利息，投机者和农场主的大规模土地兼并，大制造商强行削减工资，以及垄断者参与并从中受益的政治腐败。他们中的大多数同情甚至支持绿背纸币主义者，并且与绿背纸币主义者一样寻求制定公共政策、设立公共机构，目的不仅是要重新调整平衡，还要重塑社会秩序。

他们对政治的影响很快就显现了。在密西西比河上游和下中西部的玉米和小麦种植带，在中大西洋地区的啤酒花农场和奶牛场，在东南部的一些经济作物区，农牧业保护者协会与其他处于弱势地位的托运人和生产者联合起来，呼吁对州和市一级的铁路进行管制，并建立销售和采购合作社，以削弱"中间人"的作用。在得克萨斯，"为了改善农业阶级的境况"而成立的农民联盟，试图保护农场经营者的作物和牲畜，谈论建立地方合作社，并在地方选举中与绿背纸币主义者短暂地联合起来。不过，相较于其他任何组织，劳工骑士团反垄断的力度最强，组织最完备，而且指明了反垄断运动的发展方向。但它也暴露了反垄断作为政治运动和社会理想的局限性。

几乎没有人清楚劳工骑士团确切的起源，只知道该组织似乎是在19世纪60年代末由费城的裁缝发起的。但在由八小时工作制刺激下兴起的工会运动热潮中，本来十分低调的劳工骑士团开始快速发展。到了19世纪80年代中期的全盛期，劳工骑士团的成员接近75万人，不过其基础显然是在19世纪70年代末打下的。劳工骑士团是以地方和区域分会为中心建立起来的。它比以往任何一个劳工组织都更具包容性，同时向技术工人和非技术工人、黑人和白人、男性和女性，以及同情劳工的店主、商人开放。只有银行家、股票经纪人、律师、赌徒和酒商明确被禁止加入，因为这些人在反垄断主义者眼中是游手好闲、邪恶、腐败的代名词。值得注意的是，当劳工骑士团于1879年在宾夕法尼亚的雷丁召开第一次全国大会时，离雷丁不远的斯克兰顿市的机械师和绿背劳工党出身的市长特伦斯·V.鲍德利当选主席。

　　激发劳工骑士团活力的那些目标，在一定程度上可以追溯到战前的劳工改革浪潮。劳工骑士团要求禁止契约劳动，不得以囚犯充当劳动力，制定更公平的税制（这里指的是个人所得税施行阶梯税制），实施对"真正的移民"而不是"铁路和投机者"有利的土地政策，并主张对"现在以投机为目的持有的所有土地"征收重税。不过劳工骑士团也考虑到了"大资本家和公司的过度发展和侵略性"这一新的政治经济现实，以及"生产者群体"的愿望。他们呼吁设立劳工统计局，由政府出面保护工人的"健康和安全"，建立"合作机构"和以绿背纸币主义原则为基础的"国家货币体系"。最终，他们将支持铁路和电报公有制。在劳工骑士团内部几乎没有争议的问题是八小时工作制，这也是他们对反垄断运动做出的特别贡献。

劳动时间往往被认为是一个与劳工的物质利益息息相关的生计问题。早在19世纪30年代，支持八小时工作制就已经有了苗头，不过在南北战争结束后更有组织性。对于那些聚集起来支持八小时工作制的人来说，它的意义并不仅限于此。当时，十小时工作制已经成为标准，不过包括成年男女和儿童在内的许多工人每天工作时间要长得多。能够确定的是，减少劳动时间能够减轻体力劳动带来的身体负担，改善工人的健康和个人福利。不过，除了增加自由时间，越来越多的争论围绕着工作场所权力的性质展开。

八小时工作制的支持者将一种由政治民主延伸出来的观点，与对新的资本主义秩序带来的危险的批判联系在一起。像之前的劳工改革者一样，他们认为为工资工作有使劳工沦为经济附庸的危险，长时间工作实际上是一种奴役（他们称之为"工资奴役"），雇主实际上"垄断"了劳工所有清醒的时间。工作十个、十一个或十二个小时之后，劳工几乎没有时间陪伴家人、参与社区活动或独处。支持八小时工作制的人认为，它不仅能够改善劳工的物质条件，还将加强工人阶级家庭和相关社会机构的联系，使工人能够将时间花在教育、文化，以及最重要的公民义务，即参与政治生活上。他们的口号是："八小时工作，八小时休息，八小时自由支配！"八小时工作制与货币和土地改革、促进生产者的团结一起，被认为是对"工资劳动体系"的冲击，并为建立一个新型的共同体奠定了基础。

这个共同体的范围有多大？劳工骑士团声称要向"劳工大众开放……不在乎其党派、种族和性别"，在这点上，他们非常大胆，而且具有开拓性。工会通常是以特定行业的技术工人为主成立的，这些人试图保护自身利益免受雇主侵害，同时试图阻止那些可能降低其手艺的门槛或削弱其地位的人加入，主要包括非技术工人、女性和黑人。虽然全国劳工联盟曾邀请非裔工人与其合作，但劳工骑士团真正意识到，团结是"组织和引导劳工大众的力量"这一任务的必要条件，而且知道自己需要扩大团结的对象。早期，劳工骑士团的招募对象主要以城市，特别是宾夕法尼亚东南部和新泽西的技术工人为主。但到了19世纪70年代末，随着该组织进入附近的无烟煤矿区，进而向全国大部分地区扩张，半熟练工人和非熟练工人开始组织分会或加入所谓的"混合"分会。

在大都会地区，新入会的成员包括伐木场雇工、煤炭装卸工、货物搬运工，以及裁缝、鞋匠、木匠和铁模工。在小城镇和农村地区，新成员包括煤矿工人、农民、农场工人、土地承租人和箍桶匠。加入该组织的女性通常是制鞋、纺织和服装工人，主要来自东北部，素有集体行动的传统。非裔美国人绝大多数来自南方，特别是在奴隶解放后有过实际政治动员的地区，他们包括锯木厂工人、煤矿工人、农民和"种植园帮工"。截至19世纪80年代中期，女性和非裔美国人各占劳工骑士团成员的10%左右。

劳工骑士团的部分分会，特别是农村的分会，成员既有男性也有女性。在城镇，地毯编织女工、洗衣女工、书籍装订女工、女佣人、女裁缝、女鞋匠和采棉女工大部分都自行组织分会。但无论是农村还是城市，几乎没有一个分会对种族不加限制。即使在劳工活动活跃的地方，如亚拉巴马的伯明翰周围的煤矿、阿肯色中南部的棉田、北卡罗来纳的达勒姆的烟草厂和得克萨斯的休斯敦的商业区，劳工骑士团的白人和黑人也各自组织了分会。虽然特伦斯·鲍德利声称劳工骑士团"没有种族、信仰、政治或肤色之别"，但实际情况与该原则背道而驰。各个组织可能会联合起来采取行动，但正如亚拉巴马的一名成员所说，白人反对"与黑人在同一个组织中工作"。

无论女性和非裔美国人在实际参与过程中是否受到区别对待（鲍德利这样的全国组织领导人往往比一般人更加包容），劳工骑士团的成员对待华人的态度是一致的。华人遭到了劳工骑士团的排斥，不得加入其中。劳工骑士团普遍接受了一种看法，或者说一种运动——始于19世纪50年代的加利福尼亚，并随着南北战争的结束和一个新的民族国家开始定义自身的权力边界而迅速向东扩散。华人起初在加利福尼亚金矿区工作，随后参与了中央太平洋铁路的建设，最后进入了制造业和家政业。华人占加利福尼亚劳动人口的近四分之一，这对为越来越多美国人所接受的归属感构成了挑战。他们被视为"半开化的"和"不信仰基督教的"，是"不能被同化"的"下等人"。大量华人被少数商人带到美国，他们既没有组建家庭（其中绝大多数是男性），也不信仰基督教。为数不多的华人女性被认为是疾病缠身的妓女。一些评论家认为华人与印度人一样，具有"他者性"，并坚持认为他们拥有相同的亚洲血统。值得注意的是，在公民权利和政治地位方面，华人像印第安人一样被拒之门外。"我不赞成给予不信仰基督教的人以公民权或选举权，"共和党参议员弗雷德里克·T.弗雷林海森在围绕着第十五修正案展开的辩论中直言不讳地说出了该党自创建以来一直致力于培养的白人基督教民族主义，"我不赞成退回到无知和恶习的泥沼中，即便是以进步之名。"

然而，对于许多工人和他们的盟友来说，华人最令人不安的是其显而易见的契约劳工地位——华人欠商人和雇主的债，受制于他们，仅靠最低工资生存。在奴隶解放的时代，当奴隶制和奴役的枷锁被砸碎，劳工被宣布为自由身的时候，一种强加于华人身上的不同形式的奴役似乎重新进入美国的政治经济中。加利福尼亚的一家报纸指责说"这是另一种形式的奴隶制"，并警告道，它可能使对奴隶主权势的"崇高"胜利变得毫无意义。华人被普遍称呼为"苦力"。早在19世纪50年代，旧金山就出现了所谓的"反苦力俱乐部"，要求全面禁止将华人带到美国的"贸易"，并组织抵制华人制造的商品，禁止他们从事某些行业，有时还会采取暴力手段将他们赶走。19世纪70年代末，强大的劳工党以强烈排华的纲领掌控了旧金山市政府，并协助制定了新的州宪法，剥夺了"所有华人或蒙古人"的选举权和参与公共工程的权利。

随着排华情绪高涨，跨党派共识很快形成，两党均要求采取即决措施。虽然《中美天津条约续增条约》约定了中美彼此的最惠国地位，并鼓励华人移民，但国会中越来越多的民主党人和共和党人开始支持一项新的全面排华的政策。他们认为，华人"与我们的文明格格不入……阻碍了基督教文明和启蒙进步的自由传播"，有可能把美国人变成"混血的种族……并将使半异教、半基督教、半东方的文明混在一起，这非常糟糕"。唯一提出异议的是新英格兰地区所剩无几的激进共和主义者，但他们的影响力微乎其微。许多排华的支持者认为自己完成了废奴主义的工作，他们是在清除奴隶制在这片土地上的最后残余。这不会是文化帝国主义最后一次以反奴隶制的道德主义语言来包装自己。

1882年5月，国会以压倒性的优势通过了一项全面禁止雇用"华人劳工……包括技术工人和非技术工人"的法案，为期十年（该法律最终一直延续到1943年），并由共和党总统切斯特·A.阿瑟签字生效。并非巧合的是，这部排华法案出台的同时，联邦政府正在抛弃非裔美国人支持者，把他们交给南方的前主人，将印第安人的活动范围限制在保留地。不久之后，联邦政府向他们承诺，如果他们愿意放弃部落生活，接受基督教文明的价值观，就可以获得公民身份。抛弃非裔美国人支持者的同时，联邦政府还根据第十四修正案赋予公司公民地位。

亨利·乔治和他的劳工党表态支持排华，不知道这是否与他的家乡加利福尼亚有关。一方面，和其他大多数持这种观点的人一样，乔治认为华人是"彻头彻尾的'异教徒'，奸诈、耽于肉欲、懦弱、残忍……无法融入美国"。另一方面，乔治也担心华人移民的境遇会让雇主压低工资，强化雇用他们的铁路公司和土地承包者的垄断地位，并使"血汗"之风在全国范围内泛滥。这将使美国的社会前景比《进步与贫困》一书揭示的更加暗淡——"使富人更富，穷人更穷；使我们的资本家成为黑手党和王公，把我们的工人阶级压得灰头土脸；用农奴和他们的主人来代替自由人，而后者才是我们的荣耀和力量源泉"。然而，那些垄断的受害者，那些显然已经变得依附和顺从的人，那些似乎不见容于"生产者"文明的人，将在怎样的基础上被纳入争取另一条道路的斗争中呢？这是反垄断运动的核心挑战和困境。

"叛乱"

劳工骑士团之所以得以快速发展，应归功于它针对美国最大的几家铁路公司组织的一场前所未有的大罢工。这场由一系列削减工资的举动引发的罢工始于1877年7月中旬，从东部迅速蔓延至西部。数千名工人参与了罢工，重要的铁路交通线因此停运数日。然而，"罢工"这个词并不能充分说明这起爆炸性的社会和政治事件的主要目标和背后的动机。无论在哪里，参与罢工的铁路工人都赢得了包括手工艺人、工人、店主和商人在内的当地居民的支持。这些人将铁路视为垄断的化身，而垄断不仅正在压迫着他们，而且还危及了他们的社区。在一些地方，他们一起歇业以声援罢工工人；在一些地方，他们建立了新的管理机构，呼吁实施货币改革和工业管制；在一些地方，他们武装自己，挖掘壕沟，控制了铁路和电报线；在一些地方，他们焚烧铁路货场和机车；在一些地方，他们做了上面所有这些事。1877年的铁路大罢工令人震惊，影响广泛，并使一部分人感觉受到了威胁，以至于包括美国战争部长在内的多名官员称其为"叛乱"，并动用军事力量清场。

由于1873年的经济危机和随后的大萧条带来的激烈竞争，铁路公司面对庞大的固定成本和无法承担的费率战，只能通过削减工资来勉力支撑以避免破产的命运。在1877年的头几个月，一些规模最大、实力最强的铁路公司，包括纽约中央铁路公司、宾夕法尼亚铁路公司、伊利铁路公司，以及巴尔的摩与俄亥俄铁路公司，宣布削减10%左右的工资，而公司高管并不担心此举可能招致的后果。正如巴尔的摩与俄亥俄铁路公司总裁约翰·加勒特所说，以前的"罢工很容易平息，人员也很容易替换"。在加勒特看来，"劳工不团结，而且由于经济萧条，很容易迫使他们就范"。加勒特对公司的地位有足够的信心。像宾夕法尼亚铁路公司和纽约中央铁路公司一样，巴尔的摩与俄亥俄铁路公司继续向股东支付大量股息，同时不到一年再次降薪。

但工人们并不认可加勒特的看法。许多人在前几年就曾被削减工资，工作的其他方面同样让他们感到不满。有些人开始组织秘密的、必须起誓才能加入的工会。巴尔的摩与俄亥俄铁路公司的低工资尤其臭名昭著。当再次减薪的消息传出后，该公司的大部分劳工，包括司闸员、消防员、扳道工、列车员和工程师决定采取行动。7月16日星期一，在西弗吉尼亚的马丁斯堡，数百名巴尔的摩与俄亥俄铁路公司的工人举行罢工，阻止货运列车通过。到了晚上，罢工蔓延到巴尔的摩，同时引发了大规模骚乱。俄亥俄的城镇，如纽瓦克等，受到波及，那里有巴尔的摩与俄亥俄铁路公司的几个分公司。罢工以极快的速度蔓延到了宾夕法尼亚铁路公司，芝加哥、伯灵顿和昆西铁路公司，艾奇逊、托皮卡和圣菲铁路公司，伊利诺伊中央铁路公司和得克萨斯中央铁路公司。在匹兹堡、芝加哥、圣路易斯、堪萨斯城、加尔维斯顿等城市，以及马里兰的坎伯兰等小镇，罢工的势头尤其凶猛。最终，旧金山也受到了影响，只有新英格兰和前叛乱南方没有被波及。

这次罢工看起来是自发的，但实际上它是建立在此前十年的行动的基础之上的，东北部、中西部和上南部的至少18条铁路受到了影响。心怀不满的铁路工人在地方一级（通常是城镇）组织起来，在没有工会帮助的情况下阻断铁路交通，同时赢得了社区的强大支持。他们骚扰罢工破坏者，为工人提供食物，声讨公司，照顾被困的乘客，与罢工者有私人联系的城镇居民的多寡决定了铁路公司能够施加的压力的程度。有时，罢工者和他们在地方的盟友走得更远——他们破坏机车，拆毁铁轨，剪断电报线。铁路业的《铁路公报》警告说，他们的行为是"不折不扣的叛乱，不仅仅是在针对公司……更是在针对国家的法律"，他们只配得到"刺刀"。有时，他们确实迎来了"刺刀"，因为当城镇的警长和警察无法平息罢工时，州长就会派出州民兵部队。

1877年，相同的一幕再次上演，不过这次的规模更大，场面更加混乱。无论是在都市还是在乡镇，工人都可以赢得公众的支持，而这种支持跨越了阶层和种族界限。事实上，在许多情况下，罢工只是《铁路公报》所说的大众反叛的一个组成部分，这种反叛反映了人们对铁路公司的长期不满——它们的扩张和傲慢，它们的财务欺诈和政治腐败，它们的垄断权力，以及它们完全无视其所经过的社区的福祉。铁轨通常不是铺设在城市边缘，而是直接穿过主要街道和社区，且没有大门或栈道。这些地方往往是劳动者居住最密集的地方。噪声、尾气、交通拥堵、行人尤其是儿童可能遇到的危险，以及火车失控可能带来的威胁导致情况进一步恶化，而居民和市政府追究铁路公司责任的努力往往无疾而终。这就是为什么罢工会激起民众的共鸣。事实上，罢工工人在迅速聚集起来的抗议人群中只占少数。在阻止火车通行和破坏铁路公司财产方面，铁路工人的盟友往往发挥着更大的作用。

罢工引起了广泛的反响。在芝加哥，由于有大量的德国、斯堪的纳维亚和东欧移民，而且有一批消息灵通、善于表达的社会主义者，罢工很快蔓延到了重工业区，整座城市一度面临彻底停摆的风险。同样拥有大量德国移民的圣路易斯举行了美国工业城市的第一次全面罢工，这在很大程度上要归功于信仰社会主义的美国劳工党（不久后改组为社会主义劳动党）的工作和影响。罢工执行委员会不久后成立，并致力于筹备工人大会，邀请各劳工政党和该市行业工会的代表参加。"这次罢工，"一名领袖预言，"将扩展到各个企业，资本家和政府最终将不得不至少兑现部分我们要求的权利。"同芝加哥、堪萨斯城和许多其他城市一样，芝加哥的罢工者要求的权利包括八小时工作制、限制使用童工、银行和货币改革，以及铁路国有化。

对罢工者的同情不仅跨越了阶层界限，连警察甚至国家民兵也开始同情罢工者，这引发了军事行动的升级。西弗吉尼亚的马丁斯堡是一个典型例子。马丁斯堡爆发罢工后，市长呼吁当地警察清理铁轨，并哄骗罢工者回去工作，而不管是警察还是罢工者，其回应都不积极。一名沮丧的巴尔的摩与俄亥俄铁路公司的管理者随后联系州长亨利·M.马修斯，要求后者出动民兵武装。两个连的民兵——其中一个来自马丁斯堡——很快抵达现场，但他们似乎与罢工者一见如故，对让火车开动不感兴趣。一名近距离观察了事态发展的民兵军官警告州长说，罢工者将与马丁斯堡的全体居民一同阻止火车驶离该镇。

州长马修斯认为这份报告是可信的，并立即着手寻求更多实质性的援助。虽然联邦军队很少介入劳资纠纷，但马修斯还是毫不犹豫地给海斯总统发去电报，告诉后者"马丁斯堡现在存在着非法组织和暴力活动"，并要求总统派出两三百名美军正规军士兵。马修斯找到了一个愿意合作的盟友。海斯经历了一场激烈而有争议的竞选，刚刚就职不久。他准备维护自己的权威，而且也想向富有的支持者证明自己将信守竞选承诺。更为重要的是，作为前俄亥俄州州长，他在一年前就曾派民兵部队粉碎了一次煤矿工人的罢工。这次，他命令战争部长出动军队。此时美军几乎没有多余的兵力可供调遣。为了应付与阿帕奇人、内兹帕斯人和苏人的战争，许多部队被部署在从格兰德河到太平洋沿岸和上平原的广袤地区。还有一些部队正在撤出先前叛乱的南方。但指挥大西洋分战区的温菲尔德·斯科特·汉考克将军认为，必须"用一切可能的手段"平息"叛乱"，并指示下属在东部、南部和墨西哥湾地区寻找人手。几天之内，其他州的州长被各自州宛如巴黎公社再现的场景吓得胆战心惊，纷纷效仿马修斯的做法，要求出动联邦军队镇压巴尔的摩、布法罗、匹兹堡、特雷霍特、路易斯维尔、芝加哥和圣路易斯的民众骚乱。最终，有3000多名美军士兵参与其中。

联邦军队的兵力虽然不占压倒性优势，但很有威慑力，也很有效果。他们与其所占领的社区没有任何联系，而且武器装备精良，执行的命令明显对铁路公司而不是对工人有利。军队恢复了货物运输，保护被带去驾驶火车和清理铁轨的罢工破坏者，驱散聚集在一起的罢工者和工会同情者，有时还会强制执行联邦法院的禁令以达到类似的效果。到了7月底，罢工已经失败了，不过表面上的胜利并不能使铁路公司或者他们在全国各地的盟友感到欣慰。不可否认的是，"劳工与资本"之间的斗争已经成为当时的核心社会"问题"，公众越来越敌视资本。《纽约时报》写道："这个国家不用为那些长期困扰着旧国家的社会纷争头疼的日子已经过去了。"海斯总统本人写道，"罢工已经遭到武力镇压"，这既带来了动用"公民"民兵组织保护资本利益的新呼声，也带来了对民众治理前景的新疑问。"普选权将对一切稳定的良治政府构成长期威胁，"一名富有的批评家声称，"它的孪生姐妹是公社及工会等。"

虽然罢工遭到强行镇压，但罢工对工人和生产者的激励作用持续了很长时间。由于罢工快速向其他地区蔓延，而且参与者表现得十分激进，一些铁路公司为了迅速平息事态，几乎全盘接受了罢工者的要求。"我看除了让步、恢复工资并答应所有要求，别无他法，"芝加哥"铁路"、伯灵顿和昆西铁路公司的一名高管无奈地说道，"舆论……倾向于说，我们应该解决它。"熟练工人和非熟练工人，有时还有黑人工人和白人工人，以前所未有的方式团结起来抗议，表达了邻近的商人的共同不满。绿背劳工党在选举中崭露头角，而劳工骑士团也开始了一段快速发展的时期。劳工领袖塞缪尔·冈珀斯后来回忆道："1877年的铁路罢工有力地向我们发出了希望的信号。"

1873年经济危机之后的20年间，民众不满与抗争具有重要意义。它一方面拆穿了金融和工业资产阶级的道德和文化权威的虚伪性，另一方面想象着一个替代方案，以取代当前正在被迅速且彻底重构的社会。这场动荡明显助长了反垄断要保护的思想和关系，并进一步受到新一波欧洲移民带到美国的思想和政治潮流的滋养，移民中的许多人受到了共和主义、社会主义和国际主义的影响，一些人曾参与欧洲大陆的革命，失败后前往美国。"揭开表面……在美洲大陆的每一座城市，"温德尔·菲利普斯说，"你都会发现促成巴黎公社诞生的原因。"这正是这个国家的各地精英所担心的。正如海地革命对南北战争爆发前的奴隶主的影响一样，巴黎公社的形象，即1871年工人及其左翼盟友短暂控制了法国首都，笼罩在战后资本主义不平坦的发展道路上。结果，美国参议院在19世纪80年代初认为应该对"劳动和资本关系"做大量调查。

1877年以后，罢工不减反增。美国劳工专员的统计数据显示，在接下来的七年里，每年有450多次罢工，参与的工人在10万人以上；到了1886年，罢工次数急剧上升到1400多次，40多万名工人参与了罢工。与19世纪70年代初以来的模式非常相似，其中只有大约一半的罢工是由工会领导的，工资是大多数罢工的导火线，这证明了罢工是地方性的，而且具有政治抗争性。在较小的城镇和城乡结合部，罢工者继续反击他们所认为的雇主的武断权力。除了投资，雇主往往与罢工者的社区没有任何联系，罢工者通常可以取得当地居民的同情和支持，因为他们与这些非罢工者有亲属关系或经济联系。在大城市，罢工工人可能会寻求中央工会和行业分会的帮助，这些工会正在波士顿、纽约、匹兹堡、芝加哥、底特律、圣路易斯、丹佛和旧金山组织起来，并提供了一系列物质和政治资源，包括为社会主义者和蓬勃发展的劳工报刊提供帮助。

南方种植园地区同样存在着这样的动力。在这里，耕种农田的农业工人在地方和全国层面都有政治盟友。由于降薪以及雇主以代金券（只能在公司的商店使用）而不是现金作为酬劳，南卡罗来纳低地的大米种植工人在1876年发动了大罢工。他们以小组的形式（有的小组多达数百人）动员起来，带着号、鼓和棍棒从一个种植园前往另一个种植园，号召工人参加罢工，并动员那些仍在田间劳动的工人加入他们的行列。种植园主惊慌失措，试图寻求"有力的手"来恢复"秩序"，但他们找不到帮手。包括法官在内的许多地方官员是黑人共和党人；州民兵主要由低地黑人组成，他们要么同情罢工，要么积极参与罢工；州长丹尼尔·H.张伯伦是共和党人，拒绝站在种植园主一边，只是派前奴隶、共和党组织者、时为国会议员的罗伯特·斯莫尔斯前去调停。不久之后，种植园主屈服了，遭到逮捕的罢工者由黑人法官审判，针对他们的指控很快被驳回。

4年后，类似的罢工在下路易斯安那的甘蔗种植园堂区爆发。自19世纪70年代初以来，那里激烈的罢工不断，种植园因而受到了极大的影响。1880年罢工的导火索是商店涨价而不是减薪。主要由按天计酬的临时工领导的罢工者从一个种植园到另一个种植园，高喊"有色人种是一个民族，必须团结起来"的口号。很快，他们起草了一部"宪法"，一个对他们怀有敌意的观察家认为这是为"未来建立政府"做准备；罢工者还坚持要求"每天一美元"，同时又不恰当地威胁拒绝加入他们的劳工将受到"鞭笞"。当时的州长是在重建政府倒台后上任的白人民主党人，他立即下令调集民兵。一个堂区的白人官员以非法入侵罪逮捕了14名被视为"叛乱头目"的黑人，但另一名黑人警长"不愿意或无法逮捕"罢工者。黑人州参议员、新冒头的政治老板亨利·德马同情罢工者，像罗伯特·斯莫尔斯一样出面调停。虽然白人民兵"像战争一样的动员"粉碎了罢工，但德马设法使许多被捕的罢工者获释。罢工过后，至少有13个分会的唐纳森维尔工人保护和互助协会成立了，目的是执行合同，保护工人免受店主的"欺凌"。

得益于诸如此类的基层组织的建设，劳工骑士团在19世纪80年代初进入甘蔗种植园堂区，并建立了一个由种植园工人、农场工人等组成的分会网络（至少有20个，甚至可能接近40个）。这预示着劳工骑士团即将进行的大规模劳工动员。到了1886年，劳工骑士团声称在全国范围内拥有近万个分会和约75万名成员。从新英格兰到中大西洋和中西部的工业地带，再到艾奥瓦、密苏里和堪萨斯等平原州，是分会分布最为密集的地区。在落基山脉的矿区，尤其是西海岸的皮吉特湾和旧金山湾附近，也有许多分会。虽然许多分会在城镇，但劳工骑士团也将触角伸向了农村，吸引农民、矿工和铁路雇员入会。大多数新成员是半熟练和非熟练工人，女性成员可能多达6万人。

南方前叛乱州的组织动力在这方面表现得最为明显。劳工骑士团从里士满、罗利、伯明翰、小石城、新奥尔良和加尔维斯顿开始，向小城镇和农村地区推进。到了19世纪80年代，劳工骑士团建立了近2000个地方分会，其中约三分之二在农业县。就像在路易斯安那的甘蔗种植园堂区一样，劳工骑士团在阿肯色、得克萨斯、亚拉巴马和北卡罗来纳，特别是这些州的农村地区得到了热烈响应，农民、木匠、伐木工人、机械师、农场承租人、洗衣女工和锯木厂工人纷纷加入。其中许多人是黑人，而且单独成立了分会。除了劳工骑士团，创建于南卡罗来纳的美国工人合作社、创建于阿肯色的农业之轮，以及从得克萨斯起家，向整个深南部发展的有色人种农民联盟，同样做出了不懈的努力。这些组织主要由黑人劳工组成（农业之轮也有白人）。

极具讽刺意味的是，虽然劳工骑士团及其组织的罢工令全国上下感到震惊，但其领导层，尤其是特伦斯·鲍德利，并不看好罢工以及与其有关的运动的前途，这多少与他的战略有关——鲍德利希望建立一个拥有大量忠诚的基层成员的大型组织。罢工虽然能迅速吸引新成员，但其中不少"新人"并不符合"劳工骑士团过去的标准"。一旦罢工失败，成员很可能会流失。"补救措施，"鲍德利在

1880年的一次大会上说，"不是自杀式的罢工……而在于建立彻底的、有效的组织。"不过，意识形态方面的问题可能更加重要。劳工骑士团的领导层的主要目标依然是反垄断。他们虽然对战后的资本主义提出了强烈的批判，但还是以二分法，即"生产者"（包括许多雇主）和"非生产者"，创造财富的人和积累并使用财富的人，"有道德的人"和"腐败堕落的人"来看待世界。鲍德利咆哮道："我咒骂'阶级'这个词。"他将目标定为废除"工资奴隶制"。

然而，劳工骑士团在组织成立文件中呼吁的"彻底的组织"或"仲裁"，并不能阻止雇主单方面削减工资或改变工作规则。这就是为什么会出现更多激进的、实验性的运动。19世纪80年代初，劳工骑士团的扩张速度加快，因为其组织了一系列成功的罢工，尤其是针对大型铁路公司的罢工，比如联合太平洋铁路公司在1884年削减10%到25%的工资引起的罢工。虽然"系统内没有一家车间组织了工会"，但丹佛还是突然爆发了罢工。不到两天，从内布拉斯加的奥马哈到犹他的奥格登的"所有支线"全部陷入了停滞。铁路公司被迫撤回降薪的决定，劳工骑士团因而获得了回报。

次年，即1885年，当工人们对抗杰伊·古尔德庞大的"西南系统"时，类似的连锁反应再次出现，而且规模更大。古尔德是一个合适的目标。和19世纪末的其他"巨富"一样，他在南北战争期间通过金融投机，主要是通过向铁路股票"注水"发了财，甚至垄断了黄金市场。到了19世纪80年代初，他把目光转向铁路，控制了一个从伊利诺伊一直延伸到科罗拉多和得克萨斯的庞大帝国，包括得克萨斯和太平洋铁路，密苏里和太平洋铁路，国际—大北铁路，沃巴什、圣路易斯和太平洋铁路，圣路易斯和铁山铁路，以及密苏里、堪萨斯河得克萨斯铁路。古尔德随后与科利斯·P.亨廷顿的南方太平洋铁路公司发生冲突,二人最终达成协议,同意合作并分享利益。古尔德铁路帝国的里程最终将达到1.5万英里。根据一家报纸的估计,它"拥有世界上最长的铁路……超过其他任何个人或公司的"。不仅如此,古尔德还控制着《纽约世界报》和《西部联盟电报》,从而掌握了重要的通信和运输手段,这进一步坐实了他作为当时最大的垄断者的恶名。

古尔德大幅削减工资和工时后,密苏里小镇沃巴什铁路的工人便开始罢工,很快罢工蔓延到了古尔德在得克萨斯、堪萨斯、密苏里、伊利诺伊和印第安纳的其他铁路公司。罢工者再次赢得了公众和许多媒体的同情和支持。这一方面是因为许多铁路工人所处的环境极为恶劣,"他们和他们的家人面临着事实上的匮乏";另一方面是因为古尔德素以贪婪和侵吞公司资产闻名。在许多人看来,古尔德似乎是一个完美的"强盗资本家",他通过牺牲工人的利益大发横财,后来还吹嘘自己"可以雇用一半的工人来杀死另一半"。不到两周,古尔德铁路公司的主管就认清了形势,坐下来与罢工领袖谈判。他们同意撤回削减工资的决定,接受工程师提出的工作规则,并重新雇用罢工工人,包括已经加入劳工骑士团的罢工工人。圣路易斯的一家报纸宣传:"不管是在这个国家还是其他任何国家,这样的胜利都是前所未有的。"这次胜利不仅刺激铁路工人,还刺激从钢铁厂、建筑工地、洗衣店到采石场的各行各业的工人纷纷加入劳工骑士团。不过,还是有不少人怀疑,公司是否真的会履行新"合同"的条款,而且地方分会的工人往往比劳工骑士团的全国领导人设想的更加大胆。

　　西南大罢工的第一阶段发生在战后的核心劳工问题，即八小时工作制所带来的全国范围内的动荡和期待的背景下。虽然联邦政府已经规定，八小时工作制适用于联邦政府雇用的机械师和工人，而且包括伊利诺伊在内的一些州和市也有相同的规定，但这些规定普遍受到雇主的抵制，政府很少强制他们执行，而法院则裁定八小时工作制的规定违反了新工业经济的基本原则——契约自由。但是，劳工变得越来越乐观，而增加了数千名有生力量的劳工骑士团决意实现这个目标，他们期待于1886年春在芝加哥举行抗议。

　　芝加哥看起来是理想的罢工场所。到了19世纪80年代，它不仅是一座商业城市，还是一座工业城市，人口增速惊人，超过了纽约。这里是密西西比河以东所有主要铁路和外密西西比西部许多铁路的枢纽。它吸引了像赛勒斯·麦考密克、乔治·普尔曼、菲利普·阿莫尔和马歇尔·菲尔德这样的先进制造商和零售商，以及来自美国和欧洲各地的政治激进主义者和革命者，后者在这座城市规模庞大的工人阶级当中赢得了越来越多的支持者。芝加哥总人口中的约四成和劳动人口中的近六成是移民，其中德国人、波兰人、斯堪的纳维亚人和爱尔兰人最多。移民在机械厂、轧钢厂和包装厂等大型工厂工作，并组成了各自的组织，参与城市政治。他们在工作场所和居住区组织起来，并订阅外语和社会主义报纸。宣传社会主义的《工人报》发行量达2万份。芝加哥工人为八小时工作制斗争了近20年。

　　在美国，很少有城市像芝加哥这样积攒了如此强烈的不满情绪，也很少有城市像芝加哥这样有这么多能言善辩、献身斗争事业的激进主义者。随着时间的推移，许多工人阶级选区的政治领袖——他们可能出生在德国、爱尔兰，甚至亚拉巴马——把反垄断、绿背纸币主义、爱尔兰民族主义和社会主义等不同的思想流派融汇起来，挑战这座城市的资本家的权力。有些人自称无政府主义者，不过他们的生产者自治社区的梦想可能更接近于反垄断主义者的，而不是法国和俄国的无政府主义理论家蒲鲁东和巴枯宁的。不管怎样，卡尔·马克思的思想、美国革命时期的法国共和主义思想和托马斯·潘恩的思想四处传播，劳动人民对争取八小时工作制的信心越来越大。甚至曾经把八小时工作制视为"给婴儿喝的舒缓糖浆"的无政府主义者，都暂时放弃了对传统的民众抗议和劳工目标的批判，融入这股政治潮流之中。1886年5月1日被定为芝加哥和全国各地同时采取行动的日子，不过骚动在此之前就已经开始了。早在3月，劳工就开始向雇主施加压力。到了4月底，近5万名芝加哥工人已经为自己争取到了八小时工作制，芝加哥市议会批准了公职人员八小时工作制，从东部到西部的主要工业中心也纷纷举行罢工，要求八小时工作制。到了5月1日，成千上万的工人上街游行。全国至少有35万工人参加了这一共同行动，其中芝加哥工人在4万到6万之间，既有技术工人，也有非技术工人。借用一名观察家的话来说，"工厂高耸的烟囱没有冒烟"。随后，罢工惨遭瓦解。

第一次挫折与争取八小时工作制的示威活动没有直接关系。3月，一名铁路工人因参加在得克萨斯的马歇尔举行的工会集会而被解雇，于是劳工骑士团再次针对西南部的古尔德帝国发动罢工，而且这次的罢工更加激进。这反映了工人并不信任上一年达成的协议，该协议即便真的在被执行，充其量也只能算是在应付，进展极为缓慢。罢工向北蔓延到伊利诺伊、密苏里、阿肯色和堪萨斯（包括东圣路易斯、堪萨斯城和小石城），向西蔓延到达拉斯和沃思堡。参与者约20万人，其中不少人是因为同情劳工而参加的罢工。但与1885年相比，罢工者所处的外部环境更加不利。罢工的铁路工人在许多地方夺取了车间和机车库的控制权，造成了机车的瘫痪。紧接着爆发了激烈的冲突，先是与私人警卫（包括平克顿私人侦探公司，一个曾为林肯总统提供安全保护的侦探机构），然后是与密苏里州州长和得克萨斯州州长召集的州民兵和得克萨斯巡警。在不断升级的暴力事件中，公众对罢工的支持力度越来越弱，较保守的铁路兄弟会也拒绝参加罢工。对罢工者来说，另一个坏消息是，州法院和联邦法院首次发布了"禁止干扰铁路交通"的禁令，这对罢工造成了毁灭性的打击。由于压力越来越大，特伦斯·鲍德利和劳工骑士团的总执行委员会放弃罢工，命令成员重回工作岗位。罢工者一无所获，而且形势明显对那些公司有利。5月3日，罢工受挫的消息传到了芝加哥。

就在同一天，在离芝加哥更近的地方，工人和警察在芝加哥西南区的麦考密克收割机工厂外发生了冲突。在那里，参加罢工的铁模工被锁在外面，罢工破坏者进入了工厂。罢工者与镇压者剑拔弩张。在1871年的芝加哥大火和1877年的铁路大罢工之后的数年里，警察部门的规模扩大了许多，而且成为全国最有效率的破坏罢工的武装力量。警察已经多次采取行动，这反过来刺激工人组织了自己的武装力量作为防御手段。在麦考密克收割机工厂，当罢工者和罢工破坏者开始打斗时，带着棍棒和手枪的警察已经准备就绪。现场200名左右的警察迅速开始攻击罢工者，殴打他们，朝他们开火，有人因此丧命。当打斗结束后，人们发现至少有两名罢工工人死亡，多人受伤。

在重新集结起来的人当中，几名无政府主义者发布了"复仇"布告，并开会商讨对策。经过反复讨论，他们决定在次日（5月4日）晚，在离市中心不远的干草市场举行抗议集会。虽然只有不到3000人参加了集会，而且奥古斯特·斯皮斯、艾伯特·帕森斯等著名的组织者的演讲也被认为是"温和的"（市长一度在场并报告了这一点），但警察最终还是奉命驱散人群。随后，一枚炸弹突然被投掷到广场上，并且爆炸了。枪声响起，即使不是警察单方面开火，也基本是警察在开火。《芝加哥论坛报》的记者报道说，随后发生了"疯狂的屠杀"。"警察不允许任何抵抗，"他评论道，"他们被激情蒙蔽了双眼，无法区分和平的市民和无政府主义刺客。"7名警察和4名工人死亡，约60名警察和更多的平民受伤，许多人迅速逃离现场。

"干草市场爆炸案"的真相究竟如何，至今仍有争议。这到底是无政府主义者的阴谋，还是警察实施的屠杀？是谁扔的炸弹？没有争议的是事后的情况。在政治恐惧的狂热中，8名无政府主义者被逮捕、审判，并被匆忙认定为策划了爆炸。虽然他们拒绝承认指控，但4个人最终被处以绞刑，1人在狱中自杀，1人被判处15年监禁，2人由死刑改判为无期徒刑（他们后来在1893年被伊利诺伊州的改革派州长约翰·彼得·阿尔特格尔德赦免，他批评了审判程序）。

美国和世界各地的劳动人民尤其是激进知识分子对审判的结果感到震惊和愤怒。他们钦佩干草市场烈士坚持主张自己的清白，宁愿走向死亡或坐牢也不放弃信仰的勇气。他们谴责芝加哥精英的懦弱和报复行为。一些人可能已经知道，艾伯特·帕森斯曾面对过政治骚扰，当时他帮助共和党成立组织，在得克萨斯东部倡导黑人权利，然后与他的混血妻子露西一起北上，而后者很可能曾被奴役过。重建时期的激进主义的线索交织在一起，不会被"收复"或地理因素轻易割断。

无论如何，干草市场的无政府主义者不会就这样被人遗忘。他们将成为国际象征，代表着对资本主义国家的杀人之臂的正义反抗。但是，已经发展了十多年的民众运动将永远无法完全走出这些挫折的阴影。劳工骑士团迅速衰落，看似生机勃勃、越来越自信的劳工运动将不得不再次积聚力量，重新评估自己的目标。

重新定义共和国

但在短期内，这些后果尚不显著。干草市场爆炸案和西南大罢工的失败并没有冷却大众的热情。关注劳工运动的记者约翰·斯文顿发现，"新的政治势力"继续兴起。纽约市的情况似乎也是如此，该市将在1886年秋举行一场重要的市长选举。因对法院针对罢工者发出的禁令感到不满，纽约市拥有众多会员的中央工会决定参加选举。他们组织了联合劳工党，选择亨利·乔治作为自己的候选人。乔治与纽约市没多少联系，但自从《进步与贫困》出版后，他在劳动人民当中赢得了大量追随者，许多人在工作场所阅读和讨论这本书。19世纪80年代初，乔治曾两次前往爱尔兰，他关于土地垄断的理论引起了爱尔兰土地同盟（不管是在欧洲还是美国）成员的强烈共鸣。他还在美国各地的劳动骑士团地方分会发表演讲。根据中央工会的说法，到1886年，乔治的"名字已为成千上万的人所知晓，他们视其为领袖，认为他的教诲将带领他们摆脱奴役"。乔治早就提出，土地税能解决纽约市住房不足的难题。

联合劳工党在将土地税列入党纲的同时，还要求缩短工作时间、提高工资，将公共交通的所有权收归市有，规定警察不得干涉罢工和工人会议。乔治的竞选活动特别将矛头指向城市的土地所有者，称他们是靠剥削劳动者过活的寄生虫。"我们是工资劳动者和租客，"他在竞选文件中宣称，"我们应该把票投给支持……通过立法废除工资奴隶制和土地垄断的人。"这足以唤起纽约的资产阶级对法国大革命和巴黎公社的恐惧，并推动他们动员起来保卫"财产和秩序"。联邦联盟、纺织品商人协会、一百人委员会和商人协会携起手来，有人甚至呼吁民主党和共和党人共同推举一个合适的候选人——他们没有这样做。11月的投票结果令人遗憾。民主党人艾布拉姆·休伊特获得胜利。但他在这场有着极高投票率的选举中只获得了41%的选票。乔治赢得了大量工人的支持，并吸引了许多通常会投给民主党的爱尔兰天主教徒的选票，他以31%的选票居于次席。共和党候选人西奥多·罗斯福排名第三，但与乔治的差距极大。

劳工骑士团主席特伦斯·鲍德利选择支持亨利·乔治，这多少有些出乎意料。从19世纪80年代初开始，鲍德利就强烈反对劳工骑士团参与选举政治，就像他反对其卷入罢工一样。同当时其他的一些劳工领袖一样，他也在反思绿背劳工党短暂而且难言成功的历史（绿背劳工党最终在选举中惨败，在此之前似乎一直避免参加选举），并因此认为主流政治会干扰其建立"彻底的组织"这个重要的任务。然而，就像他无力阻止劳工骑士团参加罢工一样，他也无力阻止其参与政治，劳工骑士团各分会自行其是。虽然该组织并没有组建自己的政党，但它支持独立的劳工候选人参加市、县和州的公职竞选。1885年至1888年间，劳工骑士团以工会劳工党、联合劳工党、劳工党、独立候选人，甚至是骑士劳工党的名义参加了34个州和四个准州将近200个城市和市镇的竞选，在其中三分之一的地区取得了胜利。这里面既有像芝加哥、纽约、旧金山、匹兹堡、巴尔的摩、底特律、丹佛这样的大城市，也有像加利福尼亚的尤里卡、印第安纳的马里恩、艾奥瓦的布恩、俄亥俄的阿莱恩斯、明尼苏达的莱德温、密西西比的沃特瓦利和缅因的加德纳这样的城镇。

这些劳工党虽然没有统一的纲领或政治诉求，但不管在哪里，它们都要求实行八小时工作制，就工时立法，并希望改善市政和公共服务，使其更有利于工人阶级社区。有时，它们呼吁规定最低日工资，禁止转包，延长电车路线，成立生产者合作社，兴建公共工程项目；有时，它们希望由自己管理市政，并表明它们可以在更大范围内以更高的效率来管理市政。但是，考虑到美国工人阶级的种族和民族复杂性，更引人注目的是劳工骑士团在多个城镇中建立的胜选联盟。它们在新罕布什尔的罗切斯特赢得了胜利，这是一个纺织和制靴小镇，通常投票支持共和党，劳工以北方人、法裔加拿大人、爱尔兰人和英国人为主；它们在堪萨斯的堪萨斯城赢得了胜利，这是一座以肉类加工业闻名的铁路枢纽，通常投票给民主党，劳工包括本地出生的白人、非裔、爱尔兰人、德国人和英国人；它们在弗吉尼亚的里士满赢得了胜利，这是一个烟草和小型制造业中心，民主党和共和党在这里不分伯仲，劳工中大约有一半是黑人；它们在威斯康星的密尔沃基赢得了胜利，这是一个发展中的城市，有多元化的产业（啤酒厂尤其有名），劳工中有大量德国人和波兰人。在整个过程中，为了追求一个建立在各种生产者基础上的更加民主的共和国，反垄断和选举政治的机制似乎生动而有力地塑造了一个政治意义上的劳动阶级。

劳工骑士团在工作场所和选举政治两方面的成果，尤其是在南方的前叛乱州，受益于后解放时代的非裔美国人的政治动员。事实上，如果说当时美国有哪个地方与巴黎公社相似，那就是南方的城市和农村，尤其是从弗吉尼亚到得克萨斯的弧形地带。在那里，正如我们已经看到的，由于象征着激进共和主义顶点的1867年《重建法案》，前奴隶和有色自由人不仅同其他美国人一样拥有选举权，还通过与共和党结盟掌握了一定的权力，获得了曾经由他们的前主人占据的公职。在那里，也就是旧政权的核心地区，在我们没有意识到的程度上，非裔美国人不仅成功颠覆了政治职务的构成，还努力构建了另一条政治道路，以自己的方式参与塑造共和国。他们以此建立了真正的黑人权力基础，而且事实证明他们建立的基础能够经得住考验。

佐治亚的麦金托什县是黑人的权力重镇之一。该县位于战前大米王国的最南端，旧南方一些最富有的种植园主就住在这里。该县以主要农作物为主的经济，在南北战争之后不久就解体了。到了1868年春，该县的权力结构发生了天翻地覆的变化。黑人取代了过去的地方领袖、他们的亲戚以及受他们庇护的白人附庸，担任县书记员、县宗教法官、县治安法官、县治安官、市司法官和选举登记员等职，并出任州议会议员和国会议员。不久之后，他们还将出任警长、副警长、法医、竞选经理和市议员，陪审员和法警更是不在话下。世代居住在这里的黑人人口比白人多出近3倍，此外联邦军队的进驻，种植园主家庭逃离当地，以及谢尔曼的第15号特别战地命令，都对这一剧变有影响。不过，远道而来、精力充沛、能力不俗的领导人图尼斯·G.坎贝尔发挥了不可替代的作用。

　　从北方南下的黑人凭借自身的才智和资源为奴隶制南方的重建做出了贡献。不过，没有哪个人像坎贝尔那样在当地赢得大量追随者，也没有哪个人像他一样引发巨大的争议。坎贝尔在新泽西和纽约长大。由于年纪太大，他无法在南北战争期间参军。于是，他在1863年夏前往被联邦军队占领的南卡罗来纳的罗亚尔港，希望能够帮助教育前奴隶并促进当地民主的发展。他在1865年春被任命为佐治亚海岛监管人时，已经确信"以分离为力量"的必要性。他先是在圣凯瑟琳斯岛和萨佩洛岛建立了前奴隶的定居点，随后由于联邦的骚扰，又将定居点转移到麦金托什县所辖的大陆上。当国会开始军事重建时，他和他的许多追随者正在那里。

　　坎贝尔十分清楚政治权力的本质，以及被解放社区的期待。他从自己的积蓄中拿出1000美元，从联邦的支持者手里租下一个大种植园，把它分给黑人家庭，分到地的黑人家庭每年需要缴纳实物作为地租。他写了一份章程，成立了贝莱维尔农民协会，其功能类似于地方政府，官员由选举产生。他还被任命为选举登记员，因而能够在麦金托什县以及和它相邻的两个县登记并教育潜在的黑人选民。1867年夏，自由民局的一名事务官发现该地"经济状况良好"，100余名居民正准备建一所校舍。11月，坎贝尔被选为州制宪会议代表。次年4月，坎贝尔的儿子被选入州议会，而坎贝尔本人则成为州参议员和地方治安法官。

　　虽然坎贝尔的政治控制绝对不是白人诽谤者所说的"专制"，

但他确实拥有巨大的影响力。他不仅是贝莱维尔定居点的领袖，还是非洲卫理公会锡安教堂的长老，并且担任过数个政治职务。他可以扮演最符合农村前奴隶所需要的角色，能说一种合乎他们的政治期待的语言。他经常把县里的黑人召集在一起，而且似乎会把实用的建议、共和主义原则同宗教信仰和宗教狂热结合在一起。坎贝尔不收受贿赂，不惧恐吓，因此赢得了大批忠实的支持者。凭借着这些支持者，他建立了政治机器，成立了基层组织，并组织了一个民兵连。当共和党在佐治亚的政治前途变得越来越暗淡，地方一级大多数的黑人运动或是遭遇挫折，或是遇到保守派强大的阻力时，麦金托什县的黑人势力则继续成长，统治更加牢固。

最令白人种植园主如鲠在喉的是坎贝尔的治安法庭。在两名黑人法警的协助下（最终警长和副警长之职也都由黑人担任），坎贝尔使黑人劳工在处理与白人雇主的关系时有了新的筹码。坎贝尔对前奴隶经常遭受的苛待、侮辱、欺骗和虐待采取毫不妥协的态度。他会命人将被告逮捕，带到他的审判席前；如果被告被判有罪，则处以罚款。当地种植园主的愤怒可想而知。"他蛮不讲理，不是根据法律，而是根据他的个人喜好随心所欲地做出裁决，"一个人抱怨说，"（他）意在摧毁这个经济部门的劳动成果，并带来恐怖统治。"前奴隶则经常"集体"离开种植园，前往坎贝尔的法庭旁听，或参加相关的政治集会。根据其中一人的说法，他们回来后"要么不愿意签订契约，要么已经打算不遵守它们"。不久之后，麦金托什县的白人就对坎贝尔展开了一连串的报复性攻击，并且最终取得了成功。但要彻底粉碎该县的黑人势力，还需要好几年的时间，而且旧秩序终究是一去不复返了。20世纪，这里的黑人和白人相处得还算融洽，四分之三的黑人家庭拥有自己的房子。

麦金托什县的黑人政治权力的覆盖范围和持续时间虽然少见，但绝非孤例，特别是在非裔美国人占多数而且通过和共和党结盟获得了政治机会的地方。在南卡罗来纳的埃奇菲尔德县，虽然受到民主党人和农业协会的一致反对，拥有良好组织和武装的黑人共和党人还是成功控制了县法院。在魅力十足的前奴隶和美国陆军中士普林斯·里弗斯的领导下（据说他能让"人们轻而易举地理解杜桑"），他们挑战当地地主的权力，推动非裔美国人社区向前发展。到了1872年，白人种植园主感到自己受到了高税收的压榨，并抱怨自己无法在法庭上得到公平的申诉机会。两年后，这里的黑人学生的人数达到了白人学生的两倍，黑人教师与白人教师的工资待遇相同。

在密西西比河三角洲各县，在白人共和党活动家的帮助下，黑人开始进入地方管理委员会，在治安法官和州议员的选举中取得胜利，并且获得了担任陪审员的资格。在克莱伯恩县，得益于共和党的一场压倒性大胜，五名监事中的三名，以及数名治安官和警长都是黑人。在麦迪逊县，大陪审团和小陪审团的陪审员"大多是"黑人。当地的白人抱怨说："他们那里有一个监事会……却没有一个人能写出自己的名字。"在伊萨奎纳县，黑人最终占据了监事会的全部五个席位，而在以维克斯堡为县首府的沃伦县，黑人出任警长、巡回书记员、财务主管和治安法官等职，还曾短暂控制过监事会。1871年春，当非洲卫理公会的《基督教纪事报》的一名记者到达密西西比的格林维尔时，他惊奇地发现"在两个陪审团中，约三分之二的陪审员是有色人种"，而且"法院院子里挤满了非裔"。4年后，一名访问勒弗洛尔县的人发现，11名治安官中的9名是黑人，"白人有产者被迫出庭，在法律问题上服从他们的判决，而这些法律问题有时涉及巨大的利益"。13个县选出了黑人治安官，这13个县约占密西西比黑人人口的三分之一；而且，即便是在共和党人下台后，黑人还是常常通过与民主党人达成的"融合"协议，继续保有一些地方一级的职务。

在深南部的另一端，也就是得克萨斯的华盛顿县，黑人与跨种族、跨民族的共和党结成联盟，该党在1870年及此后的十多年里一直控制着县政府。黑人常常将警长、法官等职务让给他们的白人盟友；作为回报，他们获得了大部分州议员的提名，并最终担任了法院书记员、财政官和治安法官。更重要的或许是，他们在大陪审团和小陪审团中占了很高比例。所有这些都增加了黑人担任地方职务的机会，并使黑人被告能够受到真正的保护。得克萨斯东部的大部分地区因此能够抵制民主党的全面"收复"，而黑人选民的有效动员和黑人担任公职的经验，引起希望改变既有体制的白人的注意，先是绿背纸币主义者，然后是民粹主义者。

巴黎公社的类比当然不仅仅表明权力从有产者向无产者，从资本家向劳动者的转移——共和国因此发生了实质性的变化——还表明了该转变在许多地区遭遇的激烈反击。种植园区的共和党代表，不管是白人还是黑人，都不得不克服大量障碍，而赢得选举并不一定足以确保他们能够行使权力。他们必须交纳保证金、宣誓，而且经常要提防拒绝选举结果并图谋杀害他们的白人准军事武装人员。在路易斯安那的格兰特堂区，对决尤其血腥，以前奴隶、联邦退伍军人威廉·沃德为首的黑人激进派动员当地劳工，组织了一个民兵连，逮捕涉嫌违反联邦《实施法案》的白人。沃德是一名经验丰富的木匠，也是一名老兵，意志坚定，不惧威胁。他训练忠诚的共和党人，在1872年的堂区选举中取得优势，有望进入州议会。当保守派竞争对手似乎可能被路易斯安那州州长开绿灯，代替他们就任科尔法克斯堂区所在地的议员时，沃德和他的支持者控制了法院大楼。

他们很快听到传言，保守派打算夺回法院，绞死黑人激进主义者。沃德对此深信不疑。因此，当一队由当地种植园主和著名的三K党首领率领的武装人员在4月1日来到科尔法克斯时，他们发现那里防守严密，于是不得不撤退。接下来几天的小规模冲突使局势升级，周围农村的黑人男女带着儿童逃到了科尔法克斯寻求庇护。保守派意识到自己的人数和火力不足以驱逐沃德和他的支持者，于是邀请"援军"前来助阵。邻近堂区迅速集结了一大批白人自警团成员，前来"镇压黑人的武装"。

就像1871年巴黎街头的激进主义者一样，黑人开始在法院周围修筑土垒，用管子制造简易火炮，而黑人女性会在夜间到乡下寻找补给品。但即便如此，武装的黑人只有80人，而他们面对的是300余名装备精良的白人准军事人员。因此，他们同样需要援军。4月9日，沃德和其他几名黑人领袖一起，偷偷离开科尔法克斯，前往新奥尔良，希望能招来州和联邦的武装部队。4月13日星期日（当天是复活节）上午，他还没有归来，白人就发出最后通牒，要求黑人交出法院，并承诺只要黑人放下武器就可以安全离开。留守的另一名老兵莱文·艾伦拒绝了最后通牒，白人发动了攻击。战斗持续了近两个小时。当战斗最终结束时，包括武装人员在内的100多名黑人丧命，他们或是中弹身亡，或是被俘后遭到处决。

当政府官员最终到达现场时，他们看到的是重建时代最为血腥的一幕。联邦当局逮捕了98名保守派自警团成员，罪名是违反了《实施法案》（该法案将各种政治骚扰和恐怖主义行为定性为联邦罪行），并成功地将其中一些人送上法庭。最后，3人被定罪。然而，戏剧性的是，他们上诉到美国最高法院，后者在1876年的美国诉克鲁克香克案中推翻了他们的有罪判决。大法官们认定《实施法案》违宪，因为第十四修正案的平等保护条款只禁止各州侵犯黑人的公民权利，个人的侵权行为不属于联邦政府的管辖范围，而受各州和地方政府的管辖，而当时民主党已经夺回了多数州和地方政府的控制权。1877年年初，共和党总统海斯对最高法院的判决让步，命令联邦驻军返回军营，而没有留下来支持南卡罗来纳和路易斯安那的共和党政府继续执政。士兵们回到军营中待命。到了7月中旬，一些士兵被派往北方执行新任务——镇压愈演愈烈的铁路工人罢工。

在南方前叛乱州重新建立"家园"（白人民主党）统治，在美国政治史上具有重要意义。这表明共和党联盟（在这个联盟中，前奴隶在政党事务和制定政策上发挥了重要作用）继续执政的可能性不复存在，而且激进派已经被边缘化。共和党高层允许其在南方的政权倒台，先是弗吉尼亚、佐治亚、亚拉巴马、得克萨斯和阿肯色，然后是密西西比、南卡罗来纳、路易斯安那和佛罗里达，这表明美国政治中的新的执政联盟有能力将东北部的金融、工业利益集团与南方和西部的土地、商业、矿业利益集团整合起来。

但这一点在1877年的失败中表现得还不明显，而且构建另一个与上述集团不同的政治联盟的要素，不管是一个以小生产者为主的联盟，还是一个围绕着不同于当时正在快速发展的市场经济类型的替代方案而组织起来的联盟，在很大程度上仍然是完整的。前奴隶在政治上还没有放弃努力。他们虽然失去了控制南部各州政府的重要盟友和富有战斗精神的领袖，但仍有大量选民；在人口稠密的卡罗来纳、佐治亚、密西西比河流域和得克萨斯东部，他们仍能通过选举使自己的人在州和地方上任职，而且仍然握有不可小觑的权力。非裔美国人在一些种植园县的组织极为严密，这吸引了一些保守的民主党人，特别是受反垄断思想影响的白人改革家寻求与他们结盟。

这个跨种族联盟的影响在弗吉尼亚表现得最为明显。这并不算意外。弗吉尼亚不同于其他前叛乱州的一点是，这里不曾有过共和党的重建政权，执政的是一个由城市商业、银行业和铁路业利益集团组成的保守派联盟。但在黑人占多数的泰德沃特地区，前奴隶成功动员起来，通过选举将近70名黑人送入州议会，其中许多人拥有技术和土地，是大家族的成员，而且与当地的互助团体和教会有密切的联系。当保守派决心通过增加税收和削减包括公共教育在内的公共服务来全额偿还弗吉尼亚的巨额债务时，他们的联盟分裂了。农村地区的反弹尤其强烈，特别是没有太多奴隶的西部。1879年年初，他们组成了一个名为"再调节党"的政党，致力于缩减债务，从被称为"资助人"的城市金融精英手中夺回权力。

白人"再调节党"人从一开始就向黑人共和党人伸出了橄榄枝，他们希望能够团结"弗吉尼亚人民，无论其肤色如何"；他们很清楚，非裔美国人在该州25个以上的县拥有强大的基础，而且到了19世纪70年代末，黑人已经无法再忍受白人共和党领导层。不过，如果领导再调节运动的不是一位精明而勤勉的政治家，那么这个机会很可能会被错过。与一般的改革者不同，威廉·马洪曾是南部同盟的将军、民主党人和铁路公司总裁。他希望在政治上有一番作为，不过他没能得到民主党人的支持；虽然受的是工程师的训练，但他知道应如何与别人建立政治上的联系。他很快和州议会的黑人议员见面，后者告诉他，只有重视黑人关心的问题，才能打消黑人对"再调节党"人意图的怀疑。获得黑人支持的代价是分享州政府的优惠政策和各个级别的公职，移除鞭笞柱（残存的奴隶制的象征），废除州政府制定的以人头税为投票条件的规定，以及在全州建设公立学校。

马洪许诺会将这些要求写进"再调节党"的党纲，弗吉尼亚黑人随即就转而支持该党。马洪收集了弗吉尼亚每个县基层领袖的详细信息，并在必要时安排为其支付人头税。通过这样卓有成效的动员，马洪在两个选举周期的间歇期，也就是1879年到1883年间，当选美国参议员。"再调节党"人当选了州长，该党控制了州立法机构，而且党纲的大部分内容都得到了落实。这基本就是激进派共和党人原本希望在南方前叛乱州看到的结果——前奴隶与白人自耕农组成一个照顾小生产者利益的执政联盟。从佐治亚到得克萨斯的政治反叛，显示了民主党"家园"统治的断层，而这是其中一个给人留下深刻印象的例子。政治叛逆者要么与绿背劳工党结盟，要么自称独立派。他们的基本盘虽然在非种植园区（包括新的煤矿区），但他们也希望获得黑人共和党人的选票。为此，他们以各种方式呼吁结束选举舞弊，废除新的人头税，禁止犯罪租赁（雇用犯人），增加对公立学校的拨款。"自由投票和公平计票"既是他们的口号，也是其用来争取黑人支持的手段。

深南部的政治反叛对得克萨斯中东部的影响最大。在那里，共和党人先是在19世纪70年代后期"联合"了绿背纸币主义者，然后在一些县建立了跨种族联盟，获得并持续保有权力，有时甚至长达数年。农村的萧条，使得贫穷的白人和黑人都饱受其苦，这被证明是反抗民主党的白人至上主义的起点，而强有力的地方领袖和不同种族的人一起工作的经历使这些非凡的民主实验获得了不竭的动力。这似乎表明得克萨斯正在形成一种政治文化，南方和西部在这里相遇并融合，大量德国和墨西哥移民在这里居住，党派政治在这里找到了肥沃的土壤。在全国性的选举中，绿背纸币主义者在得克萨斯获得的选票多过其他任何一个州。19世纪七八十年代，很多州没有出现过如此密集重叠的经济繁荣和衰退——主要集中在棉花种植业、养牛业、采矿业和铁路运输业。一场席卷城镇和农村的民众运动出现在这里的希望极大。

构建合作共同体

1877年铁路大罢工失败后仅仅数周，一个名为"农民联盟"的组织就在得克萨斯中东部距离达拉斯和沃斯堡不远的地方成立了。该组织成立于一场激烈的"砍栅栏"战争中，参与斗争的分别是小农、小牲畜饲养者和大地主、大牧场主。由于资本主义产权观念已经深入人心，一直占主导地位的共同使用权被废除，南方和平原地区爆发了大量立栅栏圈地斗争，这是其中一场。这个过程加剧了人们的反垄断情绪，这个地区也因此成为绿背纸币主义者的温床。不久之后，劳工骑士团也像组织农民一样将矿工和铁路工人组织起来。与上述爆发斗争的地区相距不远的伊拉斯县（位于得州北部）是煤炭中心，得克萨斯铁路和太平洋铁路经过那里。由于宣传队伍日益壮大，农民联盟很快扩张到整个得克萨斯。随着棉花经济不断衰退，它在深南部大部分地区扎下根来，而且与劳工骑士团和各种反垄断联盟建立起了密切的联系。1886年，就在西南大罢工失败后不久，农民联盟在得克萨斯的克利伯恩召开会议，提出了诸多要求，包括承认工会和合作商店，对铁路和公司征税，废除针对机械师和劳工的留置权法，废除罪犯租赁，禁止外国人拥有土地，对以投机为目的持有的土地征税，拆除公共土地和学校土地上的围栏，通过州际商业法，建立国家劳工统计局，建立一个以绿钞为基础的货币体系。

农民联盟先后在达科他、内布拉斯加、明尼苏达、艾奥瓦、堪萨斯，以及落基山脉和远西地区成立组织时，情况与此大体相同。事实上，矿工和铁路工人在科罗拉多、蒙大拿和怀俄明的作用尤其突出，他们大多与劳工骑士团合作，有时——特别是在加利福尼亚——他们能争取到亨利·乔治和爱德华·贝拉米的追随者，后者出现在越来越多的国家主义者俱乐部中，这些俱乐部以建设一个贝拉米在畅销书《向后看》（1888年）中描述的乌托邦式的集体主义社会为目标。南方和西部的这些努力的共同之处是资本主义不平坦的发展过程、强大的反垄断精神，以及对以合作主义取代市场的主导地位的兴趣。

合作社有多种形式，而且肯定借鉴了存在于农村、城镇社区中的悠久的互助传统。这些合作社包括销售棉花等农作物的合作社、购买农场和工人社区所需用品的合作社、开采煤炭的合作社、制鞋合作社、烤面包合作社、铸造铁器合作社、制造机器合作社、缝制服装合作社等。劳工骑士团从一开始就鼓励组织生产者合作社。事实上，自19世纪30年代以来，生产者合作社一直存在于制造业之中。南北战争结束后，全国可能成立了500多个生产者合作社，仅在1884年至1888年间，可能就成立了300家。农牧业保护者协会和其他农业协会经常试图组织合作社买卖商品，农民联盟在地方和州一级成立了所谓的"合作交易所"，但其中大多数受困于资金不足。不过，最重要的而且有可能对市场经济的基本关系构成挑战的想法，是所谓的"分库计划"。

分库计划的提出者是农民联盟得克萨斯分会的查尔斯·马库恩。根据他的想法，分库计划是打造一个由联邦资助并运营的仓库网络，农业经营者（农民、种植园所有者和租户）可以把他们的农作物运到这里储存，并在此基础上以极低的利率获得必要的贷款。反过来，这些农作物将被扣留，直到市场状况有所改善，这样农作物就可以卖出更高的价格。分库体系实质上是一个大规模合作社，它既可以使农民免受对推高当地利率负有责任的资本市场之苦，又可以使棉花卖家和经纪人不需要在丰收后大量向国际市场兜售棉花，从而导致棉花价格下降。这套体系将利用政府的力量来加强农业生产者在政治经济中的地位，削弱金融资本的地位。因此，当农民联盟于1889年在圣路易斯召开会议以起草全国性纲领时，代表们将分库体系与其他六个反映绿背纸币主义和反垄断精神的纲领一起列入其中，包括废除中央银行、发行绿背纸币、交通和通信工具为政府所有、不允许外国人拥有土地、公平征税和自由无限制地铸造银币。截至当时，农民联盟的成员超过了50万，而且仍然在迅速增长。

与劳工骑士团一样，农民联盟，尤其是南方的农民联盟，对以独立政党的身份登上政治舞台持谨慎态度。全国各地的党派忠诚度仍然很高，共和党和民主党都有深厚的根基，有能力打击政治叛逆者；两党都是全国性政党，在新闻界有忠实的支持者；两党基本控制了政府的分支，包括司法分支；赢家通吃的投票制度使两党获得了巨大的优势；两党拥有大量可供支配的资源。此外，不同地区的政治反叛路线也不尽相同。在中部平原和远西地区，共和党是占主导地位的政党；在南方，民主党占据主导地位；而在落基山脉西部和上平原大部分地区，联邦政府控制着这里的准州。在一些地区，政治叛逆者必须与共和党人决裂；在另外一些地区，他们必须与民主党人决裂。但不管在哪里，他们都必须携手克服南北战争带来的巨大分歧。

农民联盟与其他反垄断运动一样，也因自身紧张的社会关系而受到影响。农民联盟的领导层包括大量深入参与商业经济的农民和种植园主，而基层主要是佃农，这些人可能已经种植了一段时间的主要作物，不过更有可能已经被裹挟进快速扩张的市场关系中——南北战争使市场关系在南方和西部迅速扩张。由于金融、销售和运输领域的垄断，所有人在交易过程中都受到过剥削。他们也很难影响联邦政府的决策，因为他们在战后政治经济的权力平衡中处于不利地位。普遍的反垄断情绪和对增发货币的支持使他们走到了一起，但农村特有的各种形式的社会分化使得他们从内部开始分裂。

在南方前叛乱州，上述这些尤其重要。那里没有进行土地改革，奴隶种植园变为以佃农为主的种植园，种植园主成了地主。作为土地所有者和农业经营者，种植园主与自耕农没有太大区别。二者都拥有不动产，都是户主，都剥削经济依附者的劳动，都受到下跌的农作物价格和高昂的利息、运费的影响。然而，作为地主，种植园主的社会地位与自耕农截然不同。他们不仅在自己的土地上雇用黑人工人（有时数量还不少），还经常从事小规模的商品销售，而且对劳动者的控制也更强。事实证明，债务是束缚劳工的有效手段。此外，他们自己也是新的信贷和市场链的一环，因此他们对可能会破坏自身的经营方式并使黑人佃农更加独立的提议持怀疑态度。

农民联盟的南方分会拒绝接受非裔美国人（农民联盟成员中劳工占压倒性多数，而黑人组成了自己的有色人种农民联盟），而且在分库计划和成立独立政党等问题上的分歧比西部更大。虽然白人和黑人的农民联盟并非完全没有合作，而且都对合作社感兴趣，但双方没有合并的意愿，而且彼此猜疑。1891年，当有色人种农民联盟支持采棉工罢工，白人农民联盟协助镇压了这次罢工时，双方的不信任达到了顶点。这不利于打破白人至上主义者在民主党中的主导地位。农民联盟的南方分会计划通过和民主党合作，即要求竞选公职的候选人公开支持该组织的纲领（《联盟准绳》），来实现自己的目的，而西部的政治叛逆者已经打算采取更大胆的行动。从达科他到科罗拉多再到堪萨斯，他们派出了自己的候选人，分别以联盟党、独立党和人民党的名义参选，并取得大胜。在1890年的国会选举中，人民党在自己组织动员能力最强的堪萨斯赢了7个席位中的5席。一名不满的共和党人称这次竞选是"雨果描述的法国大革命的图景和西部宗教复兴运动的混合物"。

农民联盟之所以在全国范围内开展独立的政治运动，是因为南方分会制定的与民主党联合的战略失败了。南方分会虽然成功地使自己支持的候选人在南方各地取得了胜利，在州长、立法机构和国会中占据近20个席位，但他们很快发现，新当选的民主党"朋友"并不打算制订计划来实现农民联盟的目标，甚至不愿意在口头上对他们表示支持。到了1892年，农民联盟别无选择，只能走上独立之路。当年7月，南方联盟中以小农场主为主的一大批人脱离联盟，与来自平原地区和西部山区的政治叛逆者共同组织了全国性的人民党，或称民粹党。

就像农民联盟一样，民粹党在奥马哈通过的党纲体现了，而且可能比该时期任何其他文件更好地体现了反垄断政治的前途和局限性，以及使反垄断政治具有社会特殊性的合作主义冲动。像之前的农民联盟、劳工骑士团和绿背纸币主义者一样，民粹党人呼吁"美国劳工……永久地团结起来"，还要求废除中央银行，发行绿钞并使其"尽可能多地掌握在人民手中"，按累进税率征收个人所得税，禁止外国人拥有土地，禁止铁路和公司拥有"超过其实际需要"的土地（多余土地将"由政府收回并为实际使用者所有"），铁路和电报线由政府所有。像农民联盟一样，他们同样要求"按目前16∶1的法定比例自由和无限制地铸造银币和金币"，以及体现激进合作主义的分库计划。

由充满激情的明尼苏达农民、律师、国会议员和作家伊格内修斯·唐纳利撰写的党纲序言定义了道德和政治风险。他谴责了政治制度中无处不在的"腐败"，谴责了当权者对新闻自由的钳制，谴责了"被我们的法律忽视了的接受雇用的常备军"（如平克顿私人侦探公司），谴责了劳工的贫困化，谴责了将铸币权窃为己有，等等。"从同一个多产的政府的不公正的子宫里，"他暴跳如雷地说道，"我们孕育了两个伟大的阶级——流浪汉和百万富翁。"唐纳利指出，民粹党认为"政府的权力，或者说人民的权力应该扩大……使这个国家最终能够消除压迫、不公和贫困"。然而，在一系列支持"自由投票和公平计票"以及争取八小时工作制的附加决议中，民粹党人还谴责了"我们的港口向世界上的穷人和罪犯开放"，呼吁"进一步限制不受欢迎的移民"。这意味着那些地位最为脆弱的人，无论其种族与民族出身如何，仍然受到歧视。

作为新成立的政党，民粹党在1892年的全国大选中表现得非常出色。在农民和工人的支持下，民粹党赢得了5个州（北达科他、堪萨斯、科罗拉多、爱达荷和内华达）的选举人票，在另外5个州（南达科他、内布拉斯加、怀俄明、俄勒冈和亚拉巴马）赢得了三分之一以上的大众选票。民粹党在大选中总共获得了100多万张选票（约占总选票数的9%），并在明尼苏达、科罗拉多、堪萨斯、内布拉斯加、加利福尼亚和北卡罗来纳的国会议员选举中获胜，在堪萨斯和科罗拉多的州长选举中获胜，在南方和西部许多州赢得了州议员席位。两年后，由于1893年经济危机的影响进一步显现，该党表现得更好，尤其是在南部的得克萨斯、佐治亚、亚拉巴马和北卡罗来纳等州，他们赢得了非种植园区白人农民的广泛支持。这是不小的成就，民主党人指责南方的民粹党人破坏了白人至上主义，并经常试图阻止他们投票。

国际环境同样对他们有利。大宗商品，特别是主要农产品的价格普遍下跌，因为全球大部分地区的农村都难免受到资本主义工业化的影响。由此导致的结果是，无地或少地农民向较近的城市或大洋彼岸的经济中心大规模迁移以及农业选举集团的形成（它们出现在地主仍然保持影响力的州，其主要议题是设置谷物进口关税或建立农村合作社）。和美国一样，其他地区同样有爆炸性事件发生，比如爱尔兰的土地战争、西班牙的农民暴动和无政府主义的兴起、西西里和巴尔干地区农村的骚动、巴西东北部的千禧年运动，古巴和菲律宾的反殖民斗争，以及中国的义和团运动。这是一个在发展中的资本主义世界的城市与乡村、工业与农业、大都会与殖民地之间进行大规模非对等斗争的时代。

骤然兴起的南方民粹党的最终命运，将取决于该党是否能与通常支持共和党的黑人选民结成某种联盟。只有这样，他们才能牢牢掌握多数席位。他们可以效仿弗吉尼亚的"再调节党"人的合作模式，后者谋求切实提高非裔美国人的权益。但民粹党没有像威廉·马洪这样的领袖，这对该党不利。该党的一些领袖，如佐治亚的汤姆·沃森和得克萨斯的"树墩"H. S. P.阿什比，照搬了一种用于抗议的语言，将黑人和白人想象成同一公民和政治舞台的参与者，面对着相同的困境，在政治斗争中有共同的利害关系。在基层，一些组织者告诉黑人："如今，你们的种族和我们的种族一样，受苛捐杂税的压迫，劳动的价值被低估……改善我们的处境就意味着改善你们的处境。"

这似乎足以获得有色人种农民联盟的支持，或许也足以赢得在此前几年与白人政治叛逆者合作过的非裔美国人的选票。北卡罗来纳的民粹党人还因此巩固了和共和党人的非常有用的联盟——民粹党人在1894年赢得了州参议院和众议院的控制权，并在数年内一直保持着影响力。这主要是因为民粹党人同意"与黑人分享县政府的职务"———名民主党人一边叹气一边说道，这"像火一样带走了"他们。不过，在大多数情况下，民粹党人忽视了黑人所关心的议题，不愿意提名黑人担任公职更别说重要的领导职务。他们想获得黑人的选票，却不愿意给予黑人权力。因此，民粹主义者没有获得黑人太多支持，而且随着时间的推移支持在逐渐减少。

作为一场以小生产者、小有产者为主体的运动，民粹主义者很可能在1894年达到了其政治影响力的顶点；他们对国家的角色、分库计划的实用性和非裔美国人的地位的疑虑，限制了其扩大联盟并争夺真正的国家权力的能力。具有讽刺意味的是，不断变化的民主党很快就在民粹党人的启发下，提出了另一个更具现实可能性的替代方案。在南方的一些州，民主党人对民粹党人的挑战做出了回应。他们朝着该党以前抵制的改革方向发展。许多民主党人原本就是农民联盟的成员，即使他们不完全接受农民联盟的方案，至少也赞同其反垄断的主张。少数人还对黑人选民关心的问题有所回应，如佐治亚州州长威廉·J.诺森不仅公开谴责私刑，还推动增加对黑人学校的资助。不过，在全国范围内最大的发展是民主党以南方和西部为主的通货膨胀派，对以东北部为主的黄金派发起了挑战。这是一场旷日持久的斗争，但1893年的经济危机及后来的大萧条（这个国家迄今为止经历的最严重的经济萧条）加强了通货膨胀派的力量，更何况来自纽约的格罗弗·克利夫兰总统就是民主党人，他支持通过紧缩货币来应对危机。

到了1896年，在民粹主义和此起彼伏的劳工运动的压力下，民主党的通货膨胀派赢得了胜利。他们虽然没有接受分库计划和铁路、电报线为政府所有这两项主张，但还是表现出了明显的反垄断倾向。他们的党纲批评了中央银行体系（"只有国会才有权铸造和发行货币"），谴责"财富集中在少数人手里，我们主要的铁路系统受到垄断"，批评托拉斯和联营公司，要求自由且无限制地铸造白银。为了体现该党的变化，在芝加哥举行的候选人提名大会上，一名来自内布拉斯加的年轻国会议员和白银主义者被提名为总统候选人，后者在一次主题演讲中警告说，人类有可能会被钉在"黄金的十字架"上。他的名字是威廉·詹宁斯·布莱恩。大多数民粹党人意识到了双方的相似性，痛苦地低下头，不情愿地签名表示支持，为国家的未来而战。

构建社会民主

　　1896年的大选被证明在美国政治史上具有决定性的意义。对于那些具有反垄断倾向并希望重新调整国家政治经济平衡，使工人和小生产者、小城镇和农业区、南方和西部受益的人来说，大选的结果令人失望。伴随着30年激烈的选战、愈演愈烈的政治反叛、受绿背纸币主义启发的政治纲领、以反垄断为口号的动员，以及美国历史上最大的第三党的成立，共和党巩固了自己的优势地位。虽然共和党总统候选人、来自俄亥俄的威廉·麦金莱只获得了51%的大众选票，但他在选举人票上占据压倒性优势（赢得了447张选举人票中的271张），拿下了东北部、中大西洋、中西部和远西各州，使南方、大平原和落基山脉西部的选票变得无关紧要。麦金莱的胜选在一定程度上应归功于马克·汉纳非凡而富有创造性的竞选策略，后者帮助共和党从受到惊吓的精英阶层那里筹集了350万美元（是民主党的5倍，大约相当于今天的1亿美元），20世纪司空见惯的广告政治便肇始于此次大选。南北战争结束后，共和党的统治动荡不安，但它将在接下来的30多年里牢牢控制联邦政府。美国的工业和金融部门由此成为统治"核心"，农业和矿业部门则沦为"外围"，成为与"中心"相对的"区域"。中央银行体系得以保留，铁路和电报线继续掌握在私人手中，而有关绿背纸币和自由铸造银币的提议则被边缘化了。1900年，麦金莱政府正式施行金本位制。

这似乎是过去十年间的一系列事件的总结——资本发挥了强大的力量，而众多劳动者接受了现实。1886年的失败使劳工骑士团一蹶不振，八小时工作制运动也陷入低潮。此后，劳工们意识到，大公司绝不会容忍他们的联合罢工，哪怕是最轻微的挑衅也有可能招来国家武装力量。第一次摊牌发生在安德鲁·卡内基位于匹兹堡郊区的霍姆斯特德钢铁厂，钢铁工人联合会在1889年的一次成功罢工后赢得了集体谈判协议。霍姆斯特德钢铁厂的管理层很快就开始抱怨一些"代表联合会的好管闲事者"不断"插手干预"。1892年，卡内基决定采取严厉措施。他命令强硬的主管亨利·克莱·弗里克削减工人20%的工资，并将工人锁在工厂外，试图打破工会的控制。罢工者和为保护破坏罢工者而来的平克顿私人侦探公司的警卫很快爆发了激烈的枪战，双方均伤亡惨重。但与西南大罢工一样，当宾夕法尼亚州州长下令出动8000名州部队官兵，而后者拒绝了罢工者的要求，罢工破坏者因此得以启动机器，恢复生产时，形势完全逆转。

在更西的芝加哥南部的普尔曼镇，一场规模更大、更加重要的斗争正在酝酿。卧铺车厢巨头乔治·普尔曼为他的员工打造了一个他自己和其他许多评论家眼中的"天堂"。这个小镇有住宅、商店、公园、银行、教堂和图书馆，与城市拥挤的交通、狭小的公寓和危险的政治影响形成了鲜明对比。但这里没有民主，普尔曼和他的经理们施行的是家长制统治。因此，当公司在1894年春将工资（不包括分红）削减三到五成，而租金和公司商店的价格保持不变时，工人们选择了反抗。他们得到了新成立的美国铁路联盟的支持，该联盟刚刚战胜了詹姆斯·J.希尔的北太平洋铁路公司。在德布兹的领导下，美国铁路联盟同时吸收非技术工人和技术工人入会。当普尔曼公司解雇了地方领导人并将工人锁在工厂外时，工会号召在全国范围内抵制普尔曼机车。对此，德布兹本人有所顾虑。美国铁路联盟一度似乎将再次占据上风。27个州多达25万名工人支持抵制，用行业的一名发言人的话说，芝加哥和太平洋沿岸之间的铁路运输"争取避免陷入停摆"。但普尔曼公司仍有后招。公司高层没有寻求伊利诺伊州州长约翰·彼得·奥尔特盖尔德这名同情罢工者的改革者的干预，而是直接向联邦政府求助。这是合理的。克利夫兰总统的司法部长理查德·奥尔尼是普尔曼公司能够指望的强大盟友。奥尔尼不仅曾经做过很长时间的铁路律师，成为司法部长后仍继续在几个铁路委员会任职，包括一个与罢工有关的委员会。他将此次罢工视为粉碎被他视为对联邦权力和商业利益构成威胁的激进势力的机会。根据不久前颁布的《谢尔曼反托拉斯法案》，奥尔尼取得了针对美国铁路联盟干扰邮政和州际商业的全面禁令。他命令罢工者停止罢工，当他们拒绝时，他派出了由纳尔逊·A.迈尔斯将军指挥的联邦军队，迈尔斯将军因为在外密西西比西部与美国原住民作战而闻名。火车很快就再次开动，罢工遭到镇压，德布兹被判藐视法庭，入狱6个月。

劳动者的前景看起来暗淡无光，但随着失败的阴霾渐渐散去，人们清楚地看到，前30年围绕着八小时工作制、集体谈判、绿背纸币主义、铁路和电报线由政府所有、生产者和消费者合作社以及更为普遍的反垄断的政治动员并非没有取得显著成果。城镇和农村的政治叛逆者挑战了金融和工业资本的力量以及市场关系的霸权，帮助将政治重心和理论话语从个人主义、竞争和自由放任等转移到一种新的国家和公民社会的概念上，这是一个涉及积极有为的政府和更广泛的社会责任概念的新契约。作为古典自由主义的对立面，民粹主义、社会主义和社会民主等异见运动在重要的新组合中相互促进。

美国铁路联盟领导人德布兹的政治经历便是一个明显的例子。德布兹1855年出生在印第安纳的特雷霍特镇。他是一名机车司炉工和忠诚的民主党人，在关心受压迫者的同时，也向往建设一个资本家和劳工可以友好解决分歧的社会。即便在进入机车司炉工兄弟会的领导层后，考虑到企业的强大实力，德布兹仍然对罢工持谨慎态度（就像许多铁路兄弟会一样）。但1892年在霍姆斯特德发生的事件使他接受了美国铁路联盟的产业工会主义（前提是成员必须是白人）。1893年的经济危机和普尔曼的斗争使他确信，民主党和共和党都与大公司建立了紧密的联盟。他开始相信，工人必须走独立的斗争路线。甚至在普尔曼抵制运动结束之前，曾支持民主党人格罗弗·克利夫兰竞选总统的德布兹就已经宣称："我是一名民粹主义者。我赞成消灭原有的两大政党，使两党永远无法再上台执政。我一生都是民主党人，这点让我深感惭愧。"他的政治立场的转变引人注目。在接下来的几年里，有人邀请他以人民党候选人的身份竞选伊利诺伊州州长，然后再竞选总统。

然而，在伊利诺伊的麦克亨利县服刑期间，德布兹的政治立场再次彻底改变。他阅读了爱德华·贝拉米、劳伦斯·格朗兰德和卡尔·考茨基的著作，与前来探监的德裔美国社会主义者维克托·贝格尔（贝格尔给他留下了一本马克思的《资本论》）、英国激进的工会主义者基尔·哈迪和芝加哥劳工活动家托马斯·J.摩根见面，还谈起了社会主义[1]和劳动者国际合作的必要性。他订阅了美国社会主义者J. A.韦兰的《即将到来的国家》，在继续编辑《铁路时报》的同时，深入思考了当时的社会问题。出狱后，德布兹于1896年为威廉·詹宁斯·布莱恩助选。布莱恩失败后，他又走上了新的政治道路，不过这条道路明显受到了反垄断和民粹主义的影响。"问题在于选择社会主义，还是资本主义，"德布兹写道，"我支持社会主义，因为我拥护人性。我们受金子的统治的诅咒已经够久了。金钱不适合构成文明的基础。现在正是复兴社会的时候，我们正处在大变革的前夜。"

德布兹倡导的社会主义在19世纪初的跨大西洋思想和运动中存在着富有争议的含义和复杂的根源。19世纪二三十年代的土地改革者、社群主义者、激进的共和主义者和乌托邦主义者是第一批表现

---

[1] 作者使用的"社会主义"一词，常常指社会民主主义，跟科学社会主义不是一个概念。——译者注

出社会主义倾向的人，他们将启蒙运动中的理性和科学的思想传统用作对抗工业主义的传播，并将物质进步与社会合作联系起来的工具。早期社会主义者中的许多人，如圣西门、傅里叶和欧文，本身就深受启蒙运动的影响。他们相信新技术拥有强大的生产力，但对发展中的市场经济不可避免地带来的竞争感到愤怒。他们的思想最初受到手工艺人和一些中产阶级改革者的欢迎，而且肯定为1830年和1848年出现在欧洲大陆的"社会的"共和国的主张，以及英国宪章派追求的工人阶级特许经营权提供了灵感。但直到19世纪五六十年代，社会主义才真正成为大西洋世界广泛使用的政治词语，并主要与劳动者的动员联系在一起。卡尔·马克思的《共产党宣言》（1848年）的发表和后来国际工人协会，即第一国际的成立（1864年）是这个过程中的标志性时刻。

即便如此，此时的社会主义仍然不是一个具体的方案或前景，而只是一套与个人主义、市场竞争、经济等级制度和精英统治相对立的政治倾向。此时的社会主义者的共同点是其对"社会"、合作、政治民主化、社会正义和工人获得权力的承诺。他们要求建立议会制政权（有时与激进的自由主义者和共和主义者结盟），扩大选举权，在行业和工作场所组织起来，建立国际合作网络，重新调整社会权力的平衡。在内部，他们仍然无法就什么是合适的斗争战略和策略达成共识。一些人对议会斗争嗤之以鼻，主张设立替代议会的机构或发动暴动；其他大多数人吸取教训（包括认识到暴动的危险），致力于推动工人阶级政治运动在国内和国际的发展，特别是在巴黎公社失败后。到19世纪最后四分之一的时间，社会主义者开始在欧洲创建第一批群众性政党，其中规模和影响力最大的是1875

年经济危机之后成立的德国社会主义工人党，后更名为德国社会民主党（1891年）。

德国移民在美国社会主义发展过程中起了重要作用。1848年革命导致的德国难民潮、第一国际的活动，以及俾斯麦推动的反社会主义法案，对美国政治的自由主义和激进主义潮流产生了巨大影响。它们共同推动了19世纪50年代的反奴隶制运动，19世纪60年代南北战争期间的奴隶解放进程、联邦重建政策的制定，19世纪七八十年代草根社会主义在中大西洋和中西部城市（从纽约到芝加哥和密尔沃基，再到更往南的圣路易斯）的兴起。德国社会主义者建立跨国网络，创办日报，成立女性辅助组织，并积极参与组织包括美国劳工联合会在内的工会。他们支持罢工工人，并与激进的反垄断主义者结成联盟，有时还会投票支持独立的劳工候选人和社会主义劳工党候选人。本土的激进主义者将加入他们的行列（尤其以堪萨斯、得克萨斯、阿肯色和俄克拉荷马居多），这些人参加过绿背纸币主义、劳工骑士团和民粹党等运动；女性权利活动家将加入他们的行列，其中一些人参加过禁酒运动，她们对女性和儿童在工作场所受到的剥削深表关切；从事家政业的移民工人将加入他们的行列，这些人在繁华的工业大都市的移民社区苦苦挣扎；越来越多快速专业化的社会科学领域的学者将加入他们的行列，这些人大力批评工业主义的弊端，其中不少人曾经在德国的大学学习；福音派基督徒将加入他们的行列，这些人将大觉醒运动宣扬的个人责任概念重新定义为所谓的"社会福音"。

此时最坚定的社会主义者不仅投身反对资本主义的斗争中，还就最佳的政治路线展开了辩论。他们争论是应该把重心放在建立产业组织、成立双重工会、为革命动员上，还是应该放在参加选举上。这些问题曾经分裂了欧洲的社会主义者，引发了包括无政府主义和工会主义在内的派系之争。在美国，当1901年德布兹、维克托·贝格尔，以及在俄国出生的社会主义者、劳工活动家莫里斯·希尔基特建立社会党时，其中的一些派系有了一个不太安稳的立足之地。在接下来的20年里，该党以德布兹为旗手，赢得了数十万张选票（1912年赢得了近100万张选票），多名党员成功当选加利福尼亚、爱达荷、威斯康星、明尼苏达、路易斯安那、俄克拉荷马、俄亥俄、宾夕法尼亚、纽约和新泽西的市长、市议员和州议员。有组织的社会主义显然已经在美国的政治版图上建立了一个桥头堡。

更重要的或许是，在19世纪最后20年和20世纪头十年里，社会主义思想和社会主义理想在广义上的生产者（工人、农民、小资产阶级）和学者与改革者当中扎下了根。他们或许从未与社会主义政党结盟，也未给社会主义政党投过票，但确实是在修正此时占主导地位的"工资"制度或寻找替代方案。一些人意识到了在德国、法国和英国兴起的社会民主思想，这些思想与强调革命和无产阶级的正统马克思主义思想不同，前者支持一种"渐进"的社会主义道路。亨利·乔治、爱德华·贝拉米和亨利·德马雷斯特·劳埃德等人，在反垄断思想的基础上，设想了集体主义的可能性。很多人感受到基督教——它曾经被指责与工业主义同流合污——能够提供的道德复兴的能量，并批评资本主义是"特权的捍卫者"。

事实上，社会民主的政治文化很可能是19世纪末的激烈抗争给未来留下的最重要的遗产。最能体现美国特色社会民主的地方是外密西西比西部。在那里的矿工、伐木工人、移民农业工人、铁路工人，以及贝拉米和乔治的追随者、激进的中产阶级、新式改革家和社会学家当中，新的、特殊形式的思想和实践已经形成，这是一种新的社会和政治意识。同全国大部分地区一样，它们反映了反垄断、工会主义、绿背纸币主义和民粹主义的遗存。但与此同时，它们也体现了外密西西比西部经济发展、劳工政治所面对的特殊环境，包括铁路、矿业和土地公司的巨大权力，极其危险的工作条件和这种危险环境所孕育的互助主义，分散的人口带来的对技术工人和非技术工人的旺盛需求，中产阶级和劳动者之间的紧密联系，以及政党结构和身份认同的相对弱化，使选举成为政治斗争的有前途的场所。这里的工会组织完备，而且富有战斗精神，这在煤矿、银矿和铜矿工人身上表现得尤其明显。劳工骑士团参与了西南部广大地区的一些激烈的抗争。民粹党在平原和山区各州招募工人和小农，成果丰硕。社会主义者通过报刊和集会阐述自己的观点。劳工和独立候选人参加竞选的热情高涨，同情劳工的候选人经常能在地方和州政府官员的竞选中获胜，一些地区还实现了八小时工作制。

公司资本的权力和贪婪在外密西西比西部表现得最为直接，因此社会民主的解决方案在这里极具吸引力。这里的人支持铁路和电报线由政府所有，支持各种形式的直接民主和女性选举权，支持征收包括受亨利·乔治启发的单一税在内的新税种，支持由市政府提供公共服务。劳工骑士团组织的产业工会，以及西部矿工联合会和世界产业工人联合会将使这种趋势一直延续到20世纪。简而言之，资本主义的文化和政治替代方案，在"外围"地区打下了最坚实的基础，得到了最充分的发展。

与南方和西部的情况一样，一些新的倾向同样出现在"外围"

地区，这些倾向似乎能够打破长期以来因种族以及对不同思想和政治潮流的依赖而造成的隔阂。它们不是理想主义或意识形态变革的产物，而是来自对现实问题的关注和制度的发展，来自无产阶级的扩大和与之相伴的动员。它们没有出现在工业或农业中心地带，而是出现在墨西哥湾和大西洋沿岸的码头上，亚拉巴马、俄克拉荷马和堪萨斯山区的煤矿里，路易斯安那和得克萨斯松林的伐木营里。它们是跨种族工会的产物，而跨种族工会之所以能够出现，一方面是由于黑人工人和白人社会主义者的组织工作，另一方面也是因为白人工人意识到，在拥有大量黑人工人的传统行业中，这是唯一的发展方向。此时的跨种族主义与社会博爱关系不大，隔离一直存在，而且就像劳工骑士团的情况一样，黑人和白人工人很容易爆发冲突。但他们也找到了在抗争中合作的方法。他们能够不受雇主的离间，也能欣赏彼此的实力和经验，并尽量使所有人都能从结果中受益。这当然不是普遍情况，但已经远远超出预期，而且为今后社会民主的进一步发展打下了坚实的基础。

第十二章　重建

社会重建

　　1901年，弗洛伦丝·凯利成为美国社会党的第一批成员。作为共和党创始人之一、手握大权的国会议员、激进派的中流砥柱"猪铁"威廉·D.凯利的女儿，她很早就接触了废奴主义和女性权利运动，并找到了自己的发展方向；这个方向既是南北战争后的巨大变革带来的，也似乎是她自己要求的。她利用中产阶级女性新获得的受教育机会，进入康奈尔大学学习。在那里，她对新的社会科学，尤其是儿童福利问题产生了兴趣，最终完成了一篇关于该主题的论文，并出版发行。4年的旅欧经历对她来说同样重要。她在欧洲的大部分时间是在德国度过的，还在那里接受了马克思主义，加入了新兴的社会民主党，嫁给了一名俄国社会主义者，并以妻子和母亲的身份回到了美国。在此期间，她开始与卡尔·马克思的合作者弗里德里希·恩格斯通信，并将其重要著作《英国工人阶级状况》翻译成英文，使更多的读者能够了解他的思想。

　　除了写文章，弗洛伦丝·凯利还协助成立了费城劳动妇女协会，她一度将为劳动妇女和儿童争取权利的兴趣与社会主义劳工党的政治结合在一起，而该党深受德国社会民主党的影响。不过，凯利由于受不了社会主义劳工党内部大量使用德语，以及它的拉萨尔主义倾向（强调采取直接政治行动而非成立工会），因此与该党决裂，转而关注一般工人，尤其是那些遭受苦难的女性和儿童。不久之后，她结识了简·亚当斯。后者刚刚结束了自己不安的欧洲之行，回来后在芝加哥西区参与发起睦邻之家运动。凯利通过亚当斯的"赫尔之家"组织培训年轻女性从事家政工作，后来被任命为伊利诺伊州劳工统计局特派员，在约翰·彼得·奥尔特盖尔德担任州长期间出任州工厂检查员。

虽然凯利因为终生追求社会主义而与众不同，但她的政治经历在许多方面显示了战后的改革如何发展为后来的进步主义。在这个过程中，女性活动家发挥了核心作用。她们在福音运动、废奴运动和女性权利运动的基础上，开创了政治动员、布道宣传和志愿主义的新策略，这些策略经历了战火和后来工业资本主义造成的社会创伤的考验。大多数女性活动家来自东北部、中西部和太平洋沿岸的中产阶级家庭，通常出生于19世纪五六十年代，许多人对女性在维多利亚文化中有限的发展前景感到不满。她们进入高等学府求学（这些高等学府要么主动录取女性，要么由于南北战争时期的《土地拨赠法案》同意录取女性），随后见识了困扰着产业工人的贫穷与匮乏。在这个过程中，她们抛弃了社会达尔文主义和个人自由主义，接受了关于社会责任和国家应发挥推动改革的作用的新思想。

睦邻之家运动的倡议者、社会工作者、教师和护士似乎只是在做前辈已经做过的事，如"探访"住在附近廉价公寓中的贫困女性，试图为寡妇提供急需的帮助，或者试图"挽救"妓女。与此同时，她们也在巩固自己的资产阶级身份认同。社会动态相近，阶级特权显而易见，道德诉求更是将她们的身份认同表现得淋漓尽致。人们可以强烈感受到，她们的主要目标仍然是"提升"女性，使其符合一套文化理想。但是，她们看问题的角度和想到的解决办法已经发生了巨大变化。

之所以有这样的变化，最重要的原因莫过于19世纪下半叶席卷美国和大西洋世界大部分地区的大规模抗争和冲突。标志着德国、意大利和法国踏上民族国家建设之路的革命政治运动的爆发，美洲各地废除奴隶制，以及南北战争带来的杀戮和社会变革，一方面促进了新的联系的形成，另一方面也显示了转变为一个积极有为的国家的可能性。同样重要的是，资本主义关系在农村和城镇、农业和工业中的快速发展，不仅在全球范围内制造了混乱，还导致了从柏林到旧金山，从芝加哥到墨西哥城的劳工和资本家之间新的冲突的爆发。其中最血腥、最激烈的冲突恰恰发生在美国。19世纪后期的改革者，如弗洛伦丝·凯利、简·亚当斯、睦邻之家项目的工作人员莉莉安·沃尔德等，继承了先驱的遗业，这不仅包括战后的先驱女性活动家，也包括成百上千名重塑了国家文化和政治格局的女性（在南北战争期间，她们加入了美国卫生委员会和西部委员会等组织，在医院里照顾美国士兵和前奴隶）、成千上万名签署了宪法第十三修正案请愿书的女性（支持废除奴隶制）、与美国传教士协会和其他宗教团体一起南下向前奴隶传教或西行向新设立的保留地的美国原住民传教的女性，以及致力于使女性和非裔美国人获得政治选举权但未成功的女性。她们是那些通过自己的经验看到了一个正在向现代化迈进的世界存在的社会问题，认识到不同的人群很可能只是特定环境的产物，并将政治舞台视为一个重要的抗争领域的一代女性的继承人。

　　她们也见证了工业资本主义如何重塑美国的城市景观——在1870年至1914年间，数量空前的移民，尤其是来自南欧和东欧的移民，背井离乡，涌入美国城市。她们看到了波兰人、意大利人、德国人、犹太人和波西米亚人居住的拥挤而廉价的公寓和聚居区，看到了经济危机期间困扰着他们的失业和就业不足的问题，看到了照明设施和卫生设施的缺失，看到了不得不为家庭和社区经济奉献的女性和儿童所受到的剥削。这些使她们震惊，令她们摆脱了中产阶级的自满情绪，并激励她们做"有用"的事。她们也看到，随着工作场所原有关系的逐步瓦解，雇主和劳动者不断爆发激烈的冲突，有时甚至演变成血腥的街头斗殴。对于简·亚当斯和弗洛伦丝·凯利来说，1894年的普尔曼罢工是一起特别令人震惊且具有启示意义的事件。"我们不想承认，但美国已经分裂成了两个国家。"亚当斯评论道。

　　从19世纪80年代末到20世纪第二个十年，随着工业化的不断发展，各种类型的睦邻之家遍布美国各地，为其所在的工人社区提供了一系列社会服务，包括托儿所和幼儿园、讲座和成人教育班、就业培训班和剧场、庇护所和公共浴室等。大城市尤其如此。不久之后，新教和天主教会同样设计了自己的社区和项目。非教会组织基督教青年会和救世军也是如此，这两个组织起源于中世纪的伦敦，最终进入美国。

　　这表明19世纪末20世纪初的睦邻之家运动和其他城市的社会改革，与一种新的社会意识密切相关，这种社会意识在新教徒当中尤其盛行。作为所谓的"社会福音"的倡导者，来自多个教派的神职人员大多在工业化的城市中长大，他们试图用基督教道德观来解决社会问题，用福音派信仰来实现社会正义。更加激进的人，如出生在罗切斯特、在纽约市的地狱厨房布道的沃尔特·劳申布施，既抨击工业资本主义导致的贫困和不平等，也抨击福音派曾经大力提倡的个人主义。劳申布施写道："资产阶级以特权的敌人和自由的拥护者之姿登场，最终成了特权的捍卫者和专制的强化者。"他与牧师莱曼·阿博特、乔赛亚·斯特朗和华盛顿·格拉登等人一起，劝他们的听众支持"下一个伟大的原则……结社"。"必须创造新的社群形式。我们无组织的、竞争性的生活必须转变成有机的、合作的生活。"他敦促道。劳申布施虽然是一名基督教社会主义者，但与其他许多社会福音的倡导者一样，希望将"耶稣的教导和基督教救赎的启示用于社会"，使城市成为"神经中枢"和"我们的文明的风暴眼"，并与理论家、改革者以及地方和国家层面的政治领袖携手推进格拉登所说的"重建"项目。劳申布施曾在1886年为参选纽约市市长的亨利·乔治助选，3年后创办了基督教社会主义报纸《为了权利》，并对社会科学家、哲学家和像理查德·T.埃利这样的教育家（劳申布施和埃利都曾于19世纪70年代末赴德国留学）产生了越来越大的影响，这些人正在为社会民主和进步思想夯实基础。事实上，社会福音不仅赋予了进步主义改革以道德热情——从它的危机感到它的变革观念——还为其提供了一种与许多改革者的个人斗争和愿景相匹配的语言。这就是为什么社会福音将使联邦政府的触手伸到最穷苦的城市街区。

很少有运动比禁酒运动更能直接地反映这些文化冲动与"重

建”项目的交集。这场运动有着悠久的历史，在战前对大众的号召力超过其他任何一场社会改良运动，并且对酒精饮料的消费产生了重大影响，尤其是东北部和中西部福音派占主导的地区。但是，战前禁酒运动的参与者往往把所谓的"被朗姆酒恶魔奴役"归咎于个体的失败，主张只要接受基督信仰并努力完善自我便可以改变这种状态。然而，当禁酒运动在19世纪70年代再次兴起时，越来越多的人将酗酒与社会环境联系起来，将环境同时视为酗酒的原因和后果，并且认为戒酒需要通过一系列的文化和政治干预才能实现。基督教女性禁酒联盟尤其支持这种观点。19世纪最后20年里，该组织在弗朗西丝·威拉德的领导下，轻而易举地成为同类组织中实力最强、影响力最大的组织。

威拉德出生在纽约州罗切斯特市附近，在威斯康星镇长大，在位于伊利诺伊的埃文斯顿的西北女子学院接受教育。她之所以参加禁酒运动，部分原因是个人和家庭危机——她的哥哥酗酒。但威拉德关注的不单单是禁酒运动，还包括禁酒在整个改革中的位置。在威拉德的领导下，基督教女性禁酒联盟采用了"做一切"的策略，在大力促进禁酒立法、学校的禁酒教育和基层动员的同时，还支持劳工改革、儿童福利立法、市政当局改善环境卫生、反一夫多妻立法和女性获得选举权。她认为这些都是促进必要的政治进步的关键。威拉德的女性权利主义不仅不排斥家庭生活，还将其视为社会变革的道德核心。她很快就结识了简·亚当斯、理查德·T.埃利和华盛顿·格拉登等人，尤其是每年在纽约举行的肖托夸夏季静修会上，数百名中产阶级男女会来到这里，享受一两周的休闲时光，聆听进步思想家的演说。

　　这些改革者是一个跨大西洋社会活动家和理论家网络的一部分，这些人为了制衡工业资本主义的影响，正在重新定义政治参与的条件和制度基础。像劳申布施、凯利、埃利和亚当斯一样，他们曾在国外学习和游历，特别是德国和英国，熟悉德国社会民主党和英国费边社会主义者使用的新的社会民主话语，并见证了福利政策和城市规划的各种实验，包括德国的社会保险、伦敦的穷人传教团、奥斯曼男爵对巴黎的改造等。他们还影响了美国的社会科学和经济学等专业领域（后来又受到后者的影响），使这些领域的学者投入很大精力研究当时的社会问题。该时期的许多先锋社会学家和经济学家本身就在德国的大学接受教育，这些大学已经启动了研究生项目，约翰·霍普金斯大学等美国大学很快就开始学习它们。

　　他们的语言和观点几乎无一例外地受到了社会主义的影响：他们拒绝接受围绕着个人组织起来的原子化社会模式，而倾向于以社会团体或其他集体为基础组织起来的新社会；他们对"竞争"持批判态度，强调"合作"的必要性；他们将包括各级政府在内的国家视为变革和重建的动力，无论是其对工作场所和住宅区的管理上，还是其对公共事业的所有及对城市事务的管理方面。正如莱曼·阿博特所言，"个人主义是简单野蛮的特征，而不是共和文明的特征"。许多像他这样的批评家和改革者不仅支持人们争取了很久的八小时工作制，还在此基础上主张对雇用童工立法，施行廉价公寓改革，管制血汗工厂，对富人征收个人所得税和遗产税。一些人支持承认工会。当弗洛伦丝·凯利、简·亚当斯和约瑟芬·洛厄尔在1899年参与创建全国消费者联盟时，她们希望通过消费者，尤其是女性消费者对市场的影响力来改善工人的工作条件，使其更加安全和宽松——她们的废奴主义者前辈曾在抵制奴隶生产的商品时使用过相同的策略。

然而，这些新的、"进步的"男女改革者，与常常给予他们灵感的社会主义者的区别在于，他们拒绝赋予那些他们致力于改善其生活的人以权力。虽然他们收集了大量关于"另一半人"如何生活和工作的信息，试图减轻对这些人的剥削，改善其健康状况并增加其受教育的机会，努力保护女性和儿童，但与他们对话的对象主要是中产阶级和上流社会的其他成员，这些人固守自己熟悉的礼仪、期待和被认为体面的标准。有些人把他们为之斗争的对象"异文化化"，试图找出他们照顾的社区的"原始需求"，目的是进行有利于公民进步与社会和平的重建，而重建过程将由像他们一样受过教育的专家，而不是由他们希望能够在这个过程中受益的工人和移民来指导。

事实上，他们似乎准备拿出更重的弹药。早期的改革者更希望通过说服、劝诫等手段来改变他们眼中堕落的人，而这些新的进步主义者则更乐意诉诸强制的手段，动用国家的力量来消除酗酒、文盲、腐败、传染病、卖淫、贪婪和劳动剥削。在这个过程中，他们开始为几十年后的福利国家打下基础，同时也为决定了美国和世界其他地方人民命运的项目提供了道德权威。

公司重建

19世纪末的社会动荡和阶级冲突令新兴的工业和金融精英感到恐惧。他们很快就把罢工、政治反叛和民众对资本主义的批判与革命频仍、社会主义狂飙突进的国际环境联系起来，越来越担心如果激进主义的浪潮无法得到遏制，很快就会吞噬自己。他们目之所及的每个地方，不满情绪似乎都在酝酿，然后爆发，演变为暴风骤雨。八小时工作制、绿背纸币主义、管制铁路和其他大企业、将铁路和电报线收归国有的呼声，一直令局势动荡不安，挑战着市场的霸权，甚至可能会威胁私有财产的神圣性。铁路公司总裁詹姆斯·J.希尔并不是唯一对"存在于大都会的恐怖统治"感到担忧的人。在一些人看来，民粹党和威廉·詹宁斯·布莱恩的"白银运动"很可能是压垮资本主义的最后一根稻草，是"无政府主义、社会主义和劣币的代表"。

大雇主及其在立法机构和法院的政治盟友，确实在工作场所、城市的政治领域和生产主要粮食作物的农村等多条战线上使劳动人民遭遇重大挫折。但这些可能只应被视为暂时的挫折，因为罢工变得越来越频繁，社会主义思想不仅对工人有吸引力，对受过教育的中产阶级也有极强的吸引力。民众普遍对铁路和矿业公司的压榨，以及制造商和金融家的腐败心存厌恶，主要政党对此无法视而不见。国会在各种"民粹主义"和"外围"选区的压力下，通过了《州际商业法案》（1887年），并根据该法设立了一个管理铁路运费费率的委员会；随后又通过了《谢尔曼反托拉斯法案》（1890年），该法宣布"限制各州之间贸易或各州与外国贸易"的合同非法。这些都是一场为塑造政治经济的形态和方向而展开的斗争的痕迹。

对于这场部分人眼中的危机，没有人能够提出一劳永逸的解决方案。一些人认为唯一可行的方法是拒绝接受改变，并以各种手段抵御挑战。但是，一些实力最强和最有影响力的工业和金融资本家，也发起了他们自己的社会运动，旨在重建经济生活的机制和经济与国家的关系。这场运动没有明确的中心或正式的领袖，也没有章程、作为导火索的事件或一系列要求，而是采取了私人协会、游说团体、非正式网络以及知识界和政界联盟的形式，这一切共同塑造了这场运动的观点、远景和政策。实际上，这场工业和金融资本家发起的运动创造了一种对现实的新的认知，将小商人与有组织的工人阶级对立开来，同时试图构建新的政治经济条件下的财产关系和司法规则。参加这场运动的人在细节和权力平衡问题上意见不一，互相争斗，并据此形成了不同的政治战线。他们之间的斗争将一直持续到20世纪。但如果说他们有什么共同主张的话，那可能就是"公司资本主义和受管制的市场"。

人们往往把美国的工业化与公司画上等号。考虑到铁路的重要性，这确实有一定的道理。但直到19世纪末，公司制尚未在制造商当中普及，甚至连规模越来越大、整合度越来越高的组织也不例外。公司的所有权通常属于个人、家族或合伙人，筹集资本的主要方式是个人注资、利润再投资和向商业机构借贷。直到19世纪80年代末和19世纪90年代初，公司才大量出现，这源于这样一些发展：作为扩大市场力量的手段，联营和托拉斯的作用有限，不管在法律方面还是其他方面；工业资本和金融资本之间的联系越来越密切；法院和一些州立法机构为公司扩张大开绿灯。公司日益成为美国经济的中心，这个趋势在20世纪第一个十年末得以确立；这不仅仅是财富、规模或数量的增加，也是质的飞跃，代表着一种新的资本主义形式的确立。

新在哪里呢？公司体现了新的财产形式和新的社会关系。所有权不再只掌握在少数人手中，管理层在偿还债务或面临诉讼时不再需要承担无限责任，资产不再固定在某个地方并以有形资产为主，公司也不再被禁止控制其他公司。正式所有权将在股东之间"社会化"，股东只承担有限责任，董事会被赋予合法的权力。而且至少在一些州，公司可以广泛"撒网"，兼并其他公司。与此同时，公司越来越多地通过股票和债券市场、证券公司和投资银行等（它们由于联邦政府平息奴隶主叛乱的需要而诞生或大大加强）来筹集资金，公司资产的价值可能远远超过公司的厂房和设备的价值。

这个结果不是由市场的"无形的手"带来的。它一方面是关于公司注册的判例所引致，尤其是与铁路公司有关的先例；另一方面是由于在政治和法律的干预下，公司享有在法律上被视为个人的新权利。在1886年的圣克拉拉县诉南太平洋铁路公司一案中，最高法院指出，宪法第五修正案和第十四修正案同样适用于公司。4年后，当最高法院利用司法解释缩小了《谢尔曼反托拉斯法案》的适用范围时，国会步其后尘。它不仅规定"任何契约，以托拉斯或其他形式的联合、共谋，用来限制州际间或各州与外国的贸易和商业是非法的"，还明确规定"本法提到的'人'……包括现存公司和联合会"。有了这些规定，公司一方面不再需要担心各级政府制定的不以个人为对象的侵略性的法规和税收，另一方面又可以拥有个人不得持有的财产类型。

贸易限制引起了许多人对大企业可以做哪些事，不可以做哪些事的争论，而不管企业是否采取公司的形式。直到今天，这个问题仍笼罩在企业界及其对市场控制权的追求上。但是，随着联营和托拉斯在19世纪末受到公众的抨击，一些州放宽了对公司的限制（由于没有联邦注册法，所以公司在各州注册）。新泽西在1889年的措施尤其慷慨。它允许公司持有其他公司的股票，即使它们在不同的州，从而赋予了所谓的控股公司（公司存在的目的只是获得其他公司的所有权）以法律地位。这就是为什么到了20世纪初，市值1000万美元或以上的公司中有三分之二在新泽西注册，不管它们实际在哪里开展主要业务。

在接下来的20年里，围绕着贸易限制的争议不断，最高法院在来自肯塔基的大法官约翰·马歇尔·哈兰的领导下，以微弱多数裁定支持严格执行贸易限制。直到1911年，在标准石油公司和美国烟草公司两案中（哈兰是唯一的反对者），法院才确立了所谓的"合理原则"，即按照普通法长期以来的规定，区分合理的限制和不合理的限制。无论如何，自《谢尔曼反托拉斯法案》通过以后，商业和政治领袖持续对最高法院施压，而最高法院从未认定单凭公司规模这一点就能认定其非法。1895年，在美国诉奈特糖业公司一案中，最高法院裁定美国炼糖公司（被戏称为糖业托拉斯公司）没有违反《谢尔曼反托拉斯法案》，而事实上它控制了炼糖市场95%的份额。此后，不管是西奥多·罗斯福总统和威廉·霍华德·塔夫脱总统，还是一些著名的经济学家，都开始将大型组织视为现代社会的基础。

但从某种意义上说，这种变化与当时的公司并购潮息息相关。到了19世纪90年代末，这股并购潮已经发展成海啸，大量资本从已经不景气的铁路业撤出，投资更具吸引力的产业证券。1893年经济危机和随后的萧条带来了公司重组。仅从1894年到1897年，就有超过4万英里的铁路轨道和超过25亿美元的资产在法院拍卖中成交，其中大部分资金是由 J. P. 摩根和其他一些投资银行家提供的。到1906年，全美铁路中的三分之二掌握在区区7个投资者手中，其中最主要的是范德比尔特、古尔德、哈里曼，当然还有摩根。同时，在1897年至1902年间，随着经济的复苏，摩根和约翰·D.洛克菲勒发起了一场大规模的兼并运动，重组了冶金、食品、石油、煤炭、机械和运输等多个行业。1899年有3000多起企业并购案，是迄今为止数量最多的一年。到并购大潮退去时，300家最大的企业集团控制了全国近半的制造业资本，其中包括美国钢铁公司、杜邦公司、通用电气公司、标准石油公司和美国烟草公司等巨头。

重建不仅确保了公司的形式，极大扩大了公司的经营范围，还重构了公司的内部结构，特别是其工作场所的结构。从19世纪70年代初到19世纪90年代中期的经济危机干扰了资本流动，加剧了通货紧缩，加大了竞争激烈的市场的压力。对于许多制造商来说，这些都意味着利润率的降低。当紧缩来临时，公司通过削减成本，特别是削减工资，并抵御由此带来的工人的抵抗而挣扎求生。这是其惯用手法，尤其是在1873年和1893年的经济危机之后。那些活下来的企业往往希望通过兼并经营失败的企业，并尝试用新的方法来控制定价、生产和经销的不确定性，以增强自身的市场竞争力。联营、托拉斯、控股公司和公司兼并正是它们想出的一些解决办法。

它们也开始扫除车间里的重大障碍。拥有制造商品所需的知识和技术的熟练工人在车间里拥有举足轻重的地位。凭借根深蒂固的手工艺传统，熟练工人往往能够影响乃至控制生产的组织、步调和报酬的分配，即使在工厂中也是如此。他们有时会制定正式的工作规则，特别是在成立了工会的情况下；有时会与能够决定如何分配报酬的领班结盟；有时还会使用一些非正式的手段，如制定具有内部强制性的道德规范。机械化是雇主解决这个问题的方法之一，它使经验不足的半熟练机器操作工能够取代熟练工人。专业化和同质化同样是解决这个问题的方法。不过，大企业越来越倾向于采用一种更加全面的重建手段，即所谓的"科学管理"。

科学管理，或者说系统化管理，不仅反映了科学与工业之间日益紧密的联系，也反映了企业高管普遍意识到，克服19世纪末的资本主义危机的方法是使经营变得更加有序。一批新工程师致力于重新设计钢铁、电气、化学工业的物料流程。工厂的混乱、浪费和低效让他们感到震惊，而负责生产的工人和参与记账和核算成本的人是主要的责任者。在他们看来，工人和领班的权力太大，而主管和经理的权力太小。他们认为权力的中心必须转移，必须自上而下而不是自下而上地组织生产。

在设计和推进科学管理方面，弗雷德里克·温斯洛·泰勒的作用无人能够替代。1856年，泰勒出生在费城一个富裕的贵格会家庭。他的父亲是一名成功的律师和金融家，他看起来将会子承父业。他在精英遍地的菲利普斯埃克塞特学院接受教育，并通过了哈佛大学的入学考试。但是，泰勒最终选择了一条与父亲截然不同的道路。1878年，他在附近的米德维尔钢铁公司当了一名机械师学徒，然后在机械车间当工人。他升迁极快——部分由于他的家庭背景——很快成为领班，最终成为研究总监和首席工程师。当他跳槽到费城制造投资公司（1890年）和伯利恒钢铁公司（1898年），并且在这个过程中开了自己的咨询公司时，他已经对"车间和制造成本的系统化管理"有了成熟的想法。他最终把这些想法写进了《科学管理原理》（1911年）一书。

　　泰勒花了很大精力来研究技术工人为保护自己在工作中免受不当剥削而采取的措施，也就是他和其他批评者所说的"磨洋工"。泰勒认为，由于工作规则、集体压力或缺乏激励措施，工人根本就没有尽全力或稳定地工作，从而降低了生产效率和生产力。科学研究给出了解决方案：提前规划，明确工序；制定标准化的工作和薪酬制度；将劳动力置于严密的监督下，并为其提供更好的培训；工资激励。泰勒认为，管理部门首先要收集"大量传统知识，这些知识过去一直存在于工人的头脑中……是他们通过多年的经验获得的"。进一步检查生产的每个环节，包括所谓的"时间和动作研究"，将提高管理者的技术权威性，降低工人的技术权威性，同时使任务常规化。泰勒写道："只有通过强制实行标准化方法，强制采用最好的生产工具，创造更好的工作环境，强制合作，才能保证工人更快地工作，而强制实行标准化和强制合作的责任完全在管理层。"

　　虽然泰勒本人非常得意，但他的方法迟迟无法带来实际效果，这在很大程度上是因为工人找到了应对的新方法。"我们拒绝沦为公式。"艾奥瓦的达文波特的一名机械师怒吼道。1917年以前，全国只有30家工厂采用了泰勒制定的流程。但是，泰勒的方法只是新的管理与劳动关系方法中最全面的版本，所有方法的目的是一致的，就是使雇主掌握控制权，并利用这种控制权来重新安排生产，使之简化。这个领域出现了重大进展。许多金属、纺织和机械制造公司在进入20世纪之前，已经建造了旨在使物料的流动和制造更加合理的新工厂，而效率、组织、标准化等成了企业家、工程师和社会学家的口头禅。

　　这些词是一种发展中的意识形态的关键概念，这种意识形态逐渐得到商业、政治和学术精英的认同，这些人想象着一种新的社会契约，以消弭他们所看到的激烈的社会抗争。他们并不认同高强度的竞争，因为这种竞争似乎会使市场经济陷入周期性波动，并使许多地区的民粹党选民留恋小规模生产。他们也不认同19世纪中期的自由主义信条，因为这种信条指向了一个由追求自身利益和独立性的原子化的、自主的个人所组成的世界。他们更不会认同强化了各种形式的反垄断的共和主义。相反，他们将大公司和金融机构的崛起视为现代的标志和经济稳定的保障，并且逐渐将一种新的涉及资本、劳动和国家的伙伴关系和合作伦理视为促进社会和平的最佳手段。在这个过程中，他们形成了一种新的自由主义观念（有人称之为"公司自由主义"），并试图调和公司资本主义和民主治理机制之间的矛盾。

　　作为以推动企业家社会运动为宗旨的私人协会的代表，全国公民联合会体现了这个趋势。该协会于1900年由教育家和记者拉尔夫·M.伊士利在芝加哥成立，吸引了商人、劳工和"公众"的参与。银行家和企业家显然占据了主导地位，其中许多人来自美国规模最大的一些公司。全国公民联合会的第一任主席马克·汉纳是俄亥俄州参议员、政客和重要的企业家。许多有权有势的富人加入了该协会，如奥古斯特·贝尔蒙特、查尔斯·弗朗西斯·亚当斯、富兰克林·麦克维、安德鲁·卡内基、赛勒斯·麦考密克、乔治·B.科特柳，以及J.P.摩根的投资银行的几名合伙人。该协会的劳工成员包括了全国最大的一些工会，特别是机械师工会、矿工工会、铁模工工会、制鞋工工会、木匠工会和铁路工人兄弟会的领导人。而"公众"成员基本是记者、部长、学者和著名的政治领袖，最主要的有格罗弗·克利夫兰、威廉·霍华德·塔夫脱、哥伦比亚大学校长尼古拉斯·默里·巴特勒、哈佛大学的查尔斯·W.埃利奥特和明尼阿波利斯的大主教约翰·爱尔兰。

全国公民联合会成员的共同点是，他们都对应对工业化的挑战感兴趣，都愿意尝试新的办法，并主张国家在改革和重建中应发挥作用。他们不仅关注民众对企业的规模和行为的抵制，还关注监管的不确定性，特别是在反托拉斯领域。他们的目标是参与社会改革和银行改革等议题的讨论，参与起草法案，给《谢尔曼反托拉斯法案》奠定一个更加可靠、威胁性更小的基础。他们组织了各种会议（包括一个关于托拉斯的会议），尝试争取舆论的支持，与州政府和联邦政府的行政和立法分支合作，有时还起草示范法案。这自然是一个艰难的过程。他们的对手不仅有左翼的社会主义者，还有全国制造商协会中从事更加传统的行业、企业规模更小的企业家——全国公民联合会的一些成员称这些人是"无政府主义者"。全国公民联合会起初犯了错，受了挫折。但随着时间的推移，它提出的观点和它的游说促成了《克莱顿反托拉斯法案》（1914年）和《联邦贸易委员会法案》（1914年）的通过，以及联邦储备系统的建立（1913年）。它们使公司具有了法律和制度形式，成立了一个公司资本可以接受的监管机构，并建立了一个更加集中的、以财产为基础的银行系统。

最重要的是，全国公民联合会的成员关注的是劳工问题和雇主与雇员之间的激烈斗争导致的激进化的后果。有些人已经接受了保守的工会存在的必要性，有些人则支持以非正式手段调解纠纷。马克·汉纳的计划是"使有组织的工会劳工全面美国化，并接受彻底的教育以了解自身的责任，这样工会劳工就会成为资本家的盟友，而不是与之斗争的敌人"。为此，他主导的全国公民联合会的"工业部"意图为集体谈判奠定基础，不过没有走太远。全国公民联合会还通过它的"福利部"和"贸易协议部"更加广泛地参与工人报酬问题（或者通过促进州立法，或者通过对私人企业发出倡议）、童工问题、行业合同问题，以及公司对工人负有的责任等问题的讨论。所有这些努力都是为了应对工作场所出现的新情况，并调节其政治动力。全国劳工联合会在十几年间建立了各种机构和网络，以教育公司领导者，处理特殊类型的虐待和剥削问题，促进资本家和劳工合作，并与国会和各州立法机构的官员建立联盟以实现监管的统一。

美国劳工联合会的领导人塞缪尔·冈珀斯不仅是全国公民联合会的成员，而且长期担任第一副主席。他是全国公民联合会三大势力之一（劳工）的代表，而且他的加入也并没有什么值得大惊小怪之处——这在许多方面反映了冈珀斯和美国劳工联合会试图进行的工会重建。不过，这似乎仍然与他的理论和政治背景相去甚远。作为一个在伦敦出生的荷兰裔移民，冈珀斯于1863年来到纽约市，跟他的父亲学习如何制作雪茄，并很快登上了下东区的政治舞台，马克思主义和社会主义在那里迅速传播。不久之后，他成了雪茄制造商国际联盟的领导人之一。他虽然参加过劳工骑士团并支持亨利·乔治竞选纽约市市长，但对工人有组织地参与选举这件事却抱着不安和怀疑的态度。冈珀斯和同样以制作雪茄为生的匈牙利移民阿道夫·施特拉塞尔一起，拒绝参与大量的劳工运动和反垄断改革运动，如绿背纸币运动、合作社运动、监管立法等，而是专注于工作场所的组织工作，建立工会，加强他们对雇主的影响力。这实际上是一种辛迪加（由有组织的工人控制和管理工业企业），后来被称为"纯粹而简单的工会"。

19世纪80年代和90年代初选举和依靠社区支持的罢工的多次失败，以及法院裁决和禁令的灾难性影响，都证实了冈珀斯的感觉。对他影响最大的莫过于1885年纽约上诉法院的一项裁决，该裁决推翻了他推动的关于廉租公寓劳工的立法，他认为"（这项裁决）使我们前功尽弃"。冈珀斯声称："劳工不能依赖立法。他们……不需要国家的恩惠，只想独善其身，被允许行使自己的权利。"当他在1886年（劳工骑士团的影响力在这一年达到顶峰后开始衰弱）参与组织美国劳工联合会时，冈珀斯想的是复兴工人阶级权力的路线图。

美国劳工联合会是一个行业自治思想盛行的工会联合会。这就意味着，不管冈珀斯认为工会应遵循怎样的发展路径，他都很难引导下属工会。在1894年的一次投票中，美国劳工联合会半数以上的会员支持一份主张"独立的劳工政治"、所有工人每天工作八小时、企业公有的社会主义纲领。然而，在19世纪90年代和20世纪初，罢工和抵制受到司法的压制（在某些情况下，法院会援引《谢尔曼反托拉斯法案》），对劳工有利的立法被推翻，再加上民粹党和自由白银运动的挫败，甚至连美国劳工联合会中的激进主义者和社会主义者也认为选举政治终究是徒劳的，许多人转而支持冈珀斯的立场。与19世纪七八十年代那些大谈废除工资体系并与反垄断主义者结成联盟的人不同，美国劳工联合会的领导层逐渐接受现实，认为大规模的、由公司主导的政治经济是不可避免的，并努力在其中为工会找到一个稳定而安全的位置。

这种认识，再加上19世纪20世纪之交经济上升期美国劳工联合会的会员激增，帮助冈珀斯和包括矿工联合会的约翰·米切尔、码头工人联合会的丹尼尔·基夫和排字工人联合会的J. W.沙利文在内的其他工会领袖，与全国公民联合会结成联盟，并采纳了其企业自由主义的观点。冈珀斯不接受的是对国家的依赖，志愿主义强调以工会和工作场所为抗争中心，这仍然是他的核心观点。也就是说，他只赞成联邦政府限制移民，特别是华人移民。他后来写道："只要读一读劳苦大众的历史，就能知道当时的政府多么强大，可以将本意是为了促进工人利益的法律变得对他们不利，甚至将他们推向专制和奴役的边缘。"然而，冈珀斯和美国劳工联合会的其他领袖身上体现的辛迪加主义倾向的影响范围远远超出了美国劳工联合会，特别是在失业率较低，工人更容易组织起来的时候。它推动了1905年世界产业工人联合会的形成，而该组织继承了劳工骑士团的精神，尤其乐于接纳非技术工人。另外，产业工会的发展以及斗争性越来越强，开始追求全行业的组织化（动员非技术工人和半技术工人）和对工作条件的集体控制，作为对科学管理的回应。国际女装工人工会在纽约市举行大罢工时，成千上万的女工加入了罢工行列。1912年，在世界产业工人联合会的帮助下，马萨诸塞的劳伦斯发生了纺织工人大规模罢工，拥有50多个不同国籍的2万多名工人参加了罢工。从宾夕法尼亚东北部到科罗拉多南部，再到爱达荷北部的矿区，都被矿工联合会和更加激进的西部矿工联合会领导的阶级战争点燃。社会主义者已经对一些产业工会施加了重要的影响，包括一些加入了美国劳工联合会的工会。到20世纪第二个十年结束，越来越多的工人争取到了八小时工作制，这不是立法的结果，而是罢工和工人动员的成果。虽然公司已经成了美国经济的名片，但新的斗争领域也相应地建立起来，权力的平衡尚未最终确定。

政治重建

塞缪尔·冈珀斯和其他试图引导劳工避免与政府建立联系的全国公民联合会的领导人，不仅在像全国公民联合会这样的组织中是少数，在整个政治领域都是异类。19世纪末，从堪萨斯的小麦种植区到公司总部集中的纽约下城，越来越多的美国人开始把国家视为应对工业资本主义挑战的关键。他们在很大程度上接受了流行的反垄断运动，包括绿背纸币主义、劳工骑士团和民粹党的思想，把生产者的困境归咎于政治腐败，认为只有拥有强大权力的国家才能约束大企业的越轨行为，即便它们拒绝接受批评，也不接受提议的补救措施。换言之，工人和自耕农的思想动员和政治动员，为一个公司资本主义社会的国家构建铺平了道路。

虽然工人和自耕农在政治上失败了，但他们的思想得以继续存在下去。在评价19世纪最后30年大众激进运动的结果时，失败的主张很容易被一一列举出来，包括绿背纸币主义、银币的自由铸造、分库计划、八小时工作制、单一税等。但我们也不能忽视，激进运动在国家和地方层面仍然具有很强的政治能量，这些运动为进步主义赋予了民主内涵，并使后者与反垄断和民粹主义具有长期联系。这种民主动能集中在一个从中西部延伸到北部平原，再向南到太平洋沿岸的弧形地带。更易于受到公众压力影响的州立法机构率先采取措施，试图抑制铁路公司、矿业公司等大型工业企业的滥权行为，即使相关成果随后会被法院推翻。加利福尼亚的对抗尤其激烈。持不同观点的农民、工人和小企业雇员都被动员起来反对南太平洋铁路公司，后者通常被戏称为"章鱼"，因为它的"触角"控制了该州大部分经济和政治。在克利夫兰、托莱多、密尔沃基、泽西市、洛杉矶和旧金山等大小城市，工会、进步主义改革者和社会主义者组成的联盟要求市政府监管或直接接收公用事业和公共交通——有人称之为"煤气和水的社会主义"。在北达科他，民粹党人和社会主义者促成了无党派联盟的成立，该联盟要求将谷物升降机、面粉厂和肉类加工厂收归公有，施行国家谷物检查和保险计划，设立国有银行。许多州率先成立了铁路委员会，规定了工人的工伤赔偿，使大众更容易参与决策，允许女性投票。事实上，早在第十九修正案（1920年）通过之前，女性已经在怀俄明、犹他、科罗拉多、爱达荷、华盛顿、加利福尼亚、亚利桑那、堪萨斯、俄勒冈、蒙大拿和内华达获得了选举权。

重塑国家和公民社会的一个绝佳范例是20世纪头20年的俄勒冈，尤其是波特兰市。该州的人民力量联盟由工人和中产阶级激进主义者组成，其中许多人受亨利·乔治的影响，这成功引起了人们的注意。人民力量联盟将自己视为"生产阶级和工业阶级利益"的倡导者，寻求"捍卫公民权利，反对大公司的不公不义"。该组织的领导人威廉·尤雷做过矿工、律师和报纸编辑，后来阅读了《进步与贫困》。在他的带领下，人民力量联盟不仅提出了许多进步的政策，如公投、直接初选、美国参议员普选等，还支持女性获得选举权，并重新构想了一个民众政府的结构。该组织援引独立战争时期的宾夕法尼亚州宪法，主张建立一院制的立法机构，并按照国际政治思想潮流，呼吁根据职业（包括女工和家庭主妇）实行比例代表制。

所谓的"俄勒冈体系"的部分主张直到今天仍未完全实现，另一些左翼进步主义主张将在20世纪30年代构建美国式社会民主的过程中发挥重要作用。但在政治重建方面，影响最为深远的是联邦政府在管理国民经济方面所起的作用，以及在各个层面重新定义民主治理的概念。在某些方面，重建的速度令人叹为观止，尤其是政治话语。在19世纪和20世纪之交，呼吁政府监管的主要是在反垄断政治的刺激下成立的政治叛逆者组建的党派。在接下来的20年里，各主要党派争论的不是联邦政府是否应该建立一套监管体制，而是联邦政府应如何建立监管体制以及监管权力应归谁所有。激进主义和反托拉斯使人们注意到了这些问题，并给公司资本家带来了威胁。公司资本家主导的社会运动致力于消除这种威胁，并将民众的愤怒转化为以公共利益的名义约束大企业越轨行为的立法，同时为公司提供一个稳定的、安全的、法治的经营环境。

到了19世纪80年代末，特别是在《洲际商业法案》和《谢尔曼反托拉斯法案》通过后，这种变化一目了然，但其意义仍然模糊不清。直到20世纪上半叶，联邦政府行政分支的领导人，特别是总统，参与确定了一个新框架，该框架公然无视最高法院以"不受限制的竞争"原则为依据做出的裁决。1901年，威廉·麦金莱被暗杀后，年轻的共和党人西奥多·罗斯福登上了总统宝座，他的表现尤其引人注目。"当我成为总统时，"他后来回忆说，"国家政府要么根本不行使权力，要么效率极低。"他决心纠正这一点。一方面，罗斯福对企业资本的越轨行为和傲慢以及政府的僵化和因循守旧都非常不满。他为此提出了"公共利益"的概念，认为所有资本和劳工的组织都必须服膺公共利益，还认为政府领导层必须积极重振联邦政府。另一方面，他对公司和其他大型企业构成了现代经济繁荣的基础的观点深信不疑，并担心司法限制和社会主义动员的后果。

罗斯福总统在两届任期的大部分时间里，都试图抑制大企业的高压手段，引导公众舆论支持对贸易的"合理"限制，同时试图在不招致法院干预的情况下颁布对公司行使权力的行政措施。他甚至直接介入了1902年激烈的无烟煤矿罢工，在矿工联合会和全国公民联合会的帮助下，迫使公司坐到谈判桌前。在这个时期，罗斯福与全国公民联合会保持着密切的联系，双方共同推动立法，旨在建立一个以行政机构为决策和执行工具的、由联邦发放许可证和批准公司成立的体系。事实上，从第二届任期结束到1912年作为进步的公麋党的候选人竞选总统的这段时期，罗斯福逐渐向国家主义靠拢——他虽然承认私有制，但更多地将公司视为公共事业，认为公司的经营需要严格地追究责任并受到联邦的监管，因此其财产关系将被重构。借用亚伯拉罕·林肯反对温德尔·菲利普斯和约翰·布朗时使用的说法，罗斯福认为这是"国家被分成两党，一个党包含大部分有产者和保守主义者，另一个党包含大部分工资劳动者和不太富裕的人"，而不是阶级战争或"极端的、激进的民主"。他将自己的主张称为"新民族主义"，而且考虑到他对西半球和太平洋地区的帝国野心，这种思想很可能会滑向法西斯主义。

罗斯福的继任者、共和党人威廉·霍华德·塔夫脱起初似乎打算继续走罗斯福的路线。他和那些与全国公民联合会有关联的团体似乎都希望接受公司在经济中的主导地位，使对贸易"合理的"限制合法化，赋予联邦监管州际贸易的权力，并建立一个联邦监管机构。此外，塔夫脱并不反对联邦以监管为目的发放许可证或批准公司成立。但他对罗斯福倡导的国家主义以及联邦应扮演指导而不是监管角色感到迟疑。1911年，最高法院做出"合理原则"的裁决后，塔夫脱颁布了一项显然酝酿已久的政策——由法院确定公司行为是否合法，由公司（而不是联邦政府）管理州际市场。塔夫脱和罗斯福自此在政治上正式决裂，罗斯福决定以独立候选人的身份参加总统选举。

共和党内部分裂的主要受益者是伍德罗·威尔逊。威尔逊出生于弗吉尼亚，先后在普林斯顿大学、弗吉尼亚大学和约翰·霍普金斯大学研究生院接受教育，在约翰·霍普金斯大学学习期间深受弗雷德里克·杰克逊·特纳的影响。威尔逊后来出任普林斯顿大学校长和新泽西州州长。他成了民主党内的公司和世界主义派的代表人物。自1896年以来，民主党一直掌握在威廉·詹宁斯·布莱恩和南方、西部的重农主义者手中。威尔逊认为"商业是其他一切关系的基础"，并像罗斯福和塔夫脱一样，认为公司是现代社会的基石。他也像他们一样，主张扩大国家监管范围，目的是在社会主义和"原先的自由放任"之间找到一条"中间道路"。他声称："没有人怀疑对企业经营进行严格的、全面的监管的必要性。"在1912年的大选中，共和党分裂为罗斯福和塔夫脱两派，社会主义党的领袖德布兹赢得了近百万张选票，而最终当选总统的是威尔逊。他是自南北战争以来第二位当选总统的民主党人，也是自安德鲁·约翰逊以来第一位入主白宫的南方人。

　　竞选期间，威尔逊为了将自己与共和党竞争者区分开来，声称"我们的计划是自由的计划，而他们的是管制的计划"。他将自己的观点称为"新自由"思想——这个说法出自法学家、威尔逊的经济顾问路易斯·D.布兰代斯。不过，威尔逊的"中间路线"其实是介于罗斯福和塔夫脱之间，也就是介于国家主义和司法模式之间的。虽然威尔逊认为权力从各州向联邦政府转移是自然而然的过程，也是秩序和稳定所要求的，但他反对罗斯福提倡的设置一套使公司和其他商业利益服从于国家的监管体制。事实上，他试图在农业和劳工选民对大资本的担忧与公司和金融利益集团对国家监督扩张的恐惧之间寻求平衡。

　　最终结果由1914年的国会确定。《克莱顿反托拉斯法案》禁止了一系列垄断行为，涉及价格、并购、持股、董事任期和债务，同时使工会能够免于反托拉斯法诉讼（雇主曾利用《谢尔曼反托拉斯法案》起诉劳工组织，而劳工领袖一直在极力反对）。"劳工不是商品，"《克莱顿反托拉斯法案》规定，"劳工组织应被允许实现其合法目的。"

　　但是，劳工组织的诉讼豁免权因为没有描述具体行动而缺乏实际意义，而公司对执法的不安则因为通过成立联邦贸易委员会的法案而得到缓解（该法案几乎与《克莱顿反托拉斯法案》同时通过），该委员会的成员将由总统任命并由国会确认。联邦贸易委员会被授权调查"不公平的竞争手段"，并发布"暂停和终止"命令。不过，企业不需要在委员会注册，也不需要将合同、账簿和投资案提交给委员会批准。联邦贸易委员会只能利用自身的自由裁量权要求公司提交报告，对违反反托拉斯法的指控进行调查，最终向国会和司法部提出建议。而委员会的成员预计将来自私营部门，包括那些与商界有联系或熟悉商界的人，以及对企业行为一清二楚的人。这似乎是国家与公司经济关系的一种新模式，该模式经过了近30年的发轫和试验期后最终取得成果，并为下个世纪的体制奠定了基础。

关于秩序、专业知识和恰当的管理的思想不仅有助于构建监管型国家的角色，还引发了大众对政治民主作用的严重质疑。这些质疑产生于半个世纪之前。早在19世纪四五十年代，美国精英阶层中一些早先支持民主改革的人已经改变了态度。越来越多的穷人和处于某种依附状态的人有史以来第一次寻求与白人男性共享某些此前由白人男性独占的政治权利，他们中的一些人是自由的或获得解放的有色人种，他们在奴隶制被正式宣布为非法的那些州争取平等的公民权利。另一些人是女性，她们受宗教信仰和此前参加社会改良运动经验的启发，要求将投票作为天赋人权。还有许多人是新移民，包括数十万爱尔兰移民；他们没有财产（按城市的标准评判），缺乏技术，信仰天主教，更倾向于支持民主党。白人男性特权的捍卫者大多数集中在辉格党和后来的共和党中，他们使这些人的努力无疾而终，并在一定程度上通过本土主义运动界定了更加明确的参与正式政治的资格。在这个过程中，他们注意到了工业资本主义发展可能带来的政治困境。

南北战争的爆发和奴隶制的废除扭转了白人男性的政治反弹，公民权利得到了空前的、此前几乎无法想象的拓展。在现代史上，从未有如此多的前奴隶人口被赋予公民权和选举权；截至当时，也从未有如此著名的与女性选举权的要求和劳工动员联系在一起的赋权行动。但没过多久，战前几十年精英政治所关注的问题再次凸显出来。随着城市人口和工薪阶层的不断膨胀，随着越来越多的非新教徒和不会说英语的男性和女性移民到这个国家，随着工人阶级开始以新的方式组织起来并赢得更广泛的族裔社区的支持，随着以前在法律上处于附庸地位的人开始成为自由劳工，警报开始响起。

这就是为什么发出警告的人往往有新教和盎格鲁－撒克逊背景，他们往往居住在工业化的城市，而且大多来自商界或拥有专业技能。他们中的许多人阅读《国家》《哈珀周刊》《北美评论》和《大西洋月刊》等自由主义改革刊物，还会为其撰稿。他们不断为自己失去的旧世界和继承的危险的新世界感到烦恼。1878年，历史学家弗朗西斯·帕克曼哀叹道："旧时的新英格兰村庄，可以依靠每个村民的选票进行安全而良好的治理。但现在，村庄发展成人口众多的城市，有工厂和车间，有大量出租房，还有成千上万不安定的工人，其中大多数是外国人。对于他们来说，自由意味着没有限制，政治意味着掠夺……他们对每个卑鄙的煽动者言听计从。情况完全改变了，普选权的意义值得怀疑。"

帕克曼把上述变化归咎于"无知的无产阶级……和农民的入侵"。在这点上，南方的前奴隶主与他的看法差别不大，他们决心尽全力限制黑人的选举权等政治权力。西部的大地主、开发商，甚至包括白人劳工都是如此。他们敌视周围众多不同种族的人，尤其是墨西哥人和华人。他们把"腐败""不诚实""恶习""煽动""文盲""非法"这样的词挂在嘴边，并认为这些"疾病"已经在"政治体"内扩散，选举政治已经被污染。小查尔斯·弗朗西斯·亚当斯评论道："说得直白点，普选制只能意味着无知和罪恶的统治。它意味着大西洋沿岸将由欧洲，尤其是凯尔特的无产阶级统治，墨西哥沿岸将由非洲的无产阶级统治，太平洋沿岸将由中国的无产阶级统治。"其敌人是重建、人民民主和与生俱来的公民权。到了19世纪70年代末，心怀不满的精英似乎准备再次"集结"，试图从"篡权者"手中夺回国家政治的主导权，"清洗"选民，"净化"投票箱，确保统治权恰当地留在"有教养的人"手中。

他们虽然拥有财富、知识和权力，但生活得并不安逸。工业城镇已经感受到了工人阶级政治权力的影响，其中许多城市和集镇，通常在民主党的支持下，正在设法满足新移民的需求以换取他们的选票。在一些地方，工人占选民的大多数，并积累了地方治理的经验。此外，第十四修正案和第十五修正案保障了法律对每个人的平等保护，禁止基于"种族、肤色或以前的奴役条件"剥夺公民权，南方各州为消除激进重建的影响而做出的努力因而变得更加复杂。

随之而来的是一段实验期。在远西地区，一场拒绝给予华人公民身份，然后将他们驱逐出境的运动赢得了社会各阶层的强烈支持。在西南部，新墨西哥和亚利桑那一直保持准州地位，并拒绝按《瓜达卢佩–伊达尔戈条约》授予墨西哥裔公民权。在南方的前叛乱州，推翻共和党政权的民主党人开始征收投票税，并制定关于选民登记和选票箱的新法律，以降低贫穷的黑人选民参加选举的意愿。在东北部的城市，改革者寻求增加选民的读写和居住地要求，减少选举频率，以全州为一个选区，成立拥有税收和支出权力的特别市政委员会，该委员会的成员只能由有产者（因此也是纳税人）来选择。"投票权不能被剥夺，"《大西洋月刊》在1879年得出结论，"但投票主体可以大幅减少。"但是，更重要的是，19世纪八九十年代由绿背纸币主义者、劳工骑士团成员、有色人种农民联盟成员、黑人共和党人、罢工工人和民粹党人引起的社会和政治动荡，有力推动了政治"改革"。改革者在深南部大获成功，那里的种植园主和其他来自黑人占多数的选区的民主党人已经开始寻求制订旨在"把无知的、不爱国的黑人从本州的政治舞台清除出去"的计划。1890年，密西西比率先召开州制宪会议，"针对（黑人的）习惯和弱点"立法，以此规避第十五修正案。新宪法要求未来的选民必须在本州居住两年，在选举区居住一年，在选举前至少四个月登记，累计缴纳投票税必须超过两美元，并能"阅读"或"理解"或"合理解释""（州）宪法的任意一部分"，使指定的登记员满意。

这个被称为"密西西比计划"的新宪法利用了黑人的贫困、高流动性和高文盲率，同时赋予了民主党执政者指定的登记员巨大的自由裁量权。在这个十年后期和下一个十年前期，这种手法被南方许多州效仿，首先是南卡罗来纳（1895年），然后是路易斯安那、亚拉巴马和弗吉尼亚（这些州召开了制宪会议），以及北卡罗来纳、得克萨斯和佐治亚（这几个州通过了宪法修正案），紧接着是最高法院在威廉诉密西西比案（1898年）中的裁决在联邦层面为剥夺黑人公民权开了绿灯。这个"计划"奏效了，黑人从各地的选民名单上消失了，只有少数人能继续投票，而后来所谓的"坚固的"民主党南方诞生了。对于白人至上主义的捍卫者而言，充斥着剥夺选举权手法的新州宪法和修正案标志着政治重建的真正结束。

或者说，它其实就是新的政治重建的一部分。密西西比计划本身可能是吉姆·克劳主义[1]在南方的核心，但事实上它只是将包括北方和西部在内的其他地区正在采取的各种选举补救措施结合在一起的产物。到了20世纪初，自由派对西奥多·罗斯福所说的激进民主充满了恐惧，进步主义者因为提倡技术官僚治国论而赢得了更多支持者。在许多进步主义者看来，普选和民主政治不仅危险，而且烦琐、低效。它们迎合了选民的情绪和狭隘的自我利益，使没有受过教育和没有经验的人得以染指权力。由此带来的结果是，卑鄙和管理不善占了上风，公共利益被忽视，冲突而非合作盛行。作为19世纪政治文化的主要特征之一的党派忠诚受到人们的怀疑，被认为是把政治变成受贪婪和愚忠驱动的乌合之众的游戏的罪魁祸首。和之前的自由主义改革者一样，许多进步人士怀疑大众民主是否适合治理一个大国。不过，他们并没有将希望寄托于老一辈的执政精英，而是倾向于由技术官僚执政，这些人受过处理社会和政治事务的训练，而且不受特定选区束缚，能够超越党派和政治酬庸。

深南部以外的州和市虽然没有颁布阻止黑人和贫穷白人选民投票的一揽子措施，但许多州和市，特别是从东北部延伸到中西部的工业地带的州和市，考虑过或颁布了其中的一些措施，包括识字和居住要求，针对贫民、外国人和重罪犯的禁令，以及将纳税作为投票先决条件的规定。不过，也有一些举措似乎更加现代和合理，更有可能促进政治独立和打击欺诈行为，更符合善政的理念。在南北战争结束后的数十年间，虽然各州的情况各不相同，但几乎所有地

---

1 吉姆·克劳主义，美国统治阶级对黑人实行种族隔离和种族歧视的一套政策和措施。——译者注

方都设计了选民登记制度，目的是防止不符合条件的选民投票，减少选举日投票场所经常出现的混乱景象。在大城市，特别是移民能够投票使他们的候选人进入市议会或担任市长的地方，改革者要求重新划分选区或者将全市设为一个选区，目的是削弱政治机器的作用，使能够代表整座城市而不是较小选区的人赢得选举。一些改革者更进一步提出了"城市经理（取代市长）"的方案。城市经理将由任命而不是选举产生，因而不需要依赖任何一个政党。1888年，路易斯维尔首次使用澳大利亚式（秘密）的投票制后，这种投票法被广泛使用。它既被用来确保选民能够选择自己中意的候选人，防止党徒或指手画脚的雇主的干预，也用于防止不识字的选民在投票站得到帮助。

20世纪20年代自不待言，早在第一次世界大战爆发时，政治重建就确立了20世纪美国政治的许多特征，比如党派忠诚的重要性逐渐减弱，政党和政府机构越来越官僚化，非民选官员在决策方面的重要性日益增加，选民登记程序更加烦琐。另一个特征，同时在很大程度上也是由上述变化带来的特征是国家各级选举的投票率急剧下降。在政治动能深受密西西比计划影响的深南部各州，投票率下降得最为剧烈。黑人投票率迅速下降到只占合格黑人选民的5%左右，而白人的投票率同样大幅下降。事实上，从1896年至1916年，南方总统选举的平均投票率从64%骤降到32%，到1924年又进一步下降到只有20%。在北方和西部，投票率的下降幅度虽然没有这么大，但仍然非常剧烈：1896年，投票率平均约为83%；1916年，约为65%；1924年，约为58%。在非大选年和地方选举中，各地的投票率更低。

　　在政治重建中，争取女性选举权的斗争吸引了大量女性的参与，但这是一个漫长、复杂、矛盾丛生的过程。一个世纪以来，女性权利活动家参加各种改革运动，尤其是废奴运动，而争取女性选举权运动是这一系列抗争的一部分，是一场艰难的斗争。这场运动兴起于19世纪40年代末和50年代，标志性事件是在纽约的塞尼卡福尔斯召开的大会，女性选举权的倡议者诉诸独立战争时代的天赋人权论，以争取女性平等的政治权利。大会通过的《感伤宣言》在许多方面可以被视为《独立宣言》后另一份至关重要的文件，而白人男性对它的断然拒绝，甚至还伴随着嘲笑，是对女性选举权活动家的沉重打击。

　　不过，不久之后，她们又找到了机会。南北战争以及由其带来的日益激进的奴隶解放、出生公民权和黑人男性选举权斗争，为变革带来了契机。伊丽莎白·卡迪·斯坦顿一度对同时推动女性和黑人获得选举权抱有希望。但她很快发现，昔日在拯救联邦和解放奴隶的战斗中与她并肩作战的男性盟友，为了赋予前奴隶权力和拯救共和党，已经打算牺牲女性权利。甚至连在1866年向美国参议院提交了一份要求赋予女性选举权的请愿书的查尔斯·萨姆纳也直言不讳："我认为现在不是考虑这个问题的恰当时机。"对于斯坦顿、苏珊·B.安东尼、露西·斯通和其他许多女性选举权运动的领导者和参与者来说，这是令人痛心的背叛，不仅因为第十五条修正案没有将"性别"列入"选举权"的受保护类别，还因为第十四条修正案中支持非裔美国人享有选举权的内容明确将选民等同于"男性"。斯坦顿对有色人种先于女性获得选举权感到不满，随后透露了自己的阶级和种族观。"我不会把我的所有权利都托付给他们，"她说道，

"他们遭受过侮辱，受过压迫，一旦掌权，他们的专制程度甚至会超过我们撒克逊统治者。"

　　选举权运动在参与者的懊恼和相互指责中迅速瓦解。这既证明了反对势力的强大，也证明了其自身的社会和文化局限性。参加该运动的主要是信仰新教、受过教育的白人中产阶级女性，劳动阶层的女性和男性几乎没有发言权，更不用说黑人女性了。甚至连城市"较好阶层"出身的女性都开始成立自己的改革组织。由于19世纪七八十年代的经济危机，以及日益高涨的反对政治民主扩大化的声浪，女性选举权问题即使没有完全被边缘化，也进一步被置于被动状态。到了1890年为了使参与者重新统一而成立全美女性选举权协会时，女性选举权活动家的看法似乎已经与《感伤宣言》的主张相去甚远。她们不再将选举权视为天赋人权，而是谈到了女性可能对充斥着阶级和种族对立的腐败政治制度产生的积极影响。

　　一些女性选举权的倡导者将赋予女性选举权形容为对无知的和外来的男性的投票权的重要制衡。卡丽·查普曼·卡特加入了全美女性选举权协会，并最终进入领导层。她声称："美国出现了一个智力水平不高、不爱国、不讲道德，血统也不纯正的男性阶层……他们提名官员，在投票站通过腐败的手段……选举他们，还会使用贿赂的手段，正是这些人使许多法案得以通过。"在卡特看来，赋予本地出生的女性选举权是挽救"美利坚合众国"最可靠的手段。她说："1890年的人口普查结果表明，解决方案在于女性。"在反对女性选举权尤其激烈的南方，像丽贝卡·拉蒂默·费尔顿、凯特·戈登和贝尔·科尔尼这样的女性选举权活动家进一步发挥了卡特的论点，将女性选举权与白人至上主义联系在一起。她们除了和卡特一样把白人女性描绘成美德和文明的化身，还提出了所谓的"统计学论证"，即把她们加入选民名单，可以弱化具有选民资格的黑人男性的影响力。科尔尼在1903年的全美女性选举权协会大会上说，盎格鲁-撒克逊女性能够使"白人保持对非裔的优势"。事实上，1890年密西西比州制宪会议在颁布其更著名的"计划"之前，花了三天时间讨论赋予女性选举权是否明智。

如果说强调女性可能给恶毒的男性政治世界带来的文化属性是为了减少女性获得选举权的阻力，那只能说它的作用不大。虽然一些州努力推动公投或推动州立法机构通过相关法案，但除了部分选举权，几乎没有取得什么成果。部分选举权使女性能够在某些选举中投票，通常与学校董事会有关。到了20世纪初，女性选举权运动出现了新的转机。虽然女性选举权活动家仍然没有放弃道德监护的说法，但年轻一代的活动家开始推动全美女性选举权协会大力扩大自己的基础。她们体现了进步主义的全部能量，建立地方组织，跨越阶级界限与女性和男性接触，寻求工会的支持，甚至走上街头。在1906年的全美女性选举权协会大会上，关注女工和童工权益的弗洛伦丝·凯利告诫说："我很少听到哪篇关于选举权的著名演说，不把'无知和堕落的'男人或'无知的移民'称为我们的主人……工人在罢工期间经常听到他们的敌人用这些字眼形容他们。"

到了20世纪第二个十年，女性选举权运动迅速发展成群众运动，这是前所未有的。参加运动的既有包括社会主义者在内的社会改革家，他们将女性选举权视为赋予劳动人民权力的手段，也有将女性权利视为现代社会的重要标志之一的进步人士。支持女性选举权运动的既有美国劳工联合会和社会主义党，也有西奥多·罗斯福的进步党，更不用说像女性自助平等联盟、国会联盟和由国际主义者艾丽斯·保尔领导的全国妇女党这样新兴的、更加激进的组织。全美有色人种协进会也参加了这场运动，并在其机关刊物《危机》中指出："给予女性投票权就意味着给予黑人女性投票权。"在第一次世界大战的国内动员期间，伍德罗·威尔逊总统公开将女性选举权称为一项"战争举措"，这为第十九修正案的出台扫清了障碍。选举权不能再因性别因素被剥夺。

赋予女性选举权波及的范围和影响如何？自19世纪90年代以来，在那些受过教育、立志反抗当时残忍的种族主义的黑人女性看来，女性选举权是扭转对黑人公民权利和政治地位的大规模攻击的一种手段。她们通过像全国有色人种女性协会（其口号是"在上升的同时提升自我"）这样的组织，她们与全美女性选举权协会和基督教女性禁酒联盟结盟，努力促进女性获得完全的选举权。但合作是有限的。虽然白人女性选举权活动家尝试与各方合作，但她们在跨越种族界限方面没有什么作为。政治重建将大幅增加潜在的政治参与者，但其对白人至上主义的屈服（实际上是贡献）暗示着政治权力将进一步远离基层。第十九修正案的通过所带来的喜悦冷却后，反对者的担心并未成为现实。选民人数虽然几乎增加了一倍，但总体投票率仍在下滑。换言之，女性选举权似乎强化而不是改变了已经形成30多年的政治文化。由于南方黑人被剥夺了选举权，黑人女性与黑人男性一样无法在正式政治的舞台上展示自己。

种族重建

20世纪初，没有人比布克·T.华盛顿更能体现美国"种族"的特征和变化轨迹了。华盛顿曾是奴隶，在弗吉尼亚的汉普顿学院接受过教育。从1881年开始，他成为新成立的塔斯基吉师范和工业学院的校长，这所学院位于亚拉巴马所谓"黑带"的中心。华盛顿通过指导黑人学生学习教育学和手工艺术，以及争取保守的、博爱的白人的支持，为自己赢得了声誉。到了19世纪90年代中期，他因为自己的名声受邀在1895年9月举行的亚特兰大产棉州国际博览会上为一大群跨种族听众发表演讲，而这次演讲使他声名狼藉。他声称联邦政府赋予非裔美国人公民权是一个错误的决定，重建是一场错误的实验，鼓吹社会平等是"极端愚蠢的行为"，而非裔美国人基本只能靠辛勤劳动过活。他呼吁自己的黑人听众"不管在哪里，都要听天由命"，也就是要接受他们所居住的吉姆·克劳主义盛行的南方，而不是选择移民，要尽可能提高自己，并为该地区的繁荣做出贡献。"在社会事务上，我们像手指一样彼此分开。"这成了华盛顿的名言，而他的白人听众无疑也是这样认为的。"但在所有对共同进步至关重要的事情上，我们却像手一样是一体的。"华盛顿的演说在受到许多人称赞的同时，也被批评者称为《亚特兰大"妥协"演说》。

这是一个令人不安而又充满希望的时刻。当年早些时候，逃奴、废奴主义者、平等的公民权利和政治地位的伟大倡导者弗雷德里克·道格拉斯去世了。当华盛顿在亚特兰大发表演讲时，南卡罗来纳正在步密西西比的后尘，取消了美国黑人男性的选举权。数以百计的黑人因为拒绝白人对他们的要求而被处以私刑，南方各州正通过法律在公共生活中把黑人和白人隔离开。关心黑人政治权利的共和党和民粹党盟友越来越少，南方的民主党逐渐被极端的白人至上主义者控制。布克·T.华盛顿意识到黑人面临的危险，知道反击不会起任何作用，因此建议休战，并试图为所谓的"黑人问题"找到一个解决方案。

　　黑人问题并不是19世纪末才出现的，至少从18世纪末起，它就成了白人和非裔美国人接触到的核心问题。这个问题的核心不在于如何将共和国的原则与奴隶制以及奴隶制被废除后的剥削相调和，而在于如何控制一个已经摆脱传统束缚并被视为潜在威胁的群体。对托马斯·杰斐逊而言，所谓的"问题"是白人和黑人如何在自由的条件下和平共处，而他提出的大胆的"解决方案"就是通过移民逐步废除奴隶制。直到南北战争时期，这个解决方案仍然是奴隶解放的核心。奴隶制被彻底废除后，特别是到了19世纪八九十年代，随着非裔美国人继续争取他们认为有意义的自由，以及出生在后解放时代的第一代白人和黑人长大成人并开始在南方各州共处，这个"问题"进一步凸显。结果令人不安，而且往往会引发冲突。奴隶制的交际礼仪和政治预期已经消失，但除了非裔美国人的被迫屈从，新的交往模式和政治预期还没有确立。白人评论家之所以将黑人视为"问题"，是因为他们身处美国，白人必须想出与黑人的相处之道，既不能陷入与黑人的持续冲突之中，也要避免为了控制他们而消耗过多的宝贵资源。换言之，"黑人问题"本质上是"白人问题"，而且首先似乎是一个"管理问题"。

毫无疑问，19世纪八九十年代的深南部，特别是农村和城镇，充斥着种族暴力，这在一定程度上反映了共和党重建政权垮台后黑人的勇气。弗吉尼亚和得克萨斯的政治反叛，以及路易斯安那、密西西比、阿肯色和南卡罗来纳的劳工骑士团和有色人种农民联盟的动员，造成了不同种族之间激烈的对抗，激进的黑人领袖常常因此丧命。但最能反映社会秩序不安定的是私刑数量的急剧增加。私刑就是白人暴徒私自处决黑人，通常是在数百名围观者面前进行。私刑最容易发生在黑人人口众多且人口结构不稳定的棉花种植县，受害者往往是初来乍到、对当地不太熟悉的年轻黑人男性。农村经济的紧张关系和冲突，特别是地主和佃农或债务人和债权人之间的紧张关系，往往是导火索。大多数私刑受害者被指控犯了谋杀、纵火、袭击和偷窃等罪行，而不是强奸或其他性犯罪。关于这一点，艾达·B.韦尔斯在一个多世纪前就证明过了。私刑的数量在19世纪80年代初到90年代中期迅速增加。在华盛顿于亚特兰大发表演讲的那一年，以及19世纪80年代到90年代这十年的大部分时间里，平均每3天就有一名非裔美国人被处以私刑。

种族暴力事件绝不仅仅发生在南方。虽然绝大多数非裔美国人仍然生活在南方，但在南北战争后的几十年里，许多北方城市的黑人人口在稳步增加。种族骚乱和出于政治动机的袭击在纽约、费城、芝加哥等大城市，以及俄亥俄的阿克伦、伊利诺伊的斯普林菲尔德等小城市时有发生。在西北太平洋地区，暴力事件的矛头指向了华人，华人早在1882年就已经被禁止移民美国。19世纪80年代，白人暴徒以担心自己经济前景的工人为主，他们试图将华人赶出加利福尼亚的尤里卡，华盛顿的西雅图、塔科马，怀俄明的洛克斯普林斯。发生在洛克斯普林斯的暴力事件导致25名华人丧生，他们的住处被烧毁。从1890年至1910年，远西地区的美国华人人口减少了三分之一，大多数华人居住的加利福尼亚则减少了一半。

不仅在南方，强奸和跨种族通婚的指控在其他地区也是私刑话语的核心，这表明私刑的参与者看到了其中的利害关系。一方面，他们依赖对国家机器的控制，至少依赖得到国家的默认以避免遭到起诉。另一方面，他们拒绝将国家机构作为实现所谓的"大众正义"的正当渠道，这等同于拒绝承认所有人都应服从法律和司法体系的权威。在许多案件中，私刑受害者已经被逮捕并遭到指控；在一些案件中，他们已经被定罪并被判处即决惩罚。但是，被告还是被拖出监狱，而且往往是在警长的注视下被"送走"或"送入永生"（按私刑暴徒的粗俗说法），有时还伴随着残忍的、与性有关的肢解仪式。

私刑暴徒在社会和政治暴力的深厚文化基础上，试图重新确立他们认为的正在被国家或外来族群跨越的边界，粉碎他们认为的在这个时代的不稳定和中央集权化趋势下削弱他们的权威的攻击和侵犯。最亲密、最根本的边界或侵犯，与父权制、家庭、性别和性有关，因为正如奴隶制是围绕着女性的生殖能力构建的一样（17世纪后期的法律确立了奴隶身份随母亲），19世纪末的种族重建也需要加强对性接触的监视。私刑是致命手段，而婚姻条例则是民事手段。

反对跨种族性行为和通婚的法律的历史，与北美殖民地的历史一样悠久，当然也与非裔奴隶制的历史一样悠久。但在南方重建政权垮台后，这些法律变得更加全面和广泛。新的"科学的"种族理论认为种族的差异是先天的，而高加索人位于种族金字塔的最顶端。因此，越来越多的州，特别是南方和西部的州，重新颁布了禁止跨种族通婚法，这既是保护白人的生物完整性和所谓的优越性的手段，也是标记新的种族类别的方式。在南方各州，法律禁止白人和黑人通婚，并在此过程中确立了种族化的"一滴血规则"，这是一种人为的、旨在澄清一个具有内在模糊性的概念的方法。密西西比、南卡罗来纳和亚拉巴马将禁止跨种族通婚写入其剥夺非裔美国人选举权的州宪法中。在西部，尤其是远西地区，禁止跨种族通婚法涵盖的范围要大得多，涉及华人、日本人、卡纳卡人（夏威夷人）、马来人、蒙古人、美洲原住民和黑人。虽然这些法律挑战了第十四修正案的平等保护条款，更不用说契约自由了，但它们通常都会得到法官的支持，法官们通常援引"自然法"和"国家的警察权力"作为自己的依据。

禁止跨种族通婚法只是一种新的种族和社会思想的副产品，该思想强调分离或隔离，认为它是管理现代公民和政治社会的关键。和通婚一样，性别和性往往是冲突的导火索。可以肯定的是，种族隔离的实践在美国已经实行了很长时间，而且限制了奴隶制及奴隶制被废除后黑人与白人的互动。19世纪上半叶，在东北部和中西部的大部分地区，无论是投票站还是公共场所，种族隔离，或者更准确地说，种族排斥普遍存在，甚至连废奴主义者也会在自己的组织和活动中遵循该原则。事实上，我们所说的隔离，特别是居住区的隔离，在城市拥有漫长的传统。就种族而言，它的历史至少可以追溯到18世纪。

然而，在19世纪末，推动全面隔离的势头变得非常强烈，它不是回归早期的人身控制，而是与现代化的力量相伴而生——城市、工业和交通网络的快速发展，将大量的人以新的、非个人化的方式聚集在一起。隔离的倡导者将隔离理解为一种组织，或者说编制，即一个由不同种族群体组成的社会的现代方式。此外，它一方面可以规避潜在的暴力冲突，另一方面也可以使那些被视为"劣等"或"落后"的人获得的权力无效化。事实证明，它对国家的形成同样至关重要。美国南方和南非几乎同时出现了国家规定的隔离制度，这一点很能说明问题。虽然政策内容往往不同，但两国的种族隔离在新兴产业发达的新城市实行得最为彻底，而这些新城市通常位于急于扩大自身影响力的新州。在南非，联邦成立（1910年）后不久，种族隔离就出现了，并且集中在德兰士瓦的黄金和钻石开采区，目的是在满足不断升级的劳动力需求的同时，缓和黑人工人和布尔人工人之间的潜在冲突。在美国南方，种族隔离出现在各州确立民主党的"家园统治"之后，执行最严格的不是大西洋沿岸和墨西哥湾沿岸的老城市，而是内陆的工业和商业城镇，如夏洛特、达勒姆、斯帕坦堡、亚特兰大、伯明翰和纳什维尔，以及这些城镇之间和城镇内部的交通线上的区域。

　　不难理解法律上的隔离最初为什么会出现在两类场所，即重建政府建立的新的公立学校，以及19世纪80年代末到90年代初穿越该地区的火车和有轨电车里。这两类场所是南方迈向现代化的标志，同时也是男女有可能发生接触的场所。隔离条例随后适用于几乎所有公共场所，包括公园、剧院、候车室、卫生间。隔离的范围在19世纪90年代末到20世纪第一个十年不断扩大，因为黑人被剥夺了选举权，而且美国最高法院在普莱西诉弗格森一案（1896年）中裁定隔离既没有给"有色人种打上劣等的烙印"，也没有侵犯宪法第十三修正案和第十四修正案赋予非裔美国人的权利。大法官约翰·马歇尔·哈兰是唯一反对这项裁决的大法官，他认为"以种族为由武断地将公民分开……是一种奴役的标志，完全不符合宪法确立的公民自由和法律面前人人平等的原则"。隔离制度的坚定支持者幻想着在城市按种族划分街区，在农村将白人和黑人的地块分开，但这些都没有成功。

这些法律虽然看似是一种倒退，但它们反映了一种在美国许多地方引起社会改革者共鸣的自由主义思想。亚拉巴马的圣公会牧师埃德加·加德纳·墨菲对南方农村和小城镇司空见惯的种族暴行深感不安，他的理论被很多人所接受。墨菲虽然将黑人视为尚未成熟、需要指导的种族，但坚持认为黑人无须因为遭到恐吓而屈服，因为他们在白人强大的力量面前表现出了"选择无视的偏好"和"自保"的本能。他和其他有类似想法的人认为，隔离既是对两大种族能力不同的事实的认可，也是对种族自豪感和完整性的鼓励，特别是如果伴随着有助于促进友谊和合作的待遇和教育。华盛顿因此被视为具有远见卓识的黑人领袖的典范，"是南方百年来仅次于李将军（指罗伯特·爱德华·李）的伟大人物"——他们中的一个人赞叹道。"黑人的实业教育，"墨菲写道，"目的是使他们在自由的环境下，能够学会我们的父辈在奴隶制的环境下教给他们的那些技能和那些确保产业和平的条件。"他补充说道："没有一名汉普顿或塔斯基吉的毕业生被指控殴打女人，这并非没有重要意义。"

墨菲的思想得到了北方进步主义者的认可，北方的改革者一直在寻找一种理解"种族关系"的新视角。墨菲被一些人视为"先知、改革家和历史学家"，能够平息南方的"群体狂热"，他的著作受到了许多进步主义报刊的盛赞。作为社会福音运动领袖之一的沃尔特·劳申布施，虽然承认"黑人问题"既是一出"悲剧"，也是"无法解决的"，但还是认为白人有责任牵着"我们的黑人兄弟的手，敦促他们沿着稳定的、聪明的劳动，财产权，忠于家庭的道路前进……并为他的种族成就感到自豪和高兴"。西奥多·罗斯福总统曾因邀请华盛顿进入白宫并任命黑人担任公职而饱受争议。他于1904年请墨菲为自己出谋划策，很快就认为后者是"在黑人问题上应该追随的人之一"。

在东北部和中西部，种族隔离虽然没有像在南方那样通过立法的方式快速推进，但它的覆盖面越来越广，越来越常见。它的结果部分体现在19世纪最后几十年里分散在工业化城市各个角落的民族和种族飞地，如"黑人山""新几内亚""小非洲"，这些飞地就像"小意大利""希腊城"和"皮尔森区"一样。但隔离的强化不是因为州或市的法律法规，而是因为邻里保护协会和房地产利益，是因为人们对财产价值下跌和结核病等疾病传播的担忧。以暴力威胁为后盾的限制性公约（北方市民的恐惧使三K党能够活跃在整个北方）与立法一样有效。学校同样受到影响，北方的学校像南方的学校一样实行了种族隔离。由于私人机构不受宪法第十四修正案的限制，餐馆、剧院、酒店等干脆拒绝为黑人服务。到了20世纪第二个十年，南方进步主义者伍德罗·威尔逊入主白宫后，联邦机构对还未被解职的非裔美国人职员实行种族隔离。

然而，无论进步主义者如何将种族隔离视为在城市构建"种族关系"的一种有科学依据的合理的方法，并将其视为一种消弭南方农村可怕暴行的可行方案，他们往往都对发生在自己身边的事情视而不见。在北卡罗来纳的威尔明顿（1898年）和佐治亚的亚特兰大（1906年），以及一些较小的城镇，种族隔离法迎来的不是"现代主义者"清醒的头脑，而是白人暴徒的暴行。暴徒因为地方选举的紧张形势或性侵犯的指控追杀黑人，并大肆破坏他们的社区。W. E. B.杜波依斯当时在亚特兰大大学任教，但当暴乱发生时，他正在亚拉巴马做研究。他在近乎癫狂的状态下匆匆赶回亚特兰大，以保护自己的妻子和女儿。他知道自己将面对什么，因此拿着猎枪坐在她们住的宿舍门口。"亚特兰大暴动的实际情况比报道的更加糟糕。"他后来写道。不管是在街头还是在田间，在寻求建立种族秩序的过程中，种族隔离法可能确实取得了净化的效果——用鲜血来净化。

不过，不管是在政坛还是在进步主义圈子里，种族重建鲜少遇到阻力，更不用说抗议了。共和党早已抛弃了黑人选民，该党在南方掌权的是所谓的"纯白种运动派"，该派对共和党主流构不成任何威胁。曾短暂与华盛顿会面并咨询其意见的西奥多·罗斯福，甚至祝贺"南方那些勇敢而虔诚的人，他们不畏令人恐惧的困难，正尽其所能使黑人和白人都能过上更好的生活"。无论是民粹党人，还是自称社会主义者或工会主义者的人，都对"社会平等"不屑一顾，即便他们正设法获得黑人的选票。大多数人似乎轻而易举地接受了他们自己组织内部正在实行的种族隔离和种族排斥的做法。

唯一的反对声音来自潜在的受害者——非裔美国人，他们努力发出批评的声音，寻找盟友，或影响讨论。南方的黑人能做的仅限于减缓公民权遭剥夺的速度，或者为投票税和识字要求做好准备。华盛顿本人在幕后努力使"黑人在选择统治自己的人时多少能发出些卑微的声音"，但没有成功。在涉及种族隔离问题时，甚至连这样的声音都无法发出。

黑人之所以无法发声，部分原因是受制于华盛顿在许多非裔美国人及其领导人中的权力和影响力。但是，反对他的所谓的"塔斯基吉机器"的力量在黑人记者、教育家、牧师和专业人士当中不断增加。这些人主要集中在北方城市，仍然执着于重建时期的期望，在政治上越来越成熟。他们绝不会坐以待毙。在威廉·门罗·特罗特和W. E. B.杜波依斯的带领下，他们反对华盛顿的妥协主义以及他对黑人批评者的强硬做法，决心组织"相信黑人自由和成长的人采取积极行动"。1905年，他们在尼亚加拉大瀑布加拿大一侧未实行种族隔离的地区举行了第一次会议。这次会议吸引了来自全国大部分地区的代表，其中一些来自南方。会议发表了《原则宣言》，该宣言无论是在语气还是在内容上都与《亚特兰大"妥协"演说》有天壤之别。《原则宣言》坚持要求全部政治权利，并称基于种族或肤色的歧视是"野蛮的"，并声称"不允许给人留下这样的印象，即美国黑人心甘情愿地接受卑贱的地位，受压迫时保持顺从，受侮辱时唾面自干……只要不公正仍存在于美国，成千上万美国人就要一刻不停地发出抗议之声，让他们的同胞能够听到"。这场运动后来被称为"尼亚加拉运动"。4年后，《原则宣言》对平等的公民权利的大声疾呼，推动了跨种族的全美有色人种协进会的成立，该组织将塑造未来几十年的黑人政治。

早在参与尼亚加拉运动之前，杜波依斯就开始反思美国的种族发展。他问非裔美国人"被当成一个问题的感觉如何"，还写下了"双重性——边是美国人，一边是黑人"。他认为黑人必然经历过这种情况。但在南方的许多农村地区，前奴隶和奴隶的后代正在规划自己的发展道路，并以独特的方式为19世纪末的种族构建做出了贡献。他们一直致力于将自己的自由建立在一个安全的、独立的基础上，寻求得到或租借可能允许他们自治的土地。其中许多人加入或支持联邦联盟和共和党，投过票，可能还担任过公职，曾在准军事人员面前保护过自己的家庭和社区，而且很可能为此与19世纪八九十年代的政治反叛者结盟。然而，随着时间的推移，由于内心的抱负和不断受到的挫折，他们中越来越多的人，特别是生活在种植园区的人，开始相信自己的安全和前途在于尽可能与南方白人隔离。

这种隔离的冲动，与他们受过的奴役息息相关，但并不意味着他们会将来之不易的公民权利拱手相让，也不意味着他们会默许官方后来实行的隔离。非裔美国人将这些视为侮辱。然而，他们已经开始觉得，最有利于自己生存和发展的方式是进一步自我封闭，比以往任何时候更注重自力更生。因此，华盛顿的一些观点，尤其是关于情感和目标的观点引起了他们的共鸣，不过他们并不一定接受华盛顿提出的解决之策。19世纪80年代中后期，公众对让非裔移民的兴趣快速复苏，尤其是阿肯色、密西西比和佛罗里达的民众。对此，华盛顿强烈反对。"南方的黑人……没有钱，没有家，没有朋友，"一个对移民感兴趣的黑人写道，"我们只有……私刑和杀戮……我们在这里看不到黑人的未来。"1886年至1892年间，超过450名的非裔美国人离开他们所在的镇和县，前往利比里亚寻求建立家园，还有数百人打算追随他们。进入后解放时代不久后出现的积极势头，在19世纪70年代重建浪潮中衰退，当黑人意识到自己的目标实现无望之后大量增加的"黑人小镇"吸引了许多人。有些城镇建在堪萨斯的大草原上，黑人移民可以从田纳西和肯塔基向西迁徙，或者从路易斯安那和密西西比向北穿过密西西比河前往那里。还有一些位于从南卡罗来纳到得克萨斯，再向北到俄克拉荷马的地带，那里有20多个城镇。像其中最有名的位于密西西比的芒德拜尤一样，它们通常由大家族建立，多以创始人的名字命名，如弗里敦、新赖辛斯塔、克朗代克、皮斯、新阿菲利加和布克曼。这些小镇的居民决心按照自己认为合适的方式组织自己的生活和政治。

在南方的其他地区，一些非裔美国人经过艰苦奋斗获得的小块土地和少量其他财产，为亲属间的交流提供了一个相对稳定的条件。20世纪前期，阿彻家族在密西西比河三角洲附近的山上建立了一个"家族租赁集团"，租下了一座山的山顶，其土地面积达400多英亩，他们称其为"那块地"。在"族长"约翰·佩里·阿彻（同时也是浸礼会牧师）的带领下，他们不仅种植棉花和玉米，还种植土豆、蔬菜和果园作物，饲养牲畜，并且建了熏肉房和铁匠铺。他们尽量避免借贷，按时支付账单，以防止白人债权人和"外部世界"的干预。因此，当他们中的一个人前往芒德拜尤听华盛顿的演讲时，他发现自己认同后者的很多说法。不过，他坚决反对华盛顿听天由命的哲学。他指责说："这呼应了白人的想法，认为黑人应该满足于他们所拥有的一切，而不要做出任何改善自己的努力。"

那里和其他数百个定居点，有些集中在佃农种植园，有些在集市城镇边缘，有些是小佃农等私占的；它们几乎都由亲属关系、信仰、学校和慈善团体联系在一起。社区和居民的关系紧密，而且由于白人可能施加的暴力变得更加紧密。此外，这里还有黑人教师、牧师、店主、医生和商人，这些人服务并致力于"提升"周围贫穷的劳动者。这些定居点的黑人在受限于白人画下的严格的种族边界的同时，也希望展示他们的独立性和可称道的地方。他们逐渐接受了自己的"种族"，不把它当作遭人排斥或"劣等"的标记，而将其视为尊严和骄傲的象征，象征着在巨大的障碍面前取得成就，在自治的基础上紧紧团结。不久之后，贾维（一名非裔牙买加人）将用一种新的、黑人的、种族的语言激发他们的想象力。在一条比以往任何时候都更深的界限的两侧，种族正在被重新构建。

帝国重建

1902年10月，美国陆军总司令纳尔逊·A.迈尔斯抵达菲律宾，平息菲律宾"叛乱"的余波。迈尔斯似乎能够体现在南北战争中成长起来的一代人的帝国意识。作为一名没有西点军校背景的年轻军人，他在弗吉尼亚半岛、安提塔姆、斯波齐尔韦尼亚、冷港和彼得斯堡的战场上表现出色，最终被授予少将军衔，指挥一个军。大规模冲突结束后不久，迈尔斯被派往门罗堡，然后到新成立的北卡罗来纳战区，其间认识了威廉·T.谢尔曼的侄女并与她结婚。但他参与重建前叛乱南方的时间并不长，很快就被派去重建前叛乱的西部。在接下来的四分之一个世纪里，他在外密西西比地区与基奥瓦人、科曼奇人、苏人、内兹帕斯人和阿帕奇人作战，击败了约瑟夫酋长和杰罗尼莫，后来又领导了对鬼舞运动的残酷镇压。很多人捧他，他本人同样自视甚高；当1894年普尔曼罢工潮爆发，一度甚至可能使整个美国的铁路交通中断时，迈尔斯被任命为陆军司令，负责镇压罢工。

迈尔斯认为所有这些事件在政治和文化上都是一脉相承的。他在1894年8月的《北美评论》上刊文，把普尔曼大罢工与南部同盟和印第安人的"叛乱"相提并论，认为这是"文明化之战"的又一场战斗，敌人将给繁荣的社区带来"饥荒、瘟疫和死亡"，并"推倒我们主权的华丽拱门——人类的希望，自由、独立的堡垒，全人类幸福的殿堂"。在他看来，由于罢工者无视法院的禁令，"只服从他们的独裁领袖德布兹"，因此罢工是对联邦政府的叛乱，军队绝不能心慈手软。作为参加过南北战争和印第安人战争的老兵，他请求允许向罢工人群开火。

在这点上，迈尔斯并不孤单。1894年，评论家把罢工者称为"芝加哥印第安人"（更普遍的说法是"掘食族印第安白人"），把无政府主义女性称为"印第安女人"，把街头抗议活动称为"战舞"。参议员亨利·道斯发现美国原住民的价值观和激进劳动者的价值观有很多相似之处，这说明双方对"亨利·乔治的体系"有共鸣。他还认为美国军队在菲律宾面对的挑战与在西部内陆面对的挑战没什么区别。西奥多·罗斯福对此没有任何异议。"每个可以为菲律宾人辩解的理由都适合为阿帕奇人辩解，"罗斯福批评道，"形容阿吉纳尔多（菲律宾独立革命领袖）的每个词都可以用来形容'坐牛'。"

持类似观点的人不在少数。自从19世纪60年代强力镇压奴隶主的叛乱以来，新生的民族国家美国一直在将其帝国的长臂伸向各个领域。它通过军事手段废除了奴隶制，制服了叛乱的奴隶主，奠定了国家公民权利的框架，赋予前奴隶以选举权，重组叛乱州的政府，鼓励组建男性户主家庭，推动基督教的传播，并在市场经济中维护以合同为准的规则。在西部，它大力修建铁路，在大片土地上设立了受联邦管辖的准州，将主权扩及印第安人，同时惩罚那些抗拒被限制在保留地的人，并拒绝准州在达到各种政治和文化标准之前申请成为州。在这个过程中，作为民族国家的美国不仅使新的金融资本家阶层能够把目光转向墨西哥、中美洲和太平洋，在亚洲寻找新的市场，还扩大了海军的规模。这就是为什么当1898年反抗西班牙统治的起义在古巴和菲律宾造成政局动荡的时候，美国政府会认为这为自己提供了一个"教化"那里的"落后"的有色人种的机会。这似乎只是30多年前的使命的延续，而军人同样起到了桥梁的作用——在菲律宾的军官大部分参加过西部的印第安人战争，士兵也大多招募自西部各州和准州。南方和西部，尤其是后者，正成为美国对外重新燃起的帝国野心的试验场。

然而，如果只看到这些方面的连续性，那可能是错误的。虽然美国的帝国热情高涨，但自建国以来，其帝国野心主要与具体的商业和政治目标联系在一起，比如寻求跨太平洋贸易，奴隶主和非奴隶主之间为争夺在联邦政府的生存空间和影响力而进行的斗争，抵御欧洲强国的蚕食，以及将国家权威扩大到领土边界内的各个地方。这些代表了一个农业和商业联盟成为一个民族国家的动力和目标。可以肯定的是，像威廉·苏厄德和詹姆斯·G.布莱恩这样的人，在19世纪60年代到80年代，已经开始设想一个围绕着进入国际市场、与外国签订互惠协议，以及确保通向亚洲的航线等目标组织起来的全新类型的美利坚帝国。但这些只是更大的帝国重建的前奏，这个过程将改变美国社会和美国在世界上的地位。与19世纪最后几十年的欧洲列强不同，美国的帝国重建与其说是建立和管理正式的殖民地，倒不如说是形成美国的权力和势力范围。它深受私人投资者的影响，不过依靠的仍然是民族国家的军事力量。它将是一个政治经济、文化权威、殖民权力和阶级矛盾共同催生的产物。

　　帝国重建不仅是在美国国内严重动荡的背景下发生的，也是在世界反殖民主义运动和民族主义运动的背景下发生的。这些已经酝酿了几十年的运动，在19世纪90年代和20世纪初集中爆发。这些运动具有复杂的成因和社会基础。它们或是为政治独立而战，如古巴和菲律宾的运动，或是为反击帝国主义列强的扩张和傲慢，如义和团运动和南非的布尔战争。反抗者利用新的全球化通信网络，如报纸、学术机构、政治组织等，来保持信息的畅通，并相互交流。菲律宾的民族主义者接受了古巴民族主义者的宪法框架，中国的民族主义者关注着古巴和菲律宾的事态发展，华人和菲律宾人研究布尔人反对英帝国主义的战争。有些人会在巴黎、伦敦、纽约、新加坡等地的自由主义者、无政府主义者和社会主义者的帮助下相互联系。他们一起打乱了帝国主义的扩张势头，并为资本的支配给予潜在的限制。

　　这些运动的参与者显然熟悉自由的制度，并用现代性包装自己，这些都显示了西方政治和思想潮流的影响。但几乎在每个地方，他们同样越来越多地诉诸本土传统，尤其是先知传统，以完全切断殖民者的文化之臂，或满足希望建立自由主义之外的司法制度的前奴隶和农民的期望。有时，特别是在英国等欧洲列强长期殖民的地方，参加运动的人可能来自不同的文化和宗教阶层，并将基督教元素与非基督教民间信仰结合在一起。在菲律宾，讲塔加洛语的人在1892年成立了一个名为卡蒂普南（塔加洛语里的"协会"之意）的组织。面对西班牙越来越严酷的镇压和土地所有权的商品化，他们将自己的启示从马尼拉郊区传播到吕宋岛的农村，将基督受难的故事用于革命宣传。他们为1896年反抗西班牙殖民者的起义提供了火种。

早在美国军队和官员感受到这场在太平洋彼岸爆发的起义的影响之前，他们就在自己境内看到了被殖民者发起的一场规模较小的起义。当整个北方平原的印第安保留地的印第安人在设法应对军事失败的后果和联邦解散部落的压力时，他们听说落基山脉外有一位先知，一位名为沃沃卡的"新弥赛亚"，与生活在内华达偏僻一隅的派尤特人住在一起。他说自己在日食时"被带到另一个世界"，在那里"看到了上帝，还有所有早已死去的人，他们仍在做着以前的营生"。虽然沃沃卡建议"与白人和平共处"，但他还预言"一场巨大的变革将紧随地震到来"，到时候原住民将独自占有自己的土地。为了让这一天早日到来，沃沃卡告诉前来拜访他的拉克塔人、夏延人、阿拉帕霍人等各族代表每六周跳一次鬼舞，同时"举办盛宴"。"地动山摇的时候，不要害怕，"他向他们保证，"你们不会受到伤害。"

1889年到1890年，沃沃卡的预言随着部落之间的交流快速传播，尤其是那些拒绝与美国合作并一直拒绝迁往保留地的部落。"坐牛""踢熊""红云""驼峰"和"大脚"等部落首领认为，白人的政治和文化攻势可能会被逆转，让他们吃尽苦头的白人可能会被消灭或被赶走。一些苏人穿上他们认为能够让自己刀枪不入的鬼衣和衬衫跳舞，幻想着建立一个经原住民改造的世界。

保留地事务官和联邦官员都听到了风声和警告———一场反抗正在酝酿当中。到了1890年9月，这个消息传到刚刚晋升为将军的迈尔斯的耳中。迈尔斯一直批评内政部对印第安人事务管理不善，同时一直在寻找机会扩大军队的规模，并证明其有能力迅速平定原住民的反抗。他终于等到了这个机会。迈尔斯认为关于印第安人图谋叛乱的传言是准确的，并得出结论："印第安人从没有像现在这样拥有良好的武器装备来发动战争。"数千名联邦士兵很快被征召并被部署——这是自南北战争以来规模最大的一次军事行动。虽然迈尔斯可以选择其他战术，而且大部分印第安人也受到了镇压，但事态仍然朝着不可收拾的方向发展。到了12月下旬，"坐牛"被逮捕并被杀害，300名左右的拉克塔人，在伤膝河遭到屠杀，其中许多是女人和孩子。命令由迈尔斯下达，执行屠杀的是第七骑兵团。他们曾听命于乔治·阿姆斯特朗·卡斯特，这场屠杀很可能是为小巨角河之战复仇。

鬼舞运动可被视为美国原住民对美国国家权威的大规模抵抗的终结，以及几十年的抗争和保留地自身培育的泛部落主义的消亡。对它的镇压清楚地表明了民族国家能够容忍的限度，其分界线画在接受《道斯法案》并获得公民身份的人与拒绝该法案并被孤立、监护在保留地而事实上被隔离的人之间。意在跨越这条界线并构建另一种依附和归属形式的文化和政治活动——大型仪式——将被立即处理。在那里和西部其他内陆地区，宪政主义的适用范围不断受到考验，因为征服和殖民的历史、漫长的准州化过程和新的种族排斥挑战着出生公民权和以州的身份加入联邦的行动。如何解释美国的边界？这些边界对居住在其中的人意味着什么？准州是否可以被无限期地置于联邦管辖之下？印第安人保留地构成了怎样的政治空间？美国边界内的准州与边界外新获得的领土之间的关系如何？

到19世纪末，回答这些问题变得尤其急迫，因为作为民族国家的美国的范围远远超出了它的正式边界，不过主要是源于政治经济问题。19世纪70年代和90年代的大萧条及其导致的社会动荡，使政策制定者和企业家不得不找到一个解释和补救的办法。许多人指责过度竞争降低了利润，给制造商带来了灾难性的后果。还有一些人指责劳工罢工干扰了经营活动，使雇主无法合理地组织生产。还有一些人担心，一旦绿背纸币和金银币同时流通的主张成为主流，黄金外流和货币贬值的风险将无法避免。但到了19世纪90年代中期，社会上似乎形成了一种共识：问题在于企业家接受了固定成本高昂的新技术，他们的生产能力远远超过了美国公众的消费能力。这就是所谓的"生产过剩"。解决的办法是，企业家不仅要巩固国内市场，还迫切需要在国外，特别是拉丁美洲和亚洲开辟新的市场。安德鲁·卡内基反思道："当一件商品由一个小制造商生产时，限产甚至停产是一件很容易的事。而今天的生产都是大规模的，投入了数百万乃至上千万美元的资本……产品要生产几个月，在某些情况下……数年……没有利润……也没有利息所得。"

可以肯定的是，自19世纪中叶以来，美国零售商仿效英国和法国的做法，一直在尝试用新的方法销售商品，特别是向不断扩大的城市中产阶级销售商品。其中一些人从批发贸易起家，并延续了这种模式；另一些人则将重点放在服装等特定品类上。不管怎样，他们开始将零售业整合起来，建立被称为"百货公司"的大型商店。这些百货公司以梅西（纽约）、沃纳梅克（费城）和马歇尔·菲尔德（芝加哥）等姓氏命名，集中销售各式各样的商品，使消费者免于四处奔波之苦，并通过这种方式创造了空间上相互联系的市场。到了19世纪后半叶，中西部的蒙哥马利·沃德公司、西尔斯公司，以及罗巴克公司等著名的邮购公司实际上将新的消费机会从大城市转移到小城镇和农村，它们和行商一起使当地人能够买到一些本地的商人和商店无法储存的商品。最重要的影响或许是，百货公司和邮购公司带动了广告公司的兴起。这些广告公司通过各种媒体，尤其是报纸和期刊，培养了人们对食品、服装、家具和新兴家用技术的新认识和新品位。零售公司和广告公司共同塑造了新的消费文化，这种文化将在20世纪头几十年里占据主导地位，并最终改变国家和国际经济的动能。

　　然而，在19世纪90年代，这些变革仅具雏形，而生产过剩仍是亟待解决的问题。一些投资者将目光转向墨西哥、中美洲和广阔的加勒比地区的铁路、矿山、种植园等。到了19世纪90年代，仅在古巴一地，美国投资者投入的资本就超过了5000万美元，美国成为古巴的主要贸易伙伴。其他投资者，尤其是制造业的投资者，则对亚洲，特别是纺织品进口迅速增长的中国虎视眈眈。事实证明，互惠条约在拉丁美洲特别有价值，而苏厄德早在多年以前就把进入太平洋市场作为政策目标。拓宽周边市场和寻找海外市场两者结合起来，似乎是在资本主义关系框架内解决当前危机的最佳手段。阿尔弗雷德·T.马汉主张建设一支强大的舰队，这对通商而言是必不可少的。他认为，解决危机的方法只有两个：要么采取社会主义的手段促进国内消费，要么越过他所谓的新边疆，也就是大洋去寻找市场。马汉和苏厄德都认为，殖民前哨的价值主要在于作为前往有价值的外国市场途中的供煤港和补给站。1899年，国务卿约翰·海针对中国贸易的争夺，呼吁欧洲列强，尤其是德国、俄国和英国，尊重中国的领土完整，并接受所有外国人在中国的公平商业机会。这就是所谓的"门户开放"政策。[1]

国务卿约翰·海宣布"门户开放"政策时的强硬态度，反映了美国在西太平洋和加勒比地区的新地位，这是美国与西班牙殖民者和民族主义反抗者交战的结果。就当时的情况而言，事态并不一定要按这个剧本发展。自19世纪60年代以来，西班牙在仅存的两块殖民地古巴和菲律宾的权威一直受到挑战。殖民地有人要求进行政治改革，获得更大的自治权，或者直接独立。在古巴，抗争最初只限于该岛较不发达的东部，那里不满的克里奥尔地主和奴隶主与奴隶和自由黑人联起手来，致力于推翻西班牙政权。到了19世纪80年代末，他们赢得了一定的让步，奴隶制被废除，但没有达成他们的主要目标。在菲律宾，受过教育的菲律宾人，特别是华裔，希望摆脱殖民统治这一倒退的枷锁，建立一个现代化社会，这使持续多年的农民反抗愈演愈烈。到了19世纪90年代中期，两地的反抗更加严重，并有可能推翻既有秩序。在像何塞·马蒂这样的流亡活动家的帮助下，古巴人于1895年发动了第二次独立战争。这一次，他们动员了一支5万人的军队，向大型甘蔗种植园占主导地位的西部进军。他们设想建立一个至少在言辞上以种族平等为基础的新共和国。次年，卡蒂普南在菲律宾发动独立战争。这场战争虽然暴露了领导人博尼法西奥和阿吉纳尔多之间的紧张关系，但也暴露了西班牙人的

---

1 美国提出"门户开放"政策，是企图通过"机会均等、利益均沾"手段，缓和列强争夺中国的矛盾，防止列强瓜分中国，以使整个中国市场对美国商品自由开放，从而渗透其侵略势力。"二战"后，美国在中国的独占地位已经形成，才放弃此政策。——译者注

弱点。

美国人重点关注古巴发生的事件。这里一直受其关注，而且美国投资者在当地有大量投资。但对于可以做些什么，美国人的意见并不统一。古巴解放事业在国会内外都有大量支持者，而克利夫兰和麦金莱政府则采取了谨慎的态度，敦促西班牙人停止镇压反抗者，接受改革，或者可以考虑给予该岛自治权。然而，在跨种族军队向西进发，反抗之火烧到西部之后，克里奥尔人和美国企业家的恐惧与日俱增。美国驻西班牙公使斯图尔特·伍德福德坚称参加反抗的"几乎全是黑人"，而且警告说"古巴独立绝不可能一劳永逸地解决这个难题，因为独立只会导致种族间的长期战争……这将重蹈圣多明各的覆辙"。他并不是唯一主张吞并古巴的人。

与马克·汉纳一样，麦金莱总统是共和党中亲公司派的代表，他左右了美国政府在此事上的态度。作为互惠协议、金本位制，以及政府在外交事务中拥有更大话语权等的强烈支持者，相较于吞并古巴，他对扩大美国的经济势力范围更感兴趣。1898年年初，他认为西班牙人已经失去了对古巴的控制，于是派海军的"缅因"号战列舰到哈瓦那港维持秩序，保护美国人的财产。当"缅因"号后来因为一场似乎是意外的爆炸而沉没时，他决定借此机会实现自己的目标。他没有承认古巴独立和反抗者的领导地位，而是呼吁国会对西班牙宣战，同时承诺不会对该岛"行使主权、管辖权或控制权"（该条款被称为国会决议的泰勒修正案）。此后不久，麦金莱将目光转向太平洋，要求国会通过另一项吞并夏威夷群岛的决议。这是一场关于夏威夷的未来的长期战斗的最后阶段，美国的甘蔗种植园主虽然实力强大，但未能说服公众认可吞并夏威夷的好处，而且吞并的企图激怒了日本人，他们在夏威夷人口中占比不低。由于战争随时可能爆发，再加上对亚洲市场的关注，麦金莱声称夏威夷可以用作军事基地，这对美国来说是必不可少的。"我们需要夏威夷，就像需要加利福尼亚一样，甚至更加急切，"他宣称，"这是再明显不过的天命。"国会在一场几乎势均力敌的投票中勉强通过了该决议。

　　菲律宾的情况如何？与古巴不同，美国在经济上与菲律宾几乎没有直接联系。但是，与夏威夷一样，菲律宾群岛也被认为是通往更大的亚洲市场的跳板。一旦美国与西班牙开战，菲律宾将成为美国海军的攻击目标。1898年1月，时任助理海军部长的西奥多·罗斯福擅自命令海军上将乔治·杜威在美西战争爆发时进攻马尼拉。罗斯福此举虽然冒失，但也具有更大的社会意义。罗斯福之所以渴望战争，并不是因为他崇尚过去推崇的男性气概，而是因为他想通过此举使像他一样的上流社会的成员重新振作起来——他认为原先的上层阶级正在被颠覆，一个新兴的企业家和金融资本家阶层的贪婪和野心正在逐渐主导这个国家。"我会欢迎任何战争，"他坦言，"因为我认为这个国家需要一场战争。"罗斯福对地方精英阶层的纨绔子弟嗤之以鼻，这些人对现代化抱有戒心，对追求美国的海外霸权缺乏热情。事实上，罗斯福本人似乎就是他希望实现的这个阶层转变的一个范例。他在纽约一个由女性占主导地位的旧贵族家庭中长大，后来却成了一名喜欢打猎、言辞强硬、有男性气概的政治家，而且偏爱西部，还写下了这里的历史。虽然麦金莱没有理会罗斯福的部分建议，但他并没有收回罗斯福给杜威下达的命令。1898年5月1日，杜威的舰队驶入马尼拉湾。马尼拉在几个小时内沦陷，而古巴在几个月内沦陷。罗斯福则辞去职务，组建了一个骑兵团，启程前往古巴。7月，在凯特尔山，面对"现代最好的连发步枪"，他率部在平地发起冲锋。在付出200人阵亡，大约1000人受伤的代价后，他的部队赢得了胜利。罗斯福后来回忆说，这是"我平生最伟大的一天"。

虽然在很短的时间里就赢得了胜利，但对西班牙的军事胜利在带来选择的同时，也带来了危险。古巴和菲律宾的反抗者希望美国的干预能够为他们的独立扫清障碍。毕竟泰勒修正案承诺美国会放弃吞并古巴，这似乎意味着承认古巴的主权。而在菲律宾，被西班牙人放逐的反抗力量领导人阿吉纳尔多在杜威获胜后返回，并想象着与美国结成同盟。但不管在古巴还是菲律宾，麦金莱政府都不愿意使革命之火越烧越旺，因为它怀疑古巴人和菲律宾人的自治能力。"自治！"当时在古巴的一名美军军官惊呼道，"那些人不适合自治，就像火药不适合地狱……（他们）不比非洲的野蛮人更有能力自治。"麦金莱新任命的战争部长伊莱休·鲁特曾是一名著名的企业律师，他试图在使古巴具有自治表象的同时，又对其施加必要的控制。他精心构思了一系列"独立"的古巴政府必须接受的条件：禁止古巴签署可能会使其他国家具有影响力的国际条约；要求将古巴领土出售或租赁给美国作为供煤港和海军基地——关塔那摩美军基地就是一个例子；允许美国"为维护古巴独立和维持一个足以保护民众生命、财产安全和个人自由的政府"干预古巴事务。这些条件是1901年通过的关于军队拨款的普拉特修正案的一部分。虽然古巴强烈反对，但这些条件后来还是被强行加进古巴宪法，并被当作结束美国占领的条件。著名的反抗力量领袖马克西莫·戈麦斯将军愤怒地宣称："我们谁也没有想到，（和平）之后我们迎来的是盟友的军事占领。他们把我们当作没有能力自主行动的人，强迫我们服从、屈服，并接受在当时的环境下强加的监护。"这是令人难以下咽的苦果。

菲律宾的情况更加复杂。与古巴不同，吞并很快就成为选项之一。在杜威的舰队击败西班牙人的同时，麦金莱派出5000名士兵占领了马尼拉，并决定拒绝阿吉纳尔多的一切"政治要求"。到夏天时，美军兵力增加到近4万人。这将是一场旷日持久的艰苦战斗，特别是在阿吉纳尔多宣布独立，并在离马尼拉不远的马洛洛斯成立自己的政府之后。美军和美国官员早就开始用具有种族色彩的语言来描述这场冲突，把菲律宾人称为"黑人"或"阔阔斯"。一名士兵讥讽道："绝不能对这些无脑的猴子心慈手软，他们没有任何荣誉感，不知仁慈和正义为何物。"另一名士兵附和道："当我看到一些黑皮肤的人并扣动扳机的时候，我感到光荣。"不过，真正与这场战斗性质类似的还是曾发生在外密西西比西部的对美国原住民的战争。阿德纳·查菲少将在南北战争结束后，长期在平原上与科曼奇人、基奥瓦人、阿帕奇人和夏延人作战。据说，他"把印第安人战争带到了菲律宾，并想用对待亚利桑那的阿帕奇人的方式来对付顽抗的菲律宾人，即把他们赶到保留地"。当阿吉纳尔多的部队转而采取游击战的方式对抗美军的大规模进攻时，这场战争与印第安人战争更加相似，而且更加残酷。

将菲律宾人与西部的原住民相提并论，显然强化了许多决策者的一个观点，即菲律宾人并不比古巴人更适合自治。"什么样的炼金术，"共和党参议员艾伯特·贝弗里奇问道，"能改变他们血液中的东方特质，让美国人的自治之血注满他们马来人的血管？"然而，比起"把他们赶到保留地"，麦金莱似乎更想把整个菲律宾变成一个保留地——通过吞并的方式把群岛完全置于美国的管辖之下。占领菲律宾主要不是为了教化菲律宾人，而是考虑到在进入更大的中国市场时马尼拉的战略价值。正如代表马萨诸塞的参议员亨利·卡伯特·洛奇所说，如果欧洲人成功瓜分中国，而"我们不能在东方保有一个大港和一块领土"，这将是一场灾难。"我们必须开拓新市场，不然我们必将受到工资下降和工业剧烈动荡的影响……仅靠产品价格在外国市场竞争的旧理论已不再适用，海军和东方的供煤港已成为我们这个时代的基本条件。"

不过，吞并一块遥远的、具有多元文化的领土终究是一项大胆的举动，而且就像吞并夏威夷一样，它招致了强烈的反对。事实上，围绕着麦金莱吞并古巴的条约展开的辩论，很好地揭示了不断变动的政治经济的断层，以及帝国重建的典型特征。支持吞并的人的理由不难想见，如收购路易斯安那、阿拉斯加和获得墨西哥部分地区等大量先例。他们认为：美国有责任"教化菲律宾人，使他们变得更加开化，并使他们皈依基督教"；美国"至关重要的原则在热带的阳光下也不会有所改变"；"我们的贸易、我们的工业和我们的劳工将获得巨大的物质利益"。"自从我们自己不再是殖民地以后，我们在这个国家就拥有了殖民地。"一名参议员自信地说道。不久之后，当占领军得知住在菲律宾南部岛屿的摩洛人实行奴隶制时，吞并主义者可以进一步为自己将殖民主义用于废除奴隶制而感到自豪。

反对吞并的人一般被称为"反帝国主义者"（不过事实上他们只是反对吞并菲律宾），他们的理由五花八门，有的高尚，有的卑劣。最合理的理由是，他们质疑吞并是否有任何宪法依据，并担心吞并将使美国变成一个"凭借军事力量控制着依附种族和附庸国的庸俗的帝国，与其他帝国没有任何区别。在这个帝国中，一个阶级将永远居于统治地位，其他阶级将永远沦为附庸"。共和制不可能在这种情况下继续存在下去。曾在芝加哥协助将反帝国主义者组织起来的简·亚当斯认为："强行征服一个……民族是对我们政府的独特原则的公然背叛。"马克·吐温的评论则更为尖锐："我们是应该继续将我们的文明传播给那些处于黑暗之中的人民……还是应该先清醒过来，坐下来好好想想？"民主党在1900年又以威廉·詹宁斯·布莱恩为其标杆，讥讽地引用林肯的"分裂的屋子"的比喻，认为"任何国家都不能长期处在一半是共和国，一半是帝国的状态"。正如在议会中主导吞并的亨利·卡伯特·洛奇所承认的，如果反帝国主义者最终被证明是正确的，那么"我们过去的扩张就是一种罪恶"。

但是，反对吞并的人还有一个更加见不得人的理由，甚至连拥有高尚情操的人也不免受其影响。许多人警告说，吞并菲律宾将使美国不得不接手"亚洲人的烂摊子"，这将挑战白人至上主义，贬低民主，贬低美国白人劳工。"东方人和西方人之间的种族差异是永远无法消除的，"有人说，"两大种族永远不可能融合。"正如斯坦福大学校长大卫·斯塔尔·乔丹所言："文明在热带地区无法呼吸……这里是堕落者的天然庇护所……不管是美国的人还是美国的制度都不可能占领菲律宾。"来自南卡罗来纳的参议员本杰明·蒂尔曼是一个在反帝国主义事业中表现得尤其突出的极端种族隔离主义者，他对吞并主义者提出的菲律宾人没有自治能力的论点不屑一顾。他嘲讽道："那些现在争取在夏威夷和菲律宾实行不同政策的人……不但给了南方的奴隶自治权，还用刺刀强迫南方的白人接受这些前奴隶的统治。"

罗斯福轻蔑地将反对吞并菲律宾的人称为"过去时代的人"。除了优越感，他还有一个更深刻的理由。除了少数例外，美国参议院中反对吞并菲律宾的议员，要么出身新英格兰的贵族家庭，其中一些人曾积极参与反奴隶制运动；要么是来自南方和中西部的民主党人，其中一些人出身老牌贵族家族。这些人的目光仍局限于各自所在的州，他们代表了急剧衰落的农业–商业经济的残余势力。他们对这个时代的现代化和中央集权化趋势投以批判的目光，对新帝国主义的野心将带来的社会和政治后果感到担忧。相比之下，主张吞并菲律宾的人不仅大量集中在共和党内，同时也是国家不断发展的、以工业和金融业为基础的大城市以及与之相连的腹地的代表。其中许多人同罗斯福和洛奇这些属于地方贵族阶层，但都选择背弃自己的出身的人一样，年轻，精力充沛，具有"进步思想"，对美国在世界中的新角色感到满意，并急于输出他们认为优越的文化和制度。他们在这一时期的各种重建中居于或几乎居于领导地位。遗憾的是，不管支持还是反对吞并，双方对人类未来的认识都受到达尔文主义的影响，都对以种族为核心的社会等级制度具有强烈的信心，认为这种制度不仅适用于美国，同样适用于全世界。

除此之外，美国对古巴和菲律宾的占领表明，争取独立和自决的民众斗争很可能对进步主义者希望建立的世界构成威胁。与这些占领同时发生的兼并产生了大量新的资本，大大增加了美国在海外，特别是在拉丁美洲的投资，但同时也加剧了这些投资地的剥削和腐败。在委内瑞拉和多米尼加共和国，政治上的连锁反应正在显现，欧洲债权人和美国投资者都希望撼动旧有的金融体系。

1901年麦金莱遭暗杀后，西奥多·罗斯福就任总统。他很快就把对"野蛮和半野蛮民族"的干预描述为"最令人遗憾但又不得不为的国际警察的职责"，然后以普拉特修正案的原则为基础，提出了美国在西半球行使权力的框架。罗斯福打消了美国国内对土地兼并、吞并他国或向外"扩张"的预期。他在1904年告诉国会，美国希望"看到邻国稳定、有序、繁荣……任何国家的人民只要表现良好，就可以期待我们热情的友谊……而不需要担心美国的干涉"。但他同时加上了一条明确的威胁。"长期的错误行为，或因为无能导致文明社会的联系普遍松弛，"他以高度男性化的语言宣称，"最终可能使某个文明国家不得不出手干预。在西半球，由于奉行门罗主义[1]，美国可能不得不……行使国际警察权。"这被称为"门罗主义的罗斯福推论"，在今后几十年里将被美国用来为多次占领加勒比地区的行为辩护。

"罗斯福推论"的实质是将西半球的国家指定为美国事实上的保护国，它们被允许自治，它们的公民享有政府赋予的权利，但是一旦这些国家陷入"不稳定"状态，罗斯福和他的继任者就可以挥舞"大棒"了。但是，1898年一起被西班牙割让给美国的菲律宾、波多黎各和关岛的情况如何呢？作为政治实体，它们的人民拥有怎

---

1 门罗主义，1823年12月2日美国总统门罗在致国会咨文中提出的主张。主要内容：宣布任何欧洲列强都不得干涉南、北美洲的事务，否则就是对美国不友好的表现；提出"美洲是美洲人的美洲"的口号，目的是反对当时英国和俄、普、奥三国的"神圣同盟"插足南美洲，使美洲置于美国的控制之下，是一种典型的势力范围思维。——译者注

样的政治地位？原则上，它们可以被视为联邦准州，就像路易斯安那和墨西哥割让地一样，有可能成为州并享受宪法的全部权利。但很少有人认为这在种族、文化和后勤上是可行的。毕竟，美国很多人甚至反对外密西西比西部的一些准州升格为州。

相反，由于1900年国会通过的《福勒克法案》和1901年至1910年最高法院对一系列被统称为"孤立案件"的裁决，一种新的政治地位被写入法律。新近兼并的领土将成为"未合并"领土，由国会管辖，其人民可以享受某些"基本"权利，不过不是宪法保障的全部公民权利。用曾在普莱西诉弗格森一案中支持种族隔离的最高法院令人费解的语言来说，这些领土不是"国际意义上的外国"，而是"国内意义上的美国的外国"，不是"合并"，而"仅仅是依附在那里的属地"。它们在治理上是"孤立的"，在政治上不受准州先例的约束，同时仍处于美国的主权权威之下。这既宣告了它们与美国政治体的隔离，也宣告了它们的公民在联邦管辖范围内处于次等地位。对于"宪法是否需要做相应的修正"的问题，伊莱休·鲁特机智地称："宪法确实应该修正，只是现在还没来得及。"

最高法院裁决"孤立案件"的逻辑同样适用于新近获得的贯穿巴拿马共和国的运河区，帝国重建的成果在这里得到充分体现。美国人对跨洋运河的兴趣至少可以追溯到19世纪中期的加利福尼亚淘金热，并随着太平洋贸易量的增长而增加。运河将成为通往亚洲的门户，因此比横贯大陆的铁路系统更加重要。问题的关键在于运河应该建在尼加拉瓜还是巴拿马。虽然尼加拉瓜的工程难度更低，但当法国人于1880年开始主持修建一条横跨巴拿马地峡的运河时，这个问题得到了解决。近20年后，他们放弃了这个计划，而罗斯福总统治下的美国迅速介入。美国人帮助巴拿马反抗者实现了政治独立，但讽刺的是，哥伦比亚的利益因此受损。美国的回报是"像拥有主权一样"完全地、永久地控制一块宽约10英里、长约30英里的土地，而美国付出的代价是承诺向巴拿马提供1000万美元和每年25万美元的年金。

巴拿马运河历时三十余年建成，这既是一项工程壮举，也是全球经济发展中的标志性事件——不管是当时的许多评论家，还是后世的人们都是这么认为的。它同时也体现了定义一个新的美帝国的诸多要素。运河虽然是美国的领土，但就像菲律宾和波多黎各一样，它在管理方面是"孤立的"。它由一名被任命的总督（其中第一名是工程师和退伍军人乔治·华盛顿·戈瑟尔斯）以强硬手段管理；这名总督对民主没有兴趣，也不会容忍劳工反抗。劳工按技能、特权，再加上种族和民族，划分成不同的阶层，隔离和歧视充斥在运河区生活的各个角落。管理和专业技术岗位完全由美国白人和欧洲人占据，技术含量较低或对技术没有要求的工作部分由地中海裔移民完成，但最多的还是非裔加勒比人，他们中的大多数从巴巴多斯岛的甘蔗种植园来到巴拿马。双方的差距因为一种支付制度进一步加大。根据这种制度，来自美国的工人的薪水用金币支付，而来自其他地方的非技术工人的薪水则用贬值的巴拿马银币支付。非裔美国人的人数相对较少，地位介于二者之间——他们被承认是美国公民，但同样以银币支付工资。这似乎是美国南方和南非联盟的混合体。

作为一块"孤立的"领土，运河区有自己的司法体系，与行政分支关系紧密。这里没有陪审团（罗斯福最终批准死刑案件由陪审团审判），也没有司法审查，被定罪的罪犯只能向国籍所在国的大使馆提出上诉申请。这里的法律文化与美国宪法及《权利法案》几乎没有关系，而是哥伦比亚、巴拿马和美国司法实践的混合体，大量工人因各种违法行为被捕，通常会被关进该区的监狱服劳役。虽然该区正式从巴拿马共和国分离出来，但紧张局势不可避免地蔓延到其与巴拿马的边界，特别是在其附近的巴拿马首都巴拿马城。美国对政治、金融和土地所有权的影响，使巴拿马的主权受到挑战。

然而，许多美国进步主义者，甚至包括左翼进步人士，不仅对运河区产生了极大兴趣，而且往往表示钦佩。其中许多人认为，这里是他们试图在美国国内促进的那种伙伴关系，即积极有为的政府、科学管理的专业知识，再加上技术能力和效率的一个实例。他们不在乎这里的政治和劳工等级制度，他们中的大多数人已经接受了隔离制度，认为它是合理和必要的；他们反而为国家主义创造奇迹的潜能感到兴奋。有些人甚至瞥见了运河区的秩序和亨利·乔治关于土地由政府所有的梦想之间的相似之处。对他们来说，运河区体现的美利坚帝国的模式既不是对共和国的威胁，也不是对宪法的玷污，而是他们渴望施行的社会实验的扩展。许多人显然为运河在1914年8月中旬提前完工的消息感到高兴，而且很可能对次年在旧金山举行的旨在庆祝运河开通的巴拿马太平洋万国博览会很感兴趣。但他们无疑也注意到，世界大战已经爆发，革命的隆隆响声已经传来。

结语　革命、战争和权力的边界

边境上的革命

就在巴拿马运河竣工前一个月，第一次世界大战打响了第一枪。这期间，伍德罗·威尔逊总统不得不处理一场外交政策危机。它不是在大西洋对岸或太平洋对岸，也不是在欧洲或亚洲，而是在美国南方的邻国墨西哥。这场危机是一场席卷墨西哥社会，并最终将给20世纪的美洲乃至全世界投下漫长而持久阴影的革命产物。

这场酝酿了十余年的革命，在1910年以反对波菲里奥·迪亚斯独裁政权的起义的形式爆发。迪亚斯是19世纪60年代抗击法国人的英雄，在1877年成为墨西哥总统。他大权独揽，迫使许多地区的政治"老板"屈服，并推动落实自由派前总统的现代化项目。这是一个在美国和加拿大实行过的国家建设项目，不过也带有墨西哥自身的特点。迪亚斯为以美国人为主的外国投资者提供激励措施，鼓励他们修建铁路，经营矿山、种植园、石油钻井平台和牧场，还允许大庄园主继续侵占村庄的公共土地。他巧妙地打造了一个由亲信和附庸者组成的小圈子（其中包括一群被称为"科学家"的技术官僚），同时强化了联邦军队和农村警察，以使他的政权具有合法性和坚实的基础。

这与镀金时代的美国有几分相似，比如外国资本一直对经济发展起着重要作用，印第安人的土地不断被侵占，政治腐败猖獗，更不用说迪亚斯完全不认为有实现民主转型的必要。他长期占据总统之位，而且无意放弃。他连续六次在没有对手的情况下连任。美国人欣赏迪亚斯为他们提供的经济机会，对此不以为意。毕竟，美国自身的民主发展得也不充分，存在着各种限制。1907年，国务卿伊莱休·鲁特热情地称赞迪亚斯道："如果我是诗人，我应写下颂歌；如果我是音乐家，我应谱写凯旋曲；如果我是墨西哥人，我应该献上一生坚定不渝的忠诚，以回报他为祖国带来的福祉。"鲁特认为迪亚斯是"值得被人们当作英雄崇拜的伟人"。

但到了1907年，迪亚斯政权的根基开始动摇。农民的不满情绪愈演愈烈，尤其是莫雷洛斯等中南部州和杜兰戈等中北部州，这些州的牧场和种植园加紧对周边村庄的蚕食，以扩大自身的种植面积并积累更多的劳动力。近五分之四的农村社区和近半的农村人口被大庄园的边界包围。在更远的西北地区，尤其是山区，更多独立的农民和牧场主对迪亚斯政权的政治要求感到不满，一些人甚至成了"社会型盗匪"（受压迫而不得不落草为寇），不断骚扰中央政府的代表。铁路工人和矿工的人数增长得非常快，他们开始发动武装罢工，其中一些人还与社会主义者和无政府主义者合作。为迪亚斯的现代化项目提供资金的石油、铜和灰叶剑麻的出口曾经繁荣，但因为当年的经济危机而急剧萎缩，城市和农村同时受到严重打击。

与许多始于反叛的革命一样，墨西哥的反叛始于不满的精英阶层及其中产阶级盟友在政治上的崛起。他们寻求结束迪亚斯的独裁统治，并试图改革维护其统治的制度。他们将弗兰西斯科·马德罗视为领袖。马德罗出身于科阿韦拉东北部一个富有的地主家庭，他下定决心在1910年作为反连任党的总统候选人参加总统选举，以阻止迪亚斯继续连任。狡诈的迪亚斯以煽动叛乱的罪名逮捕了马德罗，想等到选举结束后再将其释放，这样迪亚斯就可以宣布胜选。然而，他遇到了强烈的政治反弹，不得不释放马德罗。马德罗没有冒险继续在墨西哥制造麻烦，而是乘火车北行，越过边境来到得克萨斯的埃尔帕索，谋划以另一种方式夺取权力——他打算在11月发动叛乱。

美国官员不理会迪亚斯的请求，未对马德罗采取任何措施。不过，弗洛雷斯·马贡兄弟就没有这么幸运了，二人是左翼无政府工团主义者，也是世界产业工人联合会的盟友。他们逃离迪亚斯统治的墨西哥，继续出版他们的反资本主义报纸《重生》，先是在圣安东尼奥，然后在圣路易斯和洛杉矶。1907年，他们遭到逮捕，被判入狱。塔夫脱政府之所以放任马德罗不管，可能是觉得迪亚斯政权时日无多，也可能是因为美国商业利益集团对迪亚斯近期向英国投资者示好的举动不满，抑或仅仅是美国政府这次选择不干涉墨西哥事务。无论如何，马德罗能够自由建立自己的组织。当他最终返回墨西哥时，动荡已经蔓延到全国大部分地区，特别是西北部以及广大农村地区的村庄和牧场。一场巨大的变革即将到来。

波菲里奥政权以惊人的速度崩溃了。1911年5月下旬，曾经大权独揽的迪亚斯悄悄离开韦拉克鲁斯，马德罗很快向墨西哥城进发。但是，革命的形势已经远远超出马德罗的预期。对他来说，革命的目标是政治性的，而不是社会性的。除了推翻迪亚斯政权，他没有其他计划，而且实际上已经同意接纳以维多利亚诺·韦尔塔将军为首的波菲里奥政权旧军官团。这是马德罗的许多资产阶级支持者希望看到的，他们希望尽快恢复秩序。但对他的更加贫穷的盟友来说，这个决定是一个打击，他们原本打算趁这个机会收回被夺走的土地和被篡夺的地方权力。针对马德罗的反抗旋即爆发。

事实上，马德罗不得不同时应付多起反抗。历史学家早就认识到，墨西哥不是一个而是"多个"，这就是为什么1810年独立以后，墨西哥的各种建国计划极难实施。波菲里奥政权之前走马灯般的政权更迭，证明了全国各地存在多个社会权力基础，这导致构建稳定的执政联盟困难重重。虽然马德罗是名义上的领袖，但迪亚斯的下台其实是高度地方化和武装化的人民运动的结果，而马德罗既无法控制也不太了解这些运动，而它们并不会轻易平息。其中最重要的两场运动是在奇瓦瓦北部的帕斯夸尔·奥罗斯科和莫雷洛斯南部的埃米利亚诺·萨帕塔领导下发展起来的。它们的性质虽然不同，但都对马德罗不愿意攻击波菲里奥政权的权力基础深感愤怒，而且均有意扩大革命范围。萨帕塔和他的农民追随者在1911年11月底制订了阿亚拉计划，该计划不仅要求推翻已经被视为独裁者和叛徒的马德罗，而且要求进行土地改革，牺牲庄园主的利益使农民受益，并惩罚反对者。几个月后起兵的奥罗斯科则谴责马德罗政府的腐败及其对美国的顺从，同时主张铁路国有化，改善工人的工资和待遇，并立即开始思考土地问题。

焦头烂额的马德罗不得不寻求波菲里奥政权的帮助，试图通过动员联邦军队来拯救自己的政权。在韦尔塔将军的帮助下，他一度看上去有望取得成功，特别是与奥罗斯科的战争。但随着迪亚斯过去的效忠者加入战斗，并寻求建立"没有波菲里奥的波菲里奥政权"，这样的压力是马德罗无法承受的。韦尔塔最终背叛了马德罗，在1913年年初发动了一场针对后者的政变——墨西哥城的美国大使在一定程度上参与了密谋。韦尔塔迅速巩固了自己的权力，并得到了大多数州长和联邦官员的支持。不过，他犯下的唯一失误最终被证明是致命的——他派人暗杀了马德罗。一名失败的领袖就这样成了烈士。

反对韦尔塔的人包括来自奇瓦瓦、势力越来越大的弗朗西斯科·"潘乔"·比利亚，以及科阿韦拉州州长贝努斯蒂亚诺·卡兰萨。比利亚对马德罗忠心耿耿，完全无视他的缺点；卡兰萨对马德罗颇有疑虑，尤其是其明显的弱点。但他们都发誓要推翻韦尔塔的统治，并按照卡兰萨的瓜达卢佩计划，在"护宪"的旗号下展开战斗。这个联盟本就矛盾重重，更不用说与在莫雷洛斯作战的代表农民利益的萨帕塔。比利亚和卡兰萨终将反目成仇，但至少在此时，他们的目标都是推翻韦尔塔。为了实现这个目的，他们希望多少能获得美国的一些援助，主要是武器和物资。

在这方面，他们有一些乐观的理由。虽然威尔逊总统对墨西哥的政治发展采取"观望"态度，但他拒绝在外交上承认韦尔塔政权，并毫不掩饰自己对韦尔塔攫取政权的手段的厌恶。"在韦尔塔将军交出他在墨西哥篡夺的权力之前，美国不能保证会与其和平相处，"威尔逊在1913年12月对国会说，"美国政府不会容忍这种篡权的政府，也不准备与其打交道。"威尔逊身边有一批给他出谋划策的得克萨斯人，其中一些人在内阁中，他们担心美国的利益可能受损。因此，当一群美国水手在墨西哥湾港口城市坦皮科例行上岸加油，被韦尔塔在当地的官员短暂扣留时，威尔逊迅速行动起来。他声称美国的"尊严"和美国公民的"权利"遭到了"轻视"，并以此为由下令轰炸并占领附近的墨西哥最重要的港口韦拉克鲁斯，还制订了进一步占领坦皮科和墨西哥城的计划。

这一切已经屡见不鲜了。虽然威尔逊把美国描绘成"美洲立宪政府"的"捍卫者"，使用的是一种不那么好战和更加理想化的语言，但他也没有忽视詹姆斯·K.波尔克和西奥多·罗斯福，尤其是后者的外交策略。威尔逊将此时墨西哥的局势与法国大革命时期的法国相提并论，认为墨西哥现在需要"这个大陆上的大国强有力的指引……只有这样，这些交战的人民才能重获安宁与繁荣"；也只有这样，世界才会看到"门罗主义意味着对邻国的无私友谊"。这对韦尔塔的打击是巨大的。当美军最终离开韦拉克鲁斯时，他们留下了大批武器，卡兰萨的立宪派很快得到了这些武器。

韦尔塔剩下的时间不多了。比利亚的军队得到了从得克萨斯和墨西哥边境流入的武器（"静观其变"政策也包括放松美国的武器禁运），在初夏向南进军，占领了墨西哥中部城市萨卡特卡斯；萨帕塔的部队控制了争夺激烈的莫雷洛斯；卡兰萨步步紧逼，不过他有意让比利亚在政治上边缘化。7月，韦尔塔眼见失败不可避免，选择下野，并按迪亚斯的逃亡路线离开墨西哥。他登上一艘德国巡洋舰，前往牙买加，然后到了巴塞罗那。次月，随着第一次世界大战的爆发，索诺拉人阿尔瓦罗·奥夫雷贡奉卡兰萨之命，率军进入墨西哥城，开启了革命的又一篇章。

重置种族与政治边界

伍德罗·威尔逊的国际理想主义言论不适用于非裔美国人，也无关种族包容。但随着他使普莱西诉弗格森案的精神对联邦机构产生影响，美国的种族和政治格局在他的任内开始发生变化。事实上，变化的迹象至少在19世纪70年代就已经非常明显了，当时以深南部的棉花种植区为主的一些前奴隶开始讨论离开南方，集体向堪萨斯、利比里亚或外密西西比西部的一些地区移民。与此同时，黑人工人从东南部日益贫瘠的种植园区迁往阿肯色—密西西比河三角洲新开发的种植园区，从农村迁往南部各州的城镇，从种植园和农场迁往从大西洋和墨西哥湾沿岸延伸到阿巴拉契亚山脉的木材和锯木营地、松脂营地和煤矿。到了19世纪90年代，随着吉姆·克劳主义吞噬了该地区，新的迹象出现了，尤其是出生在一个自由的世界，特别是上南部各州的年轻人，开始向北迁移，越过俄亥俄河和梅森—迪克森线（逃奴曾经越过这里）前往纽约、费城、匹兹堡、克利夫兰、底特律和芝加哥。

到了20世纪第二个十年，北上的移民潮演变为一股洪流，更靠南的各州，从得克萨斯到墨西哥湾沿岸各州，再到佐治亚和佛罗里达的黑人纷纷北上。随着欧洲列强开始大规模发展工业和动员人力，南方以外有价值的工作向非裔美国人招手，劳工招募者和铁路公司不断鼓励，再加上家乡的压迫，数以千计的非裔美国人抓住这个机会，利用铁路、河流和公路北上。此外，还有数以千计来自加勒比地区的非裔，就像巴拿马运河建设期间的情况一样，为逃离经济困境、自然灾害和殖民政策的变化而来到美国，主要是东北部。事实证明，这是自南北战争以来从未有过的政治和文化融合，爵士乐和蓝调等地方发明将在全国范围内流行，这个过程激发了惊人的文学和艺术创造力，为现代主义注入了特殊的能量，为社会民主提供了新的基础，并构建了各种离散者政治（与之相伴的是复杂的种族民族主义和反殖民主义的融合），并将在接下来的半个世纪中形成旋涡。

最能体现这种转变的或许是一个名为贾维的非裔牙买加人。他来自圣安湾的农村，是一名工匠和政治鼓动者，在金斯顿（加拿大东南部城市）和伦敦待过一段时间，在那里结识了对英国殖民主义越来越不满的非裔加勒比人和泛非主义者。1916年，贾维随南方的早期移民潮来到纽约市。短暂游历美国各地之后，他来到哈勒姆，建立了他之前在牙买加成立的全球黑人进步协会的分会，出版报纸《黑人世界》，并开始动员。他做得非常成功。到了20世纪20年代初，全球黑人进步协会的成员已达数千人，贾维在美国的追随者，从南方的农村和城镇到北方的集镇和城市都有分布，人数可能已超过100万。贾维的组织最终涵盖42个国家，主要是加勒比地区、拉丁美洲和非洲，这是世界上规模和影响力最大的泛非主义运动。

贾维虽然受华盛顿的自救和自我改善以及19世纪"文明化"的影响，但不认为黑人能与白人达成有意义的和解。他认为只有当黑人能够建立一个属于自己的、独立的、强大的非洲国家时，他们才能在那里或其他地方实现繁荣，获得权利和尊重。事实上，贾维的理想同时是民族主义和反殖民主义的。他不是像人们通常认为的那样，主张让非裔移民非洲，而是呼吁开展一场赶走欧洲殖民者，奠定黑人自治基础的运动；这场运动将把"这个种族在世界各地的每个成员"联系起来，认为无论他们居住在哪里，都是"非洲的公民"。在一个非裔美国人遭到肆意镇压而前景暗淡的时代，贾维的使黑人获得权力的计划让黑人听众感到振奋，甚至许多并未加入全球黑人进步协会的人也成了贾维的追随者。贾维告诉他们："我们在美国、西印度群岛和其他国家的处境可能会得到改善，但除非黑人使非洲成为一个强大的……共和国，能够保护我们在海外取得的成果，否则永远不会有任何真正的、长期的改善。"贾维呼吁黑人为此大声疾呼并进行集体抗争，并谈到可能与中国、印度、埃及和爱尔兰结成联盟，以及效仿日本崛起的榜样。

贾维对这些潜在盟友的关注和对日本的兴趣并没有错。20世纪前几十年，这些地区以及伊朗、土耳其、朝鲜和非洲南部都爆发了民族主义和反殖民主义运动，这些运动开始动摇新旧帝国主义的结构，并蕴藏着1914年爆发的世界大战的动力。日本展示了明治维新释放的现代化冲动的结果，在1905年使俄国蒙受了一场耻辱性的大败。在贾维看来，日本不仅是国际舞台上一股不可忽视的力量，也是一个拥有强大军事实力，能为日本侨民提供保护的民族国家。一个扩大了的历史角色的阵容正登上全球舞台；除了原来的大西洋，现在还包括太平洋和印度洋。而且，欧洲帝国主义列强在西线和东线惨烈厮杀的同时，也在非洲大陆和中东作战，从殖民地招募了成千上万的士兵，而日本人则趁机加入战局（对德国宣战），并加强了他们在中国部分地区的地位，尤其是中国东北。与此同时，只要战争结束，1900年首次在伦敦召开的泛非会议将在巴黎再次召开。

威尔逊总统的言辞和愿望，使人们期待看到一个与以往不同的、不完全受制于帝国主义的战后世界秩序。虽然他在第一次竞选时将自己的主张称为"新自由主义"，但这并不容易实现。威尔逊在1914年年初就签署了《克莱顿反托拉斯法案》和《联邦贸易委员会法案》，以此向在工业化的欧洲—大西洋世界司空见惯的公司权力的"现实"妥协；而在对墨西哥的干预中，他也采取了早先的美帝国主义立场。随着美国参战的可能性越来越大，威尔逊也接受了他曾经批评过的国家主义政策，包括建立战时工业委员会、战时劳工政策委员会、国防委员会和其他一些旨在监督国家的经济和公民社会的联邦机构，更不用说镇压反战的左派。然而，甚至在呼吁国会对德国宣战之前，威尔逊就谈到了"没有胜利的和平"和基于自决、被统治者的同意、国家平等和通过国际合作解决冲突的新的全球契约。这些思想中的许多内容被纳入他的"十四点"，也就是美国参战后明确提出的战争目标中。

威尔逊在这些方面的理想主义立即为他赢得了国际声誉，甚至使他成了战后建设世界的领袖。但是，他的言论和原则以他几乎没有预料到的方式，吸引了那些反对欧洲殖民主义和追求各种形式的民族主义的人的注意。他的威望甚至一度超过列宁，后者也曾明确主张"自决"，目的是瓦解欧洲殖民帝国。威尔逊的言论通过纸媒在全球传播。这些言论不仅激起了殖民地人民的乐观情绪，还在一定程度上刺激了从埃及、印度到中国和朝鲜的运动，这些运动在第一次世界大战行将结束时爆发。"思想——普世的思想，有一种超越一切地理限制的本领，"印度民族主义者拉拉·拉杰帕特·拉伊在1918年评论道，"威尔逊总统说出的崇高真理……不可能在实际中受到限制。从今以后，他的话将成为世界上所有弱小民族、附庸民族和被压迫民族的战歌。"这不仅仅是"威尔逊时刻"，也是一个将在20世纪大部分时间里引发共鸣的革命时刻，不管是从圣彼得堡到柏林、巴黎、西雅图，还是从德里到首尔、开罗。但对美国来说，这个世纪最值得关注的事件仍将在墨西哥和美国西南边境地区上演。

革命的影响

1904年，当马贡兄弟逃离迪亚斯政权的迫害，来到美国重新出版《重生》时，他们在一个激进主义者的网络中找到了盟友，这个网络包括社会主义者、西部矿工联合会及世界产业工人联合会的成员。两年后，他们组建了墨西哥自由党，并宣布了一项计划；该计划预见了后来革命活动的一些目标，如言论自由、迪亚斯下台、废除征兵制、保护印第安人、土地改革、最低工资制、八小时工作制和关于童工的立法。《重生》在美国的发行量接近2万份，吸引了不少得克萨斯南部的墨西哥裔读者；这些人感受到了社会和政治变革带来的严重后果，他们本已熟悉的世界正变得越来越不稳定。

事实证明，这样的组合将引发爆炸性的结果。直到19世纪末20世纪初，得克萨斯最南端的努埃西斯河和格兰德河之间的地区还在抵制南北战争以后席卷外密西西比西部的发展变化。这里90%以上的人口是墨西哥裔，经济以小规模的牧场和农业为主，土地所有权极为分散。英裔往往居住在城镇，构成了精英阶层，但他们在文化和政治上对占多数的墨西哥裔做了很多让步。他们学习西班牙语，与墨西哥裔通婚，很多人皈依天主教，并参与构建了一套选民和官员以墨西哥裔为主的政治制度。当吉姆·克劳主义在整个得克萨斯和南方其他地区实行严格的种族等级制度和种族排挤时，努埃西斯"带"明显与众不同，在社会关系和文化上更像墨西哥北部——一名美军军官将这里视为"美国的刚果"。

1904年（马贡兄弟就是在这一年越过边界来到美国的），随着圣路易斯、布朗斯维尔和墨西哥铁路的开通，情况开始发生变化。不动产开发商大肆宣扬这里农业繁荣的前景，在短时间内吸引了成千上万的英裔农民前来，动摇了这里的社会和政治结构。许多墨西哥裔农民和牧场主的财产所有权受到挑战，这在很大程度上是因为可以追溯到《瓜达卢佩–伊达尔戈条约》的土地所有权本身就非常复杂，有时甚至无线索可查。数千英亩土地易主，再加上土地价格暴涨，失去土地的墨西哥裔沦为激进的农业企业家的田间劳动力。

新迁移至此的英裔农民和农场主对该地区的政治传统的破坏，不亚于他们对该地区的经济生产方式的破坏。他们拒绝接受对墨西哥裔选民和官员的依赖，拒绝接受遭他们厌恶的裙带政治，决心把地方政府掌握在自己手里，尤其是税收部门，以推进他们的项目。为此，他们采用了一种经过验证的有效方法——剥夺墨西哥裔的选举权；这种方法使包括得克萨斯东部在内的整个南方的非裔美国人失去了权力。投票税、白人初选，以及随后在投票站取消翻译等手段，不仅大大降低了墨西哥裔的投票率，还终结了他们几十年来一直保有的获得政治权力的机会。新的英裔移民同样转向吉姆·克劳主义，特别是在河谷地区的新兴城镇，这使原本相对活跃的民族和种族互动变得沉闷。这既是一个可怕的关键时刻，同时也表明这套制度已经在美国深深扎根——许多白人农民和企业家来自中西部而不是南方。

不同的人以不同的方式回应这场危机。一些墨西哥裔竭力维护跨种族政治机器的一些要素，扩大地方庇护制度的受益人群。另一些人，特别是商人和小业主，则试图适应新秩序，要求得到平等的经济机会、非歧视性的教育、对墨西哥文化的尊重和种族多元化。

1911年，他们聚集在拉雷多参加第一届墨西哥人大会，这是截至当时最大的专门讨论墨西哥裔公民权利的大会。这次大会成立了墨西哥人大联盟；该联盟是拉丁裔美国公民联盟的前身，后来与全美有色人种协进会类似。

然而，许多饱受资本主义转型之苦的墨西哥裔，尤其是小牧场主、牧场工人、技术工人、工匠和店主的反应更为激进。一些人加入社会党的地方组织，一些人加入信仰社会主义的土地联盟。更多的人受马贡兄弟和他们的报纸《重生》的影响，其中有些人加入了墨西哥自由党，期待"与美国人、意大利人、波兰人和黑人同志"团结起来。所有人都在关注边界另一侧不断发展的革命，以及它可能为墨西哥裔带来的新的可能性；而不管他们居住在哪里。圣迭戈计划就是在这样的背景下在得克萨斯南部的小镇暗中酝酿的。不过，人们对该计划知之甚少，只知道署名者中有《重生》的读者。

该计划是一份特别的文件，不管是过去还是现在都有人对其真实性表示怀疑。它反映了当时的许多激进主义潮流，包括种族主义、民族主义、社会主义和反殖民主义，同时为北美大陆构想了一个完全不同的地缘政治未来。该计划要求种族和民族解放军于1915年2月20日对美国发动进攻，并立即宣布"黑人这个种族的个体获得自由"。随后，这支军队将使得克萨斯、新墨西哥、亚利桑那、科罗拉多和加利福尼亚等州"独立"（其中"墨西哥共和国被北美帝国主义以最背信弃义的方式抢走了"），并帮助黑人夺取另外6个州，他们"可以建立……共和政体，还可以独立"。在总部设在得克萨斯圣迭戈的最高革命议会的指导下，这支军队还将寻求阿帕奇人和其他原住民的支持。作为交换，他们将帮助原住民收复美国和墨西哥政府从他们手中夺取的土地。在这次反叛中，被抓的俘虏或年满16岁的英裔男性将被处决。根据墨西哥革命的进展，西南部独立的各州最终可能会重新回到原来的国家。

1915年年初，一个人携带文件从墨西哥北部进入得克萨斯时，被另一个墨西哥裔怀疑而被捕，这个计划就这样被意外地公开了。2月20日无事发生，担惊受怕的英裔渐渐平复了情绪。到了夏天，一支人数在20到80人之间的队伍越境发动进攻。这些被称为"强盗"和"暴乱者"的人沿格兰德河活动，袭击牧场；这些牧场大部分由英裔经营，但也有一些由分享了这次农业大繁荣的墨西哥裔经营。他们偷走马匹和其他财产，有时甚至杀死牧场主。他们破坏铁路，切断电报线。虽然没有一个所谓的暴乱者明确表示自己是按这个计划行动，但有些人主张"这个国家的这部分地区是从墨西哥夺走的，并不真正属于美国"。另一次攻击的目标是规模庞大的国王牧场的一角，60名突击队员在袭击中高举一面写着"平等与独立"的红旗。

与此同时，墨西哥革命进入一个特别动荡和血腥的阶段。联手对韦尔塔独裁政权发动致命一击的各革命派别，不久就因为政见之争反目成仇。南部萨帕塔的农民军和北部的比利亚致力于实行土地改革，他们与更倾向渐进主义和现代化的卡兰萨和奥夫雷贡展开了斗争。卡兰萨和奥夫雷贡一度认为似乎胜利在望，而比利亚则努力争取美国的支持。凭借着对墨西哥北部形势的掌握，比利亚在威尔逊政府中赢得了一些盟友。无论如何，各派之间的内战为暴乱者提供了机会和盟友，他们经常撤到塔毛利帕斯，并在卡兰萨的支持者的帮助下控制了该州的边境地带。

　　虽然萨帕塔和比利亚一度在革命中占据上风，但他们显然缺乏卡兰萨和奥夫雷贡所拥有的对国家未来的构想和实现这一构想所需的政治能力。萨帕塔和比利亚有忠实的追随者，这些人致力于解决地方的不满并改善自己的村庄。他们的计划是革命性的，但他们只关心地方利益。卡兰萨和奥夫雷贡更着眼大局，希望建设一个经过改革的、充满活力的墨西哥，并将在一定程度上满足农民和工人的要求。随着时间的推移，这样的大局观在战场（奥夫雷贡非常关心欧洲战争）和外交领域对他们大有裨益。威尔逊政府认识到萨帕塔和比利亚一旦掌权可能带来的激进主义危险（美国商业利益集团几乎一致反对他们），并一心希望得克萨斯南部恢复安宁，因此选择支持卡兰萨，后者很快就对边境暴动者采取了行动。

　　不过，卡兰萨在墨西哥的行动力度远不及在得克萨斯的。英裔组织的自警团和得克萨斯游骑兵对被怀疑是暴动者的人处以私刑，并在得克萨斯南部农村恐吓墨西哥裔。许多墨西哥裔因此逃往相对安全的布朗斯维尔，甚至越过边境进入墨西哥，而英裔则趁机巩固自己在该地区的主导地位。国王牧场经理的意见反映了其他大牧场主的心声；他呼吁颁布戒严令，"沿河建立集中营"，同时修建一条边境公路"供军队使用"。一名英裔律师甚至建议"我们应该强迫边境上的所有墨西哥居民过河，在麻烦结束前不得返回，然后把留下的人全部枪毙"。种族灭绝主义当然不是英裔统治的主要手段，政治重组、取消投票权、实行种族隔离、设立新的郡县，被证明效果更好，而且更加持久。这次暴动带来了惨重的伤亡。在恢复相对平静之前，数千名墨西哥裔可能遭到杀戮。一名墨西哥裔领袖说："我们经常听到类似'我们必须使这里成为白人的国家！'这样的呼声。"

比利亚也遇到了麻烦。威尔逊政府对卡兰萨的支持，使比利亚的军事和政治前景大受影响，他无法得到所需的物资，活动空间也受到限制。比利亚最初选择反击，在墨西哥北部各处破坏美国人的财产，然后在1916年3月率领数百人越境进入美国，突袭了驻扎着一支骑兵团的新墨西哥哥伦布镇。几天后，威尔逊做出回应，命令参加过印第安人战争并在菲律宾镇压过反抗的约翰·潘兴准将进入墨西哥，进行"惩罚性远征"，目标是抓捕比利亚，消灭他的军队。这不是潘兴第一次进入墨西哥北部沙漠地带展开军事行动。几年前，他曾追踪杰罗尼莫前往那里，而现在的目标更大。他很快就有了1万名美军士兵，并提议占领整个国家。"如果有人觉得无知的半野蛮人能成立一个共和国，那他一定是痴人说梦，"潘兴的副官说道，"他们只知道，也只想要一个独裁者。"

威尔逊拒绝了这个提议，这无疑是明智的。潘兴甚至无法击败比利亚。他花了10个月的时间追踪比利亚，但无果而终，于1917年2月撤回美国。这次惩罚性远征激怒了卡兰萨，因为墨西哥主权遭到了公然的侵犯。比利亚在民众当中声誉日隆，他的军队规模不断扩大。事实上，就在潘兴在墨西哥北部制造混乱的同时，暴动者再次突袭得克萨斯，这加剧了美国和墨西哥政府之间的紧张关系。威尔逊一度考虑宣战，理由是卡兰萨无力保护边境，好在后来意识到这个决定不妥。

具有讽刺意味的是，圣迭戈计划还有另一个版本，一个由德国人提出的版本，而它成为将美国卷入欧洲战争的关键。德国急于在一场已经陷入僵局的战争中扭转局面，于是决定发动无限制潜艇战，并希望利用墨西哥牵制美国，使其无法做出激烈反应。为实现这个目的，同时考虑到比利亚不久前的突袭，德国外交大臣齐默尔曼，提出了墨西哥"收复得克萨斯、新墨西哥和亚利桑那前领土"的可能性，以换取墨西哥在对美战争中与德国结盟。齐默尔曼的这封电报于1917年3月被截获，虽然卡兰萨对该建议置之不理，但一个月后，威尔逊就要求国会对德国宣战。随后，潘兴被任命为美国欧洲远征军司令，这可能是对他在墨西哥的行动的奖励。

虽然威尔逊关于第一次世界大战后的世界依据自决原则组织的构想，给全球反殖民运动带来了希望，但他对革命中的墨西哥的入侵表明了该原则的界限。威尔逊从来没有真正考虑过自决原则可能的适用范围。虽然他没有特别将殖民地的有色人种排除在自决原则之外，但他主要是在欧洲的背景下思考这个问题；正如威尔逊的国务卿罗伯特·蓝辛后来所说，自决权并不适用于"处于野蛮或无知状态，没有明智选择自身的政治归属能力的种族、民族或群体"。这并不奇怪。威尔逊是南方人，将黑人和非白人视为次等或落后种族，视重建为噩梦（他对电影《一个国家的诞生》大加赞赏），将种族隔离和种族排斥带入联邦机构，在1898年签订吞并夏威夷的条约后，使美国跻身帝国主义列强的行列。他从未正面评价过古巴人和菲律宾人在反抗西班牙殖民者的斗争中提出的自决主张。殖民地附庸民族的自决至多可以被视为一个渐进的过程，直到"他们适合接受（自决原则）"。与列宁不同，威尔逊不会用自决原则来批判欧美的帝国主义。

然而，墨西哥革命带来的挑战是古巴和菲律宾所没有的。它既是从17世纪到19世纪的最后一次伟大的资产阶级革命，也是20世纪的第一次伟大的农民革命。它创造了一种独特的状态，使革命动力持续了数十年之久。事实上，这种双重性质在1917年卡兰萨开始巩固自身权力以及制宪议会为墨西哥起草新宪法时，变得非常明显。

卡兰萨回顾了被短暂的韦尔塔独裁政权践踏的1857年宪法，希望新宪法能够确保联邦的主导权，确定墨西哥的国民资格以及与之相伴的权利，强化行政分支，进一步剥夺教会权力，同时推动社会渐进改革。他希望建立一个框架，使各派能够和平相处，并对城市和农村的革命支持者给予一定奖励，同时又不损害政权的财产和发展基础，也不影响墨西哥进一步实现资本主义现代化。

但结果与他预想的截然相反。在墨西哥城西北的克雷塔罗召开的制宪会议，很快就被"雅各宾派"主导；这些人受一些州的社会实验（更不用说欧洲—大西洋世界的激进主义潮流）的影响，更注重社会权利、视情况而定的财产概念、工人权利和土地改革。他们制定了一部体现马贡兄弟思想的出色的宪法，保障了义务教育、八小时工作制、最低工资制、利润分享、"不分性别或国籍"的同工同酬、对工作的孕妇和哺乳期女性的照顾、对工人的补偿，保障了组织工会以及罢工和集体谈判的权利。该宪法规定土地、水域和自然资源为国家所有，赋予国家"出于公共利益"对私人财产的使用进行限制的权利，并规定只有墨西哥人或墨西哥公司享有财产所有权——这与波菲里奥政权的取向大相径庭。外国人只有在得到国家许可的情况下才能获得财产所有权，而且其不动产与领土边界的距离不得小于100公里。同样重要的是，宪法规定政府有权在必要时分割大庄园，有责任保护小地主，还要归还以前被掠夺的公有土地。

这是一部以经济民族主义、政治自由主义和社会民主主义为导向的宪法，这部宪法构建了一个比当时及过往的墨西哥乃至世界上任何其他国家都更加包容的政体。当然，这部宪法也在现代化和社会正义的名义下，掺杂了社团主义和地方主义的特征。但是，制定宪法的难度远远不及落实宪法的难度。在接下来的6年里，虽然土地改革稳步推进，但围绕着革命的方向和未来展开的血腥斗争仍在继续，墨西哥的局势仍不稳定。萨帕塔、卡兰萨和比利亚先后遇刺身亡，奥夫雷贡在1928年遭遇了类似的命运。与此同时，墨西哥人开始第一次大规模向美国移民，军事强人的统治让位于国家革命党，该党将以"革命"的名义统治墨西哥数十年（后来该党改名为制度革命党）。

接下来就是拉萨罗·卡德纳斯的崛起，他将革命推向最后和最激进的阶段。在经济大萧条的20世纪30年代，他不仅大量没收和再分配土地（总面积达5千万英亩，是前任总和的两倍），鼓励"一直遭受不公、被无视和剥削"的工人罢工，还将所有外资企业国有化，包括美国人大量投资的石油、采矿、铁路、电力和通信部门的企业。这是西半球一个标志性的历史时刻。当美国试图像它对古巴、巴拿马和加勒比地区所做的那样，将墨西哥变成自己的保护国，让边界可以轻而易举地跨越，以服务于经济和政治权力集团时，墨西哥人则发动反击，并划定了一条新边界，以捍卫他们的革命果实。

当1919年的停战协定使长达数年的世界大战告一段落时，还没有人能预见上述结果。美国在实现了"没有胜利的和平"之后，取得了重大胜利，成为世界上最强大的国家。这是很难预料到的。约60年前，这个国家因为一系列叛乱中最大的一场而陷入分裂。这场叛乱由那些通过棉花贸易获得巨额财富的奴隶主发动，而英国和法国都在等待着美国联邦的正式解体。至少，它们认为美国的实力必将受到严重削弱，无法抵御英法对西半球的蚕食，正如法国在墨西哥所做的那样。但是，共和党执政的美国动员起来挫败奴隶主的挑战后，新的企业家和金融家阶层不断壮大，而联邦政府也试图将自身的权力扩张到美国领土最偏远的角落。共和党人迫使叛乱州投降，废除了作为其权力基础的奴隶制，征召奴隶入伍，确立了出生公民权，并奠定了共和党在南方的基础。此外，他们还宣布了一个新生的民族国家的主权。

这场社会和政治革命的进展一度超出了所有人的想象，而且显然超过了当时的任何一场革命。前奴隶开始投票，出任公职，帮助建立新的政体和公民社会。前奴隶主被剥夺了最宝贵的财产，权利遭到削弱，并事实上被逐出了国家政权。小生产者正在为维护民众对绿背纸币供应的控制而斗争，技术工人正努力争取八小时工作制，像劳动骑士团这样的新的全国性组织呼吁终结"工资制度"。一场关于国家未来的斗争显然正在进行，而它的结果在很大程度上将取决于南方和外密西西比西部，权力的诸多界限将在那里受到考验。

事实上，支持19世纪美国资本主义的开发模式在土地、矿山、铁路和各种工作场所清晰可见。民族国家在那里显露了自己的帝国野心，实施了戒严法，在其管辖范围内设置了庞大的准州，压制印第安人的主权声索，并制定了一套法律和文化规范作为其加入联邦的前提条件。到了19世纪末，资本、工厂和大地主似乎将在法院和国家军事力量的帮助下赢得这场斗争的胜利。但是，大规模的思想、意志和路线的斗争带来了重要的清算和调整。因此，从19世纪90年代开始进行的重建同时体现了失败者和胜利者的印记，以及从被一些人称为美国国内"殖民地"的地方吸取的教训，而新兴的公司资本主义为它极力吸收的社会民主注入了活力。

19世纪90年代和20世纪初的帝国主义事业显然与南方、西部和西南部边境地区的经验有关，但也有新的特征。它显然与19世纪大部分时间里的那种鼓励黑人移民非洲的殖民主义不同，也没有像欧洲列强那样在非洲和亚洲攫取殖民地（不过吞并菲律宾的行动与此非常接近）。相反，它寄希望于维持西半球的经济和政治"秩序"，同时确保世界可以安全买卖美国生产的商品和美国所需的资源。这或许可以帮助美国维护国内和平，而无须屈服于层出不穷的民众运动所提出的再分配要求。在这样的世界里，美国无须担心自己的领土边界，而它的权力边界则可以无限扩张。

然而，当美国从停战协定和《凡尔赛和约》的签定过程中脱颖而出，成为实力最强、野心最大的国家时，有迹象表明它的未来可能会受到限制。布尔什维克革命推翻了欧亚大陆最强大的帝国，建立了世界上第一个社会主义政权。欧洲大陆和日本各地爆发了左派和右派的民众运动，而且和布尔什维克一样，他们同样反对美国正在构筑的世界秩序。亚洲、非洲，以及非洲移民群体中的有色人种开始反击他们遭受的种族主义化的帝国主义，并结成新的联盟。而在美国国内，1919年的大规模劳工运动和种族暴力表明，社会和平得之不易。

但是，对美国期望主导的世界最明显的挑战，可能来自与其相邻的墨西哥，而这在当时很容易被忽视。正是在那里，资本主义的破坏性力量激起了最初的革命回应，农村的反应尤其激烈。在那里，民族主义、反殖民主义和社会民主的理想以一种最具爆炸性的方式混合在一起。在那里，政党和国家最终将变得几乎无法区分。在那里，经济资源和外国人财产的国有化使政府寻求走上一条与以往不同的发展道路。在那里，在美国的边界上，漫长的19世纪首次让位于20世纪。

致　谢

　　像这样一本写了相当长时间的书，自然得到了许多人的建议和鼓励，我担心自己有所遗漏或感谢得不够充分。如果我没有提及某个人或某个机构，请容我先行在这里表示歉意。但我希望能够提及每个帮助过我的人。

　　我首先要感谢宾夕法尼亚大学文理学院，特别是院长丽贝卡·布什内尔，她的慷慨使我能够得到对研究和写作必不可少的假期。我还要真诚地感谢国家人文基金会提供的为期一年的研究基金，它支付了我的假期的部分费用。

　　本书的许多观点形成于我过去十年在宾夕法尼亚大学授课的研究生研讨班上，还有一些来自我在学术会议上或大学历史系发表的论文和演讲。我要感谢那些以各种方式向我提出挑战的优秀的宾大学生，尤其是杰西·雷贡伯格、罗贝托·萨瓦、叶夫根尼亚·施奈德·肖普、凯文·韦特和埃玛·泰特尔曼；他们阅读了整部书稿，并在两次开了很长时间的会议中提出了有益的批评意见；埃玛·泰特尔曼还帮助整理了本书的参考文献。

　　我要感谢旁听我的讲座的人，这些讲座包括在约翰·霍普金斯大学举行的讲座（尤其是菲利普·摩根和迈克尔·约翰逊）、在埃默里大学的讲座（尤其是贾南德拉·潘迪）、在威斯康星大学的讲座（尤其是斯蒂芬·坎特罗威茨）、在纽约州立大学杰纳苏社区学院的讲座（尤其是贾斯汀·贝朗）、耶鲁大学的"超越自由：解放研究的新方向"学术会议、葛底斯堡学院的福滕博纪念讲座、马凯特大学的弗兰克·L.克莱门特讲座、哈佛大学的资本主义研究项目（尤其是斯文·贝克特、亚历山大·凯撒尔、克里斯蒂娜·德桑和利亚特·斯皮罗）、宾夕法尼亚州立大学的"内战创造的世界"学术会议（尤其是格雷格·唐斯和凯特·马苏尔）、查尔斯顿学院的"后解放时代南方的种族、劳工和公民身份"学术会议、杜克大学的"W. E. B.杜波依斯在美国的黑人重建"研讨会、在卡尔加里大学班夫中心（尤其是弗兰克·托尔斯和汤姆·本德）举行的"重塑北美主权"会议、在普林斯顿大学谢尔比·卡洛姆·戴维斯中心举行的讲座，以及由南方卫理公会大学主办的"内战西部"学术会议（尤其是亚当·阿伦森和安德鲁·格雷比尔）。

埃里克·方纳邀请我为"企鹅美国史"丛书撰写本书，这对于我来说是莫大的荣幸。考虑到他本人在本书所涉及的领域做出的巨大贡献，我更感当之有愧，不得不心怀畏惧。他也非常慷慨地支持我用自己的方式讲述这段历史，并以惊人的效率和洞察力提供了编辑意见和建议。我对此深表感谢。我也非常感谢一些好朋友和同事，他们读了手稿的部分或全部内容，帮我挑出错误。最重要的是，他们鼓励我按自己的意愿去冒一些风险。这些人包括：斯文·贝克特、贾斯汀·贝伦德、艾拉·伯林、朱诺特·迪亚斯、格雷戈里·唐斯、卡尔·雅各比、本杰明·约翰逊、拉里·鲍威尔、乔纳森·普鲁德、埃米·斯坦利和汤姆·萨默希尔。在企鹅出版社（现在的企鹅兰登书屋），温迪·沃尔夫给了我比我应得的更多的耐心和比我预期的更大的热情。我为这两件事由衷地感谢她。

苏珊·威辛格勒在我写作本书的时候走进我的生活，并给了我很大帮助。作为一名艺术家、律师、知识人，她以极高的理解力和洞察力阅读了本书的手稿，推动我朝一些我此前没有注意到的方向前进，并让我充满信心，相信本书能够吸引一个更大的读者群。同样重要的是，她教会了我一些甚至连她自己都不知道的生活的意义和乐趣。

我的儿子德克兰和女儿西尔斯看着这本书一点点完成。他们不止一次帮助我渡过各种难关。他们也读过这本书的部分内容，并告诉我那些部分是否有意义——他们的直觉总是正确的。但最重要的是，他们的智力和运动天赋、他们的幽默、他们带给我的生活气息、他们美妙的陪伴、他们的温暖、他们的心和他们难以置信的爱，让我觉得惊讶，也让我觉得我的付出是值得的。我不知道我做了什么才配得上他们，当然也不知道如果没有他们，我的生活会变成什么样子。

本书要特别献给我多年来在特拉华大学、加州大学圣迭戈分校、西北大学、纽约大学和宾夕法尼亚大学教过的学生，尤其是研究生，还有在芝加哥和费城的许多社区项目中与我一起工作过的学生。人们常常认为教和学是纵向的，一方传授知识，另一方吸收知识。任何有过教学经验的人都很难承认这种说法是准确的。我有幸体会到了教学相长的道理，教学同时也是学习，我们这些教书的人往往是最大的受益者。我的研究和写作，以及我的教学，都受到了学生的不可估量的影响，他们反驳、质疑我的假设，挑战我的解释逻辑，还会提出一些我从未想过的问题。他们，尤其是那些凭借自己的能力成为优秀学者和教师的人，一直在用他们的责任心和洞察力教育我、启发我，我谨将此书献给他们。

参考文献

　　笔者之所以能写出这样一本兼具综合性和解释性的书，源于多年来对19世纪的历史、资本主义的发展、废奴运动、重塑社会组织的民众抗争、民族国家的兴起以及帝国的特征的思考、研究、写作和教学。同时，本书也受益于包括历史学家、政治学家、社会理论家、人类学家在内的众多学者的著作和想象力，他们提出了大大小小的问题，并促使笔者更努力、更深入地思考这个重要的历史时期。

　　若想全面、公正地介绍关于该时期的学术著作，笔者就需要花费很大的篇幅，这还不包括与其相关的原始资料。因此，笔者只会在这里列出对每章及每章包含的主题最重要、最有用的作品，优先考虑书籍而不是文章，优先考虑二手文献而不是已出版的原始史料或档案记录。特别重要的文章，以及学者和普通读者都能轻易获得的原始资料也会被提及。

前　言

　　我对19世纪和20世纪初的理解（对象不仅是美国，还包括美国所在的更大的世界）来自一些杰出的学者，他们帮助我将地理维度、社会和政治动力、力场和时代标志性事件概念化。这些学者及其著作包括 Eric J. Hobsbawm, *The Age of Revolution: Europe, 1789–1848* (New York: World, 1962), *The Age of Capital, 1848–1875* (New York: Scribner, 1975), *The Age of Empire, 1875–1914* (New York: Pantheon, 1987), and *The Age of Extremes: A History of the World, 1914–1991* (New York: Pantheon, 1994), *Primitive Rebels: Studies in Archaic Forms of Social Movement in the 19th and 20th Centuries* (New York: W. W. Norton, 1965), *Labouring Men: Studies in the History of Labour* (New York: Basic Books, 1964), *Nations and*

Nationalism Since 1780: Programme, Myth, Reality (New York: Cambridge University Press, 1990); Barrington Moore Jr., *Social Origins of Dictatorship and Democracy: Lord and Peasant in the Making of the Modern World* (Boston: Beacon Press, 1966); E. P. Thompson, *Making of the English Working Class* (New York: Vintage, 1963), *Whigs and Hunters: The Origins of the Black Act* (New York: Pantheon, 1976), and *Customs in Common* (London: Merlin Press, 1991); James C. Scott, *Domination and the Arts of Resistance: Hidden Transcripts* (New Haven, Conn.: Yale University Press, 1990), *Seeing Like a State: How Certain Schemes to Improve the Human Condition Have Failed* (New Haven, Conn.: Yale University Press, 1998), and *The Art of Not Being Governed: An Upland History of Southeast Asia* (New Haven, Conn.: Yale University Press, 2009); Benedict Anderson, *Imagined Communities: Reflections on the Origins and Spread of Nationalism* (London: Verso, 1983); Ranajit Guha, *Elementary Aspects of Peasant Insurgency in Colonial India* (Durham, N.C.: Duke University Press, 1999); Dipesh Chakrabarty, *Provincializing Europe: Postcolonial Thought and Historical Difference* (Princeton, N.J.: Princeton University Press, 2000); David Brion Davis, *The Problem of Slavery in the Age of Revolution, 1770–1823* (Ithaca, N.Y.: Cornell University Press, 1975); Partha Chatterjee, *The Politics of the Governed: Reflections on Popular Politics in Most of the World* (New York: Columbia University Press, 2004); D. W. Meinig, *The Shaping of America: A Geographical Perspective on 500 Years of History,* 4 vols. (New Haven, Conn.: Yale University Press, 1986–2006); Thomas Bender, *A Nation Among Nations: America's Place in World History* (New York: Hill and Wang, 2006); C. A. Bayly, *The Birth of the Modern World, 1780–1914* (London: Wiley-Blackwell, 2003); Florencia Mallon, *The Defense of Community in Peru's Central Highlands: Peasant Struggle and Capitalist Transition, 1860–1940* (Princeton, N.J.: Princeton University Press, 1983); Barbara Weinstein, *The Amazon Rubber Boom, 1850–1920* (Stanford, Calif.: Stanford University Press, 1983)。

我将帝国理解为政治、文化、历史的"国家形成"，这得益于 Frederick Cooper and Jane Burbank, *Empires in World History: Power and the Politics of Difference* (Princeton, N.J.: Princeton University Press, 2010); Charles S. Maier,

Among Empires: American Ascendancy and Its Predecessors (Cambridge, Mass.: Harvard University Press, 2007); Ann Laura Stoler, *Carnal Knowledge and Imperial Power: Race and the Intimate in Colonial Rule* (Berkeley: University of California Press, 2002); Frederick Cooper and Ann Laura Stoler, eds., *Tensions of Empire: Colonial Cultures in a Bourgeois World* (Berkeley: University of California Press, 1997); Frederick Cooper, *Colonialism in Question: Theory, Knowledge, History* (Berkeley: University of California Press, 2005); Edward Said, *Orientalism* (New York: Vintage, 1979) and *Culture and Imperialism* (New York: Alfred A. Knopf, 1993); J. H. Elliott, *Empires of the Atlantic World: Britain and Spain in America, 1492–1830* (New Haven, Conn.: Yale University Press, 2006); Richard Price, *Making Empire: Colonial Encounters and the Creation of Imperial Rule in Nineteenth-Century Africa* (New York: Cambridge University Press, 2008); William Appleman Williams, *The Roots of Modern American Empire* (New York: Vintage, 1970)。

    我对资本主义关系及其发展的理解来自Maurice Dobb, *Studies in the Development of Capitalism* (New York: International, 1947); Rodney Hilton, ed., *The Transition from Feudalism to Capitalism* (London: New Left Books, 1976); T. H. Ashton and C. H. E. Philpin, eds., *The Brenner Debate: Agrarian Class Structure and Economic Development in Preindustrial Europe* (Cambridge, U.K.: Cambridge University Press, 1987); Immanuel Wallerstein, *The Modern World System,* 4 vols. (Berkeley: University of California Press, 2011); Fernand Braudel, *Civilization and Capitalism,* 3 vols. (New York: Harper and Row, 1982–84); Ellen Meiksins Wood, *The Origin of Capitalism: A Longer View* (London: Verso, 2002); C. B. Macpherson, *The Political Theory of Possessive Individualism: Hobbes to Locke* (Oxford: Oxford University Press, 1975); Karl Polanyi, *The Great Transformation: The Political and Economic Origins of Our Time* (Boston: Beacon Press, 1957); Eugene D. Genovese, *The Political Economy of Slavery: Studies in the Society and Economy of the Slave South* (New York: Pantheon, 1965); Sven Beckert, *Empire of Cotton: A Global History* (New York: Alfred A. Knopf, 2014); John Tutino, *Making a New World: Founding Capitalism in the Bajío and Spanish North America* (Durham, N.C.: Duke University Press, 2011); Kenneth

Pomeranz, *The Great Divergence: China, Europe, and the Making of the Modern World Economy* (Princeton, N.J.: Princeton University Press, 2001); Sidney Mintz, *Sweetness and Power: The Place of Sugar in Modern History* (New York: Penguin, 1986); David Harvey, *The Condition of Postmodernity: An Inquiry into the Origins of Cultural Change* (Oxford: Blackwell, 1990); Antonio Gramsci, *Selections from the Prison Notebooks,* ed. and trans. Quintin Hoare and Geoffrey N. Smith (New York: International, 1971); Jürgen Habermas, *The Structural Transformation of the Public Sphere,* trans. Thomas Burger (Cambridge, Mass.: MIT Press, 1989)。

关于19世纪美国的野心和影响力的文献，包括 Sean Wilentz, *The Rise of American Democracy: Jefferson to Lincoln* (New York: W. W. Norton, 2005); T. J. Jackson Lears, *Rebirth of a Nation: The Making of Modern America, 1877–1920* (New York: Harper Perennial, 2010); Rogers Smith, *Civic Ideals: Conflicting Visions of Citizenship in U.S. History* (New Haven, Conn.: Yale University Press, 1999); Eric Foner, *The Story of American Freedom* (New York: W. W. Norton, 1998); Richard White, *It's Your Misfortune and None of My Own: A New History of the American West* (Norman: University of Oklahoma Press, 1993); William Appleman Williams, *The Contours of American History* (Chicago: Quadrangle Books, 1961); Alexander Keyssar, *The Right to Vote: The Contested History of Democracy in the United States* (New York: Basic Books, 2000). Also see the impressive world survey by Jürgen Osterhammel, *The Transformation of the World: A Global History of the Nineteenth Century* (Princeton, N.J.: Princeton University Press, 2014)。

第一章　边疆

我对边疆概念的思考受到了越来越多的文献的影响，这些文献越来越关注所谓的"阈界空间"，社会关系、文化和主权主张在那里互相接触、斗争、重塑。关于对本书涉及的许多更大的主题的重要说明，参见 Jeremy Adelman and Stephen Aron, "From Borderlands to Borders: Empires, Nation-States, and the People in Between in North America," *American Historical Review* 104 (June 1999): 814–

841。亦见Herbert E. Bolton, *The Spanish Borderlands: A Chronicle of Old Florida and the Southwest* (New Haven, Conn.: Yale University Press, 1921); Richard White, *The Middle Ground: Indians, Empires, and Republics in the Great Lakes Region* (New York: Cambridge University Press, 1991); Pekka Hämäläinen and Samuel Truett, "On Borderlands," *Journal of American History* 98, no. 2 (Sept. 2011): 338–61; Stephen Aron, *American Confluence: The Missouri Frontier from Borderland to Border States* (Bloomington: Indiana University Press, 2006); Samuel Truett and Elliott Young, eds., *Continental Crossroads: Remapping U.S.-Mexico Borderlands History* (Durham, N.C.: Duke University Press, 2004); David J. Weber, "Turner, the Boltonians, and the Borderlands," *American Historical Review* 91 (Feb. 1986): 66–81; Karl Jacoby, *Shadows at Dawn: A Borderlands Massacre and the Violence of History* (New York: Penguin Press, 2008); Albert L. Hurtado, "Parkmanizing the Spanish Borderlands: Bolton, Turner, and the Historians' World," *Western Historical Quarterly* 26 (Summer 1995): 149–167. For a searching treatment of the broader Atlantic context that interrogates the legal complexities of sovereignty in the early modern period, see Lauren Benton, *A Search for Sovereignty: Law and Geography in European Empires, 1400–1900* (New York: Cambridge University Press, 2010)。

关于墨西哥独立初期的历史以及中央与边缘的斗争，参见Timothy Anna, *Forging Mexico, 1821–1835* (Lincoln: University of Nebraska Press, 1998); Christon I. Archer, ed., *The Birth of Modern Mexico, 1780–1824* (Wilmington, Del.: Rowman and Littlefield, 2003); Timothy J. Henderson, *The Mexican Wars for Independence* (New York: Hill and Wang, 2009); Enrique Krauze, *Siglo de caudillos: Biografía política de México, 1810–1910* (Barcelona: Tusquets, 1994); Jan Bazant, "From Independence to the Liberal Republic, 1821–1867," in *Mexico Since Independence,* ed. Leslie Bethell (Cambridge, U.K.: Cambridge University Press, 1991), 1–48; Stuart F. Voss, *On the Periphery of Nineteenth-Century Mexico: Sonora and Sinaloa, 1810–1877* (Tucson: University of Arizona Press, 1982); Cynthia Radding, *Wandering Peoples: Ethnic Spaces and Ecological Frontiers in Northwestern Mexico* (Durham, N.C.: Duke University Press, 1997); Will Fowler, *Santa Anna of Mexico* (Lincoln: University of

Nebraska Press, 2009); Jaime Rodriguez, ed., *The Independence of Mexico and the Creation of the New Nation* (Los Angeles: UCLA Latin American Center Publications, University of California, 1989); David Weber, *The Mexican Frontier, 1821–1846* (Albuquerque: University of New Mexico Press, 1982); Andrés Reséndez, *Changing National Identities at the Frontier: Texas and New Mexico, 1800–1850* (New York: Cambridge University Press, 2005)。

　　关于北美大陆原住民社会的研究越来越多，越来越成熟，并且挑战了美国史的传统研究方法。其中我觉得最重要，尤其是关于18世纪后期和19世纪初期最重要的著作，包括Daniel Richter, *Facing East from Indian Country: A Native History of Early America* (Cambridge, Mass.: Harvard University Press, 2003); James Merrell, *The Indians' New World: Catawbas and Their Neighbors from European Contact Through the Era of Removal* (Chapel Hill: University of North Carolina Press, 1989); Pekka Hämäläinen, *The Comanche Empire* (New Haven, Conn.: Yale University Press, 2008); Richard White, *The Roots of Dependency: Subsistence, Environment, and Social Change Among the Choctaws, Pawnees, and Navajos* (Lincoln: University of Nebraska Press, 1983); James F. Brooks, *Captives and Cousins: Slavery, Kinship, and Community in the Southwest Borderlands* (Chapel Hill: University of North Carolina Press, 2002); Juliana Barr, *Peace Came in the Form of a Woman: Indians and Spaniards in the Texas Borderlands* (Chapel Hill: University of North Carolina Press, 2007); Ned Blackhawk, *Violence over the Land: Indians and Empires in the Early American West* (Cambridge, Mass.: Harvard University Press, 2004); Kathleen DuVal, *The Native Ground: Indians and Colonists in the Heart of the Continent* (Philadelphia: University of Pennsylvania Press, 2006); Lance R. Blyth, *Chiricahua and Janos: Communities of Violence in the Southwestern Borderlands, 1680–1880* (Lincoln: University of Nebraska Press, 2012); Tiya Miles, *Ties That Bind: The Story of an Afro-Cherokee Family in Slavery and Freedom* (Berkeley: University of California Press, 2005); Gregory Evans Dowd, *A Spirited Resistance: The North American Indians' Struggle for Unity, 1745–1815* (Baltimore: Johns Hopkins University Press, 1993); Claudio Saunt, *A New Order of Things: Property, Power, and the Transformation of the Creek Indians, 1733–1816* (New York: Cambridge University Press, 1999); William G. McLoughlin, *Cherokee Renaissance in the New Republic* (Princeton, N.J.: Princeton University Press, 1986); Stephen Warren, *The Shawnees and Their Neighbors, 1795–1870* (Urbana: University of Illinois Press, 2008)。

长期以来，得克萨斯革命的解决和冲突一直被神话和错误信息包围，它们已经成为民间传说的一部分。一些严肃的学术论著揭示了其中的大量偶然性，参见Gregg Cantrell, *Stephen F. Austin: Empresario of Texas* (New Haven, Conn.: Yale University Press, 1999); Randolph B. Campbell, *An Empire for Slavery: The Peculiar Institution in Texas, 1821–1865* (Baton Rouge: Louisiana State University Press, 1989); Gary Clayton Anderson, *The Conquest of Texas: Ethnic Cleansing in the Promised Land, 1820–1875* (Norman: University of Oklahoma Press, 2005); Carlos Castañeda, ed., *The Mexican Side of the Texas Revolution* (Dallas: P. L. Turner, 1928); José Enrique de la Peña, *With Santa Anna in Texas: A Personal Narrative of the Revolution,* trans. and ed. Carmen Perry (1936; College Station: Texas A&M University Press, 1975); Paul Lack, *The Texas Revolutionary Experience: A Political and Social History, 1835–1836* (College Station: Texas A&M University Press, 1992); William C. Binkley, *The Texas Revolution* (Baton Rouge: Louisiana State University Press, 1952); David Montejano, *Anglos and Mexicans in the Making of Texas, 1836–1986* (Austin: University of Texas Press, 1987); Andrés Tijerina, *Tejanos and Texas Under the Mexican Flag, 1821–1836* (College Station: Texas A&M University Press, 1994); Alwyn Barr, *Texans in Revolt: The Battle for San Antonio, 1835* (Austin: University of Texas Press, 1990); Stephen L. Hardin, *Texas Iliad: A Military History of the Texas Revolution, 1835–1836* (Austin: University of Texas Press, 1994); James W. Pohl and Stephen L. Hardin, "The Military History of the Texas Revolution," *Southwestern Historical Quarterly* 89 (Jan. 1986): 269–308。

关于美国早期政治领袖和政策制定者的帝国野心，参见Peter S. Onuf, *Jefferson's Empire: The Language of American Nationhood* (Charlottesville: University Press of Virginia, 2000); Eliga H. Gould, *Among the Powers of the Earth:*

The American Revolution and the Making of a New World Empire (Cambridge, Mass.: Harvard University Press, 2014); J. C. A. Stagg, *Borderlines in the Borderlands: James Madison and the Spanish American Frontier, 1776–1821* (New Haven, Conn.: Yale University Press, 2009); Jay Sexton, *The Monroe Doctrine: Empire and Nation in Nineteenth-Century America* (New York: Hill and Wang, 2011); Bradford Perkins, *The Creation of a Republican Empire, 1776–1865* (New York: Cambridge University Press, 1993); Robert W. Tucker and David C. Hendrickson, *Empire of Liberty: The Statecraft of Thomas Jefferson* (New York: Oxford University Press, 1992); David C. Hendrickson, *Union, Nation, or Empire: The American Debate over International Relations, 1789–1941* (Lawrence: University Press of Kansas, 2009); Marc Egnal, *A Mighty Empire: The Origins of the American Revolution* (Ithaca, N.Y.: Cornell University Press, 1988); Jack Greene, *Peripheries and Center: Constitutional Development in the Extended Polities of the British Empire and the United States, 1607–1788* (Athens: University of Georgia Press, 1986)。

关于海地革命以及它与美国国内的帝国野心和路易斯安那购地案的关系，参见C. L. R. James, *Black Jacobins: Toussaint L'Ouverture and the San Domingo Revolution* (1939; New York: Vintage, 1963); Laurent Dubois, *Avengers of the New World: The Story of the Haitian Revolution* (Cambridge, Mass.: Harvard University Press, 2004); David P. Geggus, ed., *The Impact of the Haitian Revolution in the Atlantic World* (Columbia: University of South Carolina Press, 2001); Gordon S. Brown, *Toussaint's Clause: The Founding Fathers and the Haitian Revolution* (Jackson: University Press of Mississippi, 2005); Jon Kukla, *A Wilderness So Immense: The Louisiana Purchase and the Destiny of America* (New York: Anchor Books, 2004); Thomas Fleming, *The Louisiana Purchase* (New York: Wiley, 2003); Robert D. Bush, *The Louisiana Purchase in Global Context* (New York: Routledge, 2013); Lawrence N. Powell, *The Accidental City: Improvising New Orleans* (Cambridge, Mass.: Harvard University Press, 2012); Peter J. Kastor, *The Nation's Crucible: The Louisiana Purchase and the Creation of America* (New Haven, Conn.: Yale University Press, 2004); Laurent Dubois, "The Haitian Revolution and the Sale of Louisiana," in *Empires of the Imagination: Transatlantic Histories of the Louisiana Purchase,* ed. Peter J. Kastor and Francois Weil (Charlottesville: University of Virginia Press, 2009), 93–113; Robert Paquette, "Revolutionary St. Domingue in the Making of Territorial Louisiana," in *A Turbulent Time: The French Revolution and the Greater Caribbean,* ed. David Barry Gaspar and David P. Geggus (Bloomington: Indiana University Press, 1997), 204–225; Tim Matthewson, *A Proslavery Foreign Policy: Haitian-American Relations during the Early Republic* (Westport, Conn.: Praeger, 2003)。

关于帝国主义扩张和通过军事、政治和外交手段驱逐原住民，以及美国原住民的抵抗，参见 Reginald Horsman, *Expansion and American Indian Policy, 1783–1812* (East Lansing: Michigan State University Press, 1967); Theda Perdue, *Slavery and the Evolution of Cherokee Society, 1540–1866* (Knoxville: University of Tennessee Press, 1979); Theda Perdue and Michael D. Green, *The Cherokee Nation and the Trail of Tears* (New York: Penguin Press, 2007); Kevin Mulroy, *Freedom on the Border: The Seminole Maroons in Florida, the Indian Territory, Coahuila, and Texas* (Lubbock: Texas Tech University Press, 1993); Kenneth Porter, *Black Seminoles: History of a Freedom-Seeking People* (Gainesville: University Press of Florida, 1996) and *The Negro on the American Frontier* (New York: Arno Press, 1971); Jane Landers, *Black Society in Spanish Florida* (Urbana: University of Illinois Press, 1999); Ronald N. Satz, *American Indian Policy in the Jacksonian Era* (Lincoln: University of Nebraska Press, 1975); Michael P. Rogin, *Fathers and Children: Andrew Jackson and the Subjugation of the American Indian* (New York: Vintage, 1975); John K. Mahon, *History of the Second Seminole War, 1835–1842* (Gainesville: University Presses of Florida, 1985); Michael D. Green, *The Politics of Indian Removal: Creek Government and Society in Crisis* (Lincoln: University of Nebraska Press, 1982); Daniel Littlefield, *Africans and Seminoles: From Removal to Emancipation* (Westport, Conn.: Greenwood Press, 1977); Anthony F. C. Wallace, *The Long Bitter Trail: Andrew Jackson and the Indians* (New York: Hill and Wang, 1993); Tim A. Garrison, *The Legal Ideology of Indian Removal: The Southern Judiciary and the Sovereignty of Native American Nations* (Athens: University of Georgia Press, 2002); Francis P. Prucha, *The Great Father: The United States Government and the American Indians,* vol. 1 (Lincoln: University of Nebraska Press, 1984); Francis P. Prucha, ed., *Documents of United States Indian Policy* (Lincoln: University of Nebraska Press, 2000)。关于背景，参见 James H. Merrell, "American Nations Old and New: Reflections on Indians in the Early Republic," *Native Americans and the Early Republic*, ed. Frederick E. Hoxie, Ronald Hoffman, and Peter J. Albert (Charlottesville: University Press of Virginia, 1999), 333–353。

第二章　奴隶制和政治文化

关于大西洋世界废奴主义早期发展的资料非常多，首推 David Brion Davis, *The Problem of Slavery in Western Culture* (Ithaca, N.Y.: Cornell University Press, 1966); *The Problem of Slavery in the Age of Revolution, 1770–1823* (Ithaca, N.Y.: Cornell University Press, 1975); *The Problem of Slavery in the Age of Emancipation* (New York: Alfred A. Knopf, 2014)。同样重要的是 Eric Williams, *Capitalism and Slavery* (Chapel Hill: University of North Carolina Press, 1944); Christopher L. Brown, *Moral Capital: Foundations of British Abolitionism* (Chapel Hill: University of North Carolina Press, 2006); Robin Blackburn, *The American Crucible: Slavery, Emancipation, and Human Rights* (London: Verso, 2011) and *The Overthrow of Colonial Slavery, 1776–1848* (London: Verso, 1988); Manisha Sinha, *The Slave's Cause: A History of Abolition* (New Haven, Conn.: Yale University Press, 2016); David Eltis, *Economic Growth and the Ending of the Atlantic Slave Trade* (Oxford: Oxford University Press, 1987); Catherine Hall, *Civilizing Subjects: Colony and Metropole in the English Imagination, 1830–1867* (Chicago: University of Chicago Press, 2002); Sibylle Fischer, *Modernity Disavowed: Haiti and the Cultures of Slavery in the Age of Revolution* (Durham, N.C.: Duke University Press, 2004); Thomas Holt, *The Problem of Freedom: Race, Labor, and Politics in Jamaica and Britain, 1832–1938* (Baltimore: Johns Hopkins University Press, 1992); Diana Paton, *No Bond but the Law: Punishment, Race, and Gender in Jamaican State Formation, 1780–1870* (Durham, N.C.: Duke University Press, 2004); Jean R. Soderlund, *Quakers and Slavery: A Divided Spirit* (Princeton, N.J.: Princeton University Press, 1985); P. J. Staudenraus, *The African Colonization Movement, 1816–1868* (New York: Columbia University Press, 1961); Eric Burin, *Slavery and the Peculiar Solution: A History of the American Colonization Society* (Gainesville: University Press of Florida, 2008)。关于本杰明·伦迪，参见Merton L. Dillon, *Benjamin Lundy and the Struggle for Negro Freedom* (Urbana: University of Illinois Press, 1966)。

奴隶和自由有色人在帮助实现反奴隶制目标和推动早期废奴运动方面的作用，一直被忽视乃至彻底无视，即便这个动荡的时期革命和反叛不断。但越来越多的著作一直在纠正这种倾向，强调非洲大西洋世界的文化和政治复杂性，具有半球视角的佳作有John K. Thornton, *Africa and Africans in the Making of the Atlantic World, 1400–1800* (New York: Cambridge University Press, 1993); Emilia Viotti da Costa, *Crowns of Glory, Tears of Blood: The Demerara Slave Rebellion of 1823* (New York: Oxford University Press, 1994); Michael Craton, *Testing the Chains: Resistance to Slavery in the British West Indies* (Ithaca, N.Y.: Cornell University Press, 1982); Vincent Brown, *The Reaper's Garden: Death and Power in the World of Atlantic Slavery* (Cambridge, Mass.: Harvard University Press, 2008); Ada Ferrer, *Freedom's Mirror: Cuba and Haiti in the Age of Revolution* (New York: Cambridge University Press, 2014); Matt D. Childs, *The Aponte Rebellion in Cuba and the Struggle Against Atlantic Slavery* (Chapel Hill: University of North Carolina Press, 2006); Robert Paquette, *Sugar Is Made with Blood: The Conspiracy of La Escalera and the Conflict Between Empires over Slavery in Cuba* (Middletown, Conn.: Wesleyan University Press, 1988); Greg Grandin, *The Empire of Necessity: Slavery, Freedom, and Deception in the New World* (New York: Picador, 2014); Gelien Matthews, *Caribbean Slave Revolts and the British Abolitionist Movement* (Baton Rouge: Louisiana State University Press, 2006); Alvin O. Thompson, *Flight to Freedom: African Runaways and Maroons in the Americas* (Kingston: University of the West Indies Press, 2006)。

关于早期美国，参见Gary Nash, *Forging Freedom: The Formation of Philadelphia's Free Black Community, 1720–1840* (Cambridge, Mass.: Harvard University Press, 1988); Richard S. Newman, *The Transformation of American Abolitionism: Fighting Slavery in the Early Republic* (Chapel Hill: University of North Carolina Press, 2002) and *Freedom's Prophet: Bishop Richard Allen, the AME Church, and the Black Founding Fathers* (New York: New York University Press, 2008); Peter Hinks, *To Awaken My Afflicted Brethren: David Walker and the Problem of Antebellum Slave Resistance* (University Park: Pennsylvania State University Press, 1997); James Sidbury, *Ploughshares into Swords: Race, Rebellion, and Identity in Gabriel's Virginia, 1730–1810* (New York: Cambridge University Press, 1997); Douglas R. Egerton, *He Shall Go Out Free: The Lives of Denmark Vesey* (Oxford: Rowman and Littlefield, 2004) and *Gabriel's Rebellion: The Virginia Slave Conspiracies of 1800 and 1802* (Chapel Hill: University of North Carolina Press, 1993); Herbert Aptheker, *American Negro Slave Revolts* (New York: Columbia University Press, 1943); Sylvia Frey, *Water from a Rock: Black Resistance in a Revolutionary Age* (Princeton, N.J.: Princeton University Press, 1991); Jane Landers, *Atlantic Creoles in the Age of Revolutions* (Cambridge, Mass.: Harvard University Press, 2010); Eric Foner, *Gateway to Freedom: The Hidden History of the Underground Railroad* (New York: W. W. Norton, 2015); Graham Russell Gao Hodges, *David Ruggles: A Radical Black Abolitionist and the Underground Railroad in New York City* (Chapel Hill: University of North Carolina Press, 2010); James O. Horton and Lois E. Horton, *In Hope of Liberty: Culture, Community, and Protest Among Northern Free Blacks, 1700–1860* (New York: Oxford University Press, 1997); Leslie Harris, *In the Shadow of Slavery: African Americans in New York City, 1626–1863* (Chicago: University of Chicago Press, 2004); Julie Winch, *Philadelphia's Black Elite: Activism, Accommodation, and the Struggle for Autonomy, 1787–1848* (Philadelphia: Temple University Press, 1988); Eddie S. Glaude Jr., *Exodus! Religion, Race, and Nation in Early Nineteenth-Century Black America* (Chicago: University of Chicago Press, 2000); Ira Berlin and Ronald Hoffman, eds., *Slavery and Freedom in the Age of the American Revolution*

(Charlottesville: University Press of Virginia, 1983); Patrick Rael, *Black Identity and Black Protest in the Antebellum North* (Chapel Hill: University of North Carolina Press, 2002); Floyd J. Miller, *The Search for a Black Nationality: Black Colonization and Emigration, 1787–1863* (Urbana: University of Illinois Press, 1975); Michael Gomez, *Exchanging Our Country Marks: The Transformation of African Identities in the Colonial and Antebellum South* (Chapel Hill: University of North Carolina Press, 1998)。尤其重要的是选集, Dorothy Porter, ed., *Early Negro Writing, 1760–1837* (Boston: Beacon Press, 1971)。

关于东北部、中大西洋和上南部的解放进程, 参见 Arthur Zilversmit, *The First Emancipation: The Abolition of Slavery in the North* (Chicago: University of Chicago Press, 1967); Ira Berlin, *The Long Emancipation: The Demise of Slavery in the United States* (Cambridge, Mass.: Harvard University Press, 2015); Gary B. Nash and Jean R. Soderlund, *Freedom by Degrees: Emancipation in Pennsylvania and Its Aftermath* (New York: Oxford University Press, 1991); Shane White, *Somewhat More Independent: The End of Slavery in New York City, 1770–1810* (Athens: University of Georgia Press, 1991); Steven Hahn, *The Political Worlds of Slavery and Freedom* (Cambridge, Mass.: Harvard University Press, 2009); Joanne Pope Melish, *Disowning Slavery: Gradual Emancipation and "Race" in New England, 1790–1860* (Ithaca, N.Y.: Cornell University Press, 1998); David N. Gellman, *Emancipating New York: The Politics of Slavery and Freedom, 1777–1827* (Baton Rouge: Louisiana State University Press, 2006); Ira Berlin, *Slaves Without Masters: The Free Negro in the Antebellum South* (New York: Pantheon, 1974); Eva S. Wolf, *Race and Liberty in the New Nation: Emancipation in Virginia from the Revolution to Nat Turner's Rebellion* (Baton Rouge: Louisiana State University Press, 2006)。

关于激进废奴主义及其社会和组织层面, 参见 Aileen Kraditor, *Means and Ends in American Abolitionism: Garrison and His Critics on Strategy and Tactics, 1834–1850* (New York: Pantheon, 1967); Ronald G. Walters, *The Antislavery Appeal: American Abolitionism After 1830* (Baltimore: Johns Hopkins University Press, 1976); Paul Goodman, *Of One Blood: Abolitionism and the Origins of Racial*

Equality (Berkeley: University of California Press, 1998); Martin Duberman, ed., *The Antislavery Vanguard: New Essays on Abolitonists* (Princeton, N.J.: Princeton University Press, 1965); Thomas Bender, ed., *The Antislavery Debate: Capitalism and Abolitionism as a Problem in Historical Materialism* (Berkeley: University of California Press, 1992); Lewis Perry, *Radical Abolitionism: Anarchy and the Government of God in Antislavery Thought* (Ithaca, N.Y.: Cornell University Press, 1983); Henry Mayer, *All on Fire: William Lloyd Garrison and the Abolition of Slavery* (New York: W. W. Norton, 1998); Edward Magdol, *The Antislavery Rank and File: A Social Profile of the Abolitionists' Constituency* (Westport, Conn.: Greenwood Press, 1986); James Brewer Stewart, *Holy Warriors: The Abolitionists and American Slavery* (New York: Hill and Wang, 1996); Bertram Wyatt-Brown, *Lewis Tappan and the Evangelical War Against Slavery* (Cleveland: Press of Case Western Reserve University, 1969); Timothy McCarthy and John Stauffer, eds., *Prophets of Protest: Reconsidering the History of American Abolitionism* (New York: New Press, 2006); John R. McKivigan, *The War Against Proslavery Religion: Abolitionism and the Northern Churches, 1830–1865* (Ithaca, N.Y.: Cornell University Press, 1984)。

关于女性废奴主义者及其探索性的政治活动，参见 Jean Fagan Yellin and John C. Van Horne, eds., *The Abolitionist Sisterhood: Women's Political Culture in Antebellum America* (Ithaca, N.Y.: Cornell University Press, 1994); Gerda Lerner, *The Grimké Sisters from South Carolina: Pioneers for Women's Rights and Abolition* (1967; Chapel Hill: University of North Carolina Press, 2004); Julie Roy Jeffrey, *The Great Silent Army of Abolitionism: Ordinary Women in the Antislavery Movement* (Chapel Hill: University of North Carolina Press, 1998); Debra Gold Hansen, *Strained Sisterhood: Gender and Class in the Boston Female Anti-slavery Society* (Amherst: University of Massachusetts Press, 1993); Blanche G. Hersch, *The Slavery of Sex: Female Abolitionists in America* (Urbana: University of Illinois Press, 1978); Susan Zaeske, *Signatures of Citizenship: Petitioning, Antislavery, and Women's Political Identity* (Chapel Hill: University of North Carolina Press, 2003)。

关于反废奴主义和这一时期的动荡的政治文化，参见 Leonard Richards,

"Gentlemen of Property and Standing" : *Anti-abolitionist Mobs in Jacksonian America* (New York: Oxford University Press, 1970); Michael Feldberg, *The Turbulent Era: Riot and Disorder in Jacksonian America* (New York: Oxford University Press, 1970); David Grimsted, *American Mobbing, 1828–1861: Toward Civil War* (New York: Oxford University Press, 1998); Paul Gilje, *The Road to Mobocracy: Popular Disorder in New York City, 1763–1834* (Chapel Hill: University of North Carolina Press, 1987); Amy Greenberg, *Cause for Alarm: The Volunteer Fire Department in the Nineteenth-Century City* (Princeton, N.J.: Princeton University Press, 1998); Bertram Wyatt-Brown, *Southern Honor: Ethics and Behavior in the Old South* (New York: Oxford University Press, 1982)。

关于南方各州奴隶主的变动的政治和敏感性，参见 William W. Freehling, *The Road to Disunion, 1776–1854: The Secessionists at Bay* (New York: Oxford University Press, 1990); Lacy Ford, *Deliver Us from Evil: The Slavery Question in the Old South* (New York: Oxford University Press, 2009); William W. Freehling, *Prelude to Civil War: The Nullification Crisis in South Carolina, 1816–1836* (New York: Harper and Row, 1964); Richard Ellis, *The Union at Risk: Jacksonian Democracy, States' Rights, and the Nullification Crisis* (New York: Oxford University Press, 1987); Drew Gilpin Faust, *James Henry Hammond and the Old South: A Design for Mastery* (Baton Rouge: Louisiana State University Press, 1985); Matthew Mason, *Slavery and Politics in the Early American Republic* (Chapel Hill: University of North Carolina Press, 2006); Robert P. Forbes, *The Missouri Compromise and Its Aftermath: Slavery and the Meaning of America* (Chapel Hill: University of North Carolina Press, 2007); Adam Rothman, *Slave Country: American Expansion and the Origins of the Deep South* (Cambridge, Mass.: Harvard University Press, 2005); Eugene D. Genovese and Elizabeth Fox-Genovese, *The Mind of the Master Class: History and Faith in the Southern Slaveholders' Worldview* (New York: Cambridge University Press, 2005) and *Slavery in Black and White: Class and Race in the Southern Slaveholders' New World Order* (New York: Cambridge University Press, 2008); Larry E. Tise, *Proslavery: A History of the Defense of Slavery in America, 1701–1840* (Athens: University of

Georgia Press, 1987); Michael O'Brien, *Conjectures of Order: Intellectual Life and the American South, 1810–1860,* 2 vols. (Chapel Hill: University of North Carolina Press, 2004)。

关于文化变迁和社会改革的更大的背景，参见 Richard Carwardine, *Transatlantic Revivalism: Popular Evangelicalism in Britain and America, 1790–1865* (Westport, Conn.: Greenwood Press, 1978); Robert Abzug, *Cosmos Crumbling: American Reform and the Religious Imagination* (New York: Oxford University Press, 1994); Whitney Cross, *The Burned-Over District: The Social and Intellectual History of Enthusiastic Religion in Western New York, 1800–1850* (Ithaca, N.Y.: Cornell University Press, 1950); Mary P. Ryan, *Cradle of the Middle Class: The Family in Oneida County, New York, 1790–1865* (New York: Cambridge University Press, 1981); Kathryn Kish Sklar, *Catherine Beecher: A Study in American Domesticity* (New York: W. W. Norton, 1976); Nancy F. Cott, *The Bonds of Womanhood: "Woman's Sphere" in New England, 1780–1835* (New Haven, Conn.: Yale University Press, 1978); Michael Meranze, *Laboratories of Virtue: Punishment, Revolution, and Authority in Philadelphia, 1760–1835* (Chapel Hill: University of North Carolina Press, 1996); Lori Ginzberg, *Women and the Work of Benevolence: Morality, Politics, and Class in the Nineteenth-Century United States* (New Haven, Conn.: Yale University Press, 1990); Anne M. Boylan, *The Origins of Women's Activism: New York and Boston, 1797–1840* (Chapel Hill: University of North Carolina Press, 2002); Michael Katz, *The Irony of Early School Reform: Educational Innovation in Mid-nineteenth Century Massachusetts* (Boston: Beacon Press, 1972); David J. Rothman, *The Discovery of the Asylum: Social Order and Disorder in the New Republic* (Boston: Little, Brown, 1971); W. J. Rorabaugh, *The Alcoholic Republic: An American Tradition* (New York: Oxford University Press, 1979); Nancy Hewitt, *Women's Activism and Social Change: Rochester, New York, 1822–1872* (Ithaca, N.Y.: Cornell University Press, 1984); Alice Felt Tyler, *Freedom's Ferment: Phases of American Social History from the Colonial Period to the Outbreak of the Civil War* (1944; New York: Harper and Row, 1961)。

关于这一时期一些试图挑战早期共和国基本关系——在某些情况下包括奴

隶制——的更激进的文化和政治趋势，参见Christopher Clark, *The Communitarian Moment: The Radical Challenge of the Northampton Association* (Amherst: University of Massachusetts Press, 1995); Carl J. Guarneri, *The Utopian Alternative: Fourierism in Nineteenth-Century America* (Ithaca, N.Y.: Cornell University Press, 1991); J. F. C. Harrison, *Quest for the New Moral World: Robert Owen and the Owenites in Britain and America* (New York: Scribner, 1969); Arthur Bestor, *Backwoods Utopias: The Sectarian Origins and the Owenite Phase of Communitarian Socialism in America, 1663–1829,* 2nd ed. (Philadelphia: University of Pennsylvania Press, 1970); Paul Johnson and Sean Wilentz, *The Kingdom of Matthias: A Story of Sex and Salvation in Nineteenth-Century America* (New York: Oxford University Press, 1994); Jonathan H. Earle, *Jacksonian Antislavery and the Politics of Free Soil, 1824–1854* (Chapel Hill: University of North Carolina Press, 2004); Gail Bederman, "Revisiting Nashoba: Slavery, Utopia, and Frances Wright in America, 1818–1826," *American Literary History* 17 (Autumn 2005): 438–459; and especially the early chapters of Sean Wilentz, *Chants Democratic: New York City and the Rise of the American Working Class, 1788–1850* (New York: Oxford University Press, 1984)。

第三章　市场、金钱与阶级

19世纪前几十年通常被与所谓的市场革命联系在一起，这意味着商业活动的活跃、早期工业化以及与经济现代化有关的社会和文化生活的转变。我选择使用的是一个不同的概念"市场强化"，不过我同样受益于从多方面探讨市场革命的大量文献。一篇出色的综述，参见 Stanley Engerman and Robert E. Gallman, eds., *The Cambridge Economic History of the United States: The Long Nineteenth Century* (Cambridge, U.K.: Cambridge University Press, 2000)。亦见 Charles Sellers, *The Market Revolution: Jacksonian America, 1815–1846* (New York: Oxford University Press, 1991); Melvyn Stokes and Stephen Conway, eds., *The Market Revolution in America: Social, Political, and Religious Expressions, 1800–1880* (Charlottesville: University Press of Virginia, 1996); Paul E. Johnson, *A*

Shopkeeper's Millennium: Society and Revivals in Rochester, New York, 1815–1837 (New York: Hill and Wang, 1978); Daniel Walker Howe, *What Hath God Wrought? The Transformation of America, 1815–1848* (New York: Oxford University Press, 2007)。

关于1837年的经济危机——这个过程中的一个标志性的时刻——以及与它相关的国际贸易循环，参见Jessica M. Lepler, *The Many Panics of 1837: People, Politics, and the Creation of a Transnational Financial Crisis* (New York: Cambridge University Press, 2013); Scott R. Nelson, *A Nation of Deadbeats: An Uncommon History of America's Financial Disasters* (New York: Alfred A. Knopf, 2012); Peter Temin, *The Jacksonian Economy* (New York: W. W. Norton, 1969); John M. McFaul, *The Politics of Jacksonian Finance* (Ithaca, N.Y.: Cornell University Press, 1972)。

关于涉及墨西哥、中国和美国的银等物品的太平洋贸易，参见James R. Fichter, *So Great a Proffit: How the East Indies Trade Transformed Anglo-American Capitalism* (Cambridge, Mass.: Harvard University Press, 2010); Kenneth Pomeranz, *The Great Divergence: China, Europe, and the Making of the Modern World Economy* (Princeton, N.J.: Princeton University Press, 2000); John Tutino, *Making a New World: Founding Capitalism in the Bajío and Spanish North America* (Durham, N.C.: Duke University Press, 2011)。

关于货币、银行和“银行战争”，参见Bray Hammond, *Banks and Politics in America from the Revolution to the Civil War* (Princeton, N.J.: Princeton University Press, 1957); Naomi Lamoreaux, *Insider Lending: Banks, Personal Connections, and Economic Development in Industrial New England* (New York: Cambridge University Press, 1994); Stephen Mihm, *A Nation of Counterfeiters: Capitalists, Con Men, and the Making of the United States* (Cambridge, Mass.: Harvard University Press, 2007); James Willard Hurst, *A Legal History of Money in the United States, 1774–1970* (Lincoln: University of Nebraska Press, 1973); Edward Balleisen, *Navigating Failure: Bankruptcy and Commercial Society in Antebellum America* (Chapel Hill: University of North Carolina Press, 2001); Howard Bodenhorn, *A History of Banking in Antebellum America: Financial Markets and Economic Development in an Era of*

Nation-Building (New York: Cambridge University Press, 2000); Bruce H. Mann, *A Republic of Debtors: Bankruptcy in the Age of American Independence* (Cambridge, Mass.: Harvard University Press, 2002); Robert Wright, *The Wealth of Nations Rediscovered: Integration and Expansion in American Financial Markets, 1780–1850* (Cambridge, Mass.: Harvard University Press, 2002); Christine Desan, *Making Money: Coin, Currency, and the Coming of Capitalism* (New York: Oxford University Press, 2015); Robert Remini, *Andrew Jackson and the Bank War* (New York: W. W. Norton, 1967)。

关于美国经济基础设施的扩张和地区联系的发展，参见George Rogers Taylor, *The Transportation Revolution, 1815–1860* (New York: Harper and Row, 1958); Carter Goodrich, *Government Promotion of American Canals and Railroads, 1800–1890* (New York: Columbia University Press, 1965); Leland H. Jenks, *The Migration of British Capital to 1875* (New York: Alfred A. Knopf, 1927); Alfred D. Chandler Jr., *The Visible Hand: The Managerial Revolution in American Business* (Cambridge, Mass.: Harvard University Press, 1977); John L. Larson, *Internal Improvement: National Public Works and the Promise of Popular Government in the Early United States* (Chapel Hill: University of North Carolina Press, 2001); Paul F. Paskoff, *Troubled Waters: Steamboats, Disasters, River Improvements, and American Public Policy, 1821–1860* (Baton Rouge: Louisiana State University Press, 2007); Robert G. Albion, *The Rise of New York Port, 1815–1860* (New York: Scribner, 1939); Douglass C. North, *The Economic Growth of the United States, 1790–1860* (New York: W. W. Norton, 1961); Stuart W. Bruchey, *The Roots of American Economic Growth, 1607–1861* (New York: Harper and Row, 1965; William Cronon, *Nature's Metropolis: Chicago and the Great West* (New York: W. W. Norton, 1991)。

关于棉花繁荣和棉花种植园经济的扩张，参见Lewis C. Gray, *History of Agriculture in the Southern United States to 1860,* 2 vols. (Washington, D.C.: Smithsonian Institution, 1933); Angela Lakwete, *Inventing the Cotton Gin: Machine and Myth in Antebellum America* (Baltimore: Johns Hopkins University Press, 2003); Sven Beckert, *Empire of Cotton: A Global History* (New York: Alfred A. Knopf,

2014); John H. Moore, *The Emergence of the Cotton Kingdom in the Old Southwest: Mississippi, 1770–1860* (Baton Rouge: Louisiana State University Press, 1988)。

关于奴隶种植园体系的变迁，参见 Eugene D. Genovese, *The Political Economy of Slavery: Studies in the Society and Economy of the Slave South* (New York: Pantheon, 1965); Robert Fogel and Stanley Engerman, *Time on the Cross: The Economics of American Negro Slavery* (Boston: Little, Brown, 1974); Gavin Wright, *The Political Economy of the Cotton South: Households, Markets, and Wealth in the Nineteenth Century* (New York: W. W. Norton, 1978); Ira Berlin, *Generations of Captivity: A History of African-American Slaves* (Cambridge, Mass.: Harvard University Press, 2003); Eugene D. Genovese, *Roll, Jordan, Roll: The World the Slaves Made* (New York: Pantheon, 1974); Richard Follett, *The Sugar Masters: Planters and Slaves in Louisiana's Cane World, 1820–1860* (Baton Rouge: Louisiana State University Press, 2006); Peter Kolchin, *Unfree Labor: American Slavery and Russian Serfdom* (Cambridge, Mass.: Harvard University Press, 1987); Walter Johnson, *Soul by Soul: Life Inside the Antebellum Slave Market* (Cambridge, Mass.: Harvard University Press, 1999); Walter Johnson, ed., *The Chattel Principle: Internal Slave Trades in the Americas* (New Haven, Conn.: Yale University Press, 2004); Michael Tadman, *Speculators and Slaves: Masters, Traders, and Slaves in the Old South* (Madison: University of Wisconsin Press, 1989); Steven Deyle, *Carry Me Back: The Domestic Slave Trade in American Life* (New York: Oxford University Press, 2006); Mark M. Smith, *Mastered by the Clock: Time, Slavery, and Freedom in the American South* (Chapel Hill: University of North Carolina Press, 1997); Edward E. Baptist, *The Half Has Never Been Told: Slavery and the Making of American Capitalism* (New York: Basic Books, 2014); Harold Woodman, *King Cotton and His Retainers: Financing and Marketing the Cotton Crop of the South* (Lexington: University of Kentucky Press, 1967); Ira Berlin and Philip Morgan, eds., *Culture and Cultivation: Labor and the Shaping of Slave Life in the Americas* (Charlottesville: University Press of Virginia, 1993); Barbara J. Fields, *Slavery and Freedom on the Middle Ground: Maryland During the Nineteenth Century* (New Haven, Conn.: Yale

University Press, 1985); Erskine Clarke, *Dwelling Place: A Plantation Epic* (New Haven, Conn.: Yale University Press, 2005).

关于南方种植园之外的农业和农村，参见 Paul W. Gates, *The Farmer's Age: Agriculture, 1815–1860* (New York: Harper and Row, 1960); Steven Hahn and Jonathan Prude, eds., *The Countryside in the Age of Capitalist Transformation: Essays in the Social History of Rural America* (Chapel Hill: University of North Carolina Press, 1985); James Henretta, "Families and Farms: *Mentalité* in Pre-industrial America," *William and Mary Quarterly,* 3rd ser., 35 (Jan. 1978): 3–32; Michael Merrill, "Cash Is Good to Eat: Self-Sufficiency and Exchange in the Rural Economy of the United States," *Radical History Review* 4 (1977): 42–71; Allan Kulikoff, *The Agrarian Origins of American Capitalism* (Charlottesville: University Press of Virginia, 1992); Christopher Clark, *The Roots of Rural Capitalism: Western Massachusetts, 1780–1860* (Ithaca, N.Y.: Cornell University Press, 1990); John Mack Faragher, *Sugar Creek: Life on the Illinois Prairie* (New Haven, Conn.: Yale University Press, 1986); Thomas Summerhill, *Harvest of Dissent: Agrarianism in Nineteenth-Century New York* (Urbana: University of Illinois Press, 2005); Reeve Huston, *Land and Freedom: Rural Society, Popular Protest, and Party Politics in Antebellum New York* (New York: Oxford University Press, 2000); David M. Ellis, *Landlords and Farmers in the Hudson-Mohawk Region, 1790–1850* (Ithaca, N.Y.: Cornell University Press, 1946); Winifred Rothenberg, *From Market-Places to a Market Economy: The Transformation of Rural Massachusetts, 1750–1850* (Chicago: University of Chicago Press, 1992); Nancy Grey Osterud, *Bonds of Community: The Lives of Farm Women in Nineteenth-Century New York* (Ithaca, N.Y.: Cornell University Press, 1991); Steven Stoll, *Larding the Lean Earth: Soil and Society in Nineteenth-Century America* (New York: Hill and Wang, 2002)。

关于城市工作场所和劳动关系的转变，以及纺织厂的兴起，参见 Bruce Laurie, *Artisans into Workers: Labor in Nineteenth-Century America* (New York: Hill and Wang, 1989); Alan Dawley, *Class and Community: The Industrial Revolution in Lynn, Massachusetts* (Cambridge, Mass.: Harvard University Press, 1976); Bruce

Laurie, *The Working People of Philadelphia, 1800–1850* (Philadelphia: Temple University Press, 1983); Sean Wilentz, *Chants Democratic: New York City and the Rise of the American Working Class, 1788–1850* (New York: Oxford University Press, 1984); Ronald Schultz, *The Republic of Labor: Philadelphia Artisans and the Politics of Class, 1720–1830* (New York: Oxford University Press, 1993); Steven J. Ross, *Workers on the Edge: Work, Leisure, and Politics in Industrializing Cincinnati, 1788–1890* (New York: Columbia University Press, 1985); Thomas Dublin, *Women at Work: The Transformation of Work and Community in Lowell, Massachusetts, 1826–1860* (New York: Columbia University Press, 1981); Jonathan Prude, *The Coming of Industrial Order: Town and Factory Life in Rural Massachusetts, 1810–1860* (New York: Cambridge University Press, 1983); Anthony F. C. Wallace, *Rockdale: The Growth of an American Village in the Early Industrial Revolution* (New York: W. W. Norton, 1972); David Meyer, *The Roots of American Industrialization* (Baltimore: Johns Hopkins University Press, 2003); Thomas C. Cochran, *Frontiers of Change: Early Industrialism in America* (New York: Oxford University Press, 1981); Philip Scranton, *Proprietary Capitalism: The Textile Manufacturer at Philadelphia, 1800–1885* (New York: Cambridge University Press, 1983); Jeanne Boydston, *Home and Work: Housework, Wages, and the Ideology of Labor in the Early Republic* (New York: Oxford University Press, 1990)。

关于诸多形塑劳工和劳动关系的强制性因素，参见 Robert Steinfeld, *The Invention of Free Labor: The Employment Relation in English and American Law and Culture, 1350–1870* (Chapel Hill: University of North Carolina Press, 1991); Christopher L. Tomlins, *Law, Labor, and Ideology in the Early American Republic* (New York: Cambridge University Press, 1993); Seth Rockman, *Scraping By: Wage Labor, Slavery, and Survival in Early Baltimore* (Baltimore: Johns Hopkins University Press, 2009); Christopher M. Osborne, "Invisible Hands: Slaves, Bound Laborers, and the Development of Western Pennsylvania," *Pennsylvania History* 72 (Jan. 2005): 77–99; Paul Finkelman, "Evading the Ordinance: The Persistence of Bondage in Indiana and Illinois," *Journal of the Early Republic* 6 (Winter 1986): 343–370;

Peter Way, *Common Labor: Workers and the Digging of North American Canals, 1780–1860* (Baltimore: Johns Hopkins University Press, 1993); David Montgomery, *Citizen Worker: The Experience of Workers in the United States with Democracy and the Free Market During the Nineteenth Century* (New York: Cambridge University Press, 1993); Jonathan A. Glickstein, *Concepts of Free Labor in Antebellum America* (New Haven, Conn.: Yale University Press, 1991); Amy Dru Stanley, *From Bondage to Contract: Wage Labor, Marriage, and the Market in the Age of Emancipation* (New York: Cambridge University Press, 1998)。

关于杰克逊时代新的群众性政党的性质、文化和选民，参见James Roger Sharp, *The Jacksonians Versus the Banks: Politics in the States After the Panic of 1837* (New York: Columbia University Press, 1970); Amy Bridges, *A City in the Republic: Antebellum New York and the Origins of Machine Politics* (New York: Cambridge University Press, 1984); Daniel Walker Howe, *The Political Culture of the American Whigs* (Chicago: University of Chicago Press, 1984); John Ashworth, *Agrarians and Aristocrats: Party Ideologies in the United States, 1837–1846* (Cambridge, U.K.: Cambridge University Press, 1983); Lee Benson, *The Concept of Jacksonian Democracy: New York as a Test Case* (Princeton, N.J.: Princeton University Press, 1961); Jean H. Baker, *Affairs of Party: The Political Culture of Northern Democrats in the Mid-nineteenth Century* (Ithaca, N.Y.: Cornell University Press, 1983); Ronald Formisano, *The Transformation of Political Culture: Massachusetts Parties, 1790s–1840s* (New York: Oxford University Press, 1983); Richard P. McCormick, *The Second American Party System: Party Formation in the Jacksonian Era* (Chapel Hill: University of North Carolina Press, 1968); Marvin Meyers, *The Jacksonian Persuasion: Politics and Belief* (Stanford, Calif.: Stanford University Press, 1957); John Ashworth, *Slavery, Capitalism, and Politics in the Antebellum Republic: Commerce and Compromise, 1820–1850* (New York: Cambridge University Press, 1995); Harry L. Watson, *Liberty and Power: The Politics of Jacksonian America* (New York: Hill and Wang, 1990); Jonathan H. Earle, *Jacksonian Antislavery and the Politics of Free Soil, 1824–1854* (Chapel Hill: University of North Carolina Press,

2004)。

关于这一时期参与"阶级形成"的社会抗争和文化发展，参见Christine Stansell, *City of Women: Sex and Class in New York, 1789–1860* (New York: Alfred A. Knopf, 1986); David R. Roediger, *The Wages of Whiteness: Race and the Making of the American Working Class* (London: Verso, 1991); Eric Lott, *Love and Theft: Blackface Minstrelsy and the American Working Class* (New York: Oxford University Press, 1993); Walter Hugins, *Jacksonian Democracy and the Working Class* (Stanford, Calif.: Stanford University Press, 1960); Sven Beckert, "Merchants and Manufacturers in the Antebellum North," in *Ruling America: A History of Wealth and Power in a Democracy,* ed. Steve Fraser and Gary Gerstle (Cambridge, Mass.: Harvard University Press, 2005), 92–122; Stuart Blumin, *The Emergence of the Middle Class: Social Experience in the American City, 1760–1900* (New York: Cambridge University Press, 1989); Brian Luskey, *On the Make: Clerks and the Quest for Capital in Nineteenth-Century America* (New York: New York University Press, 2010); Jeffrey Sklansky, *The Soul's Economy: Market Society and Selfhood in American Thought, 1820–1920* (Chapel Hill: University of North Carolina Press, 2002); Karen Halttunen, *Confidence Men and Painted Women: A Study of Middle-Class Culture in America, 1830–1870* (New Haven, Conn.: Yale University Press, 1982); Mary P. Ryan, *Cradle of the Middle Class: The Family in Oneida County, New York, 1790–1865* (New York: Cambridge University Press, 1981); Drew Gilpin Faust, *James Henry Hammond and the Old South: A Design for Mastery* (Baton Rouge: Louisiana State University Press, 1982); Tom Downey, *Planting a Capitalist South: Masters, Merchants, and Manufacturers in the Southern Interior, 1790–1860* (Baton Rouge: Louisiana State University Press, 2006); Walter Johnson, *River of Dark Dreams: Slavery and Empire in the Cotton Kingdom* (Cambridge, Mass.: Harvard University Press, 2013); Jonathan Daniel Wells, *Origins of the Southern Middle Class, 1800–1861* (Chapel Hill: University of North Carolina Press, 2003); James David Miller, *South by Southwest: Planter Emigration and Identity in the Slave South* (Charlottesville: University of Virginia Press, 2002); Eugene D. Genovese and Elizabeth Fox-Genovese, *The Mind of the Master Class:*

History and Faith in the Southern Slaveholders' Worldview (New York: Cambridge University Press, 2005); Eugene D. Genovese, *The World the Slaveholders Made: Two Essays in Interpretation* (New York: Pantheon, 1969); James Oakes, *The Ruling Race: A History of American Slaveholders* (New York: Alfred A. Knopf, 1982)。

第四章 大陆主义

历史学家开始认识到，美国人在北美大陆移民的过程不仅仅是一个"扩张"的过程，也是一个征服、殖民和帝国设计的过程。在这个过程中，太平洋是最大的吸引力。关于这些问题的重要学术研究（不过并非所有学者都赞成这一观点），参见Norman Graebner, *Empire on the Pacific: A Study in American Continental Expansion* (New York: Ronald Press, 1955); Walter Nugent, *Habits of Empire: A History of American Expansion* (New York: Alfred A. Knopf, 2008); Michael Golay, *The Tide of Empire: America's March to the Pacific* (Hoboken, N.J.: John Wiley and Sons, 2003); Tom Chaffin, *Pathfinder: John Charles Frémont and the Course of American Empire* (New York: Hill and Wang, 2003); Frederick Merk, *The Monroe Doctrine and American Expansionism, 1843–1849* (New York: Alfred A. Knopf, 1966); Bradford Perkins, *The Creation of a Republican Empire, 1776–1865* (Cambridge, Mass.: Harvard University Press, 1995); William H. Goetzman, *When the Eagle Screamed: The Romantic Horizons in American Diplomacy, 1800–1860* (New York: Alfred A. Knopf, 1966) and *Exploration and Empire: The Explorer and the Scientist in the Winning of the American West* (New York: Alfred A. Knopf, 1966); John Schroeder, *Shaping a Maritime Empire: The Commercial and Diplomatic Role of the American Navy, 1829–1861* (Westport, Conn.: Greenwood Press, 1965); Howard Jones, *To the Webster-Ashburton Treaty: A Study in Anglo-American Relations, 1783–1843* (Chapel Hill: University of North Carolina Press, 1977); Sam W. Haynes and Christopher Morris, eds., *Manifest Destiny and Empire: American Antebellum Expansionism* (College Station: Texas A&M Press, 1997); David A. Johnson, *Founding the Far West: California, Oregon, and Nevada, 1840–1890* (Berkeley:

University of California Press, 1992); Anders Stephanson, *Manifest Destiny: American Expansionism and the Empire of Right* (New York: Hill and Wang, 1995); William E. Weeks, *Building the Continental Empire: American Expansion from the Revolution to the Civil War* (Chicago: Ivan R. Dee, 1996); Shelley Streeby, *American Sensations: Class, Empire, and the Production of Popular Culture* (Berkeley: University of California Press, 2002); Amy Kaplan, *The Anarchy of Empire in the Making of U.S. Culture* (Cambridge, Mass.: Harvard University Press, 2005); Patricia N. Limerick, *The Legacy of Conquest: The Unbroken Past of the American West* (New York: W. W. Norton, 1987); Richard Slotkin, *Regeneration Through Violence: The Mythology of the American Frontier, 1660–1860* (Middleton, Conn.: Wesleyan University Press, 1973); Henry Nash Smith, *Virgin Land: The American West as Symbol and Myth* (Cambridge, Mass.: Harvard University Press, 1950)。

关于一个国际化的视角，参见John C. Weaver, *The Great Land Rush and the Making of the Modern World, 1600–1900* (Montreal: McGill-Queens University Press, 2003)。

关于吞并得克萨斯以及后续的政治冲突，参见Joel Silbey, *The Storm over Texas: The Annexation Controversy and the Road to Civil War* (New York: W. W. Norton, 2005); Gary Clayton Anderson, *The Conquest of Texas: Ethnic Cleansing in the Promised Land, 1820–1875* (Norman: University of Oklahoma Press, 2005); Michael A. Morrison, *Slavery and the American West: The Eclipse of Manifest Destiny and the Coming of the Civil War* (Chapel Hill: University of North Carolina Press, 1997); Yonatan Eyal, *The Young America Movement and the Transformation of the Democratic Party, 1828–1861* (New York: Cambridge University Press, 2007); Amy Greenberg, *Manifest Manhood and the Antebellum American Empire* (New York: Cambridge University Press, 2005); Thomas R. Hietala, *Manifest Design: Anxious Aggrandizement in Late Jacksonian America* (Ithaca, N.Y.: Cornell University Press, 1985); Mark Lause, *Young America: Land, Labor, and the Republican Community* (Urbana: University of Illinois Press, 2005); David Pletcher, *The Diplomacy of Annexation: Texas, Oregon, and the Mexican War* (Columbia: University of Missouri

Press, 1973); William W. Freehling, *The Road to Disunion: The Secessionists at Bay, 1776–1854* (New York: Oxford University Press, 1990); John Ashworth, *Slavery, Capitalism, and Politics in the Antebellum Republic: Commerce and Compromise, 1820–1850* (New York: Cambridge University Press, 1995); Frederick Merk, *Slavery and the Annexation of Texas* (New York: Alfred A. Knopf, 1972); Norman E. Tutorow, *Texas Annexation and the Mexican War: A Political Study of the Old Northwest* (Palo Alto, Calif.: Chadwick House, 1978)。

美墨战争及其更大的政治、帝国主义背景现在得到了应有的注意。其中最重要的一些著作，参见 Brian DeLay, *War of a Thousand Deserts: Indian Raids and the U.S.-Mexican War* (New Haven, Conn.: Yale University Press, 2008); Amy S. Greenberg, *A Wicked War: Polk, Clay, Lincoln, and the 1846 U.S. Invasion of Mexico* (New York: Vintage, 2012); David Weber, *The Mexican Frontier, 1821–1846* (Albuquerque: University of New Mexico Press, 1982); Paul Foos, *A Short, Offhand, Killing Affair: Soldiers and Social Conflict During the Mexican-American War* (Chapel Hill: University of North Carolina Press, 2002); Richard Griswold del Castillo, *The Treaty of Guadalupe Hidalgo: A Legacy of Conflict* (Norman: University of Oklahoma Press, 1990); Rachel St. John, *A Line in the Sand: A History of the Western U.S.-Mexico Border* (Princeton, N.J.: Princeton University Press, 2011); Reginald Horsman, *Race and Manifest Destiny: The Origins of American Racial Anglo-Saxonism* (Cambridge, Mass.: Harvard University Press, 1981); Robert W. Merry, *A Country of Vast Designs: James K. Polk, the Mexican War, and the Conquest of the American Continent* (New York: Simon and Schuster, 2010). For the Mexican as well as the American perspective, also see Timothy J. Henderson, *A Glorious Defeat: Mexico and Its War with the United States* (New York: Hill and Wang, 2007); Neal Harlow, *California Conquered: War and Peace on the Pacific, 1846–1850* (Berkeley: University of California Press, 1982); Sergio Ortega Noriega, *Un ensayo de historia regional: El noroeste de México, 1530–1880* (Mexico City: Universidad Nacional Autónoma de México, 1993); Pedro Santoni, *Mexicans at Arms: Puro Federalists and the Politics of War, 1845–1848* (Fort Worth: Texas Christian University Press, 1996); Otis

Singletary, *The Mexican War* (Chicago: University of Chicago Press, 1960); Joseph Wheelan, *Invading Mexico: America's Continental Dream and the Mexican War, 1846–1848* (New York: Carroll and Graf, 2007); Irving Levinson, *Wars Within War: Mexican Guerrillas, Domestic Elites, and the United States of America, 1846–1848* (Fort Worth: Texas Christian University Press, 2005); Arnoldo De León, *The Tejano Community, 1836–1900* (Albuquerque: University of New Mexico Press, 1982); María E. Montoya, *Translating Property: The Maxwell Land Grant and the Conflict over Land in the American West, 1840–1900* (Berkeley: University of California Press, 2002); Leonard Pitt, *The Decline of the Californios: A Social History of the Spanish-Speaking Californians, 1846–1890* (Berkeley: University of California Press, 1970); Paula Rebert, *La Gran Línea: Mapping the United States–Mexican Boundary, 1849–1857* (Austin: University of Texas Press, 2005); James M. McCaffrey, *Army of Manifest Destiny: The American Soldier in the Mexican War, 1846–1848* (New York: New York University Press, 1992); Samuel W. Haynes, *James K. Polk and the Expansionist Impulse* (New York: Longman, 1997); Robert W. Johannsen, *To the Halls of Montezuma: The Mexican War in American Imagination* (New York: Oxford University Press, 1985)。

关于加利福尼亚淘金热及其后果的精彩著作，参见 Susan Lee Johnson, *Roaring Camp: The Social World of the California Gold Rush* (New York: W. W. Norton, 2000); Brian Roberts, *American Alchemy: The California Gold Rush and Middle-Class Culture* (Chapel Hill: University of North Carolina Press, 2000); Leonard L. Richards, *The California Gold Rush and the Coming of the Civil War* (New York: Vintage, 2007). But also see H. W. Brands, *The Age of Gold: The California Gold Rush and the New American Dream* (New York: Anchor, 2001); J. S. Holiday, *The World Rushed In: The California Gold Rush Experience* (Norman: University of Oklahoma Press, 2002); James J. Rawls and Robert J. Orsi, *The Golden State: Mining and Economic Development in Gold Rush California* (Berkeley: University of California Press, 1999); Paula M. Marks, *Precious Dust: The American Gold Rush Era, 1848–1900* (New York: W. Morrow, 1994); Aims McGuinness, *Path of Empire:*

Panama and the California Gold Rush (Ithaca, N.Y.: Cornell University Press, 2008);
Richard J. Orsi and Kevin Starr, eds., *Rooted in Barbarous Soil: People, Culture,
and Community in Gold Rush California* (Berkeley: University of California Press,
2000); Kenneth N. Owens, ed., *Riches for All: The California Gold Rush and the
World* (Lincoln: University of Nebraska Press, 2002); Rodman W. Paul and Elliott
West, *Mining Frontiers of the Far West, 1848–1880* (Albuquerque: University of New
Mexico Press, 2001); Malcolm J. Rohrbough, *Days of Gold: The California Gold Rush
and the American Nation* (Berkeley: University of California Press, 1997); Robert
M. Senkewicz, *Vigilantes in Gold Rush San Francisco* (Stanford, Calif.: Stanford
University Press, 1985); David Vaught, *After the Gold Rush: Tarnished Dreams in the
Sacramento Valley* (Baltimore: Johns Hopkins University Press, 2007)。

关于1850年的"妥协"和"停战"，参见David Potter, *The Impending Crisis,
1848–1861* (New York: Harper and Row, 1976); Holman Hamilton, *Prologue to
Conflict: The Crisis and Compromise of 1850* (Lexington: University of Kentucky
Press, 1964); Fergus M. Bordewich, *The Great Debate: Henry Clay, Stephen
Douglas, and the Compromise That Preserved the Union* (New York: Simon and
Schuster, 2013); Chaplain W. Morrison, *Democratic Politics and Sectionalism:
The Wilmot Proviso Controversy* (Chapel Hill: University of North Carolina Press,
1967); Mark J. Stegmaier, *Texas, New Mexico, and the Compromise of 1850* (Kent,
Ohio: Kent State University Press, 1996); Robert W. Johannsen, *Stephen A. Douglas*
(New York: Oxford University Press, 1973); Robert V. Remini, *At the Edge of the
Precipice: Henry Clay and the Compromise That Saved the Union* (New York: Basic
Books, 2011). On the Mormon migrations and the development of Mormon Utah,
see Richard Bushman, *Joseph Smith: Rough Stone Rolling* (New York: Vintage,
2007); Leonard J. Arrington, *Great Basin Kingdom: An Economic History of the
Latter-Day Saints, 1830–1900* (1958; Urbana: University of Illinois Press, 2005);
Sarah Barringer Gordon, *The Mormon Question: Polygamy and Constitutional
Conflict in Nineteenth-Century America* (Chapel Hill: University of North Carolina
Press, 2002)。

第五章　边境战争

19世纪50年代中期，美国社会和政治生活的许多边界受到全新的挑战，并被跨越，引发了在此后不久爆发的冲突。关于日渐动荡并导致了《堪萨斯—内布拉斯加法案》的诞生以及随后在堪萨斯发生的关于奴隶制的暴力斗争的政治因素，参见 Robert W. Johannsen, *Stephen A. Douglas* (New York: Oxford University Press, 1973); David M. Potter, *The Impending Crisis, 1848–1861* (New York: Harper and Row, 1976); William W. Freehling, *The Road to Disunion, 1776–1854: The Secessionists at Bay* (New York: Oxford University Press, 1990); Michael Holt, *The Political Crisis of the 1850s* (New York: Wiley, 1978); Joel Silbey, *The Partisan Imperative: The Dynamics of American Politics Before the Civil War* (New York: Oxford University Press, 1985); James Rawley, *Race and Politics: "Bleeding Kansas" and the Coming of the Civil War* (Lincoln: University of Nebraska Press, 1969); Nicole Etcheson, *Bleeding Kansas: Contested Liberty in the Civil War Era* (Lawrence: University Press of Kansas, 2004); Gunja SenGupta, *For God and Mammon: Evangelicals and Entrepreneurs, Masters and Slaves in Territorial Kansas, 1854–1860* (Athens: University of Georgia Press, 1996); David S. Reynolds, *John Brown, Abolitionist: The Man Who Killed Slavery, Sparked the Civil War, and Seeded Civil Rights* (New York: Alfred A. Knopf, 2005); W. E. B. Du Bois, *John Brown* (1919; New York: Oxford University Press, 2007); Robert McGlone, *John Brown's War Against Slavery* (New York: Cambridge University Press, 2009); Gerald W. Wolff, *The Kansas-Nebraska Bill: Party, Section, and the Coming of the Civil War* (New York: Revisionist Press, 1977)。

关于深南部奴隶主的帝国野心，以及其中一些人参与的非法对外远征，参见 Walter Johnson, *River of Dark Dreams: Slavery and Empire in the Cotton Kingdom* (Cambridge, Mass.: Harvard University Press, 2013); Matthew Karp, *This Vast Southern Empire: Slaveholders at the Helm of American Foreign Policy* (Cambridge, Mass.: Harvard University Press, 2016); Robert E. May, *The Southern Dream of a Caribbean Empire, 1854–1861* (Baton Rouge: Louisiana State University Press, 1973),

Manifest Destiny's Underworld: Filibustering in Antebellum America (Chapel Hill: University of North Carolina Press, 2002), and *John A. Quitman: Old South Crusader* (Baton Rouge: Louisiana State University Press, 1995); James Byrne, *Albert Gallatin Brown: Radical Southern Nationalist* (New York: D. Appleton, 1937); Matthew Guterl, *American Mediterranean: Southern Slaveholders in the Age of Emancipation* (Cambridge, Mass.: Harvard University Press, 2008); William Barney, *The Road to Secession: A New Perspective on the Old South* (New York: Praeger, 1972); Enrico Dal Lago, *Agrarian Elites: American Slaveholders and Southern Italian Landowners, 1815–1869* (Baton Rouge: Louisiana State University Press, 2005); Eugene D. Genovese, *The World the Slaveholders Made: Two Essays in Interpretation* (New York: Pantheon, 1969); Robert Bonner, *Mastering America: Southern Slaveholders and the Crisis of American Nationhood* (New York: Cambridge University Press, 2009); Charles H. Brown, *Agents of Manifest Destiny: The Lives and Times of the Filibusters* (Chapel Hill: University of North Carolina Press, 1980); Michel Gobat, *Confronting the American Dream: Nicaragua Under U.S. Imperial Rule* (Durham, N.C.: Duke University Press, 2005); Tom Chaffin, *Fatal Glory: Narciso López and the First Clandestine U.S. War Against Cuba* (Charlottesville: University Press of Virginia, 1996)。

关于政治废奴主义的发展，参见Eric Foner, *Politics and Ideology in the Age of the Civil War* (New York: Oxford University Press, 1980); Richard H. Sewell, *Ballots for Freedom: Antislavery Politics in the United States, 1837–1860* (New York: W. W. Norton, 1976); R. J. M. Blackett, *Building an Antislavery Wall: Black Americans and the Atlantic Abolitionist Movement, 1830–1860* (Baton Rouge: Louisiana State University Press, 1983); Bruce Levine, *Half Slave and Half Free: The Roots of the Civil War* (New York: Hill and Wang, 1992) and *The Spirit of 1848: German Immigrants, Labor Conflict, and the Coming of the Civil War* (Urbana: University of Illinois Press, 1992); Frederick J. Blue, *The Free Soilers: Third Party Politics, 1848–1854* (Urbana: University of Illinois Press, 1973); Michael Holt, *Forging a Majority: The Formation of the Republican Party in Pittsburgh, 1848–1860* (New

Haven, Conn.: Yale University Press, 1969); William E. Gienapp, *The Origins of the Republican Party, 1852–1856* (New York: Oxford University Press, 1987); Eugene H. Berwanger, *The Frontier Against Slavery: Western Anti-Negro Prejudice and the Slavery Extension Controversy* (Urbana: University of Illinois Press, 1967); Thomas D. Morris, *Free Men All: The Personal Liberty Laws of the North, 1780–1860* (Baltimore: Johns Hopkins University Press, 1974); James Oakes, *The Scorpion's Sting: Antislavery and the Coming of the Civil War* (New York: W. W. Norton, 2014)。

关于移民的新模式和本土主义的兴起，参见 Dirk Hoerder, *Cultures in Contact: World Migrations in the Second Millennium* (Durham, N.C.: Duke University Press, 2010); Samuel Clark, *Social Origins of the Irish Land War* (Princeton, N.J.: Princeton University Press, 1979); Dale T. Knobel, *Paddy and the Republic: Ethnicity and Nationalism in Antebellum America* (Middletown, Conn.: Wesleyan University Press, 1986); Cormac Grada, *The Great Irish Famine* (Cambridge, U.K.: Cambridge University Press, 1989); Kevin Kenny, *Making Sense of the Molly Maguires* (New York: Cambridge University Press, 1998); Tyler Anbinder, *Nativism and Slavery: The Northern Know Nothings and the Politics of the 1850s* (New York: Oxford University Press, 1992); Michael Holt, *The Rise and Fall of the American Whig Party: Jacksonian Politics and the Onset of the Civil War* (New York: Oxford University Press, 1999); Ray Allen Billington, *The Protestant Crusade, 1800–1860: A Study of the Origins of American Nativism* (New York: Macmillan, 1938); Noel Ignatiev, *How the Irish Became White* (New York: Routledge, 1995); Alexander Saxton, *The Rise and Fall of the White Republic: Class Politics and Mass Culture in Nineteenth-Century America* (London: Verso, 1991); Michael Feldberg, *The Philadelphia Riots of 1844: A Study of Ethnic Conflict* (Westport, Conn.: Greenwood Press, 1975); Michael Katz, *The Irony of Early School Reform* (Boston: Beacon Press, 1972); David Montgomery, "The Shuttle and the Cross: Weavers and Artisans in the Kensington Riots of 1844," *Journal of Social History* 5 (Summer 1972): 411–446。

关于不断发展的争取女性权利的抗争，参见 Judith Wellman, *The Road to Seneca Falls: Elizabeth Cady Stanton and the First Women's Rights Convention*

(Urbana: University of Illinois Press, 2004); Lori Ginzberg, *Elizabeth Cady Stanton: An American Life* (New York: Hill and Wang, 2009) and *Untidy Origins: A Story of Woman's Rights in Antebellum New York* (Chapel Hill: University of North Carolina Press, 2005); Ellen Carol DuBois, *Feminism and Suffrage: The Emergence of an Independent Women's Movement in America, 1848–1869* (Ithaca, N.Y.: Cornell University Press, 1978); Nancy Isenberg, *Sex and Citizenship in Antebellum America* (Chapel Hill: University of North Carolina Press, 1998); Linda Kerber, *No Constitutional Right to Be Ladies: Women and the Obligations of Citizenship* (New York: Hill and Wang, 1999); Margaret H. McFadden, *Golden Cables of Sympathy: The Transatlantic Sources of Nineteenth-Century Feminism* (Lexington: University Press of Kentucky, 1999); Nancy Hewitt, *Women's Activism and Social Change: Rochester, New York, 1822–1870* (Ithaca, N.Y.: Cornell University Press, 1984); Bonnie S. Anderson, *Joyous Greetings: The First International Women's Movement, 1830–1860* (New York: Oxford University Press, 2000); Ann Braude, *Radical Spirits: Spiritualism and Women's Rights in Nineteenth-Century America* (Boston: Beacon Press, 1989); Kathryn Kish Sklar and James Brewer Stewart, eds., *Women's Rights and Transatlantic Antislavery in the Age of Emancipation* (New Haven, Conn.: Yale University Press, 2007); Kathryn Kish Sklar, *Women's Rights Emerges Within the Antislavery Movement, 1830–1870: A Brief History with Documents* (Boston: Bedford/St. Martin's, 2000)。

关于这一时期非裔美国人反对奴隶制的多层面的、国际的抗争，以及他们争取平等的公民权利和政治权利的斗争，参见 Stanley W. Campbell, *Slave Catchers: Enforcement of the Fugitive Slave Law, 1850–1860* (Chapel Hill: University of North Carolina Press, 1968); Eric Foner, *Gateway to Freedom: The Hidden History of the Underground Railroad* (New York: W. W. Norton, 2015); R. J. M. Blackett, *Making Freedom: The Underground Railroad and the Politics of Slavery* (Chapel Hill: University of North Carolina Press, 2013); William Still, *The Underground Rail Road* (Philadelphia: Porter and Coates, 1872); Larry Gara, *The Liberty Line: The Legend of the Underground Railroad* (Lexington: University of Kentucky Press, 1961); Fergus

M. Bordewich, *Bound for Canaan: The Underground Railroad and the War for the Soul of America* (New York: HarperCollins, 2005); Stanley Harrold, *Border War: Fighting over Slavery Before the Civil War* (Chapel Hill: University of North Carolina Press, 2010); Herbert Aptheker, *American Negro Slave Revolts* (New York: Columbia University Press, 1943); Stephanie H. M. Camp, *Closer to Freedom: Enslaved Women and Everyday Resistance in the Plantation South* (Chapel Hill: University of North Carolina Press, 2004); Howard H. Bell, *A Survey of the Negro Convention Movement, 1830–1861* (New York: Arno Press, 1969); Thomas P. Slaughter, *Bloody Dawn: The Christiana Riot and Racial Violence in the Antebellum North* (New York: Oxford University Press, 1991); John Stauffer, *Black Hearts of Men: Radical Abolitionism and the Transformation of Race* (Cambridge, Mass.: Harvard University Press, 2002); John Hope Franklin and Loren Schweninger, *Runaway Slaves: Rebels on the Plantation* (New York: Oxford University Press, 1999); George Hendrick and Willene Hendrick, *The Creole Mutiny: A Tale of Revolt Aboard a Slave Ship* (Chicago: Ivan R. Dee, 2003); Albert J. Von Frank, *The Trial of Anthony Burns: Freedom and Slavery in Emerson's Boston* (Cambridge, Mass.: Harvard University Press, 1998); Jane Pease and William H. Pease, *They Who Would Be Free: Blacks Search for Freedom* (New York: Atheneum, 1974); Marcus Rediker, *The* Amistad *Rebellion: An Atlantic Odyssey of Slavery and Freedom* (New York: Penguin Press, 2013); Stephen Kantrowitz, *More Than Freedom: Fighting for Black Citizenship in a White Republic, 1829–1889* (New York: Penguin Press, 2012)。

关于德雷德·斯科特案的判决，参见Don Fehrenbacher, *The Dred Scott Case: Its Significance for American Law and Politics* (New York: Oxford University Press, 1978); Mark A. Graber, *Dred Scott and the Problem of Constitutional Evil* (New York: Cambridge University Press, 2006); Adam Arenson, *The Great Heart of the Republic: St. Louis and the Cultural Civil War* (Cambridge, Mass.: Harvard University Press, 2011); Lea Vander Velde, *Redemption Songs: Suing for Freedom Before Dred Scott* (New York: Oxford University Press, 2011) and *Mrs. Dred Scott: A Life on Slavery's Frontier* (New York: Oxford University Press, 2009); Austin Allen, *Origins of the*

Dred Scott Case: Jacksonian Jurisprudence and the Supreme Court, 1837–1857 (Athens: University of Georgia Press, 2006)。

第六章 联邦之死

关于内战的历史文献——从围绕着联邦命运展开的斗争到重建结束——数量极多且质量极高。我在这里列出的是我认为最有用，对本书写作帮助最大的著作。关于共和党、林肯的崛起，以及林肯和道格拉斯的辩论，参见 Eric Foner, *Free Soil, Free Labor, Free Men: The Ideology of the Republican Party Before the Civil War* (New York: Oxford University Press, 1970) and *The Fiery Trial: Abraham Lincoln and American Slavery* (New York: W. W. Norton, 2010); Eric Foner, ed., *Our Lincoln: New Perspectives on Lincoln and His World* (New York: W. W. Norton, 2008); David Donald, *Lincoln* (New York: Touchstone, 1995); Don E. Fehrenbacher, *Prelude to Greatness: Lincoln in the 1850s* (Stanford, Calif.: Stanford University Press, 1962); Harry V. Jaffa, *Crisis of the House Divided: An Interpretation of the Issues in the Lincoln-Douglas Debates* (Garden City, N.Y.: Doubleday, 1959); Robert E. May, *Slavery, Race, and Conquest in the Tropics: Lincoln, Douglas, and the Future of Latin America* (New York: Cambridge University Press, 2013); Vernon Burton, *The Age of Lincoln* (New York: Hill and Wang, 2008); James Oakes, *The Radical and the Republican: Frederick Douglass, Abraham Lincoln, and the Triumph of Antislavery Politics* (New York: W. W. Norton, 2008); Allan Nevins, *The Ordeal of the Union*, 4 vols. (New York: Scribner, 1947–50); David Donald, *Charles Sumner and the Coming of the Civil War* (New York: Alfred A. Knopf, 1960); William E. Gienapp, *The Origins of the Republican Party, 1852–1856* (New York: Oxford University Press, 1987); Michael F. Holt, *The Political Crisis of the 1850s* (New York: W. W. Norton, 1983); Kenneth Stampp, *America in 1857: A Nation on the Brink* (New York: Oxford University Press, 1990); Elizabeth R. Varon, *Disunion! The Coming of the American Civil War, 1789–1859* (Chapel Hill: University of North Carolina Press, 2010); Robert W. Johannsen, *Stephen A. Douglas* (New York: Oxford University Press, 1973); John

Majewski, *A House Dividing: Economic Development in Pennsylvania and Virginia Before the Civil War* (New York: Cambridge University Press, 2000); James L. Huston, *The Panic of 1857 and the Coming of the Civil War* (Baton Rouge: Louisiana State University Press, 1987); Roy F. Nichols, *The Disruption of American Democracy* (New York: Macmillan, 1948); Richard Sewell, *A House Divided: Sectionalism and Civil War, 1848–1865* (Baltimore: Johns Hopkins University Press, 1988); David Zarefsky, *Lincoln, Douglas, and Slavery: In the Crucible of Public Debate* (Chicago: University of Chicago Press, 1990)。

关于蓄奴州不断发展的分离主义政治，参见John Ashworth, *Slavery, Capitalism, and Politics in the Antebellum Republic: The Coming of the Civil War, 1850–1861* (New York: Cambridge University Press, 2007); William W. Freehling, *The Road to Disunion: Secessionists Triumphant, 1854–1861* (New York: Oxford University Press, 2007); Avery O. Craven, *The Growth of Southern Nationalism, 1848–1861* (Baton Rouge: Louisiana State University Press, 1953); Lacy K. Ford, *Origins of Southern Radicalism: The South Carolina Upcountry, 1800–1860* (New York: Oxford University Press, 1988); J. Mills Thornton III, *Politics and Power in a Slave Society: Alabama, 1800–1860* (Baton Rouge: Louisiana State University Press, 1978); Eric H. Walther, *The Fire-Eaters* (Baton Rouge: Louisiana State University Press, 1992); William L. Barney, *The Road to Secession: A New Perspective on the Old South* (New York: Praeger, 1972); Manisha Sinha, *The Counterrevolution of Slavery: Politics and Ideology in Antebellum South Carolina* (Chapel Hill: University of North Carolina Press, 2000); Stephanie McCurry, *Masters of Small Worlds: Yeoman Households, Gender Relations, and the Political Culture of the Antebellum South Carolina Low Country* (New York: Oxford University Press, 1995); Frank Towers, *The Urban South and the Coming of the Civil War* (Charlottesville: University of Virginia Press, 2004); Christopher J. Olsen, *Political Culture and Secession in Mississippi: Masculinity, Honor, and the Antiparty Tradition, 1830–1860* (New York: Oxford University Press, 2000); John C. Inscoe, *Mountain Masters, Slavery, and the Sectional Crisis in Western North Carolina* (Knoxville: University of Tennessee Press, 1989); Mitchell

Snay, *Gospel of Disunion: Religion and Separatism in the Antebellum South* (New York: Cambridge University Press, 1993); Joseph P. Reidy, *From Slavery to Agrarian Capitalism in the Cotton Plantation South: Central Georgia, 1800–1880* (Chapel Hill: University of North Carolina Press, 1992); Drew Gilpin Faust, *James Henry Hammond and the Old South: A Design for Mastery* (Baton Rouge: Louisiana State University Press, 1982); John McCardell, *The Idea of a Southern Nation: Southern Nationalists and Southern Nationalism* (New York: W. W. Norton, 1979); David M. Potter, *The South and the Sectional Conflict* (Baton Rouge: Louisiana State University Press, 1968)。

关于19世纪50年代奴隶政治和奴隶的期待，参见Steven Hahn, *A Nation Under Our Feet: Black Politics in the Rural South from Slavery to the Great Migration* (Cambridge, Mass.: Harvard University Press, 2003); Anthony E. Kaye, *Joining Places: Slave Neighborhoods in the Old South* (Chapel Hill: University of North Carolina Press, 2007); William Link, *Roots of Secession: Slavery and Politics in Antebellum Virginia* (Chapel Hill: University of North Carolina Press, 2003); Merton Dillon, *Slavery Attacked: Southern Slaves and Their Allies, 1619–1865* (Baton Rouge: Louisiana State University Press, 1990); Herbert Aptheker, *American Negro Slave Revolts* (New York: Columbia University Press, 1943); William Webb, *The History of William Webb, Composed by Himself* (Detroit: E. Hoekstra, 1873); Stephanie Camp, *Closer to Freedom: Enslaved Women and Everyday Resistance in the Plantation South* (Chapel Hill: University of North Carolina Press, 2004)。

关于1860年大选、分离主义的动力，以及战争的爆发，参见Douglas R. Egerton, *Year of Meteors: Stephen Douglas, Abraham Lincoln, and the Election That Brought on the Civil War* (New York: Bloomsbury Press, 2013); A. James Fuller, ed., *The Election of 1860 Reconsidered* (Kent, Ohio: Kent State University Press, 2013); David M. Potter, *The Impending Crisis, 1848–1861* (New York: Harper and Row, 1976) and *Lincoln and His Party in the Secession Crisis* (New Haven, Conn.: Yale University Press, 1942); Daniel W. Crofts, *Reluctant Confederates: Upper South Unionists in the Secession Crisis* (Chapel Hill: University of North Carolina

Press, 1989); Kenneth Stampp, *And the War Came: The North and the Secession Crisis, 1860–1861* (Baton Rouge: Louisiana State University Press, 1950); Michael P. Johnson, *Toward a Patriarchal Republic: The Secession of Georgia* (Baton Rouge: Louisiana State University Press, 1977); Steven Channing, *Crisis of Fear: Secession in South Carolina* (New York: W. W. Norton, 1970); William L. Barney, *The Secessionist Impulse: Alabama and Mississippi in 1860* (Princeton, N.J.: Princeton University Press, 1974); J. Carlyle Sitterson, *The Secession Movement in North Carolina* (Chapel Hill: University of North Carolina Press, 1939); James M. Woods, *Rebellion and Realignment: Arkansas's Road to Secession* (Fayetteville: University of Arkansas Press, 1987); William W. Freehling and Craig Simpson, eds., *Showdown in Virginia: The 1861 Convention and the Fate of the Union* (Charlottesville: University of Virginia Press, 2010) and *Secession Debated: Georgia's Showdown in 1860* (New York: Oxford University Press, 1992); Ralph A. Wooster, *The Secession Conventions of the South* (Princeton, N.J.: Princeton University Press, 1962); Tony Horwitz, *Midnight Rising: John Brown and the Raid That Sparked the Civil War* (New York: Henry Holt, 2012); Jonathan Earle, *John Brown's Raid on Harpers Ferry: A Brief History with Documents* (Boston: Bedford/St. Martin's, 2008); Charles B. Dew, *Apostles of Disunion: Southern Secession Commissioners and the Causes of the Civil War* (Charlottesville: University Press of Virginia, 2001); Robert G. Gunderson, *Old Gentlemen's Convention: The Washington Peace Conference of 1861* (Madison: University of Wisconsin Press, 1961); Robert Cook, William Barney, and Elizabeth Varon, *Secession Winter: When the Union Fell Apart* (Baltimore: Johns Hopkins University Press, 2013); Emory M. Thomas, *The Confederacy as a Revolutionary Experience* (Englewood Cliffs, N.J.: Prentice-Hall, 1971)。

　　关于围绕着奴隶制、奴隶主叛乱和分离主义的国际背景，参见Eugene D. Genovese, *The World the Slaveholders Made: Two Essays in Interpretation* (New York: Pantheon, 1969); Don H. Doyle, ed., *Secession as an International Phenomenon: From America's Civil War to Contemporary Separatist Movements* (Athens: University of Georgia Press, 2010); Don H. Doyle, *Nations Divided: America, Italy, and the Southern Question* (Athens: University of Georgia Press, 2002); Brian Schoen, *The Fragile Fabric of Union: Cotton, Federal Politics, and the Global Origins of the Civil War* (Baltimore: Johns Hopkins University Press, 2009); Edward Rugemer, *The Problem of Emancipation: The Caribbean Roots of the American Civil War* (Baton Rouge: Louisiana State University Press, 2009); Sven Beckert, *Empire of Cotton: A Global History* (New York: Alfred A. Knopf, 2014); Shearer Davis Bowman, *Masters and Lords: Mid-19th Century U.S. Planters and Prussian Junkers* (New York: Oxford University Press, 1993); Enrico Dal Lago, *Agrarian Elites: American Slaveholders and Southern Italian Landowners, 1815–1861* (Baton Rouge: Louisiana State University Press, 2005) and *American Slavery, Atlantic Slavery, and Beyond: The U.S. "Peculiar Institution" in International Perspective* (Boulder, Colo.: Paradigm, 2013); Peter Kolchin, *Unfree Labor: American Slavery and Russian Serfdom* (Cambridge, Mass.: Harvard University Press, 1987) and *A Sphinx on the American Land: The Nineteenth-Century South in Comparative Perspective* (Baton Rouge: Louisiana State University Press, 2003); Rajmohan Gandhi, *A Tale of Two Revolts: India's Mutiny and the American Civil War* (London: Haus, 2011)。

第七章　国家的诞生

现在已经出版的关于南北战争的军事史及相关的政治外交史的著作，能轻而易举塞满几座图书馆。不过关于外密西西比西部的著作相对较少。重要的综述性著作包括James M. McPherson, *Battle Cry of Freedom: The Civil War Era* (New York: Oxford University Press, 1988); Allan Nevins, *The War for the Union,* 4 vols. (New York: Scribner, 1959–71); Herman Hattaway and Archer Jones, *How the North Won: A Military History of the Civil War* (Urbana: University of Illinois Press, 1983); Richard E. Beringer et al., *Why the South Lost the Civil War* (Athens: University of Georgia Press, 1986)。

关于西部，参见Alvin Josephy Jr., *The Civil War in the American West* (New York: Alfred A. Knopf, 1991); Donald S. Frazier, *Blood and Treasure: Confederate*

Empire in the Southwest (College Station: Texas A&M University Press, 1995); Adam Arenson and Andrew Graybill, eds., *Civil War Wests: Testing the Limits of the United States* (Berkeley: University of California Press, 2015); Virginia Scharff, ed., *Empire and Liberty: The Civil War and the West* (Berkeley: University of California Press, 2015); Ray C. Colton, *The Civil War in the Western Territories: Arizona, Colorado, New Mexico, and Utah* (Norman: University of Oklahoma Press, 1959); Clarissa W. Confer, *The Cherokee Nation in the Civil War* (Norman: University of Oklahoma Press, 2007); Mary Jane Warde, *When the Wolf Came: The Civil War and the Indian Territory* (Fayetteville: University of Arkansas Press, 2013); Howard Lamar, *The Far Southwest: A Territorial History* (New Haven, Conn.: Yale University Press, 1966)。

关于联邦和南部同盟的早期关系以及这场战争的国际背景，参见 Don H. Doyle, *The Cause of All Nations: An International History of the American Civil War* (New York: Basic Books, 2014); Howard Jones, *Blue and Gray Diplomacy: A History of Union and Confederate Foreign Relations* (Chapel Hill: University of North Carolina Press, 2010) and *Union in Peril: The Crisis over British Intervention in the Civil War* (Chapel Hill: University of North Carolina Press, 1992); Robert E. May, ed., *The Union, the Confederacy, and the Atlantic Rim* (Gainesville: University Press of Florida, 2013); Frank L. Owsley, *King Cotton Diplomacy: Foreign Relations of the Confederate States of America* (Chicago: University of Chicago Press, 1959); Jay Monaghan, *Abraham Lincoln Deals with Foreign Affairs* (Indianapolis: Bobbs-Merrill, 1945); Jay Sexton, *Debtor Diplomacy: Finance and American Foreign Relations in the Civil War Era, 1837–1873* (New York: Oxford University Press, 2005); Christopher Dickey, *Our Man in Charleston: Britain's Secret Agent in the Civil War South* (New York: Crown, 2015); R. J. M. Blackett, *Divided Hearts: Britain and the American Civil War* (Baton Rouge: Louisiana State University Press, 2000); Amanda Foreman, *A World on Fire: Britain's Crucial Role in the American Civil War* (New York: Random House, 2012); Mary Ellison, *Support for Secession: Lancashire and the American Civil War* (Chicago: University of Chicago Press, 1972); Lynn M. Case and Warren F. Spencer, *The United States and France: Civil War Diplomacy*

(Philadelphia: University of Pennsylvania Press, 1970); Charles M. Hubbard, *The Burden of Confederate Diplomacy* (Knoxville: University of Tennessee Press, 2000)。

关于林肯政府围绕着货币、债务、关税、土地、准州和铁路的国家建设的提案，参见 Richard F. Bensel, *Yankee Leviathan: The Origins of Central State Authority in America, 1859–1877* (New York: Cambridge University Press, 1990); Leonard P. Curry, *Blueprint for Modern America: Nonmilitary Legislation of the First Civil War Congress* (Nashville: Vanderbilt University Press, 1968); Heather Cox Richardson, *The Greatest Nation of the Earth: Republican Economic Policies During the Civil War* (Cambridge, Mass.: Harvard University Press, 1997); Gabor S. Boritt, *Lincoln and the Economics of the American Dream* (Memphis: Memphis State University Press, 1978); Paul W. Gates, *Agriculture and the American Civil War* (New York: Alfred A. Knopf, 1965); Bray Hammond, *Sovereignty and an Empty Purse: Banks and Politics in the Civil War* (Princeton, N.J.: Princeton University Press, 1970); Robert P. Sharkey, *Money, Class, and Party: An Economic Study of Civil War and Reconstruction* (Baltimore: Johns Hopkins University Press, 1959); Phillip Shaw Paludan, *The Presidency of Abraham Lincoln* (Lawrence: University Press of Kansas, 1994) and *A People's Contest: The Union and Civil War, 1861–1865* (Lawrence: University Press of Kansas, 1988); Ralph Andreano, ed., *The Economic Impact of the American Civil War* (New York: Schenkman, 1967); David Montgomery, *Beyond Equality: Labor and the Radical Republicans, 1862–1872* (New York: Alfred A. Knopf, 1967); Earl S. Pomeroy, *The Territories and the United States: Studies in Colonial Administration* (Philadelphia: University of Pennsylvania Press, 1947); Richard White, *Railroaded: The Transcontinentals and the Making of Modern America* (New York: W. W. Norton, 2011); Thomas Weber, *The Northern Railroads in the Civil War, 1861–1865* (Bloomington: Indiana University Press, 1952); Mark R. Wilson, *The Business of Civil War: Military Mobilization and the State, 1861–1865* (Baltimore: Johns Hopkins University Press, 2006); John Fabian Witt, *Lincoln's Code: The Laws of War in American History* (New York: Free Press, 2012); Laura Edwards, *A Legal History of the Civil War and Reconstruction* (New York: Cambridge

University Press, 2015); Michael S. Green, *Freedom, Union, and Power: Lincoln and His Party During the Civil War* (New York: Fordham University Press, 2004); Edward Hagerman, *The American Civil War and the Origins of Modern Warfare* (Bloomington: Indiana University Press, 1988)。

关于平原上的苏人反抗和印第安人战争的开端，参见 David A. Nichols, *Lincoln and the Indians: Civil War Policy and Politics* (Urbana: University of Illinois Press, 1978); Jeffrey Ostler, *The Plains Sioux and U.S. Colonialism: From Lewis and Clark to Wounded Knee* (New York: Cambridge University Press, 2004); Hank H. Cox, *Lincoln and the Sioux Uprising of 1862* (Nashville: Cumberland House, 2005); Gary C. Anderson, ed., *Through Dakota Eyes: Narrative Accounts of the Minnesota Indian War of 1862* (St. Paul: Minnesota Historical Society, 1988); Gary C. Anderson, *Kinsmen of Another Kind: Dakota-White Relations in the Upper Mississippi Valley, 1650–1862* (Lincoln: University of Nebraska Press, 1984); C. M. Oehler, *The Great Sioux Uprising* (1959; New York: Da Capo Press, 1997); Robert Utley, *The Indian Frontier of the American West, 1846–1890* (Albuquerque: University of New Mexico Press, 1984); Laurence M. Hauptman, *Between Two Fires: American Indians in the Civil War* (New York: Free Press, 1995); Roy W. Meyer, *History of the Santee Sioux: United States Policy on Trial* (Lincoln: University of Nebraska Press, 1967); Annie Heloise Abel, *The American Indian in the Civil War, 1862–1865* (1919; Lincoln: University of Nebraska Press, 1992); Elliott West, *The Contested Plains: Indians, Goldseekers, and the Rush to Colorado* (Lawrence: University Press of Kansas, 1998); Richard W. Etulain, ed., *Lincoln Looks West: From the Mississippi to the Pacific* (Carbondale: Southern Illinois University Press, 2010)。

关于奴隶反抗和奴隶解放进程的发展，参见 Steven Hahn, *The Political Worlds of Slavery and Freedom* (Cambridge, Mass.: Harvard University Press, 2009); Ira Berlin et al., *Slaves No More: Three Essays on Emancipation and the Civil War* (New York: Cambridge University Press, 1992); Ira Berlin et al., eds., *Freedom: A Documentary History of Emancipation, 1861–1867,* 4 vols. (New York: Cambridge University Press, 1983–93); James Oakes, *Freedom National: The Destruction of*

Slavery in the United States, 1861–1865 (New York: W. W. Norton, 2012); Leon Litwack, *Been in the Storm So Long: The Aftermath of Slavery* (New York: Alfred A. Knopf, 1979); John Hope Franklin, *The Emancipation Proclamation* (Garden City, N.Y.: Doubleday, 1963); Michael Vorenberg, *The Emancipation Proclamation: A Brief History with Documents* (Boston: Bedford/St. Martin's, 2010); W. E. B. Du Bois, *Black Reconstruction in America, 1860–1880* (1935; New York: Free Press, 1998); Silvana R. Siddali, *From Property to Person: Slavery and the Confiscation Acts, 1861–1862* (Baton Rouge: Louisiana State University Press, 2005); Barbara J. Fields, *Slavery and Freedom on the Middle Ground: Maryland During the Nineteenth Century* (New Haven, Conn.: Yale University Press, 1985); Willie Lee Rose, *Rehearsal for Reconstruction: The Port Royal Experiment* (Indianapolis: Bobbs-Merrill, 1964); Armstead L. Robinson, *Bitter Fruits of Bondage: The Demise of Slavery and the Collapse of the Confederacy, 1861–1865* (Charlottesville: University of Virginia Press, 2005); Thavolia Glymph, *Out of the House of Bondage: The Transformation of the Plantation Household* (New York: Cambridge University Press, 2008); James M. McPherson, *The Negro's Civil War: How American Negroes Felt and Acted During the War for the Union* (New York: Vintage, 1965); David W. Blight, *Frederick Douglass' Civil War: Keeping Faith in Jubilee* (Baton Rouge: Louisiana State University Press, 1991); Benjamin Quarles, *The Negro in the Civil War* (Boston: Beacon Press, 1953); Matthew J. Clavin, *Toussaint Louverture and the American Civil War: The Promise and Perils of a Second Haitian Revolution* (Philadelphia: University of Pennsylvania Press, 2011)。

关于林肯对奴隶制的看法，以及他对奴隶解放的态度，参见 Eric Foner, *The Fiery Trial: Abraham Lincoln and American Slavery* (New York: W. W. Norton, 2010); Louis P. Masur, *Lincoln's Hundred Days: The Emancipation Proclamation and the War for the Union* (Cambridge, Mass.: Harvard University Press, 2012); William K. Klingaman, *Lincoln and the Road to Emancipation, 1861–1865* (New York: Viking, 2001); LaWanda Cox, *Lincoln and Black Freedom: A Study in Presidential Leadership* (Columbia: University of South Carolina Press, 1981); David Herbert

Donald, *Lincoln* (New York: Touchstone, 1995); Kate Masur, *An Example for All the Land: Emancipation and the Struggle over Equality in Washington, D.C.* (Chapel Hill: University of North Carolina Press, 2010); James M. McPherson, *Abraham Lincoln and the Second American Revolution* (New York: Oxford University Press, 1990); Michael P. Johnson, ed., *Abraham Lincoln, Slavery, and the Civil War: Selected Writings and Speeches* (Boston: Bedford/St. Martin's, 2001); John Hope Franklin, *The Emancipation Proclamation* (Garden City, N.Y.: Doubleday, 1965); William Blair and Karen Younger, eds., *Lincoln's Proclamation: Emancipation Reconsidered* (Chapel Hill: University of North Carolina Press, 2009)。

关于联邦内部对林肯政府政策的抵抗，参见Frank L. Klement, *The Copperheads in the Middle West* (Chicago: University of Chicago Press, 1960) and *The Limits of Dissent: Clement L. Vallandigham and the Civil War* (New York: Fordham University Press, 1999); Jennifer L. Weber, *The Copperheads: The Rise and Fall of Lincoln's Opponents in the North* (New York: Oxford University Press, 2006); Iver Bernstein, *The New York City Draft Riots: Their Significance for American Society and Politics in the Age of the Civil War* (New York: Oxford University Press, 1990); Grace Palladino, *Another Civil War: Labor, Capital, and the State in the Anthracite Regions of Pennsylvania, 1840–1868* (Urbana: University of Illinois Press, 1990); Joel H. Silbey, *A Respectable Minority: The Democratic Party in the Civil War Era, 1860–1868* (New York: W. W. Norton, 1977); Kevin Kenny, *Making Sense of the Molly Maguires* (New York: Oxford University Press, 1998)。

关于葛底斯堡演说的背景，参见 Garry Wills, *Lincoln at Gettysburg: The Words That Remade America* (New York: Touchstone, 1992); Martin P. Johnson, *Writing the Gettysburg Address* (Lawrence: University Press of Kansas, 2013); George M. Fredrickson, *The Inner Civil War: Northern Intellectuals and the Crisis of the Union* (New York: Harper and Row, 1965); Edmund Wilson, *Patriotic Gore: Studies in the Literature of the American Civil War* (New York: Oxford University Press, 1962); James M. McPherson, *Crossroads of Freedom: Antietam* (New York: Oxford University Press, 2002); Allen Guelzo, *Gettysburg: The Last Invasion* (New York:

Vintage, 2014); T. Harry Williams, *Lincoln and His Generals* (New York: Alfred A. Knopf, 1952); Archer Jones, *Confederate Strategy from Shiloh to Vicksburg* (Baton Rouge: Louisiana State University Press, 1961); Andre M. Fleche, *The Revolution of 1861: The American Civil War in the Age of Nationalist Conflict* (Chapel Hill: University of North Carolina Press, 2014); Mark Neely, *Abraham Lincoln and Civil Liberties* (New York: Oxford University Press, 1991); Drew Gilpin Faust, *This Republic of Suffering: Death and the American Civil War* (New York: Alfred A. Knopf, 2008); Vernon Burton, *The Age of Lincoln* (New York: Hill and Wang, 2007)。

第八章　定义一个民族国家

关于联邦对叛乱南方的政策的发展，参见 Eric Foner, *Reconstruction: America's Unfinished Revolution, 1863–1877* (New York: Harper and Row, 1988); Herman Belz, *Reconstructing the Union: Theory and Policy During the Civil War* (Westport, Conn.: Greenwood Press, 1969); Richard H. Abbott, *The Republican Party and the South, 1855–1877: The First Southern Strategy* (Chapel Hill: University of North Carolina Press, 1986); W. R. Brock, *An American Crisis: Congress and Reconstruction, 1865–1867* (New York: Harper and Row, 1963); Allan Bogue, *The Earnest Men: Republicans of the Civil War Senate* (Ithaca, N.Y.: Cornell University Press, 1981); Louis Masur, *Lincoln's Last Speech: Wartime Reconstruction and the Crisis of Reunion* (New York: Oxford University Press, 2015); Michael Les Benedict, *A Compromise of Principle: Congressional Republicans and Reconstruction, 1863–1869* (New York: W. W. Norton, 1974); William C. Harris, *With Charity for All: Lincoln and the Restoration of the Union* (Lexington: University Press of Kentucky, 1997); Earl M. Maltz, *Civil Rights, the Constitution, and Congress, 1863–1869* (Lawrence: University Press of Kansas, 1990); William A. Blair, *With Malice Toward Some: Treason and Loyalty in the Civil War Era* (Chapel Hill: University of North Carolina Press, 2014); Mark Summers, *The Ordeal of Reunion: A New History of Reconstruction* (Chapel Hill: University of North Carolina Press, 2014)。

关于前奴隶的初期政策以及自由劳工的实验，参见 Ira Berlin et al., eds., *Freedom: A Documentary History of Emancipation, 1861–1867,* ser. 1, vol. 3, *The Wartime Genesis of Free Labor: The Lower South* (New York: Cambridge University Press, 1990); Ira Berlin et al., eds., *Freedom: A Documentary History of Emancipation, 1861–1867,* ser. 1, vol. 2, *The Wartime Genesis of Free Labor: The Upper South* (New York: Cambridge University Press, 1993); Robert Dale Owen et al., *Final Report of the American Freedmen's Inquiry Commission* (Washington, D.C., 1864); Lawrence N. Powell, *New Masters: Northern Planters in the Civil War and Reconstruction* (New Haven, Conn.: Yale University Press, 1980); Willie Lee Rose, *Rehearsal for Reconstruction: The Port Royal Experiment* (Indianapolis: Bobbs-Merrill, 1964); James Oakes, *Freedom National: The Destruction of Slavery in the United States, 1861–1865* (New York: W. W. Norton, 2014); Louis Gerteis, *From Contraband to Freedman: Federal Policy Toward Southern Blacks, 1861–1865* (Westport, Conn.: Greenwood Press, 1973); Joseph G. Dawson III, *Army Generals and Reconstruction: Louisiana, 1862–1877* (Baton Rouge: Louisiana State University Press, 1982); Peyton McCrary, *Abraham Lincoln and Reconstruction: The Louisiana Experiment* (Princeton, N.J.: Princeton University Press, 1978); LaWanda Cox, *Lincoln and Black Freedom: A Study in Presidential Leadership* (Columbia: University of Missouri Press, 1981); Janet Sharp Hermann, *The Pursuit of a Dream* (New York: Oxford University Press, 1981); Paul Cimbala and Randall Miller, eds., *The Freedmen's Bureau and Reconstruction: Reconsiderations* (New York: Fordham University Press, 1999); Judith Ann Giesberg, *Civil War Sisterhood: The U.S. Sanitary Commission and Women's Politics in Transition* (Boston: Northeastern University Press, 2000); Joe M. Richardson, *Christian Reconstruction: The American Missionary Association and Southern Blacks, 1861–1890* (Athens: University of Georgia Press, 1986)。

关于联邦对美国原住民的政策以及西部的战争，参见 David A. Nichols, *Lincoln and the Indians: Civil War Policy and Politics* (Urbana: University of Illinois Press, 1978); Ari Kelman, *A Misplaced Massacre: Struggling over the Memory of Sand Creek* (Cambridge, Mass.: Harvard University Press, 2013); Jerome A. Greene and Douglas D. Scott, *Finding Sand Creek: History, Archeology, and the 1864 Massacre Site* (Norman: University of Oklahoma Press, 2004); Robert Utley, *The Indian Frontier of the American West, 1846–1890* (Albuquerque: University of New Mexico Press, 1984); Alvin M. Josephy Jr., *The Civil War in the American West* (New York: Alfred A. Knopf, 1991); Karl Jacoby, *Shadows at Dawn: A Borderlands Massacre and the Violence of History* (New York: Penguin, 2008); Francis P. Prucha, *The Great Father: The U.S. and the American Indians,* 2 vols. (Lincoln: University of Nebraska Press, 1984); C. Joseph Genetin-Palawa, *Crooked Paths to Allotment: The Fight over Indian Policy After the Civil War* (Chapel Hill: University of North Carolina Press, 2012); M. Thomas Bailey, *Reconstruction in Indian Territory: A Story of Avarice, Discrimination, and Opportunism* (Port Washington, N.Y.: Kennikat Press, 1972); Annie Heloise Abel, *The American Indian and the End of the Confederacy, 1863–1866* (1925; repr., Lincoln: University of Nebraska Press, 1993); Clarissa W. Confer, *The Cherokee Nation in the Civil War* (Norman: University of Oklahoma Press, 2012)。

关于南北战争期间非裔美国人的参战以及自由的和作为奴隶的非裔美国人的战时动员，参见Ira Berlin et al., eds., *Freedom: A Documentary History of Emancipation, 1861–1867,* ser. 2, *The Black Military Experience* (New York: Cambridge University Press, 1982); Benjamin Quarles, *The Negro in the Civil War* (Boston: Little, Brown, 1953); Joseph T. Wilson, *The Black Phalanx: A History of Negro Soldiers of the United States in the Wars of 1775–1812, 1861–1865* (Hartford, Conn.: American, 1890); James M. McPherson, *The Negro's Civil War: How American Negroes Felt and Acted During the War for the Union* (New York: Vintage, 1965); Dudley T. Cornish, *The Sable Arm: Negro Troops in the Union Army, 1861–1865* (1956; New York: W. W. Norton, 1966); Joseph T. Glatthaar, *Forged in Battle: The Civil War Alliance of Black Soldiers and White Officers* (New York: Free Press, 1989); Edwin S. Redkey, ed., *A Grand Army of Black Men: Letters from African-American Soldiers in the Union Army* (New York: Cambridge University Press, 1992); Thomas Wentworth Higginson, *Army Life in a Black Regiment* (1869; Boston: Beacon Press, 1962); Steven Hahn, *A*

Nation Under Our Feet: Black Political Struggles in the Rural South from Slavery to the Great Migration (Cambridge, Mass.: Harvard University Press, 2003); Ted Tunnell, *Crucible of Reconstruction: War, Radicalism, and Race in Louisiana, 1862–1877* (Baton Rouge: Louisiana State University Press, 1984); Leon Litwack, *Been in the Storm So Long: The Aftermath of Slavery* (New York: Alfred A. Knopf, 1979); Stephen D. Kantrowitz, *More Than Freedom: Fighting for Black Citizenship in a White Republic, 1829–1889* (New York: Penguin, 2012); Hugh Davis, *"We Will Be Satisfied with Nothing Less" : The African-American Struggle for Equal Rights in the North During Reconstruction* (Ithaca, N.Y.: Cornell University Press, 2011); James M. McPherson, *The Struggle for Equality: Abolitionists and the Negro in the Civil War and Reconstruction* (Princeton, N.J.: Princeton University Press, 1964); David Roediger, *Seizing Freedom: Slave Emancipation and Liberty for All* (London: Verso, 2014)。

关于南部同盟叛乱的军事和政治发展，参见Bruce Levine, *The Fall of the House of Dixie: How the Civil War Remade the American South* (New York: Random House, 2013) and *Confederate Emancipation: Southern Plans to Free and Arm Slaves During the Civil War* (New York: Oxford University Press, 2006); Armstead L. Robinson, *Bitter Fruits of Bondage: The Demise of Slavery and the Collapse of the Confederacy, 1861–1865* (Charlottesville: University of Virginia Press, 2005); Emory M. Thomas, *The Confederate Nation, 1861–1865* (New York: Harper and Row, 1979); Victoria E. Bynum, *The Free State of Jones: Mississippi's Longest Civil War* (Chapel Hill: University of North Carolina Press, 2001); David Williams et al., *Plain Folk in a Rich Man's War: Class and Dissent in Confederate Georgia* (Gainesville: University Press of Florida, 2002); Stephanie McCurry, *Confederate Reckoning* (Cambridge, Mass.: Harvard University Press, 2010); William W. Freehling, *The South Versus the South: How Anti-Confederate Southerners Shaped the Course of the Civil War* (New York: Oxford University Press, 2001); Charles W. Ramsdell, *Behind the Lines in the Southern Confederacy* (Baton Rouge: Louisiana State University Press, 1944); Ella Lonn, *Desertion During the Civil War* (Gloucester, Mass.: Peter Smith, 1966);

Bell Wiley, *The Plain People of the Confederacy* (Baton Rouge: Louisiana State University Press, 1944); George C. Rable, *The Confederate Republic: A Revolution Against Politics* (Chapel Hill: University of North Carolina Press, 2007); James M. McPherson, *Embattled Rebel: Jefferson Davis as Commander in Chief* (New York: Penguin, 2014); Gary W. Gallagher, *The Confederate War* (Cambridge, Mass.: Harvard University Press, 1999); Drew Gilpin Faust, *The Creation of Confederate Nationalism* (Baton Rouge: Louisiana State University Press, 1988) and *Mothers of Invention: Women of the Slaveholding South in the American Civil War* (Chapel Hill: University of North Carolina Press, 2004)。

关于从林肯政府到约翰逊政府的不安定的转变，以及总统重建的动力，参见 Gregory P. Downs, *After Appomattox: Military Occupation and the Ends of War* (Cambridge, Mass.: Harvard University Press, 2015); Martha Hodes, *Mourning Lincoln* (New Haven, Conn.: Yale University Press, 2015); Eric McKitrick, *Andrew Johnson and Reconstruction* (Chicago: University of Chicago Press, 1960); Eric Foner, *The Fiery Trial: Abraham Lincoln and American Slavery* (New York: W. W. Norton, 2010); Michael Perman, *Reunion Without Compromise: The South and Reconstruction, 1865–1868* (Cambridge, U.K.: Cambridge University Press, 1973); Dan T. Carter, *When the War Was Over: The Failure of Self-Reconstruction in the South, 1865–1867* (Baton Rouge: Louisiana State University Press, 1985); LaWanda Cox and John H. Cox, *Politics, Principle, and Prejudice, 1865–1866: Dilemma of Reconstruction America* (New York: Macmillan, 1963); Brooks D. Simpson, *Let Us Have Peace: Ulysses S. Grant and the Politics of War and Reconstruction, 1861–1868* (Chapel Hill: University of North Carolina Press, 1991); William C. Harris, *Presidential Reconstruction in Mississippi* (Baton Rouge: Louisiana State University Press, 1967)。

关于非裔美国人和土地问题，参见 Steven Hahn et al., eds., *Freedom: A Documentary History of Emancipation, 1861–1867,* ser. 3, vol. 1, *Land and Labor in 1865* (Chapel Hill: University of North Carolina Press, 2008); Steven Hahn, "'Extravagant Expectations of Freedom': Rumor, Political Struggle, and the

Christmas Insurrection Scare of 1865 in the American South," *Past and Present* 157 (Nov. 1997): 122–158; Steven Hahn et al., eds., "The Terrain of Freedom: The Struggle over the Meaning of Free Labour in the U.S. South," *History Workshop Journal* 22 (1986): 108–130; Edward Magdol, *A Right to the Land: Essays on the Freedmen's Community* (Westport, Conn.: Greenwood Press, 1977); Claude F. Oubre, *Forty Acres and a Mule: The Freedmen's Bureau and Black Land Ownership* (Baton Rouge: Louisiana State University Press, 1978); William McFeely, *Yankee Stepfather: O. O. Howard and the Freedmen* (New York: W. W. Norton, 1968); Michael Lanza, *Agrarianism and Reconstruction Politics: The Southern Homestead Act* (Baton Rouge: Louisiana State University Press, 1990); Joel Williamson, *After Slavery: The Negro in South Carolina During Reconstruction, 1861–1877* (Chapel Hill: University of North Carolina Press, 1965)。

关于军事（激进）重建的过程和界限，参见 W. E. B. Du Bois, *Black Reconstruction in America, 1860–1880* (New York: Russell and Russell, 1935); Michael Vorenberg, *Final Freedom: The Civil War, the Abolition of Slavery, and the Thirteenth Amendment* (New York: Cambridge University Press, 2004); Leonard L. Richards, *Who Freed the Slaves? The Fight over the Thirteenth Amendment* (Chicago: University of Chicago Press, 2015); Hans L. Trefousse, *The Radical Republicans: Lincoln's Vanguard for Racial Justice* (New York: Alfred A. Knopf, 1969); David Donald, *Charles Sumner and the Rights of Man* (New York: Alfred A. Knopf, 1970); Eric Foner, *Politics and Ideology in the Age of the Civil War* (New York: Oxford University Press, 1980); Robert J. Kaczorowski, *The Politics of Judicial Interpretation: The Federal Courts, the Department of Justice, and Civil Rights, 1866–1876* (New York: Fordham University Press, 1985); Herman Belz, *Emancipation and Equal Rights: Politics and Constitutionalism in the Civil War Era* (New York: W. W. Norton, 1978); Harold M. Hyman, *A More Perfect Union: The Impact of the Civil War and Reconstruction on the Constitution* (Boston: Houghton Mifflin, 1975); Gerard Magliocca, *American Founding Son: John Bingham and the Invention of the Fourteenth Amendment* (New York: New York University Press, 2013); Laura Edwards, *A Legal History of the*

Civil War and Reconstruction: A Nation of Rights (New York: Cambridge University Press, 2015); Ellen Carol DuBois, *Feminism and Suffrage: The Emergence of an Independent Women's Movement in America* (Ithaca, N.Y.: Cornell University Press, 1978); Faye E. Dudden, *A Fighting Chance: The Struggle over Woman Suffrage and Black Suffrage in Reconstruction America* (New York: Oxford University Press, 2011); Jean H. Baker, ed., *Votes for Women: The Struggle for Suffrage Revisited* (New York: Oxford University Press, 2002); Jean H. Baker, *Sisters: The Lives of American Suffragists* (New York: Hill and Wang, 2006)。

第九章　资本主义

美国资本主义的发展取决于一系列重要的相互联系，包括国内和国际市场、新的金融形式、运输和通讯网络，以及国家在若干层面的支持。正如本章所指出的，这个过程并非一帆风顺，其间还伴随着危机。关于金融资本的兴起和1873年经济危机，参见Richard Franklin Bensel, *Yankee Leviathan: The Origins of Central State Authority in America* (New York: Cambridge University Press, 1990); Robert Sharkey, *Money, Class, and Party: An Economic Study of the Civil War and Reconstruction* (Baltimore: Johns Hopkins University Press, 1960); Irwin Unger, *The Greenback Era: A Social and Political History of American Finance, 1865–1879* (Princeton, N.J.: Princeton University Press, 1964); Jonathan Levy, *Freaks of Fortune: The Emerging World of Capitalism and Risk in America* (Cambridge, Mass.: Harvard University Press, 2012); M. John Lubetkin, *Jay Cooke's Gamble: The Northern Pacific, the Sioux, and the Panic of 1873* (Norman: University of Oklahoma Press, 2006); Henrietta Larson, *Jay Cooke* (Cambridge, Mass.: Harvard University Press, 1936); Jean Strouse, *Morgan: American Financier* (New York: Random House, 1999); Ron Chernow, *The House of Morgan: An American Banking Dynasty and the Rise of Modern Finance* (New York: Grove Press, 2010); Richard White, *Railroaded: The Transcontinentals and the Making of Modern America* (New York: W. W. Norton, 2011); Scott R. Nelson, *A Nation of Deadbeats: An Uncommon History of America's*

Financial Disasters (New York: Alfred A. Knopf, 2012); Jack Beatty, *The Age of Betrayal: The Triumph of Money in America, 1865–1900* (New York: Alfred A. Knopf, 2007); Leland H. Jenks, *The Migration of British Capital to 1875* (New York: Alfred A. Knopf, 1927); Dolores Greenberg, *Financiers and Railroads, 1869–1889* (East Brunswick, N.J.: Associated University Presses, 1980); David T. Gilchrist and W. David Lewis, eds., *Economic Change in the Civil War Era* (Greenville, Del.: Hagley Foundation, 1965); Steve Fraser, *Every Man a Speculator: A History of Wall Street in American Life* (New York: Harper Perennial, 2006); Margaret G. Myers, *The New York Money Market: Origins and Development* (New York: Columbia University Press, 1931)。

关于后奴隶解放时代南方的经济转型，参见 Thavolia Glymph and John J. Kushma, eds., *Essays on the Postbellum Southern Economy* (College Station: Texas A&M University Press, 1985); C. Vann Woodward, *Origins of the New South, 1877–1913* (Baton Rouge: Louisiana State University Press, 1951); Barbara J. Fields, *Slavery and Freedom on the Middle Ground: Maryland During the Nineteenth Century* (New Haven, Conn.: Yale University Press, 1985); Harold D. Woodman, *King Cotton and His Retainers: Financing and Marketing the Cotton Crop of the South* (Lexington: University of Kentucky Press, 1967) and *New South, New Law: The Legal Foundations of Labor and Credit Relations in the Postbellum South* (Baton Rouge: Louisiana State University Press, 1995); Gavin Wright, *Old South, New South: Revolutions in the Southern Economy Since the Civil War* (New York: Basic Books, 1985); Gerald Jaynes, *Branches Without Roots: The Genesis of the Black Working Class in the American South, 1862–1882* (New York: Oxford University Press, 1986); Roger Ransom and Richard Sutch, *One Kind of Freedom: The Economic Consequences of Emancipation* (New York: Cambridge University Press, 1977); Sharon Ann Holt, *Making Freedom Pay: North Carolina Freed People Working for Themselves, 1865–1900* (Athens: University of Georgia Press, 2000); Jay R. Mandle, *The Roots of Black Poverty: The Southern Plantation Economy After the Civil War* (Durham, N.C.: Duke University Press, 1978); Julie Saville, *The Work of Reconstruction: From Slave to Wage Laborer in South Carolina, 1860–1870* (New York: Cambridge University Press, 1994); Leslie Schwalm, *A Hard Fight for We: Women's Transition from Slavery to Freedom in South Carolina* (Urbana: University of Illinois Press, 1997); Joseph P. Reidy, *From Slavery to Agrarian Capitalism in the Cotton Plantation South: Central Georgia, 1800–1880* (Chapel Hill: University of North Carolina Press, 1992); Jeffrey Kerr-Ritchie, *Freedmen in the Tobacco South: Virginia, 1860–1900* (Chapel Hill: University of North Carolina Press, 1997); John Rodrigue, *Reconstruction in the Cane Fields: From Slavery to Free Labor in Louisiana's Sugar Parishes, 1862–1880* (Baton Rouge: Louisiana State University Press, 2001); Steven Hahn, *The Roots of Southern Populism: Yeoman Farmers and the Transformation of the Georgia Upcountry, 1850–1890* (New York: Oxford University Press, 1983); Michael Wayne, *The Reshaping of Plantation Society: The Natchez District, 1860–1880* (Baton Rouge: Louisiana State University Press, 1983); Jonathan M. Wiener, *Social Origins of the New South: Alabama, 1860–1885* (Baton Rouge: Louisiana State University Press, 1978); Alex Lichtenstein, *Twice the Work of Free Labor: The Political Economy of Convict Labor in the New South* (London: Verso, 1996); Tera Hunter, *To 'Joy My Freedom: Southern Black Women's Lives and Labor After the Civil War* (Cambridge, Mass.: Harvard University Press, 1997); Jacqueline Jones, *Labor of Love, Labor of Sorrow: Black Women, Work, and the Family from Slavery to the Present* (New York: Basic Books, 1985); Dylan Penningroth, *The Claims of Kinfolk: African-American Property and Community in the Nineteenth-Century South* (Chapel Hill: University of North Carolina Press, 2003); Dwight B. Billings, *Planters and the Making of a "New South" : Class, Politics, and Development in North Carolina, 1865–1900* (Chapel Hill: University of North Carolina Press, 1979); Crandall Shifflett, *Coal Towns: Life, Work, and Culture in the Company Towns of Southern Appalachia, 1880–1960* (Knoxville: University of Tennessee Press, 1991); David L. Carlton, *Mill and Town in South Carolina, 1880–1920* (Baton Rouge: Louisiana State University Press, 1982); Pete Daniel, *Breaking the Land: The Enclosure of Cotton, Tobacco, and Rice Cultures* (Urbana: University of Illinois Press, 1984); Don H. Doyle, *New Men, New Cities, New South: Atlanta, Nashville, Charleston, Mobile, 1860–1910* (Chapel Hill: University of North Carolina Press, 1990); Neil Foley, *The White Scourge: Mexicans, Blacks, and Poor Whites in Texas Cotton Culture* (Berkeley: University of California Press, 1997)。

从国际视角考察后奴隶解放时代社会发展，参见For an international perspective on the development of post-emancipation societies, see Eric Foner, *Nothing but Freedom: Emancipation and Its Legacy* (Baton Rouge: Louisiana State University Press, 1982); Thomas Holt, *The Problem of Freedom: Race, Labor, and Politics in Jamaica and Britain, 1832–1938* (Baltimore: Johns Hopkins University Press, 1992); Rebecca J. Scott, *Degrees of Freedom: Louisiana and Cuba After Slavery* (Cambridge, Mass.: Harvard University Press, 2005); Pamela Scully and Diana Paton, eds., *Gender and Slave Emancipation in the Atlantic World* (Durham, N.C.: Duke University Press, 2005); Peter Kolchin, *A Sphinx on the Land: The Nineteenth-Century South in Comparative Perspective* (Baton Rouge: Louisiana State University Press, 2003); Frederick Cooper et al., *Beyond Slavery: Explorations of Race, Labor, and Citizenship in Postemancipation Societies* (Chapel Hill: University of North Carolina Press, 2000); Sven Beckert, *Empire of Cotton: A Global History* (New York: Alfred A. Knopf, 2014)。

关于外密西西比西部农村的转型，参见Fred A. Shannon, *The Farmer's Last Frontier: Agriculture, 1860–1897* (New York: Harper and Row, 1945); Gilbert Fite, *The Farmers' Frontier, 1865–1900* (New York: Holt, Rinehart and Winston, 1966); Rodman Paul, *The Far West and the Great Plains in Transition, 1859–1900* (New York: Harper and Row, 1988) and *The Mining Frontier of the Far West, 1848–1880* (Albuquerque: University of New Mexico Press, 1963); Donald J. Pisani, *From the Family Farm to Agribusiness: The Irrigation Crusade in California and the West, 1850–1930* (New York: Cambridge University Press, 2000); Richard Lingenfelter, *The Hardrock Miners: A History of the Mining Labor Movement in the American West, 1863–1893* (Berkeley: University of California Press, 1974); Thomas Andrews, *Killing for Coal: America's Deadliest Labor War* (Cambridge, Mass.: Harvard University

Press, 2008); Linda Gordon, *The Great Arizona Orphan Abduction* (Cambridge, Mass.: Harvard University Press, 2001); Samuel Truett, *Fugitive Landscapes: The Forgotten History of the U.S.-Mexico Borderlands* (New Haven, Conn.: Yale University Press, 2006); Sarah Deutsch, *No Separate Refuge: Class, Culture, and Gender on the Anglo-Hispanic Frontier in the American Southwest, 1880–1940* (New York: Oxford University Press, 1987); Frank Tobias Higbie, *Indispensable Outcasts: Hobo Workers and Community in the American Midwest, 1880–1930* (Urbana: University of Illinois Press, 2003); Cecilia Danysk, *Hired Hands: Labour and the Development of Prairie Agriculture, 1880–1930* (Toronto: McClellan and Stewart, 1995); Cletus Daniel, *Bitter Harvest: A History of California Farmworkers, 1870–1941* (Ithaca, N.Y.: Cornell University Press, 1981); Deborah Fink, *Agrarian Women: Wives and Mothers in Rural Nebraska, 1880–1940* (Chapel Hill: University of North Carolina Press, 1992); María E. Montoya, *Translating Property: The Maxwell Land Grant and the Conflict over Land in the American West, 1840–1900* (Berkeley: University of California Press, 2002); Sucheng Chan, *This Bittersweet Soil: The Chinese in California Agriculture, 1860–1910* (Berkeley: University of California Press, 1986)。

关于东北部农业的转型，参见Thomas Summerhill, *Harvest of Dissent: Agrarianism in Nineteenth-Century New York* (Urbana: University of Illinois Press, 2005); Hal Barron, *Those Who Stayed Behind: Rural Society in Nineteenth-Century New England* (New York: Cambridge University Press, 1988) and *Mixed Harvest: The Second Great Transformation in the Rural North, 1870–1930* (Chapel Hill: University of North Carolina Press, 1997); Cindy Hahamovitch, *The Fruits of Their Labor: Atlantic Coast Farmworkers and the Making of Migrant Poverty, 1870–1945* (Chapel Hill: University of North Carolina Press, 1997)。

关于南北战争之后工业化的模式，参见Edward Kirkland, *Industry Comes of Age: Business, Labor, and Public Policy, 1860–1897* (Chicago: Quadrangle Books, 1961); Walter Licht, *Industrializing America: The Nineteenth Century* (Baltimore: Johns Hopkins University Press, 1995); David M. Gordon et al., *Segmented Work, Divided Workers: The Historical Transformation of Labor in the United States*

(New York: Cambridge University Press, 1982); Richard Franklin Bensel, *The Political Economy of American Industrialization, 1877–1900* (New York: Cambridge University Press, 2000); Alexander M. Keyssar, *Out of Work: The First Century of Unemployment in Massachusetts* (New York: Cambridge University Press, 1986); Walter Licht, *Working for the Railroad: The Organization of Work in the Nineteenth Century* (Princeton, N.J.: Princeton University Press, 1983); David Montgomery, *The Fall of the House of Labor: The Workplace, the State, and American Labor Activism, 1865–1925* (New York: Cambridge University Press, 1987) and *Workers' Control in America: Studies in the History of Work, Technology, and Labor Struggles* (New York: Cambridge University Press, 1979); Daniel Nelson, *Managers and Workers: Origins of the New Factory System in the United States, 1880–1920* (Madison: University of Wisconsin Press, 1975); William G. Roy, *Socializing Capital: The Rise of the Large Industrial Corporation in America* (Princeton, N.J.: Princeton University Press, 1997); Alfred Chandler, *The Visible Hand: The Managerial Revolution in American Business* (Cambridge, Mass.: Harvard University Press, 1977); David Nasaw, *Andrew Carnegie* (New York: Penguin, 2007); T. J. Stiles, *The First Tycoon: The Epic Life of Cornelius Vanderbilt* (New York: Vintage, 2010); Ron Chernow, *Titan: The Life of John D. Rockefeller Sr.* (New York: Vintage, 2004); Olivier Zunz, *Making America Corporate* (Chicago: University of Chicago Press, 1992); Alice Kessler-Harris, *Out to Work: A History of Wage-Earning Women in the United States* (New York: Oxford University Press, 1982); Jacqueline Jones, *The Dispossessed: America's Underclasses from the Civil War to the Present* (New York: Basic Books, 1992); Katherine Benton-Cohen, *Borderline Americans: Racial Division and Labor War in the Arizona Borderlands* (Cambridge, Mass.: Harvard University Press, 2009); David Brody, *Steelworkers in America: The Non-union Era* (Cambridge, Mass.: Harvard University Press, 1960); David Katzman, *Seven Days a Week: Women and Domestic Service in Industrializing America* (New York: Oxford University Press, 1978); Judith A. McGaw, *Most Wonderful Machine: Mechanization and Social Change in Berkshire Paper Making, 1801–1885* (Princeton, N.J.: Princeton University Press, 1987); Joanne

Meyerowitz, *Women Adrift: Independent Wage Earners in Chicago, 1880–1930* (Chicago: University of Chicago Press, 1988); Joshua Rosenbloom, *Looking for Work, Searching for Workers: American Labor Markets During Industrialization* (New York: Cambridge University Press, 2002); Philip Scranton, *Endless Novelty: Specialty Production and American Industrialization, 1865–1925* (Princeton, N.J.: Princeton University Press, 1997); Daniel Walkowitz, *Worker City, Company Town: Iron and Cotton-Worker Protests in Troy and Cohoes, New York, 1855–84* (Urbana: University of Illinois Press, 1978); Francis G. Couvares, *The Remaking of Pittsburgh: Class and Culture in an Industrializing City, 1877–1919* (Albany: State University of New York Press, 1984)。

关于移民和工业化，参见 Herbert Gutman, *Work, Culture, and Society in Industrializing America* (New York: Alfred A. Knopf, 1976); Gunther Peck, *Reinventing Free Labor: Padrones and Immigrant Workers in the North American West, 1880–1930* (New York: Cambridge University Press, 2000); Roger Daniels, *Asian America: Chinese and Japanese in the United States Since 1850* (Seattle: University of Washington Press, 1988) and *Coming to America: A History of Immigration and Ethnicity in American Life* (New York: HarperCollins, 1990); John Bodnar, *Immigration and Industrialization: Ethnicity in an American Mill Town, 1870–1940* (Pittsburgh: University of Pittsburgh Press, 1977); Jon Gjerde, *From Peasants to Farmers: The Migration from Balestrand, Norway, to the Upper Midwest* (New York: Cambridge University Press, 1985); Madeline Yuan-yin Hsu, *Dreaming of Gold, Dreaming of Home: Transnationalism and Migration Between the United States and South China, 1882–1943* (Stanford, Calif.: Stanford University Press, 2000); Erika Lee, *At America's Gates: Chinese Immigration During the Exclusion Era, 1882–1943* (Chapel Hill: University of North Carolina Press, 2003); Kerby Miller, *Emigrants and Exiles: Ireland and the Irish Exodus to North America* (New York: Oxford University Press, 1985); Mae Ngai, *Impossible Subjects: Illegal Aliens and the Making of Modern America* (Princeton, N.J.: Princeton University Press, 2004)。

关于与资本主义发展相关的文化、知识和阶级潮流，参见 T. J. Jackson

Lears, *Rebirth of a Nation: The Making of Modern America, 1877–1920* (New York: HarperCollins, 2009); Richard Hofstadter, *Social Darwinism in American Thought* (Philadelphia: University of Pennsylvania Press, 1944); Alan Trachtenberg, *The Incorporation of America: Culture and Society in the Gilded Age* (New York: W. W. Norton, 1982); Nancy L. Cohen, *The Reconstruction of American Liberalism, 1865–1914* (Chapel Hill: University of North Carolina Press, 2002); Sven Beckert, *The Monied Metropolis: New York City and the Consolidation of the American Bourgeoisie, 1850–1896* (New York: Cambridge University Press, 2001); Jeffrey Sklansky, *The Soul's Economy: Market Society and Selfhood in American Thought, 1820–1920* (Chapel Hill: University of North Carolina Press, 2002); John G. Sproat, *"The Best Men" : Liberal Reformers in the Gilded Age* (New York: Oxford University Press, 1968); Stuart Blumin, *The Emergence of the Middle Class: Social Experience in the American City, 1769–1900* (New York: Cambridge University Press, 1989); Daniel Rodgers, *The Work Ethic in Industrial America, 1850–1920* (Chicago: University of Chicago Press, 1979)。

关于法院和联邦军队在资本主义社会关系发展过程中扮演的角色，参见 Amy Dru Stanley, *From Bondage to Contract: Wage Labor, Marriage, and the Market in the Age of Emancipation* (New York: Cambridge University Press, 1998); David Montgomery, *Citizen Worker: The Experience of Workers in the United States with Democracy and the Free Market During the Nineteenth Century* (New York: Cambridge University Press, 1993); Stephen Skowronek, *Building a New American State: The Expansion of National Administrative Capacities, 1877–1920* (New York: Cambridge University Press, 1982); Karen Orren, *Belated Feudalism: Labor, the Law, and Liberal Development in the United States* (New York: Cambridge University Press, 1991); Clayton D. Laurie and Ronald H. Cole, *The Role of Federal Military Forces in Domestic Disorders, 1877–1945* (Washington, D.C.: Department of the Army, 1997); William E. Forbath, *Law and the Shaping of the American Labor Movement* (Cambridge, Mass.: Harvard University Press, 1991); Morton Horwitz, *The Transformation of American Law, 1870–1960: The Crisis of Legal Orthodoxy*

(New York: Oxford University Press, 1992); James Willard Hurst, *Law and Markets in the United States: Different Modes of Bargaining Among Interests* (Madison: University of Wisconsin Press, 1982); Christopher L. Tomlins, *The State and the Unions: Labor Relations, Law, and the Organized Labor Movement, 1880–1960* (New York: Cambridge University Press, 1985); Michael Grossberg and Christopher Tomlins, eds., *The Cambridge History of Law in America*, vol. 2, *The Long Nineteenth Century (1789–1920)* (New York: Cambridge University Press, 2011); Barbara Young Welke, *Recasting American Liberty: Gender, Race, Law, and the Railroad Revolution, 1865–1920* (New York: Cambridge University Press, 2001) and *Law and the Borders of Belonging in the Long Nineteenth Century United States* (New York: Cambridge University Press, 2010); Eric H. Monkkonen, *The Police in Urban America, 1860–1920* (New York: Cambridge University Press, 2004); Jerry Cooper, *The Rise of the National Guard: The Evolution of the American Militia, 1865–1920* (Lincoln, Neb.: Bison Books, 2002)。

第十章　帝国之臂

我试图将重建概念化为美国新民族国家的帝国事业的一部分，特别是激进重建阶段。它事实上终结了叛乱，并给前叛乱州带来了一场短暂但影响深远的政治革命。关于军事（激进）重建的到来和各层面，参见 Eric Foner, *Reconstruction: America's Unfinished Revolution, 1863–1877* (New York: Harper and Row, 1988); W. E. B. Du Bois, *Black Reconstruction in America, 1860–1880* (New York: Russell and Russell, 1935); Steven Hahn, *A Nation Under Our Feet: Black Political Struggles in the Rural South from Slavery to the Great Migration* (Cambridge, Mass.: Harvard University Press, 2003); Thomas Holt, *White over Black: Negro Political Leadership in South Carolina During Reconstruction* (Urbana: University of Illinois Press, 1977); Bruce Baker et al., eds., *After Slavery: Race, Labor, and Citizenship in the Reconstruction South* (Gainesville: University Press of Florida, 2013); Justin Behrend, *Reconstructing Democracy: Grassroots Black Politics in the*

Deep South After the Civil War (Athens: University of Georgia Press, 2015); Aaron Astor, *Rebels on the Border: Civil War, Emancipation, and Reconstruction in Kentucky and Missouri* (Baton Rouge: Louisiana State University Press, 2012); Ronald E. Butchart, *Schooling the Freed People: Teaching, Learning, and the Struggles for Black Freedom* (Chapel Hill: University of North Carolina Press, 2010); David Cecelski, *The Fire of Freedom: Abraham Galloway and the Slaves' Civil War* (Chapel Hill: University of North Carolina Press, 2012); Laura Edwards, *Gendered Strife and Confusion: The Political Culture of Reconstruction* (Urbana: University of Illinois Press, 1997); William McKee Evans, *Ballots and Fence Rails: Reconstruction on the Lower Cape Fear* (Chapel Hill: University of North Carolina Press, 1966); Michael Fitzgerald, *The Union League Movement in the Deep South: Politics and Agricultural Change During Reconstruction* (Baton Rouge: Louisiana State University Press, 1989) and *Urban Emancipation: Popular Politics in Reconstruction Mobile* (Baton Rouge: Louisiana State University Press, 2002); Robert F. Engs, *Freedom's First Generation: Black Hampton, Virginia, 1861–1890* (New York: Fordham University Press, 2004); Richard L. Hume and Jerry B. Gough, *Blacks, Carpetbaggers, and Scalawags: The Constitutional Conventions of Radical Reconstruction* (Baton Rouge: Louisiana State University Press, 2008); Richard Follett et al., *Slavery's Ghost: The Problem of Freedom in the Age of Emancipation* (Baltimore: Johns Hopkins University Press, 2012); Eric Foner, *Freedom's Lawmakers: A Directory of Black Officeholders During Reconstruction* (Baton Rouge: Louisiana State University Press, 1996); Richard N. Current, *Those Terrible Carpetbaggers: A Reinterpretation* (New York: Oxford University Press, 1988); Clarence Walker, *A Rock in a Weary Land: The African Methodist Episcopal Church During the Civil War and Reconstruction* (Baton Rouge: Louisiana State University Press, 1982); Carol Faulkner, *Women's Radical Reconstruction: The Freedmen's Aid Movement* (Philadelphia: University of Pennsylvania Press, 2004); Charles Vincent, *Black Legislators in Louisiana During Reconstruction* (Baton Rouge: Louisiana State University Press, 1977); William C. Harris, *The Day of the Carpetbagger: Republican Reconstruction in Mississippi* (Baton

Rouge: Louisiana State University Press, 1979); William E. Montgomery, *Under Their Own Vine and Fig Tree: The African-American Church in the South, 1865–1900* (Baton Rouge: Louisiana State University Press, 1993); Robert C. Morris, *Reading, 'Riting, and Reconstruction: The Education of Freedmen in the South, 1861–1870* (Chicago: University of Chicago Press, 1981); Carl Moneyhon, *The Impact of the Civil War and Reconstruction on Arkansas: Persistence in the Midst of Ruin* (Baton Rouge: Louisiana State University Press, 1994); Ted Tunnell, *Crucible of Reconstruction: War, Radicalism, and Race in Louisiana, 1862–1877* (Baton Rouge: Louisiana State University Press, 1992); Xi Wang, *The Trial of Democracy: Black Suffrage and Northern Republicans, 1860–1910* (Athens: University of Georgia Press, 1997); Edmund Lee Drago, *Black Politicians and Reconstruction in Georgia: A Splendid Failure* (Baton Rouge: Louisiana State University Press, 1982); James A. Baggett, *The Scalawags: Southern Dissenters in the Civil War and Reconstruction* (Baton Rouge: Louisiana State University Press, 2003); Victoria Bynum, *The Free State of Jones: Mississippi's Longest Civil War* (Chapel Hill: University of North Carolina Press, 2001); Richard O. Curry, ed., *Radicalism, Racism, and Party Realignment: The Border States During Reconstruction* (Baltimore: Johns Hopkins University Press, 1969); Peter Bardaglio, *Reconstructing the Household: Families, Sex, and the Law in the Nineteenth Century* (Chapel Hill: University of North Carolina Press, 1995); Mary Farmer-Kaiser, *Freedwomen and the Freedmen's Bureau: Race, Gender, and Public Policy in the Age of Emancipation* (New York: Fordham University Press, 2010)。

关于准军事组织的暴力活动以及叛乱南方重建政权的倒台，参见 Allen Trelease, *White Terror: The Ku Klux Klan Conspiracy and Southern Reconstruction* (New York: Harper and Row, 1971); Gladys Marie Fry, *Night Riders in Black Folk History* (Athens: University of Georgia Press, 1975); George C. Rable, *But There Was No Peace: The Role of Violence in the Politics of Reconstruction* (Athens: University of Georgia Press, 1984); Carole Emberton, *Beyond Redemption: Race, Violence, and the American South After the Civil War* (Chicago: University of Chicago Press, 2013); Nicholas Lemann, *Redemption: The Last Battle of the Civil War* (New York: Farrar,

Straus and Giroux, 2006); LeeAnna Keith, *The Colfax Massacre: The Untold Story of Black Power, White Terror, and the Death of Reconstruction* (New York: Oxford University Press, 2008); Hannah Rosen, *Terror at the Heart of Freedom: Citizenship, Sexual Violence, and the Meaning of Race in the Postemancipation South* (Chapel Hill: University of North Carolina Press, 2009); Lou Faulkner Williams, *The Great South Carolina Ku Klux Klan Trials, 1871–1872* (Athens: University of Georgia Press, 1996); Scott R. Nelson, *Iron Confederacies: Southern Railways, Klan Violence, and Reconstruction* (Chapel Hill: University of North Carolina Press, 1999); Richard Zuczek, *State of Rebellion: Reconstruction in South Carolina* (Columbia: University of South Carolina Press, 1996); Michael Perman, *The Road to Redemption: Southern Politics, 1869–1879* (Chapel Hill: University of North Carolina Press, 1984); William Gillette, *Retreat from Reconstruction, 1869–1879* (Baton Rouge: Louisiana State University Press, 1979); William McFeely, *Grant: A Biography* (New York: W. W. Norton, 1981); Jean Edward Smith, *Grant* (New York: Simon and Schuster, 2002); Heather Cox Richardson, *The Death of Reconstruction: Race, Labor, and Politics in the Post–Civil War North, 1865–1901* (Cambridge, Mass.: Harvard University Press, 2001); Ronald M. Labbé and Jonathan Lurie, *The Slaughterhouse Cases: Regulation, Reconstruction, and the Fourteenth Amendment* (Lawrence: University Press of Kansas, 2005); Vincent P. DeSantis, *Republicans Face the Southern Question* (Baltimore: Johns Hopkins University Press, 1959); C. Vann Woodward, *Reunion and Reaction: The Compromise of 1877 and the End of Reconstruction* (Boston: Little, Brown, 1951); Michael F. Holt, *By One Vote: The Disputed Presidential Election of 1876* (Lawrence: University Press of Kansas, 2008); Andrew L. Slap, *Doom of Reconstruction: The Liberal Republicans in the Civil War Era* (New York: Fordham University Press, 2006); Keith A. Polakoff, *The Politics of Inertia: The Election of 1876 and the End of Reconstruction* (Baton Rouge: Louisiana State University Press, 1973); Ari Hoogenboom, *Rutherford B. Hayes: Warrior and President* (Lawrence: University Press of Kansas, 1995)。

重建时期外密西西比西部的帝国项目与南方不同，前者的对象是原住民和联邦准州，而后者的对象是前叛乱州和前奴隶，参见 Jeffrey Ostler, *The Plains Sioux and U.S. Colonialism: From Lewis and Clark to Wounded Knee* (New York: Cambridge University Press, 2004); Francis P. Prucha, *American Indian Policy in Crisis: Christian Reformers and the Indian, 1865–1900* (Norman: University of Oklahoma Press, 1976); Frederick Hoxie, *A Final Promise: The Campaign to Assimilate Indians, 1880–1920* (Lincoln: University of Nebraska Press, 2001); Stephen J. Rockwell, *Indian Affairs and the Administrative State in the Nineteenth Century* (New York: Cambridge University Press, 2010); Frank Rzeczkowski, *Uniting the Tribes: The Rise and Fall of Pan-Indian Community on the Crow Reservation* (Lawrence: University Press of Kansas, 2012); Robert W. Mardock, *Reformers and the American Indian* (Columbia: University of Missouri Press, 1971); Robert Wooster, *The Military and United States Indian Policy, 1865–1903* (New Haven, Conn.: Yale University Press, 1988); Andrew R. Graybill, *Policing the Great Plains: Rangers, Mounties, and the North American Frontier, 1875–1910* (Lincoln: University of Nebraska Press, 2007); David W. Adams, *Education for Extinction: American Indians and the Boarding School Experience, 1875–1928* (Lawrence: University Press of Kansas, 1995); Cathleen D. Cahill, *Federal Fathers and Mothers: A Social History of United States Indian Service, 1869–1933* (Chapel Hill: University of North Carolina Press, 2011); M. C. Coleman, *American Indian Children at School, 1850–1930* (Jackson: University Press of Mississippi, 1993); C. Joseph Genetin-Pilawa, *Crooked Paths to Allotment: The Fight over Federal Indian Policy After the Civil War* (Chapel Hill: University of North Carolina Press, 2012); Emily Greenwald, *Reconfiguring the Reservation: The Nez Perces, Jicarilla Apaches, and the Dawes Act* (Albuquerque: University of New Mexico Press, 2002); Sidney Harring, *Crow Dog's Case: American Indian Sovereignty, Tribal Law, and United States Law in the Nineteenth Century* (New York: Cambridge University Press, 1994); Curtis Hinsley, *The Smithsonian and the American Indian: Making a Moral Anthropology in Victorian America* (Washington, D.C.: Smithsonian Institution Press, 1994); Margaret D. Jacobs, *White Mother to a Dark Race: Settler Colonialism, Maternalism, and the Removal of Indigenous Children in the American West and Australia, 1880–1940* (Lincoln: University of Nebraska Press, 2009); Robert H. Keller Jr., *American Protestantism and United States Indian Policy, 1869–1882* (Lincoln: University of Nebraska Press, 1983); D. S. Otis, *The Dawes Act and the Allotment of Lands* (Norman: University of Oklahoma Press, 1973); Robert Utley, *Frontier Regulars: The U.S. Army and the Indian, 1866–1891* (Lincoln: Bison Books, 1984) and *The Indian Frontier of the American West, 1846–1890* (Albuquerque: University of New Mexico Press, 2003); Wilcomb Washburn, *The Assault on Indian Tribalism: The General Allotment Law (Dawes Act) of 1887* (New York: Lippincott, 1975); Heather Cox Richardson, *West from Appomattox: The Reconstruction of America After the Civil War* (New Haven, Conn.: Yale University Press, 2007); Sarah Barringer Gordon, *The Mormon Question: Polygamy and Constitutional Conflict in Nineteenth-Century America* (Chapel Hill: University of North Carolina Press, 2002); Howard R. Lamar, *The Far Southwest, 1846–1912: A Territorial History* (New Haven, Conn.: Yale University Press, 1965); Earl S. Pomeroy, *The Territories and the United States, 1861–1890: Studies in Colonial Administration* (Philadelphia: University of Pennsylvania Press, 1947); Elliot West, *The Last Indian War: The Nez Perce Story* (New York: Oxford University Press, 2009)。

关于战后联邦政府的国际和海外扩张，参见Walter LaFeber, *The New Empire: An Interpretation of American Expansion, 1860–1898* (Ithaca, N.Y.: Cornell University Press, 1963) and *Cambridge History of American Foreign Relations: The American Search for Opportunity, 1865–1913* (New York: Cambridge University Press, 1993); Walter Nugent, *Habits of Empire: A History of American Expansion* (New York: Alfred A. Knopf, 2008); Eric Love, *Race over Empire: Racism and U.S. Imperialism, 1865–1900* (Chapel Hill: University of North Carolina Press, 2004); Tom E. Terrill, *The Tariff, Politics, and American Foreign Policy* (Westport, Conn.: Greenwood Press, 1973); John Mason Hart, *Empire and Revolution: The Americans in Mexico Since the Civil War* (Berkeley: University of California Press, 2002); Juan Mora-Torres, *The Making of the Mexican Border: The State, Capitalism, and Society in Nuevo León,*

1848–1910 (Austin: University of Texas Press, 2001); Friedrich Katz and Claudio Lomnitz, *El Porfiriato y la Revolución en la historia de México: Una conversación* (Mexico City: Era, 2011); Paul Vanderwood, *Disorder and Progress: Bandits, Police, and Mexican Development* (Lincoln: University of Nebraska Press, 1981); Miguel Tinker Salas, *A la sombra de las águilas: Sonora y la transformación de la frontera durante el Porfiriato* (Mexico City: Fondo de Cultura Económica, 2010); Gilbert M. Joseph, *Revolution from Without: Yucatán, Mexico, and the United States, 1880–1924* (New York: Cambridge University Press, 1982); Thomas David Schoonover, *Dollars over Dominion: The Triumph of Liberalism in Mexican-American Relations, 1861– 1867* (Baton Rouge: Louisiana State University Press, 1978); Ada Ferrer, *Insurgent Cuba: Race, Nation, and Revolution, 1868–1898* (Chapel Hill: University of North Carolina Press, 1999); Rebecca J. Scott, *Degrees of Freedom: Louisiana and Cuba After Slavery* (Cambridge, Mass.: Harvard University Press, 2005); Louis A. Pérez Jr., *Cuba and the United States in History and Historiography* (Athens: University of Georgia Press, 1990); Jules Benjamin, *The United States and Cuba: Hegemony and Dependent Development, 1880–1934* (Pittsburgh: University of Pittsburgh Press, 1977); José M. Hernández, *Cuba and the United States: Intervention and Militarism, 1868–1933* (Austin: University of Texas Press, 1993); Michel Gobat, *Confronting the American Dream: Nicaragua Under U.S. Imperial Rule* (Durham, N.C.: Duke University Press, 2005); Akira Iriye, *Pacific Estrangement: Japanese and American Expansion, 1897–1911* (Cambridge, Mass.: Harvard University Press, 1972); Sally E. Merry, *Colonizing Hawai'i: The Cultural Power of Law* (Princeton, N.J.: Princeton University Press, 2000); Noenoe Silva, *Aloha Betrayed: Native Hawaiian Resistance to American Colonialism* (Durham, N.C.: Duke University Press, 2004); Jonathan Kay Kamakawiwo'ole Osorio, *Dismembering Lāhui: A History of the Hawaiian Nation to 1887* (Honolulu: University of Hawaii Press, 2002); David L. Anderson, *Imperialism and Idealism: American Diplomats in China, 1861–1898* (Bloomington: Indiana University Press, 1985); Ernest N. Paolino, *The Foundations of American Empire: William Henry Seward and American Foreign Policy* (Ithaca, N.Y.: Cornell University

Press, 1973). And for a broad view, see Gregory P. Downs and Kate Masur, eds., *The World the Civil War Made* (Chapel Hill: University of North Carolina Press, 2015)。

第十一章　不同的道路

关于反垄断政治以及使其能够发展壮大的议题和机制，参见 Gretchen Ritter, *Goldbugs and Greenbacks: The Antimonopoly Tradition and the Politics of Finance in America, 1865–1896* (New York: Cambridge University Press, 1999); Richard F. Bensel, *The Political Economy of American Industrialization, 1877–1900* (New York: Cambridge University Press, 2000); Irwin Unger, *The Greenback Era: A Social and Political History of American Finance, 1865–1879* (Princeton, N.J.: Princeton University Press, 1964); David Montgomery, *Beyond Equality: Labor and the Radical Republicans, 1862–1872* (New York: Alfred A. Knopf, 1967); Philip S. Foner, *History of the Labor Movement in the United States: From Colonial Times to the Founding of the American Federation of Labor* (New York: International, 1947); Bruce Laurie, *Artisans into Workers: Labor in Nineteenth-Century America* (New York: Hill and Wang,1989); Alex Gourevitch, *From Slavery to the Cooperative Commonwealth: Labor and Republican Liberty in the Nineteenth Century* (New York: Cambridge University Press, 2015); Kim Voss, *The Making of American Exceptionalism: The Knights of Labor and Class Formation in the Nineteenth Century* (Ithaca, N.Y.: Cornell University Press, 1993); Robert E. Weir, *Beyond Labor's Veil: The Culture of the Knights of Labor* (University Park: Pennsylvania State University Press, 1996); Craig Phelan, *Grand Master Workman: Terence Powderly and the Knights of Labor* (Westport, Conn.: Greenwood Press, 2000); Gerald N. Grob, *Workers and Utopia: A Study of Ideological Conflict in the American Labor Movement, 1865–1900* (Evanston, Ill.: Northwestern University Press, 1961); Roy Rosenzweig, *Eight Hours for What We Will: Workers and Leisure in an Industrial City, 1870–1920* (New York: Cambridge University Press, 1985); Allen Weinstein, *Prelude to Populism: The Origins of the Silver Issue, 1867–1878* (New Haven, Conn.: Yale University Press, 1970);

Tamara Venit Shelton, *A Squatter's Republic: Land and the Politics of Monopoly in California, 1850–1900* (Berkeley: University of California Press, 2013); Anna George de Mille, *Henry George: Citizen of the World* (Westport, Conn.: Greenwood Press, 1972); Edward T. O'Donnell, *Henry George and the Crisis of Inequality: Progress and Poverty in the Gilded Age* (New York: Columbia University Press, 2015); John L. Thomas, *Alternative America: Henry George, Edward Bellamy, Henry Demarest Lloyd, and the Adversary Tradition* (Cambridge, Mass.: Harvard University Press, 1983); Elwood P. Lawrence, *Henry George and the British Isles* (East Lansing: Michigan State University Press, 1957); Mae Ngai, *Impossible Subjects: Illegal Aliens and the Making of Modern America* (Princeton, N.J.: Princeton University Press, 2004); Alexander Saxton, *The Indispensable Enemy: Labor and the Anti-Chinese Movement in California* (Berkeley: University of California Press, 1975); John Soennichsen, *The Chinese Exclusion Act of 1882* (Santa Barbara, Calif.: ABC-CLIO, 2011); Najia Aarim-Heriot, *Chinese Immigrants, African Americans, and Racial Anxiety in the United States, 1848–82* (Urbana: University of Illinois Press, 2003); and an essential starting point, Henry George, *Progress and Poverty: An Enquiry into the Cause of Industrial Depressions, and of Increase of Want with Increase of Wealth; the Remedy* (1881; Garden City, N.Y.: Doubleday, 1926)。

关于1877到1886年的劳工罢工和动员，参见 David O. Stowell, *Streets, Railroads, and the Great Strike of 1877* (Chicago: University of Chicago Press, 1999); David O. Stowell, ed., *The Great Strikes of 1877* (Urbana: University of Illinois Press, 2008); Shelton Stromquist, *A Generation of Boomers: The Patterns of Railroad Labor Conflict in the Nineteenth Century* (Urbana: University of Illinois Press, 1983); Walter Licht, *Working for the Railroad: The Organization of Work in the Nineteenth Century* (Princeton, N.J.: Princeton University Press, 1983) and *Industrializing America: The Nineteenth Century* (Baltimore: Johns Hopkins University Press, 1995); Robert V. Bruce, *1877: Year of Violence* (Indianapolis: Bobbs-Merrill, 1959); David Montgomery, "Strikes in Nineteenth-Century America," *Social Science History* 4 (Winter 1980): 81–104; Norman Ware, *The Labor Movement in the United States,*

1865–1895: A Study in Democracy (New York: Alfred A. Knopf, 1967); Theresa Case, *The Great Southwest Railroad Strike and Free Labor* (College Station: Texas A&M University Press, 2010); Ruth Allen, *The Great Southwest Strike* (Austin: University of Texas Press, 1942); Mary H. Blewett, *Men, Women, and Work: Class, Gender, and Protest in the New England Shoe Industry, 1780–1910* (Urbana: University of Illinois Press, 1990); Gerald D. Eggert, *Railroad Labor Disputes: The Beginnings of Federal Strike Policy* (Ann Arbor: University of Michigan Press, 1967); Clayton D. Laurie and Ronald H. Cole, *The Role of Federal Military Forces in Domestic Disorders, 1877– 1945* (Washington, D.C.: U.S. Army, 1997); Ira Katznelson and Aristide R. Zolberg, eds., *Working-Class Formation: Nineteenth-Century Patterns in Western Europe and the United States* (Princeton, N.J.: Princeton University Press, 1986); Richard Oestreicher, *Solidarity and Fragmentation: Working People and Class Consciousness in Detroit, 1875–1900* (Urbana: University of Illinois Press, 1986); Richard Schneirov, *Labor and Urban Politics: Class Conflict and the Origins of Modern Liberalism in Chicago, 1864–1897* (Urbana: University of Illinois Press, 1998); Carl Smith, *Urban Disorder and the Shape of Belief: The Great Chicago Fire, the Haymarket Bomb, and the Model Town of Pullman* (Chicago: University of Chicago Press, 1995); David M. Emmons, *The Butte Irish: Class and Ethnicity in an American Mining Town, 1875–1925* (Urbana: University of Illinois Press, 1989); Jonathan Garlock, ed., *Guide to Local Assemblies of the Knights of Labor* (Westport, Conn.: Greenwood Press, 1982); John Rodrigue, *Reconstruction in the Cane Fields: From Slavery to Free Labor in Louisiana's Sugar Parishes, 1862–1880* (Baton Rouge: Louisiana State University Press, 2001); Eric Foner, *Nothing but Freedom: Emancipation and Its Legacy* (Baton Rouge: Louisiana State University Press, 1982); James R. Green, *Death in the Haymarket: The Story of Chicago, the First Labor Movement, and the Bombing That Divided Gilded Age America* (New York: Pantheon, 2006); Paul Avrich, *The Haymarket Tragedy* (Princeton, N.J.: Princeton University Press, 1984); Timothy Messer-Kruse, *The Haymarket Conspiracy: Transatlantic Anarchist Networks* (Urbana: University of Illinois Press, 2012)。

关于劳工、群众政治和草根阶层重新定义共和国的努力，参见Leon Fink, *Workingmen's Democracy: The Knights of Labor and American Politics* (Urbana: University of Illinois Press, 1985); David Montgomery, *Citizen Worker: The Experience of Workers in the United States with Democracy and the Free Market During the Nineteenth Century* (New York: Cambridge University Press, 1993); John B. Jentz and Richard Schneirov, *Chicago in the Age of Capital: Class, Politics, and Democracy During the Civil War and Reconstruction* (Urbana: University of Illinois Press, 2012); Clare Dahlberg, *Producers' Cooperatives in the United States, 1865–1890* (Pittsburgh: University of Pittsburgh Press, 1977); Steven Leikin, *The Practical Utopians: American Workers and the Cooperative Movement in the Gilded Age* (Detroit: Wayne State University Press, 2004); Russell Duncan, *Freedom's Shore: Tunis Campbell and the Georgia Freedmen* (Athens: University of Georgia Press, 1986); Steven Hahn, *A Nation Under Our Feet: Black Political Struggles in the Rural South from Slavery to the Great Migration* (Cambridge, Mass.: Harvard University Press, 2003); Jane Dailey, *Before Jim Crow: The Politics of Race in Postemancipation Virginia* (Chapel Hill: University of North Carolina Press, 2000); Matthew Hild, *Greenbackers, Knights of Labor, and Populists: Farmer-Labor Insurgency in the Late-Nineteenth-Century South* (Athens: University of Georgia Press, 2007); Peter Rachleff, *Black Labor in Richmond, 1865–1890* (Urbana: University of Illinois Press, 1989); LeeAnna Keith, *The Colfax Massacre: The Untold Story of Black Power, White Terror, and the Death of Reconstruction* (New York: Oxford University Press, 2009); Charles Lane, *The Day Freedom Died: The Colfax Massacre, the Supreme Court, and the Betrayal of Reconstruction* (New York: Henry Holt, 2009); Susan Levine, *Labor's True Woman: Carpet Weavers, Industrialization, and Labor Reform in the Gilded Age* (Philadelphia: Temple University Press, 1984); Gwendolyn Mink, *Old Labor and New Immigrants in American Political Development: Union, Party, and State, 1875–1920* (Ithaca, N.Y.: Cornell University Press, 1986); Michael Pierce, *Striking with the Ballot: Ohio Labor and the Populist Party* (DeKalb: Northern Illinois University Press, 2010); Victoria Hattam, *Labor Visions and State Power: The Origins of*

Business Unionism in the United States (Princeton, N.J.: Princeton University Press, 1993); Sven Beckert, *The Monied Metropolis: New York City and the Consolidation of the American Bourgeoisie, 1850–1896* (New York: Cambridge University Press, 2001); Margaret Garb, *Freedom's Ballot: African-American Political Struggles in Chicago from Abolition to the Great Migration* (Chicago: University of Chicago Press, 2014)。

关于19世纪八九十年代构建一个合作共同体的努力，以及农村和城市生产者的动员，参见 Lawrence C. Goodwyn, *Democratic Promise: The Populist Moment in America* (New York: Oxford University Press, 1976); John D. Hicks, *The Populist Revolt: A History of the Farmers' Alliance and the People's Party* (Minneapolis: University of Minnesota Press, 1931); C. Vann Woodward, *Origins of the New South, 1877–1913* (Baton Rouge: Louisiana State University Press, 1951) and *Tom Watson: Agrarian Rebel* (New York: Macmillan, 1938); Robert C. McMath Jr., *American Populism: A Social History, 1877–1898* (New York: Hill and Wang, 1993) and *Populist Vanguard: A History of the Southern Farmers' Alliance* (Chapel Hill: University of North Carolina Press, 1975); Charles Postel, *The Populist Vision* (New York: Oxford University Press, 2007); Michael Schwartz, *Radical Protest and Social Structure: The Southern Farmers' Alliance and Cotton Tenancy, 1880–1890* (New York: Academic Press, 1976); Barton C. Shaw, *The Wool-Hat Boys: Georgia's Populist Party* (Baton Rouge: Louisiana State University Press, 1984); Roscoe Martin, *The People's Party in Texas: A Study in Third Party Politics* (Austin: University of Texas Press, 1933); Omar H. Ali, *Black Populism in the New South, 1886–1900* (Jackson: University Press of Mississippi, 2010); Peter Argersinger, *The Limits of Agrarian Radicalism: Western Populism and American Politics* (Lawrence: University Press of Kansas, 1995); Donna Barnes, *Farmers in Rebellion: The Rise and Fall of the Southern Farmers' Alliance and People's Party in Texas* (Austin: University of Texas Press, 1984); James M. Beeby, *Revolt of the Tar Heels: The North Carolina Populist Movement, 1890–1901* (Jackson: University Press of Mississippi, 2008); James M. Beeby, ed., *Populism in the South Revisited: New Interpretations and New Departures*

(Jackson: University Press of Mississippi, 2012); Jeffrey Ostler, *Prairie Populism: The Fate of Agrarian Radicalism in Kansas, Nebraska, and Iowa, 1880–1892* (Lawrence: University Press of Kansas, 1993); Bruce Palmer, *"Man over Money" : The Southern Populist Critique of American Capitalism* (Chapel Hill: University of North Carolina Press, 1980); Steven Hahn, *The Roots of Southern Populism: Yeoman Farmers and the Transformation of the Georgia Upcountry, 1850–1890* (New York: Oxford University Press, 1983); Norman Pollack, *The Populist Response to Industrial America* (Cambridge, Mass.: Harvard University Press, 1962); William Ivy Hair, *Bourbonism and Agrarian Protest: Louisiana Politics, 1877–1900* (Baton Rouge: Louisiana State University Press, 1969); James L. Hunt, *Marion Butler and American Populism* (Chapel Hill: University of North Carolina Press, 2003); Gerald H. Gaither, *Blacks and the Populist Movement: Ballots and Bigotry in the New South* (Tuscaloosa: University of Alabama Press, 1977); Joseph Gerteis, *Class and the Color Line: Interracial Class Coalition in the Knights of Labor and the Populist Movement* (Durham, N.C.: Duke University Press, 2007); James E. Wright, *The Politics of Populism: Dissent in Colorado* (New Haven, Conn.: Yale University Press, 1974); Michael Kazin, *The Populist Persuasion: An American History* (New York: Basic Books, 1995) and *A Godly Hero: The Life of William Jennings Bryan* (New York: Alfred A. Knopf, 2006); Robert Cherny, *A Righteous Cause: The Life of William Jennings Bryan* (Norman: University of Oklahoma Press, 1994); Joseph Creech, *Righteous Indignation: Religion and the Populist Revolution* (Urbana: University of Illinois Press, 2006); Gregory P. Downs, *Declarations of Dependence: The Long Reconstruction of Popular Politics in the South, 1861–1908* (Chapel Hill: University of North Carolina Press, 2011)。

关于1896年大选及其后续，参见Robert F. Durden, *The Climax of Populism: The Election of 1896* (Lexington: University of Kentucky Press, 1965); R. Hal Williams, *Realigning America: McKinley, Bryan, and the Remarkable Election of 1896* (Lawrence: University Press of Kansas, 2010); Paul Krause, *The Battle for Homestead, 1880–1892: Politics, Culture, and Steel* (Pittsburgh: University of Pittsburgh Press, 1992); David Papke, *The Pullman Case: The Clash of Labor and*

Capital in Industrial America (Lawrence: University Press of Kansas, 1999); Richard Schneirov et al., eds., *The Pullman Strike and the Crisis of the 1890s: Essays on Labor and Politics* (Urbana: University of Illinois Press, 1999); Carlos Schwantes, *Coxey's Army: An American Odyssey* (1985; Moscow: University of Idaho Press, 1994); Nick Salvatore, *Eugene V. Debs: Citizen and Socialist* (Urbana: University of Illinois Press, 1984); Ray Ginger, *Eugene V. Debs: The Making of an American Radical* (New Brunswick, N.J.: Rutgers University Press, 1947); James Weinstein, *The Decline of Socialism in America, 1912–1925* (New York: Vintage, 1967); Mari Jo Buhle, *Women and American Socialism, 1870–1920* (Urbana: University of Illinois Press, 1983); James R. Green, *Grassroots Socialism: Radical Movements in the Southwest, 1895–1943* (Baton Rouge: Louisiana State University Press, 1978); Eric Arnesen, *Waterfront Workers of New Orleans: Race, Class, and Politics, 1863–1923* (New York: Oxford University Press, 1991); Daniel Letwin, *The Challenge of Interracial Unionism: Alabama Coal Miners, 1878–1921* (Chapel Hill: University of North Carolina Press, 1998); Karin A. Shapiro, *A New South Rebellion: The Battle Against Convict Labor in the Tennessee Coalfields, 1871–1896* (Chapel Hill: University of North Carolina Press, 1998); Robert D. Johnston, *The Radical Middle Class: Populist Democracy and the Question of Capitalism in Progressive Era Portland, Oregon* (Princeton, N.J.: Princeton University Press, 2003); Ardis Cameron, *Radicals of the Worst Sort: Laboring Women in Lawrence, Massachusetts, 1860–1912* (Urbana: University of Illinois Press, 1993)。

关于群众运动的更大背景，参见 Geoff Eley, *Forging Democracy: The History of the Left in Europe, 1850–2000* (New York: Oxford University Press, 2002); E. P. Thompson, *William Morris: Romantic to Revolutionary* (1955; New York: Pantheon, 1976); Benedict Anderson, *The Age of Globalization: Anarchists and the Anticolonial Imagination* (London: Verso, 2005); Kristin Ross, *Communal Luxury: The Political Imaginary of the Paris Commune* (London: Verso, 2015); Temma Kaplan, *The Anarchists of Andalusia, 1868–1903* (Princeton, N.J.: Princeton University Press, 1977); Eric J. Hobsbawm, *Workers: Worlds of Labor* (New York: Pantheon, 1984)。

第十二章　重建

关于通常所说的进步时代或者我所说的重建的资料既多又深入，我从中受益匪浅。关于发展中的文化和思想潮流（及实验），以及关于带来"社会"重建的更大的动力，参见 Daniel Rodgers, *Atlantic Crossings: Social Politics in a Progressive Age* (Cambridge, Mass.: Harvard University Press, 1998); Michael McGerr, *A Fierce Discontent: The Rise and Fall of the Progressive Movement in America, 1870–1920* (New York: Oxford University Press, 2003); James T. Kloppenberg, *Uncertain Victory: Social Democracy and Progressivism in European and American Thought, 1870–1920* (New York: Oxford University Press, 1986); Robert H. Wiebe, *The Search for Order, 1877–1920* (New York: Hill and Wang, 1967); Daniel Aron, *Men of Good Hope: A Story of American Progressives* (New York: Oxford University Press, 1951); Richard Hofstadter, *The Age of Reform: From Bryan to FDR* (New York: Alfred A. Knopf, 1955); Kathryn Kish Sklar, *Florence Kelley and the Nation's Work: The Rise of Women's Political Culture, 1830–1900* (New Haven, Conn.: Yale University Press, 1997); Paul Boyer, *Urban Masses and Moral Order in America, 1820–1920* (Cambridge, Mass.: Harvard University Press, 1992); Nancy L. Cohen, *The Reconstruction of American Liberalism, 1865–1914* (Chapel Hill: University of North Carolina Press, 2002); Philip Ethington, *The Public City: The Political Construction of Urban Life in San Francisco, 1850–1900* (New York: Cambridge University Press, 1994); Louise W. Knight, *Citizen: Jane Addams and the Struggle for Democracy* (Chicago: University of Chicago Press, 2006); Victoria B. Brown, *The Education of Jane Addams* (Philadelphia: University of Pennsylvania Press, 2007); Christopher Lasch, *The New Radicalism in America, 1889–1963* (New York: Vintage, 1965); T. J. Jackson Lears, *No Place of Grace: Antimodernism and the Transformation of American Culture, 1880–1920* (New York: Pantheon, 1981); Alan Dawley, *Struggles for Justice: Social Responsibility and the Liberal State* (Cambridge, Mass.: Harvard University Press, 1993); Molly Ladd-Taylor, *Mother-Work: Women, Child Welfare, and the State, 1890–1930* (Urbana: University of Illinois Press, 1994);

Ruth H. Crocker, *Social Work and Social Order: The Settlement Movement in Two Industrial Cities, 1889–1930* (Urbana: University of Illinois Press, 1992); Allen F. Davis, *Spearheads for Reform: The Social Settlements and the Progressive Movement, 1880–1914* (New Brunswick, N.J.: Rutgers University Press, 1984); Ruth Bordin, *Frances Willard: A Biography* (Chapel Hill: University of North Carolina Press, 2014); Lisa McGirr, *The War on Alcohol: Prohibition and the Rise of the American State* (New York: W. W. Norton, 2015); Leslie Butler, *Critical Americans: Victorian Intellectuals and Transatlantic Liberal Reform* (Chapel Hill: University of North Carolina Press, 2007); Mina Carson, *Settlement Folk: Social Thought and the American Settlement Movement, 1885–1930* (Chicago: University of Chicago Press, 1990); Sarah Deutsch, *Women and the City: Gender, Space, and Power in Boston, 1870–1940* (New York: Oxford University Press, 2000); Donald K. Gorrell, *The Age of Social Responsibility: The Social Gospel in the Progressive Era, 1900–1920* (Macon, Ga.: Mercer University Press, 1988); Christopher Evans, *The Kingdom Is Always But Coming: A Life of Walter Rauschenbusch* (Waco, Tex.: Baylor University Press, 2010); Ronald C. White and C. Howard Hopkins, *The Social Gospel: Religion and Reform in Changing America* (Philadelphia: Temple University Press, 1976); Ellen Fitzpatrick, *Endless Crusade: Women Social Scientists and Progressive Reform* (New York: Oxford University Press, 1990); Maureen Flanagan, *America Reformed: Progressives and Progressivism, 1890s–1920s* (New York: Oxford University Press, 2007); Linda Gordon, *Pitied but Not Entitled: Single Mothers and the History of Welfare, 1890–1935* (New York: Free Press, 1994); Thomas L. Haskell, *The Emergence of Professional Social Science: The American Social Science Association and the Nineteenth-Century Crisis of Authority* (Urbana: University of Illinois Press, 1977); Shelton Stromquist, *Re-inventing "the People": The Progressive Movement, the Class Problem, and the Origins of Modern Liberalism* (Urbana: University of Illinois Press, 2006); David A. Moss, *Socializing Security: Progressive-Era Economists and the Origins of American Social Policy* (Cambridge, Mass.: Harvard University Press, 1995); Robin Muncy, *Creating a Female Dominion in American Reform, 1890–1935* (New York: Oxford University

Press, 1991); Dorothy Ross, *The Origins of American Social Science* (New York: Cambridge University Press, 1991)。

关于公司重建的诸层面和动力，参见 Martin J. Sklar, *The Corporate Reconstruction of American Capitalism, 1890–1916* (New York: Cambridge University Press, 1988); Alfred D. Chandler, *The Visible Hand: The Managerial Revolution in American Business* (Cambridge, Mass.: Harvard University Press, 1977); David Gordon et al., *Segmented Work, Divided Workers: The Historical Transformation of Labor in the United States* (New York: Cambridge University Press, 1982); David Montgomery, *The Fall of the House of Labor: The Workplace, the State, and American Labor Activism, 1865–1925* (New York: Cambridge University Press, 1987) and *Workers' Control in America: Studies in the History of Work, Technology, and Labor Struggles* (New York: Cambridge University Press, 1979); William G. Robbins, *Socializing Capital: The Rise of the Large Industrial Corporation in America* (Princeton, N.J.: Princeton University Press, 1997); David F. Noble, *America by Design: Science, Technology, and the Rise of Corporate Capitalism* (New York: Vintage, 1977); Harry Braverman, *Labor and Monopoly Capital: The Degradation of Work in the Twentieth Century* (New York: Monthly Review Press, 1974); Julie Greene, *Pure and Simple Politics: The American Federation of Labor and Political Activism, 1881–1917* (New York: Cambridge University Press, 2006); James Weinstein, *The Corporate Ideal in the Liberal State, 1900–1918* (Boston: Beacon Press, 1968); R. Jeffrey Lustig, *Corporate Liberalism: The Origins of Modern American Political Theory, 1880–1920* (Berkeley: University of California Press, 1982); William Leach, *Land of Desire: Merchants, Power, and the Rise of a New American Culture* (New York: Vintage, 1994); Olivier Zunz, *Making America Corporate, 1870–1920* (Chicago: University of Chicago Press, 1990); Gerald Berk, *The Constitution of American Industrial Order, 1865–1917* (Baltimore: Johns Hopkins University Press, 1994); Stuart Ewen, *Captains of Consciousness: Advertising and the Social Roots of the Consumer Culture* (New York: McGraw-Hill, 1977); T. J. Jackson Lears, *Fables of Abundance: A Cultural History of Advertising in America* (New York: Basic Books,

1995); Naomi R. Lamoreaux, *The Great Merger Movement in American Business, 1895–1904* (Cambridge, Mass.: Harvard University Press, 1985); Daniel Nelson, *Frederick W. Taylor and the Rise of Scientific Management* (Madison: University of Wisconsin Press, 1980); Hugh G. J. Aiken, *Scientific Management in Action: Taylorism at Watertown Arsenal, 1908–1915* (Princeton, N.J.: Princeton University Press, 1985); Marguerite Green, *The National Civic Federation and the American Labor Movement, 1900–1925* (Westport, Conn.: Greenwood Press, 1973); Craig Phelan, *Divided Loyalties: The Public and Private Life of Labor Leader John Lewis* (Albany: State University of New York Press, 1994); Scott R. Bowman, *The Modern Corporation and American Political Thought: Law, Power, and Ideology* (University Park: Pennsylvania State University Press, 1996); William E. Forbath, *Law and the Shaping of the American Labor Movement* (Cambridge, Mass.: Harvard University Press, 1995); Frank Dobbin, *Forging Industrial Policy: The United States, Britain, and France in the Railway Age* (Cambridge, U.K.: Cambridge University Press, 1994); Neil Fligstein, *The Transformation of Corporate Control* (Cambridge, Mass.: Harvard University Press, 1990); Walter A. Friedman, *Birth of a Salesman: The Transformation of Selling in America* (Cambridge, Mass.: Harvard University Press, 2004); Louis Galambos and Joseph Pratt, *The Rise of the Corporate Commonwealth* (New York: Basic Books, 1988); Kristin Hoganson, *Consumers' Imperium: The Global Production of American Domesticity, 1865–1920* (Chapel Hill: University of North Carolina Press, 2007); Nikki Mandell, *The Corporation as Family: The Gendering of Corporate Welfare, 1890–1930* (Chapel Hill: University of North Carolina Press, 2002); Herbert Hovenkamp, *Enterprise and American Law, 1836–1937* (Cambridge, Mass.: Harvard University Press, 1991); Richard John, *Network Nation: Inventing American Telecommunications* (Cambridge, Mass.: Harvard University Press, 2010); Kenneth Lipartito, ed., *Constructing Corporate America: History, Politics, Culture* (New York: Oxford University Press, 2004)。

关于各级政府监管机制的扩张，以及重新定义政治领域边界的努力，参见 Stephen Skowronek, *Building a New American State: The Expansion of National*

Administrative Capacity, 1877–1920 (New York: Cambridge University Press, 1982); Thomas McCaw, *Prophets of Regulation: Charles Francis Adams, Louis D. Brandeis, James M. Landis, Alfred E. Kahn* (Cambridge, Mass.: Harvard University Press, 1984); Gabriel Kolko, *The Triumph of Conservatism: A Reinterpretation of American History, 1900–1916* (New York: Free Press, 1963) and *Railroads and Reform, 1877–1916* (Princeton, N.J.: Princeton University Press, 1965); Robert H. Wiebe, *Businessmen and Reform: A Study of the Progressive Movement* (Cambridge, Mass.: Harvard University Press, 1962); Steven Usselman, *Regulating Railroad Innovation: Business, Technology, and Politics in America, 1840–1920* (New York: Cambridge University Press, 2002); Barbara Young Welke, *Recasting American Liberty: Gender, Race, Law, and the Railroad Revolution, 1865–1920* (New York: Cambridge University Press, 2001); John Milton Cooper, *The Warrior and the Priest: Woodrow Wilson and Theodore Roosevelt* (Cambridge, Mass.: Harvard University Press, 1983); John Morton Blum, *The Republican Roosevelt* (Cambridge, Mass.: Harvard University Press, 1954); Sidney M. Milkis, *Theodore Roosevelt, the Progressive Party, and the Transformation of American Democracy* (Lawrence: University Press of Kansas, 2009); Bruce Bringhurst, *Antitrust and the Oil Monopoly: The Standard Oil Cases, 1890–1911* (Westport, Conn.: Greenwood Press, 1979); E. Thomas Sullivan, ed., *The Political Economy of the Sherman Act: The First Hundred Years* (New York: Oxford University Press, 1991); Elizabeth Sanders, *Roots of Reform: Farmers, Workers, and the American State, 1877–1917* (Chicago: University of Chicago Press, 1999); Robert Johnston, *The Radical Middle Class: Populist Democracy and the Question of Capitalism in Progressive-Era Portland, Oregon* (Princeton, N.J.: Princeton University Press, 2003); Gwendolyn Mink, *Old Labor and New Immigrants in American Political Development: Union, Party, and State, 1875–1920* (Ithaca, N.Y.: Cornell University Press, 1986); Robert Angevine, *The Railroad and the State: War, Politics, and Technology in Nineteenth-Century America* (Stanford, Calif.: Stanford University Press, 2004); Gerald Berk, *Louis D. Brandeis and the Making of Regulated Competition, 1900–1932* (New York: Cambridge University Press, 2009); Tony A.

Freyer, *Regulating Big Business: Antitrust in Great Britain and America, 1880–1990* (New York: Cambridge University Press, 1992); Robert Harrison, *Congress, Progressive Reform, and the New American State* (New York: Cambridge University Press, 2004); Hendrik Hartog, *Public Property and Private Power: The Corporation of the City of New York in American Law, 1730–1870* (Chapel Hill: University of North Carolina Press, 1983); Morton Keller, *Regulating a New Society: Public Policy and Social Change in America* (Cambridge, Mass.: Harvard University Press, 1994); Michael McGerr, *The Decline of Popular Politics: The American North, 1865–1928* (New York: Oxford University Press, 1986); Kevin Mattson, *Creating a Democratic Public: The Struggle for Urban Participatory Democracy During the Progressive Era* (University Park: Pennsylvania State University Press, 1998); J. Morgan Kousser, *The Shaping of Southern Politics: Suffrage Restriction and the Establishment of the One-Party South, 1880–1910* (New Haven, Conn.: Yale University Press, 1974); Michael Perman, *Struggle for Mastery: Disfranchisement in the South, 1888–1908* (Chapel Hill: University of North Carolina Press, 2001); Suzanne M. Marilley, *Woman Suffrage and the Origins of Liberal Feminism in the United States, 1820–1920* (Cambridge, Mass.: Harvard University Press, 1996); Rebecca Mead, *How the Vote Was Won: Woman Suffrage in the Western United States, 1868–1914* (New York: New York University Press, 2004); Louise M. Newman, *White Women's Rights: The Racial Origins of Feminism in the United States* (New York: Oxford University Press, 1999); Rosalyn Terborg-Penn, *African-American Women in the Struggle for the Vote, 1850–1920* (Bloomington: Indiana University Press, 1998); Allison L. Sneider, *Suffragists in an Imperial Age: U.S. Expansion and the Woman Question, 1870–1929* (New York: Oxford University Press, 2008); Sarah Hunter Graham, *Woman Suffrage and the New Democracy* (New Haven, Conn.: Yale University Press, 1996); Marjorie Spruill Wheeler, *New Women of the New South: The Leaders of the Woman Suffrage Movement in the Southern States* (New York: Oxford University Press, 1993); Gayle Gullett, *Becoming Citizens: The Emergence and Development of California's Women's Movement, 1880–1911* (Urbana: University of Illinois Press, 2000); Alexander

Keyssar, *The Right to Vote: The Contested History of Democracy in the United States* (New York: Basic Books, 2000; William J. Novak, *The People's Welfare: Law and Regulation in Nineteenth-Century America* (Chapel Hill: University of North Carolina Press, 1996)。

关于种族重建的国内及国际背景，参见C. Vann Woodward, *Origins of the New South, 1877–1913* (Baton Rouge: Louisiana State University Press, 1951) and *The Strange Career of Jim Crow* (New York: Oxford University Press, 1955); George M. Fredrickson, *The Black Image in the White Mind: The Debate on African-American Character and Destiny, 1817–1914* (New York: Harper and Row, 1971) and *White Supremacy: A Comparative Study in American and South African History* (New York: Oxford University Press, 1981); John Cell, *The Highest Stage of White Supremacy: The Origins of Segregation in South Africa and the United States* (New York: Cambridge University Press, 1982); Carl H. Nightingale, *Segregation: A Global History* (Chicago: University of Chicago Press, 2012); Howard Rabinowitz, *Race Relations in the Urban South, 1865–1890* (Urbana: University of Illinois Press, 1980); Edward L. Ayers, *The Promise of the New South: Life After Reconstruction* (New York: Oxford University Press, 1993); Joel Williamson, *Crucible of Race: Black-White Relations in America Since Emancipation* (New York: Oxford University Press, 1984); Leon F. Litwack, *Trouble in Mind: Black Southerners in the Age of Jim Crow* (New York: Alfred A. Knopf, 1998); Natalie J. Ring, *The Problem South: Region, Empire, and the New Liberal State, 1880–1930* (Athens: University of Georgia Press, 2012); Glenda E. Gilmore, *Gender and Jim Crow: Women and the Politics of White Supremacy in North Carolina, 1896–1920* (Chapel Hill: University of North Carolina Press, 1996); Louis R. Harlan, *Booker T. Washington*, 2 vols. (New York: Oxford University Press, 1972, 1983); Robert J. Norrell, *Up from History: The Life of Booker T. Washington* (Cambridge, Mass.: Harvard University Press, 2009); David Levering Lewis, *W. E. B. Du Bois: Biography of a Race, 1868–1919* (New York: Henry Holt, 1993); W. Fitzhugh Brundage, *Lynching in the New South: Georgia and Virginia, 1880–1930* (Urbana: University of Illinois Press, 1993); W. Fitzhugh Brundage, ed.,

Under Sentence of Death: Lynching in the South (Chapel Hill: University of North Carolina Press, 1997); Stewart E. Tolnay and E. M. Beck, *A Festival of Violence: An Analysis of Southern Lynchings, 1882–1930* (Urbana: University of Illinois Press, 1995); Amy L. Wood, *Lynching and Spectacle: Witnessing Racial Violence in America, 1890–1940* (Chapel Hill: University of North Carolina Press, 2009); Paula J. Giddings, *Ida, a Sword Among the Lions: Ida B. Wells and the Campaign Against Lynching* (New York: Amistad Press, 2008); Mia Bay, *To Tell the Truth Freely: The Life of Ida B. Wells* (New York: Hill and Wang, 2009); Crystal M. Feimster, *Southern Horrors: Women and the Politics of Rape and Lynching* (Cambridge, Mass.: Harvard University Press, 2011); Diane M. Sommerville, *Rape and Race in the Nineteenth-Century South* (Chapel Hill: University of North Carolina Press, 2004); Peggy Pascoe, *What Comes Naturally: Miscegenation Law and the Making of Race in America* (New York: Oxford University Press, 2009); Laura L. Lovett, *Conceiving the Future: Pronatalism, Reproduction, and the Family in the United States, 1890–1930* (Chapel Hill: University of North Carolina Press, 2007); Evelyn Brooks Higginbotham, *Righteous Discontent: The Women's Movement in the Black Baptist Church, 1880–1920* (Cambridge, Mass.: Harvard University Press, 1993); Michelle Mitchell, *Righteous Propagation: African Americans and the Politics of Racial Destiny After Reconstruction* (Chapel Hill: University of North Carolina Press, 2004); Stephanie Shaw, *What a Woman Ought to Be and Do: Black Professional Women Workers During the Jim Crow Era* (Chicago: University of Chicago Press, 2006); Martha Hodes, *Black Women, White Men: Illicit Sex in the Nineteenth-Century South* (New Haven, Conn.: Yale University Press, 1997); Martha S. Jones, *All Bound Up Together: The Woman Question in African-American Public Culture, 1830–1900* (Chapel Hill: University of North Carolina Press, 2007); J. Douglas Smith, *Managing White Supremacy: Race, Politics, and Citizenship in Jim Crow Virginia* (Chapel Hill: University of North Carolina Press, 2002); Grace E. Hale, *Making Whiteness: The Culture of Segregation in the South, 1890–1940* (New York: Pantheon, 1998); Neil McMillen, *Dark Journey: Black Mississippians in the Age of Jim Crow* (Urbana:

University of Illinois Press, 1989); Edward J. Blum, *Reforging the White Republic: Race, Religion, and American Nationalism, 1865–1898* (Baton Rouge: Louisiana State University Press, 2005); Edward J. Larson, *Race, Sex, and Science: Eugenics in the Deep South* (Baltimore: Johns Hopkins University Press, 1995); John Haller, *Outcasts from Evolution: Scientific Attitudes of Racial Inferiority, 1859–1900* (Carbondale: Southern Illinois University Press, 1995); Gregory M. Dorr, *Segregation's Science: Eugenics and Society in Virginia* (Charlottesville: University of Virginia Press, 2008); John Ettling, *The Germ of Laziness: Rockefeller Philanthropy and Public Health in the New South* (Cambridge, Mass.: Harvard University Press, 1981); Pete Daniel, *The Shadow of Slavery: Peonage of the South, 1901–1969* (Urbana: University of Illinois Press, 1972); William Cohen, *At Freedom's Edge: Black Mobility and the Southern White Quest for Racial Control, 1861–1915* (Baton Rouge: Louisiana State University Press, 1991); David S. Cecelski and Timothy B. Tyson, eds., *Democracy Betrayed: The Wilmington Race Riot of 1898 and Its Legacy* (Chapel Hill: University of North Carolina Press, 1998); Jane Turner Censer, *The Reconstruction of White Southern Womanhood, 1865–1895* (Baton Rouge: Louisiana State University Press, 2003); Gaines M. Foster, *Ghosts of the Confederacy: Defeat, the Lost Cause, and the Emergence of the New South, 1865–1913* (New York: Oxford University Press, 1987); Stephen Kantrowitz, *Ben Tillman and the Reconstruction of White Supremacy* (Chapel Hill: University of North Carolina Press, 2000); Blair L. M. Kelley, *Right to Ride: Streetcar Boycotts and African-American Citizenship in the Era of Plessy v. Ferguson* (Chapel Hill: University of North Carolina Press, 2010); William A. Link, *The Paradox of Southern Progressivism* (Chapel Hill: University of North Carolina Press, 1992); Charles A. Lofgren, *The Plessy Case: A Legal-Historical Interpretation* (New York: Oxford University Press, 1987); Mark Schultz, *The Rural Face of White Supremacy: Beyond Jim Crow* (Urbana: University of Illinois Press, 2005); J. William Harris, *Deep Souths: Delta, Piedmont, and Sea Island Society in the Age of Segregation* (Baltimore: Johns Hopkins University Press, 2001); Gregory P. Downs, *Declarations of Dependence: The Long Reconstruction of Popular Politics in the*

South, 1861–1908 (Chapel Hill: University of North Carolina Press, 2011); David W. Blight, *Race and Reunion: The Civil War in American Memory* (Cambridge, Mass.: Harvard University Press, 2001)。

关于美帝国的重组，参见 William Appleman Williams, *The Tragedy of American Diplomacy* (New York: World, 1959); Walter LaFeber, *The New Empire: An Interpretation of American Expansion, 1860–1898* (Ithaca, N.Y.: Cornell University Press, 1963) and *Inevitable Revolutions: The United States in Central America* (New York: W. W. Norton, 1983); Greg Grandin, *Empire's Workshop: Latin America, the United States, and the Rise of the New Imperialism* (New York: Henry Holt, 2007); Amy S. Kaplan, *The Anarchy of Empire in the Making of U.S. Culture* (Cambridge, Mass.: Harvard University Press, 2002); Emily S. Rosenberg, *Spreading the Dream: American Economic and Cultural Expansion, 1890–1945* (New York: Hill and Wang, 1982); Michael Adas, *Dominance by Design: Technological Imperatives and America's Civilizing Mission* (Cambridge, Mass.: Harvard University Press, 2006); César Ayala, *American Sugar Kingdom: The Plantation Economy of the Spanish Caribbean, 1898– 1934* (Chapel Hill: University of North Carolina Press, 1999); Willard B. Gatewood Jr., *Black Americans and the White Man's Burden, 1898–1903* (Urbana: University of Illinois Press, 1975); Gail Bederman, *Manliness and Civilization: A Cultural History of Gender and Race in the United States, 1880–1917* (Chicago: University of Chicago Press, 1995); Kristin Hoganson, *Fighting for American Manhood: How Gender Politics Provoked the Spanish-American and Philippine-American Wars* (New Haven, Conn.: Yale University Press, 1998); Matthew Frye Jacobson, *Barbarian Virtues: The United States Encounters Foreign Peoples at Home and Abroad, 1876–1917* (New York: Hill and Wang, 2000); Akira Iriye, *Pacific Estrangement: Japanese and American Expansion, 1897–1911* (Cambridge, Mass.: Harvard University Press, 1972); Michael Salman, *The Embarrassment of Slavery: Controversies over Bondage and Nationalism in the American Colonial Philippines* (Berkeley: University of California Press, 2001); Ian Tyrell and Jay Sexton, eds., *Empire's Twin: U.S. Anti-imperialism from the Founding Era to the Age of Terror* (Ithaca, N.Y.: Cornell University Press,

2015); Robert Beisner, *Twelve Against Empire: The Anti-imperialists, 1898–1900* (New York: McGraw-Hill, 1968); Christopher Lasch, *The World of Nations: Reflections on American History, Politics, and Culture* (New York: Vintage, 1973); Sondra Herman, *Eleven Against War: Studies in American Internationalist Thought* (Stanford, Calif.: Stanford University Press, 1969); Paul Kramer, *The Blood of Government: Race, Empire, the United States, and the Philippines* (Chapel Hill: University of North Carolina Press, 2006); Julie Greene, *The Canal Builders: Making America's Empire at the Panama Canal* (New York: Penguin Press, 2009); Stanley Karnow, *In Our Image: America's Empire in the Philippines* (New York: Random House, 1989); Reynaldo Clemeña Ileto, *Pasyon and Revolution: Popular Movements in the Philippines, 1840–1910* (Manila: Ateneo de Manila University Press, 1979); Glenn A. May, *Social Engineering in the Philippines: The Aims, Execution, and Impact of American Colonial Policy, 1900–1913* (Westport, Conn.: Greenwood Press, 1980); Alfred W. McCoy, *Policing America's Empire: The United States, the Philippines, and the Rise of the Surveillance State* (Madison: University of Wisconsin Press, 2009); Alfred A. McCoy and Francisco Scarano, eds., *Colonial Crucible: Empire in the Making of the Modern American State* (Madison: University of Wisconsin Press, 2009); Warwick Anderson, *Colonial Pathologies: American Tropical Medicine, Race, and Hygiene in the Philippines* (Durham, N.C.: Duke University Press, 2006); Vicente Rafael, *White Love and Other Events in Filipino History* (Durham, N.C.: Duke University Press, 2000); Jules Benjamin, *The United States and Cuba: Hegemony and Dependent Development, 1880–1934* (Pittsburgh: University of Pittsburgh Press, 1977); J. F. Offner, *An Unwanted War: The Diplomacy of the United States and Spain over Cuba, 1895–1898* (Chapel Hill: University of North Carolina Press, 1992); Louis Pérez, *The War of 1898: The United States and Cuba in History and Historiography* (Chapel Hill: University of North Carolina, 1998); H. W. Brands, *Bound to Empire: The United States and the Philippines* (New York: Oxford University Press, 1992); Pedro A. Cabán, *Constructing a Colonial People: Puerto Rico and the United States, 1898–1932* (Boulder, Colo.: Westview Press, 1999); Jason M. Colby, *The Business of Empire: United Fruit, Race, and U.S. Expansion in Central America* (Ithaca, N.Y.: Cornell University Press, 2011); Phillip Darby, *The Three Faces of Imperialism: British and American Approaches to Asia and Africa, 1870–1970* (New Haven, Conn.: Yale University Press, 1987); John H. Coatsworth, *Central America and the United States: The Clients and the Colossus* (New York: Twayne, 1994); Richard H. Collin, *Theodore Roosevelt's Caribbean: The Panama Canal, the Monroe Doctrine, and the Latin American Context* (Baton Rouge: Louisiana State University Press, 1990); Eileen Suárez Findlay, *Imposing Decency: The Politics of Sexuality and Rape in Puerto Rico, 1870–1920* (Durham, N.C.: Duke University Press, 1999); Julian Go, *American Empire and the Politics of Meaning: Elite Political Cultures in the Philippines and Puerto Rico During U.S. Colonialism* (Durham, N.C.: Duke University Press, 2008); Julian Go and Anne L. Foster, eds., *The American Colonial State in the Philippines: A Global Perspective* (Durham, N.C.: Duke University Press, 2003); David Healy, *Drive to Hegemony: The United States and the Caribbean, 1898–1917* (Madison: University of Wisconsin Press, 1988); Jerry Israel, *Progressivism and the Open Door: America and China, 1905–1921* (Pittsburgh: University of Pittsburgh Press, 1971); Jane Hunter, *The Gospel of Gentility: American Women Missionaries in Turn-of-the-Century China* (New Haven, Conn.: Yale University Press, 1984); J. Kehaulani Kauanui, *Hawaiian Blood: Colonialism and the Politics of Sovereignty and Indigeneity* (Durham, N.C.: Duke University Press, 2008); Gary Y. Okihiro, *Island World: A History of Hawai'i and the United States* (Berkeley: University of California Press, 2008); Thomas J. Osborne, *"Empire Can Wait" : American Opposition to Hawaiian Annexation, 1893–1898* (Kent, Ohio: Kent State University Press, 1981); Noenoe K. Silva, *Aloha Betrayed: Native Hawaiian Resistance to American Colonialism* (Durham, N.C.: Duke University Press, 2004); Lester D. Langley and Thomas Schoonover, *The Banana Men: American Mercenaries and Entrepreneurs in Central America, 1880–1930* (Lexington: University Press of Kentucky, 1995); Thomas McCormick, *The China Market: America's Quest for Informal Empire, 1893–1901* (Chicago: Quadrangle Books, 1967); Daniel S. Margolies, *Spaces of Law in American Foreign Relations:*

Extradition and Extraterritoriality in the Borderlands and Beyond, 1877–1898 (Athens: University of Georgia Press, 2011); Kal Raustiala, *Does the Constitution Follow the Flag? The Evolution of Territoriality in American Law* (New York: Oxford University Press, 2009); Mary A. Renda, *Taking Haiti: Military Occupation and the Culture of U.S. Imperialism, 1915–1940* (Chapel Hill: University of North Carolina Press, 2001); Bartholomew H. Sparrow, *The Insular Cases and the Emergence of American Empire* (Lawrence: University Press of Kansas, 2006); Ian Tyrrell, *Reforming the World: The Creation of America's Moral Empire* (Princeton, N.J.: Princeton University Press, 2010); Cyrus Veeser, *A World Safe for Capitalism: Dollar Diplomacy and America's Rise to Global Power* (New York: Columbia University Press, 2002); Laura Wexler, *Tender Violence: Domestic Visions in an Age of U.S. Imperialism* (Chapel Hill: University of North Carolina Press, 2000)。

结语　革命、战争和权力的边界

关于墨西哥革命以及它与美国及世界的复杂关系，参见Alan Knight, *The Mexican Revolution,* 2 vols. (New York: Cambridge University Press, 1986); John Womack Jr., *Zapata and the Mexican Revolution* (New York: Vintage, 1968); Friedrich Katz, *The Life and Times of Pancho Villa* (Stanford, Calif.: Stanford University Press, 1998) and *The Secret War in Mexico: Europe, the United States, and the Mexican Revolution* (Chicago: University of Chicago Press, 1981); Friedrich Katz and Claudio Lomnitz, *El Porfiriato y la Revolución en la historia de México* (Mexico City: Era, 2011); Gilbert M. Joseph, *Revolution from Without: Yucatán, Mexico, and the United States, 1880–1924* (New York: Cambridge University Press, 1982); Gilbert M. Joseph and Jürgen Buchenau, *Mexico's Once and Future Revolution: Social Upheaval and the Challenge of Rule Since the Late Nineteenth Century* (Durham, N.C.: Duke University Press, 2013); Adolfo Gilly, *The Mexican Revolution* (London: Verso, 1983); John Mason Hart, *Empire and Revolution: The Americans in Mexico Since the Civil War* (Berkeley: University of California Press, 2002) and *Revolutionary Mexico: The*

Coming and Process of the Mexican Revolution (Berkeley: University of California Press, 1987); Claudio Lomnitz, *The Return of Comrade Ricardo Flores Magón* (New York: Zone Books, 2014); Benjamin H. Johnson, *Revolution in Texas: How a Forgotten Rebellion and Its Bloody Suppression Turned Mexicans into Americans* (New Haven, Conn.: Yale University Press, 2003); Allen Wells and Gilbert M. Joseph, *Summer of Discontent, Seasons of Upheaval: Elite Politics and Rural Insurgency in Yucatán, 1876–1915* (Stanford, Calif.: Stanford University Press, 1996); Paul Hart, *Bitter Harvest: The Social Transformation of Morelos, Mexico, and the Origins of the Zapatista Revolution, 1840–1910* (Albuquerque: University of New Mexico Press, 2005); John Tutino, *From Insurrection to Revolution in Mexico: Social Bases of Agrarian Violence, 1750–1940* (Princeton, N.J.: Princeton University Press, 1986); Elena Poniatowska, *Las Soldaderas: Women of the Mexican Revolution* (Mexico City: Era, 2006); John S. D. Eisenhower, *Intervention! The United States and the Mexican Revolution, 1913–1917* (New York: W. W. Norton, 1993)。

关于威尔逊、殖民主义，以及战后世界的构想，参见 Erez Manela, *The Wilsonian Moment: Self-Determination and the International Origins of Anticolonial Nationalism* (New York: Oxford University Press, 2007); Robert Gerwarth and Erez Manela, eds., *Empires at War, 1911–1923* (New York: Oxford University Press, 2014); Adam Tooze, *The Deluge: The Great War, America, and the Remaking of the Global Order, 1916–1931* (New York: Viking Press, 2014); John Milton Cooper Jr., *Reconsidering Woodrow Wilson: Progressivism, Internationalism, War, and Peace* (Princeton, N.J.: Woodrow Wilson Center Press, 2008); N. Gordon Levin Jr., *Woodrow Wilson and World Politics: America's Response to War and Revolution* (New York: Oxford University Press, 1970)。

关于移民潮、贾维和新的泛非洲主义，参见 James R. Grossman, *Land of Hope: Chicago, Black Southerners, and the Great Migration* (Chicago: University of Chicago Press, 1986); Peter Gottlieb, *Making Their Own Way: Southern Blacks' Migration to Pittsburgh, 1916–1930* (Urbana: University of Illinois Press, 1987); Kimberley L. Phillips, AlabamaNorth: *African-American Migrants, Community, and*

Working-Class Activism in Cleveland, 1915–45 (Urbana: University of Illinois Press, 1999); Earl Lewis, *In Their Own Interests: Race, Class, and Power in Twentieth-Century Norfolk, Virginia* (Berkeley: University of California Press, 1991); Joe William Trotter, ed., *The Great Migration in Historical Perspective: New Dimensions of Race, Class, and Gender* (Bloomington: Indiana University Press, 1991); Winston James, *Holding Aloft the Banner of Ethiopia: Caribbean Radicalism in Early Twentieth-Century America* (London: Verso, 1998); Adam Ewing, *The Age of Garvey: How a Jamaican Activist Created a Mass Movement and Changed Global Black Politics* (Princeton, N.J.: Princeton University Press, 2014); Tony Martin, *Race First: The Ideological and Organizational Struggles of Marcus Garvey and the Universal Negro Improvement Association* (Westport, Conn.: Greenwood Press, 1976); Mary G. Rolinson, Grassroots Garveyism: *The Universal Negro Improvement Association in the Rural South, 1920–1927* (Chapel Hill: University of North Carolina Press, 2007); Judith Stein, *The World of Marcus Garvey: Race and Class in Modern Society* (Baton Rouge: Louisiana State University Press, 1986); Steven Hahn, *The Political Worlds of Slavery and Freedom* (Cambridge, Mass.: Harvard University Press, 2009); C. L. R. James and Robin D. G. Kelley, *A History of the Pan-African Revolt* (1938; Chicago: C. H. Kerr, 2012); Brent H. Edwards, *The Practice of Diaspora: Literature, Translation, and the Rise of Black Internationalism* (Cambridge, Mass.: Harvard University Press, 2003); Robin D. G. Kelley, *Freedom Dreams: The Black Radical Imagination* (Boston: Beacon Press, 2002); James T. Campbell, *Songs of Zion: The African Methodist Episcopal Church in the United States and South Africa* (Chapel Hill: University of North Carolina Press, 1998); Barbara Foley, *Spectres of 1919: Class and Nation in the Making of the New Negro* (Urbana: University of Illinois Press, 2003); Andrew Zimmerman, *Alabama in Africa: Booker T. Washington, the German Empire, and the Globalization of the New South* (Princeton, N.J.: Princeton University Press, 2010); Nikhil Pal Singh, *Black Is a Country: Race and the Unfinished Struggle for Democracy* (Cambridge, Mass.: Harvard University Press, 2004)。

译后记

听闻本书将于近日付梓，兴奋之余，亦难掩内心的惆怅。承接本书的翻译工作已是四年前的旧事，起初还颇为乐观，以为半年时间足够交稿，一是因为美国史相对容易，历史名词查证起来不那么费事；二是因为本人已经翻译过几本难啃的大部头历史著作，积累了一些经验。不过事实证明，我还是高估了自己的能力，并低估了翻译本书的难度。

这本书的作者史蒂文·哈恩教授毕业于美国耶鲁大学，现就职于纽约大学历史系，凭借描写南北战争后美国南方黑人政治的《我们脚下的国家》(*A Nation Under Our Feet*) 赢得了2003年普利策历史奖。作为19世纪美国史领域的权威，本书是其学术生涯的集大成之作，不仅内容涵盖政治、经济、军事、外交等多个领域，而且充满洞见，说它颠覆了人们对19世纪和美国国家性质的理解亦不为过。（美国在建国之初便继承了英国的帝国体制，直到南北战争时期才成为一个真正的民族国家，随着战后向海外的扩张，再次成为一个新帝国。）

视角的多样性是本书的一个主要特征。本书摒弃了传统的以白人为主体的叙述方式，生动地描述了美国奴隶为争取自由所做的努力，原住民遭受的苦难以及他们为适应新的环境而做出的妥协与抗争。哈恩教授还以公正的态度描写了美国与墨西哥之间的战争，以及美国吞并夏威夷和菲律宾的过程。尤其具有借鉴意义的是，他还追溯了南北战争后，美国经济如何实现了高速发展，并为20世纪美国的崛起奠定了坚实的基础。但与此同时，美国工人与资本家的关系也越来越紧张，并不时爆发冲突，其中的一些非常血腥和暴力。

翻译是一项艰苦而孤独的工作，八年前翻译《两个世界的战争》时如此，四年前翻译这本《美国的内战与重建》时如此，现在翻译牛津大学历史学家、《丝绸之路》作者彼得·弗兰科潘的气候史新作《地球之变》（*The Earth Transformed*）时依然如此。不过，令人欣喜的是，在过去的八年间，机器翻译和人工智能取得了飞速发展和长足进步，显著减轻了译者的工作负担，使译者有更多的时间来解决关键问题（如难句的理解、专业知识的查证等）。特别是DeepL和ChatGPT等工具的问世，更是具有划时代的意义。DeepL以及随后出现的其他基于人工智能的翻译工具大幅提高了翻译效率，而ChatGPT在辅助理解文意方面的作用有目共睹。这些工具的开发和完善，终于使翻译艰深的历史社科著作成为一项真正有意义的职业选择。

作为新技术和新工具的受益者，我对这一系列变化有很深的体会。八年前翻译《两个世界的战争》时，必不可少的工具包括厚厚的《英汉大词典（第2版）》、搜索引擎和各种参考书，每天的工作就是为如何遣词造句而绞尽脑汁，遇到不明白的句子只能通过反复阅读，冥思苦想，才能稍解其意。四年前翻译本书时，厚厚的纸质词典已经换成了DeepL和欧路词典，文字方面的工作由搜肠刮肚地去寻找合适的词语和调整语序，变成了思考如何使文句更加直白易懂，更符合中文表达习惯（不过现在看来，当初许多地方的处理仍显稚嫩）。如今，随着ChatGPT的横空出世，难句已经不再是翻译的绊脚石；遇到问题，只需要虚心向人工智能"求教"，即使无法直接得到标准答案，至少也会得到有用的线索。与ChatGPT对话以确定词语和句子的准确含义，实际上已经成为我的工作流程中必不可缺的一环。

这本《美国的内战与重建》是我的"世界各国史"专题计划的第一本书。除了这本美国史著作，该专题已经确定的选题还有德国史（已翻译完，待出版）、中欧史（预计2024年开工）、法国史（预计2024年开工）和俄国史（预计2025年开工）。遗憾的是，作为自由译者，我无法说服某一家出版机构购入我看中的全部选题，因此很难达成稳定的合作关系。但无论如何，我希望这个专题能一直做下去，直到覆盖世界上的大部分国家。我相信该专题将有助于读者进一步了解不同国家、不同族群和不同文化之间的差异，"更加熟悉他人的喜好，对他人的信仰和妄想更加包容，这样不同的人就可以更加和谐地在一起生活"（《两个世界的战争》作者安东尼·帕戈登语）。民族主义和民粹主义绝不会是未来世界的主流。

这本书从签订翻译合同到正式交稿，前后历时两年（主要是因为工作过于繁忙，可自由支配的时间寥寥无几）；从交稿到最终出版，又耗时两年。我由衷感谢在本书的出版过程中付出辛勤努力的多位编辑朋友，尤其是武波老师，正因为他的认真负责，本书才得以顺利出版。当然，我深知自己的能力和学识有限，错误在所难免。如果您发现了任何错误或有疑问之处，烦请写信至我的邮箱theflyfish@126.com，恳请读者朋友不吝批评指正。

天喜文化